普奥战争

德意志走向统一

[英]昆廷·巴里 著　　刘萌 译

民主与建设出版社

·北京·

U0643704

© 民主与建设出版社，2022

图书在版编目（CIP）数据

普奥战争：德意志走向统一 /（英）昆廷·巴里著；
刘萌译. —— 北京：民主与建设出版社，2023.1
ISBN 978-7-5139-4075-7

Ⅰ.①普… Ⅱ.①昆… ②刘… Ⅲ.①普 – 奥战争
(1866) – 研究 Ⅳ.① K516.41

中国版本图书馆 CIP 数据核字 (2022) 第 245212 号

ROAD TO KONIGGRATZ: HELMUTH VON MOLTKE AND THE AUSTRO-
PRUSSIAN WAR 1866 by QUINTIN BARRY
Copyright: ©2009 BY QUINTIN BARRY
This edition arranged with Helion & Company
through Big Apple Agency, Inc., Labuan, Malaysia.
Simplified Chinese edition copyright:
2023 ChongQing Zven Culture communication Co., Ltd
All rights reserved.

著作权登记合同图字：01-2022-6885

普奥战争：德意志走向统一
PU-AO ZHANZHENG DEYIZHI ZOUXIANG TONGYI

作　者	[英]昆廷·巴里
译　者	刘　萌
责任编辑	宁莲佳
封面设计	周　杰
出版发行	民主与建设出版社有限责任公司
电　话	（010）59417747　59419778
社　址	北京市海淀区西三环中路 10 号望海楼 E 座 7 层
邮　编	100142
印　刷	重庆市国丰印务有限责任公司
版　次	2023 年 1 月第 1 版
印　次	2023 年 1 月第 1 次印刷
开　本	787 毫米 ×1092 毫米　1/16
印　张	38
字　数	600 千字
书　号	ISBN 978-7-5139-4075-7
定　价	149.80 元

注：如有印、装质量问题，请与出版社联系。

◎ 1866 年普奥战争中普军一方的指挥官们，他们赢得了辉煌的胜利。（罗杰斯 摄）

前言

在普奥战争爆发之前的日子里，英国的《泰晤士报》一直对普鲁士，尤其是对她的政府高层，怀有浓重的敌意，然而，从 1866 年 9 月 22 日开始，其看法发生了 180° 大转变。现将当天《泰晤士报》的一篇社论摘录如下：

在古今世界的所有胜利庆典中，没有一场能与柏林精彩的游行（两天以前举行了一次胜利大游行）相提并论，至少，没有一件事可以与他们所庆祝的伟大成就相媲美……愿普鲁士人民享受这自豪而幸福的一天。军队……是普鲁士不可分割的一部分。而普鲁士是"一支拥有国家的军队"。普鲁士……没有被征服他国的欲望所驱使，也没有被战斗和冒险的欲望所蛊惑……他们一心只想报答自己对国王和国家的恩情。[1]

正如戈登·克雷格（Gordon Craig）教授所指出的那样，就参战人数而言，柯尼希格雷茨（Königgrätz）之战是人类近现代历史上规模最大的一次战役——共有 44 万至 46 万军队参加了这场战斗，这是大国军队之间的第一次交锋，展现了科技发展所带来的战争方式的变革。但是，正如克雷格教授在他那部曾经、现在、将来也仍将是关于这一课题最优秀的著作中已经指出的那样，决定这场战争胜负的并非科技，而是普鲁士军队的素质和领导能力：

诚然，普鲁士军队在其步兵武器方面所具有的优势，对他们取得柯尼希格雷茨战役的胜利来说是一个不可否认的重要因素，这是奥地利一些部队士气一落干丈的直接原因。但这种优势本身并不是决定性的，一些冷静的观察家，例如法国武官斯托费尔（Stoffel）以及后来的德军总参谋长阿尔弗雷德·冯·施里芬（Alfred von Schlieffen）都坚持认为，比起奥地利人接连不断的错误战术和失败指挥，撞针式步枪（德语"Zündnadelgewehr"）对这场战役的影响更小。[2]

但导致这一结果的不仅仅是奥地利领导层的过失；还有一位普鲁士将领，正是他的沉着和冷静，为普鲁士军队在战斗中取得如此辉煌的胜利创造了条件。这个人就是赫尔穆特·冯·毛奇（Helmuth von Moltke，又被人称为"老毛奇"），在普奥战争中展现出非凡指挥能力的时候（1866年），他已经是一位身经百战的将领了。毛奇出生于1800年，那一年，拿破仑在马伦戈（Marengo）向征服欧洲的总目标迈出了一大步。15年后，这位法国皇帝才在滑铁卢战败。在此期间，普鲁士军队先是在耶拿（Jena）蒙羞，后来又在沙恩霍斯特（Scharnhorst）和格奈森瑙（Gneisenau）的率领下涅槃重生。在普鲁士再次参战之前的半个世纪里，毛奇稳步向他职业生涯的顶峰迈进，直至成为伟大的总参谋长，一系列改变欧洲历史进程的重大事件才徐徐拉开序幕。

实际上，柯尼希格雷茨战役之所以如此重要，并不仅仅因为它是规模最大的一场会战，更因为这场战役所体现出的最新军事科技成果，以及在这场战役之后发生的一连串重大政治事件。这里再次引用一段克雷格教授的话：

柯尼希格雷茨之战所带来的政治影响是如此深远，因此不难理解，为什么人们普遍认为它是现代历史中具有"决定性的战役"之一了。[3]

的确，普鲁士取得的成就是非凡的。当然，这在很大程度上要归功于普鲁士勇敢而坚定的军队，他们的表现超出了所有人的预期。然而，真正帮助他们赢得普奥战争的其实是毛奇的战略。不过，尽管普军在柯尼希格雷茨取得了惊人的胜利，但他们本来可以取得更大的成功。阿尔弗雷德·冯·施里芬对此深信不疑：

（普奥战争中）我们本来有两次取得"坎尼式胜利"的机会。但当时彻底包围并消灭敌人的想法对普鲁士的将军们来说太陌生了，因此毛奇纯粹而宏伟的计划并没有完全实现。敌军只是被击退了。毋庸置疑，奥方确实被完全打垮了，但如果敌人能够得到休整，他们很快就能恢复实力，并且会如愿以偿地得到增援，然后恢复继续抵抗甚至进攻的能力。[4]

毛奇取得成功的一个关键因素是他对总参谋部的革新。他的优势在于继承了一套优秀的军事管理体系，这套体系远远领先于其他大国。雅顿·布霍尔茨（Arden Bucholz）教授用现代术语总结了毛奇的成就，他指出，在毛奇同时代的许多卓越将领已经去世或退休的时候，只有他自己"制定并验证了面向未来的深层战争计划进程"[5]。

布霍尔茨教授引用了管理学家彼得·德鲁克（Peter Drucker）的一句恰如其分的评论，来描述这台主要由毛奇打造的军事机器的效率："普鲁士军队这一军事组织，对于1870年的世界来说无疑是一个奇迹，如同亨利·福特（Henry Ford）的汽车装配线之于1920年的世界。"[6]要解释普鲁士军队在德意志统一战争中的胜利，军事评论人士就不能不为其组织的有效性所震惊，其结果是，所有其他国家的军队或迟或早、或多或少都在试图模仿它。

毛奇条理清晰地诠释了自己的军事理念，他留下了大量著作来阐述他的思想体系。在他离世后，普鲁士总参谋部编辑并出版了他的官方著作；正如休斯（Hughes）教授所指出的那样："虽然毛奇生前没有写过一部关于战争的综合著作，但他的观点已经成为普鲁士军事思想的基础，特别是在战略和大部队行动领域。"[7]

他所阐明的原则确保了他所培养的所谓"半神"①对他的意图有一种本能的理解；尽管毛奇在整个统一战争期间，可以完全依靠与他的参谋长之间达成的这种相互理解，但他的大多数指挥官并非"半神"，他们不仅在柯尼希格雷茨战役的过程中，甚至在1864年和1870—1871年间，有时也未能掌握毛奇的计划所依据的战略理念。结果，他并没有取得应有的胜利。然而，在1866年

---

① 译者注：demigods，原指的是神话中半人半神的英雄人物，这里指的是普鲁士的杰出军人。

9月20日的柏林，也许除了毛奇本人之外，没有人会沉溺于军事上的完美主义。胜利游行的时候，毛奇策马经过菩提树下大街（Unter den Linden），和他并肩的是另外两位伟人——俾斯麦（Bismarck）和罗恩（Roon），毛奇受到了公众的热烈欢呼，显然这是他应得的，但对此他总是感到不自在。尽管毛奇一路走来披荆斩棘，饱经风霜，他的人生旅途也还没有结束，但就目前而言，就连不苟言笑的他也可以尽情享受自己带来的非凡胜利了。

注释：

1. 引自彼得·H.皮尔所著的《英国舆论与德国统一战争：1864—1871年》（马里兰出版社，1981年出版），第216页。

2. 引自戈登·克雷格教授所著的《柯尼希格雷茨》（伦敦，1964年），第13页。

3. 同上，第12页。

4. 引自陆军元帅A.冯·施里芬所著的《坎尼》（堪萨斯州利文沃斯堡，1931年），第178页。

5. 引自雅顿·布霍尔茨教授所著的《毛奇和德国战争1864—1871》（伦敦，2001年），第10页。

6. 同上，第11页。

7. 引自D.J.休斯教授所著的《毛奇论战争艺术》（加利福尼亚州诺瓦托，1993年），第4-5页。

目 录
CONTENTS

序曲

第一章

第一节 赫尔穆特·冯·毛奇

在普奥战争爆发的几个月前，普鲁士国王威廉一世的副官利奥波德·冯·博扬（Leopold von Boyen）中将向一个朋友抱怨道："国王都 70 岁了，还在行将就木的毛奇陪同下指挥这场战争！！！这一切会有什么结果呢？"[1]确实，直到 1866 年，人们对毛奇指挥大军的能力还知之甚少。他没什么作战经验，其大部分军事生涯都是在参谋这一职位上度过的，所以博扬的悲观主义论调可能也就不足为奇了。但那一年所发生的事情恰恰表明，一个看起来见多识广的观察者会错得多么离谱。

赫尔穆特·卡尔·贝恩哈德·冯·毛奇 1800 年 10 月 26 日出生于梅克伦堡的帕尔希姆（Parchim），这个贫穷的贵族家庭在 19 世纪培养出了许多普鲁士军队的领袖人物。他的父亲弗里德里希·冯·毛奇在 1797 年结婚之前曾在普鲁士军队服役，1805 年，他在荷尔斯泰因（Holstein）买下一处房产，成为丹麦公民。当他在自己位于奥古斯登霍夫（Augustenhof）的土地上建造新房子时，他的家人留在了吕贝克（Lübeck）。在此期间，年幼的毛奇生活中发生了一个决定性事件。1806 年 10 月，拿破仑在耶拿大获全胜后，这家人不得不忍受普鲁士和法国军队在吕贝克的激烈巷战，这是一段痛苦的经历。在这场巷战中，法国人曾大肆抢劫。在遭受掠夺的房屋中，就有毛奇一家的房子。赫尔穆斯·冯·毛奇一生都对法国充满了敌意，尽管他自己似乎没有过多地提及，但吕贝克的经历显然给他留下了不可磨灭的印象。

1

在荷尔斯泰因，弗里德里希·冯·毛奇的务农生涯无疑是失败的，于是，他重返军旅生涯，加入了丹麦军队，参加了一系列战役，包括 1809 年的施特拉尔松德（Stralsund）战役。在 1845 年去世之前，他最终晋升为中将。1811 年，他把儿子赫尔穆特和弗里茨送到哥本哈根的军事学院。多年后，毛奇回顾了他在那里的时光：

除了挨打，我在那里并没有受过什么教育，也没有机会塑造自己的品格。我常常痛苦地意识到这一点。这种缺乏自主性、总是引用他人观点，甚至任由理性压倒自我意愿的情况，总是让我在精神上感到压抑，就像我只是个能看穿自己的外人一样。[2]

在后来的职业生涯中，毛奇一贯以性格坚毅著称，这表明他倾向于夸大哥本哈根军事学院对他成长的不利影响，但毫无疑问，他在那里过得非常不快乐。然而，确定无疑的是，他在那里与赫德曼－林德科恩（Hegermann–Lindencrone）将军的家人建立了终生的友谊。林德科恩的三个儿子后来都在丹麦军队中脱颖而出。毛奇后来写道："与这个高贵的、受过高等教育的家庭建立友谊对我的发展影响最大。"[3]

毛奇于 1819 年离开军事学院，以少尉的身份进入丹麦军队。然而，一次对柏林的访问激起了他加入普鲁士军队的念头。1822 年，他通过了普鲁士陆军委员会的考试，第二年，他开始在柏林的普鲁士陆军大学（Allgemeine Kriegsschule）深造，在此之前，他曾被任命为一个普军步兵团的少尉。当时德普鲁士陆军大学的院长是卡尔·冯·克劳塞维茨（Carl von Clausewitz），他离群索居且十分严厉，学生们很少见到他。毛奇于 1827 年毕业，他的毕业证书由克劳塞维茨等人签署，上面记录他"写了很多关于实用军事课题的优秀文章。他在科学研究方面的成果卓著。他的表现是无可非议的"[4]。然而，当毛奇从学院毕业时，他的经济条件一点也不宽裕，几年之后他说道："由于我父亲的财富被战争和他的诸多不幸消耗殆尽，而我除了从家里要钱之外，没有其他收入，因此我不得不非常节俭。"[5] 他的贫穷迫使他在几年后着手将吉本的《罗马帝国的衰亡》翻译成德文，这是一项艰巨的任务，但他却没有得到回报——当毛奇翻译到第 11 卷时（该书总共有 12 卷），出版商破产了。

　　离开陆军大学后，毛奇回到了自己所在的步兵团，在那里他担任了一段时间师级军校的校长，之后他奉命前往西里西亚和波森进行地形测量，这项工作他一共干了 3 年。显然，他是一个卓越的地图绘制者，今天德国的全国地形测量图仍然有一部分是由毛奇绘制的。[6]1832 年，毛奇被调到总参谋部工作，当时军人的晋升通常很慢，但毛奇在 1833 年晋升为中尉。1834 年，他被派去执行两项秘密任务，先是去了意大利的里维埃拉，然后去了哥本哈根，并因此获得了圣约翰勋章。第二年，他非常幸运地被提升为上尉。此时，毛奇的经济状况仍然很不稳定；他在与家人的大量通信中，特别是在与不时帮助他摆脱困境的母亲的通信中，经常提到自己经济困难。即使前路未知，但作为一名沉稳且深思的参谋军官，毛奇的军旅生涯显然很顺利。1835 年，毛奇趁着休长假一路向东进发，在探索从巴尔干半岛前往君士坦丁堡的路径之前，他在维也纳停了下来。在那里，他引起了土耳其陆军部长——卓斯里夫帕夏（Chosref Pasha）的注意。在一系列会议中，这位部长对毛奇的专业能力评价很高，并向普鲁士政府申请延长他的假期，以便让他担任土耳其政府的顾问。对毛奇来说，一开始这只是一次短暂的假日旅行，后来却变成了一项为期 4 年的长期任务，因为直到 1839 年他才最终回到普鲁士。

　　在土耳其担任军事顾问期间，毛奇大量汲取了广泛而实用的军事知识。他定期向家人全面地描述自己的经历，回到普鲁士后，他把这些信件整理成了一本书，名为《关于 1835 年至 1839 年土耳其的情况和事件的书信》，并将其出版。在此期间，毛奇担任卓斯里夫帕夏的顾问，他为土耳其军队的重组和引进普鲁士军事体系制定计划，并进行地形测量，还编写了许多关于防御工事和其他军事工程的报告。土耳其苏丹本人对此印象深刻，于是不久之后，由另外 4 名普鲁士军官组成的军事使团被派去支援毛奇。1838 年，毛奇和他的同事冯·穆尔巴赫上尉（Captain von Muhlbach）一起去为哈菲兹帕夏（Hafiz Pasha）效力。当时，哈菲兹帕夏在叙利亚边境指挥着一支约有 3 万人的监视部队，这支部队集结在一起是为了应对埃及叛军头目穆罕默德·阿里（Mehemet Ali）的开战威胁。毛奇对周边国家的状况进行了侦察，并随土军对叛军进行了多次远征。这时，另一位普鲁士军官——冯·文克上尉（Captain von Vincke）也赶到土军司令部来协助他。1839年4月，易卜拉欣帕夏领导下的埃及叛军到达阿勒颇，人们担心埃及叛军要么会直接进军君士坦丁堡，要么会攻击哈菲兹帕夏的军队。易卜拉欣手下有一名法国军官博福特·德·豪特波尔（Beaufort d' Hautpoul）上尉，他当时的职位和毛奇大致相同。就在30多年后，他们在普法战争结束时面对面进行了谈判，当时这位不幸的法国人是由儒勒·法弗雷（Jules Favre）率领的凡尔赛宫谈判团队中的一员。博福特·德·豪特波尔在谈判中表现得平平无奇，显然，他被自己的情绪所牵制，以至于德国的一些无情的观察家断定他喝醉了。这是历史上最具讽刺意味的事件之一。

毛奇认为，在易卜拉欣的备选方案中，其向土耳其首都挺进的可能性最大，他建议，为防止该情况发生，哈菲兹帕夏应在比拉齐克（Biradschik）建立一个牢固的营地，一旦易卜拉欣取得任何进展，这个营地就将威胁到其右翼。

反观土军方面，虽然他们的侧翼受到一条蜿蜒的河流保护，但从某种意

◎ 同时期绘画，1837年在土耳其担任顾问的毛奇。（毛奇 藏）

义上说，这个位置并不理想，因为土耳其军队后方的河流上没有桥。毛奇对土耳其军队作战效能的看法可以从他的评论中判断出来："一座桥只会对逃兵有用，但就目前情况来看，每个人都必须坚守阵地，否则就会被敌军歼灭。"[7]

哈菲兹帕夏本应听从毛奇的忠告，继续将军队留在比拉齐克的绝佳位置上，但是在叙利亚边境，他的几名骑兵遭到了埃及骑兵的袭击，双方随即爆发了短暂的冲突。哈菲兹帕夏怒火冲天，召集了一个战争委员会，宣布他已经同跟随军队的毛拉们进行了磋商，毛拉们认为这一事件就是发动全面战争的正当理由。有人询问毛奇对此有何看法，但由于缺乏参战对国际影响的信息，他坚决拒绝提供政治建议。

哈菲兹显然认为埃及人的行为是对他个人的侮辱，愤怒驱使着他，使他决心把全部部队从比拉齐克的坚固阵地推进到尼西布（Nisib）；6月20日，就在土耳其军队行军之时，易卜拉欣绕过其左翼发动了进攻。毛奇建议哈菲兹在作战时先发制人，对易卜拉欣发动攻击，但哈菲兹对此置若罔闻，从而错过了一个一举击败埃及军队的绝佳机会，反而使自己暴露无遗。毛奇现在强烈建议土军应立即撤回比拉齐克，但显然在自尊心作祟下，哈菲兹犹豫了，尽管易卜拉欣的进攻已经威胁到了他的两翼。毛奇愤怒不已，他认为哈菲兹的举动"抛弃了叙利亚"。后来，他写信给冯·文克上尉，描述了当时的情况："我们在尼西布突然陷入左翼（战略上）被包围的困境，哈菲兹帕夏坚决拒绝回到比拉齐克，因为他说这是'aib'（一种耻辱）。于是，就在战役打响之前，我申请离职，并申请了前往君士坦丁堡的通行证。"[8]

毛奇严肃地警告哈菲兹说："到明天日落时分，你就会知道成为光杆司令是什么滋味了。"[9]6月23日，毛奇的预言成为现实。战斗开始后不久，土耳其军队的左翼很快就溃散了，剩下的士兵绝望地暴露在敌人面前。土军上下乱作一团，如同惊弓之鸟。尽管毛奇和他的普鲁士同胞们竭尽所能，特别是在指挥炮兵方面，土军还是迅速瓦解了。逃离混乱的战场后，毛奇和他的同事穿过拥挤的土耳其败兵，骑马离开了尼西布。两年后，在尼西布战役周年纪念日的晚上，他在写给未婚妻的一封信中写下了自己对这次历险的回忆：

战斗结束后，我们一直骑马向艾因塔布（Aintab）赶去，直到日落时分才赶到，我到达那里时已疲惫不堪，身体虚弱，情绪低落。但就在这个时候，我们被迫又上了马鞍，继续在山上骑行了一整夜，第二天也是如此，除了半块饼干、两颗洋葱和一杯水之外，我什么都没吃。直到今天，我骑着同一匹马，一直在想，除了上帝之外，还要多亏了它的四条腿，我才得以在这个世界上继续四处走动。[10]

后来，当他们与哈菲兹重新会合时，这些普鲁士军官们得知了苏丹的死讯和他们即将被召回普鲁士的消息。对毛奇来说，这是他军事教育中一个非凡而又宝贵阶段的结束。尽管尼西布战事失利，但在这一阶段他表现卓越。哈菲兹帕夏专门为毛奇写了一份评价报告：

从受命之初到现在，他都是一个忠诚勇敢的人，他谨守职责，并完美地完成了他的所有任务。与此同时，我也目睹了这名军官的勇敢和毅力，他甚至冒着生命危险，忠诚地为奥斯曼帝国政府服务。[11]

在返回君士坦丁堡的路上，毛奇代表不幸的哈菲兹向土耳其陆军部长卓斯里夫帕夏求情，并指出交给哈菲兹的任务是不可能完成的：

如果不像我们在报告中一再建议的那样，给他8万士兵，而只给了他4万士兵，各军种还不归同一位将军统一指挥，那战败也不是他的错。这支军队三分之二的成员是库尔德人，这显然是一个错误的安排，因为这些人不愿继续服役，一旦到了紧要关头就掉头逃跑，这也不是哈菲兹帕夏的责任。[12]

文克写信给费舍尔（Fischer）少将，对毛奇的表现进行了评论：

在任何场合，他都表现得像一名"无懈可击的无畏骑士"（le chevalier sans peur et sans）一样，既无可指责，又干练、积极、谨慎。即使在他生病最好卧床休息的时候，他也坚守在自己的岗位上……尽管帕夏在最关键的节点没有听从毛奇，但他一向重视毛奇的意见和建议。帕夏现在非常清楚地认识到，他不按毛奇说的去做会错得多么离谱。[13]

回家的旅程中，毛奇身染重病，他被指派到由普鲁士查尔斯王子指挥的第4军参谋部。1842年，他被提升为少校，同年与妹妹奥古斯塔的继女——16岁的玛丽·伯特（Marie Burt）结婚。虽然年龄相差悬殊，但这是一段十分幸福美满的婚姻，在接下来的25年中，尽管毛奇与他的妻子聚少离多，但他定期用一系列信件详细描述了他所目睹的事件，信中充满了温柔的爱意。

与此同时，毛奇一直在撰写《1828年至1829年的俄土战争史》，这本书大约就是在这一时期出版的。在该书中，他对俄罗斯指挥官的表现和俄军的组织结构进行了深入的分析。他重点批评了俄罗斯人未能有效地使用他们所掌握的大量攻城火炮，还指出：俄国人对军队的实际需要远远低于他们对军队的依赖程度：

> 准备工作不足，战役开始得太晚，对主力部队的指挥也多半保证不了战役胜利。但是所有这些缺点都被俄国军队与生俱来的优势所弥补了。[14]

1854年，毛奇著作的译本在英国出版；两年后，毛奇访问伦敦时，在约翰·默里出版社（John Murray）看到了一本他写的书，并在译者的前言中读到这本书的作者是一位"现已去世的冯·毛奇男爵"[15]，这着实把他逗乐了。

令毛奇大吃一惊的是，1845年末，他被任命为亨利亲王（Prince Henry）的副官，后者即普鲁士国王腓特烈·威廉四世年迈的叔叔。当时，亨利亲王居住在罗马。副官的工作并不繁重；毛奇与他的妻子和弟弟在罗马度过了一段愉快的时光，直到第二年亲王去世。1846年12月，毛奇回到了现役部队，成为第8军的参谋，正是在这一职位上，他平安地躲过了柏林"三月"动乱的最高潮，当时他正在莱茵兰服役。

1848年8月，他在给弟弟阿道夫（Adolf）的信中悲伤地写道：

> 可怜的祖国！好人都在沉默，而一群社会渣滓正在统治国家……一切都必须以战争结束，想到一声枪响就能了结所有这些空谈家，我就多少能得到点

宽慰。[16]

毛奇后来被提升为马格德堡（Magdeburg）第 4 军的参谋长，他认为这个职位可能是自己职业生涯的顶峰。在 1850 年写于马格德堡的一份报告中，毛奇指出，由于德国的紧张局势不断升级，"欧洲的和平不再依赖于大臣之间的会议，而是取决于轻骑兵巡逻队的行动中"。然而，不久后，普鲁士军队高层下达动员命令，他被深深卷入到这一命令给他的部队所带来的诸多实际问题当中。普鲁士在奥尔米茨（Olmütz）会议上的失败令他陷入了深深的绝望。1851 年 1 月 29 日，在被迫遣散部队后，他给妻子写了一封信：

我们的整个政策已经如此扭曲，以至于我们现在不得不接受许多屈辱，我们必须放弃过去三年内我们所要求和计划的一切，这我完全理解。但让人费解的是，我们要召集 50 万人在各个地方投降，还要在腓特烈大帝生日那天帮助奥地利人渡过易北河。这一天给我们带来了多大的灾难啊！[17]

下个月，他在给弟弟阿道夫的信中写道：

（我们）从未签署过比这更可耻的和平协议……但最糟糕的政府也不能毁灭这个国家；普鲁士仍将是德意志的最强者……不过不可否认的是，地球上肯定再也没有比德意志更可怜的民族了。[18]

虽然普鲁士军队的动员出现了很多问题，在效率达到一个可以接受的标准之前，还需要进行大量的改革，但毛奇发现在马格德堡的行动进行得相当顺利，不久后他就对弟弟说："动员和复员让我有很多事情要做，但结果是令人满意的。"尽管如此，毛奇很清楚，从这次经历中他可以吸取很多教训。

毛奇继续在马格德堡以他一贯不引人注目的态度履行自己的职责，并参加了他非常重视的一年一度的参谋乘骑作业。在这些参谋以及与他们熟识的人员当中，他的声望越来越高。对他来说，他对很多在未来可能会扮演重要角色的人形成了专业的看法，比如 1854 年，毛奇对腓特烈·查尔斯王子（Prince

◎ *1866 年的毛奇。（罗杰斯 摄）*

Frederick Charles）军事能力的评价，他说："王子对这份职业有着绝对的热情，这要归功于他优秀的洞察力。他工作做得很好。我相信他有朝一日会恢复普鲁士军队的古老荣光。"[19] 不过，在后来的某些日子里，他也许不会再对这位"红王子"①抱有这么好的看法了。

1855 年 6 月 2 日，毛奇的职业生涯出现了一个至关重要的转折点，他突然被普鲁士国王腓特烈·威廉四世（Frederick William Ⅳ）召见，并被告知王室希望他担任国王侄子腓特烈·威廉（Frederick William）王子的副官。在接下来的两年里，毛奇过着王室朝臣的生活，陪伴着年轻的王子进行他所有重要的出行，其中最重要的是陪同王子访问英国，并最终与英国女王的长女维多利亚公主订婚。在担任王子副官的过程中，毛奇与王子的父亲威廉亲王定期保持着密切的联系，并在德国内外会见了很多大人物以及社会名流。他写信给玛丽，详细描述了自己的经历。1856 年 12 月，毛奇和王子一起访问了巴黎，他注意到拿破仑三世骑马的姿势比步行优雅，而且在社交场合并不显眼。在谈话中，这位法国统治者甚至显得有些局促。没错，拿破仑三世是一位统治者，但根本不像一位国王。[20] 相比之下，毛奇更喜欢欧也妮皇后（Empress Eugénie），她也曾注意到毛奇：

一位叫毛奇或类似名字的将军陪同王子出席；这位先生寡言少语，看上去只不过是个空想家；不过，他总是很有趣，他的妙语使人惊奇。德国人是一个令人印象深刻的民族。路易斯说他们是代表未来的民族。呸！[21]

---

① 译者注：因其最喜欢红色的轻骑兵制服而得名。

迄今为止，毛奇的诸多职务已经使他在普鲁士宫廷的社交圈内成为一位受人尊敬的著名人物了。他个子很高，身形瘦削，像是个苦行僧；由于过早秃顶，他习惯性地戴着假发，但并不是虚荣心作祟，而是为了头部保暖。他智力超群，是一位极有造诣的语言学家。不过，正如欧也妮所说，他也有些沉默寡言。有句调侃他的名言是，毛奇"可以用七种语言保持沉默"。然而，他的宫廷生活已经接近尾声。1857年10月，普鲁士陆军总参谋长卡尔·冯·雷赫（Karl von Reyher）将军去世。虽然毛奇曾向他的妻子指出，"来自法兰克福的赖岑施泰因（Reitzenstein）很可能被任命为新任总参谋长，这将是一个很好的选择"，但实际上，被要求暂时接替总参谋长一职的是毛奇自己。这项任命主要是由新上任的内阁军事部长埃德温·冯·曼陀菲尔（Edwin von Manteuffel）少将做出的，他的个性和极强的工作能力对普鲁士的军事政策产生了重大影响。

曼陀菲尔出生于1809年。1848年3月，他作为普鲁士阿尔布雷希特（Albrecht）亲王的副官，发现自己正处于围绕腓特烈·威廉四世国王所爆发的、混乱局面的中心，当时那位困惑的国王正努力应对柏林的暴动。由于具备独特的人格力量，曼陀菲尔在国王顾问们焦急的讨论中扮演了重要的角色，他总是建议趁革命尚在初期，对其进行猛烈的镇压。危机平息后，他被任命为国王的"流动副官"，此后，他一直处在军方的权力中心。此外，曼陀菲尔还具有相当的外交技巧，并被派往国外执行了许多重要任务，特别是在克里米亚战争期间。他秉持着最为激进的改革观点，并且立场坚定，始终如一；在军队改革的斗争中，他强烈反对向议会做出任何让步。1860年5月，他写了一篇关于军队改革的文章："我认为，如果不立即组建这些步兵团，军队士气、军中实力以及统治者的地位都会受到影响。"[22] 他时刻警惕着对手发动政变的可能性，这存在使保守势力复辟、改革进程付诸东流的风险，1862年1月，国王威廉一世采纳了一项纯粹作为预防措施的行动计划，以防柏林进一步陷入混乱，这份行动计划就是由曼陀菲尔和希勒·冯·加特林根（Hiller von Gärtringen）中将共同起草的。

克雷格教授称曼陀菲尔是"不可救药的空想家"：

伊巴密浓达（Epaminondas，古希腊政治家）、汉尼拔（Hannibal）和华伦斯坦（Wallenstein）这些古代杰出人物的事迹激发了曼陀菲尔的想象力，这些人物在军事和政治上都天赋异禀。从他自己的信件中不难推断，曼陀菲尔试图仿效过去的这些伟人，成为他那个时代最伟大的军事家和政治家。[23]

可见，曼陀菲尔这种个性的人总是容易与政治家们产生矛盾，后者的目标是通过一套复杂而微妙的政策来实现变革，这些政策必须在一定程度上考虑到是否与宪法相符，而这些都是与曼陀菲尔激进的改革主张相悖的；自然而然地，曼陀菲尔与俾斯麦发生了冲突，尤其是在俾斯麦成为首相之后。但这些事情都是在未来才发生的；就目前而言，1857年内阁军事部长的职位还是留给了当时军衔为少将的曼陀菲尔，使他有机会通过全面振兴军官队伍，淘汰老弱病残，为将普鲁士军队打造成一具真正的"战争机器"而做出重大贡献。曼陀菲尔一向认为这是他最伟大的军事成就，平心而论，他在迅速提升普鲁士军队战斗力并使其成为更可靠的王权工具方面确实厥功甚伟。

曼陀菲尔的观点广为人知，在自由派的心目中，他被认为是军队中最极端的分子，支持最不受欢迎的民兵（国土防卫军）改革。1861年，一位名叫卡尔·特威斯特恩（Carl Twesten）的市议员出版了一本小册子，指责曼陀菲尔企图将军队与普鲁士人民分离开来，曼陀菲尔则要求这位议员立即收回这些小册子，但遭到了后者的拒绝。不久后，曼陀菲尔选择了另外一种解决方式——与特威斯特恩决斗。决斗的结果是，特威斯特恩的手臂中弹，而曼陀菲尔被暂时囚禁在一座堡垒里，这令威廉一世感到很沮丧，但他自己对这一结果却相当满意。当曼陀菲尔复出时，他的职位比以往任何时候都更有影响力，他继续加强内阁军事部长的地位和作用——以牺牲陆军部为代价，取得了相当大的权势。这反过来又使他在日后与陆军部长阿尔布雷希特·冯·罗恩（Albrecht von Roon）发生冲突。普鲁士军队高层的内部意见已经两极分化了，曼陀菲尔和"国王的秘密顾问团"成员反对前陆军部长爱德华·冯·博宁（Edouard von Bonin）及其支持者，这些人试图抵制内阁军事部长权力的增加。有人提出，在寻找总参谋长雷赫的替代人选的时候，毛奇实际上是一个折中的候选人，上述两派都能接受。毛奇无可争议的技术能力，以及他的思虑周全和不愿参与内部政治斗争的态度，使他成为最佳人选。[24]

当然，军事问题一直是普鲁士王室成员最关心的问题；对他们中的许多人来说，参军是他们的天职。1814 年，普鲁士国王腓特烈·威廉三世（Frederick William Ⅲ）的次子威廉王子（Prince William），即后来的德意志第二帝国皇帝（威廉一世）就陪同他的父亲和其他反法同盟君主在法国参加了推翻拿破仑一世（Napoleon Ⅰ）的战役。然而，威廉王子不仅仅是一个旁观者；注定要成为一名军人的他那时才 17 岁，就已经获得了上尉军衔。战争期间，威廉王子在战火中表现出了非凡的勇气，沙皇授予他圣格奥尔基勋章，他父亲授予他铁十字勋章。此后，他过着皇室王子和职业军人的正统生活，为尽忠职守而放弃了他一生的挚爱拉齐威尔公主（Princess Radziwill），因为她不是皇室血统，因此并非合适的配偶。到 1829 年，当威廉迎娶了门当户对的魏玛奥古斯塔公主（Princess Augusta of Weimar）时，他已经是指挥一个军的中将了。1840 年，他父亲的去世使他成为王位的代理继承人——他的哥哥（国王腓特烈·威廉四世）膝下无子，他被封为普鲁士亲王。

1848 年的动荡时期，威廉王子被认为是"保守势力"的一员，并成为柏林暴徒暴力袭击的目标，腓特烈·威廉四世国王下令让他离开柏林。威廉王子在英国度过了两个月愉快的流亡生活，直到普鲁士逐渐恢复了秩序，他才得以返回柏林。在那里，他小心翼翼地避免引起任何争议，静静地住在自己位于巴伯斯贝格（Babelsberg）的宫殿里。

然而，1849 年 5 月，威廉王子被任命为德意志联邦派往巴登镇压起义的军队指挥官。在普法尔茨（Palatinate，即享有王权的贵族领地）的战斗中，他分别于 6 月 14 日、6 月 23 日和 6 月 25 日，在基希海姆博兰登（Kirchheim Bolanden）、上斯塔德特（Upstadt）以及杜尔拉赫（Durlach）获胜，并于 25 日率军进入了卡尔斯鲁厄（Karlsruhe）。由米罗斯拉夫斯基（Mieroslawski）和弗朗茨·西格尔（Franz Sigel）指挥的叛军不断撤退，威廉在他们后方穷追不舍，很快就把他们驱逐到黑森林的丘陵地带。

回到柏林后，威廉王子恢复了王位继承人礼仪繁复且低调谨慎的生活，并继续他的军事生涯，他于 1854 年晋升为陆军元帅。此后，威廉的大部分时间都在科布伦茨的陆军总部度过。然而他在巴登的战斗经历，以及普鲁士军队在 1850 年的动员过程中暴露出来的严重缺陷，证实了对普鲁士军队进行实质性改革的必要性。[25] 尤其是在他看来，陆军的服役期应从 2 年延长到 3 年，他还认为民兵应该并入正规军。这两个观点都有可能使他与大多数自由派政治家陷入严重的政治冲突当中。

威廉一生都对军队忠心耿耿；正如法国武官斯托费尔上校所指出的，他"如此热爱军事职业，不顾一切，以至于他的臣民，甚至是那些最忠诚于他的人，都以此来指责他"。但在 1867 年，双方共同参观了巴黎展览会之后，毛奇针对斯托费尔的狭隘观点发表了自己的意见：

> 我很高兴国王看到了巴黎的壮丽景色；他几乎完全投身于军队。斯托费尔今天可以看到，一个君主可以在不忽视军队的情况下（因为我们的军队非常优秀），对所有有助于国家伟大的事情都感兴趣。也许我比任何人都更有资格这样说，因为我没有理由抱怨国王对军队的热爱。[26]

1855 年，威廉担任军事委员会主席，审议了普鲁士军队应采用何种步兵武器这一重要问题。在巴登战役中表现得相当成功的德莱赛（Dreyse）击针步枪被选中。这一决定产生了巨大而深远的影响，威廉也因此对国家的未来做出了重大的军事贡献。另一个影响普鲁士未来的重要因素是威廉与阿尔布雷希特·冯·罗恩将军亲密的个人友谊，他们的友谊从 19 世纪 50 年代初期建立起来，当时他们都驻扎在科布伦茨。罗恩为威廉鼓吹军队改革的必要性提供了强大的智力支持。

1848 年，当时还是少校的罗恩受到奥古斯塔公主的邀请，担任年轻的腓特烈·威廉王子（即后来的腓特烈三世）的军事导师，但他拒绝了，理由是他与公主政见不同，并且他认为自己太过保守，不适合担任这个职位。他对那些具有自由主义倾向的人深有成见，当他看到腓特烈·威廉四世国王向柏林暴民投降时，他感到愤怒不已。他在给妻子的信中沮丧地写道："军队现在是我们的祖国，因为只有在那里，那些让一切陷入混乱和肮脏的暴力分子才无法渗透进去。"这一观点在普鲁士军队中得到了广泛认同，但罗恩不仅仅是一个无脑的"保守分子"。他是一个聪明、有思想的人，对军队未来的作用及其可能产生的政治影响有着清晰的认识。在他看来，情况是这样的：

普鲁士国民军好像只不过是一群无家可归的、买通来的雇佣兵，他们没有权利，必须服从于庸碌之辈和无产者的权力和意志。但是，军队应该而且必须在我们所参与的历史进程中发挥作用，它有权这样做。[27]

罗恩出生于 1803 年，他的家族最初是荷兰血统，他本人先后曾在库尔姆（Kulm）和柏林的军事学院接受教育。他于 1821 年被授予军衔，并于 1834 年加入总参谋部。后来，罗恩还被任命为普鲁士陆军大学的讲师，其所授科目是地理和战术，他还出版了很多教科书。1841 年，罗恩身患重病，但于 1842 年康复并被提升为少校；第二年，他被任命为腓特烈·查尔斯亲王的教官，后者是普鲁士国王和普鲁士亲王的侄子。这是他走进普鲁士王室视野的重要契机。1848 年 5 月，在目睹了柏林"三月暴动"之后，罗恩成为莱茵兰第 8 军的参谋长；第二年，他在威廉王子的领导下，以同样的职位在冯·赫斯菲尔德（von Hirschfeld）的军团服役，并参加了随后的巴登战役。他先是担任了一个步兵团的指挥官，然后成为一个旅的指挥官。1858 年，他受命指挥第 14 师。

威廉王子和罗恩之间的亲密友谊坚定了前者进行大规模军事改革的决心。这显然是他们经常讨论的话题。1846 年，罗恩被派往波森（Posen）待了一段时间，威廉写信给他，对他被派到这么远的地方表示遗憾，"因为这结束了我们之间的亲密交谈，这对我来说是一个巨大的损失"。但是他们一直保持着密切的联系，不久后，他们的关系就对德国的历史进程产生了重要的影响。

在普鲁士的军事发展过程中，威廉至少还对大炮的装备这一方面产生过巨大影响。在大多数情况下，威廉在订购新型武器时无视那些过于谨慎的专业意见，他以这种方式确保了一项关键技术的成功发展，而这项技术最终将在 1870—1871 年的战争中发挥至关重要的作用。威廉经常被描绘成一位或优柔寡断或无所作为的统治者，总是被有权有势的顾问团所操纵；但只要看一眼他为自己做出的决定，就会发现这种判断是错误的。他选择了罗恩、毛奇和俾斯麦；他选择了击针式步枪；他还支持由阿尔弗雷德·克虏伯（Alfred Krupp）生产的铸钢大炮。没有多少君主能取得这样杰出的成就。

第二节 毛奇和普军总参谋部

1832 年毛奇以中尉军衔加入的这个机构（总参谋部），现在已经发展到这样一个程度了：它为普鲁士军队源源不断地提供组织资源，而且效率远远高于它的潜在对手。但直到 25 年后，普鲁士总参谋部的领导权落入毛奇之手，他才有机会在其历史发展的坚实基础上再接再厉，从而建立一个具有独特军事属性的机构。

普鲁士总参谋部的演变最早出现在 17 世纪中叶的大选帝侯（Great Elector）时期。在随后的一百年中，尽管总参谋部已初具雏形，但其职能非常有限，且进步不大。腓特烈大帝为它的进一步发展注入了新的原动力；他在评论七年战争时期缺乏专业训练的普鲁士军官时写道：

> 虽然军队经受住了许多战役的考验，但总部经常感到缺乏一个优良的军需官参谋部。国王急于建立一支这样的军官队伍，于是挑选出了 12 名具有特殊才能的军官。[1]

18 世纪末期，总参谋部的规模在 15 到 24 名军官之间波动。1783 年，当克里斯蒂安·冯·马森巴赫（Christian von Massenbach）被任命为参谋部成员时，总参谋部的发展受到了第一次重大影响。到 1800 年，总参谋部的职责范围不仅包含布置营地、建设防御工事和侦察情报，而且还扩展到带领纵队行进、收集情报以及向指挥官提供建议。马森巴赫的权力逐渐扩大，在 1802 年，他设计了一套"指令"，旨在界定总参谋部的职责范围。其中，在指令书的第一部分，他论述了"制定军事行动的详细计划所依据的命令和规则"[2]。第二年，以马森巴赫的建议为基础的组织方案终于通过了审批。其中，除计划扩充总参谋部的规模以外，也许最重要的内容就是增设三个科室了，这三个科室分别负责普鲁士南部、西部和东部的军事事务。在此期间，另一项重要的革新是那些被任命为参谋人员的年轻候选人需要参加考试，其内容包括测量、防御、战术、军事艺术和历史。此外，他们还必须表现出正直、可靠，以及对团级军务的全面了解才可以任职。马森巴赫思想的进一步发展，使普军参谋人员的素质在长时间内稳步提升，他的一些更为详细的建议也发挥了重要作用。通过这种方式，他成功地使他偏爱的一些理论被广泛接受为正确的军事理论，其中一个例子是他的防御准则，"以几个大型的中央堡垒为依托，再散布大量较小的堡垒"[3]。

因此，从某种程度来说，马森巴赫是现代德国总参谋部的真正创始人之一；然而，正如研究这段历史的权威历史学家所说的："随着马森巴赫的军事生涯在普伦茨劳（Prenzlau）过早地结束，他对总参谋部进一步发展的影响也戛然而止了。"[4]尽管这位普鲁士总参谋部"首席设计师"的军事声誉由于耶拿战役的惨败而被毁，但打造总参谋部的未来这一重任却几乎立刻由格哈德·冯·沙恩霍斯特（Gerhard von Scharnhorst）承担起来了，他将其归入普鲁士军队被拿破仑击败后所进行的重组任务中。

沙恩霍斯特下令，组建一个由26名军官组成的参谋部，由一位军衔为少将的军需总监领导。他还规定了一套新的特别指令，这套指令不限于参谋人员，而是分发给所有普军将领：

> 这样一来，一方面，每一位参谋军官都应该确切地知道他必须做什么，对他的期望是什么；另一方面，将领们也应该认识到参谋人员的职责，以避免误解命令、重复下命令、对战事发展预判错误或者出现互相指责的情况。[5]

这样，所有指挥官所依赖的思想一致性成为参谋人员训练的核心准则，也成为普鲁士军队后来取得成功的一个至关重要的因素。

沙恩霍斯特还扩大了总参谋部军官在和平时期的训练范围，使他们能更好地处理部队的常规事务并熟悉部队可能开展行动的地形。从此以后，参谋人员夏季考察的范围也将扩大——将囊括可能成为未来战区的国外地区；而且军事历史的研究也必须要和实际的地理位置联系起来。此外，沙恩霍斯特还设立了三所军事学校，不断向军官提供科学训练，并在柏林专门设立了一所军官学院；所有这些单位都由军事教育中心办公室监督。[6]沙恩霍斯特不失时机地丰富军官们的经验，他曾安排了一支由高级参谋人员所组成的特遣部队，随同普鲁士军团前往俄国与拿破仑战斗，以使尽可能多的军官对他们理论学习过的所有学科都拥有实战经验。

不过，要想使普鲁士军队完全了解总参谋部的巨大作用尚需时日。在其发展的初期，人们只是逐渐认识到总参谋部的重要性。直到拿破仑战争时代，军队规模迅速膨胀之后，才令军需官的角色变得如此重要：

由于庞大的军队分散在相当多的地区，军队急需更新的组织和更好的管理。一个集中了 4 万人的军队与分散在广大地区的 20 万军队对参谋人员的需求显然会有所不同。[7]

普鲁士的幸运之处在于，它对参谋制度的有效性评估甚至比拿破仑统治下的法国军队还要先进得多。

沙恩霍斯特去世后，他的继任者是极具影响力的奥古斯特·内哈特·冯·格奈森瑙（August Neidhardt von Gneisenau）。他曾自称为沙恩霍斯特的圣彼得（彼得是耶稣最得力的门徒）；尽管与沙恩霍斯特性情迥异，但他对沙恩霍斯特思想的发展做出了重大贡献。尤其是，他所发展的一个概念——参谋长对军队指挥官所做的决定负有共同责任。格奈森瑙继续担任参谋长一职，直到拿破仑战争结束。此后，格奈森瑙又对总参谋部进行了进一步的重组，将柏林的总参谋部与其他军队事务部门完全分开，改为直接向陆军部负责，在作战单位中，参谋人员则以"Truppengeneralstab"（即"参谋官"）的形式进行分组。格奈森瑙的继任者卡尔·冯·格罗尔曼（Carl von Grolmann）的任期则标志着总参谋部发展的另一个关键阶段：

他的性格以骄傲、坚定和强烈的独立意识为特征。他与博扬一致要求对参谋长和普通参谋人员进行全面改革。在他的领导下，总参谋部在知识和科学上的卓越地位使其成为普鲁士封建社会中一个明显的反封建因素。[8]

1816 年，格罗尔曼恢复了总参谋部之前的组织形式，即按照地理区域——东、南、西，包括潜在的战区进行划分，后来增加了第 4 科，专门负责军事历史的研究。格罗尔曼在博扬的支持下，将沙恩霍斯特的原初理念转化为现实，他强调参谋人员要进行继续教育并拥有很高的知识水平。他还确保了军官在各线列步兵团和总参谋部之间，以及总参谋部内部的定期轮换。这样，就可以及时掌握有前途、有发展的军官的情况了。

"普鲁士总参谋部"从陆军部中独立出来，这或多或少有点偶然的意味，因为卡尔·弗莱歇尔·冯·穆弗林（Karl Freiherr von Müffling）之所以接替格罗尔曼之职，被任命为总参谋长，只是由于他在军队中的资历较老而已。迄今为止，普鲁士总参谋部一直隶属于陆军部第二部门，但该部门的首长是鲁赫勒·冯·利连斯特恩（Rühle von Lilienstern）少将。因此，对冯·穆弗林中将的任命就造成了资历问题，鉴于军衔更高的人担任了总参谋长，这个职位就必须进行修订并扩大职权才行，这在客观上使总参谋部获得了部分自主权。正如布罗萨特·冯·谢伦多夫（Bronsart von Schellendorff）在19世纪末所指出的那样，这种分离是推动普鲁士总参谋部发展的一个关键因素："我们可以把这种情况看作是总参谋部在最近几次战役中取得辉煌成就的重要原因之一。"布罗萨特还指出，在其他国家，总参谋长或从属于陆军部长，或由陆军部长兼任，在战争爆发后，陆军部长（或称为战争部长）将承担主要责任。他认为，这简直是"大错特错"，因为这两个职位所需资格是完全不同的，即使能够找到具备所有必要技能的人：

他也不可能在战时同时担任上述两项任命。即使是最有才能的人也不可能……军队的总参谋长在和平时期必须保持独立的地位。[9]

后来，穆弗林的声望和权威确保了总参谋部的独立发展，尽管由于经济原因，和平时期总参谋部的规模削减为28名在总参谋部服役的军官和18名在各军参谋部服役的军官；但在战争爆发时，参谋军官的总数从46人增加到了101人。偶然担任总参谋长的穆弗林，其中将军衔后来成为担任这一职位的必要条件，这其实进一步肯定了其日益扩大的权威。

在1828年，穆弗林做出了关于人员重组的指示，对此有人评论：

他的指示具备了所有现代军事组织的基本要素。例如，为了让参谋人员更好地完成自己的任务，对他们进行的训练设有专门的教育体系。此外，参谋长还被授予以军队指挥官的名义发号命令的权力。而且所有送交指挥部的事宜

◎ 约翰·威廉·冯·克劳斯奈克步兵上将，从 1829 年到 1848 年担任普鲁士总参谋长。（普里斯多夫 藏）

◎ 普鲁士总参谋长卡尔·弗里德里希·威廉·冯·雷赫将军——毛奇的前任，从 1848 年到 1857 年去世一直担任这一职位。（普里斯多夫 藏）

均应该按固定程序经适当的参谋团部门进行处理。由此我们得出了一个强有力的推论：经过穆弗林的改革，普鲁士总参谋部的军官已经具备了如下权力，即有权检查和监督下级单位对上级指挥部所发命令的执行情况。[10]

当然，至此当克劳塞维茨前来审查总参谋部的作用时，它的职责已经得到了明确界定。他写道：

（总参谋部）旨在把将军们的战略和战术思想转化为实际的命令，不仅要将其直接传达给部队，而且还要解决所有的细节问题……需要强调的是，只有将军才拥有对部队的指挥权并承担相应责任。但总参谋部的军官们必须是他忠实而机密的顾问。[11]

从 19 世纪中叶到 70 年代，又有一个非正式的职责被分配给了普鲁士总参谋部的第二科（也是总参谋部的核心部门），即监督部队并组织培训、动员和部署，因此该部很快就成为整个参谋体系的核心。在另一个独立的部门成立之前，它甚至还要负责管理铁路运输事务。

在穆弗林之后，毛奇之前，只有两个人曾经担任过总参谋长，分别是约翰·冯·克劳斯奈克（Johann von Krauseneck，任期1829—1848年）和卡尔·冯·雷赫（Karl von Reyher，任期1848—1857年）。两者的任职经历差不多，都是从普通军官中脱颖而出的，两者的思路也差不多，那就是继续推进对普通参谋人员的培训，但由于处在和平年代，其发展在一定程度上受到了经济的制约。在1848年至1850年的多事之秋，尤其是在签订《奥尔米茨条约》前后，普鲁士人才发现参谋部的不良发展已经给军队带来了很多问题。为此，雷赫开始了进一步的改组，把和平时期的参谋编制增加到64名军官。

雷赫去世后，毛奇起初只是被任命暂时代理他的职务，这一任命的"临时性"，一方面是由于他的军衔（毛奇当时只是一位少将），另外，据称国王腓特烈·威廉四世想让自己的弟弟（即威廉王子和后来的威廉一世）担任这一职位，但后者当时健康状况不佳，因此毛奇才得以上位，一旦威廉王子康复，他将立即从毛奇手中接管这一职位。1857年12月，毛奇在给弟弟阿道夫的一封信中对自己的新职位进行了解释：

由于这个职位需要一位中将，而我只有少将军衔，所以这个任命只能是暂时的。我仍然穿着猩红色衣领的步兵制服；我的工资也比这个职位实际的薪水要低800泰勒（德国的旧银币名）。不过，我已经拥有了总参谋长的所有职权，包括官邸和卫兵等。我的部队由64名军官组成，其中50人是所谓的"主力参谋"，但实际上参谋部队的规模非常小，因为这些人不仅要负责总参谋部，还要在9个军、18个师的参谋部中任职。拨给参谋部队的日常经费为2.6万泰勒，我可以全权支配这笔经费，但我必须将其中的相当一部分花在对全国进行三角测量和地形测绘上。在这方面，我有一支由30名军官组成的专业测绘队伍，他们都是从军队中精心挑选出来的；此外，我还有1万泰勒的差旅费。起初，我为了熟悉职责，不得不非常努力地工作；我的工作主要集中在参谋业务本身和人事方面。后者是十分重要的，让参谋人员各司其职不仅对各军有利，对整个普鲁士陆军也能起到推进作用。[12]

当然，威廉亲王非常了解毛奇。在普鲁士宫廷服役多年的经历，使毛奇有机会与王室和军队的高级军官熟识，因此，他能被委以这样一个重要的职位也就不足为奇了，尽管这个任命最初只是暂时的。1858 年，毛奇的地位终于得到了确认，在年度演习结束时，他简短地向妻子描述道：

在演习场上，在最后一天的行动结束时，瓦德西（Waldersee）被亲王以国王的名义提拔为将军……我也收到了一封用蓝色信纸所写的信件，上面写道："在第 5 和第 6 军的常规训练结束时，我很高兴能借此机会向你证明，我对你十分满意；现奉国王陛下之命，正式提升你为陆军总参谋长。"

信纸下方落款为："1858 年 9 月 18 日，普鲁士亲王签署于莱格尼茨。"

此后，我将再次穿上参谋军官的制服。今天，我和我的同事们召开了第一次会议。明天是假日，之后我们将开始举行参谋乘骑作业。这儿有一个非常精致的小剧院，光线充足，舞台布置舒适，演员也很不错。我的风湿病几乎是来得快去得也快。[13]

就这样，谦逊的毛奇开启了他的传奇生涯，在此期间，他先是领导普鲁士军队，后来又领导整个德国的军队，在统一战争中取得胜利。

有趣的是，担任总参谋长的毛奇与前辈沙恩霍斯特的风格惊人地相似。雷赫曾经在 19 世纪 50 年代初的一份对毛奇的评价中写道："不过，他缺乏力量和活力，而没有这些，一位军队指挥官就无法长期维持其权威。"[14] 一位美国历史学家后来总结道："奇怪的是……毛奇与沙恩霍斯特在职业生涯的初期都给上司留下了相同的负面印象。"

沙恩霍斯特本人非常像一个学究，几乎不带有任何军人色彩，与精明的同僚们相比，他显得格格不入。其中一位同僚曾经说过，就军事而言，他所认识的任何一位士官都比沙恩霍斯特要更胜一筹。而毛奇的一位领导也曾说过："这号人永远也不会成为一名军人。"[15]

然而，事实上，毛奇的确不只是一名军人：

　　在普鲁士军官当中，只有毛奇可以不受当前军事技术的限制。在某种意义上，必须认为他是一个"伟大的例外"，无论如何，他都是普军将领队伍中的一个非常独特的人物，他是一个令人吃惊的、多才多艺的天才，具有无限的好奇心和最开放的思想。[16]

　　正是这种思维能力上的广度和深度使毛奇在紧急时刻表现出足够的冷静和信心，从而赢得了士兵们的爱戴，对于一个几乎没有什么实战经验的指挥官来说，这简直让人感到不可思议。

　　上任后不久，毛奇就着手对总参谋部的组织结构做了一些重要的改革。克劳斯奈克曾经放弃了格罗尔曼按地域划分参谋人员的体系，取而代之的是基于功能进行划分的系统。毛奇现在重新恢复了格罗尔曼创立的结构，设立了四个负责战略规划和分析的部门。其中，东方科负责关于俄国、哈布斯堡帝国、瑞典和土耳其的相关事务。德意志科负责德意志诸邦国、丹麦、瑞士和意大利，西方科负责法国、西班牙、英国、低地国家和美国。至关重要的是，毛奇新成立了一个铁路科，该科室全面负责铁路运输的组织工作，由总参谋部军官与帝国商务部和铁路公司的官员合作，并在对军事运输进行统筹调派、规划和有效利用铁路网络等方面发挥关键作用。为了向这些负责实际事务的部门提供支持，毛奇还重建了一个支援单位——军事史科。[17]

　　毛奇的到来不仅立刻改变了普鲁士陆军总参谋部的结构，甚至还改变了这个机构的文化氛围。随着总参谋部的作用逐渐提升，其成员也承担了更广泛的责任。由于参谋人员时常要被分配到团部，他们与军队的联系更为紧密了；此外，参谋人员还增加了很多抽象的工作，比如军事史撰写、统计分析和地图制作。不过，毛奇最重要的改革还是系统性地加强了针对一般参谋军官的战术和战略训练。[18]

　　正是凭借自己对战争形态发生的巨大变化的高瞻远瞩，毛奇才得以将总参谋部重新塑造成一个能够应对任何严峻挑战的利器。事实上，广泛使用铁路运送部队，以及利用电报来指挥部队等新技术的发展，对参谋人员提出了新要求，这大大增强了参谋人员的作用和责任。与此同时，尽管普鲁士总参谋部需要管理的军队规模也在不断扩大，但上述技术进步已经为毛奇提供了有效管控军队的手段。这在一定程度上消除了普鲁士的地理位置所带来的"天然劣势"：

> 毛奇的天才之处在于，他是第一个掌握这些新技术手段，并以此为作战行动的"制胜法宝"的人。更难能可贵的是，他还提前领悟了这些新技术为赢得战略优势所带来的可能性。他很早就意识到，在未来战争中，战役进行的速度要快得多，这样一来，在最初集中兵力时犯下的任何错误，过后几乎都没有机会得到弥补。因此，战争动员——特别是利用现有铁路对部队进行精心部署的重要性就空前提高了。[19]

毛奇最早的一位传记作家以同时代人的视角诠释了他对普鲁士总参谋部的改革：

> 毛奇壮大了总参谋部的队伍，他不遗余力地挑选最优秀的军官，并不断地监督他们接受教育；总而言之，他的坚持不懈，使普鲁士的参谋部，也就是人们常说的"军队智囊团"，成为军队知识力量的中心和源泉。得到参谋部的全面指导自然成为一名擅长兵学的人所追求的理想。[20]

除了在训练方面一丝不苟之外，毛奇还注重培养参谋人员解决实际问题的能力。1858年，也就是毛奇担任总参谋长的第一年，在一次参谋乘骑作业中，他不厌其烦地强调，参谋人员要针对具体问题提出直截了当的解决方案，要杜绝任何纯粹的空想或脱离现实的做法。普军的日常军事训练、部队骑行和年度军事演习的设计，都是为了模拟发生战争时可能出现的情景。毛奇和他的下属们已经对未来战争中可能出现的各种状况进行了仔细分析，并据此制定了相应的对策。

毛奇的改革与普鲁士总参谋部的早期发展可谓是一脉相承。这些改革虽然对普鲁士军事的发展起到了关键的推动作用，但其过程却是循序渐进的。这种进步并非源于总参谋部领导人的个人野心（比如不断扩张自己的权力），而是以毛奇为代表的决策者在不断的实践中以冷静、科学和权威的建议所推动的。当然，最重要的是，对于毛奇而言，无敌的战绩才使得他获得了无上的权威。如果不是普鲁士军队在1864—1871年取得的惊人胜利，以及普鲁士国王首先是一名士兵这一事实，那么总参谋部的权力是不会像这样稳步增大的。

值得一提的是，在毛奇任职的早期，他手中的权力其实是非常有限的，普鲁士军队的很多决策都没有正式征求过总参谋部的意见。例如，总参谋部没有参与1860年的陆军重组计划，此次重组完全是在战争部长的掌控下进行的，他只根据几个高级军官的专家意见行事。尽管毛奇强烈支持罗恩关于军队改革必要性的观点，但他不仅自己没有参与其中，还要求下属坚决不许出风头，因为这次改革在政治上的争论已经愈演愈烈了；同样，毛奇也从未直接或间接地参与过埃德温·冯·曼陀菲尔密谋进行的政变，他认为这是完全不切合实际的。毛奇权力有限还体现在多个方面，例如，在1862年的一次非正式问询中，毛奇被问及对军事预算缩减的可行性这一问题有何高见。尽管1859年毛奇被赋予直接与陆军部长对话的权利（而不需要通过陆军部第二科代为传递），但毛奇对参谋部进行重组，甚至他提出的训练计划都必须在陆军部的支持之下才能完成。[21]

1859年，奥地利与法国和撒丁王国（Sardinia）之间爆发了战争，普鲁士军队也趁机进行了动员，毛奇终于有机会检验自己改革的有效性了。在动员过程中，参谋人员本身表现良好；但动员的速度并不尽如人意，所幸毛奇从中吸取了许多教训；随后，毛奇对奥军在意大利北部展开的作战行动也进行了详细的分析，他认为此类研究是总参谋部的核心任务之一。需要指出的是，军事历史科在对参谋人员的训练（尤其是制定作战计划的训练）过程中发挥了极其重要的作用。《1859年战争史》就出自毛奇的手笔，它是根据驻维也纳的普鲁士武官冯·雷丁（von Redern）少校的报告写成的。冯·雷丁少校曾就奥军在马真塔（Magenta）和索尔费里诺（Solferino）的行动给参谋们作过报告；还有一些其他军官，如冯·施特兰茨（von Strantz）少校，他亲身巡视战场，以获得对战事实际进程清晰而客观的了解。

这次"实战练习"给了毛奇一个契机，使他对指挥官和参谋人员在军事决策过程中所扮演的角色进行了重新思考：

有些指挥官不需要顾问。他们能够自行解决出现的问题，然后独立做出决断，而其部下只需要执行他们的命令即可。但是，能够临危不惧，并做出正确决策的指挥官寥寥无几，可能一个世纪才会出现一位，这样的将领是军事史中最耀眼的明星。在绝大多数情况下，一支军队的指挥官不能没人辅佐。通常只有少数能力卓著且经验丰富的人集体商议，才能对情况做出正确判断，并给予指挥官忠告。不过，在这一小部分人当中，必须有且只有一种意见占上风才行。

接着，毛奇对一类"特别有害"的顾问进行了评论：

在每个指挥部，总能找到一些所谓的"聪明"人，他们能看到每个决策所面临的风险。一旦出现了问题，他们就拼命证明自己是具有远见卓识的。他们永远是对的，因为他们的批评从来都不具有建设性，而且他们对决策结果波澜不惊。对于军事指挥层来说，有这样的人存在肯定会导致一场灾难。[22]

通过 1859 年战争，毛奇对参谋人员和指挥官的分工进行了进一步考虑，并得出了一些结论：

在奥地利军队从明乔河（Mincio）向索尔费里诺推进的过程中，奥军最高统帅部直接向各军下达了极其详细的命令，野战军指挥部几乎被架空了。但实际上，如果最高统帅部希望让各军的指挥部发挥其必要作用的话，那么，除了确定主攻方向，并为各军划定进攻路线和作战目标外，就不应该再下达任何具体命令了。但奥军显然不是这么做的……在这种情况下，取消各军指挥部，由最高统帅部直接管理会好得多……事实证明，在索尔费里诺，奥军的军级指挥部不仅是多余的，甚至还造成了很多阻碍。值得一提的是，在战斗中，奥军最高统帅部没有绕开军级指挥部，而是坚持常规的指挥程序（即逐级传递）……而过去的战争经验再次证明，不仅命令传达的速度，就连命令的明晰度也会随着层级的增加而降低。[23]

根据对实际战例的分析和自己的观察，毛奇认为，必须对最高统帅部的职权范围加以限制，他在 1869 年出版的《高级指挥官的指令》一书中集中地阐述了这一观点。

最高统帅们常常认为，可以通过持续施加个人干预来取得战场上的优势，但大多数时候，这种优势往往只是表面上的。由于秉持这种看法，最高统帅们替代了前线指挥官（实际上也是由前者指定的）的职能。客观上，最高统帅们或多或少贬低了后者的能力⋯⋯一般来说，将领们非必要不下令，以此尽量避免计划超出预期状况。战争中，形势瞬息万变。极少有计划能事先预料到种种细节，即使预料到了，也难以被前线部队贯彻到底。这些情况动摇了下级指挥官的信心，当战况发生变化时，前线部队中就充满了一种前途未卜的感觉。[24]

在德国统一战争期间，毛奇忠实地遵循上述原则，在战略目标基本一致的情况下，他总是最大限度地给予下级指挥官自由发挥的空间，这一方面能增强他们的信心，另一方面也能确保他们在形势所迫之时独立做出决定。

此外，毛奇认为，研究军事历史是一项相当重要的工作，不过，他认为主要可以从年代较近的欧洲战争史中汲取经验。有人说毛奇认为美国内战没有为那些关心欧洲战争的人提供有用的经验，也有人说他把美国内战描述为"两个武装暴徒在全国各地互相追逐、打斗"的事件，这些都是无稽之谈；即使毛奇针对第一次奔牛河战役（First Battle of Bull Run）确实发表过类似的评论，他也是就事论事而已（就这场战役的过程而言，毛奇的看法没错）。不过对于一个如此有思想的战争学者来说，这一论调未免太过肤浅了。[25] 不过，毛奇还是从美国内战的经验中获得了有价值的信息，尤其是在战时条件下铁路的军事应用方面。1864 年，借鉴美国的经验，普鲁士总参谋部设立了铁路科，两年后，"野战铁道营"（Feldeisenbahnabteilung）的成立则直接效仿了联邦军队的建设兵团。总而言之，普鲁士人对美国内战期间铁路的军事用途进行了仔细的研究，并于 1866 年将研究成果付诸实施。[26]

毛奇和他的部下从对 1859 年动员的分析中得到的经验教训，很快就在 1862 年第一次得到了严格检验。这一年，普鲁士军队在北部进行了年度演习，演习的设定是针对丹麦开战；他们首次采取了铁路动员和部署演习的形式。这一次，动员的效率有了明显的提升，毛奇清楚地认识到，自己正在沿着正确的道路前进。

在毛奇的领导下，普鲁士总参谋部采用了新的组织结构，参谋人员的职责也有了很大改变，这套体系与当时的标杆——拿破仑军相比，二者已经相去甚远了。一位历史学家指出，拿破仑要求部下盲目服从，他对将领们所拥有的特殊能力漠不关心。结果，当将领们单独行动的时候就表现得非常糟糕。另一方面，毛奇的下属经过训练，已经把独立行动看成自然而然的事情。毛奇不但对自己很有信心，对下属也完全信任；这就造就了"一代以极高的道德标准和极简朴的生活方式著称的总参谋部军官"[27]。

这种对参谋人员的悉心培养所结出的丰硕果实很快就在战场上显现出来；在整个训练过程中，这些参谋人员的身上都被打上了毛奇鲜明的印记，他们与毛奇的战争理念大致相同，因此几乎总能够做出同样的决定。毛奇的一位传记作家注意到了这一点：

> 各支部队指挥部的行政权力通常都掌握在同一所学校毕业且训练有素的军官手中，这肯定对毛奇有相当大的帮助，因为他就是这所学校的校长。[28]

由此一种片面的说法不胫而走，即毛奇的战略计划是否能够成功，取决于他对自己训练有素的参谋人员的依赖程度。

第三节 新技术

19 世纪 40 年代，第二次工业革命的巨大推动力和随之而来的经济高速发展，德国（包括普鲁士和各邦国）铁路系统发展速度明显加快，铁路里程从1840 年的 469 公里迅速增长到 1850 年的 5856 公里，此时它的规模是法国铁路网的三倍以上。然而，当时人们仍然没有意识到，这套发达的铁路网络可以带来决定性的军事优势。这在某种程度上是因为，该系统的开发遵循的是商业投机原则，而不是基于战略思考：

就军事目的而言，这套铁路网络的结构仍然很脆弱。大多数线路都是单线运行的。而无论是公共还是私营铁路公司，都缺乏大规模、高效率运输人员和货物的经验。铁路自身的连接端头和转辙器都非常粗糙，路基也不足以支撑繁忙的交通……10年后，铁路工人才开始接受系统化的专业培训。[1]

与许多技术创新所遭遇的困境一样，军队固有的保守主义对铁路可能具有重大战略意义的论调持抵制态度。最早支持铁路应用于军事的人之一是弗里德里希·哈克特（Friedrich Harkort），他是一个目光敏锐的威斯特伐利亚人，他写道："在未来的战争中，铁路系统蕴含着巨大的能量，然而，到目前为止，掌权者还远没有预见到它的威力。"他在1834年出版了《从明登到科隆的铁路》（Die Eisenbahn von Minden nach Köln）一书，书中指出了铁路的防御性优势：

假设在莱茵河右岸有一条从美因茨到威塞尔的铁路。这样一来，法国人要想越过莱茵河几乎是不可能的，因为在他们发动攻势之前，我们就能在那里部署一支强大的防御部队。[2]

哈克特的思想远远领先于他的时代，也是因为这一点，他的观点几乎没有得到支持，也没能引起军方的重视。

伟大的经济学家弗里德里希·李斯特（Friedrich List）也是最早提出发达的铁路网络将为国防带来巨大优势的人之一，他认为，凭借铁路系统，部队能够从四面八方迅速集中起来，并以全副武装的态势去迎击来犯者。他得出了这样一个乐观的结论：

这意味着战争将被限制在边境地区，而一旦欧洲国家发现不可能继续取得胜利，他们就会得出结论——让所有人生活在和平之中会更好，也更有利可图。因此，铁路将成为摧毁战争本身的工具。[3]

李斯特坚持不懈地为自己的观点进行辩护，他提出了在普鲁士全境修建铁路的主张，并逐渐开始对该国的军事思想产生一些有限的影响。不过，1835

年，一个特别委员会的报告中提出了许多铁路网军事化所面临的实际问题，并再三强调了问题的消极层面。时任总参谋长克劳斯奈克正在寻找改善部队调动的方法，看过这份报告后，他得出结论说，建设铁路网并不是军事之需。[4]

然而，在德国的其他地方，有些人正在对李斯特的理论进行发展。卡尔·波尼茨（Carl Pönitz）是萨克森陆军的一名上尉，他在 1842 年发表了一份关于铁路发展及其所蕴含的战略潜力的综合调查报告。在报告中，波尼茨提到，比利时的远见卓识让人震惊，因为它"采取了一项旨在覆盖全国的铁路网计划"，他认为："利奥波德国王（利奥波德一世）通过这种方式为自己树立了一座纪念碑，其全部价值和意义也许只有未来的几代人才能真正领悟。"[5] 波尼茨认为，比利时的铁路网将增进比利时的繁荣和安全，并为德国树立了榜样。于是，他提出了修建铁路网的计划，以保护普鲁士免遭来自东方或西方的侵略：

我们必须同时关注这两个战略方向；而且，如果我们要避免在战争一开始就遭受重大损失，我们必须在战争伊始就准备好以压倒一切的力量对付某个方向的敌人。谁都知道，军队的力量是通过其自身快速的调动力来得到持续增强的，而铁路凭借其效率优势，正是最佳的调兵手段，它可以使部队抵达前线的时候依旧精神抖擞。[6]

但是，尽管波尼茨同意李斯特的观点，即铁路网络为防御带来了巨大的优势，但他也表示，沿着莱茵河西岸修建一条铁路线，就能使德国军队迅速集中起来，并对法国进行闪电式纵深推进。波尼茨在许多方面都是一位远远领先于他的时代的人物，他大力呼吁发展铁路运输，但这种进步只有下一代人才能够实现，正如肖沃尔特教授所指出的那样：

在波尼茨考虑如何用铁路来运送部队的时候，大部分人对铁路的概念都只是把乘客们塞上火车，然后在某个站点将他们卸下，而波尼茨却对运输梯队的使用做了详尽的分析，并认为铁路是现代战争中运送大量人员的唯一方法。[7]

1841 年，毛奇应邀加入了某个铁路公司的董事会，专门负责推广从柏林到汉堡之间的新铁路。毛奇全身心地投入到这项事业中，他投入了自己的积蓄，并迅速掌握了经营一家铁路公司所面临的技术和经济难题的解决方法。这是他终身信念的开始——坚信铁路将从政治、经济和军事方面为德国带来无限的潜力：

在毛奇担任董事的三年当中，他的办公桌上总是堆满了各种关于铁路的文章、文件和备忘录。他对计划中铁路沿线的路权问题进行了研究，考察了柏林火车站的选址，并与测量员和工程师们进行了深入交流。[8]

毛奇积极参与了对公司未来至关重要的商业和法律谈判，他还经常撰写文章来支持公司的发展。1843年，他发表了一篇关于铁路路线选择的综合论文，展现了他对铁路管理和经济各个方面都有深刻的技术性理解。

在铁路公司任职所获得的经验，对毛奇来说可谓是无价之宝，因为一个印象从此深深镌刻在他的脑海中，那就是一个发达的铁路网络可以极大提升普鲁士军队的战斗力。虽然他认为，一般而言，由私人公司开发的商业路线可以满足军事需要，但他也认为，普鲁士政府自身必须对铁路进行投资，以确保那些在战争时期必不可少但运营利润较低的线路得以修建和维护。由此，普鲁士的特殊战略问题被一分为二，这种状况使得发展铁路具有了特殊的意义。通过不断强调军事因素在普鲁士和后来德国铁路的规划中的重要作用，毛奇的坚持不懈逐渐取得了成功。20世纪毛奇的一位传记作者，转述了一位早期作家的评价：

毫不夸张地说，从1857年直到毛奇去世，不仅每一项重要的铁路建设工程都是在他的参与下进行的，即便是那些可能具有战略意义的重要节点，如桥梁、隧道和交叉路口等，也总是要先提交给他，经由他考虑和批准。[9]

毛奇在柏林－汉堡铁路公司董事会任职三年，于1844年离职；他对普鲁士铁路的发展开始走上正轨颇为满意，那年他给母亲写信说："当法国商会仍在商讨此事时，我们已经铺设了300英里的铁路，现在正在修建另外200多英里。"[10]

从 1840 年到 1850 年的 10 年间，普鲁士铁路的新增里程是法国的两倍，不过，普鲁士铁路网络本身仍然很不完善，无法满足繁重的交通运输需求；另外，由于铁路工作人员严重缺乏培训和经验，铁路系统也几乎无法应对突发的军事需求。但是，普军还是获得了一些在实战中运用铁路的经验。例如，1846 年，在克拉科夫爆发政治动乱的时候，普鲁士军方就利用铁路，将部队运送到西里西亚边境；此外，铁路还被军方用于很多其他任务。但并不是所有的普鲁士军方领导人都能迅速理解铁路网络所蕴含的军事潜力。例如，1841 年重新被任命为陆军部长的赫尔曼·冯·博扬，他的作战思想就在很大程度上受制于自己在 1813 年德意志解放战争的经历，他担心过于依赖铁路会使动员变得僵化。

在 1848—1849 年期间，为了应对德意志各地爆发的革命，有过许多通过铁路来快速运送军队的例子。其中，利用铁路击败正规军事力量的一个例子发生在巴登，在那里，普鲁士亲王率领的联邦军团，经常因叛乱分子在战场上被击败后利用铁路逃跑而受挫。当时在联邦军队中服役的罗恩烦躁地写道，只有在整个铁路线都掌握在联邦军队手中时，"这场令人沮丧的战争"才会结束。这就需要向弗赖堡进军，不过，利用铁路动员军队也有缺点，《奥尔米茨条约》之辱就是例证，它不但证明了铁路动员的规模可以十分巨大，也证明了一旦出错，所引起的国际影响也会很大。此时，普鲁士总参谋部的领导人是雷赫，他对于铁路的军事应用非常感兴趣；然而，他主持的动员工作却是完全失败的：

> 即便一个偶然的观察者，也会对普鲁士军队与铁路的首次"合作"感到不忍直视。不论人员、牲畜还是物资都堆积在货运中心，漫无目的地从一个车站转运到另一个车站，而火车的目的地是个谜……通常情况下，各部队都会把自己的武器装备存放在中央仓库内，再利用货运列车将装备和人员掺杂在一起进行运输，这给本就不堪重负的铁路系统造成了更多的混乱。[11]

另一方面，奥地利军队成功地利用火车把 75000 人、8000 匹马和 1000 辆马车运送到奥尔米茨，其效率之高，秩序之好，远远超过了敌对状态下的普鲁士军队。1851 年 2 月 13 日，驻军马格德堡的毛奇在给他老朋友冯·格里辛斯基（von Gliszinski）的信中，对这次动员经历进行了反思：

关于动员的指示都是含糊不清的，因此必须下达许多特殊命令。为了我国的4000万人民，我希望我们能从中吸取一点教训！我们已经得到的教训是，目前铁路的商业运作模式在战争动员期间是完全无效的；尤其是铁路的监管系统。我们的总司令办公室每个月都能收到一千多封反映这一问题的信件。[12]

后来，当毛奇负责整个普鲁士军队的动员工作时，上述经历一直停留在他的脑海中。

雷赫本人呼吁在战争时期，将整个铁路网络置于军事管理之下。威廉亲王亲身经历了巴登平叛，他和所有士兵一样，深感《奥尔米茨条约》的签订是个耻辱，于是，他成了新铁路建设的坚定支持者。干练而精力充沛的冯·德·海特（von der Heydt）曾于1848年担任普鲁士商务部长，他一直是铁路发展的积极倡导者。在上述三个人的推动下，接下来的10年里，普鲁士国有铁路网得到了实质性的发展。

1857年，当毛奇担任总参谋长时，军方在利用铁路加快动员进程方面已经有了20年的经验。尽管在最初，新运输系统的探索过程伴随着许多令人沮丧的挫折，但也有很多成功的例子，不论如何，到毛奇上任时，这种新的运输系统已经开始主导普鲁士军队的动员工作了。不论是从兴趣出发，还是从经验来看，毛奇都是开发军用铁路网的不二人选。从一开始，毛奇就敦促军队和铁路公司进行更紧密的合作，而这正是高效动员所必需的。为此，他不仅需要陆军部长的支持，还需要发挥商务部长的政治影响力。毛奇很快就发现，这个问题甚至比自己意识到的更为紧迫。1859年，他进一步比较了普鲁士和潜在敌人在军队动员方面的效率，发现普鲁士再次落于下风。这次动员效率最高的是法国，而仅仅15年前，法国在铁路方面的落后发展曾令普鲁士人感到窃喜不已——这表明自那时以来情况发生了翻天覆地的变化。

1859年4月16日至7月15日，法国军队开始动员军队与奥地利交战。为此，法国动用了整个铁路网络，一共运送了604381名士兵和129227匹战马，其中227649名士兵和36357匹战马被运往意大利北部的前线：

据估计，4月20日至4月30日期间，法国通过铁路从巴黎向地中海或撒丁王国边境一共运送了75996名官兵和4469匹马，而通过公路运输通常需要60天……而这次运输的速率比当时德国铁路运输的最高速率还快了整整一倍。[13]

这些数据生动地说明，铁路不仅比步行快得多，而且能把部队迅速运送到目的地，使其精神抖擞并随时待命。在普鲁士，甚至在法国军队开始动员之前，毛奇就已经在向陆军部长强调铁路网络的重要性了，因为"在与法国的战争中……必须尽快把普鲁士军队集中到莱茵河一线，并迅速跨至对岸"。[14]考虑到普鲁士现有铁路系统的缺陷，毛奇主张将现有的单轨铁路里程增加一倍，并建设新线路，以减少动员所需的总时间；但是，无论他的备忘录从军事角度看多么有说服力，它们都没能得到陆军部长或商务部长的支持。直到5月，普鲁士才成立了一个专门调研该问题的联合委员会，直到6月底才确定了部署军队的具体路线。那时，意大利北部的事态已经有所发展，战役的决定性阶段即将来临。6月中旬，普鲁士已经动员了6个军的部队，到7月1日，也就是部队出发的预定日期，铁路网已经准备就绪。然而，随后威廉亲王失去了勇气，取消了行动。7月4日，当威廉亲王再次改变主意的时候，集结起来的火车已经散去了，这使部队的行动又推迟了11天。由于需要6个星期才能完成集结，而毛奇则希望越快越好，由延期所造成的潜在后果是显而易见的。

法国和撒丁王国联军迅速战胜了奥地利，并在随后签订了停战协议，这意味着毛奇不必再担心战事的进一步发展了，政治方面的优柔寡断以及运力严重不足的铁路系统也不再是普鲁士人急需解决的问题了；但毛奇决心充分总结这次经验教训。为了获得关于实际情况的最可靠信息，毛奇进行了彻底调查，甚至派遣军官去法国实地评估其铁路的运输能力。此外，他还仔细研究了法国和奥地利出版的关于战争和铁路的相关著作，以及各自铁路系统对本国军事运输的贡献。[15]与法国的对比使毛奇确信，普鲁士铁路系统还有很多地方需要改进，尤其是要实现对数十家不同铁路公司的协调或控制，这也是他一直以来所主张的。[16]

另一方面，自《奥尔米茨条约》签订以来的9年中，奥地利人似乎并没有取得什么实质性的进步：

> 在和平时期，奥地利人几乎没有在完善铁路网络方面进行努力，结果，火车大幅延误或堵塞，车站也被大量无法运送的物资给塞满了。在维也纳，由于返回的空车因故延误，火车严重不足，以至于许多开往南方的部队列车直到最后一刻才得以出发。[17]

尽管如此，用火车运送部队的速度仍然比步行要快得多，不论是奥地利军队还是法撒联军，都经常在紧要关头利用火车将部队送往前线。因此，1859年战役是一个极有价值的研究领域，因为它代表了铁路在军事应用方面迈出了一大步。它还表明，普鲁士军队的动员体系仍然远远达不到要求，这种状况不仅跟铁路系统的应对不良有关（动员期间还在优先保障民用交通）；而且还由于普军军级和旅级部队的相应准备严重不足。

1861年，毛奇在一篇文章中阐述了自己对铁路重要性的看法，他回顾了针对铁路建设及其对国家安全的影响所引发的争论：

> 铁路网络在跨越大河的地方显得尤为重要。在那里，铁路和桥梁都是至关重要的。普鲁士的东、西防御是建立在自南向北流经国内的四条大河之上的，我们主要的军事要塞就坐落在这些河流的沿岸。为了保证桥梁畅通，我们必须对它们进行保护，因此铁路穿过大河的地方，其附近必须有要塞。所以，我们有必要对现有的要塞进行扩建——例如科隆、科布伦茨和美因茨的要塞，并在玛丽恩堡和布雷斯劳兴建新的要塞。由于资金和驻军的限制，新的铁路必须在原有的要塞处穿越河流。因此，军事利益与政治、经济、商业利益之间发生冲突的地点基本只位于边境区域和大河流域。除此之外的其他地点，都应享有充分的铁路修建自由。[18]

在毛奇写下这段话的时候，德意志各邦国的铁路网军事化进程已经取得了长足的进步，尤其是在技术方面。此时，德意志已经设定了标准轨距，大多数火车现在可以互换线路了。许多铁路公司已经习惯了进行合作，即便并不总是像想象的那样成功，但不同公司偶尔也会合作运输大量的人员和装备。然而，德意志各邦国之间的军事合作远远没有跟上技术发展的步伐，1861 年，其成立了一个联合军事委员会来解决这个问题。除了来自巴伐利亚和汉诺威的成员外，这个 4 人委员会还包括 2 名才能出众的军官——奥地利的格伦道夫·冯·泽尔贝根尼（Gründorf von Zerbégeny）和普鲁士的赫尔曼·冯·沃滕斯勒本（Hermann von Wartensleben）上尉，他们在铁路事务方面享有卓越的声誉。[19]

该联合委员会所做的综合报告几乎没有什么出人意料的内容。报告指出，国有铁路公司与私营铁路公司之间的协调仍然存在大量问题。而且，军事运输严重缺乏相关经验，这一点已是众所周知，因此，运输过程必须在同一个部门的密切监管下进行。军事运输应尽可能快地有序进行，在此过程中应尽量暂停民用交通；所以必须有个中央机构来指挥、协调这一切。报告对毛奇呼吁的、建设双轨铁路的提议表示赞同。该报告还将其确定的原则应用到莱茵河周边地区的动员计划中。

此后，在普鲁士，军队和铁路部门之间的协同发展进程日益加快，军方为步兵设置了铁路职责培训，创建了野战铁路分队，并在常规命令中增添了铁路运输这一新条目。不过，在铁路运输这方面，普鲁士军队自身需要承担越来越重的责任，这在一定程度上是由于普鲁士政府逐渐放弃对国有铁路的所有权。[20]

铁路的飞速发展所产生的影响绝不仅仅体现在技术方面，战术和战略的基本原则甚至都因此发生了转变。尽管军队是一个非常保守的行业，而且毛奇的年龄意味着他已经接近职业生涯的末期，但他比自己的年轻同事们更清楚这一革命性转变的本质，以及普鲁士总参谋部应采取何种方式来应对这次变革。

公路状况的大大改善同样促进了军事运输的发展。对于一支部队而言，铁路里程自然越长越好；但这也意味着，如果一个军团被限制在一条铁路线上，那么它的行军队列就会变得非常长；一个陆军兵团或许会变得极为分散，那些装载了所有的大炮、装备、行李的火车甚至可能会相距一天的路程。不过，尽管如此，良好的铁路运输体系的存在意味着，一旦离开了铁路口，作战部队就可以迅速推进，并与其后备军保持紧密联系。尽管囿于现实，不过在理想状态

◎ 击针枪的发明者约翰·德莱赛。
（该插图选自《战争编年史》）

下，它还可以确保军队有效进行补给运输。

毛奇也很快就意识到，电报将对战役的中枢指挥产生巨大影响。正如他后来所说的那样："即使是在最遥远的地方，采取最迂回的行军路线，指挥部也能迅速地将指令发送到每个地方，这就为统一指挥分散各处的部队以达成同一个作战目标提供了手段。"[21] 出于对政治因素和动员时间表的双重考虑，毛奇在 1866 年进行了广泛性、分散化部署，在波希米亚，相比于对手，电报对于普军而言更有价值。不过，有时电报设备的故障令毛奇感到极为沮丧。尽管如此，毛奇还是欣然接受了电报所产生的重大影响，这进一步证明了他在战争中的远见卓识和创新精神。

在电报系统发展的早期，它不仅受到军队内部保守人士的质疑，而且还面临着诸多实际困难——尤其是在创建和维持电报系统方面。电报装备本身既笨拙又脆弱，而且实践证明，如何不断延长电报线路以跟上部队前进的步伐也是个令人头痛的问题。然而，同所有欧洲列强一样，在毛奇就任总参谋长之时，普鲁士在建立一个有效的战时电报系统方面已经取得了相当大的进展：

人们认为可以以每小时 2—3 英里的速度建造线路，他们同样可以在这些线路上以每分钟 8 至 10 个字的速度传输信息。但为了使电报发射机发挥作用，安装发射机的车辆必须固定不动，这一限制意味着只要总部移动，通信就会中断。[22]

此外，使用电报之后还存在一个更大的隐患，人们担心战地指挥官和最高指挥部之间的直接联系可能会导致后者束缚前者，从而扼杀前者的主动性；

一位奥地利作者的观点是：

　　一个像这样被束缚的指挥官实在是太可怜了；他有
两个敌人需要对付，一个在前方，另一个在后方……所
有这一切都有意或无意剥夺了他的魄力和独立性。

这位作者还发现了电报在实际使用中存在的严重
缺陷：

　　也就是说，在大多数情况下，只要有敌人在附近，
电报就永远不能代替传令兵……对于一个战术家而言，
电报就像铁路一样，只有在最特殊的情况下才有用。[23]

　　细数列强军方领导人不得不应对的技术变革，其
中最为彻底的一项变革还是本世纪下半叶诞生的新型武
器上。像上文描述的多种新技术一样，从本世纪上半叶
开始，武器技术开始迅猛发展，其发展的步伐还在不断
加快；不论是毛奇还是他的对手，最初在面对这种变化
时都感到无所适从。其中，步兵武器的进步是最引人瞩
目的。

　　19世纪20年代，约翰·德莱赛（Johann Dreyse）开
始根据撞针原理开发一种新型步枪。简单来说，就是当
步枪发射时，撞针向前推动并点燃子弹。在其发展的初
期阶段，所谓的"德莱赛击针枪"仍然是一种从枪口前
膛装填的步枪。显然，一开始，厂家在试图向德意志各
邦的军政部门推销这一产品的过程中屡屡碰壁。不过，
普鲁士王储，即后来的国王腓特烈·威廉四世和他的弟弟
威廉亲王，对该厂制造的运动步枪（与德莱赛击针枪采
用同样的原理）留下了深刻的印象。于是，枪械制造师

◎ 德莱赛击针枪的外形
图。（该插图选自《战争
编年史》）

们开始对其进行改进。1832 年，他们对 60 把最新式的击针枪进行了测试。这给他们带来了更大的订单——两个普鲁士燧发枪营在 1835 年装备了这种武器。就在那一年，德莱赛确信前装步枪的时代已经接近尾声了，于是制造了自己的第一支后膛装弹步枪；这种设计在 1838 年获得了专利，第二年，一系列针对它的测试都证明，该设计是非常成功的。1840 年 12 月，德莱赛击针枪获得了一笔 6 万支的订单。普鲁士人认为这批步枪的潜力是非常巨大的，大到以至于它们没有被立即提供给步兵单位，而是被秘密地储存起来，以备不时之需。[24]

与此同时，普鲁士军队内部就击针枪的未来用途展开了激烈的辩论。争论的焦点是精锐的猎兵（Jäger）部队是否应该使用击针枪——他们迄今为止都只配备了普通来复枪，因为他们认为击针枪既不够精确，也没有满足其要求的足够射程。除此之外，还有人怀疑，作为一种普通步兵使用的武器，击针枪的装填和发射速度是现有步枪的三倍多，因此存在浪费弹药的潜在风险。据此，军方认为，只有一些受过小规模战斗和射击训练的特种轻步兵营才能装备击针枪。

1848 年，在持续的社会动荡中，普鲁士燧发枪手营使用的击针枪暴露了很多问题。由于准备不足和缺乏训练，军方内部对新武器的使用仍有争议。作为总参谋长，雷赫强烈反对给整个普鲁士禁卫军配备击针枪的建议，理由是这种武器并没有经受过实战检验；他还认为，如果装备禁卫军就意味着要从燧发枪手们的手中剥夺击针枪，后者的士气会受到严重影响。[25] 不过，在这期间，普军在萨克森对付叛乱分子的战斗经验，以及威廉亲王在巴登发动的进攻已经证明了击针枪的有效性。因此，普军于 1851 年颁布法令，要求将德莱赛击针枪作为全体步兵的制式武器。

在接下来的几年里，普鲁士步兵的重新装备工作进展迅速，但在军方高层中间，关于是否应该只让一部分特殊部队装备这种新式武器的争论仍在继续。当时，另一种划时代的步兵武器是米尼步枪（Minié rifle），在克里米亚战争中，这种步枪在英军和法军手中发挥了巨大的威力。采用米尼的设计，普军可以把现有的滑膛枪改装成来复枪。腓特烈·威廉四世曾召集了一个委员会，专门对此事进行审查，经历过几次激烈的辩论之后，国王终于下令按照米尼步枪的标准，对现有的步枪进行改进。[26] 不过，德莱赛击针枪仍在继续生产，1858 年，威廉亲王——此时的摄政王，下令向所有尚未装备这种新武器的单位发放德莱赛击针枪。

有了新武器，如何利用正确的战术使其发挥最大效能也是至关重要的，做到这一点需要对战术理论和战略趋势的变化做出准确的分析和预测。在1859年的意大利战役中，步兵战术受到了极大的关注。在战场上，尽管奥地利步兵的武器占优势，但法国人似乎依靠突击战术赢得了战斗。法军的几次成功的刺刀冲锋，通常都是以营级规模排成队列进行的。突击战术的成功运用似乎表明，步枪的技术改进和随之而来的防御能力的提高，在这一方式面前可能会被瓦解。在索尔费里诺，法国的尼埃尔（Niel）元帅注意到了突击战术的有效性："当战斗进入白热化之后……我方失去了阵地……然后我派出了一个由某预备营组成的突击队，刺刀给我们带来的远比我们在炮火中失去的要多。"[27]

根据参谋人员提供的详细报告，毛奇对意大利战役进行了仔细研究，并得出了一些结论，这些结论并没有局限于对突击作战优越性的肤浅赞同：

造成了战局逆转的，不是法国人的刺刀，而是奥地利人的消极与被动，他们既不能正确地利用地形，也不能正确地使用来复枪；奥军在指挥和领导方面的失误，直接导致他们在马真塔和索尔费里诺陷入困境。相比18世纪和拿破仑时期，1859年战争时期的刺刀基本没有什么大的进步。事实上，法国突击战术的本质就是尽可能地靠近敌人，以便能够有效地使用他们的劣质武器；其实，法国人在战争中发射的子弹和奥军一样多。[28]

1858年，随着新型武器投入使用，防守一方的战术力量大大增强，毛奇确信："未来指挥官所追求的战术目标必定是一场以反攻收尾的防御战。"[29] 从战略上讲，要克服防御一方的炙热火力，最有效的方法是进行机动；于是，普鲁士军队采用了一种以战术防御为基础的进攻战略，在这个战略下，他们可以充分发挥德莱赛击针枪的火力。对此，毛奇是这样说的：

总的来说，进攻不仅仅停留在战术层面。在许多情况下，出色的指挥官会成功地占据防御性阵地，这些阵地在战略上具有攻击性，使对手被迫对其发动进攻。只有当敌人伤亡惨重、丧失凝聚力、疲惫不堪之后，我们才会采取战术进攻的方式。这样，战略上的进攻和战术上的防御就结合起来了。[30]

德莱赛击针枪的射程可达 600 码开外，而且它的射速要比普通步枪高得多，这意味着己方可以在敌军步兵到达之前，就利用击针枪瓦解他们的进攻。由于防御一方可以从固定的位置进行射击，并自主选择优良的地形，因而将占据极为有利的态势。一旦占据了这样的有利条件，个人英雄主义无济于事。毛奇对这一点坚信不疑：

一个好骑手即使是骑着最勇敢的战马，也不会逼它越过它根本无法越过的障碍，不管那道障碍是一条 6 英尺深的水渠，还是一条让步枪有机会充分发挥威力的开阔前线。[31]

但是，正如当时一位美国著名历史学家所指出的那样，德意志统一战争开始时最流行的战术理论仍然基于这样一个观点——采用突击战术是取得决定性胜利的最终手段：

密集队列可能是危险的，但普鲁士军队的官方意见仍然认为它很有必要……德莱赛击针枪的火力被用来削弱敌人前哨阵地的力量……毛奇自己建议用小规模的散兵线来实施刺刀攻击。如果执行得当，它们不仅能消灭敌人的散兵，而且通过吸引敌人的后备力量，他们将使敌人更容易受到密集队列的攻击，而战争胜负的决定权还是掌握在密集队列的手中。[32]

毫无疑问，上面引用的毛奇备忘录中的一段话继续强调：

当我们被迫向敌人阵地发动进攻时，如果我们知道如何使己方步兵营进入最合适的射程之内，我们就可以占据这一阵位，然后充分利用固定射击的优势……但利用刺刀发动突击是最终战胜敌人的手段。任何军队都离不开刺刀。[33]

尽管德莱赛击针枪提供了额外的火力，毛奇等人也提倡战术上的灵活性，但旧的信条还是难以磨灭。在 19 世纪 60 年代早期的军事演习中，普鲁士军队表现得很糟糕，因此招致了本国指挥官和外国观察员的尖锐批评；1861 年的一位法国观察家甚至评论说，普鲁士人正在危害整个军事行业。[34] 这些失实的评论误导了很多国家，例如，奥地利人就对普鲁士军队的快速发展不屑一顾。

我们或许应该原谅某些观察员的偏颇评论；毕竟看上去，普鲁士军队中那些顽固守旧的传统军官依然手握重权。然而，以毛奇为首的新一代普鲁士军事思想家们更有思想，也更聪明，他们不计得失，不论成败，充分利用了每一次学习的机会。

19 世纪的炮兵史也反映了制造业所取得的巨大技术进步。但火炮发展进步的过程可谓错综复杂，并且在专业领域引发过激烈的争议。就火炮本身而言，有三个基本问题需要厘清——究竟采用炮口装填还是后膛装填？炮管究竟采用滑膛还是线膛？还有制造火炮的材料方面，究竟采用青铜还是铸钢？

普鲁士军队在评估这类技术问题时享有一项重要的优势，即沙恩霍斯特（他本来就是一名炮手）留下的遗产——一个名为"炮兵测试委员会（Artillerie Prüfungs Kommission）"的机构，它不厌其烦地对上述问题进行了反复研究。1816 年，普鲁士军队采用了统一的野战炮和榴弹炮设计；但 20 年后，前线对高机动性火炮的需求使得炮兵测试委员会针对一系列新设计进行了测试。这一目标终于在 19 世纪 40 年代得以实现，普军装备了最新的 6 磅和 12 磅野战炮，以及 7 磅榴弹炮，它们的重量比自己的"前辈"要轻得多。[35] 这些新型火炮的基础设计都非常传统，它们大都是滑膛炮，采用炮口装填的方式，并且由青铜制成。然而，就在普鲁士军队逐渐换装上述火

◎ 阿尔弗雷德·克虏伯。（该插图选自维基百科）

炮的时候，工业技术的进步开启了火炮设计的高速发展时代。

尽管成本高昂，但青铜一直是火炮制造商青睐的材料，因为它比铸铁更耐用。不过，阿尔弗雷德·克虏伯开发了一种铸钢工艺，该工艺可以生产出一种成本比青铜略高，但耐用度比青铜更强的替代材料；在他坚持不懈的游说下，普鲁士陆军最终购买了一门使用铸钢制造的 3 磅炮进行试验。1849 年，炮兵测试委员会对其进行了破坏性测试，并取得了惊人的成果。

与此同时，实战经验表明，滑膛炮的射程已经与步枪相差无几了，炮手们甚至很难保证自己的安全；显然，火炮也必须使用有膛线的炮管才行。这个问题导致了炮兵测试委员会（由恩克中将领导）与炮兵司令冯·哈恩（von Hahn）将军之间的长期争端，前者强烈支持线膛炮，而后者倍加青睐滑膛炮。不过，此时，后膛装弹加农炮的试验性发展也因难以制造出气密性良好的后膛装置，正面临着巨大的阻碍。然而，显而易见的是，无论如何，青铜对于后膛装弹火炮来说都不是一种耐用的材料。

克虏伯在 1851 年的伦敦博览会上展示了一门钢制的 6 磅炮，这引起了广泛的关注，但却无人订购；两年后，威廉亲王罕见地成为克虏伯工厂的官方访客。然而，多年来，克虏伯的挫败感仍在继续，尽管他已经竭尽所能，普鲁士政府却仍未下达任何大规模采购的命令。但形势即将发生逆转。到了 1857 年，炮兵测试委员对克虏伯钢制线膛炮进行了测试，结果令人非常满意。从这次测试中，委员会得出结论：后膛装弹才是未来火炮的发展方向。最后，1859 年，克虏伯钢铁公司在柏林举行了钢制 6 磅炮展示会，威廉（现在的摄政王）出席了这次展示会，并亲自订购了 300 门大炮。[36]

然而，哈恩仍然决心维护滑膛炮在军队中的优势地位。即使法军线膛炮（法国军队是世界上第一支换装线膛炮的军队，但使用的是前装线膛炮）在 1859 年的战役中大放异彩，也没能改变他的观点，直到 1864 年底退休为止，他一直都在不遗余力地支持滑膛炮。就在那一年的早些时候，威廉亲王任命古斯塔夫·冯·欣德辛（Gustav von Hindersin）担任普鲁士炮兵副总司令，这是威廉另一项富有远见卓识且影响深远的任命。在丹麦战争期间，威廉亲王从克虏伯公司额外订购了 300 门大炮，进一步表明了他对钢制火炮的肯定。

第四节 军制改革

1857 年 10 月，由于普鲁士国王腓特烈·威廉四世身患重病，威廉亲王以临时摄政王的身份接掌了大权。不久之后，他任命毛奇为代理总参谋长。长期以来，威廉亲王就打算对普鲁士军队进行大改革。如今，他借此机会向自己的雄心壮志迈出了第一步。威廉要求陆军部提出一份详细的改革计划书，不久之后，即 1858 年 2 月，他收到了这份计划。在这个问题上，威廉亲王一直和罗恩保持着联系，特别是，他坚信，普军的最低服役期限应该改为 3 年，还有应该对国土防卫军（Landwehr）进行彻底的改革。早在 25 年前，威廉就曾写过一篇文章，强调需要在军队中灌输"正确的精神"，以抵御他所描述的：

欧洲革命党或自由党的倾向……纪律严明，无条件服从，只有通过长期的习惯化才能形成并维持，因此需要延长服役期限，只有这样，君主才能在危难时刻依靠他的军队。正是这种盲目的服从使革命者倍感烦恼。[1]

当然，这种观点肯定会令他与议会发生直接冲突。

与此同时，罗恩一直在对他自己提出的对普鲁士军队进行全面改革的计划进行研究，1858 年 7 月 21 日，他就此发表了论文，这篇论文与威廉亲王的观点如出一辙。在文章中，他毫不留情地完全否定了赫尔曼·冯·博扬在 1813 年提出的国土防卫军概念：

所谓的"国土防卫军"只不过是权宜之计，它对军队的贡献在很大程度上被严重高估了。这种过高估计表现在很多方面——在那个充满激情、过度追求刺激的时代，人们的餐后演说和记者们的夸夸其谈传播了一种错误的观念，即认为一个全民武装起来的国家是不可战胜的，因此这种权宜之计成了整个军队体系的基石。[2]

罗恩建议将国土防卫军民兵与正规军的预备役部队合并，这将增强军事部门对这些部队的控制，提高他们的训练水平，最重要的是大大增加战时可用的预备役部队的规模。

◎ 担任普鲁士陆军部长的阿尔布雷希特·冯·罗
恩。（罗杰斯 摄）

◎ 普鲁士国王威廉一世。（罗杰斯 摄）

　　罗恩建议，应该大幅扩充常备军的兵力——在现有编制下，每年征召 4
万人（基于 1833 年拟定该计划时普鲁士的 1200 万人口）。后来，普鲁士的人
口又增加了 50%，罗恩据此修改了数据，他建议每年征召 6.3 万人，这将消除
因各地招兵人数差异而造成的不公平感，还可以将常备军的人数增加约 40%，
达到 20 万人，当然，训练有素的国土防卫军人数也会大幅增加。征兵人数的
提升将使步兵营的数目增加一倍，骑兵和炮兵营的数目也可以增加 25%。

　　1858 年，威廉亲王和幕僚对上述计划进行了深入探讨。虽然普鲁士军队
大多数高级将领都想组建一支规模更大、更加训练有素的军队，但还是有一些
人对改革（尤其是对国土防卫军的改革）感到非常忧虑，这些人当中包括陆
军部长爱德华·冯·博宁将军。他认为，罗恩的改革会疏远军民之间的关系，
从而使民众对军队的感情变得像 1806 年之前那样冷漠。[3] 当时普鲁士的大多数
自由派政治家均与博宁秉持着同样的观点。事实上，博宁是博杨将军的拥趸，
他们都明白，更改法律条文将引起什么样的政治骚动。为了说服威廉亲王不要

44

采纳罗恩改革计划中那些在政治上令人不快的方面，博宁特意向议会保证，军队受到现有的《民兵法》的约束，并且没有任何对这项法律进行修改的意图。即"不仅国土防卫军体系所依据的原则和基本形式不会有任何改变，我们整个陆军的建军思想——不论是一线部队还是民兵也不会有任何变化"[4]。

不出所料，这让威廉非常恼火，也让曼陀菲尔获得了一个强有力的武器。曼陀菲尔是博宁的死敌，既因为一般的政治原因，也因为这位陆军部长正在想方设法限制内阁军事部长的权力，以此作为打击曼陀菲尔的有效手段。曼陀菲尔和副官古斯塔夫·冯·阿尔文斯勒本（Gustav von Alvensleben）在威廉身边组成了一个强大的"顾问集团"，企图趁威廉因改革遇到阻挠而感到不满之际，敦促博宁下台。1859 年 9 月，威廉开始着手解决这个难题，他任命罗恩领导一个特别军事委员会，负责起草一份军事改革法案，但该法案只涉及军事方面的问题。博宁对此表示强烈反对；1859 年 11 月，在曼陀菲尔的敦促下，威廉亲王直截了当地告诉博宁："在我们这样的君主制国家，军事绝不能屈从于财政和经济，因为我们在欧洲的地位……要靠它来实现。"[5] 博宁听罢立刻请辞；不久后，事情逐渐平息，罗恩取代了他的位置。

曾经长期担任技术与职业顾问的罗恩欣然接受了陆军部长的职位，他一接任便立即着手解决军队改革所面临的首要问题——立法。罗恩对"所有的宪法事务"都嗤之以鼻，他说过，如果威廉要的是一位"浑身散发着宪法香味"的陆军部长，那他肯定不是最佳人选。罗恩的目标是让议会通过军队改革方案，他不会为此做出妥协。

军队改革法案于 1860 年 2 月被正式提交给普鲁士议会。它的大纲与罗恩于 1858 年 7 月提出的初步建议基本一致，即要求将每年征召兵员的人数增加到 63000 人，服役期改为 3 年（在骑兵部队需要服役 4 年），然后是 5 年的预备役和 11 年的国土防卫军。如若实现，普鲁士常备军的人数将增加大约一倍。当然，实现这些目标的代价是极其高昂的，政府需要每年增加 950 万泰勒的军事预算。

不出所料，罗恩的改革方案激起了公众的强烈反对，其不但大幅增加公共开支，对国土防卫军制度进行大改革（蕴含着深刻的政治含义），还将服役期限延长到了 3 年。该法案于 2 月 15 日被送交内阁军事委员会审议。不过，在那里，它并没有立即遭到全盘否定。军事委员会的调查员冯·斯塔芬哈根（von Stavenhagen）将军带领军事委员会的大部分成员，试图找到一种既能缓和法案中那些显得"过于尖锐"的条款，又能满足军队改革目标的方式。他们认为，改革的某些条款是完全可以接受的。例如，要求所有适合服役的人都应征入伍，这显然是合乎情理的，而且确实会使普鲁士的军力大幅提升。然而，另一方面，关于削弱国土防卫军独立性的提议，自由派政治家在这个问题上必须采取坚定的立场，服役期增加到 3 年的条款也是如此。委员会中的自由党人希望找到一个折中的办法，使政府的观点能和他们的观点尽量达成一致，但他们很快就失望了。

委员会提出的建议是保留国土防卫军，但将其所占比例从普鲁士总动员兵力的一半减少到三分之一。事实上，这纯粹是个糊弄自由派的举措，其实效微乎其微，因为根据改革方案，在国土防卫军减少的同时，常备军的数量在攀升（增幅和国土防卫军降幅相同）。而且，国土防卫军的独立性也在丧失，因为根据改革法案，民兵营要与现役的线列步兵团一一对应。虽然这只是在表面上修修补补，但自由派却接受了这个法案的核心内容，这让普鲁士政府吃了一惊；罗恩以略带嘲弄的口吻对路德维希·冯·格拉赫（Ernst Ludwig von Gerlach）说，"软心肠和人道主义"让他不断委曲求全。

然而，到了最后，双方冲突的焦点并不是国土防卫军改革，而是关于 3 年服役期限的问题。在这方面，自由派的观点不仅十分尖锐，而且还代表着广泛的民意：

人们看到这个国家将要被不可计数的新军营所吞噬——职业军官以及在军事和士官学校受训的非专业人员的数量都在大幅上升。军队这个"战争机器"中的人普遍都对自由主义精神表示反感，他们决心不择手段对这种精神进行打压，例如通过将整个国家军事化。[6]

人们有理由怀疑，上述矛盾是曼陀菲尔和他的右翼盟友们刻意制造的，他们将战争作为军事改革的主要借口，并趁机与议会发生正面冲突。罗恩声称自己是从"纯技术角度"拟定的改革方案，他试图说服自由党人同意将服役期限延长至 3 年，罗恩底气十足，因为他的背后站着摄政王，而后者坚持认为法案不需要进行任何修改。值得一提的是，在这场对普鲁士军队的未来至关重要的改革过程中，毛奇和总参谋部没有参与其中，也没有人就这些建议正式征求他们的意见。[7]

按常理来说，议会将接受委员会的报告。不过，令人大感意外的是，5 月 5 日，普鲁士政府突然撤回了法案，只保留了增加 900 万泰勒的军费预算这一合理请求，以加强军队的战斗力。普鲁士财政部长冯·帕托夫（Von Patow）承诺，这笔资金可以在不受任何有关军队改革辩论影响的情况下进行拨付，并且只用于那些已经获得法律授权的部队。5 月 15 日，这一请求得到了正式批准。政府的这一决定给了摄政王和他周围的人一个契机，使他们可以推进计划中的大部分内容。

由于迫切想要推进改革法案，1860 年初，威廉亲王批准建立新的部队以取代部分国土防卫军单位。考虑到帕托夫对议会的承诺，这些新兵团的组建本应停止。不过，在曼陀菲尔的强大影响力下，威廉并没有中止这项命令。曼陀菲尔更是咄咄逼人；他敦促罗恩不顾议会自由派的反对组建新的步兵团，并亲自写信给他说："我认为，如果不立即组建这些团，军队的士气和凝聚力都将受到威胁，摄政王的地位也将受到威胁。"[8]

1861 年 1 月，腓特烈·威廉四世去世，他的弟弟威廉亲王继承了王位。虽然宪政现状没有发生变化，但这使威廉有机会在他的统治伊始，对议会做出进一步的挑衅性姿态。他宣布，他将于 1 月 18 日在腓特烈大帝的墓前举行仪式，为新军团献上军旗。尽管如此，议会还是同意了上述拨款计划，以支付军事预算，不过议会也呼吁在下次会议中制订一份新的兵役法案。在当时的情况下，这已经是一个非常温和的表态了；但改革派对此置若罔闻。

1861 年 12 月举行的议会选举结果明显向左派倾斜，于是，危机进一步加深了。进步党在这次选举中大获全胜，现在是议会最大的单一政党集团，曼陀菲尔和罗恩无奈地表示，在军事改革问题上与议会发生冲突似乎是无法避免了。因此，他们开始策划一场军事政变，打算通过政变终止宪法。曼陀菲尔的好朋友希勒·冯·加特林根将军（后来在柯尼希格雷茨英勇牺牲），准备了一份大规模加强柏林驻军的计划，通过精心策划的行动，5 万名士兵和 100 门大炮将会从皇宫向外进军，占领城内的要点，并与从郊外向城内进攻的其他部队合作，一举夺取对整个城市的控制权。[9]看来曼陀菲尔长期寻求的、可以对军队进行彻底改革的时机终于到来了。

然而，事实上，新当选的议会成员表现得极为谨慎，这场冲突的下一个牺牲品竟然是威廉一世自己任命的"新时代"内阁。值得一提的是，令局势陷入困境的不仅是普鲁士的国内政策。当时，要求德意志诸邦统一的呼声越来越高，普鲁士想要顺天应人统一德意志，奥地利是一大障碍。普鲁士外交部长冯·施莱尼茨（von Schleinitz）未能成功解决这一难题——奥地利在分权问题上的不妥协态度未有丝毫松动。结果，施莱尼茨被普鲁士驻伦敦大使阿尔布雷希特·冯·伯恩斯托夫伯爵所取代，后者在1861年7月极不情愿地就任了这个新职位。到了1862年3月，又是在曼陀菲尔的强烈要求下，威廉一世开始着手解决与议会的争端。由于议会不但对法案中将士兵服役期限延长至3年这一条款表示坚决反对，而且还拒绝了政府的资金要求。于是，威廉一世决定孤注一掷，他解散了议会，希望新的选举能产生更好的结果。此时柏林谣言四起，说军队正准备行动。

在新内阁成员的人选问题上，威廉一世开始琢磨是否要牢牢把握住这个机会，选择一个最不容易妥协的人做首相。他想到的是驻圣彼得堡大使奥托·冯·俾斯麦。然而，不久后，威廉一世退缩了，他暂时满足于组建一个相对保守的内阁：伯恩斯托夫和罗恩继续留任，由冯·德·海特接替帕托夫担任财政部长。不过，前内阁中有5位来自自由党的部长宣布离职；新内阁由霍亨洛厄（Hohenlohe）亲王领导。此后，威廉并没有完全放弃将俾斯麦纳入内阁的打算，5月，他又重新提出了这个想法。5月上旬，俾斯麦被召至柏林，在威廉犹豫不决的情况下，他别无他法，只能百无聊赖地等待着。对国王来说，任命俾斯麦这么一个观点极其激进的人实在是有点为难了。伯恩斯托夫巴不得赶紧放弃他的职位，并回到伦敦继续任职，他向俾斯麦保证，他接下来可以去巴黎，但一切都得等国王选定内阁成员之后再说。威廉继续犹豫不决。5月21日，俾斯麦写信给他的妻子，描述了柏林摇摆不定的局势及其对他未来的影响：

> 柏林还没有做出决定。也许海特的雄心壮志会拯救我；他自己想当首相；

除非得到外交部，否则我并不希望入阁；然后伯恩斯托夫（Bernstorff）也正在打自己的小算盘，他可能想留下来，或者想保住自己在伦敦的职位。到了星期六，我在这儿就待满两个星期了。到时候我就破罐子破摔，要求要么给我一个职位，要么干脆让我辞职。[10]

◎ 一张罕见的俾斯麦、罗恩和毛奇同时在场的照片。（赖默尔 藏）

起码就目前而言，俾斯麦的威胁显然奏效了，他被正式派驻巴黎担任公使；但俾斯麦毫不怀疑，自己很可能在不久后就会赢得组阁的权力。

僵局并没有随着 1862 年夏日时光的缓慢流逝而被打破。海特和进步党代表之间的秘密讨论似乎暗示了达成协议的某种可能性，即废除 3 年服役期的条款，以换取议会对军事预算的批准。曼陀菲尔对可能出现妥协的迹象感到极度焦虑，他于 8 月 1 日写信给罗恩：

> 任何进一步的削减都将威胁军队的实力，无论是在兵力方面，还是在士气方面。一旦国王在军队和国家眼中不再是最高决策者，军队的根基就会被动摇。[11]

然而，包括罗恩在内的内阁成员却认为这是解决宪法危机的契机。事实上，3 年服役期的必要性是很值得怀疑的。1862 年 4 月，军方专门成立了一个特别委员会来研究这个问题，委员会的 15 名成员中就包括毛奇本人，其结论是，两年半的服役期（包含冬季休假的时间）就足够了；事实上人们也承认，两年服役期甚至都已经绰绰有余了。这是毛奇为数不多的几次亲自参与引起旷日持久宪法斗争的事件之一，不过毫无疑问，总的来看，他还是支持改革的。毛奇本人并非没有强烈的政治观点。和大多数普鲁士高级军官一样，他认为法国而非奥地利才是最终的敌人；1861 年，作为参加德意志联邦军队改革会议的普鲁士代表之一，他支持普鲁士政府提出的承认奥地利占有威尼斯，并认为这个高度敏感的问题主要是一个军事问题。他对那些政客们的看法一直很悲观，并经常在私下里表达这种观点，他的主要倾诉对象是自己的兄弟阿道夫，他在 1852 年给阿道夫的信中写道："我们的外交官总是让我们陷入不幸，而我们的将军总是会拯救我们。"[12] 尽管秉持着普鲁士军人的正统观点，但毛奇总是非常小心，不公开参与政治问题，在整个危机期间，他和总参谋部都置身于冲突之外。

9 月 17 日，罗恩公开表示，海特提出的交易很可能会被政府接受；但当天晚些时候，威廉一世坚持己见，拒绝接受任何缩减 3 年服役期限的建议，为此他甚至以退位作为要挟。因此，两天后，罗恩不得不收回他公开提出的可能

◎ 奥托·爱德华·利奥波德·冯·俾斯麦－舍恩豪森伯爵。(罗杰斯 摄)

与议会妥协的建议。虽然这显然是固执的国王强加给罗恩的屈辱性退让，但罗恩很可能是在演戏，他心里一直策划着一个一劳永逸解决问题的新计划，他下定决心要尽其所能，让俾斯麦成为新的内阁领导人。在威廉宣布3年服役期不可更改之后，罗恩一直在寻求一个可以撬动议会反对派的支点。他不断地为俾斯麦游说国王，甚至错误地暗示，俾斯麦会接受不管部部长①的职位。与此同时，面对议会对军事预算的否决，内阁完全失去了勇气。此前威廉就得到过警告，如果预算被否决，政府将失去其宪法合法性。在柏林，这一事件所造成的直接结果是：海特、伯恩斯托夫和霍亨洛厄都在9月19日辞职。

此时，改革派与议会之间的分歧仍然很大。虽然危机爆发时曼陀菲尔正好不在，但副官阿尔文斯勒本在他缺席的情况下，仍然秉持着他的激进观点。在罗恩看来，随着内阁辞职，俾斯麦的时代终于来临了，他把他那封著名的信寄给了俾斯麦，当时俾斯麦正在法国西南部度假。电报上的暗号是这样写的："快点就任！(Periculum in mora 或法语 Dépechez–vous)。"实际上，这封催促信属实没有必要，因为俾斯麦已经在路上了，他于9月20日抵达柏林，立即去见罗恩，听取有关情况的简报，并为国王接见自己做准备。

9月22日，国王正式接见俾斯麦。威廉抱怨说，他找不到愿意与议会多数派抗衡的大臣；俾斯麦则自信地回答道，自5月以来，他一直期待着进入内阁——罗恩会站在他的一边，其他合适的部长也会找到的。威廉接着指出了这

---

① 译者注：政府中不专管某一部事务的部长级官员。亦有称为不管部大臣、国务大臣、无任所相等的。

场危机的核心问题：俾斯麦会通过军队改革计划吗？在反对党占多数的情况下，他还会这么做吗？随后，对威廉来说，俾斯麦坚定而积极的回答终于令他放心了。国王说，在俾斯麦的帮助下，他有责任继续战斗。会议结束时，在巴伯斯贝格花园，普鲁士迎来了自己的新首相。

在上任后的几天内，俾斯麦一个典型的"不谨慎的率直"引发了一场政治风波，也证实了那些不满其任职的人最担心的事情。他在9月29日对议会预算委员会（Budget Committee of the Landtag）的演讲中说过一句名言："当代重大问题不是由多数派的演说和决议所能解决的，而只能靠铁和血来解决。"就连他最亲密的盟友罗恩也把这些话形容为"机智的离题话"，而且在普鲁士微妙的政治形势下毫无用处。[13] 不过，在与威廉一世的多次会面中，俾斯麦成功使威廉一世克服了对公众态度深深的恐惧，他的坚定唤起了国王的普鲁士精神："陛下正面临着必要的抗争，您不能屈服。您必须反对暴政，即使这会使您身陷险境。"

在接下来的几个月里，俾斯麦为了争取军队预算通过，处处与议会做斗争。他本人并不认为绝对有必要服两年以上的兵役，但他致力于国王的军队改革计划。当下议院试图从总预算中剔除军队预算时，俾斯麦宣布休会；尽管未经批准，但由于他说的所谓的"宪法漏洞"，军费开支并没有停止。1863年，下议院提出了一个妥协方案：如果放弃针对国土防卫军的改革，那么议会将就扩军和3年服役期的问题达成一致。

俾斯麦否决了这个方案，并采取了行动，以确保改革派内部的温和人士（比如罗恩，他就对议会的妥协方案表示赞成）放弃妥协方案。目前，俾斯麦的意图是通过成功的外交政策来压倒国内的自由主义反对派。1863年，俾斯麦对俄国镇压波兰起义的行动表示支持，群情激愤，但他不为所动：他与俄罗斯签署的《阿尔文斯勒本公约》（Alvensleben Convention）规定两国进行跨境军事合作，并确保俄罗斯在接下来的几年里继续秉持着支持普鲁士的外交政策。同年晚些时候，弗朗茨·约瑟夫在俾斯麦提议的诸王大会上，似乎在德意志邦联改革这一问题上击败了后者，俾斯麦与自己优柔寡断的国王又发生了一场激烈的争论。"30位亲王送来了请柬或是派来了信使，我是一个国王！怎么能拒绝呢？"威廉痛苦地回答道。但是俾斯麦一点也没有妥协。改革邦联是他最不希望发生的事情，于是，在一场旷日持久的争论后，他成功使威廉妥协了……不过在那之后，他觉得"非常虚弱和疲惫，我几乎站都站不住……我太过紧张，精神也几近错乱，以至于在关上外门时，我扯下了把手"。这可能是俾斯麦和国王之间最紧张的一次争论。他在回忆录中写道：

> 直到午夜，我才成功地让国王拒绝了来自萨克森的邀请函，当我离开国王的时候，我们都病倒了，而且感到疲惫不堪，这都是当时剑拔弩张的气氛导致的；我后来与萨克森公使冯·贝斯特（von Beust）交谈的时候，都没有缓过神来。[14]

在这场激烈的争论之后，可怜的国王并没有感觉好受一些，他写信给萨克森国王，说自己无法亲自见他，因为自己马上就要在"神经抽搐"的状态下上床睡觉了。"诸王大会"如期举行，并努力达成了一份协议，但没有普鲁士的参与，其讨论变得毫无意义。

第五节 战略计划

在现代条件下，普鲁士军队的第一次大规模动员是在 1850 年，正如人们所看到的那样，这次动员可谓是失败透顶。早在 1850 年 5 月，普鲁士与奥地利的政治对抗就已经沸沸扬扬了。当时，普鲁士还没有明确的作战计划，由于首次进行如此大规模的军事调动，普鲁士的铁路系统也紊乱不堪，况且运输行动并不是在军队的指导下，而是在商务部的指导下进行的。普军的供应和医疗单位都是临时拼凑起来的；炮兵和骑兵甚至都没有足够的马匹。

作为马格德堡第 4 军的参谋长，毛奇亲身参与了这次动员，因而对上述问题深有体会；尽管他认为，从他自己部队的角度来看，结果是令人满意的，但这并不妨碍其他观察员将这次行动批判得体无全肤；阿尔弗雷德·冯·瓦德西（Alfred von Waldersee）——有朝一日会接替毛奇成为普军总参谋长，但当时他还只是一名团级炮兵军官，他指出，火车纵队总是发现自己处于"悲惨的境地"，而补给人员总是"自乱阵脚"。[1]

最近一位历史学家指出，在毛奇任职的前 6 年里：

战争规划进程发展缓慢，步履蹒跚。毛奇试图改造总参谋部，但不管是他本人还是总参谋部都没有足够的威望和独立性，况且当时普军的任务环境并不紧迫，因此，战略计划的发展是断断续续且充满不确定性的。[2]

但是鉴于普鲁士军队现有的权力结构，总参谋部和总参谋长的工作并不会得到重视，尤其是在和平时期。尽管如此，毛奇仍然在总参谋部传统的坚实基础上，不声不响地推进改革。当然，总参谋组织的首要任务是有效地组织士兵参加战斗，并预先对作战行动进行规划。在普鲁士，自总参谋部成立以来，军方就给予了这些任务更多的关注，因此，普军能更好地适应兵力增长和技术进步所带来的压力。

到毛奇被任命为总参谋长时，他一直以来坚信不疑的铁路运输的有效性问题已经得到了证实。这意味着动员和部署任务可以准确且迅速地执行：

从上任的头几周开始，毛奇就对以下准则进行了强调：如果动员缓慢，或者最初的发展出现问题，那么即使是最伟大的将军也无法贯彻执行最好的作战计划。从一开始，这台战争机器就必须处于最完美的状态。[3]

1859年的战争动员，以及制定莱茵河战役计划的经验坚定了毛奇的决心，他要确保军队在下一次动员和部署中做到尽善尽美，并为任何可能出现的情况做好准备。虽然他在文化上同情奥地利，但他深刻地认识到普鲁士与奥地利的关系完全取决于变幻不定的国际形势；而且毫无疑问，1859年的事件对毛奇的职业和个人尊严产生了损害。在《维拉弗兰卡条约》缔结之后，他写信给自己的兄弟阿道夫，在信中批评了奥地利的傲慢，以及他们拒绝普鲁士人帮助的顽固态度。他反思了普鲁士所暴露出的立场——没有盟友。即使英国和俄国可以成为普鲁士的盟友，但前者没有军队，后者则是远水救不了近火。但另一方面，1859年那次失败的动员并没有削弱他对普鲁士军队的信心。他描述了自己的看法：

普鲁士错过了一个大好时机。就在4周前，我们可能还将自己置于整个德意志诸邦领头羊的地位……但现在我们得完全靠自己了，我相信只要拼尽聪明才智，我们能为将要发生的事情做好准备。不过，我严重怀疑，从政治和军事角度上讲，我们的情况是否将会比过去更有利。

毛奇还表示，他相信普鲁士需要强有力的领导人。"一场大胆的革命只能由个人主导……我们需要'腓特烈大帝'那样的领袖，他不听劝告，只凭自己的责任行事。"[4]

此时，普鲁士军队的参谋人员正在为"紧急事项"拟定计划——其中最紧急的事项当然指的是与法国爆发战争。考虑到当前的政治形势，毛奇并不认为奥地利是一个迫在眉睫的威胁。在1861—1862年的一篇关于军事要塞重要性的文章中，他指出：

也许没人会否认，俄国（正在进行国内重建）与奥地利目前（可能在未来几十年里）对我们来说远远没有法国那么危险……莱茵河沿岸的要塞将比维斯瓦河或西里西亚山脉沿线的要塞具有更大的初始影响力。[5]

考虑到这一点，在毛奇最早制定的所有部署计划中，他设想的是一场纯粹的防御战。

在1857年11月的一份备忘录中，毛奇设想法国人将沿着斯特拉斯堡－乌尔姆一线对普鲁士发动进攻，因为比利时是一个中立国，可以为普鲁士提供保护，除此之外，北部的莱茵河也是一个无法逾越的障碍。然而，在南部，最初由第7和第8军保护（主要防御南部那些小邦国），这给法国人提供了一个诱人的薄弱攻击点。在这种情况下，普鲁士必须迅速动员2个军前去支援：

（这两个军）将对莱茵河的左翼展开争夺，直到普鲁士军队主力和邦联军第10军在库尔姆和美因茨之间集结。这样，在20万人的帮助下，朱利奇（Jülich）和萨尔路易斯（Saarlouis）防线就可以松一口气了，到那时，我们进攻莱茵河畔任何一方的法军，都能阻止他们向德意志南部推进。[6]

毛奇认为，法国人肯定会出其不意地发动进攻；他认为奥地利将会与德意志邦国并肩作战；在奥地利军队调动的同时，奥军的延迟动员意味着盟军的主要集中地不可能西至拉斯塔特—格尔默斯海姆（Rastatt—Germersheim）和斯图加特（Stuttgart）之间的地方。毛奇补充道："如果德意志南部诸邦国的政府能冷静地思考问题，他们就会发现，只有普鲁士才是能最快赶来支援的国家，因此，他们的撤退路线不会向东，而是向北，向普军主阵地撤退。"[7]

在毛奇 1858 年 10 月拟定的计划中，他仍然假设与奥地利结盟，并重申了自己对奥地利军队调动速度的担忧，以及邦国军队在法国人进攻的情况下，必须集中在东部，即在乌尔姆（Ulm）和维尔茨堡（Würzburg）之间做出选择这一事实。中立的比利时可以保护普鲁士战线的大部分地区，因此，位于莱茵河下游的 4 个军团足以保卫该地区，而另外 4 支邦国部队可以作为主力集中在维尔茨堡。此外，2 支邦国军队将集中在位于萨尔河（Saale）的后备阵地。在毛奇看来，计划中亟待解决的下一个问题是政治问题——由谁来指挥联合的德意志邦国军队？奥地利人肯定姗姗来迟，如果德国南部各邦国让他们的军队向东撤退，这就意味着他们的国家将沦为战场：

> 但如果他们（邦国）把维尔茨堡集结的所有军队与普鲁士军队联合起来，法国军队就无法深入德国南部。在和平时期的讨论中，他们可能看不到这一点，但在紧急时刻，他们将发现只有普鲁士才是自己的救星，届时，将由谁来指挥联军的问题将会迎刃而解。[8]

1859 年 2 月，普鲁士军方敲定了一份大致相同的计划，不过这份新计划包含了一个多少有些令人吃惊的重要表述，即毛奇还不知道普鲁士究竟是站在法国一边还是站在奥地利一边。两周后，军方制定了一个更激进的计划，即考虑与比利时军队联合进攻法国的阿尔萨斯和洛林。[9]

然而，到了 1859 年 5 月，普鲁士军方的进军计划是基于这样的假设——无论如何，比利时将会保持中立。由于主要目标是夺取阿尔萨斯和梅茨（Metz），因此普方考虑了两种备选战略：要么立即向巴黎推进，要么先占领阿尔萨斯。该计划的目标是在下达总动员令的 47 天之前抵达萨尔河一线。当然，所有这些计划中还有其他一些重要的不确定因素，例如俄罗斯的真实意图以及需要同时对丹麦采取措施的可能性等。

在1859年之后的几年里，毛奇继续完善他对法国的基本作战计划。该计划假定普鲁士在莱茵河下游有一支由3个军组成的军队，另一支由三个军团组成的军在美因河一线，并拥有强大的预备队。不过，即使毛奇制定的仍然是一份防御计划，其最终目标也是占领阿尔萨斯和洛林。在面对法国的进攻时，毛奇写道：

> 我们必须尽快在美因茨尽可能多地集中兵力，只要我们在美因茨有一支强大的军队，法国人就不可能像1806年那样直接进入普鲁士本土（柏林）。我们在那里的军队会像磁铁一样吸引他们……美因茨虽然不是普鲁士人的地盘，但却如同普鲁士的盾牌和剑，是她最重要的要塞。[10]

毛奇的计划还要考虑到法国不尊重比利时中立立场的可能性，那样的话，普鲁士人在边境附近建造的要塞是不足以长期抵御法军进攻的；届时，野战部队的动员速度将成为一项决定性的因素，因为"如果法国人想要从左岸入侵莱茵省，他们就得先打败我们的军队，然后才能占领它"。然而到了1863年，毛奇又回到了他最初的想法，即认为法国不会入侵比利时，因此，法军进攻的重点将是越过莱茵河上游，直接进入德国南部。毛奇再一次强调，如果要在短时间内阻止法军推进，美因茨的驻军和主力部队都是至关重要的。

尽管在这一时期，毛奇认为法国才是普鲁士最大的潜在敌人，但他自然也考虑到了与奥地利开战的可能性。他写了一系列关于普奥战争的备忘录。在这些备忘录中，毛奇对普奥战争的看法逐渐变得成熟。当然，他的这些看法并不是脱离政治实际凭空形成的，他所发表的论文引人入胜，因为它们揭示了他对更广泛的政治形势的看法。早在1860年春天，毛奇就在一份冗长的备忘录中提出了自己的观点，这份备忘录的主要内容是在与奥地利爆发战争时己方军队的部署。在备忘录中，他分析了普鲁士在一场会影响欧洲所有大国的冲突中可能得到的帮助。当然，这是根据当时的政治形势所写的，他的一些假设后来被证明是站不住脚的，尤其是他低估了普鲁士在欧洲的地位。列强在自己的利益没有受到根本威胁时，是不愿意卷入一场战争的，不过，他完全明白，要准确预测个别国家的行为方式是很困难的：

> 人类的智慧是无法预先追踪如此重大的政治事件和历史进程的，这不仅关系到国家的永久利益，还受到统治者本人的好恶以及内阁在关键时刻的洞察力和能力的影响，甚至还受到内乱或民众起义等因素的影响，这些因素往往发挥着有效且不可预估的推动力。[11]

毛奇继续预测，假定普鲁士和奥地利之间的战争会把整个欧洲都卷入冲突之中，届时，普鲁士可能会得到俄、英的帮助；丹麦将保持中立，但比利时、荷兰和意大利将站在普鲁士一边；法国将持敌对态度，并企图征服莱茵兰；德国北部，除了萨克森之外，都必须与普鲁士进行合作，而德国南部各邦国则可能保持中立。毛奇认为，无论哪一方获胜，德国都有可能实现统一，但要以牺牲东、西两边的省份为代价。毛奇仍然按照一场防御战的标准来准备普奥战争；但另一方面，如果要采取攻势，也就是入侵奥地利本土，普鲁士军队就要在西里西亚集结。不过，毛奇对入侵奥地利是否能稳步取胜表示怀疑：

> 奥地利可能会大吃一惊，但是我们不妨考虑一下，在与帝国的力量作对时，随着奥军的抵抗力越来越强，普鲁士能否保住最初的战果是一个未知数，我们必须记住，战略进攻不同于战术进攻，其需要的兵力，无疑要远远超过战略防御的一方。[12]

然而，即使打一场防御战也需要提前占领德累斯顿，因为控制该城必然会严重威胁到奥军的前进路线；而且，就保卫柏林而言，沿努特河（Nuthe）和诺特河（Notte）一线构筑的防御工事比城市周围的要塞更能确保其安全。"我们与奥地利军队的决战必然发生在柏林以南，因此，最重要的是要尽可能地在那里集结主力。"[13]

毛奇在1862年6月3日的另一份备忘录中详细研究了对奥地利发动战争的问题。他考虑了对德意志小邦国采取行动的问题。他写道，普鲁士必须让自己成为各邦国的主人。"对我们来说,撤退比战败更危险——那将是政治上的死亡。任何中间路线都会导致毁灭,只有最纯粹的进攻才能达到目的。"[14] 在这篇论文中,他认为:不仅奥地利和巴伐利亚,还有法国,也许还有英国和丹麦,都可能是敌对的。最重要的是普鲁士要掌握战场主动权,这完全可以做到,因为相比奥地利或德意志邦联的其他国家,普军会更快地投入战场。此外,毛奇再一次把迅速占领萨克森的行动视为实现战略意图的关键因素。

上述计划已经反映出毛奇的基本战略构想,这些构想形成了后来普奥战争中普军作战计划的基础,我们将在讨论该计划的最终版本时再次回到这些最初的计划中。

与此同时,罗恩在 1862 年 11 月 28 日正式要求议会批准对丹麦采取军事行动,毛奇对此并不意外,他在 12 月 6 日的回复中写道:

同丹麦的争端长期悬而未决,利用军事来解决争端的可能性从未被忽视。普鲁士军队已经集结在汉堡(Hamburg)和吕贝克附近,根据我的命令,总参谋部也已经对利用铁路运兵的计划进行了审查。[15]

他接着警告罗恩,虽然确定眼前的目标本身并不容易,但要取得明确的结果却尤为困难。由于丹麦人掌控着制海权,普鲁士军队的作战行动必须局限于日德兰半岛。而要想迫使丹麦就范,就必须延长战争时间,从而增加外国干预的风险。毛奇很清楚自己真正的目标,占领敌人的首都是不可能的,那么普军就必须把重点放在丹麦军队身上,仅仅把丹麦军队赶回去并不会结束战争;普军必须以摧毁它为目标。

毛奇在他的论文中指出,一旦与丹麦发生战争,第一个问题将是后者位于石勒苏益格的坚固堡垒——丹讷韦克(Dannewerk),此地西边是特雷讷河(Treene),东边是一条通往施莱湾(Schlei)的支流;只有在冬天,如果其侧翼的冰冻得足够深,普鲁士军队才能长驱直入,攻占这座城市。因此,冬季作战是最好的;但丹麦军队有可能撤退以避免遭到包围,并通过占据阿尔森(Alsen)和菲英岛(Fünen)的阵地来避免遭遇决定性的一击。因此,普鲁士必须为这项行动部署足够强大的部队才行,只有这样,普军才能占领丹军位于杜佩尔（Düppel）和腓特烈西亚（Fredericia）的阵地，并控制日德兰半岛的其余部分。尽管作为和平解决方案的一部分，战后普鲁士必须归还上述地区，但占领它之后，它将成为和平谈判中一个十分有效的讨价还价的筹码，对普鲁士取得谈判胜利至关重要。当然，这是一个政治问题；毛奇本人愿意就此提供建议，这也是他首次表明他的立场，但决定权掌握在俾斯麦手中，日后，首相和将领们将频繁就政治和军事议题之间互相重叠的领域发生争议。

毛奇分析了敌方可能部署的兵力，他认为丹麦军队的总兵力为32560人，分为37个营。因此，为了使行动取得成功，他建议使用4个满编师：总兵力将达到50个营，包括37个独立中队和24个炮兵连，还包括3个工兵营，共计6.1万人。今年早些时候进行的参谋部动员演习表明，开战17天后，普鲁士就可以把一个囊括8个中队和6个炮兵连，共12个营的兵力派到汉堡地区去对付丹麦在荷尔斯泰因的驻军——5个营、4个独立中队和4个炮兵连，而另外3个营和4个独立中队去占领石勒苏益格。这次演习还表明，相比于丹麦人通过海路运送增援部队的方式，普鲁士人利用铁路网运兵的速度更快。[16]

在论文中，毛奇再次提出了修建一条连接汉堡和阿尔托那（Altona）铁路线的建议。如果汉堡参议院通过了这项法案，其使用的车辆就有可能不再经过荷尔斯泰因，从而防止物资落入丹麦人之手；与此同时，普鲁士军队可以利用这条铁路加速向艾德河（Eider）一线挺进，毛奇希望能在开战20天后赶到那里；在先头部队的后面，其余的普鲁士军队将在开战29天后与丹麦军队交火。这样一来，当丹麦人部署在丹讷韦克的兵力还很薄弱时，就会遭到占据优势的普鲁士军队的猛烈进攻。

毛奇给罗恩的备忘录只是行动概要而已。当月晚些时候，他制定了一项更加详细的计划，旨在摧毁整个丹麦军队。为了实现这一目标，毛奇假设丹麦人将全力以赴，捍卫他们在丹讷韦克的阵地，一旦他们被困在那里，普军就会绕过他们的侧翼，并切断他们向北撤退到杜佩尔的道路。这个计划要求普军部队的可用兵力必须比敌人多一倍。当然，普鲁士不缺少可以执行任务的部队；但是，考虑到普鲁士需要同时在法国和俄罗斯边界维持强大的警戒部队，毛奇提议，对丹麦开战只动用那些在和平时期驻扎在普鲁士中部的部队，因此，他指定第3军和第7、11步兵师组成攻略部队。在这份计划中，毛奇绘制了向艾德河一线推进的详细行军表，接着又相当详细地阐述了如何采取作战行动。人们对丹讷韦克的优劣势都非常了解；在考察了该阵地之后，毛奇确定了进攻的重点是第 11 号堡垒。不过，他强调，为了取得成功，必须绝对保密，只有这样才能发挥突然袭击的最大优势。[17]

不久之后，毛奇把作战计划的复印件寄给了腓特烈·查尔斯（Frederick Charles）王子——他很可能会被任命为丹麦攻略部队的最高指挥官。1863 年 2 月 5 日，他从查尔斯王子那里收到了一份针对作战计划的冗长回复。毛奇对王子的疑问一一进行了解答，以阐明自己的意图。大体上说，腓特烈·查尔斯接受了毛奇的作战计划，他对将丹麦军队作为唯一目标的说法尤为赞同。不过，关于包围丹麦军队的行动，他多少有些误解了毛奇的意图。在对腓特烈·查尔斯回复的评论中，毛奇指出，他并不打算同时对丹麦军队的两个侧翼采取行动，而是选择能够实现这一目标的最佳侧翼。[18] 事实证明，他们二者对这个问题的态度非常认真，对细节极为关注，他们的考虑范围不仅包括要在作战中使用的每一支部队，甚至还确定了冯·扎斯特罗（von Zastrow）的具体职责范围，他是第 11 师的师长，腓特烈·查尔斯认为他是完成任务的理想人选。当然，毛奇在准备这个计划的时候，还不清楚一旦战争爆发，整个政治局势会演变成什么样子，所以在这个阶段，他只能为普鲁士军队的行动做准备，对奥地利是否介入不做任何假设。

毛奇的战争规划方法，在很大程度上依赖于他对军事历史和当前野战行动的深入调查和研究。如果说"经验是最好的老师"，那么别人的经验则是最具成本效益的教育。毛奇掌握了各方面的信息。在为未来战争做准备的过程中，他亲自研究了 1809 年的巴伐利亚战役，并发表了演讲；根据他的工作人员对 1859 年法国动员和复员的报告，以及对意大利北部行动的报告，他撰写了一份关于该战役的详细材料，并向参谋人员做了演讲。[19] 他就美国内战中的动员和军队调动得出了重要的结论——这是历史上首次使用铁路进行远距离作战的实例，如上文所述，正是这一点促使毛奇在总参谋部中增加了一个铁路科。此外，毛奇还通过率领参谋人员参加特别军事演习、乘骑作业和普鲁士军队的年度演习等方式，对自己提出的作战计划进行了大量的可行性验证。

从毛奇就职的那一刻起，制定作战计划就在持续不断地进行着。频繁的修正不仅源于国际局势的千变万化，更受到普鲁士军队实力不断增强，以及毛奇对取得战争胜利越来越有信心的影响。国际政治的变幻可谓无穷无尽。例如，毛奇可能永远无法确定：法国人可能不会通过比利时甚至荷兰发动进攻，但如果他们这样做了，其他国家的军队可能会在随后的战役中发挥作用。（比利时和荷兰极具战略价值；1861 年，毛奇认为"比利时人将被赶到安特卫普……而英格兰人将束手无策"。）虽然法国是潜在的头号敌人，但毛奇也必须时刻考虑与奥地利开战的可能性。不过，此时，石勒苏益格－荷尔斯泰因问题日益发酵，使得毛奇不得不全身心投入到 1863 年与丹麦爆发的第一场战争中，事实上，他已经在着手制定该项任务的作战计划了。

第六节 石勒苏益格－荷尔斯泰因

错综复杂的石勒苏益格－荷尔斯泰因问题已经延续了 4 个多世纪，其复杂性还在与日俱增。这些难解的问题如今之所以被人们记住，与其说是因为问题本身，不如说是因为时任英国首相帕尔姆斯顿子爵（又译为"巴麦尊"）那句著名的笑话，他说：世界上只有三个人了解这个问题——已故的亲王，疯了的德国教授，还有把这事忘得一干二净的帕尔姆斯顿子爵本人。

1460 年的《里伯条约》旨在解决石勒苏益格、荷尔斯泰因这两个公国的继承权问题，条约宣称两地永远不能分割。不过，这两个地区后来的历史却截然不同，这主要是因为它们的人口构成有很大的不同；石勒苏益格在宗教、语言和种族起源上都更接近丹麦，是丹麦王室的封地；而荷尔斯泰因是神圣罗马帝国的封地，在很大程度上是德国人的封地。这两个公国之间以及与丹麦王国和德意志邦联之间的关系，并没有在拿破仑的处置方案中从根本上得到解决。1815 年，荷尔斯泰因并入德意志邦联，但仍在丹麦王室的管辖之下；而石勒苏益格，还包括完全由德意志人组成的乡村小公国劳恩堡（Lauenburg），则仍然是丹麦国王的属地。19 世纪，随着民族主义浪潮的兴起，人们把注意力集中在公国上，比王朝继承权更强大的力量在发挥作用。荷尔斯泰因人仍然是坚定的德意志人，此外，德意志人不但在南石勒苏益格占据主导地位，在北石勒苏益格的影响力也在逐渐增加。当时，丹麦本土人口约为 150 万；石勒苏益格大约有 40 万居民，荷尔斯泰因约有 50 万居民，劳恩堡约有 5 万居民。在这三个公国中，民族主义政党一直在寻求建立一个独立的德意志国家；另一方面，被称为"艾德河流域丹麦人"（Eider Danes）的丹麦民族主义者希望将石勒苏益格纳入丹麦王国，从而恢复艾德河作为其南部边界。在对丹麦的《王权法》（Danish Lex Regia）和《萨利克继承法》（Salic Law）所规定的王室继承权的持续争论中（后者规定女性没有继承权），针对这两块伯爵领地的争端也越发激烈了。

丹麦国王克里斯蒂安八世在"公开信"中宣称实施《王权法》，当法兰克福的德意志邦联议会还在思考如何对此做出回应时，1848年革命的连锁反应将欧洲政治搅得天翻地覆。随后，丹麦的新国王腓特烈七世刚刚登上王位，"艾德河的丹麦人"占据了上风，他们颁布了新宪法，并直接将石勒苏益格纳入了领土范围。3月18日，石勒苏益格-荷尔斯泰因的主要领导人召开会议，他们要求石勒苏益格加入德意志邦联，这一要求遭到了丹麦新政府的断然拒绝。3月24日，石勒苏益格-荷尔斯泰因公国临时政府在基尔宣布成立，同一天，奥古斯滕伯格公爵（Duke of Augustenburg）获得了普鲁士的支持，登上了公国领导人的宝座。

此后，事态迅速发展。先是公国临时政府派兵占领了伦茨堡要塞（Rendsburg）；随后，石勒苏益格北部亲丹麦人士的示威活动又引发了暴力事件。于是，丹麦军队以此为借口越过了孔盖河（Konge Aa），并占领了公国的北部地区。4月4日，由冯·弗兰格尔（von Wrangel）将军率领的普鲁士军队开进了荷尔斯泰因。由于丹麦和普鲁士两支军队都朝着艾德河一线前进，冲突看来是无法避免的。普鲁士的行动得到了位于法兰克福的"德意志邦联议会"（Vorparliament）的热切支持，邦联议会也组织了一支军事力量与普鲁士人合作。

后来，毛奇和普鲁士总参谋部对这次行动进行了详细的探究。他在1862年12月提出的建议是基于从1848—1850年的事件中吸取的教训。当时，由于缺乏明确的战争目标，普鲁士和邦联军队的表现差强人意。法兰克福的混乱局势，以及普鲁士政府的优柔寡断意味着，尽管德意志军队拥有兵力上的优势，以及强大的后援，但在丹麦那些坚定的领导人面前不堪一击。在各次战役中，许多战役的发生地都在1864年再次成为普奥战争中的重要战场，毛奇从中获得了极有价值的经验。

1850 年，毛奇和众多德意志人一样，对公国事态的发展忧心忡忡。到当年年底，他清楚地意识到，对石勒苏益格－荷尔斯泰因的军队来说，在杰出的军事理论家、普鲁士将军冯·维利森（von Willisen）的指挥下，游戏已经结束了，毛奇认为后者的性格有缺陷；因为维利森曾亲口告诉他，自己"认为荷尔斯泰因地方部队的素质不足以保证行动成功"。1851 年 1 月，毛奇写信给他的妻子说："当务之急是必须让荷尔斯泰因人放下武器；但是，普鲁士和奥地利将在必要之时拿起武器，捍卫它们真正的权利，这是理所应当的。"[1]

1848 年至 1850 年的胜利让丹麦人兴奋不已，他们在石勒苏益格采取了傲慢和高压的政策，这引起了普鲁士和奥地利的抗议，石勒苏益格乃至整个德意志的紧张局势逐渐加剧。不过，在"石荷分治"（Federal Execution）的威胁下，尽管普鲁士国王威廉一世公开承诺普鲁士有责任解决这个问题，但可谓是"雷声大雨点小"，各当事国只是加强了外交照会。1862 年 9 月，英国外交大臣厄尔·罗素（Earl Russell）在他的《哥达报告》（Gotha Despatch）中提出了解决这一问题的方案；由于这个方案被视为偏向德意志人，其立即遭到了丹麦和瑞典的拒绝。尽管普鲁士和奥地利政府都试图阻止局势再次回到危急时刻，但随着德意志公众舆论的日益沸腾，这一目标越来越难以达到，正如研究这一问题的一位著名历史学家所指出的："可悲的是，妥协的时机已经过去。民族主义在丹麦和德国都已抬头；从 1861 年到 1862 年，所谓的'艾德河丹麦主义'不论在丹麦还是在石勒苏益格都蓬勃发展起来。"[2]

不过，事情即将发生重大变化；1862 年 9 月 24 日，在欧洲政治舞台上出现了一个强人，他将从根本上改变国际政治的发展进程，石勒苏益格－荷尔斯泰因问题是他必须处理的最为紧迫的问题之一，这个人就是俾斯麦。如上文所述，奥托·冯·俾斯麦被任命为普鲁士首相，是国王与议会针对军事改革发生冲突的直接结果，但俾斯麦最先崭露头角的领域是外交——他的外交手段与前任完全不同。在担任普鲁士驻法兰克福邦联议会的大使期间，俾斯麦毫不掩饰自己对自命不凡的奥地利一直怀有敌意；现在，在上任后不久，他就在与奥地利驻柏林大使卡罗伊伯爵（Count Karolyi）的一次谈话中，直截了当地阐明了自己的立场。俾斯麦说，在德意志诸邦中，奥地利必须与普鲁士处于平等地位，普鲁士可以支持奥地利的关键利益，作为回报，奥地利应该将重心向东转移。此外，普鲁士必须拥有在德意志北部自由行动的权利，必须有"足够的空气来维持生命"。如果奥地利不遵守这些规定，她将会招致灾难；俾斯麦表示，自己更愿意与奥地利建立伙伴关系，但如果奥方不愿意，他也会在"恰当"的地方寻求盟友，包括与拿破仑三世和解。事实上，俾斯麦与这位法国皇帝的关系很复杂；当然，有时拿破仑三世觉得俾斯麦高深莫测，在俾斯麦担任驻巴黎大使的短暂任期结束后，拿破仑三世在他的欢送会上评论道："他不是个大人物（Il n' est pas un homme sérieux）。"这显然是一个将会使他悔恨终身的错误判断。不过同一时期，欧洲的其他许多主要政治家也会持有类似的观点，因此我们必须公平地看待拿破仑三世的论断。

1863 年 1 月，俾斯麦派遣冯·阿尔文斯勒本将军与俄国政府缔结公约，在波兰叛乱分子盘踞的两国边境地区进行军事合作，这一举动激怒了自由主义者。拿破仑三世在法国公众舆论的推动下，公开对波兰起义表示同情与支持，并亲自领导了国际上反对俄罗斯镇压起义者的抗议活动，这一举动使得法国和俄罗斯之间的关系大大疏远，在石勒苏益格－荷尔斯泰因危机达到白热化的关键时刻产生了重大影响。"3 月专利法"（the "March Patent"）的颁布成为危机爆发的导火索，该法令规定为荷尔斯泰因颁布单独的宪法，并剥夺了该公国的议会对丹麦君主国其他地区的立法权。7 月，德意志邦联议会要求丹麦撤销"3 月专利法"，否则会招致"石荷分治"。在普鲁士，自由党谴责政府，声称俾斯麦的政策导致了国家的孤立，并破坏了国家代表石勒苏益格－荷尔斯泰因人民发动战争的权力。议会的一位发言人宣称，即使普鲁士试图发动战争，自由党人也会反对，"因为在目前的情况下，即使战争取得了胜利，我们也不能指望这个问题会得到圆满的解决"。俾斯麦对这类事情不屑一顾："如果我们认为有必要发动战争，无论你批准与否，我们都会这样做。"[3]

在国外，来自英国的支持更加坚定了丹麦人的不妥协态度。帕尔姆斯顿子爵有些鲁莽地告诉下议院，任何试图扰乱现状的人"结果都会发现，他们被迫面对的将不仅仅是丹麦"。子爵私下里说，重要的是应该让"法兰克福的绅士们和柏林的疯狂部长们"明白，侵略丹麦将会带来灾难性的后果，尤其是对普鲁士而言："在目前普鲁士军队糟糕的状况下，普鲁士的各省将会立即被法国占领……与法国人之间的第一次正面交锋对普鲁士造成的损失，不会比耶拿战役少多少。"[4] 在这种外国支持的鼓舞下，丹麦政府对国会的答复未能满足德意志邦联的要求。于是，10 月，德意志邦联议会最终通过了一项决议，即由联邦执行机构执行国会的法令，汉诺威和萨克森将"石荷分治"付诸实施，普鲁士和奥地利则提供后备力量。丹麦议会不为所动，通过了新的宪法条文，使之成为法律。两天后，丹麦国王腓特烈七世突然去世，把签署新宪法的责任留给了他的继任者。由于丹麦新国王克里斯蒂安九世（Christian Ⅸ）来自德意志，丹麦民众对他的忠诚表示怀疑；在首相霍尔的建议下，他在 11 月 18 日正式签署了新宪法，以示自己绝无二心。

俾斯麦急于控制事态的发展，尽其所能避免"石荷分治"；奥古斯滕伯格公爵放弃了他的继承权，转而支持他的长子腓特烈大公，而俾斯麦当然不希望看到各公国在一位新大公的统治下获得独立。于是，他恪守普鲁士在《伦敦条约》（Treaty of London）中做出的承诺，承认了克里斯蒂安九世的合法性。

与此同时，毛奇自从在 1862 年 12 月为罗恩撰写了一篇关于目前军事形势的文章后，就一直密切关注着事态的发展。毛奇从来不认为占领荷尔斯泰因就够了；他在 6 月 8 日的一份备忘录中指出，问题在于石勒苏益格的未来，它位于邦联的边界之外：

> 如果我们仅仅占领荷尔斯泰因，而无法渗透到石勒苏益格，其结果只会导致"石荷分治"，届时我们就只能间接地促使两个公国恢复联合了。

毛奇继续估算行动所需的兵力，并指出，一旦石荷分治，那么派遣 1.5 万名士兵占领荷尔斯泰因所花的费用相当于 6 万名士兵发动三个月战役的费用——而这些兵力足以占领整个日德兰半岛了。[5] 当月晚些时候，毛奇

◎ 丹麦国王克里斯蒂安九世。（沃斯 藏）

66

为罗恩编写了一份关于进一步评估丹麦军队及其目前所占据阵地的报告。他在报告中分析了丹麦防御工事的强度，并对普军的各条进军路线进行了论述。虽然丹麦还没有为战争做任何直接的准备，但它现有的防御体系也足以在双方的最终冲突中对德意志军队造成威胁了。沿着从腓特烈城（Friedrichstadt）到埃肯弗德（Eckernförde）的防线，丹麦军队目前有 70 座独立的工事。毛奇指出，这里才是真正的前线；伦茨堡的工事和腓特烈城河以南的工厂只是一些政治目标而已，丹麦人以它们作为识别欧洲其他地区侵略者的"标靶"。

6 月 30 日，毛奇又为罗恩写了一篇冗长的文章，强调了占领石勒苏益格的必要性，并再次指出丹麦人占领伦茨堡和腓特烈城桥头堡的目的。他真正担心的是，如果只有一支薄弱的邦联军队进入荷尔斯泰因，它将在伦茨堡和腓特烈城遭遇强势的丹麦部队——包括那些从荷尔斯泰因撤退的部队，以及在石勒苏益格和埃肯弗德的部队，它或许将面临极具耻辱性的失败局面。不过，观察到法兰克福的缓慢进展，毛奇认为延期将会带来优势，这是"因祸得福"。他写道：

> 这次延期是正确的，当我们的商船即将返回港口，当丹麦舰队犹豫不决时，当穿越贝尔特海峡的部队运输变得困难时，我们就开始作战行动。在严寒的条件下，我们不仅有可能穿过施莱湾和特雷讷河，直接抵达敌人位于石勒苏益格的坚固阵地，我们还可以把战争引至岛屿，而且，如果我们有足够的兵力，就能迅速取得决定性的胜利。[6]

据毛奇估计，进行这样的作战大约需要 5 万人；但威廉一世在 7 月 16 日的一份针对毛奇论文的批注中认为，7 万人是发动战争的最低人数要求。[7] 人们的注意力现在转移到了法兰克福，那里正在进行如何执行"石荷分治"的技术性讨论。11 月底，毛奇赶去法兰克福参加军事委员会的会议。在围绕着邦联议会审议的狂热气氛中，毛奇发现自己的意见并没有被忽视（他在给妻子的信件中提到了这一点）——这明显表明，普鲁士确实已经开始认真对待这件事了。[8] 但事情还在继续发酵，情况开始发生转变。当地民众高涨的情绪，以及他们要求解放的呼声，并没有给毛奇留下太深刻的印象；他对妻子说："石勒苏益格－荷尔斯泰因不可能通过单纯阻挠丹麦法令的手段就获得解放，而只能依靠强大的正规军；即使德意志邦联的军队进入了石勒苏益格，也并不意味着荷尔斯泰因的队伍就一定能得以为继。"然而，眼前的问题是，《伦敦条约》的条款禁止普鲁士军队采取直接行动，所以就目前而言，毛奇提出的迅速采取军事手段这一解决方案遇到了挫折。

1863 年，在将汉堡－吕贝克作为总参谋部进行首次铁路运输演习的地点后，毛奇亲自前往法兰克福，为干预石勒苏益格－荷尔斯泰因行动的后勤准备工作奠定基础。冯·沃滕斯勒本（Wartensleben）上尉是这次演习的策划者，毛奇让他陪同自己前往法兰克福，并与邦联议会的军事委员会共同策划行动。后来，当详细的作战计划被分配给下级参谋人员后，沃滕斯勒本又亲自担任普鲁士代表，参加了次月在莱比锡举行的邦联会议。他的奥地利同事是格伦道夫·冯·泽尔贝根尼上尉，1861 年两人曾一起在邦联军事委员会工作，该委员会审查了德国铁路系统是否能适应军事运输。[9] 这两名军官都享有很高的声誉，他们都是真正了解铁路管理和技术方面的人才，并且二人配合默契。因此，邦联军队进驻荷尔斯泰因的行动非常顺利。后来，当普鲁士和奥地利的军队大举进攻丹麦时，主持该次运输行动的正是能力卓越的沃滕斯勒本，考虑到当时的技术还不成熟，此次演习的准时性可谓是十分惊人的了。据后来的估计，尽管天气恶劣，而且通往公国境内的铁路系统也根本不是为军事用途而设计的，然而联军通过公路原本需要 16 天才能到达集结地域，火车只用了 6 天就完成了联军的运输任务。[10]

在去法兰克福之前，毛奇与国王威廉一世、罗恩和曼陀菲尔一起参加了一个简报会。毛奇记录下了国王给他的指示，随后在一旁批注了为此需要采取的步骤。据毛奇估计，敌军人数可能多达 6.8 万人——其中包括由 4.3 万丹麦士兵组成的部队和 2.5 万来自瑞典的增援士兵。因此，1.2 万德意志邦联士兵应该与 3.5 万来自奥地利和普鲁士的士兵会合，这将使普军在战争中获得明显的优势。[11] 到达法兰克福后，毛奇立刻向国王提交了一系列报告。11 月 29 日，他提出了参与"石荷分治"的邦联军队的指挥官问题，当时，邦联军队加上普鲁士军队和后备部队，总共有 2.2 万人。毛奇对由外国人指挥普鲁士军队的做法持怀疑态度；萨克森王国派遣的部队规模是最大的，似乎应该由该国提供指挥官。对普鲁士而言，这至少比由奥地利人指挥要好。威廉一世也有同样的疑虑，他说："我们似乎有理由选择一位萨克森将军，但他是否有足够的勇气来指挥一支2.2万人的部队呢？没有人知道。"[12] 这很快就引起了学术界的兴趣，因为普鲁士和奥地利两个大国联合制定了作战计划。到12月1日，毛奇报告说，奥地利军队正在组建一支约2万人的部队，与普鲁士军队的3.1万人并肩作战。第二天，毛奇写信给俾斯麦说，只要有关国家同意提供军事援助，委员会的工作就可以在两天内完成。毛奇还说，他和自己的奥地利"同事"已经同意由一名萨克森将领担任邦联部队的指挥官，并由他指挥第一阶段的行动。不过，毛奇也写道，自己的印象是，这时候，即使由普鲁士人担任总司令，奥地利人也不会提出激烈的反对意见。[13] 回到柏林后，毛奇觐见了国王，随后他向罗恩汇报了自己与国王会面的情况：

首相向我宣读了一份来自维也纳的文件，奥地利政府宣布，它已准备好将自己的陆军部队交给腓特烈·查尔斯王子指挥。我当着国王陛下的面解释说，奥地利人能够接受这个建议是明智之举，他们似乎不想把指挥权交给一个没有王室血统的将军。但无论如何，有必要进行进一步的讨论。[14]

俾斯麦要求迅速采取行动实行"石荷分治"的施压举措达到了预期的效果，12月24日，邦联军队进入荷尔斯泰因和劳恩堡。在奥地利的支持下，俾斯麦努力使事情更上一层楼。12月28日，普鲁士代表向邦联议会提议，邦联军队还应该占领石勒苏益格，作为丹麦人履行其条约义务的保证。但从这一点就可以看出，普奥两个大国在德意志邦联议会上并没有得到多数支持。

从那时起，普鲁士和奥地利不可避免要开展单边行动，而毛奇一直在努力完成备战工作，以及现阶段必须采取的军事举措。

具有讽刺意味的是，毛奇的好朋友——丹麦将军赫德曼－林德科恩不久后就成了他的对手；然而，他们之间的关系并未因此疏远：毛奇听说老朋友造访柏林，就告诉妻子，这位丹麦人也许会到家里去看望她。[15] 事实上，毛奇自己也及时回到了柏林，并见到了赫德曼本人。鉴于不断加深的政治危机，毛奇问他，如果他们服务的君主之间发生争执，两人的友谊是否会结束。赫德

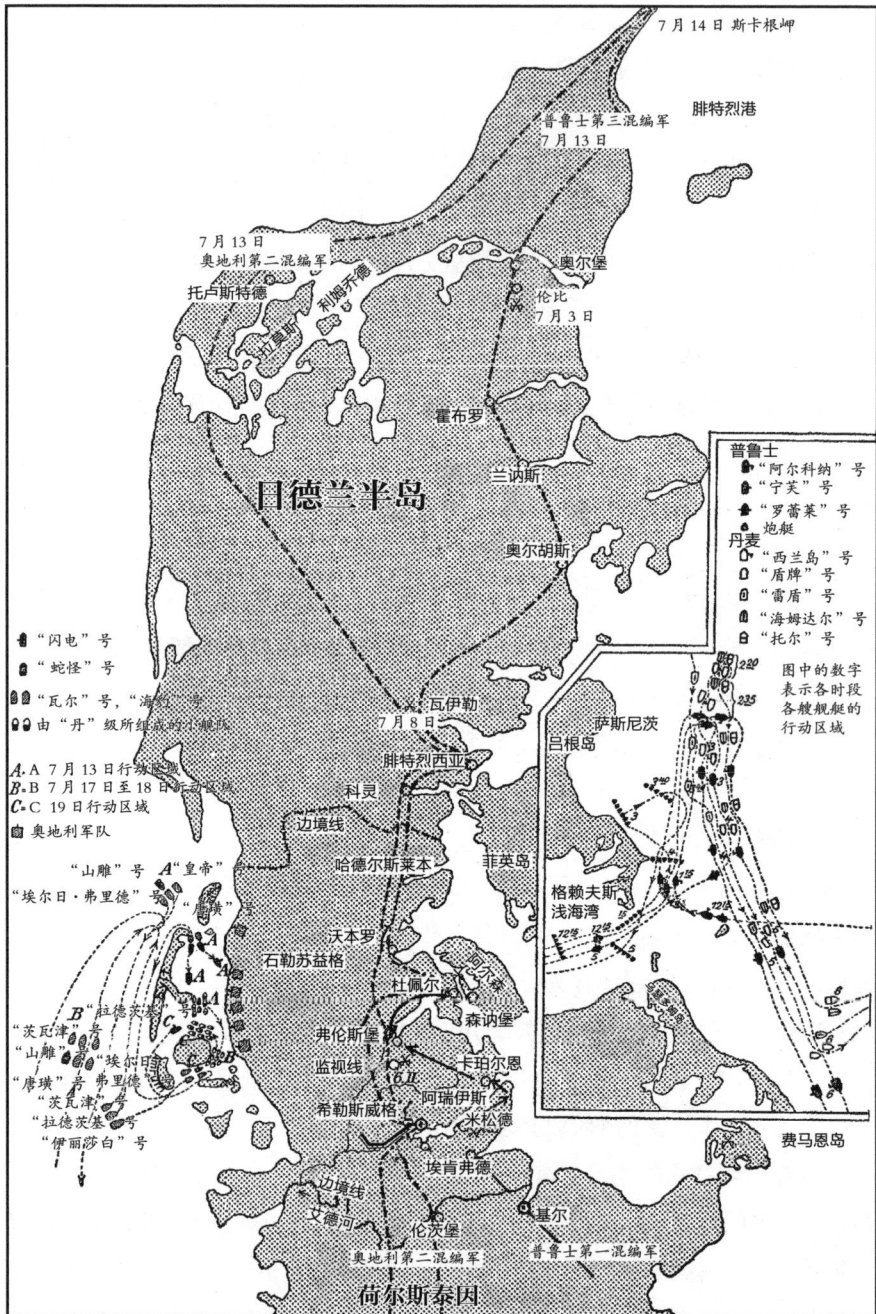

◎ 1864年石勒苏益格——荷尔斯泰因战区的概况。左边的细节图展示了普军占领北弗里斯兰群岛的过程，右边的插图展示了1864年3月17日双方海军在亚斯蒙德的行动轨迹。

70

◎ 弗里德里希·冯·弗兰格尔元帅。（罗杰斯 摄）

曼斩钉截铁地回答道："我的回答是，我们之间的关系在任何情况下都不会改变，即使在外界看来我们是敌对的。"[16] 他没有夸大其词——两人的余生都保持着通信，话题通常是关于即将发生的这场战争，就是在这场战争中，他们曾处在互相对立的位置。

继 1 月 14 日奥地利和普鲁士提出的联合动议被法兰克福议会否决之后，邦联大使在哥本哈根向丹麦政府发出最后通牒，要求其在 48 小时内撤回 11 月颁布的宪法。丹麦人断然表示拒绝，双方断绝了外交关系。随后，普奥联军不顾邦联军队的存在，立即向荷尔斯泰因进军，并开始向石勒苏益格边境挺进。

毛奇先前担心，奥地利人只会听从皇室王子的指挥，但事实证明他多虑了。年迈的陆军元帅冯·弗兰格尔是不二人选，他在先前战争中的丰富经验将在此时派上用场。弗兰格尔出生于 1784 年，曾参加了耶拿战役的后期阶段和莱比锡战役。令弗兰格尔感到终生遗憾的是，他当时指挥的龙骑兵团没有参加滑铁卢战役。到 1823 年，他已经获得少将军衔；1848 年，作为一名高级指挥官，他被任命为普鲁士抗击丹麦军队的指挥官。他于 1856 年被提升为陆军元帅。至此他职业生涯漫长而杰出，但正如西贝尔所说："不久后我们就可以看出，他见识的广度，洞察力的敏锐度，判断力的正确性，性情的恬淡和意志的坚定都没有随着年龄的增长而得到提升。"[17]

这些不足之处并没有因为厄内斯特·沃格尔·冯·法尔肯斯坦将军被选为弗兰格尔的参谋长而得到弥补，与他的指挥官一样，法尔肯斯坦任性到不负责任的地步。法尔肯斯坦也出生于 1797 年，当时他已经到了参加解放战争的年龄，在他勤勉而平凡的职业生涯中，他还参加了 1848 年的荷尔斯泰因战役。

尽管曼陀菲尔无情地精简了普鲁士军官队伍，但仍然有一些军官的素质值得商榷。普丹战争中的人事任命，在很大程度上是根据曼陀菲尔的建议而做出的；在整个职业生涯中，毛奇对人事的影响都相对较小，但他不得不屡屡进行善后工作。

为了使王储腓特烈·威廉获得一些第一手的军事经验，时年32岁的他也成为弗兰格尔的参谋人员中的一员。王储的情况有些特殊，因为他强烈反对对丹麦采取行动，主要是因为他的亲舅舅威尔士亲王（后来的爱德华七世）娶了克里斯蒂安九世的女儿亚历山德拉（Alexandra）。王储的影响力不是很大，但至少他为总司令部提供了一些明智的建议。

普鲁士第一军团的指挥权交给了国王的侄子腓特烈·查尔斯王子。尽管他只有36岁，但他的军事能力曾经受过严酷的考验。1849年，查尔斯王子以少校军衔在巴登战役中受了伤，当时他是自己叔父的参谋；在漫长的康复期间，他致力于深入研究军事史。到1859年，他已经达到了军团指挥官的级别，人们有充分的理由认为他是个可靠的人选。毛奇对他评价很高；然而，在后来的职业生涯中，他宁愿谨小慎微，也不愿冒险出错，这有时会造成严重的后果。作为参谋长，他被指派给干练的卡尔·冯·布卢门塔尔（Karl von Blumenthal）上校，尽管他极度以自我为中心，但毛奇对他的评价最高。由于在战役的大部分时间里毛奇都被困在柏林，因此他在很大程度上依赖布卢门塔尔提供关于战役进展的信息，后者也确实通过一系列详尽的信件出色地完成了这一任务。1864年，布卢门塔尔已经54岁了；在很长一段时间里，像许多其他在普鲁士军队中服役的人一样，他晋升得非常缓慢，当了整整17年的少尉。然而，在以后的职业生涯中，他逐渐成为毛奇最信赖的人之一。参与行动的普鲁士军队包括：第1军，由2个步兵师组成，其中，第11师驻扎在勃兰登堡，由冯·曼施坦因（von Manstein）中将指挥；第13师驻扎在威斯特法利亚，由冯·温津格罗德（von Wintzingerode）中将指挥。此外，还有一个由蒙斯特伯爵（Count Münster）少将率领的混成骑兵师。这支部队共有24950人，包括17个炮兵连和96门大炮。普鲁士特遣部队的其余人员被指定为第3军，由2个禁卫步兵旅和1个禁卫轻骑兵团组成，由冯·德·穆尔贝（von der Mülbe）中将指挥。这支部队有10100人，包括2个炮兵连和14门大炮。普奥联军的奥地利军被指定为第 2 军，由陆军中将冯·加布伦茨（von Gablenz）指挥；它由 4 个步兵旅和 1 个骑兵旅组成，包括 6 个炮兵连和 48 门大炮。[18]

俾斯麦成功地发动了他所需要的战争，这要归功于丹麦人的顽固不化，他们不顾国际上大多数国家的反对意见，坚持自己的立场。随着最后决裂日期的临近，丹麦对得到外援的希望也逐渐破灭。拿破仑三世的特使弗勒里（Fleury）明确表示，法国根本无意进行军事干预。在圣彼得堡，面对拿破仑三世要求召开会议，并搁置 1815 年维也纳协议的条款，戈尔恰科夫（Gorchakov）的当务之急是团结各种力量共同对抗法国，他强烈建议丹麦政府不要反抗。在英国，尽管媒体和公众舆论极力支持丹麦，但派遣皇家海军舰队到哥本哈根进行干预的吸引力很快就开始消退了。1 月 2 日，英国内阁中的和平派占了上风；尽管帕尔姆斯顿子爵之前曾发表过夸大其词的声明，但他在致丹麦驻伦敦大使的一封信中不得不私下强调，丹麦"不能为了自己的利益而奢求英国会与整个德意志开战"。[19]

尽管帕尔姆斯顿子爵对丹麦人进行了严厉警告，但他本人的观点并没有改变；就在去年 12 月，他还在给罗素（Russell）的一封信中表达了这些观点：

> 石勒苏益格不是德国的一部分，德意志军队的入侵是对丹麦开战，在我看来，这将使丹麦有权得到我们陆、海军积极的军事援助。但你我不能在没有内阁和女王同意的情况下宣布这样的决定。[20]

奥地利大使阿波尼（Apponyi）一语中的，指出了帕尔姆斯顿子爵沮丧的原因：

> 首相的愤怒源自他的无能。他意识到，现实正在背离他的政策方向，他发现自己处于孤立状态，无法依靠任何大国，甚至得不到女王和大多数同僚的支持，他束手无策。[21]

最后，最令丹麦人失望的是，从瑞典寻求帮助的想法也未能实现。尽管瑞典国王卡尔十五世仍然决定为丹麦提供军事支持，但除了外交部长曼德斯特伦（Manderström）外，其他内阁成员都坚决反对出兵，除非某个大国率先采取行动。因此，当普鲁士军队向荷尔斯泰因挺进时，丹麦人发现他们完全得靠自己了。

在柏林，人们担心的是汉诺威是否会命令其派往荷尔斯泰因的军队袖手旁观，让德奥联军畅通无阻地向艾德河进军。1月17日，毛奇向国王建议，第13师通过铁路穿越荷尔斯泰因时，可能会遭到汉诺威人的阻挠。毛奇估计汉诺威军队的总兵力为2.6万人，其中7000人驻扎在荷尔斯泰因。温津格罗德的部队需要花两天时间才能通过汉诺威防区，此处集结起来对付他的兵力不超过6000人："如果这些军队真的采取措施来抵抗联军，他们必将被击溃。"既然联军有必要占领通往荷尔斯泰因沿线的所有车站，因此应尽快调动第4军前去支援第13师。毛奇意识到，不应该把原计划用来对付丹麦的部队转用于对付汉诺威人的抵抗。[22]

结果是，普奥联军并没有遭遇预想中的抵抗，部署在荷尔斯泰因的汉诺威和萨克森军队没有干涉联军的行动，而是愤愤不平地撤退了。该地的邦联军队指挥官哈克（Hake）接到了罗恩的询问，问他现在是否会把自己的部队交给弗兰格尔指挥，哈克愤然拒绝了这个建议。然而，即使没有遭到抵抗，毛奇也很快就对前进的速度感到焦虑；他于1月18日向军务院报告，建议在弗兰格尔于1月20日担任总指挥之前，立即向腓特烈·查尔斯下达命令，要求在1月20日由弗兰格尔接替他担任总指挥。[23]好在由于预先规划好了他们所掌握的铁路线，联军部队顺利抵达了它们的集结地点，并于1月31日准备进入石勒苏益格——这一行动标志着战争正式开始了。

毛奇对丹麦人的力量了如指掌，他在1月13日的备忘录中对此进行了概述，并在4天后将其发给弗兰格

◎ 于1863年12月至1864年2月28日担任丹麦军队总司令的德·梅扎将军。（沃斯　绘）

74

尔，作为他开展行动的基础。毛奇写道，在石勒苏益格的丹麦军队有 36500 人，其中，格拉赫（Gerlach）的第 1 师，施泰因曼（Steinmann）的第 3 师和第 4 师（骑兵），由他的老朋友赫德曼 – 林德科恩统一指挥，这 3 个师连同部分预备役炮兵部队都集中在丹讷韦克的阵地上；该阵地兵力共有 2.2 万人。杜·普拉特（Du Plat）的第 2 师被部署在他们前面，其中，一个旅在腓特烈城的右边，另一个旅在左边，掩护着米松德（Missunde）、埃肯弗德和艾德运河（Eider Canal）等要地。其余的军队，包括 7 个营共 5000 人的预备队，被部署在北部，一直延伸到日德兰半岛的边界。[24] 丹麦总司令德·梅扎（de Meza）把他所有的兵力，包括驻扎在伦茨堡和丹讷韦克的驻军集中起来，就可以带着 3.3 万人准备随时对联军发动进攻了。

值得一提的是，在计算己方总兵力的同时，毛奇仍将 12900 名汉诺威和萨克森军队考虑在内——这明显是一个过于乐观的观点了。

在为即将到来的战争而制订的最终计划草案中，毛奇采纳了他曾于 1862 年撰写的备忘录中的观念。这份草案旨在为弗兰格尔提供战争指挥方面的指导，但不幸的是，人们很快就会发现，它只能以建议而不是直接和有约束力的命令形式提出。然而，在递交给弗兰格尔之前，它首先要在 1 月 20 日国王召集的高层会议上进行审议。会议上，俾斯麦和将军们之间发生了激烈的争论。首相极其反对占领整个日德兰半岛的建议，他认为这个建议会使奥地利人感到害怕；4 天之前，俾斯麦才终于说服奥地利人签署了一项联盟条款，他不想冒任何风险，以免他们受到惊吓而退出这个联合行动。罗恩和国王则坚决支持毛奇的计划，他们认为，将战役限制在石勒苏益格毫无意义，而且不会有任何结果，试图以此摧毁丹麦军队的希望渺茫，因为丹麦军队会为了安全而向北撤退。

罗恩完全支持把"奥地利人逼至绝境"的策略，他认为，如果奥地利人不值得信任，那么发现的时机肯定是宜早不宜迟。但俾斯麦态度坚决，他只关心外交形势："我们早在 1849 年就应该认识到，四对一是不可取的；二对三才是优选。"[25] 这场争端最终以俾斯麦发出辞职威胁的方式得以解决，这让罗恩大为震惊，并促使他寻求折中的办法。此后，普军高层采取了一种简单的措施：从给弗兰格尔的指示中略去任何有关攻占日德兰半岛的内容，但同时强调，如果情况允许，切断敌人撤退到杜佩尔的道路也是至关重要的。[26] 以平平无奇的普通军事报告的形式下达指示，显然不能代替坚定的命令，而后者对于像弗兰格尔这样刚愎自用的指挥官来说是必不可少的。不过，这些指示的含义是一目了然的，尤其是其再三强调在丹麦人惊慌失措，退回北方之前，通过渡过施莱湾，从丹讷韦克的左翼对其施加压力，以挫败其企图。毛奇认为，丹麦人在米松德周围的阵地过于强大，不适合进行正面强攻；相反，他提议将己方的真实意图掩盖起来，佯攻丹讷韦克，并越过施莱湾进一步向东进攻，然后北上到达弗伦斯堡。然而，当弗兰格尔召集他的指挥官们开会决定究竟应该采取何种行动时，尽管有人认为直接进攻米松德阵地不是明智之举，他却对此不予理会，并坚持要求腓特烈·查尔斯带领他的部队进行正面强攻。腓特烈·查尔斯和布卢门塔尔想劝他不要鲁莽行事，可是怎么也说服不了固执的弗兰格尔，于是特遣部队于 2 月 3 日开始向石勒苏益格进军。

第七节 丹讷韦克

900 年来，丹讷韦克一直是丹麦抵御南方国家入侵的传统屏障。这道防线在近代得到了极大的加强，以至于拿破仑三世认为，它足以在整整两年时间内挡住德国人。丹讷韦克防线主要由三个部分组成：首先，防御工事的西端始于北海沿岸的腓特烈城，一直延伸到霍灵施泰特（Hollingstedt），然后延伸至丹讷韦克河的中部，进入石勒苏益格境内后，其位于雷艾德（Rheide Aa）后方；而工事最东边的阵地延伸至波罗的海沿岸的埃肯弗德，但此处防御较弱。丹讷韦克防线总共有 70 个堡垒，由南边的工事加固，同时也受到特雷讷河和雷艾德河的保护。丹讷韦克防线很坚固，但它过于绵长，需要部署很多军队进行保护，而丹麦陆军能力超凡的将领——克里斯蒂安·德·梅扎手头并没有能够有效防御这条防线的部队。据说他曾说过，只要给他 10 万人，他就有信心守住丹讷韦克；然而，事实上，他手头兵力只有这个数字的三分之一。

好在，要想进入丹讷韦克，入侵者就不得不通过很多地形不利的区域，因此，丹麦人才得以把他们的大部分军队集中在阵地的中心。丹麦人占据的另一个重要优势是他们对海洋的控制，1848—1850 年已经证明了制海权的重要性。这两个因素在一定程度上抵消了普奥联军在兵力上的优势。就丹麦军队本身来说，虽然士兵缺乏基本训练，军队也缺乏初级军官，但它却是由一流的士兵所组成的，军官们完全可以信赖他们的勇气和毅力。在和平时期，丹麦军队总兵力只有 7500 人，但通过征召训练有素的后备部队，其兵力可以在短时间内扩充到 5.4 万人。

不过，在海上，新生的普鲁士海军，尽管规模很小，却非常活跃，足以引起丹麦舰队的重视，而可能到来的奥地利海军也对丹麦的海上霸主地位构成了挑战。冬天寒冷的天气对大兵团作战有利，西部沼泽地上的冰很厚，至少有一部分能够承受军队通过，这在一定程度上削弱了丹麦人的优势。参战的时候，丹麦人充满了乐观情绪，他们铭记着 1848—1850 年的胜利，对战争胜利的真正原因懵懂无知，这都导致他们日后在丹讷韦克犯下错误；他们乐观地认为自己在侧翼——杜佩尔和腓特烈西亚都拥有坚固的阵地，再加上拥有制海权，足以保证主阵地万无一失。但他们的基本目标，即尽可能延长战争的时间，显然是正确的；只有这样，他们才有希望获得外国的干预，无论是军事上的还是外交上的。

2 月 1 日，普奥联军在基尔和伦茨堡之间的多个渡口越过了艾德河，但除了在埃肯弗德发生了一场短暂的交火外，联军几乎没有遇到来自丹麦前哨部队的反击。当时，不断前进的普鲁士军队比原计划更接近正在撤退的丹麦军队。在途经的城镇里，普鲁士军队受到了民众的热烈欢迎。

第二天，在严寒的天气里，普鲁士军队向米松德要塞（由格拉赫将军率领的丹麦第 1 师守卫）推进。78 门大炮就位后，腓特烈·查尔斯下令对此阵地进行了长达 3 个小时的轰击；但双方都不清楚炮击的效果。炮击过后，敏锐的普鲁士步兵先头部队发动了进攻，并与敌人发生了一场激烈的小规模战斗。在这场战斗中，普鲁士牺牲 33 人，受伤 187 人；丹麦阵亡 38 人，受伤 103 人。[1] 不过，普奥联军在这次战斗中除了向德·梅扎显示

◎ 于 1864 年 2 月 29 日至 7 月担任丹麦军队指挥官的 G.D. 格拉赫将军。（沃斯 藏）

自己在左翼战场极强的机动性之外，并没有取得什么进展，于是腓特烈·查尔斯毫不犹豫地中断了这一行动。他并不知道，丹麦国王克里斯蒂安九世亲临战场并旁观了这场战斗。陪同他前来视察保卫石勒苏益格的丹麦军队的，是丹麦现任首相蒙拉德。毫无疑问，国王对所看到的一切感到很高兴，第二天就去拜访德·梅扎了。

显然，这个不确定的结果正是布卢门塔尔和腓特烈·查尔斯所期望的。前者打算将战况汇报给弗兰格尔，并再次尝试扭转他对战局的认识，从而更改进行强攻的命令。他在2月3日进行了这一尝试，但没有成功——弗兰格尔命令第1军在米松德要塞之前坚守阵地。然而，就在这时，埃德温·冯·曼陀菲尔到达军总部，布卢门塔尔游说他去找弗兰格尔，以说服这位顽固的八旬老人改变主意，允许他率军沿着施莱湾往下游走，在阿尔尼斯（Arnis）或卡珀尔恩（Kappeln）渡河（也就是毛奇最初计划的地点）。曼陀菲尔取得了成功；弗兰格尔终于松口了，他在2月4日晚上又发布了新的命令，这也许会使毛奇的最初计划得以实现：

> 根据计划，第一军团要在2月6日下午越过施莱湾，并挺进到米松德要塞附近，在收到该任务完成的报告之前，我军不会对丹讷韦克发起猛攻。[2]

命令中还提到驻扎在米松德或石勒苏益格的丹麦军队或许会对己方发动反攻，或从丹讷韦克撤退。有鉴于此，奥地利的贡德勒古（Gondrecourt）和诺斯提茨（Nostitz）两旅将部署在尽可能广阔的战线上。弗兰格尔现在在丹麦阵地前面总共部署了35个营、14个独立中队和74门大炮，而腓特烈·查尔斯准备用24个营、21个中队和90门大炮对其侧翼和后方发动进攻。如此一来，如果德·梅扎留在原地，那么普鲁士军队会迅速穿过施莱湾——毛奇的围歼计划就有可能成功。

2月5日，在一场暴风雪中，腓特烈·查尔斯的部队向战场右翼移动，他们艰难地穿过结冰的道路，向阿尔尼斯进发。当天晚上，查尔斯把自己的高级指挥官们召集在一起，口头指示他们如何渡过施莱湾。曼陀菲尔参加了这次简报会，在这次简报会上，穿越施莱湾的计划得到了确认；指挥官们都预料这次行动会遭遇猛烈抵抗。一旦过了河，10个独立的骑兵中队就立即向北部的伦茨堡推进。当天，布卢门塔尔再次亲自勘察了各个渡河点，"发现道路条件有利于计划成功"[3]。然而在午夜时分，丹麦人显然正在从（施莱湾）一线撤退；于是，罗德（Röder）旅和先遣部队开始乘船过河，并在第二天早上架起了一座浮桥，普鲁士军其余的士兵开始在桥上前进。然而，向北追击丹麦人的过程中，他们未能与敌人取得接触。

在西边，奥军和普鲁士禁卫营遭遇了更顽强的抵抗。旅行者兼作家劳伦斯·奥列芬特（Laurence Oliphant）曾陪同奥古斯滕伯格大公前往荷尔斯泰因，他最初跟随普鲁士军队前往米松德前线，2月3日，他动身前去与奥地利军队会合，因为在那里还会有更多的行动。

奥列芬特遇到了贡德勒古正率领他的旅赶往前线，这为奥列芬特提供了一个绝佳的契机，使他可以拿奥军和他昨天所见到普鲁士军队进行一番对比：

两者之间的差别是很明显的。年轻的、无忧无虑的普鲁士人似乎把作战行动当作一种全新的体验。但是，他们虽然步伐坚定，实际上却对自己没有多

◎ 1864 年 2 月 2 日，米松德之战。（沃斯 藏）

少信心；另一方面，奥地利人则是饱经风霜，备尝辛苦，脸上常常带着凶相，他们像机器一样，慢吞吞地行进。普鲁士人看起来很聪明，能够理解复杂的石勒苏益格 - 荷尔斯泰因问题的本质；奥地利人则好像认为"白兰地、烟草都在手，什么烦恼都也没有"。不过，就战争而言，奥地利人完全是"专业人士"，而普鲁士人看起来就像业余爱好者。[4]

在丹讷韦克以南，丹麦人在奥伯塞克占据了地形优势；双方经过一场激烈的战斗，丹麦人被刺刀击退，被迫撤退到科尼舒格尔山（Königshügel），那是处在丹讷韦克炮兵射程之内的一座小山。在普鲁士大炮的支援下，奥军再次发动进攻，尽管损失惨重，他们还是攻陷了这座阵地。在西线，穆尔贝（Mülbe）率领的部队在突袭贾格尔（Jagel）时遭遇了强力抵抗。双方在这些交战中损失惨重，联军损失了430人，丹麦损失了413人。[5]

受到所见情景的鼓舞，克里斯蒂安九世和蒙拉德动身回哥本哈根去了。然而，德·梅扎并不像看上去那样乐观。他越来越清楚地意识到，留在丹讷韦克，就是留在毛奇设下的圈套里。寒冬使他失去了河流天险，联军的炮火对他的部队产生了深重的影响，再加上腓特烈·查尔斯势必要渡过施莱湾出现在自己的侧翼，这一切都使他在2月4日傍晚确信：尽管会带来严重的政治后果，但他必须得撤退了。当天晚上，德·梅扎怀着沉重的心情召开了战争会议。正如西贝尔（Sybel）所描述的，丹麦人所面临的问题很简单：

战争委员会已经认识到，在组织和训练方面，我军绝不是一支准备充分的军队。因此，不论是采取防御或进攻行动，我军的作战前景都不太有利；除了立即撤出丹讷韦克，以便为丹麦保留军队和继续战斗的可能性，并为友好外国势力进行干涉争取时间之外，我们什么都做不了。除冯·卢蒂肖将军外，与会的各位将领都接受了这一观点。[6]

2月5日至6日夜间，丹麦军队开始从丹讷韦克撤退，由于天气恶劣，联军并没有发现这次行动。到午夜时，除了固定式大炮之外，阵地的其他工事都空无一人了。在暴风雪中，丹麦步兵沿着结冰的道路艰难地向北行进，他们撤退的速度完全出乎联军的意料；撤军的消息一经传出，联军方面，不论是各支前线部队还是总部，都对此表示怀疑。当指挥奥地利禁卫军先遣队的瓦尔戴克向加布伦茨报告说，他已经占领了整个石勒苏益格时，奥军司令转身对他的参谋长喊道："真可惜！瓦尔戴克疯了！"[7]奥地利官方历史学家回顾了德·梅扎退出丹讷韦克的决定，德·梅扎曾煞费苦心地辩解，自己撤退的主要理由是担心阵地前方联军的强大力量，而与普军的侧翼包抄无关。即"在丹麦人决定撤退之后，奉命包抄敌人的普鲁士军才开始向下施莱湾地区挺进"[8]。虽然这句话从字面上看是正确的，但它忽略了这样一个事实，即普军越过施莱湾的意图早已是显而易见的了。

《泰晤士报》记者安东尼奥·加伦加（Antonio Gallenga）生动地描述了丹麦人撤退时所遭受的苦难：

> 地面上的积雪变得又厚又硬；道路变得十分光滑，亮如玻璃；人和马几乎是寸步难行，每走一步都要摔跤……没过多久，我们的队伍中出现了一些恐怖场面，宛如重现了法国人从莫斯科撤退时的一些恐怖场景。[9]

丹麦人花了整整9个小时才走完最初的7英里，但他们必须尽可能地远离可能出现的追击者，所以丹麦人继续前进。经过18个小时的行军，大部分丹麦军队赶到了阵地以北22英里的伦茨堡。在桑凯尔马克（Sankelmark），丹麦军队的后卫部队与追击而来的奥军之间爆发了一场激烈的后卫战。其中穆勒旅遭到奥地利骑兵的攻击，伤亡惨重。然而，当第二天快要结束时，尽管交通十分混乱，撤退的队伍还是到达了格拉文施泰因（Gravenstein）；幸运的是，此时，丹麦人已经摆脱了追击者。2月7日傍晚，格拉赫、杜·普拉特和施泰因曼3个师已安全到达杜佩尔一线，而赫德曼–林德科恩第4师的骑兵在一些步兵的陪同下，向北撤退到日德兰半岛，到达了阿彭拉德（Apenrade）。

丹麦军队从丹讷韦克撤退的行动在双方都引起了轩然大波。对普奥联军来说，这意味着弗兰格尔的顽固和无能使他们失去了迅速结束战斗（而这正是毛奇所希望的）的机会。布卢门塔尔在给毛奇的信中表达了他对此的厌恶之情：

能够以简单的方式执行简洁的计划的人实在是太少了。丹麦军队的排兵列阵刚好给了我方可乘之机，通过绕道而行，我们可以使他们陷入绝境；相反，我们猛烈攻击他们最坚固的阵地，并在那里制造了恐慌，以至于他们趁机撤退了。不得不说，在2月4日，丹麦人比我们聪明；我们花了整整两天来绕圈子，等意识到（他们逃走）的时候已经太晚了。[10]

丹麦人的反应则要激烈得多。由于对丹讷韦克这一所谓的"坚不可摧"的阵地充满信心，丹麦国内公众对军队抛弃这座要塞的举动感到愤怒不已，哥本哈根陷入了混乱当中。法国大使多特扎克（Dotézac）报告了蒙拉德返回首都后发生的事情：

他很聪明，在终点站前就下了车，换乘一辆早已备好的马车偷偷去了首都。国王本来已经回来了，他的行李已经到了，但王后发来的电报警告他，失去丹讷韦克肯定会在哥本哈根（Copenhagen）引起骚乱。因此，国王走到森讷堡（Sønderborg）就不敢再往前走了。整个国家都陷入了极度的悲愤当中，尤其是那些老军官，泪水早已打湿了他们深陷的眼眶。[11]

在蒙拉德回国后召开的内阁会议上，群情激愤，战争部长伦德拜（Lundbye）强烈谴责了德·梅扎。之前，蒙拉德经过多方周旋，几乎已经成功地平息了同僚们的愤怒，但伦德拜威胁说，如果不立即把德·梅扎叫到哥本哈根把事情的原委解释清楚，他就立刻辞职，这一举动加剧了危机。蒙拉德再也扛不住压力了；德·梅扎被召回，由炮兵司令卢蒂肖（Lüttichau）暂时指挥丹麦军队。对于一位杰出的将军来说，在其勇敢地做出决定拯救了丹麦唯一一支军队的情况下，这绝不是一个恰当的"奖赏"。

丹讷韦克出人意料的过早陷落立即在国际社会上引发了连锁反应。拿破仑三世期待着普鲁士与丹麦开战会令其与奥地利决裂，但他发现这一希望落空了；在伦敦，帕尔姆斯顿同样对这个消息感到非常震惊。虽然私下里，他对英国能否会因为石荷公国而参战表示怀疑，但他还是采取了典型的恫吓手段作为替代——他告诉普鲁士大使伯恩斯托夫，普鲁士的行为是历史上最不公正的侵略和最无耻的行为，而且表明，"到了春天，英国不会不帮助丹麦人"[12]。虽然德意志公众热情地接受了胜利的消息，但对公国可能会被吞并这一消息的公开讨论使较小国家的政府感到沮丧，它们考虑的是如何才能支持奥古斯滕伯格独立的要求。结果，弗兰格尔开始在荷尔斯泰因与邦联军队发生冲突。据说，邦联军队拒绝给普奥联军提供住处，并且延误物资供应，还妨碍电报通信。俾斯麦通过他在法兰克福的特使，向邦联部队指挥官哈克发出了停止这种行为的严厉要求。俾斯麦坚持认为，重要的通信中心，例如伦茨堡、纽曼斯特（Neumünster）、基尔（Kiel）和阿尔托纳，必须由普鲁士军队接管。但是，哈克派兵阻止普鲁士人的进驻。最后的结果是，弗兰格尔派重兵强行占领了上述城市——这在法兰克福引发了进一步的抗议。

在军事上，如果盟军未能牵制并摧毁丹讷韦克的丹麦军队，那么现在形成的阵地完全符合毛奇的预料。丹麦人现在已经牢牢地守在杜佩尔的一处坚固的防御工事上，而毛奇仍坚定地认为，在那里发动正面进攻会给普军带来不必要的损失。这也是弗兰格尔和他的幕僚，以及高级指挥官们的共同观点，他们更倾向于毛奇一贯主张的占领整个北石勒苏益格和日德兰半岛的计划。毛奇认为，把这一点作为他的战略计划的基础，是向丹麦政府施加有效压力的唯一途径。考虑到可能产生的政治后果，这一建议不出所料在柏林引起了不小的骚动。2月11日，国王命令毛奇视察前线，并对未来的作战行动进行汇报。

弗兰格尔已经开始表现出极度烦躁不安的迹象，其愤怒主要源自，他认为自己的行动自由受到了不当的政治干预。2月9日，在联军总部，王储在他的日记中写道："在某些时刻，弗兰格尔确实是非常愚蠢的，他曾经充满精力和活力，但现在只表现在固执和虚荣心上。"[13]

毛奇立刻出发执行任务，在经历了一段疲惫的旅程后，他于2月12日抵达了伦茨堡。从那里他写信给玛丽：

从伦茨堡出发后，我们的旅程缓慢至极，中间耽搁了10次。外面风雪交加，我们极有可能被大雪困住；我饥寒交迫，无处栖身，在可怕的暴风雪中，我和沃滕斯勒本带着我们所有的行李，在一家又一家的旅馆辗转徘徊，走了一个多小时，几乎每个旅馆都满员了。[14]

最后，毛奇终于找到了几个住处，并前去拜访了弗兰格尔和总部的参谋人员。

次日，毛奇收到来自罗恩的一封信，询问他应该采取什么措施来确保新征服领土的安全。在 2 月 16 日的回信中，毛奇建议立即将丹讷韦克的防御工事夷为平地。至于极为重要的伦茨堡要塞，他已派人去索取现有防御工事的档案材料，以便思考还需做哪些工作。毛奇认为，丹讷韦克河西端的腓特烈城，即使面对来自北方的反攻，依托其现有工事也完全可以守得住；那里基本不需要做什么。毛奇还认为在战线的另一端，腓特烈城的小要塞对于基尔及其重要港口的保护至关重要；他建议在那里部署一个拥有 24 门大炮的炮兵连，并在外围建造两座新工事。伦茨堡的情况要困难一些；虽然毛奇倾向于在布劳（Blau）设置阵地，但究竟在什么地方布设防线必须取决于接下来战斗的结果。[15]

两天后，毛奇第一次见到了那艘令人生畏的丹麦中央炮台装甲舰——"罗尔夫·克拉克"（Rolf Krake）号，这是攻击杜佩尔的普鲁士军队的眼中钉。毛奇从伦茨堡赶到霍尔尼斯（Holnis），据报告，双方炮兵在那里交了火，但他在炮声平息后才赶到。然而，在上午 8 点半，"罗尔夫·克拉克"号又出现了；普鲁士炮兵连在它行进到距离自己 2000 码的时候才开火。毛奇在给弗兰格尔的报告中描述了这一行动：

> 敌舰停在海里，但几乎贴在海岸线上。我看到甲板上空无一人。突然，它冒着浓烟，朝我们的炮位驶去，并开了 6 或 8 炮。一枚炮弹正好落在炮位前面的斜坡上。另一枚落在附近，没有爆炸。尽管炮台射出的几枚炮弹击中了这艘敌舰，但它们没有产生任何影响。[16]

双方继续交战，毛奇仍然留在现场。一艘他认为可能不是铁甲舰的大型战舰加入了"罗尔夫·克拉克"号的行列，但一直处于射程之外；"罗尔夫·克拉克"号自己则继续忍受着普鲁士炮兵连的反击，普军向它发射了有 60—80 枚炮弹。

离开前线之前，毛奇还到腓特烈·查尔斯王子位于格拉文施泰因的总部拜访了他，那里距离杜佩尔防线大约有 6 英里。回到柏林后，毛奇发现弗兰格尔的最新举措已经引起了人们的恐慌。2月14日，弗兰格尔写信说，除非接到相反的命令，否则他打算在2月17日开始进攻日德兰。俾斯麦迅速作出反应，向弗兰格尔发出了明确的指示，要求他在接到进一步命令之前不得越境进入日德兰半岛，并要求他在未与自己协商之前不得就荷尔斯泰因做出进一步的政治决定。但是，当前的局势显然是难以维持的，曼陀菲尔目前正在访问德累斯顿和汉诺威，为了安抚那里受伤的情绪他还将前往维也纳，与奥地利就今后的行动达成协议。这是一个明智之举，加布伦茨已经直接收到维也纳的命令，他无论如何都不能参加入侵日德兰半岛的行动，而奥地利国王弗朗茨·约瑟夫还亲自写信给威廉一世表达了他的担忧。

然而，在现实中，事态的发展速度总是要快于政治进程。2月18日，冯·德·穆尔贝第3军下辖的一支禁卫轻骑兵部队在科灵（Kolding）附近与丹麦军队发生了冲突。随后，这支轻骑兵部队在追击撤退的敌军时占领了该地。这明显违反了弗兰格尔收到的指示——他似乎没有把命令传达给下级。俾斯麦怒不可遏；他感到束手无策，他不能命令占领科灵的部队撤退，因为这会暴露柏林和维也纳在政策方面的分歧。然而，俾斯麦命令冯·德·穆尔贝在科灵停止前进，然后又回到他的任务中——说服他那惶恐不安的奥地利盟友同意向日德兰进军。俾斯麦又严令禁止弗兰格尔采取任何进一步的行动。迄今为止，俾斯麦已经接受了毛奇的想法：占领日德兰半岛在军事上是正确的，只要有奥地利的坚定支持，他就可以胸有成竹地应对国际上的愤怒。只有这样，弗兰格尔才能松开缰绳，或者，就像俾斯麦对罗恩说的那样，他才能给"这老顽童一双新靴子，让他在水里尽情嬉戏"[17]。2月16日，俾斯麦在维也纳给维特（Werther）写信说："攻取杜佩尔和横渡到阿尔森将会付出巨大的代价。但如果我们可以通过对日德兰半岛施加压力而得到同样的结果，为什么非要这样做呢？"[18]

2月19日，弗兰格尔收到了最新的命令——停止前进，他气得发狂，立即向国王威廉一世发了一封冗长的个人电报表示抗议，电报中包含了俾斯麦后来所说的对他个人"最粗鲁的侮辱"。在电报中，弗兰格尔说他怀着"无比诚挚的期盼"等待进一步的指示，以便能够继续前进，他对国王说：

对我而言，把普鲁士人从他们的胜利事业中召回来是根本不可能的，因为如果这么做的话，我的孙辈会以我为耻的。外交官们可能会建议做这样的事情，但是他们可以确信自己的名字会被钉在绞刑架上。[19]

俾斯麦已经受够了弗兰格尔的反复无常和不服从命令的行为，他花了很长时间才放下对这次严重冒犯的介怀。

在向北推进的决定悬而未决之时，腓特烈·查尔斯在此期间采取了一项重要的措施。2月18日，他占领了布罗艾厄半岛（Broagerland），该半岛的北岸隔着韦明外滩（Wemmingbund）与杜佩尔阵地相望。从甘梅马克（Gammelmark）开始，丹麦人的要塞就完全处于普鲁士现代化线膛炮的射程之内，这在1852年是不可能的。普军在此处布设了炮阵，这意味着杜佩尔要塞现在已经被普鲁士大炮所包围，一旦投入战斗，该要塞抵御攻击的能力将被大大削弱。

回到柏林后，毛奇暂时还得忍受从旁观望的挫败感。由于他没有正式领导这次行动，因此总是不能充分掌握实时的战况。然而，他仍然有一个可靠的情报来源，那就是与布卢门塔尔的定期通信。毛奇对普丹战争的间接影响是相当巨大的，他可以定期与国王和罗恩见面，并就所要采取的战略向他们每个人提供建议。在这一过程中，毛奇也毫不避讳地谈到了局势发展所引起的一系列关键的政治问题。

在2月21日写给布卢门塔尔的信中，毛奇谈到了一些最为紧迫的问题。在回顾了迄今为止的战斗过程后，他对联军总部的主流观点进行了评价：

至于现在正在发生的事情，从军事角度来看，司令部参谋人员的想法是绝对正确的，即占领日德兰半岛，同时对腓特烈西亚和杜佩尔展开严密监视。如果没有遇到什么阻碍，该目标在月底之前就可以完成。先前行动暂停的命令让我回到柏林，我的使命已经完成了。与此同时，我们已经越过了日德兰边境，这里所采取的措施不过是为了小心翼翼地应付我们充满顾虑的伙伴罢了……如果难以克服的政治困难最后阻止我们入侵日德兰半岛，那么，我们无疑就只有认真对待杜佩尔要塞这一个办法了。[20]

◎ 1864 年 2 月，普鲁士军队在石勒苏益格 - 荷尔斯泰因行军的场景。（沃斯 藏）

正如他告诉布卢门塔尔的那样，毛奇因为总部向弗兰格尔发出了"鸣金收兵"的命令而回到了首都。2 月 27 日，他在给国王的一份备忘录中，以非常强硬的措辞，阐述了不能放弃科灵的理由。毛奇指出，放弃科灵将暴露出联军之间尴尬的政策分歧，而占领这个城镇对掩护南下的梯队是必要的。他还谈到了接下来该怎么办的问题：

> 至于最终占领日德兰半岛，这一措施从军事观点来看是最为正确的。除非丹麦军队的士气完全崩溃，否则普军不经过几个星期的围攻，就不可能夺取杜佩尔的坚固阵地。另一方面，我们可以在几天内占领日德兰半岛，届时只需对腓特烈西亚进行监视。[21]

毛奇还认为，只有在日德兰，普鲁士因丹麦封锁港口而遭受的巨大损失才能得到弥补。

与此同时，曼陀菲尔结束了对萨克森和汉诺威的访问。他成功地赢得了这两个国家的支持，从而避免了普奥联军与这些国家的军队发生冲突。现在，曼陀菲尔在维也纳面临着一项更为艰巨的任务。当下，普鲁士的政策是急于给它不情愿的盟友施加一些压力，威廉一世于 2 月 21 日写给奥地利国王弗朗茨·约瑟夫的信件，以及俾斯麦写给曼陀菲尔的指示都充满了鼓动性的语句。威廉一世在给弗朗茨·约瑟夫的信中写道：

我们的行动如果不能取得令人满意的成果，就会竹篮打水一场空。我非常重视与英国的友谊；但只要我们保持团结，我不相信英国或其他任何国家会为了他们的利益而与我们开战。即使危险比预期更近，但在这种情况下，我仍然认为不能屈服于对它的恐惧。因此，我觉得，没有什么比我们的行为更有可能使这种危险迫在眉睫，因为这种行为暴露了我们对危险的焦虑。[22]

在写给曼陀菲尔的简报中，俾斯麦强调：

占领日德兰半岛是非常必要的，这是对丹麦扣留德国人的船只和封锁我国港口的反击；很明显，我们不能在石勒苏益格采取这样的报复行动。只有提振军队士气，改善人民舆论，我们才能坚决而彻底地执行战略计划，并维护我们在德意志诸邦的权力和影响力，我们不能屈服于任何一个小国的正面攻击。[23]

俾斯麦现在对毛奇提出的战略完全秉持一致的看法，他有足够的信心来处理这个问题。在内心深处，他也不愿意为维持与奥地利之间的联盟而给对方许诺太多东西；曼陀菲尔私下被告知，他应该尽量避免谈及任何有关两国之间建立永久联盟的话题，如果雷希贝格（Rechberg）提出这个话题，他必须谨慎以对。此时，俾斯麦可能已经想到了普鲁士军队的意愿，即考虑用承认奥地利对威尼斯的占有权来换取其支持，这一想法已经酝酿了一段时间。例如，1861年，这个建议在关于邦联军队改革的讨论中就已经被提了出来，这次会谈失败后，毛奇烦躁地说："如果人们只把军事和政治事务交给少数聪明可靠的军官来管理，他们就会让所有人都满意了，根本不需要外交官。"[24]

曼陀菲尔本人在维也纳很受欢迎，但奥地利人显然已经开始后悔他们在石勒苏益格－荷尔斯泰因的冒险了，这引发了种种困难。奥方在外交和军事方面都提出了反对意见，要求联军撤出石勒苏益格。奥方认为占领有争议的领地是一回事，而正式入侵丹麦领土则完全是另一回事。奥地利的赫斯将军声称，向北推进在战略上是不可靠的，那样将交通线延伸得太远，会使军队面临被丹麦反击的危险。

所有奥地利人的反对意见都集中体现在休恩（Huyn）将军所写的冗长的备忘录中，该备忘录被提交给毛奇，以征求他的意见。无论是在 2 月 28 日写给罗恩的报告中，还是在当天写给布卢门塔尔的信中，他都毫不费力地驳倒了休恩的论点。毛奇向罗恩指出，丹麦在战场上大约有 3.4 万人，其中可以从腓特烈西亚或杜佩尔发动反攻的不超过 2.7 万人。目前，杜佩尔面前有 29500 名盟军，而在科灵，面对弗雷德里克西亚，有 3.1 万人，足以应对丹麦人的反击。而对联军而言，征服日德兰的唯一选择是对杜佩尔发动正面攻击，该行动的难度无须多言。对于休恩提出的联军将在丹讷韦克面临更艰巨的任务，毛奇反驳道：

事实是，如果我们未能绕过敌军阵地，我们就会被挡在那里。而杜佩尔要塞是无法绕过的。如果不能说服维也纳内阁同意入侵日德兰半岛，我们就必须动员攻城炮，并将其运往前线；而集结攻城炮和其他物资需要 15 天。[25]

毛奇对布卢门塔尔重申了这些论点，并更加轻蔑地驳斥了休恩的观点：

这纯粹是一个参谋的空想。暂时占领石勒苏益格并不是这场战争的目的，它只是迫使丹麦接受某些与公国有关条件的一种手段而已，现在，这种手段显然是远远不够的。我们在这个错误的基础上高谈阔论战略，但从未考虑过一个根本问题——丹麦人作为海洋霸主，可以随时把他们的力量集中在杜佩尔或腓特烈西亚，以便对我们发动反攻。[26]

接着，毛奇对普鲁士军队进攻杜佩尔的路线进行了考量。他赞成进攻堡垒线的南端；针对堡垒另一端的 10 号炮台（对联军威胁较大），则可以采用侧翼进攻的方式。毛奇在信的结尾重申，他希望这些探讨是学术性质的。"不过，请上帝保佑，我们可以用阿尔森来交换日德兰。在此期间，如果你能继续向我秘密通报情况，那就再好不过啦。"[27]

在维也纳，为了避免给那些胆小且三心二意的奥地利同事留下任何不良印象，曼陀菲尔的工作对于他来说更加困难了。奥地利人一直担心巴黎和伦敦可能会有什么过激反应，但曼陀菲尔一直在从中进行周旋，经过 5 天的商议，西方列强似乎并没有什么实质性的举措，曼陀菲尔关于入侵日德兰半岛的论点极具说服力，并最终赢得了胜利。到了 2 月 29 日，不仅雷希贝格，连弗朗茨·约瑟夫都接受了这一立场，第二天，双方就达成了正式协议。杜佩尔和阿尔森仍然被视为联军最主要的军事目标，但允许弗兰格尔越过日德兰边界，以防止丹麦对上述行动进行干涉。普鲁士和奥地利向列强保证，拟议的行动不会改变两国的现有政策，而且两国仍将在适当的条件下接受和谈并停战。然而，协议中最重要的条款也许是：由于战争爆发，《伦敦条约》暂时无效；未来，普奥两国将就丹麦公国在丹麦君主制下的地位达成共识——这一条款是为了阻止奥古斯滕伯格家族对于公国独立的要求而专门设置的。该协议于 3 月 6 日被送到柏林签字，但是在此之前，弗兰格尔又一次违背了俾斯麦的命令，他允许一支部队从科灵向北挺进，差点使协议化为泡影。俾斯麦的愤怒是可以理解的，在他的要求下，罗恩对弗兰格尔的行为进行了强烈谴责：

与追求精确的皇家命令相反，外交部是根据对外国内阁的揣摩和观察而发表声明的……在不同的情况下，为了安全地、毫不含糊地指导我们的外交事务，我必须认为，绝对有必要采取坚决的措施来阻止军队自行其是。[28]

由于预计奥地利将同意向日德兰进军，毛奇于 3 月 4 日准备了一份给弗兰格尔的指示草案。考虑到丹麦人掌握着制海权，毛奇估计，丹麦可用于发动反击的兵力不会超过 2 万到 2.5 万人，除非他们完全放弃腓特烈西亚或阿尔森。丹麦人可能试图对德国北部港口或石勒苏益格－荷尔斯泰因的东海岸采取行动，但这不会影响战役的结果。毛奇估计，即使有必要在荷尔斯泰因留下 1 个旅，联军也可以派出 3.8 万名士兵去攻占日德兰半岛。其中 2 万到 2.5 万人将针对腓特烈西亚展开行动，但此地既没有足够的大炮支援，物资也不是很充足，预计不会遭到严重抵抗。这样，联军就可以派遣 1 万到 1.5 万名士兵去征服日德兰半岛的其他地区，在那里他们最多只会遭遇赫德曼的第 4 师，除非该师也撤退到腓特烈西亚的防线上。毛奇相信己方能够抵御任何反攻：

> 万一来自腓特烈西亚或杜佩尔的丹麦部队突然出现，虽然部署在日德兰半岛其他地方的己方部队可能姗姗来迟，但它们的先遣队有足够的力量对付敌人。
> 当攻城大炮抵达前线时，应立即对杜佩尔发动进攻，这将能阻止丹麦军队从该阵地发动反攻。[29]

就在同一天，毛奇写信给布卢门塔尔，让他注意国际形势的最新发展及其对柏林战略思维的影响。腓特烈·查尔斯和他的部队必须在杜佩尔要塞前执行牵制任务，他要求布卢门塔尔转告王子，自己对此深表遗憾：

> （很遗憾）没有看到王子率领部队征服日德兰半岛，而只看到他承担炮击杜佩尔要塞这样一项艰难且费力不讨好的任务。但是高层认为这项任务是必要的。[30]

一旦解决了政治问题，普军就立即向日德兰进发。应威廉一世本人的明确要求，冯·德·穆尔贝率领第 3 军向腓特烈西亚进发，并以普鲁士禁卫军为先遣队。这次进攻得到了加布伦茨的支持，他的第 2 军向维尔（Veile）进发，在短暂的战斗之后，他迫使守卫在那里的赫德曼第 4 师撤退。丹麦军队主要由骑兵组成，他们向北溜走了。加布伦茨和他们脱离了接触。与此同时，3 月 19 日，冯·德·穆尔贝向丹麦人布设在腓特烈西亚的强大阵地挺进。第二天，普鲁士炮兵发动了猛烈的炮击；但是，由于缺乏攻城武器，他们很快就发现这样的炮击是完全无用的。马上对腓特烈西亚发动步兵攻击显然非常困难，而且攻打杜佩尔需要抽走所有可用的攻城大炮，这导致联军做出了如下调动：由冯·德·穆尔贝赶回去增援腓特烈·查尔斯，留下加布伦茨去继续攻占腓特烈西亚的堡垒。

第八节 杜佩尔

早在3月4日，毛奇就沮丧地认识到，不可避免要对杜佩尔要塞进行强攻。但在联军总部，人们的情绪非常糟糕；他们认为强攻杜佩尔要塞是一场不必要且很可能代价高昂的战斗。与此同时，弗兰格尔因为正在不断对公国的行政事务指手画脚，使自己陷入了更大的困境。最后，威廉不得不出面钳制其行动，他命令弗兰格尔在没有征求王储意见的情况下，不要做出任何决定。[1] 不过，此时困扰弗兰格尔的中心议题还是关于杜佩尔要塞，他曾向威廉一世指出，运送攻城炮需要花费很长时间，而且无论如何，"占领地球上的这个小角落不会有什么实际收获"[2]。腓特烈·查尔斯也持同样的观点，他向国王抱怨计划中的强攻策略："占领要塞是政治上的需要吗？这将花费大量的人力和财力。而且我看不出有什么军事上的必要性。"[3]

布卢门塔尔赞同这一观点，并决心采取比口头抗议更进一步的行动。在3月4日的一封信中，他向毛奇提出了一个从巴尔勒加尔德（Ballegaard）向阿尔森岛发动海上进攻的计划。毛奇立即做出了回应；他说，这个计划值得仔细考虑。正如毛奇在3月8日的答复中所指出的那样，这样一项行动必须首先满足若干先决条件。这需要审慎考虑；如果要发动越海突袭，就必须在没有攻城炮的情况下进行；更重要的是必须与海军进行合作。"罗尔夫·克拉克"号铁甲舰是一个严重的威胁；她可以在普军一半的部队越过边界之前发动进攻，再迅速撤离。而且，所有这些行动取得成功的关键是炮兵，不久后，毛奇为媒体泄露了这个要点而感到遗憾不已：

不幸的是，今天的报纸提到了你在布罗艾厄（Broager）布置的观察哨。至于此时的炮兵连，我希望他们不仅能封锁韦明外滩（Wemmingbund），而且还能使敌人的有生力量遭受重大损失，因为我们一旦发动进攻，敌军部队一定会立即在防御工事后建立据点。[4]

布卢门塔尔向腓特烈·查尔斯提交了他的计划，一开始，王子对其中蕴含的巨大风险充满疑虑，但他想着力避免对杜佩尔要塞进行任何代价高昂的强攻，因而逐渐对计划热情起来；3 月 10 日，他正式将越海作战计划提交柏林并等待批准。

在柏林，毛奇赞同当地指挥官的观点，认为直接攻击杜佩尔是不明智的；但他在那里孤掌难鸣。国王、俾斯麦、罗恩和曼陀菲尔都决定强攻杜佩尔；曼陀菲尔直截了当地向腓特烈·查尔斯指出了越海作战计划的症结所在：

如果您继续要求更多的武器并继续推迟进攻，那么人们就会对殿下您的决心产生怀疑；为了军队和殿下本人的利益，也为了我本人寄予的期望，我不希望在我们的军队还站在杜佩尔门前的时候就与敌人缔结停战协定。这显然不是谁的立场更重要的问题，也不是阿尔森对和平会议是否有重大影响的问题，如果不攻占阿尔森，那么攻占杜佩尔与否就没有价值——这关系到普鲁士军队的声望和国王在欧洲列强的地位。这一战利品值得我们付出鲜血；为了它，从最高长官到鼓手，每个人都将甘愿抛头颅洒热血。[5]

曼陀菲尔对越海进攻阿尔森的计划不屑一顾，他告诉罗恩，这样做既容易受到天气的影响，也容易受到丹麦舰队的攻击。为了确保柏林方面的意见被前线充分理解，曼陀菲尔被派往腓特烈·查尔斯的总部。

3 月 14 日，国王会见了毛奇和罗恩，毛奇在会上提出了他对进攻杜佩尔的初步想法；他不厌其烦地强调，不应该对前线的行动多加干涉，但他对战况仍不乐观：

进攻杜佩尔是预先制订的计划，我们将攻城炮运往前线的行动已经公开表明了这一意图，腓特烈·查尔斯王子得到了他所要求的资源，现在必须发动进攻了。执行任务的一切责任都落在了王子的身上，从现在起，他必须享有充分的行动自由。

毛奇继续考虑越海攻击阿尔森的建议，他认为，如果没有海军舰队的合作，这份计划是行不通的。普鲁士舰队司令阿达尔贝特亲王（Prince Adalbert）认为，越海攻击阿尔森的计划难以执行；但另一方面，普军或许可以在其他地方登陆，比如菲英岛，毛奇也更倾向于此地：

这一行动将有效地转移杜佩尔守军的注意力，而且就丹麦而言，这是可采取的最有效的胁迫手段。无论如何，必须听取舰队指挥官腓特烈·查尔斯王子所提计划发表的意见。[6]

在对丹麦的作战中，毛奇总是担心普鲁士在海上相对弱势的地位会产生不利影响，但 3 月 16 日，普军的一次出色且成功的行动表明，海上登陆的危险可能被夸大了。一个营的普鲁士军队在夜晚冒着暴风雨划了 1 英里，成功地在荷尔斯泰因海岸外的费马恩（Fehmarn）岛登陆；他们一上岸就迅速占领了该岛，并俘虏了岛上所有的丹麦驻军。第二天，发生的一件事表明，丹麦舰队的实力也许也被高估了，抑或是其领导人不愿意像上一次战争那样毫无保留地发动其力量。3 月 17 日，普鲁士舰队从吕根岛（Rügen）附近海域赶走了丹麦军舰，这极大地鼓舞了刚刚起步的普鲁士海军。雅赫曼（Jachmann）是普鲁士海军一支小舰队的指挥官，这支小舰队由 2 艘螺旋桨轻巡洋舰 "阿尔科纳"（Arcona）号和 "宁芙"（Nymphe）号，以及 1 艘明轮通报舰 "罗蕾莱"（Lorelei）号组成。雅赫曼对普鲁士海军的潜力有着坚定的信心，他准备采取大胆的行动来证明这一点。他率领普鲁士小舰队从斯威纳蒙德（Swinemünde）出发，追踪在吕根岛附近出没的丹麦舰队（由海军少将多克姆指挥，共有 6 艘战舰）。相比于丹麦舰队装备的 183 门大炮，雅赫曼的舰队只有 43 门大炮。尽管如此，他还是向丹麦舰队发起了进攻。经过两个小时激烈而又胶着的战斗，双方脱离了接触。雅赫曼很满意自己能够在不损失任何船只的情况下结束战斗，在双方力量对比悬殊的情况下，普鲁士海军赶走了丹麦人，重要的是，他占据了道德制高点。这使最高统帅部相信，保卫波罗的海沿岸，抵抗比自己强大得多的丹麦舰队，并不是不可能的事。当然，从军事上来说，这是一次无足轻重的交战；普鲁士媒体给予它的慷慨赞扬，却成了驻柏林的英国外交官们重点嘲笑的对象。

在最终决定对杜佩尔发动强攻，并尝试在阿尔森进行海上登陆的几天后，这项行动最终在 3 月 25 日获得批准。毛奇一直非常忙碌，他就提议的穿越阿尔森，以及在菲英岛登陆这一备选方案撰写了详细的文件，供国王考虑。在第一份报告中，他总结说，尽管越海攻击阿尔森岛存在巨大的风险，但：

> 在包围杜佩尔要塞的过程中，敌军所有的战舰都会从阿尔森湾（Alsen Sund）撤离，而我方在阿彭拉德有足够的运输船可以使用，即使面临巨大的风险，我们也可以趁敌军士气低落以及其他有利情况，顺利开展此次行动。[7]

威廉一世给腓特烈·查尔斯寄去了他的文件副本；显然，考虑到毛奇坚持认为王子应该放手一搏，国王在信中加入了一段略带歉意的文字，解释了为什么要给他提供这么多建议。"即使我们不向你发送任何指示命令，规定你必须以何种方式行动，我们也必须将自己的观点解释清楚，如果情况允许的话，你最好考虑一下这些观点。"

毛奇在 3 月 16 日的第二份文件中，详细阐述了在菲英岛登陆的可行性。他认为，如果占领日德兰半岛和强攻杜佩尔要塞仍不能奏效，那么占领菲英岛将会有效地给丹麦施加压力。当然，这是一个需要同奥地利人进行进一步谈判的备选办法，因为它已经超出了两国商定的作战范围，而谈判过程无疑将会冗长到令人厌烦。不过，它肯定会让丹麦人大吃一惊。在行动中，与普鲁士海军的合作是指望得上的。而且据毛奇估计，岛上丹麦军队的兵力还不到 7000 人。[8]

与此同时，毛奇继续为布卢门塔尔提供建议和支持。至于阿尔森攻略计划，他在 3 月 17 日解释说，不可能冒险派遣舰队到一个必须与大半支丹麦海军交手的地方。他告诉布卢门塔尔，通过购买军舰来加强普鲁士海军的谈判进行得并不顺利，因此要想越海发动进攻，必须接受奥地利海军的帮助。然而，即使没有舰队的帮助，毛奇也希望该计划不会被放弃。在关于攻打杜佩尔要塞的问题上，毛奇则明确表明了他一贯的保留意见：

> 任何明智的士兵都必须认识到，不能指望在攻占杜佩尔要塞之前就解决所有问题，这需要时间；但我们对此不必担心。我也愿意相信，最高统帅部

不会给王子下达过于狭隘的指令。我认为，冒险只是一种手段而非目的，一个好的骑手，即使是骑在他最好的马上，也不会强迫它去做折断脊背的跳跃。我们的军队一定会展示出高超的战技，但为了发动进攻，我们有必要做好充分的准备。[9]

毛奇还同阿达尔贝特亲王保持着密切的联系，不仅同他讨论了在阿尔森岛登陆的计划，而且还讨论了关于进攻菲英岛方案的可行性。毛奇使罗恩确信，即使没有舰队的帮助，针对阿尔森的越海行动也会继续进行；但是，如果普鲁士海军舰队能出动至少6个小时的话，就会大大提高行动成功的概率。3月21日，毛奇再次向布卢门塔尔保证：

现在，大多数人都清楚地认识到，尽管形势非常紧迫，但如果准备不充分的话，就（不应该）过早发动攻击。我已经告诉国王、陆军部长和冯·曼陀菲尔将军……静心等待还在运输途中的攻城大炮才是合理的做法，他们也听取了我的建议。[10]

在3月22日写给侄子亨利（此时他在杜佩尔前线服役）的信中，毛奇自然给了他更多的鼓励：

在前线服役又苦又累，但在这个关键时刻，你必须保持高度警惕，因为事态的变化可能促使丹麦人立即发动反攻。一旦他们的防线被我们攻破，游戏就结束了；但目前这种僵持状态还会再持续几天。我方所有的火炮阵地都还没有布置好，我们必须等着看它们会产生什么效果，然后再向这个要塞发起强攻。我们必须拿下杜佩尔；不管通过何种方式，我们都会做到的；它撑不了多久了。[11]

毛奇仍然对越海攻击阿尔森的计划疑虑重重，他定期写信给布卢门塔尔，就如何实施行动提出建议。3月27日，毛奇想知道，是否有可能在不泄露真实意图的情况下，在拉克布尔（Rackebüll）东部，也就是松德河最狭窄的地方部署一个炮兵连，因为这会让丹麦人误认为普军将对他们的右翼发动进攻，从而为普军奇袭阿尔森创造条件。但毛奇最担心的是海军的支持，他在信的结尾表示，希望布卢门塔尔能在他之前得知军舰的到来。如果没有海军的帮助，他可以清楚地预见到丹麦海军将利用自己的优势地位给普军造成重大损失。

与此同时，布卢门塔尔一直在推进他的行动计划，这些计划非常大胆，旨在发动奇袭，以使丹麦人措手不及。他提议穿过阿尔森松德河（Sund）的北端；虽然这里河面的宽度是最窄处的两倍，但丹麦人已经把大部分兵力集中在该岛的南部了，布卢门塔尔认为普军能在丹麦人得知行动之前，把足够的兵力弄到岸上以确保登陆成功。因此巴尔勒加尔德被选为出发点。由于可用船只的数量有限，普军每次只能渡海 1500 人，每次登陆大约有 90 分钟的时间间隔。布卢门塔尔调集了大部分已经到达杜佩尔前线的重炮来掩护渡口，特别是用来对付"罗尔夫·克拉克"号铁甲舰——它被认为是普军登陆行动最大的潜在威胁。布卢门塔尔终于对准备工作感到满意了，他决定在 4 月 2—3 日的晚上开始渡海行动。

起初一切顺利，天气晴朗，海面平静。一支共有 26 个营的普军部队已集中在巴尔勒加尔德周围，他们严阵以待，准备出发。然而，天气突然变了。很快，情况渐趋明朗——随着天气的进一步恶化，这次进攻必须取消。布卢门塔尔深感失望。后来发生的事情表明，在出其不意的情况下，他成功的机会是很大的；丹麦人无法集中任何大部队来对付普军登陆部队的前三波进攻，而到那时，布卢门塔尔将有足够多的人上岸，为他提供一支所向披靡的部队。最重要的是，当天并没有"罗尔夫·克拉克"号的踪迹。如果普鲁士派援军继续前进，布卢门塔尔很快就有足够的力量拿下整个阿尔森岛了。

毛奇很快对布卢门塔尔表示同情，并强调了渡海攻击行动的重要性：

我从你昨天的来信中了解到：尽管你们已经准备了这么久，但上帝不希望你们的计划顺利开展；然而，我认为，即使是现在，也没有理由完全放弃这份计划，因为只有这样才能消灭敌人，结束战争。即使成功占领杜佩尔要塞也可能达不到这个效果，因为这将导致丹麦部队撤退到菲英岛，在那里他们将继续负隅顽抗。[12]

普军放弃进攻的消息很快就人尽皆知了，并在柏林引起了极其失望的情绪，英国驻柏林大使报告说：

弗兰格尔元帅和腓特烈·查尔斯王子对此次以失败告终的行动大为恼火，他们原以为对普鲁士军队来说，这将会是一次非常值得称道的壮举，据说这一事件在柏林引起了极大的不满，目前，普军总部业已下令放弃这项充满风险和不确定性的计划，该计划的准备工作迄今为止已经干扰了正常的围城行动。[13]

当然，此时此刻，普军已经失去了奇袭丹麦军队的最佳时机，除了继续包围和强攻杜佩尔要塞之外，他们已经别无选择了；因此，腓特烈·查尔斯和布卢门塔尔只好以艰难的方式来赢得最终胜利。

腓特烈·查尔斯之所以不愿承诺对杜佩尔要塞发起攻击，不仅仅是因为他认为这是一种毫无军事意义的行动。正如前文所述，谨慎在这位人们所熟知的"红王子"的职业性格中一直是最显著的特点。在他早期受教育之时，他的父亲查尔斯亲王（Prince Charles）选择当时的阿尔布雷希特·冯·罗恩少校作为他的导师，于是他们之间建立了亲密的友谊。腓特烈·查尔斯的出身给他的职业带来的不只有"利"，还有"弊"；尽管可以快速晋升，但他强硬的态度和对特权地位的过分强调导致他有时难以相处。尽管如此，查尔斯王子是一个勇敢而坚定的战士，绝不是无能之辈，他孜孜不倦地研究军事，把自己完全奉献给了责任和使命。他的名声和王室血统意味着，他对于强攻杜佩尔要塞的反对声必须得到极为认真的对待。在第一次石勒苏益格－荷尔斯泰因战争期间，查尔斯王子曾在弗兰格尔手下当过上尉，对此处的作战地形十分熟悉。到33岁的时候，查尔斯已经获得了骑兵将军的军衔，因此刚一说服奥军接受弗兰格尔担任总司令，查尔斯就理所应当被任命为第1军的指挥官。

现在丹麦军队在杜佩尔要塞的指挥官是66岁的格奥尔格·丹尼尔·格拉赫（Georg Daniel Gerlach）中将，他接替了在德·梅扎之后暂时接管军队的卢蒂肖。《每日电讯报》的记者爱德华·迪西认为，对格拉赫的任命是因为"与卢蒂肖将军不同，他碰巧没有出席决定撤出丹讷韦克的战争会议。因此，他不必为这一最不受欢迎的决定承担责任"[14]。格拉赫在上次战争中曾指挥过一个营，在腓特烈西亚和伊德斯特德（Idsted）表现突出，给陪同丹麦军队作战的英国观察员留下了深刻印象。

在杜佩尔战役的头几个星期里，这些观察员对普鲁士军队的行动感到很困惑，因为在丹军从丹讷韦克撤退并抵达新防线的途中，他们没有采取任何行动。《每日新闻》的记者斯金纳认为普军已经错过了最佳时机。他解释道：

> 路况非常糟糕，运送重型火炮的部队举步维艰，步兵也受尽了严寒的折磨。这为优柔寡断的战略找到了借口：普军忽略了一个重要的机会，即进攻杜佩尔，一举结束战事。[15]

腓特烈·查尔斯从未想过要通过奇袭来夺取这个坚固的阵地；杜佩尔要塞享有令人敬畏的声誉，丹麦的意图很明显，就是依托这座要塞抬高自己的价码，从而在和平会议上取得令人满意的结果。反观普鲁士，查尔斯决定，总部一旦决定入侵日德兰半岛，他就会抵抗这一可能会付出惨痛代价的行动。杜佩尔是一座强有力的要塞，并在近年来得到了加强，19世纪一位历史学家（或许有些夸大地）描述道："杜佩尔的堡垒群形成了一道令人生畏的防线，在此之前，几乎从来没有侵略军敢于在开阔的野外对其发动进攻。"[16]

尽管如此，在先头部队抵达要塞前方后，普鲁士人愈发谨慎，逐步试探其威力。2月22日清晨，普鲁士军队袭击了丹军前哨；经过相当激烈的交锋，普鲁士人占领了杜佩尔镇附近的前沿阵地，丹麦守军被击退，他们付出了62人阵亡，233人受伤，87人被俘的代价；普鲁士人只损失了6人，27人受伤。伤亡人数的悬殊很大程度上是由于丹麦人据守的阵地过于凸前；不过，对丹麦人来说，这次受挫也没什么大碍，因为弗兰格尔从来没有打算把这次成功的侦察行动发展成一次大规模的进攻。

显然，双方围绕杜佩尔要塞所进行的战斗将是一场旷日持久的战役，因此，丹麦人特别重视"罗尔夫·克拉克"号铁甲舰的潜在作用。2月18日，毛奇目睹了这艘铁甲舰的突袭行动，她企图通过攻击埃格桑德（Egernsund）的浮桥来消除普鲁士占领布罗艾厄所产生的不利影响，而这座浮桥是普鲁士交通线上的重要一环。但这次尝试失败了，因为"罗尔夫·克拉克"号无法携带近距离臼炮；她撞击桥梁的风险也太大，因此，这次行动仅限于在甘梅马克与普鲁士炮兵连进行长时间的炮战。

即使杜佩尔要塞的坚固程度在它显赫的名声面前稍显逊色，不过对于丹麦来说，它在稳定民心、鼓舞士气方面的重要性也是巨大的。随着丹讷韦克的陷落，只有腓特烈西亚和杜佩尔两地仍是丹麦决心抵抗侵略者的象征了；而且这两个地方在1849—1850年的军事行动中也都发挥了至关重要的作用。迪西（Dicey）将杜佩尔要塞描述为：

一座低矮的圣诞布丁状的小山，其三面环海，一面与大陆相连；陆地一侧的山脚形成山谷，构成地峡最窄的一部分，北面是阿尔森松德河，南面是韦明外滩。在这个山谷的西坡上，有一排不规则的小山，或者更确切地说，是小丘，比杜佩尔山低一些，但也低不了多少。大致来说，这条山脉从一个叫阿维恩堡（Avn Bjerg）的小山丘开始，一直延续到韦明外滩的岸边，再穿过杜佩尔教堂的墓地，环绕拉克布尔村，最后到达阿尔森松德河畔的沙堡（Sand Bjerg）。[17]

当然，日德兰半岛没有高山，杜佩尔要塞的海拔较低，丹麦官方称之为"北方直布罗陀"，这明显是名不副实的。杜佩尔要塞共有10座炮台，与腓特烈西亚的炮台一样，都是土质结构，但有些防弹碉堡还未完工，它们横亘在半岛上，掩护着通往森讷堡（Sonderburg）的重要渡口和桥梁。

要塞核心区域是杜佩尔山，山顶上有一座磨坊，它成了这座要塞的象征。各堡垒本身有12到15英尺高，其城墙厚约15英尺，它们的炮眼由石笼和沙袋加固。每个堡垒周围都有一条干涸的沟渠，沟渠两旁都插着由尖利的木桩组成的栅栏。每个堡垒的内部都是在城墙下挖出的弹药库，用木梁支撑着屋顶。来访的军事专家们对此不以为然，他们指出，这些工事的设计只能承受来自普通滑膛炮的轰击。曾在3月份到此视察的奥贝隆·赫伯特（Auberon Herbert）和法国工程师弗里茨－朗（Fritsch-Lang）上尉都指出，丹麦人在修筑上述工事时没有考虑过来自布罗艾厄的攻击，因为如果敌军从此处发动炮击，要塞在滑膛炮的射程范围之外。弗里茨－朗上尉总结了他对这些工事的看法：

杜佩尔要塞的位置非常有利，因为它虽然比丹讷韦克阵地的范围要小，但却更适合丹麦军队的指挥方式；因为它靠海，而丹麦人在海上占有优势；而且它面向陆地一侧的视野极佳；最后，一旦丹麦军队战败而不得不撤出要塞，那么撤退的路线也基本是安全的；然而，线膛加农炮的发展使这座要塞的价值大打折扣，敌人只要在甘梅马克部署线膛炮就可以直击要塞了，而丹麦人应该已经预见到了此地将成为自己的软肋。[18]

事实上，丹麦军队的堡垒沿着杜佩尔山平缓的山坡，从韦明外滩的岸边一直延伸到阿尔森松德河。在杜佩尔镇中心城区，4号、5号和6号堡垒横跨从弗伦斯堡通往所有关键桥头堡的主干道，从那里穿过主桥和两座浮桥可以直接到达森讷堡。在5号堡垒附近的主干道上也有一个强大的路障。对丹麦人来说，一个重要的问题是，其守军是沿着桑德威特半岛（Sundewitt peninsula）弯曲的海岸线布防的，这意味着，一旦敌人利用重炮轰开了要塞的正面工事，那么，即使没有得到来自布罗艾厄的纵向炮火的帮助，敌军也会轻易占据火力方面的优势。

到2月底，很明显，普军对杜佩尔要塞的强攻已经无法避免了。尽管当时攻城炮还没有到达，布卢门塔尔也仍在继续他在阿尔森岛登陆的计划。但显然，普鲁士人必须做好准备，以对丹麦防线进行正式的包围和最后的攻击。因此，在炮轰持续了两天之后，3月17日上午，一支由奥古斯特·冯·戈本少将指挥的普军部队对拉克布尔和杜佩尔附近的村镇发动了一次猛烈的进攻，以期将丹麦人从他们占据的前沿阵地（位于堡垒线正前方）击退。

这次进攻取得了全方位胜利，普鲁士人不仅占领了杜佩尔镇，而且占领了该镇西南的鲁赫贝格（Ruherberg）高地。格拉赫不明智地立即发起了反击，暂时夺回了上述村庄；但以他现有的兵力，他完全无法守住阵地，到夜幕降临时，丹麦人已经沿着战线撤退到堡垒区去了。战斗中，格拉赫的总损失为153人死亡，还有253人受伤，267人被俘；大部分伤亡是在毫无成效的反击中造成的。普鲁士有33人死亡，105人受伤，普军在这次进攻中获得的土地可以为他们提供强大的炮兵阵地。重型攻城炮正在从柏林运至此地的路上，这为对丹麦要塞进行常规攻城行动扫清了障碍。

◎ 照片中是被占领后的杜佩尔要塞 4 号堡垒，展示了丹麦人修建的壕沟、栅栏和防御工事。（罗杰斯 摄）

复活节星期一，也就是 3 月 28 日，普军对丹麦阵地进行了进一步的侦察。复活节期间，普军先是逐渐提高了炮击的强度，然后炮声戛然而止，这说明进攻就要开始了。普军对要塞发动的进攻，部分是佯攻，其目的是分散丹麦人对阿尔森方向的注意力，从而使当时正在紧锣密鼓进行的越海攻击计划取得成功，而其余部分的进攻则是向拖延已久的围城行动迈出的一步。

据丹麦方面的观察员推测，普鲁士将被卷入一场旷日持久的拉锯战，事后证明，这个推断完全错误。不过，普军的这次行动仍然留有遗憾，甚至连次要目标都没有完全实现——普鲁士最凸前的警戒哨都没有抵达足以包围要塞的第一道封锁线。这次交战总共持续了大约 3 个小时；普鲁士军队从杜佩尔镇向 6 号和 7 号堡垒推进，并沿着海岸线向 1 号和 2 号堡垒进攻。除了分散丹麦人对布卢门塔尔计划准备工作的注意力之外，这次行动并没有取得多大的成果；但丹军的战斗损失颇为惨重，共有 60 人死亡，101 人受伤，57 人被俘；有趣的是，据报道，其中有 18 人是逃兵，这表明丹麦人的士气可能开始崩溃了。普鲁士有 25 人阵亡，132 人受伤，33 人被俘。普军在这次战斗中的损失，部分原因似乎是连长们过于急切了，他们一直在堡垒线前战斗，而不是寻找掩护。

一名普军步兵在回答为什么伤亡相对较重这一问题时，简单地解释道："当中尉冲向要塞时，我们必须和他一起冲。"[19]

普鲁士人继续按照自己的节奏按部就班地执行攻城计划；在 3 月 29—30 日的晚上，他们终于在要塞的南侧建立了第一道封锁线，只不过这道封锁线距离丹麦工事足有 1000 码远。封锁线的壕沟有 750 码长，而在它的后面，也就是在距离丹麦堡垒 1350 码的地方，普军布置了 7 个炮兵阵地、34 门攻城炮。炮击于 4 月 2 日开始，这纯粹是象征性的，其目的只是转移丹麦人的注意力，因为大部分攻城炮已经被转移到北方的巴尔勒加尔德，以掩护进攻阿尔森的行动。直到 4 月 7 日，在普军放弃了越海攻击阿尔森的计划，并将攻城大炮重新运回杜佩尔前线之后，炮击才真正开始。

俾斯麦对缓慢的围攻进展感到十分焦虑，因为在伦敦即将召开的国际会议将使他回旋的余地越来越小。从外交角度来看，在伦敦会议召开之前拿下杜佩尔要塞是至关重要的。会议暂定于 4 月 12 日开始，时间已经所剩无几了。看到战事无法在短期内结束，俾斯麦别无选择，只能推迟会议。幸运的是，法兰克福邦联议会繁复的程序为这一做法提供了一个绝佳的借口。获得了喘息之机的普军总部大大松了一口气，建立第二道封锁线的行动直到 4 月 10 日才开始，而 4 月 10 日本是会议的原定日期，显然在会议开始之前结束战争是不可能的。不过，普鲁士军方的领导人至少不像总部的法国官方观察员克莱蒙 – 坦纳雷（Clermont–Tonnerre）那样悲观，后者"反复强调，丹麦的堡垒太过强大，需要数月时间才能做好攻城的准备"[20]。

普鲁士人正在缓慢前进；4 月 7—8 日夜间，为了开辟第二道封锁线，普军在其前方约 120 码处挖了一道防御壕。这条封锁线在杜佩尔要塞主堡垒以南 600 码处，由 2 个营的步兵挖掘，3 个营的步兵在新挖的战壕中提供掩护。腓特烈·查尔斯打算在第二道封锁线完成后立即发动进攻，但此时，国王威廉一世突然介入战局，要求挖掘第三道封锁线，以缩短突击纵队前进的距离，从而缩短他们暴露在敌军炮火下的时间，也能减少丹麦人调动预备队的时间。奈曼（Neimann）上校后来看到弗里茨 – 朗撰写的关于此次围城的报告，报告中把威廉一世的介入归因于多年前从惠灵顿公爵那里得到的建议。国王还坚持在攻城战中使用密集步兵队形，并投入大量预备队，这源于他回忆起公爵说过的：

在我所指挥的攻城战中，除了利用强大的突击队外，还从来没有成功过；与此相反，当我试图带着数量有限的部队作战时，却总是失败。[21]

由于越海进攻阿尔森的计划失败了，因此毛奇担心的是对杜佩尔要塞的进攻是否做了充足的准备。4月6日，他写信给布卢门塔尔，带来了一个至关重要的消息——那里的最高统帅部得到了加强：

为了进攻杜佩尔要塞，我们首先需要一位战斗经验丰富的高级工兵军官；但是上哪儿找这样的人呢？好在，由于炮兵对于这次进攻特别重要，冯·欣德辛中将已经于今天赶往格拉文施泰因，相信他能帮到你们。我建议由冯·德尔堡（von der Burg）上尉陪同欣德辛一起赶往前线，前者在墨西哥获得了宝贵的实战经验，也曾参加过普韦布洛（Pueblo）的大规模炮击行动。如果我在欣德辛离开之前再次见到他，我首先要提请他注意的是，为了这次冒险行动的成功，他必须和前线将领团结一致。关于这一点，我还认为，从战场左翼发动大规模进攻更为有利。[22]

毛奇还补充了一些对于布卢门塔尔的越海进攻阿尔森计划的鼓励：

不要让你大胆的计划被这个一时的挫折所终结，这项计划的结果可能更好，也可能更糟，就像菲利普二世和他的舰队一样，你尽可以派遣你的风帆舰队去对付敌人，但无法去对付恶劣天气。

毛奇并没有忽视布卢门塔尔入侵菲英岛的建议，他在4月8日写给罗恩的信中说，他当下认为丹麦人可能很快就会撤离杜佩尔，以确保其军队的安全。在这种情况下，我们将不得不再次考虑在阿尔森或最终在菲英岛登陆。[23]在毛奇看来，丹麦人最好将军队撤回阿尔森，这样自己就不会受到敌人突然袭击的威胁了。毛奇设想，丹麦人会加固位于巴尔勒加尔德对面的米尔斯岛（Meels）北端的阵地。然而，正如他在4月12日向布卢门塔尔指出的那样，撤退到阿尔森的缺点是，"在一个孤岛上抵抗到最后是非常危险的，因为这样无法保证军队安全撤退"。对最后的战斗进行展望，毛奇认为，要想渡过松德河（Sund）包抄丹麦军队，在很大程度上要取决于能否为普鲁士的炮阵找到合适的位置，因为炮兵武器在作战性能上要优越得多，只要渡过松德河，他们就可以摧毁阿恩基尔（Arnkiel）半岛的丹麦工事。[24] 与此同时，毛奇一直在根据 1849 年的行动和威奇（Wittge）上尉所写的报告，研究攻占森讷堡的计划，并于 4 月 15 日把报告寄给了布卢门塔尔。他现在针对丹麦人的处境得出了一个结论：

> 鉴于哥本哈根会议群情汹涌，格拉赫将军无法放弃杜佩尔要塞，他除了静候我军发动攻击之外别无他法；丹麦人试图把我军 3 月 28 日的小规模进攻描述成总攻的失败，这是非常可笑的，甚至连平头百姓都欺骗不了。[25]

考虑到德·梅扎的命运，格拉赫为了自身利益自然不愿采取任何举措。现在，他的任何决定都得首先考虑政治问题，而不是军事问题。实际上，丹麦政府固守要塞的动机与促使俾斯麦尽早发动进攻的动机类似。由于伦敦会议重新定于 4 月 20 日召开，如果可能的话，坚守杜佩尔是至关重要的；毕竟，这是自从丹讷韦克撤退以来丹麦政策的核心逻辑。丹麦陆军部长伦德拜坚定地告诉格拉赫，鉴于即将召开的会议，守住这片阵地至关重要，不过伦德拜也补充说，他个人认为，政府无意束缚格拉赫的手脚。

长期僵持的局面对丹麦军队的士气也造成了巨大伤害。在普军发动总攻后，迪西记录了他的感受：

> 在过去的 10 天里，我已经看到，丹麦军队的士气正因为所面临的可怕的战况而迅速下降……军队越来越不愿意上前线；有好几次，丹麦军人拒绝通过栈桥前往堡垒，最后，只有在得到了他们将很快被带入战场的承诺后，他们才会服从命令；他们擅离职守的情况已经是司空见惯……而且，大多数军官都认为，这个阵地是完全守不住的。[26]

"在杜佩尔坚守到底"这一命令招致了丹麦军队的强烈不满。但格拉赫别无选择，他打算在"罗尔夫·克拉克"号和所有可以集结的战舰的支援下，对普鲁士人发动突袭。这肯定会出乎普鲁士人的意料，而且可能会在一定程度上取得成功。然而，军队可集结兵力的数目过少，这表明，即使丹麦军队的反攻取得了胜利，其充其量也只是暂时的。而且，无论如何，丹麦海军拒绝冒险闯入"韦明外滩"的行为，让格拉赫的反攻计划大大受挫，如今，实力强大得多的普鲁士炮兵可能会遇到一些特别诱人的目标。

欣德辛于4月8日抵达前线，全面指挥炮兵行动，并立即产生了显著的效果。他已经是普鲁士军队中最杰出的炮兵军官之一了，以沉闷、不苟言笑的个性而闻名。在接下来的6年里，欣德辛将成为贡献最大的人物之一，他创建了一支优秀的炮兵部队，这支部队在战场上取得了一次次决定性的战果。杜佩尔要塞前线的行动很快使欣德辛确信，相比于传统的滑膛炮，线膛炮具有更大的优越性，此后，他不遗余力地把普鲁士陆军的全部火炮都改装成了线膛炮。

到了4月16日，普军对丹麦工事的无情炮击开始生效，大家都清楚，总攻不会耽搁很久。为了尽量减少伤亡，普鲁士炮兵进行了长时间的火力准备，从而完全控制了战场。普鲁士人明显看到，丹麦工事已经遭受了严重的破坏，特别是来自布罗艾厄的密集炮火，严重削弱了丹军的防御——这在很大程度上是源于普军精确的目标定位。奈曼上校就注意到炮击所产生的效果：

> 我方炮兵奉命只对某些明确的目标进行射击，既是为了避免浪费弹药，又能够避免损伤大炮。每天早晨，敌人都被迫对前一晚损坏的工事进行修补；但是，每次他们的工事出现新的炮眼，都会被我方立即摧毁，特别是如果我方认为炮眼后面藏有大炮的话。丹麦人的任何一门大炮都时刻处在危险当中，他们的每一门大炮都要面对我方多门12磅线膛炮，因此它们可能还没开火就被击毁了。[27]

甚至连杜佩尔磨坊最后也成为炮击的受害者；作为丹麦人的观察哨，它被大约30发来自12磅线膛炮的炮弹所摧毁，这些炮弹的射程达到1800甚至2000码。现在在丹麦工事的正面，普军总共投入了24个炮兵连，在大多数情况下，这些炮台的射程可以确保它们基本上不受敌人的干扰。一些炮兵连的射程达到了3500码，但最密集的炮兵阵地距离丹麦工事约2500码。不过，有些炮兵连的射程只有 1000 码。[28] 相比之下，丹麦炮兵在白天并不活跃，但在晚上经常出动，特别是在阿尔森和杜佩尔 3 号、8 号和 9 号堡垒，只不过收效甚微。

腓特烈·查尔斯决定在 4 月 18 日发动进攻。他仍然特别执着于尽其所能把伤亡人数限制在最低范围内：

> 在什么时候进行最后的总攻，这是一个令人焦虑不安的问题。无论如何，我们决定不在黄昏以及夜晚进行，因为白天充足的光照是必不可少的条件。[29]

起初，普军打算在拂晓发动进攻，这样部队就可以在夜幕的掩护下事先转移到预定的攻击位置。然而，黎明突袭行动的经验表明，丹麦人的霰弹（葡萄弹）威胁较大；最后，为了在丹麦人撤退之前摧毁他们的大炮，摧毁他们在夜间修筑的工事，包围堡垒，以及迫使他们提前投入预备队，普军决定在攻击当天为炮兵连留出几个小时的准备时间，之后再开始进攻。弗里茨－朗上尉认为这是一个极好的安排；尽管丹麦人原本以为普军会在 4 月 18 日发起总攻，但这在拂晓时未能发生，于是他们撤回了堡垒的大部分驻军，以躲避炮击。

当时，在格拉赫指挥下的丹麦军队总数约为 1.9 万人。其中约有 1 万人驻扎在杜佩尔阵地，另有 2000 人在森讷堡密切提供支援。其余部队则分散在阿尔森周围。要塞南部的 6 个堡垒总驻防兵力不超过 2500 人，这个数字显然不足以抵抗真正的总攻。要塞中至关重要的桥头堡由考夫曼旅的 3 个营把守。在 4 月 17 日星期日下午，普鲁士军队的炮击突然开始猛烈起来。丹麦只能将堡垒的大部分守备部队撤回，以尽量减少伤亡。夜间，有一段时间，炮击停止了，普鲁士的突击纵队开始向前移动，他们在距离敌人约 400 码远的第三条封锁线的高胸墙后面集结，在敌人没有注意到的情况下，开始前进。这是一个晴朗的夜晚。斯金纳（Skinner）描述了当时的场景：

> 一轮明月照在阿尔森松德河上，河面泛起了柔和的涟漪。山坡静静地躺着，好像在一缕银光中睡着了。到处都可以隐约地看到丹麦守军在开火，偶尔有一颗炮弹飞过我们所在韦明外滩。通往要塞的桥上有许多士兵，因为大多数援军都是在夜幕的掩护下被送往前线的。[30]

这支突击部队由冯·曼施坦因中将指挥。他总共有10个营外加一个半营的步兵，分为46个连，还有5个连的工兵和150名炮手。他们排成6列纵队前进，每个纵队攻打1—6号堡垒中的其中一个。进攻2号炮台和4号炮台的纵队比其他纵队更为强大，分别由10个连和12个步兵连组成。曼施坦因将其余兵力平分给其他4列纵队。每个纵队前面都有一排散兵（skirmishers），紧随其后的是工兵和一些步兵，后者装备着铁锹、斧子、梯子和炸药包，以便能够越过工事前的障碍。在这些纵队的后面，大约80码远的地方，是主力纵队，后面120码远的地方还跟着预备队。考虑到可能存在的饵雷，纵队指挥官接到命令，如果占领堡垒的过程中没有遭遇任何抵抗，他们必须立即撤回部队，同时对堡垒进行严密检查，看是否有爆炸的危险。[31]

曼施坦因率领的攻略部队总兵力为8000人，几乎囊括了所有的兵种；除了中央预备队的2个旅外，还有另一个旅在拉克布尔待命，一旦突击部队通过要塞防线从侧翼攻下北方的4个堡垒，该旅就准备进攻。最后，还有一个旅被

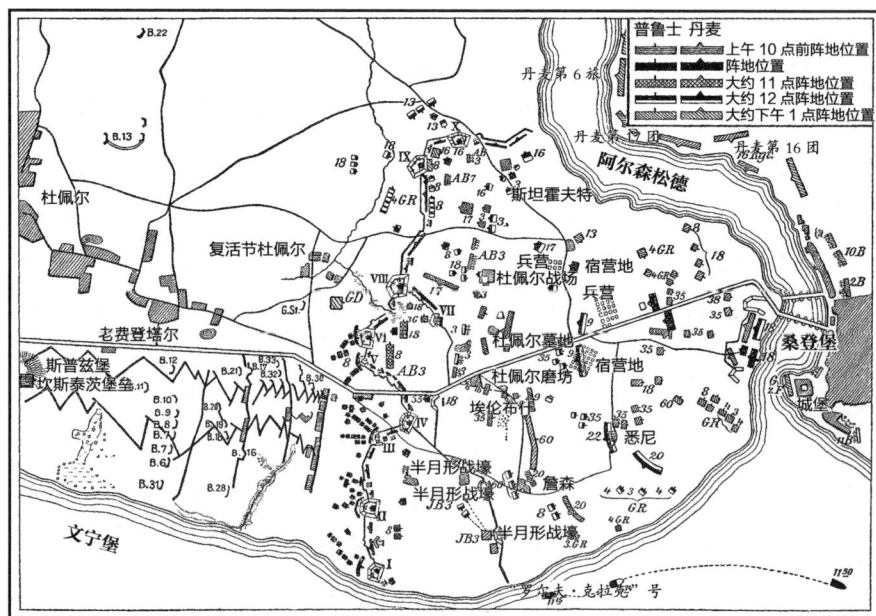

◎ 1864年4月18日，普军突破杜佩尔要塞群。

部署在阿尔森松德河岸边，他们奉命大张旗鼓地进军，以表明针对阿尔森松德河渡口的攻击即将开始。

4月18日黎明时分，普鲁士的炮击又开始了，而且比以往任何时候都要猛烈。到上午9点，炮击已经达到了最顶峰，特别是针对普军打算进攻的前线进行了扫荡。然而，随着时间的推移，进攻并没有发生，丹麦人开始撤回堡垒的大部分驻军，现在他们可以肯定，普鲁士人已经将进攻推迟到了另一天了。突然，上午10点，炮击戛然而止，一阵沉默之后，从第三条封锁线出发的突击纵队开始向前猛冲，穿过把他们和堡垒隔开的狭窄地带。堡垒的防御者被突如其来的进攻弄得晕头转向，几乎毫无抵抗能力。"丹麦堡垒"，斯金纳写道，"被轻松地攻陷，这令攻击者大吃一惊，他们面前的胸墙或幕墙顷刻之间就被攻破了。"[32] 普军的推进速度是如此之快，以至于撤退到后方阵地的丹麦军队还没来得及返回增援留在要塞的虚弱守军，堡垒就被攻陷了。在6号堡，丹麦守军中的一些人正在向栈桥的入口处移动，但他们还没有全部通过，就被普军俘虏了。在一些堡垒里，丹军利用火炮进行了短暂的反击，有几门大炮勉强在

◎ 1864年4月18日，普鲁士第3禁卫掷弹兵团正在对丹麦军队据守的杜佩尔要塞展开进攻。（罗杰斯 摄）

普军纵队的猛攻到来之前开了火，但不到 20 分钟，一切都结束了。6 个堡垒中最后一个沦陷的是 4 号堡，但上午 10 点 22 分，普鲁士国旗已经飘扬在那里。曼施坦因按照指示，把作为预备队的各旅带了上来，让他们从堡垒之间通过，然后向北包抄，占领后面的 7—10 号堡垒。寡不敌众的丹麦人以不顾一切的勇气作战；考夫曼（Kauffmann）旅从桥头堡发起反攻，向杜佩尔磨坊推进，短暂地夺回了第二道防线。然而，这一成功是暂时的，而且伴随着惨重的人员伤亡，其中包括带头冲锋的杜·普拉特将军和他的参谋长罗森少校。北方堡垒顶着前后的压力坚持了一段时间；但到了下午 1 点，它们也顶不住了。

9 号和 10 号堡垒的守军坚持到了最后，上级命令他们撤退；但是，在 9 号堡垒的守军执行命令之前，它再次遭到了进攻，所有人都被俘虏了。整个阵地现在已经牢牢地掌握在普鲁士人手里，曼施坦因把注意力转到桥头堡上，到中午时分，留在大陆上的丹麦军队均已撤入桥头堡。

桥头堡周围的防御工事基本上没有受到炮击的影响，这些工事完全由位于松德河阿尔森一侧的丹麦炮兵指挥。因此普军无法对其直接展开进攻；在大约一个小时的时间里，四周都是激烈的炮火，双方来复枪的子弹漫天飞舞，那时丹麦人已经清楚地意识到，除非自愿放弃阵地，否则他们可能根本无法离开桥头堡。首先是北面的桥被攻破，然后是南面的桥。下午 1 点 30 分，丹麦人已经撤退到了森讷堡。

格拉赫的部队已经完全被击溃了，而且从来就没有把握住防守桥头堡的机会。当他的部队在阿尔森重整旗鼓时，丹麦政府曾试图将杜佩尔要塞作为讨价还价的筹码，其为此所付出的代价显然是高昂的。丹麦的总伤亡人数为 4789 人，其中 671 人阵亡，987 人受伤，3131 人被俘。许多丹麦人的伤亡是在失败的反攻中遭受的，针击枪的巨大威力造成了这一致命的后果。普鲁士的损失要小得多，共有 257 人阵亡，950 人受伤。雷文（Raven）少将——一位普鲁士旅指挥官受了致命伤。此外，普鲁士人还缴获了 118 门丹麦大炮——格拉赫防御阿尔森的能力也遭受了严重的损害。

在战斗中，"罗尔夫·克拉克"号铁甲舰未能为丹麦的防御做出多少贡献；迪西眼看它被普鲁士的炮火连续命中：

◎ 1864年4月，杜佩尔要塞4号堡北侧被普军攻占后的景象。（罗杰斯 摄）

当炮弹像雨点似的落在她周围时，她四周出现了巨大的水柱；在大炮的轰鸣声和步枪的连续射击声中，不时传来可怕的撞击声，我能辨别得出来，炮弹已经击中了她舰体内的铁肋。[33]

在"罗尔夫·克拉克"号铁甲舰上，共有1人死亡，10人受伤。

普鲁士人伤亡相对较轻，他们取得胜利的速度也很快，这在很大程度上要归功于这次突袭行动的圆满完成。直到前6座堡垒陷落之后，普军发动攻击的消息才传到格拉赫的总部。其结果是，丹麦的一些预备队基本无法投入战斗。格拉赫原打算派遣丹麦禁卫军来守卫最后一道防线，但这些人赶到桥上时已经太迟了，他们的反击徒劳无功，因此也只遭受了微不足道的损失。

随着夜幕降临，即使是偶尔响起的来复枪射击声也渐渐平息了，普鲁士人得以享受胜利的喜悦，而丹麦人则开始品尝失败的苦涩。从军事角度看，这是普鲁士军队一次压倒性的成功，也是一个伟大时代即将来临的先兆，正如王储在日记中忧虑的那样：

诚然，我们拥有一支出色的军队，但在俾斯麦领导下，它将会为国家带来什么呢？我认为这一切将会带来翻天覆地的影响……我为我的嫂子威尔士公主（the Princess of Wales）感到遗憾。[34]

第九节 阿尔森

普鲁士乃至整个德国的公众舆论都被在杜佩尔要塞取得大胜的消息所鼓舞。尽管这是一场一边倒的战斗，但其政治意义而非军事意义却彻底改变了舆论氛围。当时，德意志诸邦的民族主义空前高涨，民众极度渴望国家取得成功，他们正是在这样一个特别敏感的时刻受到了战胜丹麦这一消息的刺激。在柏林，人们兴高采烈地欢庆胜利。整个城市灯火通明，街道上挂满了旗帜和横幅。在极度兴奋的状态下，普鲁士国王威廉一世召集了禁卫团的部分士兵，并亲自把胜利的电报念给他们听。随后，国王给腓特烈·查尔斯发了电报："除了万军之耶和华，我还要感谢我伟大的军队和卓越的领导人，使我们取得了今日的辉煌胜利。我向部队致以最崇高的敬意，并对他们的努力表示由衷的感谢。"[1]不出所料，新闻界大造声势，一股浓烈的爱国主义情绪从柏林蔓延到德国各地，西贝尔称这是"众人心中的爱国呼声"。在杜佩尔要塞取得胜利所激起的民众爱国情绪让自由党颜面无存。它给德意志带来了强大的推动力，使其朝着统一的方向迈进，但它也同时削弱了民众对于专制政府的抵御能力。

当然，在丹麦，杜佩尔要塞陷落的消息引发了人们最深切的忧虑。但是，它对丹麦政府打算在伦敦会议上实现的目标几乎没有任何影响。诚然，如果守住杜佩尔要塞的话，这将是一个明显的加分项；但丹麦首相蒙拉德（Monrad）声称，失去该要塞也不会影响他毫不妥协的政策。丹麦公众对杜佩尔的陷落感到"惊愕和极度沮丧"，但却比不上从丹涅尔克河畔撤退所引发的痛苦，无论如何，丹麦人已经在此地维护了自己的荣誉。

毛奇听到胜利的消息当然非常高兴，4月20日他在写给布卢门塔尔的信中对后者表示了高度赞扬：

我对我们勇敢的军队在4月18日所取得的辉煌胜利表示衷心的祝贺，这在很大程度上要归功于你的坚韧不拔、聪明才智和英勇无畏。这一壮举给敌人所造成的重大损失清楚地表明，如果没有准备好枪炮和镐头，即使付出最大的牺牲也不能保证成功。[2]

　　毛奇接着描述了柏林的庆祝活动，然后谈到了下一步作战将要采取的方针。他认为普军必须为在阿尔森岛登陆做好准备，但丹麦军队是否会在那里坐以待毙还很难说。毛奇仍然赞成入侵菲英岛的行动；他认为，当丹麦人表现出从阿尔森撤退的迹象时，就应该立即实施这一计划。计划成功与否，在很大程度上取决于对时机的把握。但是，有必要牢记，就目前而言，双方无疑会很快达成一项停战协定，不过这将被推迟，因为伦敦会议再次延期到 4 月 25 日。

　　杜佩尔的辉煌胜利对威廉一世产生了巨大的鼓舞，他当机立断，决定亲身去看望前线部队。在俾斯麦的陪同下，他检阅了身穿野战制服、携带突击装备的士兵。令他稍感失望的是，毛奇没有参加这次盛会。

　　与此同时，在伦敦，约翰·罗素勋爵（Lord John Russell）仍在努力推动会议的进行，他曾坚持将会议定在 4 月 20 日举行，但这是徒劳之举。来自杜佩尔的消息在英国引发了恐慌，尤其是对帕尔姆斯顿来说，他并没有完全放弃采取某种干预措施的希望。4 月 18 日，他向罗素暗示，杜佩尔要塞陷落的消息可能会：

　　为派遣我们的舰队到波罗的海去掩护丹麦军队撤退提供了充分的理由……如果法国人、俄国人和瑞典人同意我们的观点，我们就可以在星期三的会议上对奥地利说，除非德意志诸邦同意在目前占领区的基础上立即停战，否则我们的舰队将奉命立即开往波罗的海……如果我们袖手旁观，坐视丹麦军队被击败，丹麦就这样匍匐在德国的脚下，而我国的舆论也将会产生轩然大波。[3]

　　驻柏林的英国大使布坎南似乎觉得，俾斯麦所要达到的最终目标已经开始暴露出来。布坎南曾和他的医生进行了一次有趣的谈话，4 月 23 日，他急忙在私下向罗素汇报了此事。当布坎南说和平取决于普鲁士提出的条件时，他的医生明确回答说：

"啊，"他回答道，"创建一个君合国（personal union）①或许是解决这个问题的唯一办法，但在柏林，我们并不打算与丹麦人结盟，而只能与普鲁士王室结盟。这不是俾斯麦政策的目标吗？俾斯麦首先建立了公国联盟，将公国献给了丹麦国王，从而使它摆脱了奥古斯滕伯格家族的控制，但随着丹麦人的固执和情况的变化，事态终于发展到不可收拾的地步。柏林人的话在某种程度上是对的，我们必须对公国和德意志的利益进行考虑……对那些自称动机纯正、行为无私的先生们来说，要进行思想上的转变是痛苦的，但从过去 6 个月所发生的事情，我们可以很容易猜测出未来 6 个月将会发生什么。"4

与此同时，毛奇饶有兴味地收到了冯·德尔堡上校的一份私人报告，他把这份报告连同自己的评论转交给了曼陀菲尔（Manteuffel），他认为这是对联军总部的工作具有重要的参考意义：

人们可以清楚地看到，冯·欣德辛中将对 4 月 18 日的胜利产生了多么积极的影响。特别是，如果不能够如此迅速和有效地部署野战炮兵，我们在占领桥头堡方面就会遇到很多麻烦。我不知道总部是否赋予了冯·欣德辛将军具体的职责，也不知道国王陛下是否愿意让他在驻石勒苏益格的部队中承担一项具体的任务。没有这些任命，将军的在场总是有点令人尴尬。5

在联军总部方面，待杜佩尔陷落后，弗兰格尔咬紧牙关，他认为下一步应该要攻打腓特烈西亚的防御工事。毛奇非常震惊，觉得自己与政策制定过程完全脱节，于是就这个问题给曼陀菲尔写了一封信：

毫无疑问，当着陛下的面，他们讨论并决定了 4 月 18 日胜利后应该做些什么。但是，由于我没有被召来参加这次会议，所以我完全不知道讨论的结果。6

---

① 译者注：即由两个以上的君主国，共同拥戴一位君主而形成的国家。

毛奇随函附上他4月24日关于未来行动的建议。他特别反对将腓特烈西亚当作下一个目标的建议（毛奇是通过报纸才得知这个建议的），他认为所有可以从桑德威特半岛撤出的军队都应该用来占领菲英岛。

接下来，在4月25日，毛奇觉得可以给弗兰格尔写信了："我坚决反对围攻腓特烈西亚，根据总部的指示，我不能命令阁下在菲英岛登陆，但如果情况对这次行动有利，您有权执行攻岛计划。"[7]毛奇不顾上级给他的指示，试图把自己最为推崇的菲英岛攻略计划放在议程的首位，不过，出于政治上的考虑，他不得不在同一天又给弗兰格尔写了一封信：

我意识到，与我的期望相反，国王陛下今天发来了电报，对您昨天的报告进行了回复，在回复中并没有给您不受约束的自由裁量权。预计丹麦人将很快提出一份基于"占领地保有原则"（uti possidetis）的停战协定。因此，我们希望尽可能扩大在日德兰的占领区。由于菲英岛行动不能马上开始，因此必须尽快动用全部军队占领日德兰半岛。[8]

毛奇仍然决定尽可能地阻拦攻打腓特烈西亚的计划，他在4月26日给国王的报告中强调，丹麦人现在不可能从该要塞发起反攻。他建议彻底解除围困，派加布伦茨去北方与蒙斯特（Münster）会合，因为蒙斯特的师正在尽可能地扩大在日德兰半岛的占领区。不过，毛奇仍然没有忘记他的计划，在报告的最后，他建议从现在开始，只要时机合适，必要的运输船准备好了，就授权弗兰格尔在菲英岛登陆。[9]

不过，毛奇对腓特烈西亚要塞的忧虑很快就得到了解除；4月28日，丹麦人出人意料地撤出了要塞，他们所有的军队都撤退到了菲英岛。于是，毛奇把目光重新转到了越海攻击阿尔森岛的计划上，4月27日，他写信给侄子亨利：

在这种情况下，到阿尔森去是一件极其重要的事情，过去是，现在仍然是。人们可能会怀疑，利用现有的交通工具来进行这次远征是否明智，但是，它的绝对重要性是不容置疑的……至于阿尔森，既然战败的敌军已经从第一次打击中恢复过来，我们部署在桑德威特的那部分军队也已经撤出，那么剩下的事情就只能由一场新的战役来决定了。遇到的困难越大，我们的打击就必须越具有决定性，因为丹麦人还在顽抗。[10]

毛奇在信的结尾又表达了他的挫败感，他说，虽然观察战场会很有趣，但他不希望自己只是一个没有任何权力的旁观者。

在伦敦，拖延已久的会议终于召开了。会议的主要代表是列强驻伦敦的大使——伯恩斯托夫、阿波尼、拉图尔·奥弗涅（La Tour d' Auvergne）和布伦诺（Brunnow）。丹麦代表团由外交部长夸德（Quaade）担任团长。帕尔姆斯顿继续向罗素提供建议，建议不应该首先由德意志邦联陈述他们的要求，因为那样就很难说服他们。第一个关键问题是停火，但这很快就遇到了困难，由于丹麦人拒绝将解除封锁作为其条件之一，而普鲁士和奥地利人则将其视为必不可少的条件。为了让伯恩斯托夫和阿波尼能够得到双方高层的进一步指示，会议延期到 5 月 4 日。

在柏林，毛奇深深地感受到了挫败感，尤其是缺乏可靠的信息，这一点继续困扰着他。4 月 28 日，毛奇写信给布卢门塔尔，祝贺他获得"功勋勋章"（Pour le Merité，即著名的"蓝马克斯勋章"），他写道：

从 4 月 17 日起，我就没有收到过你的任何来信，对我来说，这实在是太难熬了。即使这是因为，自从那次总攻以来，你们的前线没有发生任何重要的事情，然而对于我来说，随时了解你们的意图和计划是至关重要的。某些时候，我经常被问及对某些重要问题的看法，但在其他时候，他们似乎觉得没有必要告诉我提议了什么或发生了什么。因此，至少在私人通信中，我有必要搜集足够的信息，以便及时了解最新情况。[11]

尤其令人不安的是，毛奇缺乏直接参与战事的经历；他提到了国王视察军队期间关于未来政策的讨论，还补充说，自己感到很遗憾，因为他没有被指定陪同威廉参与这次旅行。

然而，国王的前线之行很快就使毛奇的地位发生了根本性的变化，他的挫败感也彻底烟消云散了。联军总部已经陷入了混乱，这让曼陀菲尔感到忧心忡忡，他毫不怀疑这在很大程度上是由反复无常的沃格尔·冯·法尔肯斯坦（Vogel von Falckenstein）造成的；他毫不费力地说服国王和罗恩，让毛奇接替法尔肯斯坦，担任驻石勒苏益格和日德兰半岛的联军参谋长。法尔肯斯坦本人则被任命为扩充后的第3军团的指挥官，负责指挥该军在日德兰半岛北部的行动。毛奇毫不掩饰地松了一口气，他立刻出发就任了，几乎没有给自己留下收拾行李的时间。5月2日早晨，毛奇赶到了联军驻维尔的司令部，当天晚上他写信给玛丽：

天气确实很冷，从罗腾克鲁格（Roten Krug）开始，我就不得不坐着一辆由几匹马拉着的敞篷农用马车继续行进。夜里，我在克里斯蒂安斯菲尔德（Christiansfeld）待了几个小时，在那儿我躺在床上，睡得很香。第二天一早，我发现所有的东西都被冻硬了。这个国家非常漂亮，植被也跟柏林差不多。山毛榉树已经长出了美丽的叶子。我现在住在一所漂亮的房子里，有一张豪华的大床，不过还得把它暖一暖才行。[12]

毛奇立即展开对所有重要的战略节点的考察，他和王储一起视察了腓特烈西亚，发现那里是"一座令人非常敬畏的要塞"，他觉得很幸运，因为没有必要对它进行强攻。

虽然英国政府一直担心由特格霍夫（Tegetthoff）海军准将指挥的奥地利舰队可能进入波罗的海，但这并不是他的本意。他的目标是由苏文森（Suensen）率领的丹麦舰队，这支舰队正在封锁易北河和威瑟河的入海口，而且比特格霍夫的舰队更为强大。5月6日，特格霍夫从库克斯港（Cuxhaven）出发，去寻找丹麦舰队，苏文森舰队包括两艘护卫舰——装备42门大炮的"尼尔斯·尤尔"（Niels Juel）号，以及装备44门大炮的"日德兰"（Jylland）号，还有1艘装备16门大炮的轻型护卫舰"海姆达尔"（Heimdal）号。特格霍夫舰队的"施瓦岑堡"（Schwartzenburg）号和"拉德茨基"（Radetzky）号分别拥有49门和31门炮，再加上普鲁士炮艇"闪电"（Blitz）号、"蛇怪"（Basilisk）号和"山雕"（Adler）号，但它们的战斗力很有限。特格霍夫舰队在赫里戈兰（Heligoland）附近遇到了苏文森舰队，他立刻采取行动，并很快与敌人交手。双方接下来的交战，在海军历史上是独一无二的，因为这是唯一一次双方的木制战舰都装备了蒸汽发动机、装甲和重型舰炮。然而，这并不能说明现代技术对海军战术产生了影响，因为双方并没有额外使用蒸汽动力，其炮弹造成的伤害也并不比老式的实心炮弹大多少。特格霍夫舰队在双方距离 2000 码的范围内开火，首次舷炮齐射后，双方距离接近到 1000 码，为了防止苏文森舰队切断己方已经落在后面的炮艇，他下令向东行驶。就在"施瓦岑堡"号转弯时，她被"尼尔斯·尤尔"号的侧舷齐射击中，其中一枚炮弹在火炮甲板上炸开，另外两枚也引发了小规模的火灾。这两支舰队现在向西南方向驶去，在 500 码的范围内继续交火。两小时后，也就是在下午4点左右，"施瓦岑堡"号遭受了又一次重击，其前桅的大帆被引燃了，火势很快失去了控制。为了防止火势蔓延，特格霍夫不得不迎着东南东（ESE）风，向赫里戈兰驶去。当他进入英国领海时，苏文森并没有试图跟随，也许是由于那里有英国护卫舰"极光"（Aurora）号。

对丹麦人来说，这是一场战术上的胜利；但是，丹麦海军对德奥的海上封锁却因此被解除了，此后丹麦舰队在战争中几乎没有发挥过作用。特格霍夫理所当然地宣称自己取得了道义上的胜利，并当之无愧地晋升为海军少将。

在日德兰半岛的北部，法尔肯斯坦遭到了毛奇的老朋友赫德曼的反击，不过后者率领的第4师在兵力上大大弱于前者。毛奇对加布伦茨之前放任赫德曼逃走的行为提出了批评；现在，这位丹麦指挥官已经撤退到了利姆乔德（Lijmfjord）的安全地带，留下联军不受干扰地占领日德兰半岛的其他地方。赫德曼至少成功地保存了他的力量；但是他没有足够的兵力对联军发起任何重大的行动。从腓特烈西亚撤退后，丹麦只剩下阿尔森和菲英岛可以作为联军的军事目标。最初，加布伦茨支持攻占菲英岛的计划；但经过进一步的思考，他得出结论——这个计划过于雄心勃勃了，或许会超出维也纳能够接受的范围，因此他暂时搁置了这份计划。

当5月4日伦敦会议重新召开时，德意志邦联提出了一项停战建议：若丹麦解除封锁，则可以撤回先前提出的、在日德兰半岛征收战争赔款的要求；此外，德意志邦联还可以允许恢复丹麦在那里的政权。丹麦人的回应是：如果要解除封锁，联军应该完全撤出日德兰半岛。伯恩斯托夫对此提出了反对，但这显然不会被接受，他提出：如果中立国希望联军撤退，那么丹麦人必须撤出自己仍然控制在手中的石勒苏益格沿海群岛，并归还所有缴获的船只。不出所料，丹麦人拒绝了。罗素对停战谈判的僵局感到恼火，于是再次宣布休会，这次休会将持续到5月9日，以便交战双方考虑中立国提出的最新建议——根据英国拟定的停战协议，首先丹麦要解除封锁，然后普奥联军和丹麦军队分别撤出日德兰和石勒苏益格沿岸群岛。

在联军总部安顿下来后不久，毛奇给布卢门塔尔写了一封长信，以便根据旷日持久的停战谈判来审视局势。他认为，在谈判期间，丹麦人不可能进行任何重大的行动。他用一贯冷酷无情的军事逻辑对当前形势进行了分析。他认为，丹麦人已经放弃了坚守大陆领土的企图；相反，他预计他们会在舰队的保护下继续占领这些岛屿，并寄希望于外国干涉：

> 因此，我不相信丹麦人会不进行任何反击就主动放弃任何一个岛屿。丹麦人是要达成一个合理的停战协议，还是继续抵抗呢？毫无疑问，这个问题将在5月9日的伦敦会议上得到回答。在我看来，过了这个日期，即使冒着遭受重大损失的风险，我们也必须采取必要的举措。如果哥本哈根的内阁认为同意这些合理的条款对自己没什么好处，那么我们就只能继续发动战争了，直到敌人被消灭为止，我们应该尽一切努力来实现这一目标。事实上，我们不能带着6万到7万名士兵在辛布里（Cimbrian）半岛待上好几年；另一方面，我们也不能在没有危险出现的情况下限制自己的行动范围，长期处于防御状态，会令我们失去主动权。[13]

毛奇补充说，最有效的举措是对阿尔森发动攻击，与此同时，应该对松德堡的正面发动佯攻，因为丹麦人已经在那里筑起了防御工事，但在巴尔勒加尔德，穿越此处的普军最容易受到影响。

回到5月9日的会议上，夸德宣布他的政府反对中立国的建议；然后出人意料地接受了德意志邦联提出的条件。丹麦人显然认为，即使占领军在场，自己也能在日德兰半岛筹集到税收，招募到新兵；而且他们决不能放弃对石勒苏益格群岛的占领，因为这些岛屿在军事上是安全的。然而，丹麦人只打算同意停战一个月，尽管面临巨大的压力，他们还是拒绝延长停战期限。停战协定将从 5 月 12 日开始生效，从这一天起，封锁将被解除。联军同意不干涉日德兰民间的正常贸易和政府管理，也不向民众征税。双方都保持目前的状态。

俾斯麦认为这些条件完全可以接受，在这些交换条件中，丹麦人愚蠢而顽固的态度使他们陷入了困境。而另一头的毛奇对此极为不满，他在一系列备忘录中阐述了自己的观点，指出了执行停战协议所面临的实际困难。在第一份备忘录中，他写道，按照协议，交战双方必须以同样的方式行事——要么是完全的行动自由，要么是基于某些特别商定的限制。毛奇认为，限制交战双方的行动自由没有任何好处，而且这样做是不切实际的。他举例说，协议规定的"控制前往石勒苏益格沿岸群岛的商船和渔船"是不可能的，因为人们以此为生。"人们不去打鱼了吗？你要如何阻止一个渔夫从维尔上岸？"无论如何，毛奇认为至关重要的是，石勒苏益格的居民必须可以像日德兰半岛的丹麦人一样，自由地前往阿尔森和菲英岛。[14] 他还担心，会议已经商定占领军需要支付其补给，而丹麦人则可以自由征税，征募物资和人力：

根据 5 月 9 日在伦敦达成的协议，在我看来，联军占领日德兰半岛，不论是从政治角度还是军事角度来看，都无益处……丹麦人可以招募新兵来增援自己，并从英国得到来复枪和其他战争物资，从而让他们疲惫不堪的军队重新振作起来，重新树立士气，而我们，本来既不需要休息，也不需要增援，但还是草率地停止了行动。[15]

在柏林，罗恩也同样直言不讳，他坚持要求俾斯麦考虑军队的意见。罗恩声称，普鲁士军队有权反对这项长期的停战协定，因为在停战期间，普军在外国境内处于危险的境地。罗恩补充道："当一个政府（指丹麦）将希望寄托在武装自己的平民上（这正是我们面临的情况）……军队对这个政府的看法很难不发生变化。"[16]

毛奇现在感到高兴多了，因为他终于亲身投入到战事之中，像往常一样，他给玛丽写信，告诉她自己的行动，以及他身处的那个让他重拾自我的国家。5 月 15 日，他说：

这个地方的生活方式非常适合我。我们的晚餐时间做出了合理调整，从下午5点改成了下午3点，这样人们晚上就有时间出去骑马了。中午时分，天气已经相当暖和了。连续几天天气都很好。无论如何，在这里都比在滕珀尔霍夫公园（Tempelhofer Feld）参加春季游行愉快得多。

毛奇还对政治局势进行了评论：

停战协定的条件对我方来说十分不利，但从总部至今未作任何改变的事实来看，我的结论是，柏林想要尽快实现和平。"[17]

毛奇还强调，如果总部能及时修改命令，他会感到非常高兴的。随后，喜讯传来了，5月18日，与他关系极好的腓特烈·查尔斯接替弗兰格尔，被任命为联军总司令。

尽管毛奇推测战争可能会提前结束，但这并没有分散他对于作战行动的注意力，5月23日，毛奇将一份详细的形势分析报告交给了他的新指挥官，第二天，腓特烈·查尔斯带着这份报告去见国王。毛奇提出了两种不同的战略，一种是让联军对目前控制的领土进行巩固，使其成为永久领土，另一种是继续扩大占领区。关于第一点：

当前，我军占领的丹麦大陆领土基本属于守势，但并不意味着我军不能采取积极攻击的姿态。如果丹麦人发动进攻，以夺回他们失去的领土，那再好不过了。我们可以将三支部队集中在弗伦斯堡（Flensburg）、科灵和奥尔胡斯（Aarhus），以便更好地监视海岸，但并不是非要占领这些地方。每支部队都有足够的力量来对付丹麦人的进攻，因为丹麦人一旦反攻，就会遭受我方两个军的夹击，我军会在野战中取得胜利，然后把敌人赶到岸边，围困起来，让他们遭受一场决定性的失败之战。

第二种选择意味着联军必须强攻敌人在岛上的阵地。但是，其主要的目标并不是征服新的领土，而是打败并摧毁据守阵地的丹麦军队。丹麦人现在大致驻守在三个区域——阿尔森、菲英岛，以及日德兰半岛的北部（他们本应该从此地撤退的）。毛奇认为在停战协定期满时，丹麦军队将大部分驻扎在阿尔森或菲英岛，届时如果要对丹麦阵地发动攻击，只能寄希望于奥地利海军舰队的帮助。具体采取何种战略应该由国王亲自决定，但毛奇无疑认为第二种战略更可取。如果要采取第一种战略，也就是维持现状，主动权将在敌人手中：

> 我们下一步行动将取决于国王的决定。另一方面，如果我们想要继续进攻，就只能对阿尔森和菲英岛采取行动，总部将决定到底对哪个地方发动进攻，或者最好对这两个岛屿同时采取行动。[18]

不过，毛奇的雄心壮志很快就落空了，因为奥地利人担心如果在菲英岛登陆，会对英国造成影响。于是，毛奇悲伤地在自己的文件上加了一句："出于政治上的考虑，我们中止了针对菲英岛的行动，因此现在只能考虑阿尔森了。"与此同时，毛奇愤愤不平地关注着伦敦会议的曲折谈判，他派可靠的冯·斯蒂埃尔（von Stiehle）中校去"维护我们军队的利益"。

5月26日，毛奇根据停战协定，向俾斯麦提交了一份关于日德兰半岛军队情况的报告。他说，联军正在严格执行这些规定。丹麦可以自由进行商业活动和民政管理。格拉赫将军同意划定边界，以确保敌对部队之间不发生冲突。毛奇克服了之前的焦虑，他已经采取了坚决的措施来阻止丹麦人招募新兵："在维堡（Viborg）和莫吉尔顿（Moegeltondern），丹麦官员企图趁停战期招募新兵。我们严令禁止，但这些官员我行我素，因此我们只能逮捕他们，还有十几名新兵被我们关进了监狱。"大体而言，毛奇对停战期间安排的工作感到很满意，当然，这并没有改变他从军事角度反对停战协议的观点。[19]

与国王会晤后，腓特烈·查尔斯向毛奇汇报了其关于下一步作战计划的接受情况：

> 国王读了你的来信，决定如果停战协议不再延长的话，就主动发起进攻。会议将于后天做出最终决定。不过，在目前的情况下，停战协议延期对我们也

有好处。[20]

毛奇回信说，一切都在按部就班进行中；他附上了一份大纲，说明如果停战协定不延长，将采取的措施，他一如既往地认为，有可能会对菲英岛和阿尔森同时发动攻击。毛奇还向第 3 军和第 5 师（驻扎在石勒苏益格）发布了关于 6 月 11 日采取行动的预警命令。

俾斯麦曾就丹麦人可能提出的用日德兰半岛换取阿尔森岛的可能性，征求过军方的意见；在一份由腓特烈·查尔斯签署的答复中，毛奇认为这份交换协议对己方是有利的。在签订和平条约后，联军无论如何都得将日德兰半岛交还给丹麦，但德意志邦联想要留住阿尔森岛。另外，得到阿尔森岛会把最终分界线推到更北的地方，同时也能更好地集中联军的力量。[21] 结果，没有人提出这样的交换建议；相反，伦敦同意停战时间再延长 14 天；随后，毛奇以腓特烈·查尔斯的名义发去电报说，从军事上讲，继续延长停战协议非常不利。俾斯麦写了一份颇具宽慰性的回信，解释说，他已经对军事方面的问题进行了考虑，但延长停战期是众望所归，他认为必须同意停战。

尽管如此，毛奇仍然觉得自己的状态极佳，他对玛丽说："对我来说，待在这里就像在接受矿泉疗法一样。"他非常喜欢日德兰半岛的乡村：

这里景色宜人。从我的窗口，可以俯瞰紫丁香、金链花以及白色和粉红色的山楂花，景色十分壮观。茉莉和玫瑰已经开始绽放，玉米也已经长出了饱满的穗，尽管最近战争席卷了这一整片地区，但从人们身上看不到战争的痕迹。[22]

会议还在继续进行，但很明显，由于丹麦政府毫无意义的顽固态度，谈判不会取得任何结果，而且联军也不会允许进一步延长停战时间，因此，毛奇得以继续完善他的行动计划。目前还不确定法尔肯斯坦是应该采取攻势，在利姆乔德峡湾后面追击赫德曼；还是采取守势，等待丹麦人反攻；或是撤回来进攻菲英岛。不过，可以明确的是，在 6 月 26 日停战协定期满后，联军应尽快对阿尔森采取行动，计划就是在这个基础上进行的。6 月 23 日，弗朗茨·约瑟夫明确禁止菲英岛攻略计划，此前毛奇和加布伦茨曾就这一问题进行了讨论，

◎ 由贝克尔绘制的画作，展现了普鲁士第 64 线列步兵团进攻阿尔森岛时的景象。（赖默尔 藏）

后者向维也纳报告了此事。毫无疑问，在俾斯麦的要求下，威廉一世发出了一份略带强制性的照会，要求毛奇说明他现在的真实意图。在以腓特烈·查尔斯的名义发出的回信中，毛奇的回复多少带有申辩的意味，他指出，那是按照弗兰格尔的指示写的，已经得到了王储批准，他确实曾打算将菲英岛计划付诸实施，但那需要等到时机成熟之时。毛奇向国王保证，在目前发布的作战命令中，"进攻菲英岛被视为向丹麦施压的最后手段，目前还没有下达执行命令。"[23]

通往阿尔森的渡口由第 1 军负责，现在由赫沃斯·冯·比滕菲尔德（Herwarth von Bittenfeld）将军指挥；布卢门塔尔继续担任他的参谋长。此次攻占阿尔森岛的计划需要详细规划。赫沃斯手下有 2.5 万名官兵，在人数上大大超过阿尔森岛的丹麦军队指挥官施泰因曼，大约是后者的两倍。丹麦人有充足的时间准备防御工事，他们早就预见到了这一点，而且他们可以毫不费力地收集到自己需要的所有情报。沿着整个阿尔森西海岸，丹麦人建立起了由诸多炮兵连和复杂的战壕系统所支撑的堡垒。然而，施泰因曼面临的问题是，他不可能在任何重要节点都布置重兵；由于兵力稀少，他不得不在整个前线分散兵力，只保留了一支不超过 3000 人的机动预备队。这支部队驻扎在沃勒鲁普，距离普鲁士人选定的登陆点大约有 5 英里。施泰因曼总共有 12 个营的步兵，分为 4 个旅。其中，4 个营集中在森讷堡地区，但只有 2 个营守卫着阿尔森湾的北端——而这里才是联军真正的登陆点。

6 月 28—29 日的晚上，赫沃斯把他的部队集中在萨蒂普森林（Satrup woods）及其附近。为了支援渡海行动，并防止"罗尔夫·克拉克"号铁甲舰赶来拦截，普军部署了多个重炮连。毛奇、腓特烈·查尔斯和联军总部的参谋人员从杜佩尔防线北端的 10 号堡垒观看了这次行动。

趁着暗夜，用于进攻的船只和浮筒被分成了四组。此次行动中普军一共有 163 艘船，可搭载 2350 名士兵。部队于凌晨 1 点开始登船。半小时后，第一攻击波主要由罗德尔（Roeder）率领的第 12 旅第 24 "勃兰登堡"团（24th Brandenburg Regiment）所组成，他们乘船悄无声息地离开了海岸。然而，在半路上，他们被丹麦的前哨发现了，就在他们划船准备抢滩的时候，4 列船队

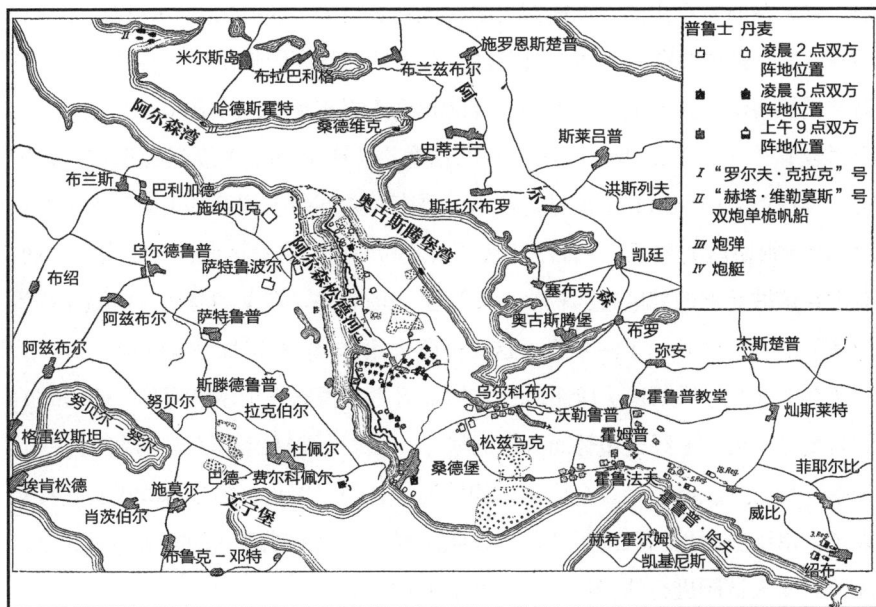

◎ 1864 年 6 月 29 日，阿尔森战局。

都遭到了敌人火力的猛烈阻截。所幸他们所受伤亡很轻，只有 7 艘船被击沉。10 分钟后，凌晨 2 点，第一攻击波占领了海滩，并立即向凡博格（Fanborg）上校指挥的丹麦第 4 步兵旅占领的阵地发起猛攻。与此同时，在他们后面，一波又一波的突击部队正在渡海；罗德旅由第 24 团和第 64 团组成，紧随其后的是戈本（Goeben）率领的第 26 旅，由第 15 团和第 55 团组成。就在这时，一直停泊在奥古斯汀堡峡湾的"罗尔夫·克拉克"号，与 4 艘炮艇一起突然出现在普军视野内。然而，它们并没有攻击渡海的船只，而是与大陆上的重炮连展开了一场徒劳的战斗。丹麦人的制海权再一次失去了作用。不久后，普鲁士人已在阿尔森建立了稳固的据点，"罗尔夫·克拉克"号的船长断定，此时他所能做的就是掩护丹麦人撤退，于是，他率领舰队调转船头，前往阿尔森东岸，去接应一支被普军的快速进攻切断退路的军队。

曼施坦因是阿尔森普鲁士攻略部队的总指挥，两个旅都安全上岸后，他立即投入预备队去扩大战果。普军的先头部队很快占领了朗霍夫森林，然后分散开来。到早上 6 点，罗德已经率军占领了基亚（Kjär）。施泰因曼此刻清楚地意识到，他的抵抗实际上已经没有希望了。他给格拉赫在菲英岛的总部发了电报，要求将所有可用的运输船都集中在奥勒普哈夫（Horup Hav），以运走撤退的部队。[24] 普军选定的登陆点很巧妙，有效地把丹麦防御部队一分为二。戈本沿着松德河向森讷堡逼近，岛屿北部的丹麦人根本无力阻止普军。在这里，两个丹麦营作了短暂的抵抗，他们从巴德塞格（Baadsager）发起了反攻，迫使戈本从预备队中调出 6 个连进行迎击。丹麦军队同时受到普军正面和侧面的进攻，因此很快就失败了，并且被赶回了出发的地点。在森讷堡被戈本占领之前，双方在该城北部的郊区短兵相接，发生了一场战斗。在戈本身后，由温津格罗德率领的师已经转向了阿尔森。这支部队由第 25 旅（旅长为施密特）和第 11 旅（旅长为冯·坎斯坦）所组成，它被部署去攻击据守于尔凯博尔（Ulkeboll）的丹麦考夫曼旅。经过短暂而激烈的战斗，考夫曼被赶出了该城。到晚上 9 点，施泰因曼的部队已经处在全面撤退的境地，且伤亡惨重，阿尔森战役就这样结束了。由于曼施坦因巩固了普鲁士军队的战果，因此他现在的军事力量非常强大，丹麦人试图进行的任何反攻都是毫无意义的。

施泰因曼指挥丹麦军队撤退到霍拉普哈夫和凯克尼斯半岛（Kekenis

Peninsula），在那里，他还有一线希望建立一个足够强大的防线，以使他的大部分部队撤离。不过，尽管丹麦人疲惫不堪，但他们在撤退之前所准备好的防御工事已经足够强大，因此联军需要发动一次强势进攻才能拿下。毛奇已经取得了胜利，他认为没有必要为了夺取新阵地而遭受惨重的人员伤亡。因此，施泰因曼没有受到干扰，在接下来的两天里，他让自己的部队上了船。7月1日，最后一批丹麦军队撤离了阿尔森。这是一次辉煌的胜利，正如一位法国历史学家所说，从军事角度来看，这是这场战争中迄今为止最重要的军事事件。[25]普鲁士人为此付出了 81 人死亡、285 人受伤的代价；丹麦的总伤亡人数约为3200 人，其中 2500 人成为普军的俘虏。从到达 10 号堡垒开始，一直到第二天下午 4 点，毛奇自始至终都在关注着这场战斗，足足站了 18 个小时。他在7 月 3 日写给玛丽的信中，生动而详细地描述了这场战役，他还把这封信的副本保存在官方档案中。[26]

可想而知，哥本哈根的公众舆论对阿尔森的陷落感到非常失望。尽管深思熟虑的观察家们已经对该岛的脆弱性发出了警告，然而，正是由于丹麦民众对制海权的信任，才使丹麦谈判代表在哥本哈根采取的顽固立场得以维持。从任何一个大国获得实际支持的希望很快就破灭了，对丹麦而言，似乎不仅是菲英岛，就连西兰岛（Zealand）本身也不再安全了。丹麦媒体现在开始主张早日缔结和平，国王克里斯蒂安本人也进行了干预，派他的弟弟约翰前往布鲁塞尔，以期在与德意志邦联的谈判中得到比利时国王利奥波德的帮助。他还最后一次试图从拿破仑三世那里得到帮助，然而，7 月，他得到了负面的回应。这时克里斯蒂安已经受够了，他宣布解散蒙拉德的内阁。随着蒙拉德的离去，以及"艾德河流域丹麦人"的失势，克里斯蒂安现在可以自由地选择能尽快结束战争的人了。他的目光落在了经验丰富的布鲁姆（Bluhme）身上，后者立即与柏林和维也纳取得联系，以期安排立即停战。

在日德兰半岛，联军几乎没有遇到什么像样的抵抗。7 月 3 日在伦德比（Lundby）发生的一场小冲突就足以说明一切了。由 190 名丹麦士兵组成的一个连向 184 名普鲁士步兵发起了冲锋，后者躲在树篱后面，配备了击针枪。仅仅几分钟之内，丹麦人就失去了 2 名军官和 85 名士兵。如果奥地利人注意到这一点，他们就会意识到，这是未来需要吸取的教训。7 月 10 日，加布伦茨率军渡过了利耶福峡湾，赫德曼在此处已经布置了一块阵地，打算作最后的抵抗。他个人可能已经对继续战斗没什么兴趣了（据西贝尔报道说，他曾向克里斯蒂安提议，让他的部队发动一场政变，把蒙拉德赶下台），到 7 月 13 日，赫德曼已经放弃了进一步的抵抗，退往西兰岛。他的对手紧随其后。当天晚些时候，沃格尔·冯·法尔肯斯坦骑着马来到了腓特烈港（Frederikshavn），赫德曼的总部就设在那里。次日，联军总司令查尔斯王子骑马来到了日德兰半岛最北端的斯卡根（Skagen），普鲁士人在丹麦船只的注视下升起了自己的旗帜。

尽管似乎没有必要开展进一步的大规模行动，但毛奇还是在 7 月 12 日起草了一份文件，概述了下一步可能采取的行动。不出所料，他再次提到了攻占菲英岛的可能性。为此，普军必须配备足够的大炮，以阻止丹麦海军利用小贝尔特海峡（Little Belt）发动反攻，毛奇打算使用攻城炮沿整个岛屿纵深进行覆盖性的炮击，他确信，自己可以募集到足够多的船只，以便横渡至菲英岛。据他估计，在那里，丹麦人大约有 2.5 万人。目前，由于毛奇可以亲自指挥行动，手中也有了更为强大的部队，因此他对顺利渡过海峡充满信心。一旦上岸，普军将很快击败丹麦人，但这个行动也需要动用他手头的大部分军队。[27] 不过，准备这样的计划很快就变成了纯粹的"纸上谈兵"。当天，考夫曼上校带着施泰因曼的口信来了，他宣布丹麦政府已经换届，并要求停止敌对行动。普鲁士方面由斯蒂埃尔负责停战谈判。经过短暂的拖延之后，斯蒂埃尔和考夫曼同意新停战协于 7 月 19—20 日午夜生效。

普丹战争的最后一次军事行动是在阿姆鲁姆、西尔特、弗尔和佩尔沃姆这四个岛屿（均属于弗里斯兰群岛）进行的，它们都位于石勒苏益格的西海岸之外，丹麦军队在哈默尔（Hammer）海军上校的娴熟指挥下坚守着岛上的阵地。乌勒斯托夫（Wullerstorff）海军少将指挥的联军舰艇因吨位较大，无法突破岛屿周围的浅水区，而哈默尔则进行了顽强抵抗。然而，7 月 14 日，奥地利的"海豹"（Seehund）号和"瓦尔"（Wall）号，以及普鲁士的"蛇怪"号和"闪电"号组成的一支小型炮艇舰队终于成功地把一个奥地利营送上了弗尔（Fohr）海岸。哈默尔又坚持了 5 天，才向"闪电"号的舰长麦克林（McLean）上尉投降。至此，战斗终于结束了。

在关于新停战协议的讨论中，双方最初确定的停战期只有一个月，因此毛奇仍然担心柏林有可能会进一步采取军事行动，他依然认为菲英岛攻略计划是最有效的，7月19日，他又写了一篇关于这个主题的长篇报告。毛奇亲自和腓特烈·查尔斯去勘察了小贝尔特海峡，并在回到总部后给国王发了电报，报告说，进攻的准备工作已经进行得很深入了，随时可以执行计划。[28] 然而，实际上，毛奇已经没有必要担心这些计划了，尽管他向曼陀菲尔承认，波德别尔斯基（Podbielski）可以在自己缺席的情况下很好地完成任务，但毛奇将一直留在联军总部，直到和平降临。国王在8月14日的感谢信中明确表扬了毛奇对战役最终胜利的贡献，后者很高兴收到了这封感谢信：

当我把你派到战场上的时候，我无法预见你能在那个职位坚持多久，也无法确认你是否能有足够的机会去发挥自己的军事才能。然而，从就任的那一刻起，你就回报了我的信任和期望，我要对此报以最衷心的感谢和充分的肯定。以下两点促使我写了这封感谢信，阿尔森和整个日德兰半岛都在你巧妙的指挥下落入我们的手中，6月29日以及4月18日我们都取得了光荣的胜利。普鲁士军队始终以最值得赞扬和最值得尊敬的方式行事，并取得巨大的"成果"，所幸我们的"外交"并没有破坏这种成果，而是带来了最令人振奋的胜利。为了表示我对你在这次战役中所做贡献的认可，我授予你一级带剑王冠勋章；你将从腓特烈·查尔斯王子那里得到这枚勋章，是他请求我给你一个崇高的荣誉，这也是为什么我让他亲自把它献给你。[29]

这是一种慷慨的、当之无愧的赞美，这标志着毛奇影响力的重大提升。奇怪的是，似乎有人建议，在返回柏林后，毛奇应该被派往第7军的指挥部担任总司令。关于这个建议，毛奇在8月25日对玛丽谦虚地说：

我离开野战军的时间太久了，没有足够的经验来担任一个军的指挥官，尤其缺乏在细节方面的积累。不过我打了一场幸运的仗，国王对我十分满意，所以我想不出什么办法拒绝这一任命，只好听其自然了。[30]

虽然早在7月，俾斯麦就已完全明白和平所需的条件，并且双方都不再需要征求中立国的建议，但谈判还是拖了很久。7月11日，他写信给雷希贝格，列出了联军应该坚守的底线：

在我看来，普鲁士和奥地利要求的条件，应该包括克里斯蒂安完全退出公国，在他已经拥有或声称拥有的所有权利中，丹麦承认并同意普奥对三个公国的最终处置，包括科尼索（Königsau）南部，还有属于日德兰的领土，以及整个石勒苏益格。丹麦除了需要支付战争赔款，还要承担相当一部分公国的公共债务——这笔钱对于各公国来说是一个沉重的负担，因此，除战争赔款外，这笔钱实际上应该由丹麦负担，但它可以转为其旧有国家债务的一部分。[31]

克里斯蒂安建议整个丹麦加入德意志邦联，但俾斯麦对此并不赞同。尽管他想同丹麦和其他邦国保持密切联系，但他不希望看到一个非德意志国家加入邦联。为了对丹麦人持续施压，俾斯麦完全支持毛奇为准备进攻菲英岛而采取的积极措施，而对于雷希贝格提出的怯懦抗议无动于衷，后者担心可能会对英国政府产生影响。

事实上，一旦停战协议达成，的确仍有一个令人尴尬的任务需要完成。邦联军队在整个战役中一直占据着伦茨堡要塞，他们和驻扎在那里的普鲁士军队之间一直有摩擦。此前发生的一件事可能会引发更大的麻烦——当时汉诺威的一位上校下令取下普鲁士和奥地利的国旗。后来，在7月中旬，萨克森和汉诺威军队与普鲁士军队发生了一场斗殴。在斗殴过程中，有人向普鲁士军事医院投掷石块。俾斯麦对这些德意志小邦国的感情漠不关心，他认为现在是时候采取行动了。很快，7月21日，戈本受命率领约6000名士兵占领了伦茨堡；邦联指挥官哈克看出了普鲁士人的意图，便立即撤出了这个城镇。俾斯麦再清楚不过地表明了自己的立场：邦联不应该再对公国的未来施加进一步的影响。

与此同时，毛奇希望继续留在联军总部，直到和平协议正式签署为止。当然，那个秋天对他来说是一个相对轻松的时节，他过得很愉快，定期给玛丽写信，告诉她自己的活动情况。展望未来，毛奇考虑到公国少数派的利益：

我会尽我所能，保证石勒苏益格的丹麦人不会丧失任何权利，我们自己也不应该有类似的不公正行为，正是这种错误引发了战争。[32]

　　毛奇最后一项任务是监督联军从日德兰半岛撤离，根据 10 月 30 日签订的和平条约，丹麦国王对公国的权力移交给了普鲁士和奥地利，该条约于 11 月 16 日开始生效。毛奇自己回到柏林时，已经是 12 月了。来年 1 月，他又离开了普鲁士，这次是去维也纳与奥地利人进行军事会谈，这是他职业生涯下一阶段的开始，并即将在波希米亚北部的战场上迎来其顶峰。

第十节　日趋紧张的局势

　　在对丹麦的战争中取得了胜利之后，经过郑重的仪式，联军司令部就地解散。然而，在这之后不久，随着普鲁士和奥地利之间爆发战争的可能性日益增大，毛奇把注意力转向了他曾经的战友。1865 年 3 月 4 日，在俾斯麦的鼓动下，罗恩向毛奇提出了一系列重要的问题。首先，罗恩询问了奥地利军队目前的兵力；其次，也是最重要的——普鲁士军队需要多少时间才能投入一场新的大规模战争。罗恩还想知道，除了军费以外，奥地利是否拥有"充足的、开战所需的其他所有装备"。毛奇不但回答了上述问题，还详细叙述了奥地利军队在意大利以及针对俄国、普鲁士和法国的备战情况。不过此时，毛奇仍然认为法国才是普鲁士最大的对手，他认为奥地利和普鲁士联合起来，将会形成足够的力量对抗法国；但毛奇也强调，自己倾向于创建一个短期的普奥联盟，即双方按照协商的步调来行动，而不寻求建立一个全面的、长期的联盟。[1] 然而，令他始料未及的是，随着时间的推移，奥地利和普鲁士之间的关系日趋紧张，双方不但没有走向合作，反而迈向了战争，于是毛奇开始着手完善他在德国本土的战争计划。

　　事实上，普奥两国为了实现某个目标而再次结盟的可能已经微乎其微。这两个德意志大国之间的矛盾是不可调和的，它们的冲突不可避免。1865 年 5 月 29 日，普鲁士国王召开会议，毛奇像往常一样被邀请参会，他直截了当地指出了这些问题。

　　早在当年 2 月，俾斯麦就提出了石勒苏益格-荷尔斯泰因"独立"建国的计划。在计划中，他要求这两个公国的军队与普鲁士军队合并，并要求他们宣誓效忠普鲁士国王；公国要加入德意志关税同盟（Zollverein）；普鲁士将控制其邮电业和正在拟建的北海运河；弗里德里克索特、森讷堡以及运河的入海口都要直接并入普鲁士领土。不出所料，奥地利人拒绝了这项计划，他们认为该计划是完全不可接受的；他们还拒绝了俾斯麦向他们提出的另一项关于财政问题的解决方案（尽管略显迟疑）。随后，为解决这一问题，毛奇同腓特烈·查尔斯对维也纳进行了访问，毛奇回来时深信，要想吞并公国，除了需要向奥地利支付大量现金外，还需要割让部分普鲁士土地，但双方仍存在和平解决争端的可能性。[2]

然而，到 5 月，局势已经恶化；俾斯麦准备打出一张新牌，他派曼陀菲尔去维也纳执行任务，并下达了如下指示：

> 毫无疑问，我们不害怕与奥地利决裂；我们不会放弃自己的合法诉求……即便奥方反对，为了实现这些诉求，我们也会在其他地方得到支持。[3]

正是这一态势令威廉一世感到非常紧张，也是他召开会议的直接原因。

毛奇记录了这次会议上的讨论，俾斯麦首先提出了三个方案：一、在 2 月要求的基础上进行修改，建立独立的国家，同时放弃效忠宣誓——这将被普鲁士的公众舆论视为软弱和退缩；二、在经济上和领土上对奥地利进行补偿，但威廉排除了这种可能性；三、彻底吞并公国——这可能会导致与奥地利开战。看来无论如何，与奥地利的战争都是不可避免的，毛奇希望届时法国和俄罗斯能保持"善意的中立"。俾斯麦总结说：

> 谁也不能建议陛下向奥地利发动一场大战。这个决定只能由陛下个人自由做出。（在这种情况下）无论如何，人们都会心甘情愿地追随他。

除了王储极力主张强行兼并会导致"德意志内战"而表示反对外，与会的各部部长普遍支持第三种策略。俾斯麦否认与奥地利的战争是"内战"的说法，他认为，只有通过同奥地利开战，普鲁士才能真正获得普丹战争的果实。国王转向毛奇，询问军队的看法。但毛奇的回答远远超出了问题的范围：

我个人认为，直接吞并公国是唯一的解决办法，而且能带来普鲁士和公国两方双赢的局面。公国所能带给我们的收益非常大，我们必须冒着开战的风险，甚至付出巨大的牺牲。我不能代表军方的意见，但就我在军队内部的所见所闻来说，他们是支持兼并的。我不得不扪心自问，普鲁士是否能击败奥地利呢？如果我在这里详细地谈论这一问题，那就把我们的话题扯得太远了。但是，根据调查，我可以断言，我军除了在战斗力方面占绝对上风之外，在某个决定性时刻，还会在兵力上占据优势。[4]

由于俾斯麦认为与奥地利发生直接军事对抗的时机还没有到来，因此他满足于这次会议的成果（威廉一世暂时保留意见，没有决定未来的策略）。然而，这场讨论却促使不情愿开战的国王在通往战争的道路又前进了几步。毛奇毫不怀疑，他当前的任务是确保军队处于高度备战状态，以为即将爆发的战争做好准备。毛奇对形势的看法一如既往地清晰。正如他在 6 月 24 日给兄弟阿道夫的信中所说的：

只有两种选择，要么给奥地利巨大的赔偿，要么向它宣战（或者迫使奥地利向我们宣战）。采取第一种策略就意味着要割让普鲁士的领土，而这是国王一直坚决反对的。因此，我们只能采取第二种策略，尽管其后果不可估量。

然而，毛奇并没有完全排除和平解决问题的可能性，他仍然抱着"两个德意志大国达成谅解，从而为和解铺平道路"的希望。[5]

尽管俾斯麦继续采用外交手段来解决问题，以维持当前的选择，但他很清楚，奥地利人很可能会自己创造条件（或有意或无意），促成战争的爆发，而他不希望被打个措手不及。7 月 7 日，俾斯麦写信向罗恩和炮兵总监欣德辛询问军队的备战状况。俾斯麦的问题是针对他俩提出的，而不是针对毛奇个人。这一事实证明了，在当时，毛奇虽然逐渐登上了军事生涯的顶端，但他仍有很长的路要走。俾斯麦在给罗恩的信中写道："奥地利应该能够在 4 周内向我们的边境派遣 18 万人。我们也能做到吗？"[6] 不到两天，罗恩就做出了让人放心的回答："如果需要，我们完全可以做到这一点。"随后他确定：在规定的 4

◎ 意大利国王维克多·伊曼纽尔二世。
（该插图选自《1866年战争特辑》）

周内，普军可以将25万人的部队派往波希米亚，并同时将4.6万人的部队派往德意志西部。

8月，普奥两国签订了《加斯泰因公约》（公约规定，普鲁士和奥地利两国将继续共同拥有对石勒苏益格–荷尔斯泰因的主权，由普鲁士统治石勒苏益格，由奥地利统治荷尔斯泰因），战争的危机暂时解除了。根据该公约，各公国的主权要进行分割，奥地利将管理荷尔斯泰因，而普鲁士将管理石勒苏益格。此外，弗朗茨·约瑟夫将把他对劳恩堡的所有权卖给了威廉一世，以换取现金，而公国也加入了德意志关税同盟。虽然这一协议的主要意义在于推迟战争，但它是一项不小的外交成就，俾斯麦因此被提升为伯爵。与此同时，曼陀菲尔作为州长被派往石勒苏益格，此举不仅是因为这个职位高度敏感，需要一位政治经验丰富的将军，还因为俾斯麦忌惮他内阁军事部长的权力——去石勒苏益格赴任后，曼陀菲尔被免除了这一职务。奥地利人则派遣加布伦茨到荷尔斯泰因去担任同一职位。

在整个危机期间，俾斯麦一直密切关注着局势，他最关心的问题是：一旦普奥战争爆发，意大利究竟会采取何种态度。在致普鲁士驻佛罗伦萨大使冯·乌瑟多姆（von Usedom）的信中，俾斯麦写道，"你最重要的工作是探明我们是否可以指望意大利立即采取决定性的行动。它是否会犹豫不决，推迟行动并依赖外国干涉？"[7]

毛奇一直强调意大利在军事上的重要性，一旦开战，他们必须在威尼斯拖住大部分奥地利军队。在接下来的几个月里，对意大利可靠性的担忧并没有远去。正如梯勒（Thile）所报道的那样，俾斯麦津津有味（颇具讽刺性）地阐述了他自己的"冬季战争计划"：

（我们可以采取下列方式来激怒奥地利）践踏奥地利的玉米田，再给它一个明确的"非此即彼"的最后通牒，我们与意大利结盟，阉割古斯滕伯格大公，亵渎奥地利议会，或采取其他此类暴行。[8]

俾斯麦拜访了正在比亚里茨（Biarritz）视察的拿破仑三世，这使他的外交挑衅计划受到了极大鼓舞。从比亚里茨回来后，俾斯麦相信，他在5月份预测的"法国将在普奥战争中保持善意中立"确实会实现。即便在普奥两国签订《加斯泰因公约》之后，俾斯麦也毫不怀疑战争将会爆发。

与此同时，毛奇正在为与奥地利开战制定总体计划。从一开始，他就认为，将大部分奥地利军队吸引到其他地方是切实可行的战略——比如威尼斯就是一个很好的诱饵，奥军肯定会在此地布置重兵。毛奇仔细计算了普奥双方可能的战区，以及必须分配给各战区的兵力，他得出的结论是：普鲁士可以派一支在兵力方面与奥军旗鼓相当的军队去奥地利作战。在1865—1866年的冬天，毛奇撰写了一篇长文，评估了战争爆发时可能会发生的情况，并详细阐述了普鲁士军队的集结计划。他的设想是，如果俾斯麦能够实现他的承诺，即法国和俄罗斯保持中立，那么普鲁士军队就不需要向莱茵河投入大量兵力；否则普鲁士就没有足够的兵力向奥地利发起进攻。毛奇认为，奥地利人可以指望萨克森和德国南部诸邦成为自己的盟友；但另一方面，普鲁士也可以指望意大利能成为自己有力的盟友。如果是这样的话，奥军就不可能把目前驻扎在威尼托（Venetia）、蒂罗尔（Tyrol）和达尔马提亚（Dalmatia）的8万多部队撤走，相反，一旦进入战争状态，奥地利还得继续增派9万人。毛奇认为奥地利及其盟友（包括2.5万名萨克森人在内）一共可以派26.5万人与普鲁士交战。

毛奇的首要任务是考虑柏林的防御状况——此地距离萨克森边界只有6天的路程。他预计，"奥地利的目标可能不是直接征服西里西亚（Silesia），进而守卫它，而是想通过直接推翻普鲁士国王的统治来获取最大的利益。"这就意味着奥地利会全力进攻柏林这个普鲁士首都，而且，如果以萨克森为集结地，那么奥地利人将不会遇到任何要塞，也不会遇到任何坚固的防御阵地：

我们的整个战区只有大约140英里的纵深。如果失去柏林，国家将一分为二，莱茵河到维斯瓦河的所有交通均会被切断。在政治上，失去柏林也比失去布雷斯劳或西里西亚要严重得多。因此，为了迎战奥军，我们需要将全部力量集中起来。

毛奇认为，普鲁士军队最好选择卢萨蒂亚（Lusatia）和上西里西亚（Upper Silesia）作为集结地。他预计，在普鲁士军队集结到卢萨蒂亚附近的同时，奥地利也准备好从波希米亚向普鲁士进军了。然而，奥地利人在摩拉维亚（Moravia）的集结速度要快于普鲁士人在上西里西亚的集结速度。既然如此，普军要想在上述地域集结，到底选择卢萨蒂亚山脉（Lusatian）后方还是在巨人山脉（Riesengebirge）后方就成为一个至关重要的问题。由于毛奇打算采取进攻策略，前一种选择不但可以间接保护西里西亚，还提供了 7 条通往布拉格的道路，而穿过巨人山脉进入奥地利境内的道路寥寥无几，因此，主力部队必须选择在卢萨蒂亚山脉后方集结。在此处，毛奇提议在德累斯顿和格尔利茨之间部署 6 个军团，共 19.3 万人；留下 2 个军，共 5.4 万人部署在弗赖堡（Freiburg）和施韦德尼茨（Schweidnitz）之间，准备向西里西亚进攻。只有 1 个军，也就是美因茨的驻军，将被派往德意志西部执行任务。届时将采取的战略必须视当时的情况而定，但基本上有两种选择：普军要么占领奥地利人无法绕过的格尔利茨（Görlitz）和齐陶（Zittau）之间的阵地，掘壕据守；要么挺进波西米亚，对奥地利左翼发动"致命一击"。

奥地利的盟友——萨克森军队可以在 14 天内动员起来，毛奇希望主动进攻而不是坐等其完成动员，因为他担心拖延会给萨克森人撤退并与奥军主力会合的机会："防止这种情况发生的唯一办法是在萨克森军队还没有进入战备状态、集结兵力之前，就对他们的营区发动突然袭击，并解除他们的武装。"毛奇预计，解除萨克森武装的行动需要 1.6 万人。

最后，毛奇计算了一下，那些被派往德意志西部的部队，尽管或许要面对多达 8 万左右的德意志南部邦国部队，但他们足以阻止后者与奥地利军队进行有效合作了。虽然从表面上看，悬殊的力量对比将使其成为一种冒险的策略，但毛奇愿意冒这个险；最后，即使巴伐利亚人能很快动员起来，并与奥军联合进攻莱茵河流域，普军也不用担心，因为实际上，一切都取决于波希米亚战役的结果。[9]

俾斯麦曾轻描淡写地说，普鲁士和奥地利之间的关系正在恶化，这使毛奇越来越清楚地认识到，战争已经不可避免。即使普鲁士是责任方，普方政府也要尽力避免使公众造成这一印象，对此毛奇并非无动于衷。1866 年 2 月 22 日，毛奇写了一份备忘录，内容如下：

奥地利的措施有策划侵略我国之嫌，这一点在政治上十分重要，要给德意志乃至整个欧洲一些时间，让他们清楚地了解这一点。如果我们率先武装起来，公众舆论就会对我们不利。问题是在陷入危险之前，我们能等待多久呢？

毛奇估计，奥地利在 21 天内可以征集到 10 万士兵，28 天内可以征集到 15 万，36 天后可以征集到 20 万，但这样一支部队要 6 个星期才能到达普鲁士边境。另外，鉴于奥地利军队需要征集 5.3 万匹马，毛奇总结说：

只要奥地利人还没有订购大量的马匹，而且意大利军还没有处于战争状态，我们就不必担心他们有先发制人的企图。[10]

与此同时，尽管意大利政府仍然对俾斯麦深表怀疑，特别是在《加斯泰因公约》签订之后，他们认为自己被辜负了。但是，意大利人还是通知乌瑟多姆（Usedom），他们正在考虑与普鲁士缔结正式的联盟。就在这个时候，也就是 2 月 28 日，威廉一世召开会议来厘清形势。毛奇、曼陀菲尔和副官阿尔文斯勒本都参加了这次会议。普鲁士驻法大使戈尔茨（Goltz）也出席了会议，以便汇报巴黎的最新动向；在会议开始的时候，国王对形势做了简短的总结，他明确表示，无论如何，从理论上讲，自己已经做好了捍卫普鲁士利益的准备，甚至不惜以战争为代价。紧随其后的是俾斯麦，他说得更直白：

与奥地利的战争迟早会爆发。目前条件对我们有利，因此现在进行这项工作，要比放任奥地利选择对其有利的时机开战更为明智。

在戈尔茨确认拿破仑三世将在石勒苏益格－荷尔斯泰因战争中保持中立，并且可能不会反对普鲁士的战争目标（或许会非常广泛）之后，国王要求毛奇对军事形势进行分析。

毛奇强调，普鲁士要想彻底赢得胜利，就必须让意大利参加这场战争。只要意大利参战，就可以分散奥地利的兵力，其部署在波西米亚的军队人数将不会超过24万人，普鲁士就算分兵5万人去对付巴伐利亚和德意志南部的其他邦国，也能与之匹敌。俾斯麦提议，鉴于意大利参战的重要性，毛奇本人应该亲自到佛罗伦萨去谈判盟约的条款，这一点大家都欣然同意。和往常一样，作为少数派的王储最后发言反对开战；唯一赞同他观点的人是财政部长博德尔施文格（Bodelschwingh）。国王总结说，吞并公国值得我们为此一战，但不能急于宣布。[11]威廉一世现在准备为公国而战，自从18个月前在申布伦（Schönbrunn）与弗朗茨·约瑟夫会面以来，他已经取得了长足的进步，当时他并不敢主张对这些领地的要求。

3月3日，毛奇和俾斯麦继续对未来战略进行讨论，两天后，毛奇拿出了一份草案。毛奇在附文中表示，意大利可能会坚决要求普鲁士作出参加战争的正式承诺，并确定开战的日期。在一份简要的军事条款大纲（具体细节由他自行决定）中，毛奇建议普鲁士派遣30万军队，意大利派遣22万军队。大纲中最敏感的一点是，意大利需要在普鲁士做出宣战决定后的4周之内将其军队部署在边境上。

然而最重要的是，毛奇认为，没有必要把将要采取的行动具体化；两国军队将在不同的战场上开战行动，双方的指挥体系是完全独立的。这种作战方式的优势不在于协同作战，而在于同时推进。在草案中，毛奇将意大利的战争目标定义为占领威尼斯，

◎ 1866年，朱塞佩·戈沃内将军被意大利派往柏林，以促成与普鲁士的协议。
（该插图选自《1866年战争特辑》）

而普鲁士的战争目标则是"赢得德意志北部的特权，并迫使奥地利承认这些权利"[12]。

俾斯麦修改了这份草案，经过威廉一世审阅后，于 3 月 12 日敲定了最终文本。但就在毛奇准备前往意大利执行任务的时候，他意识到，自己的旅程可能暂时没有必要了。意大利首相拉·马莫拉（La Marmora）声称，他将派遣政治经验丰富的朱塞佩·戈沃内（Giuseppe Govone）将军前往柏林，进行军事和外交方面的讨论。然而，这并不代表意大利人突然要求参战，相反，这一举动是为了引起奥地利人的不安，使他们更容易接受当前的提议，即为了避免战争，奥地利应该把威尼斯割让给意大利，后者可以用罗马尼亚作为交换。[13] 然而，这是不可能的。当意大利大使尼格拉（Nigra）提出这一设想时，拿破仑三世本打算表示赞同，但很快就发现英国政府不同意，而俄国沙皇的态度则更加坚决——他在文件的附注中写道："宁肯爆发战争我也不会接受(Inadmissible jusqu' à la guerre)。"

戈沃内于 3 月 14 日抵达柏林，拉·马莫拉给他的指示鲜明地反映了其诡计多端，他告知戈沃内，其首要目标是促使奥地利不战而将威尼斯拱手让出；拉·马莫拉后来声称，无论如何，意大利都没有绝对的信心认为普鲁士军队会取得胜利。[14] 当然，俾斯麦非常清楚拉·马莫拉的目的，并据此与戈沃内进行了谈判。

意大利大使巴拉尔也参加了谈判，他对普鲁士人的动机和意图表示怀疑，因此，第一次会议没有达成任何协议。正如毛奇所预见的那样，症结在于，意大利不愿把战争的主动权完全交给普鲁士人。俾斯麦建议，在这种情况下，双方应该简单地签署一

◎ 奥地利国王弗朗茨·约瑟夫，照片拍摄于 1866 年。（罗杰斯 摄）

项友好条约，并且在战争爆发之前，双方不需要确定任何具体的义务。但即使这样，对戈沃内来说也似乎是不可接受的。不过，在向拉·马莫拉汇报的时候，后者建议他应该在柏林逗留一段时间，也许还可以签署一个简单的条约，拉·马莫拉狡猾地说："这样我们就有足够时间和手段来与其他国家进行谈判，从而争取最大的利益了，说不定届时耍蛇人已经被他的蝰蛇给咬了。"[15]

因此，戈沃尼留在了柏林，但是，他的存在已经在欧洲广为人知了。双方的谈判仍在继续，奥地利驻柏林大使卡罗伊对此进行了全程监视，他给维也纳发回的报告引发了众怒，尤其是弗朗茨·约瑟夫，他故意漏掉了例行发给威廉一世国王的生日贺信。毛奇于 3 月 20 日为俾斯麦准备了一份备忘录，供谈判时使用。他一直在研究佛罗伦萨提出的建议，即意大利人至少能够为进攻行动集结 25 万军队；总而言之，毛奇估计，意大利军队一旦动员起来，将会有26.4 万人，但在那不勒斯（Naples）、博洛尼亚（Bologna）和皮亚琴察（Placentia）分兵之后，其穿越边境的部队将不会超过 20 万人。[16]

尽管普意两国之间一直存在着互不信任的情绪，但关于结盟的谈判仍在继续。事态的持续发展表明，战争即将爆发，这在很大程度上打消了意大利人的疑虑。迄今为止，一直持怀疑态度的巴拉尔提出了一项修订建议，与戈沃内讨论后，他将这个建议提交给了拉·马莫拉。按照此项建议，双方将在俾斯麦所提方案的基础上缔结一项盟约，但其期限仅限于 2 个月（后来，根据俾斯麦的要求，双方又将期限延长到 3 个月）。由于这份盟约只会暂时束缚住意大利的手脚，拉·马莫拉做出了积极的回应，但在进一步行动之前，他指示尼格拉去请教拿破仑三世对此有何看法。后者很快便得到了正面的答复。最后，拉·马莫拉不费吹灰之力就获得了意大利国王维克多·伊曼纽尔的批准，并向戈沃内和巴拉尔下达了签约的指令。拉·马尔莫拉现在感到很有信心，如果他被普鲁士拉下了水，他可以向拿破仑三世寻求帮助。

在条约的末尾，意大利放弃了对蒂罗尔的主权要求，但另一方面，意大利也不必再向那些站在奥地利一边的德意志邦联国家宣战。然而，还有最后一个障碍——巴拉尔反对将该条约表述为"友谊和联盟条约"。他坚持认为，这个盟约必须被称为"攻守同盟"。俾斯麦耸了耸肩，他表示，如果这就是意大利人想要的，那也可以。正是以这种形式，4 月 8 日，两国在柏林签署了这项条约，并于一周后正式得到双方国王的批准。[17]

就此，俾斯麦赢得了在毛奇看来是不可或缺的外交胜利。尽管后者对意大利人参与战争的方式颇有微词，但将他们拉入战争本身已经起到了举足轻重的作用。有了意大利人的帮助，俾斯麦和毛奇制定的战略计划才具有了更大的灵活性，从而将普鲁士的外交和军事能力发挥到极致。毛奇现在可以放心地旁观奥地利人迈出军事动员的第一步了，因为他知道，自己对手的很大一部分兵力将被意大利所牵制。至于俾斯麦，他在后来的一个场合谈到对新盟友的看法时，生动地表达了自己的观点："意大利人的胃口很大，但牙口不好。"

注释：

第一节 赫尔穆特·冯·毛奇

1. 引自戈登·克雷格教授所著的《柯尼希格雷茨》，第39页。

2. 引自 H.冯·毛奇元帅所著的《写给母亲和兄弟的信》，由 C·贝尔和 H·W·费舍尔翻译出版（伦敦，1891年），第2卷第112页。

3. 引自 H.冯·毛奇元帅所著的《他的生活和品格》，由 M·赫姆斯翻译出版（伦敦，1892年），第19页。

4. 同上，第36页。

5. 同上，第20页。

6. 引自布霍尔茨所著的《毛奇、施里芬和普鲁士的战争计划》（纽约，1991年），第220页。

7. 引自 F.E.惠顿中校所著的《毛奇》（伦敦，1921年），第36页。

8. 引自 H.冯·毛奇元帅所著的《作为一名通讯记者》，由 M·赫姆斯翻译出版（纽约，1893年），第220页。

9. 引自 F.E.惠顿中校所著的《毛奇》（伦敦，1921年），第37页。

10. 引自 H.冯·毛奇元帅所著的《写给妻子的信》（伦敦，1896年），第16页。

11. 引自 H.冯·毛奇元帅所著的《他的生活和品格》，第129–139页。

12. 引自 F.E.惠顿中校所著的《毛奇》，第38页。

13. 引自 H.冯·毛奇元帅所著的《作为一名通讯记者》，第222页。

14. 引自 H.冯·毛奇元帅所著的《1828年和1829年沙俄入侵保加利亚和鲁米利亚的情况》（伦敦，1854年），第256页。

15. 引自 H.冯·毛奇元帅所著的《写给妻子的信》（伦敦，1854年），第1卷第283页。

16. 引自 F.E.惠顿中校所著的《毛奇》，第60页。

17. 引自 H.冯·毛奇元帅所著的《写给妻子的信》（伦敦，1854年），第1卷第211页。

18. 引自 H.冯·毛奇元帅所著的《写给母亲和兄弟的信》，第1卷第228–229页。

19. 引自 H.冯·毛奇元帅所著的《写给妻子的信》，第1卷第226页。

20. 引自 F.E.惠顿中校所著的《毛奇》，第67页。

21. 同上。

22. 引自戈登·克雷格教授所著的《普鲁士军队的政治问题》（牛津大学，1964年），第151页。

23. 引自戈登·克雷格教授所著的《战争、政治和外交》（伦敦，1966年），第92页。

24. 引自 M.基钦所著的《德国军事史》（伦敦，1975年），第103页。

25. 引自 G.瑞特所著的《利剑与权杖》（伦敦，1972年），第1卷第112页。

26. 引自施托费尔上校所著的《致法国战争部长的军事报告》，由霍姆上刷翻译（伦敦，1872年），第87页。

27. 引自戈登·克雷格教授所著的《普鲁士军队的政治问题》，第107页。

第二节 毛奇和普军总参谋部

1. 引自 J.D.希特尔中校所著的《军事参谋部》（宾州州立大学哈利斯堡学院，1949年），第52页。

2. 引自 P.布朗萨特·冯·谢伦多尔夫将军所著的《总参谋部的职责》（伦敦，1905年），第19页。

3. 同上，第22页。

4. 同上，第23页。

5. 同上，第24页。

6. 引自 W·戈尔利茨所著的《德军总参谋部》（伦敦，1953年），第36页。

7. 引自 A. 琼斯所著的《西方世界的战争艺术》。

8. 引自 W. 戈尔利茨所著的《德军总参谋部》（伦敦，1953 年），第 53 页。

9. 引自 P. 布朗萨特·冯·谢伦多尔夫将军所著的《总参谋部的职责》（伦敦，1905 年），第 29 页第 9 行。

10. 引自 J.D. 希特尔中校所著的《军事参谋部》（宾州州立大学哈利斯堡学院，1949 年），第 64 页。

11. 引自 P. 布朗萨特·冯·谢伦多尔夫将军所著的《总参谋部的职责》，第 32 页。

12. 引自 H. 冯·毛奇元帅所著的《写给母亲和兄弟的信》，第 1 卷第 249-250 页。

13. 引自 H. 冯·毛奇元帅所著的《写给妻子的信》，第 2 卷 95 页。

14. 引自 G. 瑞特所著的《利剑与权杖》（伦敦，1972 年），第 1 卷 193 页。

15. 引自 J.D. 希特尔中校所著的《军事参谋部》，第 65-66 页。

16. 引自 G. 瑞特所著的《利剑与权杖》（伦敦，1972 年），第 1 卷 187 页。

17. 引自 J.N. 杜普伊上校所著的《战争天才》（伦敦，1977 年），第 64-65 页。

18. 引自 W. 麦克尔维所著的《战争的艺术：从滑铁卢到蒙斯》（伦敦，1974 年），第 67 页。

19. 引自 D.E. 肖尔特所著的《铁路与步枪》（康涅狄格州哈姆登，1976 年），第 44 页。

20. 引自 W. 奥康纳·莫里斯所著的《毛奇》（伦敦，1893 年），第 36 页。

21. 引自 A. 布霍尔茨所著的《战争计划》，第 42 页。

22. 引自 F.E. 惠顿中校所著的《毛奇》，第 74 页。

23. 引自 D.J. 休斯教授所著的《毛奇论战争艺术》，第 235-236 页。

24. 同上，第 184 页。

25. 引自 J. 卢瓦斯所著的《南北战争的军事遗产》（堪萨斯州劳伦斯市，1988 年），第 126 页。

26. 引自 E.A. 普拉特所著的《战争与征服中铁路力量的崛起》（伦敦，1915 年），第 122 页。

27. 引自 W. 戈尔利茨所著的《德军总参谋部》，第 75-76 页。

28. 引自 F·E·惠顿中校所著的《毛奇》，第 76 页。

第三节 新技术

1. 引自 D.E. 肖尔特所著的《铁路与步枪》，第 33 页。

2. 引自 E.A. 普拉特所著的《战争与征服中铁路力量的崛起》，第 2-3 页。

3. 引自 D.E. 肖尔特所著的《铁路与步枪》，第 21 页。

4. 引自 D.E. 肖尔特所著的《铁路与步枪》，第 24 页。

5. 引自 E.A. 普拉特所著的《战争与征服中铁路力量的崛起》，第 4 页。

6. 同上，第 5 页。

7. 引自 D.E. 肖尔特所著的《铁路与步枪》，第 29 页。

8. 同上，第 30 页。

9. 引自 F.E. 惠顿中校所著的《毛奇》，第 71 页。

10. 引自 F.E. 惠顿中校所著的《毛奇》，第 54 页。

11. 引自 D.E. 肖尔特所著的《铁路与步枪》，第 37 页。

12. 引自 H. 冯·毛奇元帅所著的《论文、演讲和回忆录》，由 M. 赫姆斯和其他译者翻译（伦敦，1893 年），第 2 卷第 173-174 页。

13. 引自 E.A. 普拉特所著的《战争与征服中铁路力量的崛起》，第 10 页。

14. 引自 D.E. 肖尔特所著的《铁路与步枪》，第 40 页。

15. 同上，第 42 页。

16. 同上，第 44 页。

17. 引自 E.A. 普拉特所著的《战争与征服中铁路力量的崛起》，第 11 页。

18. 引自 D.J. 休斯教授所著的《毛奇论战争艺术》，第 108 页。

19. 引自 D.E. 肖尔特所著的《铁路与步枪》，第 44 页。

20. 同上，第 46 页。

21. 引自 D.J. 休斯教授所著的《毛奇论战争艺术》，第 108 页。

22. 引自 M. 范·克勒韦尔德所著的《战争指挥》（马萨诸塞州剑桥市，1985 年），第 108 页。

23. 同上。

24. 引自 D.E. 肖尔特所著的《铁路与步枪》，第 44 页。

25. 同上，第 99 页。

26. 同上，第 96-98 页。

27. 同上，第 106 页。

28. 同上，第 111 页。

29. 同上，第 110 页。

30. 引自 D.J. 休斯教授所著的《毛奇论战争艺术》，第 108 页。

31. 引自 D.E. 肖尔特所著的《铁路与步枪》，第 112 页。

32. 同上，第 112-113 页。

33. 引自 D.J. 休斯教授所著的《毛奇论战争艺术》，第 108 页。

34. 引自戈登·克雷格教授所著的《柯尼希格雷茨》，第 30 页

35. 引自 D.E. 肖尔特所著的《铁路与步枪》，第 150 页。

36. 同上，第 174 页。

第四节 军制改革

1. 引自 P . 维格勒所著的《威廉一世》（伦敦，1929 年），第 85 页。

2. 引自 G. 瑞特所著的《利剑与权杖》，第 1 卷第 115 页。

3. 引自戈登·克雷格教授所著的《普鲁士军队的政治问题》，第 141 页。

4. 引自 G. 瑞特所著的《利剑与权杖》，第 1 卷第 123 页。

5. 引自戈登·克雷格教授所著的《普鲁士军队的政治问题》，第 143 页。

6. 引自 G. 瑞特所著的《利剑与权杖》，第 1 卷第 128 页。

7. 同上，第 184 页。

8. 引自戈登·克雷格教授所著的《普鲁士军队的政治问题》，第 151 页。

9. 同上，第 155 页。

10. 引自奥托·冯·俾斯麦亲王所著的《情书》（伦敦，1901 年），第 2 卷第 107 页。

11. 引自 G. 瑞特所著的《利剑与权杖》，第 1 卷第 127 页。

12. 引自 G. 瑞特所著的《利剑与权杖》，第 1 卷第 305 页。

13. 引自奥托·冯·俾斯麦亲王所著的《思考与回忆》（伦敦，1898 年），第 1 卷第 310 页。

14. 同上，第 371 页。

第五节 战略计划

1. 引自布霍尔茨所著的《战争计划》，第 38 页。

2. 同上，第 39 页。

3. 引自 D.E. 肖尔特所著的《铁路与步枪》，第 39 页。

4. 引自 H. 冯·毛奇元帅所著的《写给母亲和兄弟的信》，第 1 卷第 255-256 页。

5. 引自 H. 冯·毛奇元帅所著的《战略：理论与运用》（康涅狄格州韦斯特波特，1971 年），第 99 页。

6. 引自 H. 冯·毛奇元帅所著的《1870-71 年的军事通信》，由 S·威尔金森编辑（牛津大学，1923 年），

第 1-2 页。

7. 同上，第 3-5 页。

8. 同上，第 6 页。

9. 同上，第 8 页。

10. 引自 H. 冯·毛奇元帅所著的《战略：理论与运用》，第 7 页。

11. 同上，第 11 页。

12. 同上，第 11 页。

13. 同上，第 19 页。

14. 引自 H·冯·毛奇元帅所著的《军事通讯》（巴黎），第 4 卷第 1 页。

15. 同上，第 4 卷第 2-9 页。

16. 同上，第 4 卷第 9-20 页。

17. 同上，第 4 卷第 22-30 页。

18. 引自布霍尔茨所著的《战争计划》，第 42-43 页。

19. 引自 J. 卢瓦斯所著的《南北战争的军事遗产》，第 122 页；以及雅顿·布霍尔茨教授所著的《毛奇和德国战争 1864-1871》，第 72-73 页。

第六节 石勒苏益格 - 荷尔斯泰因

1. 引自 H. 冯·毛奇元帅所著的《写给妻子的信》，第 1 卷第 207 页。

2. 引自 W. 卡尔所著的《石勒苏益格 - 荷尔斯泰因 1815-48 年》（曼彻斯特，1963 年），第 311 页。

3. 引自 L.D. 斯蒂费尔所著的《石勒苏益格 - 荷尔斯泰因问题》（马萨诸塞州剑桥市，1932 年），第 57 页。

4. 引自 L.D. 斯蒂费尔所著的《石勒苏益格 - 荷尔斯泰因问题》，第 61 页。

5. 引自 H. 冯·毛奇元帅所著的《军事通讯》，第 4 卷第 31-34 页。

6. 同上，第 4 卷第 31-34 页。

7. 同上，第 4 卷第 41-48 页。

8. 引自 H. 冯·毛奇元帅所著的《写给妻子的信》，第 2 卷第 119-121 页。

9. 引自 D.E. 肖尔特所著的《铁路与步枪》，第 44 页。

10. 同上，第 50 页。

11. 引自 H. 冯·毛奇元帅所著的《军事通讯》，第 4 卷第 49-55 页。

12. 同上，第 4 卷第 61-62 页。

13. 同上，第 4 卷第 72-73 页。

14. 同上，第 4 卷第 75-76 页。

15. 引自 H. 冯·毛奇元帅所著的《写给妻子的信》，第 2 卷第 121 页。

16. 引自 H. 冯·毛奇元帅所著的《论文、演讲和回忆录》，第 2 卷第 162 页。

17. 引自 H. 冯·西贝尔所著的《德意志帝国的创建》（纽约，1891 年），第 3 卷第 261 页。

18. 引自 N.P. 詹森上校所著的《1864 年第二次石勒苏益格战争》（哥本哈根，1900 年），附录二；以及 M. 恩布里所著的《俾斯麦的第一次战争》（索利哈尔，2006 年），第 368-377 页。

19. 引自 L.D. 斯蒂费尔所著的《石勒苏益格 - 荷尔斯泰因问题》，第 165 页。

20. 引自 L.D. 斯蒂费尔所著的《石勒苏益格 - 荷尔斯泰因问题》，第 171 页。

21. 同上，第 175 页。

22. 引自 H. 冯·毛奇元帅所著的《军事通讯》，第 4 卷第 107-110 页。

23. 同上，第 110-111 页。

24. 同上，第 97 页。

25. 引自 H. 弗里德容所著的《德国的霸权之争》，由 AJP. 泰勒和 W.L. 麦克尔威翻译（伦敦，1935），第 50 页。

26. 引自戈登·克雷格教授所著的《普鲁士军队的政治问》，第 183 页。以及 H. 冯·西贝尔所著的《德意志帝国的创建》，第 266 页。

第七节 丹讷韦克

1. 引自 N.P. 詹森上校所著的《1864 年第二次石勒苏益格战争》，第 111 页。

2. 引自 F. 冯·费舍尔中校所著的《1864 年石勒苏益格和日德兰半岛的战争》（维也纳，1870 年），第 111 页。

3. 同上，第 116 页。

4. 引自 L. 奥利芬特所著的《冒险生活中的小插曲》（伦敦，1888 年），第 412 页。

5. 引自 N.P. 詹森上校所著的《1864 年第二次石勒苏益格战争》，第 111 页。

6. 引自 H. 冯·西贝尔所著的《德意志帝国的创建》，第 3 卷第 115 页。

7. 引自 E. 迪西所著的《石勒苏益格 – 荷尔斯泰因战争》（伦敦，1864 年），第 1 卷第 84 页。

8. 引自 F. 冯·费舍尔中校所著的《1864 年石勒苏益格和日德兰半岛的战争》，第 115 页。

9. 引自 A. 盖伦加所著的《入侵丹麦》，（伦敦，1864 年），第 1 卷 161–162 页。

10. 引自 N.P. 詹森上校所著的《1864 年第二次石勒苏益格战争》，第 3 卷第 273–274 页。

11. 引自 H.R. 马多尔所著的《克里斯蒂安九世》（伦敦，1939 年），第 163 页。

12. 引自 H. 冯·西贝尔所著的《德意志帝国的创建》，第 3 卷第 276 页。

13. 引自戈登·克雷格教授所著的《普鲁士军队的政治问题》，第 184 页。

14. 引自 H. 冯·毛奇元帅所著的《写给妻子的信》，第 2 卷第 121 页。

15. 引自 H. 冯·毛奇元帅所著的《军事通讯》，第 4 卷第 107–110 页。

16. 同上，第 4 卷第 115–116 页。

17. 引自戈登·克雷格教授所著的《普鲁士军队的政治问题》，第 185 页。

18. 引自 H. 冯·西贝尔所著的《德意志帝国的创建》，第 3 卷第 293–294 页。

19. 引自奥托·冯·俾斯麦亲王所著的《文集》，第 4 卷第 328 页；以及引自戈登·克雷格教授所著的《普鲁士军队的政治问题》，第 185 页。

20. 引自 H. 冯·毛奇元帅所著的《军事通讯》，第 4 卷第 117–119 页。

21. 同上，第 4 卷第 119–121 页。

22. 引自 H. 冯·西贝尔所著的《德意志帝国的创建》，第 3 卷第 294 页。

23. 同上，第 3 卷第 295 页。

24. 引自 R. 斯塔德尔曼所著的《毛奇与国家》（克雷菲尔德，1950 年），第 138 页。

25. 引自 H. 冯·毛奇元帅所著的《军事通讯》，第 4 卷第 117–119 页。

26. 同上，第 4 卷第 124–125 页。

27. 同上，第 4 卷第 126–127 页。

28. 引自戈登·克雷格教授所著的《普鲁士军队的政治问题》，第 187 页。

29. 引自 H. 冯·毛奇元帅所著的《军事通讯》，第 4 卷第 127–130 页。

30. 同上，第 4 卷第 130–133 页。

第八节 杜佩尔

1. 引自 H. 冯·西贝尔所著的《德意志帝国的创建》，第 3 卷第 308 页。

2. 同上，第 309 页。

3. 引自戈登·克雷格教授所著的《普鲁士军队的政治问题》，第 186 页。

4. 引自 H. 冯·毛奇元帅所著的《军事通讯》，第 4 卷第 135–138 页。

5. 引自戈登·克雷格教授所著的《普鲁士军队的政治问题》，第 189 页。

6. 引自 H. 冯·毛奇元帅所著的《军事通讯》，第 4 卷第 139–140 页。

7. 同上，第 4 卷第 141–143 页。

8. 同上，第 4 卷第 145–149 页。

9. 同上，第 4 卷第 150–154 页。

10. 同上，第 4 卷第 160–161 页。

11. 引自 H. 冯·毛奇元帅所著的《写给妻子的信》，第 2 卷第 126 页。

12. 引自 H. 冯·毛奇元帅所著的《军事通讯》，第 4 卷第 175 页。

13. 引自布坎南和罗素的论文，F0425/77，第 106 页。

14. 引自 E. 迪西所著的《石勒苏益格–荷尔斯泰因战争》，第 1 卷第 175 页。

15. 引自斯金纳·J 所著的《丹麦人的英雄主义故事》（伦敦，1865 年），第 60 页。

16. 引自 C. 罗威所著的《十九世纪战役中的杜佩尔要塞》（伦敦，第 2 版），第 224 页。

17. 引自 E. 迪西所著的《石勒苏益格–荷尔斯泰因战争》，第 1 卷第 274 页。

18. 引自弗里奇–朗上尉所著的"1864 年 3 月和 4 月对杜佩尔筑垒地域的攻击"，来自与皇家工兵部队职责有关的论文，第 14 辑，伍尔维奇，1865 年．第 179 页。

19. 引自克拉夫特·祖·霍亨洛厄–英格尔芬根王子所著的《关于炮兵的信函》，由 N·L·沃尔福德翻译，伦敦，1889 年．第 82 页。

20. 引自 H. 冯·西贝尔所著的《德意志帝国的创建》（纽约，1891 年），第 3 卷第 328 页。

21. 引自弗里奇–朗上尉所著的"1864 年 3 月和 4 月对杜佩尔筑垒地域的攻击"，来自与皇家工兵部队职责有关的论文，第 14 辑，第 184 页。

22. 引自 H. 冯·毛奇元帅所著的《军事通讯》，第 4 卷第 178–179 页。

23. 同上，第 181 页。

24. 同上，第 182–183 页。

25. 同上，第 184–185 页。

26. 引自 E. 迪西所著的《石勒苏益格–荷尔斯泰因战争》，第 2 卷第 176 页。

27. 引自弗里奇–朗上尉所著的"1864 年 3 月和 4 月对杜佩尔筑垒地域的攻击"，来自与皇家工兵部队职责有关的论文，第 14 辑，第 185 页。

28. 引自 J.F. 刘易斯所著的《防御工事和军事工程教科书》（伦敦，1892 年），第 2 卷第 158 页。

29. 引自弗里奇–朗上尉所著的"1864 年 3 月和 4 月对杜佩尔筑垒地域的攻击"，来自与皇家工兵部队职责有关的论文，第 14 辑，第 186 页。

30. 引自斯金纳·J 所著的《丹麦人的英雄主义故事》（伦敦，1865 年），第 190 页。

31. 引自 J.F. 刘易斯所著的《防御工事和军事工程教科书》（伦敦，1892 年），第 1 卷第 209 页。

32. 引自斯金纳·J 所著的《丹麦人的英雄主义故事》（伦敦，1865 年），第 193–194 页。

33. 引自 E. 迪西所著的《石勒苏益格–荷尔斯泰因战争》，第 2 卷第 180 页。

34. 引自 E. 科尔蒂伯爵所著《英国女皇》（伦敦，1957 年），第 131 页。

第九节 阿尔森

1. 引自论文 FO425/77 第 59 页。

2. 引自 H. 冯·毛奇元帅所著的《军事通讯》，第 4 卷第 189–191 页。

3. 引自罗素的论文 PRO30/22/15B，第 53 页。

4. 同上，第 50 页。

5. 引自 H. 冯·毛奇元帅所著的《军事通讯》，第 4 卷第 191–192 页。

6. 同上，第 4 卷第 192-197 页。

7. 同上，第 4 卷第 198 页。

8. 同上，第 4 卷第 199 页。

9. 同上，第 4 卷第 202-205 页。

10. 引自 H. 冯·毛奇元帅所著的《写给妻子的信》，第 2 卷第 128-129 页。

11. 引自 H. 冯·毛奇元帅所著的《军事通讯》，第 4 卷第 205-210 页。

12. 引自 H. 冯·毛奇元帅所著的《写给妻子的信》，第 2 卷第 128-129 页。

13. 引自 H. 冯·毛奇元帅所著的《军事通讯》，第 4 卷第 210-214 页。

14. 同上，第 4 卷第 214-216 页。

15. 同上，第 4 卷第 217-218 页。

16. 引自戈登·克雷格教授所著的《普鲁士军队的政治问题》，第 191-192 页。

17. 引自 H. 冯·毛奇元帅所著的《写给妻子的信》，第 2 卷第 131 页。

18. 引自 H. 冯·毛奇元帅所著的《军事通讯》，第 4 卷第 218-223 页。

19. 同上，第 4 卷第 224-226 页。

20. 同上，第 4 卷第 228 页。

21. 同上，第 4 卷第 239 页。

22. 同上，引自 H. 冯·毛奇元帅所著的《写给妻子的信》，第 2 卷第 133 页。

23. 引自 H. 冯·毛奇元帅所著的《军事通讯》，第 4 卷第 250-252 页。

24. 引自 F. 冯·费舍尔中校所著的《1864 年石勒苏益格和日德兰半岛的战争》，第 350 页。

25. 引自 E. 丹尼斯所著的《德意志帝国的建立》，（巴黎，1906 年）第 362 页。

26. 同上，引自 H. 冯·毛奇元帅所著的《写给妻子的信》，第 2 卷第 135-144 页。

27. 引自 H. 冯·毛奇元帅所著的《军事通讯》，第 4 卷第 272-274 页。

28. 同上，第 4 卷第 283-289 页。

29. 同上，第 4 卷第 294 页；以及 H. 冯·毛奇元帅所著的《写给妻子的信》，第 2 卷第 155 页。

30. 引自 H. 冯·毛奇元帅所著的《写给妻子的信》，第 2 卷第 156 页。

31. 引自 H. 冯·西贝尔所著的《德意志帝国的创建》，（纽约，1891 年）第 3 卷第 420 页。

32. 引自 H. 冯·毛奇元帅所著的《写给妻子的信》，第 2 卷第 158 页。

第十节 日趋紧张的局势

1. 引自 H. 冯·毛奇元帅所著的《战略：理论与运用》，第 23 页。

2. 引自 C.W. 克拉克所著的《弗朗茨·约瑟夫和俾斯麦》（马萨诸塞州剑桥市，1934 年），第 18 页。

3. 引自 C.W. 克拉克所著的《弗朗茨·约瑟夫和俾斯麦》，第 238 页。

4. 引自 H. 勃姆等人所著的《德意志帝国的建立》（牛津大学，1971 年），第 154-155 页。

5. 引自 H. 冯·毛奇元帅所著的《写给母亲和兄弟的信》，第 2 卷第 25 页。

6. 引自 H. 冯·西贝尔所著的《德意志帝国的创建》，第 4 卷第 168 页。

7. 同上，第 4 卷第 205 页。

8. 引自 C.W. 克拉克所著的《弗朗茨·约瑟夫和俾斯麦》，第 303 页。

9. 引自 H. 冯·毛奇元帅所著的《战略：理论与运用》，第 99 页。

10. 同上，第 31-32。

11. 引自 H. 冯·西贝尔所著的《德意志帝国的创建》，第 4 卷第 320-323 页。

12. 引自 H. 冯·毛奇元帅所著的《军事通讯》，第 5 卷第 67-74 页。

13. 引自 H. 冯·西贝尔所著的《德意志帝国的创建》，第 4 卷第 320-323 页。

14. 引自 A.W. 沃德爵士所著的《德国史 1815-1890》（剑桥大学，1917 年），第 2 卷第 209 页。

15. 引自 H. 冯·西贝尔所著的《德意志帝国的创建》，第 4 卷第 339 页。

16. 引自 H. 冯·毛奇元帅所著的《军事通讯》，第 5 卷第 75-76 页。

17. 引自 H. 冯·西贝尔所著的《德意志帝国的创建》，第 4 卷第 354-355 页。

战前准备

第二章

第一节 战争动员

在很长一段时间里，尽管出现了越来越多开战的苗头，但奥地利国王弗朗茨·约瑟夫和他的大多数顾问都未能在第一时间着手解决紧急的军事问题，而在任何一场战争中，提早让备战工作步入正轨都是至关重要的。直到2月21日，弗朗茨·约瑟夫才终于召开了一次关于备战的部长会议，只不过会上多数人的观点是应继续以外交手段来解决危机，弗朗茨对他们的观点表示赞同，他说道：

> 我们应该暂时放下战争的准备工作，继续通过外交手段维护国家的荣誉、尊严以及利益。

弗朗茨·约瑟夫认为，必要的备战工作可以通过书面计划进行。[1] 然而，来自普鲁士的警报意味着战争的阴云仍然没有散去。奥地利驻柏林大师卡罗伊认为，对俾斯麦来说，吞并公国是"关乎其政治生涯是否延续的生死攸关的大事"，他说，俾斯麦与许多普鲁士的军政人物联合起来，不断游说耳根子软的国王发动战争，其中就数他"最为活跃"。他的武官佩利坎（Pelikan）上校对其报告进行了补充。后者援引罗恩的话说："普鲁士人必须在敌人有时间进行深思熟虑之前主动出击。"佩利坎还说，一旦决定采取行动，普鲁士就会立即开战。[2] 奥地利人意识到他们的动员时间比普鲁士要长得多，在这种情况下，他们缓慢的备战速度就是在玩儿火。当萨克森驻柏林大使的夫人问俾斯麦，是否真的打算同奥地利开战并征服萨克森时，俾斯麦半开玩笑地回答了她：

> "这当然是真的，我亲爱的伯爵夫人。从我进入内阁的第一天起，就没有考虑过别的事情。我们的大炮已经铸造好了，您很快就会看到，我们的大炮比奥地利人的要好多了。"俾斯麦接着劝她不要去波西米亚的庄园，"因为，如果我没弄错的话，就在你们庄园附近，我们就要在那儿打奥军了。"[3]

据说，上述对话使奥地利大使贝斯特（Beust）大为震惊。贝斯特立即把这位普鲁士首相的回答转达给了维也纳。

面对这一切，奥地利人开始认真考虑军事行动。3 月 7 日，弗朗茨·约瑟夫开始与奥地利军队的高层人物举行一系列会谈。他从维罗纳（Verona）召回路德维希·冯·贝内德克（Ludwig von Benedek）将军前来参加会议，打算把波希米亚北部奥军的最高指挥权交给他。贝内德克竭力想避开这座"有毒的圣杯"，但最后，他推辞无果，只能接受了这个职位。弗朗茨·约瑟夫说，如果阿尔伯特大公（Archduke Albert）指挥奥军，且战败了，他将不得不退位。贝内德克后来说："国王话已至此，如果我还不接受这个职位，那我就是一个不可救药的家伙了。"[4]

3 月 2 日，当维也纳得知柏林的国土防卫军已经应召出动后，他们采取的首个应对步骤就是调集了 6 个骑军和 6 个炮兵连。3 月 7 日，奥军高层做出了将军队开进波西米亚的关键决定——战争的车轮开始滚滚前行了。尽管奥军首次动员涉及的兵力并不多——只包括 10 个营和 30 个中队，但它意义非凡：这不仅使俾斯麦能够顺水推舟，将奥地利描绘成一个好战的国家，还加剧了毛奇和其他普鲁士将领的焦虑，他们认为，相比于普鲁士，奥地利很可能已经具有了先发制人的优势。俾斯麦则继续挑动奥地利的好战情绪。3 月 16 日，卡罗伊直截了当地向俾斯麦发问：普鲁士是否想以武力撕毁《加斯泰因公约》？俾斯麦对此先是毫不含糊地予以否认，但他紧接着又说："可是，我亲爱的伯爵，即使我真想打仗，我的回答也是一样的，您不会认为我有什么不同答案吧？"[5] 3 月 24 日，俾斯麦向德意志邦联成员发布了一份通告，其中详细介绍了奥地利军队的调动情况，并询问普鲁士是否可以向他们寻求帮助。

在普鲁士于 3 月 28 日举行的部长会议上，关于奥地利已经开始进行战争动员的情报发挥了重大影响力；与会人士无一例外都同意提升己方军事戒备的等级，包括：召集大约 1.1 万名士兵来增援部署在西里西亚南部的步兵师，使该处要塞处于战备状态；同时授权军方为野战炮兵部队购买马匹。毛奇为这次会议准备了一份详细的文件，他指出，奥地利已经在波西米亚占据了迅速集结军队的优势，比普鲁士在任何地点消灭同等兵力的军队都要快。不过，毛奇对会议的结果感到非常失望，在这份文件中，他认为，虽然奥地利目前或许没有立即开战的计划，但如果奥方发现有机会在普鲁士还没有做好准备之前，就能把 10 万士兵派到前线，并能打前者一个措手不及，它准会改变主意的。[6]

在会议后的几天里，毛奇向罗恩和俾斯麦发送了一系列文件，他报告了奥地利采取的措施，并不断严厉地警告称，拖延可能会造成巨大风险。4 月 3 日，毛奇用最强烈的措辞向罗恩阐明了自己的立场。由于奥地利先发制人，他估计，假定双方同时开始大规模动员，普鲁士要到 18 天之后才能迎头赶上。从那时起直到第 42 天，普鲁士才能稍占优势，因此："在极其重要的战争动员

◎ 普鲁士军队离开柏林奔赴前线时的情景，由克莱恩绘制。（沃斯 藏）

时期，奥地利每提早一天进行备战，就意味着我们落后了一天。"[7]

毛奇的焦虑不仅是因为普鲁士军队的备战工作踟蹰不前，还有巴伐利亚加入奥地利阵营可能会带来的严重后果。他在 4 月 2 日写给国王的一份文件中分析了这一情况：

与奥地利和解抑或走向战争——这些政治问题超出了我的职责范围；但是，从我个人的观点来看，我认为应该表达这样一种信念，即成功或失败基本上取决于进行这场战争的决心，我们应该比维也纳更早下定决心，如果可能的话，最好是马上。

毛奇指出，普鲁士的主要优势原本是能够通过 5 条铁路线来运送军队，从而在 25 天内在边境集结一支大军；而奥地利只有 1 条通往波西米亚的铁路，需要 45 天的时间才能把 20 万人运送到那里：

然而，如果巴伐利亚与奥地利也站在同一条战线，那么我们的局势将更加严峻，但与其说是巴伐利亚的军队对我们有威胁，还不如说奥地利可以利用其境内铁路线将会威胁我方军队，比如：雷根斯堡（Regensburg）- 皮尔森（Pilsen）- 布拉格（Prague）铁路，这将使奥地利军队集结所需的时间缩短 15 天左右。[8]

威廉一世看了这份文件，顿时紧张起来，他写道：

我对巴伐利亚态度的改变感到非常痛苦，如果符腾堡也这么做，那就相当于又有 10 万人与奥地利一起对抗我们。因此，我们需要将比目前更多的部队部署在南方。我们在波西米亚的军队——毛奇认为它必须和奥地利军队的兵力相当，将会减少 6 万人，而这 6 万人就是我们对抗南部各邦 10 万军队（包括邦联第 7 和第 8 军在内）的全部力量。[9]

为了减轻威廉的恐惧，罗恩请毛奇写点东西来鼓励他。然而，在这一点上，毛奇并不愿意提供帮助，他更愿意尽可能坦率地阐明情况，来敦促国王尽早开始行动。毛奇在4月5日回复罗恩：

> 如果我们给奥地利人足够的时间，他们就能集结比我们更为强大的军队，这并不是什么新鲜事儿，我在已召开的所有会议上都强调过这一点。另外，问题的关键并不在于军队的绝对数量，而在于双方将这些军队投入战斗所需的时间……没有人能说服国王发动一场战争，但我们必须对真实情况进行准确而清楚的阐述，以使国王更容易做出决定。[10]

虽然有一些迹象表明，由于外交方面的进展，奥地利已暂时停止其军队的动员行动，但奥地利人所取得的潜在优势仍然继续困扰着毛奇。4月12日，他向俾斯麦指出，奥军直接部署到西里西亚的兵力很快就能达到8.8万人，而普军即便现在就动员起来，也只能将4.5万人部署到那里。毛奇说，之所以出现这种可怕的差距，是因为自3月底奥方采取措施以来，普方没有任何反制行

◎ 奥地利军队离开维也纳前往波西米亚时的情景，由克莱恩绘制。（沃斯 藏）

动。[11] 在接下来的 2 周内，随着情报不断传来，毛奇给罗恩发了一系列通知，警告他说奥地利的备战工作仍在继续。5 月 2 日，他告诉罗恩，奥地利的动员工作即将完成，贝内德克的部队已经准备好要上战场了，现在有迹象表明他们已开始向边境地区进发。

在此期间，当毛奇为己方优势逐渐丧失而烦恼时，俾斯麦却继续活跃在外交战线上。他采取了激进的措施——公布了德意志邦联改革的大纲，这激起了整个欧洲的愤怒。在此期间，俾斯麦的政策招致了欧洲大多数大国的谴责，这些大国的领导人普遍认为，他是在自讨苦吃。甚至普鲁士驻巴黎大使戈尔茨也持相同观点，他个人对俾斯麦的敌意从对后者的一些"对国家不忠"的评论中可以表现出来。

在给英国同僚的信中，戈尔茨曾满怀希望地预言"俾斯麦最终会被赶下台"，而在给俾斯麦本人的信中，他力劝其撤回改革方案。

然而，俾斯麦非常清楚自己在做什么。直到奥地利的统治地位不可逆转地受到损害之时，他才打算投入战争，他每推进一步，奥地利人就在战争泥潭里深陷一步。而且，无论如何，俾斯麦推迟动员还有另一个令人信服的理由：长期积极战备的代价是极其高昂的，尽管在危机爆发的前一年，由于《加斯泰因条约》的签订，普鲁士的财政储备状况有所好转，但俾斯麦听取了财政部长博德施温格（Bodelschwingh）以及私人银行家布莱克洛德（Bleichröder）的建议，他们都认为有必要把军费控制在最低限度。

与此同时，在雷希贝格的继任者门斯多夫（Mensdorff）的精心策划下，以及在科堡家族（Coburgs）家族的斡旋下，欧洲各国的王室成员共同对威廉一世施加了压力，迫使他暂停备战工作。在接下来的几天里，普奥双方似乎都做好了抽身而退的准备，甚至都提出了双方应该解除武装的建议。但是，威廉一世和弗朗茨·约瑟夫均持续受到各自国内军方领导人的强大压力，对二人来说，这种压力非常难以抵制的。弗朗茨·约瑟夫本来是准备单方面停止备战工作的；[12] 然而，虽然他寻求和平解决争端的决策有一个重量级支持者——外交部长门斯多夫，但后者的影响力正在下降。巧的是，4 月 21 日，门斯多夫因脚伤缺席了奥地利部长会议——当时他正在等待柏林对解除武装的建议作出答复。这次会议受到了情报部门的重大影响，情报（后来被证明并不准确）似乎表明，意大利人在博洛尼亚集中了大约 4 万人，并购买了更多的马匹。面对这种情况，会议决定立即动员南方各军。尽管俾斯麦在两天后举行的会议上，对解除武装的建议做出了谨慎的积极回应，但门斯多夫意识到他已经开始失去对局势的控制了，他说："现在确实很难说应该做些什么；即使是最老练的政治家也找不到一个明确的回答。"[13] 到了 4 月 27 日，奥地利陆军总参谋长赫尼克斯泰因（Henikstein）宣称："只有当我们武装起来时，我们所说的话才会产生影响力。"这比门斯多夫和埃斯特哈齐（Esterhazy，欧洲著名显赫家族）为维护和平而付出的不懈努力更能代表维也纳的真实感受。就是在这一天，奥地利发出了动员其余部队的命令。

俾斯麦坚决认为奥地利应该被视为侵略者，他对事态发展的满意之情溢于言表，因为这最终创造了迫使威廉一世开战的条件。5 月 3 日，普鲁士军队终于下达了动员第一批部队的命令，这使毛奇感到大为宽慰。不过，这次动员仅限于最靠近奥地利边境的 5 个军。尽管毛奇现在可以开始认真部署他的作战计划了，但他知道，长期的拖延将使普军在战役初期失去人数上的优势。现在几乎可以肯定，普奥之间将会爆发战争；德意志各地的军事机器都在加速运转中，正如一位现代历史学家所指出的那样，一个时代已经结束了——"一个战争仍有可能逐渐升级的时代，那时军队可以部分动员起来，他们将进入要塞之中，但不主动出战，以作为战争之外的最后手段。"[14] 毛奇自己也意识到了这一点；在他指导下编写的关于普奥战争的《官方战史》中指出，"在过去，普鲁士军队可以为战争做好准备，而不需要投入实战。但是现在这种情况几乎不太可能出现了。"[15]

当毛奇根据不断变化的局势制定战略及修改计划时，他的参谋人员也正在争分夺秒地弥补失去的时间，然而，国际上仍然试图利用外交手段来解决问题。随着普奥两国都发布了动员令，很明显时间所剩无几了，要想让谈判取得有效进展，欧洲列强必须采取步调一致的行动。然而，它们显然没有这么做；5 月 6 日，拿破仑三世在欧塞尔的演讲中，公开谴责 1815 年的《维也纳条约》，这无疑是一颗重磅炸弹。法国的利己主义使得任何国际联合行动都成为泡影，国际上旨在和平解决普丹战争遗留问题的努力可以说是完全失败了。第二天，另一件不同寻常的事情登上了欧洲各大报纸的头条：一名学生企图刺杀俾斯麦，他在俾斯麦面前开了两枪（但都没有打中），俾斯麦镇定自若地迅速转过身来，抓住这名学生，把他交给两个跑上来的卫兵。这条新闻引发了一场支持俾斯麦的游行示威，但也有些人并不那么热心："这个国家的左轮手枪真是太差了"，据说一位著名学者曾这样抱怨道。

加布伦茨兄弟提出了一个更有希望和平解决石勒苏益格－荷尔斯泰因争端的方案。自 1865 年以来，普鲁士公民安东·冯·加布伦茨（Anton von Gablenz）和他的兄弟，也就是在普丹战争中指挥奥军的将领、现任荷尔斯泰因州州长路德维希·冯·加布伦茨（Ludwig von Gablenz）一直在制定一项计划。4 月 20 日，安东带着修改过的计划来到维也纳，在那里，他秘密会见了埃斯特哈齐和门斯多夫。该计划的主要内容是：同意公国在普鲁士王子的统治下独立；普鲁士和奥地利在德国的军事指挥权的划分；普鲁士需要向奥地利偿还丹麦战争的费用；普奥两个大国之间将建立联盟，并将自行解决邦联改革的问题。在接下来的 5 个星期里，安东·冯·加布伦茨在柏林和维也纳之间来回穿梭，并得到了门斯多夫和俾斯麦的鼓励。后者指示普鲁士驻维也纳的大使维特：普鲁士政府可以将这些建议作为未来谈判的基础。但随着时间的推移，两国政府对这一建议的反应都日趋冷淡，弗朗茨·约瑟夫对这个来得太晚的计划尤为怀疑。而且，两国政府虽然都对安东·冯·加布伦茨进行了鼓励，但真诚与否尚待检验；如果条件合适的话，奥地利人自然对任何可以避免战争的计划感兴趣，但他们也想为战争争取时间。另一方面，俾斯麦总是希望有更多的选择，或许加布伦茨兄弟的计划经过一些修改，就已经达到了他的目的，但他无法完全否定开战的计划（尤其后者还得到了国王的支持）。

与此同时，德意志所有较小的邦国都动员起来了；在班贝格（Bamberg）举行的一次部长会议上，很明显，它们对待普鲁士的态度越发强硬起来——这是门斯多夫在前几个星期里积极寻找盟友的结果。不过，从军事角度来看，由各邦国分遣队所组成的邦联第 8 军的战斗力很值得怀疑，因为各邦国都受到自身利益的驱使，很难凝聚成一个整体。黑森（Hesse）的亚历山大王子（Prince Alexander）受命指挥这支部队，他得到的命令是与查尔斯亲王领导下的巴伐利亚军队合作。但首先他必须单独与各个较小的邦国谈判，以使它们的军队团结起来。从理论上讲，德意志南部邦国军队的总兵力令人印象深刻，这着实令威廉一世感到担心。

然而，毛奇对它们的真正战斗力怀有清晰的认识，并制定了应对计划。

拿破仑三世积极追求法国自身的利益，他建议召开一次斡旋大会；俾斯麦表面上表示合作，同意参会，但奥地利参会是有条件的，即必须事先商定会议的结果，不允许有任何领土变动或增减任何参会国家在公国的权力——这实际上破坏了拿破仑三世的计划。然而，奥法两国还是进行了秘密讨论，并最终达成一项协议，协议规定法国在普奥战争中保持中立，奥方同意在战争结束时将威尼斯割让给法国；法方则同意奥方吞并西里西亚作为补偿。尽管各国为避免战争爆发而采取的种种外交措施似乎都失败了，但在5月接近尾声之际，普奥双方似乎仍然没有找到切实的开战理由。

毛奇于5月25日面见了国王，毫无疑问，现在应该避免进一步的拖延。他在会议记录中提出了可能出现的两种情况。在对奥地利人可能采取的进攻路线进行审视后，毛奇指出，针对萨克森和波西米亚边境上的战略部署（共计动用9个普鲁士军）将于6月5日完成：

◎ 普鲁士预备役军人离开哈雷时的情景。（该插图选自《战争编年史》）

从军事角度来看，毫无疑问，从那时起，我们就绝对不能再等了，必须坚决采取行动。届时，奥军是来不及将全部力量都用来对付我们的。然而，不管对方有多强大，可以肯定的是，他们的力量是会随着时间的流逝而递增的，几周之内，敌人就可能会在法兰克尼亚（Franconia）开辟一条新的战线。至关重要的是，在此之前，我们必须重创我们最重要的敌人（也就是奥军），对方现在已经蓄势待发；在这种情况下，邦联第7和第8军团无疑不会有任何作为……因此，从纯军事角度看，在6月5日之前我们应该停止外交斡旋——这是必要的举措。[16]

然而，即便到了这时候，选择开战的具体时间也不是一件简单的事情；威廉一世仍然深感不安，他极不愿意为战争的实际爆发承担责任。直到6月10日，俾斯麦还对匈牙利的图尔（Türr）将军（俾斯麦希望他能够在奥地利的后方挑起事端）说："我还没能使国王相信战争已经迫在眉睫。但这有什么关系呢？——我已经把马赶到壕沟边了……它必须跳过去。"[17]

事实上，到那时，荷尔斯泰因和德意志邦联的局势已经到了无法挽回的地步。6月5日，按照从维也纳收到的指示，加布伦茨已通知法兰克福议会，自己将于6月11日在荷尔斯泰因庄园召开会议，投票表决公国归属问题和邦联改革问题。他在石勒苏益格的对手曼陀菲尔立刻做出回应，后者对奥地利人将这些问题提交邦联进行了控诉，指责其违反了《加斯泰因公约》，因此普鲁士将行使其对这两个公国的联合占领权，并将于次日开始在荷尔斯泰因驻军。加布伦茨立刻召集了他的部队，大约有4800人，随后在普鲁士人的抗议下撤退到了阿尔托那，而曼陀菲尔则着手占领整个荷尔斯泰因。随后，曼陀菲尔的部队奉命继续向阿尔托那进发，加布伦茨巧妙地从那里脱身了。俾斯麦对曼陀菲尔的"双重胜利"感到不满，因为这令他失去了立即对奥开战的借口，俾斯麦曾向巴拉尔（Barral）抱怨道："要是交火就好了。"[18] 有趣的是，维也纳也有失望的情绪，之前他们曾经计划，公国的战事会迫使普鲁士打响第一枪。

尽管如此，那里发生的事件足以证明，门斯多夫在6月12日撤回了驻普大使卡罗伊这一做法是正当的。与此同时，德意志邦联议会已接近疯狂，它一反往日的死气沉沉，突然变得活跃起来。奥地利向邦联提交石勒苏益格－荷尔斯泰因问题议案后，6月3日，普鲁士公开抗议这一违反《加斯泰因公约》的行为。拿破仑三世斡旋计划失败，这为俾斯麦发表谴责奥地利挑起战争的声明扫清了道路。6月9日，普鲁士议会对奥地利的动议做出回应，否认石勒苏益格与德意志邦联有任何关系，但对荷尔斯泰因的立场尚不明确。第二天，俾斯麦公布了邦联改革的细节，其中最关键的内容是将奥地利势力排除在外，并呼吁重新建立由普选产生的议会。

6月12日，俾斯麦在普鲁士内阁会议上提出了两种备选方案。毕竟，如果德意志中部各邦国保持中立，那么分散在德意志西部的普鲁士军队就可以转移到西里西亚和波西米亚这两个具有决定性的战场；如果不这样做，他们就必须做好准备，并从汉诺威开始，立即对中部邦国采取行动。在邦联议会开始进行表决之后，普鲁士要求拿骚（Nassau）、黑森－卡塞尔（Hesse–Cassel）、汉诺威和萨克森宣布中立并接受普鲁士的邦联改革计划。如果得到否定的答复，普鲁士就要立即向其宣战。[19] 毫无疑问，实际发生的将会是后一种情况。

事实上，直到最后一刻，人们还不能完全确定邦联议会的投票结果会是怎样的。最终，有9票支持奥地利的动议（经巴伐利亚修正），呼吁由不包含普鲁士和奥地利在内的德意志邦联军队进驻公国，有5票表示反对。奥地利的所有盟国都投了赞成票，巴登则在其亲普鲁士的大公的鼓动下弃权了。宣布结果之后，普鲁士代表萨维尼（Savigny）站起来宣布：由于奥地利违反条约的举动，德意志邦联实际上已经解散，因此普鲁士将退出邦联。然后，他独自离开了会议厅。长期以来错综复杂而收效甚微的外交活动终于结束了；俾斯麦期待已久的战争即将开始。

与此同时，威廉一世已经向战争的胜利迈出了极其重要的一步。直到6月2日，尽管毛奇是总参谋长，负责制定陆军的作战命令，但这些命令实际上都是由陆军部编辑和发布的。然而，就在这一天，威廉做出了一项重要指示，表示承认毛奇在陆军中所占的特殊地位，这实际上赋予了后者指挥普鲁士军队的最高权力。国王写信给毛奇说：

谨随函奉上命令副本一份，今天已提交作战部，自即日起按此命令执行作战任务，主力部队及其各支独立分队的调动将由陆军总参谋长通知下级指挥官执行，你的责任是第一时间将战事发展反馈给陆军部。[20]

这一命令的重要性无论怎么强调都不为过，当然，它也一直是历史学家们仔细研究的对象。正如克雷格教授所指出的，研究普鲁士总参谋部的官方历史学家似乎从上述命令中得出一个结论——俾斯麦的亲密战友罗恩从此让位给毛奇了，这导致两者之间发生了冲突，而这些冲突破坏了俾斯麦与毛奇在后来德意志统一战争中的关系："6 月 2 日，当毛奇最终取代罗恩成为国王身边排名第一的军事顾问时，俾斯麦在一定程度上一定认为他是一个为了争权夺位而居心叵测的人。"但克雷格教授认为这种说法毫无说服力，尤其是俾斯麦并没有对此提出任何异议。另一方面，正如俾斯麦说，罗恩比毛奇更具政治意识，毛奇在反对文官干涉军事问题上要强硬得多，这点对于即将到来的战争更为有利。[21]

第二节 军事部署

在考虑对奥地利采取的战略方针时，毛奇一直坚持认为，普鲁士必须夺取并始终掌握主动权。即使敌人试图采取进攻策略，这也是至关重要的。毛奇认为，奥地利人主要有两种选择：要么带着他们的大部分军队直接进攻距离普奥边境只有 94 英里的柏林，要么去征服西里西亚。如上文所述，毛奇拟定的第一份战略计划是在 1860 年春天完成的，但当时的政治和军事形势与 1866 年大不相同。在详细分析了可供奥地利人选择的战略方针后，毛奇毫不怀疑他们会选择哪一种，他指出，奥军将首先对布雷斯劳发动进攻，并将普鲁士军队吸引到奥德河附近，届时，奥军将"立即采取关键行动，派出一支军队攻向柏林，并征服勃兰登堡的西里西亚。对于奥地利人来说，要想取胜，这是最快捷也最彻底的方式。"[1]但毛奇认为，只要己方防守得当，奥军将被迫将其右翼延伸到西里西亚。"对我方来说，最有利的，也是最有可能发生的情形是，奥军主力对马克斯（Marks）城发动进攻，同时对西里西亚展开小规模行动。"[2]这就意味着，奥地利军队的第一个集结点必须位于布拉格—帕尔杜比茨（Pardubitz）一线上，他们将从这条线上向易北河右岸推进，穿过卢萨蒂亚山脉。在这个区域内，有 7 条状况很好的道路可供选择。与此同时，奥军一股相对较小的部队会穿越特劳特瑙（Trautenau）地区，向布雷斯劳方向进攻。

毛奇认为，想要抵御奥军的进攻，就必须有一个可以集中己方力量的地方作为主阵地，格尔利茨（Görlitz）就是这样一个地方，此地距离东部足够远，能够对深入西里西亚的敌人进行打击，并与布雷斯劳、波森和柏林都有良好的铁路连接。但实际上，攻击侵入西里西亚的奥地利军队侧翼的机会非常渺茫，因为一旦发动这样的进攻，柏林很可能会门户洞开。毛奇还认为，很难立即发现敌人的真正意图：

奥地利军队是集中在波希米亚北部，在那里建立阵地，还是部分越过边境，攻入我们的境内？从目前迹象来看，我们还无法得知敌人的主攻方向。[3]

因此，普鲁士军队必须覆盖所有奥军进攻柏林的路线——一旦奥军选择直接进攻柏林的战略，普鲁士将会陷入险境。普鲁士军队的主力应该集中在易北河附近，在这个位置上，它可以从侧翼对向北进攻柏林的奥军进行包抄，还可以同时派遣另一支部队去保卫西里西亚。但是，毛奇想要采取的根本不是被动挨打的战略：

我们不相信在易北河后面建立一道侧翼阵地就会把敌人困住，也不相信这道阵地能阻止他们越过易北河向柏林推进。但我们认为，如果从易北河主动发动进攻，那么我军就可以轻易达到上述目标……如果从易北河发起的攻势成功了，我们就会把敌人从波西米亚赶走，并回到尚未被征服的西里西亚。即使攻势失败，相比于向北方撤退，我们也会在易北河后方找到一道距离更近也更坚固的阵地，这道阵地使我们有机会在短暂休整之后再次向河对岸推进。[4]

此外，毛奇还打算占领德累斯顿，从而迫使萨克森军队撤退到防守严密的皮尔纳要塞，或者撤退到波西米亚与奥地利军队会合。而且，占领德累斯顿还将对南方更远处的奥军左翼构成威胁。毛奇谋求的是速战速决：

在以易北河为屏障的防御战中，我们必须要采用积极的战术，这绝不是轻敌冒进。想要通过被动防御来挽救我们军队的思路完全是错误的。一旦我们

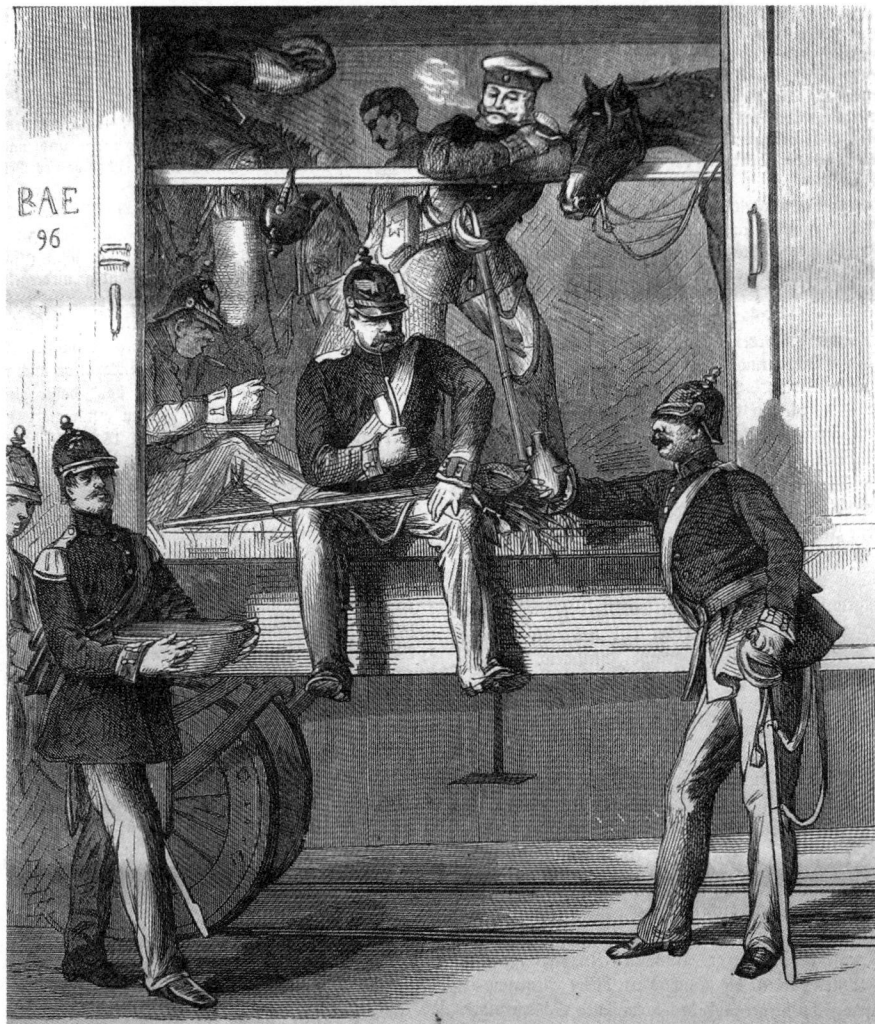

◎ 在开往前线的火车上，几位普鲁士炮兵在停下来吃东西。（该插图选自《战争编年史》）

的部队在那里集结起来，等待敌人主动进攻，那么取胜的希望就很渺茫……在与敌人保持僵持状态的过程中，要为一支庞大的军队提供补给是非常困难的，而此时，我们又很难在短时间内与敌人决战。[5]

在 1864 年的石勒苏益格 – 荷尔斯泰因战争中，交战双方都曾经对彼此的表现进行过评估，相应报告很多。然而，此时的情况已大不相同了。于是，在 1865—1866 年冬天，毛奇制定了一份新的总体战略，以作为未来对奥战争的基础。在这份计划中，毛奇考虑了把普军主力部署在西里西亚的可能性，在那里，它可以直接威胁敌人的首都维也纳。毛奇否定了这一战略，因为该战略只有普鲁士人在战争初期就在战场上占据绝对优势，才能得以实现，然而在毛奇看来，这是不可能的。但无论如何，在易北河旁边布置一个防御阵地还是有必要的（尽管其难以阻挡敌人的进攻）。考虑到双方兵力大致相等，毛奇指出了面临的核心问题：

　　唯一的问题是，我们是要将主力集中在卢萨蒂亚山脉后面，还是集中在巨人山脉（Giant）后面，后者可以直接或间接地保护西里西亚的大部分地区，足以抵抗奥地利人在易北河右岸的进攻……然而，将军队部署在卢萨蒂亚山脉背后，依托其地理位置也可以间接地保护西里西亚。但在这两种情况下，普军对西里西亚的保护并不取决于防御，而是要靠发动进攻。为此，相比于巨人山脉，我们将军队部署在卢萨蒂亚山脉更为有利，因为其南部纵深较大，更适合运动战。[6]

　　如同毛奇进行战略分析的一贯特征，这份计划从头到尾都在强调进攻的重要性，计划中那些关于普军部署的建议是为了确保其从一开始就掌握主动权。毛奇计划，将 3 个军（第 4、第 7 和禁卫军）集中在德累斯顿及该城东部；3 个军（第 1、第 2 和第 3 军）集中在格尔利茨和该城西部；2 个军（第 5 和第 6 军）集中在弗赖堡和西里西亚的施韦德尼茨。如果奥地利人真的选择将西里西亚作为他们的主要目标，那么他们就没有足够的力量来保卫布雷斯劳，而且必须从劳班撤退；而普军就可以趁机将主力集中部署在格尔利茨—齐陶一线，再派一支部队前出至柏林附近，以防御奥地利人对普鲁士首都的攻击；或者普军可以直接进攻波西米亚，击溃奥地利军队留在那里的预备队，以支援奥军对西里西亚的入侵行动。在前一种情况下，奥军就会被迫在"战略态势和兵力数量都对普方有利的条件下"进行战斗；在后一种情况下，奥军要么被迫撤退，要么就会面临来自左翼后方的猛烈进攻——这一切都取决于奥地利对目标的选择，以及奥军驻波西米亚部队的规模。在计划的最后，毛奇还补充说："我们还得考虑一个问题，一旦我们将目标放在离前线如此遥远的地方，奥地利人是否会想尽种种办法来扰乱我们的注意力呢？"[7]

最后，令毛奇一直感到忧虑是，尽管奥地利军队的部署和行动通常都很迟缓，但他们确实很可能会以某种方式先发制人。1866 年的春天，毛奇尤其为这一点所担心，因为在当时，普鲁士军队受到了政治因素和优柔寡断国王的双重干扰，对毛奇来说，这可谓是噩梦般的场景。在 1866 年的头几个月里，战争一旦爆发，究竟会发生什么情况谁也说不清楚，这种不确定性使毛奇寸步难行。随着形势的发展，他制定了一系列备忘录，旨在根据不断变化的形势对自己的战略计划进行休整。在 3 月 28 日至 5 月 3 日普鲁士召开的一系列部长会议期间，他撰写了至少 12 份详细的报告，不断对战略形势进行重新审视并修改应对计划。这些文件中的一些内容反映了国王和大臣们的政治要求；其他的战略分析则完全出于毛奇自身。值得一提的是，它们都是在普鲁士正式发布军队动员令之前撰写的，这不仅反映了毛奇一直以来的焦虑——他担心动员令的延迟发布会使得普军的优势丧失殆尽，也反映了他对奥地利动向的密切关注。

毛奇仍然认为奥地利会主动出击，但他的测算表明，即使奥地利立即发动猛攻，在 4 月 30 日前推进到柏林地区也是不可能的，而假定普鲁士直到 4 月 15 日才发布动员令，那么奥地利人也必须立即折回，以避开致命的前后夹击。因此，毛奇认为奥地利人不会采取上述策略。他预计，奥军将按照同样的时间表向西里西亚挺进；但直到 4 月 22 日，普军（第 5 和第 6 军）也不会与奥军交火；毛奇认为，奥军最快能在这一天到达布雷斯劳，届时普军将不得不从奥德河后方撤退。不过，即使普军在奥德河与奥军交战，并且战败，奥地利人的进攻也会在 4 月 30 日左右于格沃古夫（Glogau）陷入停顿。假如普奥同时进行动员，贝内德克只要采取进攻行动，就会把奥军拉入险境。因此，奥地利人继续采取守势的可能性更大一些。毛奇据此考虑了两种情况：一种是奥军向萨克森推进，普军迅速撤离；另一种是奥军集中在波希米亚北部，并在那里等待萨克森人的增援。在后一种情况下，毛奇打算快速行动：

我们的目标是在开战的 31 天之前，与奥地利进行一场较量。为此，我们必须尽快把军队从托尔高调集到德累斯顿，并利用最先就绪的一个师或一个旅来抢占沿线铁路。我军从德累斯顿和格尔利茨向永本茨劳（Jungbunzlau）集中推进的部队有 22.5 万人。如果奥军主力部署在布拉格附近，我们就有可能在西线展开一场决战；此外，我们还要派遣 5 万人通过帕尔杜比茨前往特劳特瑙（Trautenau）。如果全军都在帕尔杜比茨，我们的 3 支部队将同时发动进攻。

最后，毛奇还考虑到了这样一种可能性，即奥地利人可能会在普军进攻波希米亚北部乃至奥尔米茨之前撤退。如果他们这样做了，双方就要在第 45 天后才能接战，但这就意味着奥地利人要放弃整个北波西米亚，而毛奇认为这是不可能的。[8]

基于普奥双方同步动员的假设，毛奇在 4 月 9 日到 10 日写的一篇论文中得出结论，如果采取直接进攻柏林的战略，在理论上，奥军可以在开战 21 天的时候将 4.5 万人派遣到普鲁士首都附近。但实际上，三支普鲁士部队都将集中在格尔利茨堵截奥军，因此奥军无法达到上面的推进速度。为了避免被普军切断退路，开战 18 天后，奥地利人必然会撤退，并且考虑到还有 4 个普鲁士军部署在通往柏林的道路上，如果奥军勉强进攻这座城市，其后果将是致命的。对奥军而言，更为谨慎的做法是向易北河左岸推进，而且推进的幅度仅仅能扰乱普军即可。另一种可能是奥军向莱比锡和托尔高（Torgau）推进，但总的来说，毛奇认为"在萨克森很可能不会发生战斗，随着我们 3 个军的到来，敌人会撤退到波西米亚"。对普鲁士而言，奥地利人可能采取的最具威胁性的行动是向西里西亚进军，他们可能在开战的第 15 天就会到达西里西亚（在抵达布雷斯劳之前）。毛奇最后说，现在"奥军或许会在几天之内发布动员令，这也正是我们必须做出决定的时刻"。[9]

在 4 月 12 日发表的另一篇论文中，毛奇重申了他的忧虑，即西里西亚是受到敌人严重威胁的地区。毫无疑问，对布雷斯劳的进攻是奥地利能采取的最有效的措施，他想把军队调到边境，以掩护普鲁士在西里西亚的行动。[10] 两天后，他给威廉写了一封非常详细的信，在信中他提出了各军的假定集结地点，他解释说，需要利用每一条可用的铁路将部队尽快送入战区，"在西里西亚要

◎ 奥尔米茨的城镇和要塞。(该插图选自《战争编年史》)

尽可能地利用最短线路去进攻敌人。"[11] 在对各种可能出现的情况进行审视时，毛奇对己方充满信心，他认为普军在任何一点上都强于奥军。毛奇以一种熟悉的语调结束了他的叙述：军队一旦动员起来，就必须迅速发动进攻，因为拖延无疑会使我们的处境变得越来越糟糕。

此时，毛奇已经得出结论：必须减少己方部署在右翼的兵力，以便在西里西亚保有足够的兵力。在己方右翼，他认为只需要在卢萨蒂亚部署两个军就能提供足够强大的兵力以保护柏林，与之相对的是，他认为需要在西里西亚部署 5 个军。毛奇在 4 月 20 日的一份备忘录中推断，普军从卢萨蒂亚发动进攻，只会把奥军赶回奥尔米茨（奥军会在此处得到增援），但从西里西亚，普军却可以获得决定性的胜利——他们可以在此处把奥军赶回易北河，并切断他们与其他战场的联系。无论如何，奥地利人向西进军都是死路一条；在西里西亚，普军最有希望获得军事优势。然而，最重要的是，毛奇一再强调，胜利的关键在于普鲁士军队利用其在数量上的优势迅速行动起来：

◎ 几名奥地利轻骑兵和胸甲骑兵正在波西米亚—西里西亚边境地区安排住处。
（该插图选自《战争编年史》）

因此，我们绝对不能坐以待毙，进而错失良机，决不能害怕担负侵略的指责，一旦我们的军队集结完毕，我们必须马上采取行动，我们必须坚定动员的命令和发动战争的决心。[12]

4月27日，在国王与会的一次会议上，毛奇拿出一张图版，证明从动员的第25天开始，往后三周是关键时期，届时，普鲁士的战争准备工作将会完成。

在动员的第45天，"当我们占领萨克森，并对莱梅里茨（Leitmeritz）和约瑟夫施塔特（Josephstadt）展开行动时，我军的兵力会大大削弱，恐怕将失去对奥军的优势。"[13]第二天，考虑到目前军队的集结计划，毛奇重申了自己的观点，即存在"右重左轻"的问题：

在铁路准点、通畅运输的条件下，我们应该尽可能加强左翼的力量。但即便如此，第2集团军也必须立即采取攻势，以求在开战前30天内于纳霍德

（Nachod）集结。[14]

随着日子一天天过去，普鲁士仍然没有发布动员令，毛奇越发感到焦虑了。到了 5 月 2 日，也就是最后下达动员命令的前一天，毛奇估算，如果奥地利军队已经完成了自己的动员，那么到目前为止，奥地利在萨克森、波希米亚北部和约瑟夫施塔特共部署了 16.2 万名军队，到 6 月 5 日，这一数字可能还会增加 6.3 万。如果普鲁士政府再拖延一个星期，可能会使得己方在战争初期就不得不面对占据兵力优势的整支奥军主力。这实际上将会使奥地利人掌握主动权。照此形势，到了 5 月 25 日，一支 10 万到 12 万人的奥军部队可以从德累斯顿向柏林方向前进；或者，更有可能的是，早在 5 月 19 日，一支 5 万人的奥军部队就会向布雷斯劳推进，迫使西里西亚的普鲁士军队撤退到该城以外，或者利格尼茨（Liegnitz）和格沃古夫之间。毛奇认为，此时分别在施韦德尼茨和奈塞（Neisse）立即动员第 5 和第 6 军是"绝对必要的"[15]。第二天，他的建议终于占了上风，国王决定首先动员 5 个军。

然而，即使是现在，毛奇的焦虑还没有结束。他于 5 月 4 日向国王提出一项建议，即在开启动员的第 17 天前将第 6 军集中在奈塞，第 20 天前将第 5 军集中在施韦德尼茨，第 3、4 军和禁卫军分别在第 22 天前集中在科特布斯（Cottbus）、托尔高和柏林。鉴于毛奇深信真正的关键时期将在总动员的第 25 天后来临，他觉得应立即发出必要的调动命令，并指出：

除非陛下现在立即授权中央铁路委员会在与部队运输有关的线路上进行必要的准备工作，否则上述各军不可能在指定日期到达指定地点。[16]

令毛奇大为宽慰的是，威廉一世和罗恩商量之后，立刻批准了这些建议。在接下来的一个星期里，普鲁士军队在接连的进一步指示下终于完成了战前的动员工作。而毛奇自己，在深思熟虑的日子结束后，又开始了新的任务——监督军队集结。

毛奇对军队的调动过程进行了严密的控制。普军将领施泰因梅茨（Steinmetz）曾写信告诉罗恩，他打算在施韦德尼茨和利格尼茨之间集结自己的第 5 军，毛奇并不反对这个决定；但他不厌其烦地向罗恩指出，一旦动员过程开始，个别军长不得对铁路线路管理进行干涉。在划分了最东边的 3 个军营地的分界线之后，军长必须严守这些界限：

> 在这些区域内，指挥官们可以为所欲为，但一旦面对敌人，指挥官们就必须立即收拢部队，这样每一个军就可以在一天内集中起来，而所有 3 个军则能在两天内全部集中起来。[17]

鉴于奥军对柏林的潜在威胁，毛奇自然受到了强大的政治压力。尽管他相信奥地利人无法对普鲁士首都发动任何有效的进攻，但他还是小心翼翼地制定了首都防御计划，以防万一。5 月 7 日，毛奇起草了一份备忘录，承认来自德累斯顿的敌军可能会沿着赫茨贝格 – 卢肯沃尔特（Herzberg–Luckenwalte）、科特布斯 – 吕本（Cottbus–Lubben）或两者之间的路线前进。毛奇认为，如果奥军采取上述战略，那么双方首次交战的地点很可能是埃尔斯特维达（Elsterwerda）的某个地方。他觉得奥军不太可能穿过科特布斯，来到斯普雷瓦尔德（Spreewald）的东边，因为这条路线迂回曲折。而第三种选择，即奥军通过森夫滕贝格（Senftenberg）攻打柏林，毛奇认为可以通过在多布林克（Dobrilugk）布置防御阵地来解决。[18] 虽然毛奇在向国王汇报时，不时提到奥地利人向柏林进军的可能性，但他总是把威胁置之度外，脑子里想的更多的是自己的进攻计划。

为此，毛奇预见到前线需要最大限度的灵活性，这使他开始考虑取消集团军司令对各师的直接指挥权，而是允许军长们自行向各师下达命令。随后，毛奇于 5 月 9 日就此问题给内阁军事部长特莱斯科夫（Tresckow）写了封信，这是因为当时正在指挥第 4 军的冯·沙克将军突然提出要求，即不要将他的参谋长阿尔布雷希特·冯·施托什（Albrecht von Stosch）调离该职位。为此，毛奇向特雷斯科指出，总参谋部军官，特别是参谋长的调配，在军队进行战时编组之前是无法进行的。就目前而言，毛奇认为应该给每个军级指挥官指派一位参谋长，在军队编组完毕后，其人选应予确定；战时，军级指挥官在做出必要的战略部署决定后，应该由参谋长具体负责指挥。与此同时，对各师总参谋部军官的任命可以继续进行。[19] 事后看来，这一体系所赋予毛奇的灵活性是否真的能弥补作战指挥的重大缺陷（经常在最后一刻突然变更命令），是令人怀疑的。

与此同时，随着普鲁士军队战时动员各项工作的落实，毛奇一直在评估关于贝内德克集结军队进展的情报报告。5月9日，毛奇警告罗恩，奥地利军队的动员工作已经基本完成，其部队的铁路运输工作即将开始。第二天，毛奇汇报了奥地利军队到达柯尼希格雷茨和约瑟夫施塔特的消息。5月14日，毛奇报告说，正如预料的那样，奥军的铁路运输已经在3天前开始了。他还提到，贝内德克已于5月12日抵达维也纳。[20] 所有这些情报都清楚地表明，奥军的准备工作已经取得了很大进展；同样明显的是，奥地利人的战备工作远远领先于他们的德意志盟友。在5月14日的会面中，毛奇向威廉强调了这一点：

> 据说，名义上有4万人的邦联第8军正在符腾堡集结。几乎可以排除他们会对我方单独采取行动。但它可能会在靠近班贝克的地方，与一支4万人的巴伐利亚军队进行交接。邦国联军（总兵力近8万人）进入战时状态需要准备很长时间。另一方面，奥军一支无比强大的军队将很快在北波西米亚和萨克森集结，随时准备与我们决一死战……在目前的情况下，应该把我们的全部力量集中起来对付主要敌人（奥军），这样做似乎更为明智；只要击败奥军，哪怕就一次，其盟友就很可能作鸟兽散了。[21]

毛奇接着建议，应该加强部署在明登（Minden）的第13师的兵力；另外，从荷尔斯泰因调来的部队应该足以对付汉诺威了，而部署在德意志西部地区的其余部队应该集中在泽茨（Zeitz）和黑尔（Halle），以对付萨克森人和奥地利人。正如他当天晚些时候向国王证实的那样，这意味着到6月，普军可用4.5万人来对付萨克森，13万人部署在卢萨蒂亚，3.4万人部署在格尔利茨，6万人部署在西里西亚，3天后还有2.4万人作为预备队。威廉适时地接受了他的建议；但正如毛奇后来在《官方参谋部历史》中承认的那样，做出这个决定并不容易。[22] 尽管如此，只要将这些部队尽快交到毛奇手中，他就感到最危险的时候已经过去了。

第三节 普鲁士军队

自从于 1806 年蒙羞之后，沙恩霍斯特进行了大刀阔斧的改革，终于成功建立起一支"国家军队"。根据新规定，每个从 17 岁到 45 岁的普鲁士公民都有服兵役的义务。每一个身体健康的人都要在普鲁士正规军服役 2 年，在此期间，他可以在各种预备役部队中服役，最后在国土防卫军服役一段时间。最初，一位士兵在前线和后备部队服役的总时间长达 20 年，但到 1860 年已缩短到 12 年。普鲁士陆军每年招收 4 万人，占 1807 年总人口的 0.5%；但是到了 1869 年，普鲁士的人口已经翻了一番。

在某种程度上，正是考虑到这一点，威廉一世一直致力于他的军队改革计划，并坚持把正规军服役期延长到 3 年，虽然罗恩认为，这个建议的效果抵不上其引发的巨大敌对情绪。更重要的是，改革后，普军每年的新兵人数将增加到 6.3 万人。这在一定程度上扩大了和平时期军队的规模，当然，若经过充分动员，普军的规模就更大了。

在 1866 年，普鲁士陆军按地域被划分成 8 个军，每个军都从一个特定的省份招募士兵，还包括驻扎在柏林的禁卫军。各军中有 6 个来自普鲁士东部：第 1 军（东普鲁士）、第 2 军（波美拉尼亚）、第 3 军（勃兰登堡）、第 4 军（普鲁士萨克森）、第 5 军（波森）、第 6 军（西里西亚）。还有来自普鲁士西部的第 7 军（威斯特伐利亚）和第 8 军（莱茵兰）。除了禁卫军规模较大之外，每一个军都由 2 个步兵师和额外的军直属部队所组成。每个师由 2 个旅组成，每个旅由 2 个团组成。每团分为三个营，每营四个连。各师另有 1 个骑兵团和 1 个野战炮营，每个野战炮兵营囊括 4 个连，每个连装备 6 门大炮。军直属部队主要由 1 个骑乘炮兵营（包括 3 个连）和 1 个野战炮兵营（包括 4 个连）所组成。因此，总的来说，每个军总共装备 90 门大炮。另外，每个军还下辖 1 个猎兵营，1 个军直属训练营，还有 1 个骑兵旅（下辖 3 个骑兵团）。最后，每个军还下辖 9 个弹药运输纵队、一个浮桥纵队以及 3 到 4 个野战医院。除国土防卫军部队外，普军共有 10 个骑兵旅，其中有 4 个被编入 2 个骑兵师内，其余由各集团军或各军直接指挥。[1]

和平时期，普军一个营的兵力约为 600 人，战时，由于补充了预备役部队的兵员（通常都比较年轻），可以扩充到 1000 多人。那些年纪较大的预备役部队成员组成了独立的预备役营，但其军官大都隶属于国土防卫军，事实上，包括军官在内的所有预备役部队成员每年都必须向国土防卫军报告。完全动员起来的话，普军一个骑兵团有 682 人。总的来说，普军野战军的总兵力为34.2 万人，在和平时期，其中约有 21.7 万人是现役官兵。加上后备部队（不包括国土突击队），完全动员起来时，普军可用的总兵力将达到 66 万人，拥有1000 门大炮。进行战争动员后，普军需要再采购大约 8.8 万匹马；值得一提的是，如果在公开市场上买不到足够的马匹，法律会赋予普军强制收购民间马匹的权力。

普鲁士军队的内在素质极高，尤其是随着非现役军官素质的大大提升。普军校级军官也比一些不知情的外部观察人士所认为的要好得多。弗里德里希·恩格斯（Friedrich Engels）是那些认为普鲁士军队无法与奥地利抗衡的人之一，他为《曼彻斯特卫报》（*Manchester Guardian*）撰写了一系列有关这场战争的文章。

他在 1866 年 6 月 20 日发表的第一篇文章中对普军的军官和士兵作了如下评价：

> 普鲁士士兵，特别是预备役部队的士兵，以及那些被征召去填补前线空缺的众多国土防卫军士兵，都是违背自己意愿去打仗的；与此相反，奥地利人早就希望同普鲁士开战，并焦急地等待着命令。因此，奥地利军队在士气上也有优势。普鲁士已经 50 年没有打过大战了；具有所有承平日久军队固有的缺点，比如迂腐气和思想呆板等。毫无疑问，近代以来，尤其是自 1859 年以来，普鲁士人为了摆脱这种状况，已经做了大量的工作；但是，40 年的习惯是不容易根除的，普军中仍然充斥着大量无能和迂腐的人，特别是在最重要的岗位——那些陆军校级军官中间。[2]

战争结束后，法国驻柏林武官施托费尔上校凭着略显马后炮但始终如一的开明态度写道：

> 普鲁士军队的优越性体现在各个方面。他们的军官身体素质非常优秀，

特别是高级军官和连长。但总的来说，普军的士官比军官优秀。士兵则更胜一筹。[3]

关于普鲁士军队为什么这么强大，施托费尔很快就找到了一个原因：

其队伍中有很多受过良好教育且极有教养的人，他们属于上层阶级，作为军官、士官和士兵，他们奉献出自己的智力和体力，致力于保卫国家。[4]

新军事改革，加上每个军在特定区域招募新兵的传统，使得普鲁士军队的动员体系比对手效率更高。此外，普鲁士人还从1864年普丹战争的局部动员中吸取了教训；1866年，大多数普鲁士军队在两周内就成功地将后备部队补充至前线。

然而，普军最引人注目的创新之处还是新武器装备的应用。装备击针步枪使得普鲁士步兵比他们的对手更具优势。到1866年，普军所有正规步军都装备了后膛装弹的步枪，并且这些新装备正在向国土防卫军部队推广；轻骑兵也重新装备了德莱赛卡宾枪（Dreyse carbines）。[5]

在1864年普丹战争中，击针枪所发挥的巨大威力是有目共睹的。毛奇很快就得出了重要结论。这证实了毛奇已经提出的关于新武器对步兵战术产生积极影响这一观点。1865年，毛奇在一篇匿名发表的论文中重申了自己的信念，该文章题为《论改良枪支对战争的影响》（comments on the Influence on the of the on Battle）。斯宾塞·威尔金森（Spenser Wilkinson）分析了这份文件，认为它是一个历史研究的绝佳例子——一名优秀的参谋人员确实可以对军事理论的发展产生重大影响。在这篇文章中，毛奇谈到了一些普鲁士军事思想中难以根除的偏见。他承认，要想击败对手，必须教导士兵正确使用步枪射击，但他同时认为，不必教授士兵远距离狙击技术。毛奇认为，要想在大规模作战中发挥作用，步枪的射击距离应该足够短，以使估算距离的误差小到可以忽略不计。而且必须注意防止浪费弹药。通常，在敌人炮兵的射程范围内，普军步兵以两列横队的队形进行射击，而在敌人火炮射程内由小纵队进行机动，这样有利于迅速变换位置且便于指挥。

毛奇对新式步枪的效果进行了总结：

一般来说，使用改进后火器的一方，其防御力会大大增强。因为防守者可以选择合适的阵地，迫使敌人在开阔的平原上前进。防守方通常会有足够的时间精确地测量某些地面特征物或单个物体的距离，以获得最佳的射击效果。

发动进攻的一方当然保留了主动权；最终，防守者将不得不转向进攻，以获得决定性的战果。这为我们提出了另一个问题：

我们必须先抓住并充分利用固定火力点的显著优势，然后再发动进攻。战术的核心并非只有进攻。一个老到的指挥官往往能够选择具有进攻性的防御阵地，并迫使对手对己方发动攻击。

毛奇继续对这些战术进行了深入的研究：

正面进攻成功的机会越小，敌人就越有可能会转向我们的侧翼，保护侧翼就显得越发的重要……对一支军队而言，其规模越小，战线越短，它就更容易转移自己的阵地……战线越宽，例如单兵作战，其转移阵地的难度就越大。

当一支部队转移阵地后，其战术弹性就非常小了。士兵们需要步行4、5英里，甚至更长的路才能赶到新阵地，"于是，转移行动就变成了行军，行军完毕，当天就没有时间再战斗了。"[6]

在火炮方面，普鲁士军队也吸取了一些教训，这首先要归功于1864年被任命为炮兵总监的欣德辛。

与前任相比，欣德辛对武器装备的态度更加开放，他在提高绩效标准方面非常严格。不过，从普丹战争结束到他上任只有两年时间，还不足以完成更新普军炮兵装备的伟业。1866年投入战争的时候，普军三分之一以上的炮兵部队仍然装备着12磅滑膛炮，其最大射程为1500米。其余的都是后膛炮，包括4磅炮和6磅炮，射程超过4000米，其中只有大约160门是克虏伯铸钢炮。[7]

◎ 1866年的普鲁士线列步兵，由赫伯特·诺特尔绘制。（莱维乌什 藏）

◎ 1866年的普鲁士禁卫猎兵，由赫伯特·诺特尔绘制。（莱维乌什 藏）

◎ 1866年的普鲁士龙骑兵，由赫伯特·诺特尔绘制。（莱维乌什 藏）

◎ 1866年的普鲁士轻骑兵，由赫伯特·诺特尔绘制。（莱维乌什 藏）

◎ 1866年的普鲁士枪骑兵军官，由赫伯特·诺特尔绘制。（莱维乌什 藏）

◎ 1866年的普鲁士线列炮兵军官，由赫伯特·诺特尔绘制。（莱维乌什 藏）

与步兵不同——他们已经完全习惯将击针步枪作为主要武器，装备新型火炮的延迟意味着普军炮兵普遍存在训练不足的问题。这令其在战役爆发后明显处于不利地位；实际上，从1864年起，奥地利所有的炮兵部队均配备了线膛炮，尽管这些火炮都是从炮口装填的，而且炮手都受过充分的训练。令人遗憾的是，普鲁士炮兵学说并没有得到及时更新：普鲁士人过于谨慎，以至于霍亨洛厄都担心他们将大炮视为一种摆设了。[8]在回顾线膛炮与滑膛炮的差异时，霍亨洛厄指出，在战争双方都能同样熟练地使用大炮的基础上，普鲁士人应该利用后膛炮的威力来弥补他们在数量上的劣势，但由于错误的理论，特别是新式大炮的延迟部署，事实并非如此。[9]

火炮技术的迅猛发展，以及武器制造商的国际化，促使罗恩在4月9日给阿尔弗雷德·克虏伯写了一封信，给他"打预防针"：

我冒昧地问您，您是否愿意出于爱国主义和目前的政治形势，承诺未经国王及普鲁士政府的同意，不向奥地利提供任何火炮呢？[10]

克虏伯在 4 月 13 日作出答复，他短促而有力的保证终于令罗恩悬着的心放了下来。

无论结果如何，普军都将被部署到对抗奥地利的广阔战线上。这让毛奇清楚地明白，最好将部队编成 3 个集团军而不是 2 个。这不仅仅是因为在战役一开始就需要对付萨克森——这项任务将部分由易北河集团军承担，该部队将由 3 个师、26 个独立骑兵中队和 144 门大炮所组成。这支军队的指挥权被交给了 70 岁的卡尔·赫沃斯·冯·比滕菲尔德将军，他在 1864 年的战役中表现非常出色，曾带领部队在阿尔森登陆，但事实证明，他是一个谨慎而缺乏想象力的指挥官。他指派能力出众的卡尔·冯·施洛特海姆（Karl von Schlotheim）

◎ 担任普鲁士第 1 集团军司令的腓特烈·查尔斯王子。（罗杰斯 摄）

◎ 普鲁士第 2 集团军指挥官——腓特烈·威廉王储。（罗杰斯 摄）

上校担任他的参谋长。后者现今已经 50 岁，曾在 1849 年对抗巴登起义军的战役中经历了血与火的洗礼，当时他是第 2 军后备骑兵部队的副官。

赫沃斯手下的 3 个师长分别是：蒙斯特 – 米恩霍福尔中将（Munster–Meinhovel，第 14 师），他在普丹战争中也曾是一名战功赫赫的师长；菲利普·冯·坎斯坦中将（Philipp von Canstein，第 15 师）；弗朗茨·冯·埃特泽尔中将（Franz von Etzel，第 16 师）。两个骑兵旅的指挥官分别是冯·德·戈尔茨伯爵（Count von der Goltz，军衔为少将）和冯·科特兹（von Kotze）少将。

毛奇的意图是让易北河集团军从北方入侵萨克森，让他们的左翼与进入萨克森东部的第 1 集团军保持联系。

第 1 集团军由集结在卢萨蒂亚的部队组成，由腓特烈·查尔斯王子统一指挥。查尔斯王子在普丹战争取得胜利后，作为王室家族中最杰出的专职军人，毫无疑问将在即将到来的战役中扮演重要角色。他的参谋长是 57 岁的康斯坦丁·冯·福格茨 – 莱茨（Konstantin von Voigts–Rhetz）中将，他是一名非常有能力的将领，但显然出于职业上的嫉妒，他与毛奇的关系并不融洽。1859 年，福格茨 – 莱茨在陆军部担任作战科科长，他曾大力支持阿尔弗雷德·克虏伯生产的新型火炮，两人关系和睦。他的军需处长是沃尔夫·冯·斯图尔普内格尔（Wolf von Stülpnagel）少将，现年 53 岁，是毛奇最信任的军官之一。1848 年 3 月期间，斯图尔普内格尔在柏林服役，并积极参加了那里的巷战。

最初被分配到第 1 集团军的部队是第 3 和第 4 军，还有阿尔布雷希特王子的骑兵军。如前文所述，这 2 个军一共下辖 4 个师，均独立运作，不设军级参谋部，直接由第 1 集团军指挥。然而，毛奇并没有对这种在当时看来离经叛道的编制方式进行解释，可以说，其除了能增添部队的灵活性之外并没有其他优点，在普法战争期间也没有重复采用。第 3 军下辖各师的师长分别为时年 57 岁的威廉·冯·特鲁姆普林格中将（第 5 师）以及 61 岁的阿尔布雷希特·冯·曼施坦因中将（第 6 师）；他们都具备丹麦战争的经验，都是坚定可靠的指挥官。第 4 军下辖各师的师长分别是杰出的爱德华·冯·弗兰西基中将（Eduard von Fransecky，第 7 师）和海因里希·冯·霍恩中将（Heinrich von Horn，第 8 师），前者现年 59 岁，在 1848 年与丹麦的战争中第一次引起高层的注意，当时他担任弗兰格尔的参谋。

时年 35 岁的王储腓特烈·威廉被任命为驻扎在西里西亚的第 2 集团军的指挥官。他感觉普丹战争中自己在弗兰格尔参谋部的任职经历令人沮丧，但他在军界的影响力正在稳步上升。在战争中，他曾表现出相当的学识和良好的军事能力。不过，这是他第一次担任高级指挥官。王储的参谋长是 56 岁的卡尔·冯·布卢门塔尔少将，在丹麦战争中的杰出表现大大提高了他的声誉。布卢门塔尔曾想知道自己是否会再次被任命为腓特烈·查尔斯的参谋长，因为他曾在普丹战争期间担任这一职位，但他对自己被任命为第 2 集团军的参谋长同样感到非常高兴，他在 5 月 19 日的日记中写道：

> 这个职位正是我梦寐以求的。相比于腓特烈·查尔斯王子严肃认真的性格，王储年轻活泼的性格更适合我。对于奔赴战场而言，保持轻松愉悦的心情是很重要的。[11]

第 2 集团军参谋部的另一名重要成员是王储的密友——军需官阿尔布雷希特·冯·施托什少将。

最初分配给第 2 集团军的是第 5 军和第 6 军。第 5 军由好斗、暴躁、古怪的卡尔·冯·施泰因梅茨（Karl von Steinmetz）将军指挥。

施泰因梅茨出生于 1796 年，他参加过拿破仑战争，在缓慢的晋升中，他于 1848 年成为一名中校，在"三月巷战"中指挥 2 个营的步兵，然后随团参加石勒苏益格 – 荷尔斯泰因战役。此后，他连续得到晋升，并最终获得步兵将军的军衔。他的参谋长是能力出众的弗里德里希·冯·维蒂奇（Friedrich von Wittich）上校。第 5 军的两个师长分别是朱利叶斯·冯·洛温菲尔德（Julius von Löwenfeld，第 9 师）和雨果·冯·基什巴赫（Hugo von Kirchbach，第 10 师）。第 6 军的指挥官是 70 岁的路易·冯·穆提乌斯（Louis von Mutius）将军，他的职业生涯稳定而平淡。他的参谋长是恩斯特·冯·斯珀林（Ernst von Sperling）上校。第 6 军下辖的第 11 师和第 12 师分别由亚历山大·冯·扎斯特罗（Alexander von Zastrow）中将和康拉德·冯·普罗德津斯基（Conrad von Prondzinsky）中将指挥。指挥第 2 集团军后备骑兵部队的是冯·哈特曼（General von Hartmann）少将。

至于剩下的3个军，他们的部署取决于尚未做出的战略选择。第1军由阿道夫·冯·博宁（Adolf von Bonin）将军指挥，事实证明他是一个缺乏想象力、胆小怕事的领导人。他的参谋长是奥古斯特·冯·博里斯（August von Borries）上校；他的两个师长分别是格奥尔格·冯·格罗斯曼中将（Georg von Grossman，第1师）和卡尔·冯·克劳塞维茨中将（Karl von Clausewitz，第2师）。第2军暂时隶属于第1集团军，由67岁的斯特凡·冯·施密特（Stefan von Schmidt）中将指挥，他的参谋长是乔治·冯·卡米克（Georg von Kameke）少将。师长分别是奥古斯特·冯·维尔德中将（August von Werder，第3师）和弗里德里希·赫沃斯·冯·比滕菲尔德中将（Friedrich Herwarth von Bittenfeld，第4师），后者也是易北河集团军军长的兄弟。最后是由顽固而能力平平的符腾堡亲王奥古斯特指挥的禁卫军；他的参谋长是费迪南德·冯·丹嫩伯格（Ferdinand von Dannenberg）上校。第1禁卫师的指挥官是残暴的希勒·冯·加特林根中将——他现年59岁，是爱德温·冯·曼图菲尔政变计划的积极合作者。[12]1849年巴登战役期间，希勒是威廉一世手下的一名少校。他的大部分军旅生涯都在禁卫部队中服役，他本人也是与国王关系最为密切的军官之一。第2禁卫师由海因里希·冯·普鲁斯基（Heinrich von Plonski）中将率领。

这些军队将在波西米亚与奥地利和萨克森军队交战。毛奇特意大幅加强了他们的力量，并因此削弱了普军在德意志西部与奥地利其他盟国作战的兵力——他将这些兵力削减到相当于3个师的规模。由沃格尔·冯·法尔肯斯坦统一指挥，在1864年，法尔肯斯坦联军参谋长的职位曾被毛奇所取代，当时他的表现差强人意。他手下的3个师分别是：第13师（戈本师），一个和邦国军队组成的混编师，由弗里德里希·冯·拜尔（Friedrich von Beyer）少将指挥；还有另一个混编师，由驻扎在荷尔施泰因的部队组成，由曼陀菲尔指挥。

事实证明，普军许多高级将领虽然不再朝气蓬勃，却也沉稳持重；尽管他们中的一些人曾在1848年的石勒苏益格－荷尔斯泰因战役、次年的巴登战役或1864年的普丹战争中有过战斗经历，但大多数人并没有战争经验。即将到来的战争将是他们第一次在实战中担任高级军官。对他们所有人来说，还有一个额外的考验，那就是如何最大限度地发挥新式武器的威力。值得一提的是，这些军官的任命和晋升并不直接掌握在毛奇的手中，而是由内阁军事部长负责。在曼陀菲尔担任这一职务期间，他的权威不断增强；曼陀菲尔使普鲁士军官的整体素质有了很大提高，尽管一些秉持自由主义观念的人一直激烈反对曼陀菲尔，但毫无疑问，他所推行的政策有助于提升普军的战斗力。他的继任者是冯·特莱斯科夫（von Tresckow）少将，相比于曼陀菲尔，他的知名度要低得多，政治野心也小得多。虽然特莱斯科夫的影响力不如曼陀菲尔，但国王依然赋予他很大的行政权力，即使罗恩曾试图夺回这些特权，但他仍然是一个不容小觑的人。

第四节 奥地利军队

从登上王位的那一刻起，弗朗茨·约瑟夫就深知军队对自己的重要性。在整个统治期间，他都"铭记着军队对自己的恩情，珍惜自己作为最高军事领袖的地位，视军队为自己最主要的支持者并报以关切"[1]。正是在军队的帮助下，奥地利君主制才经受住了 1848 年大革命的严峻考验；也是依靠军队，奥地利最终保住了皮埃蒙特（Piedmont）和米兰，并收复了意大利北部；还是依靠军队，奥地利挫败了匈牙利争取独立的企图。此后，尽管奥地利君主制和帝国的完整性暂时得到了保障，但仍然有必要维持甚至扩大军队的规模，以应付持续不断的内部和外部威胁。

从统治奥地利的第一个 10 年起，到 1859 年在意大利遭遇失败，弗朗茨·约瑟夫至少在名义上都有效地控制着自己的军队；然而，不幸的是，这 10 年内情况逐渐恶化。这主要归咎于国王的第一副官格伦尼（Grunne）伯爵，他是迄今为止国王最具影响力的军事顾问。他和弗朗茨·约瑟夫都不愿意从知识或技术的维度去推动军队的发展；弗朗茨·约瑟夫曾说过："我军的优势，不在于有学问的军官，而在于勇敢侠义的人。"[2] 格伦尼更关心的是维持现状而不是推进创新，为了实现这一目标，他说服皇帝改变指挥体制，将所有大权都集中在总参谋长（First Adjutant General）这一职位手中。如前文所述，在奥地利国内，进步党和保守派之间发生了激烈的权力斗争，在普鲁士也发生过类似的事情。[3] 但在奥地利，其结果截然不同——进步党遭遇了惨败。实际上，不论在普鲁士还是在奥地利，政府内阁选举的结果在很大程度上都取决于国王个人的喜好，这一点最终对 1866 年的战局产生了决定性的影响。

其他对重组奥地利军队有贡献的人包括年迈的拉德茨基（Radetzky），他的影响力仍然很大，还有他的参谋长赫斯（Hess）。从1849年9月起，后者开始担任军需署署长和弗朗茨·约瑟夫的私人幕僚长。有一段时间，作为一个很有能力的人，赫斯能够既维持自己的权威地位，又与格伦尼保持合理的工作关系，但到了1853年，赫斯实际上已经被边缘化了，他的影响力几乎完全消失了。结果，他和格伦尼的私人关系也完全破裂了。

另一方面，尽管国内政治压力较大，且财政过度紧缩，但奥地利军队并未受到多少不利影响。虽然奥地利帝国的经济处于混乱状态，但在1848年之后，其每年的军费开支翻了一番，在克里米亚战争期间，军费开支更是翻了两番。但总的来说，除了引进洛伦茨前膛装弹步枪（Lorenz muzzle loading rifle），这些钱并没有花在真正需要的地方，然而相比于奥军以前装备的步兵武器，这已经是一个相当大的进步了。总体来说，奥军的武器装备在技术上并没有多大进步。特别是在火炮方面，其仍使用着大量过时的前装滑膛炮。

◎ 1866年，奥地利军队北方集团军的指挥官路德维希·冯·贝内德克。（罗杰斯 摄）

在近10年中，奥地利陆军的规模始终维持在15个军左右。内部安全是奥地利军方领导人优先考虑的问题；至于外部威胁，奥地利将意大利视为主要的对外防御区域，并在此部署了6个军。1850年，奥军应对国际危机的能力经受了第一次严峻考验，当时，奥地利在德意志民族统一问题上与普鲁士发生了冲突。导火索是黑森-卡塞尔选帝侯暂时被民众起义赶下台这一事件。奥地利支持大公，但普鲁士奉行机会主义政策，将军队调入黑森，以确保东西交通线的畅通。奥地利及其盟国动员起来；其中，奥地利计划派遣拉德茨基指挥的5个军，与萨克森军队协同，从波西米亚向柏林推进，并由德意志南部邦国军队保护其西部侧翼。奥地利在波西米亚调动了25万军队，仍有8万人留在意大利，9万人留在匈牙利和加利西亚。此外，奥地利的盟友——巴伐利亚、萨克森和符腾堡还动员了9万人。这是奥地利军事力量的一次令人印象深刻的展示，但其有效性并未在战场上得到检验，因为普鲁士在奥尔米茨退却了。

1853年，奥地利开启了与俄罗斯长期的外交斗争，为此，奥军进行了一进步动员：首先是将13万占领军部署在匈牙利和特兰西瓦尼亚；随后，1854年4月，奥军在匈牙利和加利西亚又进行了更大规模的动员——组建了第3和第4集团军；最后，1854年秋天，随着外交危机的进一步升级，弗朗茨·约瑟夫下令动员全部15个军，其中11个要部署到俄国附近。负责制定战争计划的赫斯非常悲观，他担心奥军的规模无法与俄军旗鼓相当，勉强动员的话会导致内乱。不过，对奥地利而言幸运的是，英法联军（还有撒丁王国和奥斯曼土耳其）在克里米亚战争中取得了胜利，俄国只能与奥地利缓和关系，双方签署和平条约的过程非常顺利。

1859年，奥地利与撒丁王国之间爆发了冲突。这是由于拿破仑三世与加富尔（Cavour）签订的协议给奥地利带来的危机，军队对此毫无准备。奥地利的政治领导人心知肚明，格伦尼和赫斯分别对外交部部长布尔（Buol）进行了警告，他们指出了军队所面临的威胁。在与法国开战时，奥地利所面临的严峻问题被朱莱（Gyulai，他是奥军派驻意大利的最高指挥官）的胆怯和无能以及格伦尼的持续干扰放大了。马真塔战役过后，朱莱被解职，弗朗茨·约瑟夫下令由赫斯担任总参谋长，亲自指挥作战。但无论如何，这没有从实质上改善军队的状况。赫斯几乎没有得到实权，而且他无论如何都必须和由格伦尼提名的助手拉明（Ramming）共事。不出所料，高层之间的龃龉导致了奥地利军队在索尔费里诺的失败，之后，出于不同的原因，拿破仑三世和弗朗茨·约瑟夫都急于达成协议，以避免进一步敌对行动的开展。

在战役中，奥军士兵比他们军官的表现要好得多，与法军相比，他们装备简陋，伤亡惨重，但作战勇敢且有力。在这些将军中，路德维希·冯·贝内德克的声望有所提高。但正如冈瑟·罗森伯格（Gunther Rothenberg）所指出的那样，这次失败并不是因为战场指挥官突然犯了下一系列灾难性的错误，而是长久以来奥军管理方式的产物。[4]

因此，要想应对未来可能出现的更加严重的威胁，奥军还有很多事情需要做。

在意大利的失败让弗朗茨·约瑟夫暂时离开了最高统帅部，但他对所有重大军事决策仍然保持着浓厚的个人兴趣。格伦尼被解职，接替他担任总参谋长的是德·克伦内维尔（de Crenneville），他与阿尔布雷希特大公（Archduke Albrecht）关系密切，是一位正统军官，他的行事方式反映了奥地利多数将领的保守态度。尽管在军事上遭受失败，但这些人最担心的却是改革派会因此得势，在国内政治不稳定的时期，他们不惜一切代价保住军队忠于国王的传统。一个不利因素是，随着奥地利议会（Reichsrat）在军事预算上的影响力越来越大，可用于装备新技术的资金少了很多（火炮除外）。尽管 1859 年之后至少撤换了 135 名将军，可以说对指挥层进行了"大清洗"，但奥军的指挥结构没有进行多大改革。[5] 奥军师级以上副官（Adjutant General）的影响力现在减弱了；但是，总参谋长的权力并没有相应增加。1860 年，为了回应公众指责（当时舆论对赫斯不利，人们纷纷指责他的无能是 1859 年战争失败的主要原因），弗朗茨·约瑟夫将赫斯免职，此后，贝内德克（Benedek）被任命为总参谋长。这一时期，奥军总参谋长被认为是一个无关紧要的职位，而且它是一个兼职职位，因为贝内德克先担任匈牙利总督，后来又担任意大利总督。贝内德克对自己的新职位很满意，他以一名前线军官所具有的高效率简洁地处理着总参谋部的任务，他认为，成功来自勇气和热情，而不是理智和专业。[6]

◎ 阿尔弗雷德·赫尼克斯泰因，于 1866 年担任奥地利总参谋长。（罗杰斯 摄）

在贝内德克和他的继任者，即他的好朋友冯·赫尼克斯泰因的领导下，奥军总参谋部的地位有所提升，但并未上升到与柏林的总参谋部地位相当的程度。赫尼克斯泰因似乎也被奥地利军队高层的持续动荡所感染，他对自己的新任命发表评论说：我不是这个重要职位的最佳人选。我能力不足，知识匮乏，因此也缺乏必要的自信。[7]

议会对军事预算的限制对奥军产生了不利影响，从理论上讲，奥军每年的征兵人数应该达到85万人，但实际上远没有达到这一数字。事实上，新兵的服役期每年都有所不同，而步兵的8年服役期实际上减少到了3年，骑兵和炮兵的服役期为6年。值得一提的是，奥军并没有设立正规的预备役部队，只规定应征入伍的士兵要在后备部队服役2年，而且也没有设立国土防卫军。富人可以雇佣替代人员以避免被征兵，从而拉低了整个军队的平均教育水平。奥军内部有大量部队来自帝国的各个偏远地区，这些地区的部队在政治上忠诚度不高，因而通常都被部署到远离家乡的地方。在奥军当中，只有四分之一出头的士兵是德意志人；五分之一是捷克人和斯洛伐克人，十分之一出头是意大利人。1866年，奥军实际上只动员了52.8万名士兵，据此，奥军可以组建2个野战集团军，总数为32万人。[8]

1859年的战败导致奥军进行了一系列改革。其陆军部队被重组为10个军，在正常情况下，每个军由4个旅组成，"师"这个指挥级别已经被削减。在骑兵部队中，轻骑兵越来越受重视，因为他们更适合侦察敌情以及独立作战。尽管与后膛装填火炮相关的技术问题尚未解决，但由于重新装备了经过大幅改进的青铜前膛炮（包括4磅炮和8磅炮，射程为4000码），奥军炮兵部队的战斗力也得以增强。

奥军还对自己在意大利战役中的经验教训进行了总结。1862年，奥军颁布了新的步兵战术条例，这个新条例很大程度上是基于法国人对刺刀的成功运用而编制的。其实，在射程上，奥地利的洛伦茨（Lorenz）步枪胜过当时法国的步枪，弗里德里希·恩格斯在1861年撰写的一份步兵武器调查报告中指出："洛伦茨步枪在1859年的意大利战役中经受住了考验，许多法国士兵，特别是军官都对其非常惧怕，这足以证明它的优越性。"[9]在意大利战役中，法国人利用刺刀对奥军一个营（该营有100人，阵地纵深为6英里）据守的前线

◎ 奥地利步兵，由赫伯特·诺特尔绘制。
（莱维乌什 藏）

◎ 奥地利猎兵，由赫伯特·诺特尔绘制。
（莱维乌什 藏）

◎ 奥地利龙骑兵军官，由赫伯特·诺特尔绘制。
（莱维乌什 藏）

◎ 奥地利工兵，由赫伯特·诺特尔绘制。
（莱维乌什 藏）

发动了大规模白刃突击，这是因为洛伦茨步枪的曲射弹道无法覆盖他们的整个进攻区域，随后，法军突破了奥军防线。不过，奥地利军队现在的规定是，各营必须集中起来，以便在比法国采用的战线更窄的战线上进行攻击，因为步兵的主要功能就是"利用刺刀发动大规模进攻"。[10]

1864 年的丹麦战役为想要对奥军和普军的表现进行比较的将领们提供了一个绝佳的契机，对奥军来说，他们可以据此判断自己在 1859 年战争中暴露的缺陷在多大程度上得到了弥补。由 4 个步兵旅和 1 个骑兵旅组成的奥地利派遣军比普鲁士军队的规模稍小一些。不过，面对几乎总是寡不敌众但勇敢顽强的丹麦人，奥地利人英勇对抗；尽管奥军由于坚持使用刺刀突击战术造成的伤亡较大，但这并没有动摇奥军高层对这种战术的信赖。而且大多数外国观察家都认为，如果对普奥军队的战斗力进行总体评估的话，奥军要更强一些。

在这些外国观察家中，代表人物是法国驻柏林武官克莱蒙－坦纳雷，他告诉弗里德里希·冯·荷尔斯泰因（Friedrich von Holstein），自己对奥地利人鲁莽的刺刀进攻感到非常满意，他还说：

> 普鲁士军队可谓是优良的了，他们对上级的命令十分服从；但是奥地利人，啊，他们简直拥有世界上最好的军队！我们花了很多时间才打败他们……从那以后，我日渐清楚，奥地利人从我们这里学到了很多东西。[11]

荷尔斯泰因认为克莱蒙－坦纳雷的报告在后来深刻地影响了拿破仑三世对普奥双方在 1866 年战争中的政治和军事评估（尽管克莱蒙－坦纳雷在战争爆发前已经改变了他的看法）。另外，奥军已经知道普军装备了新型步兵武器——性能优越的德莱赛击针步枪，但未能给予足够的重视。即便奥地利观察员有大把机会注意到普奥双方在伤亡人数方面存在巨大差异，也没有影响奥军对刺刀的偏爱，更没有打消奥地利最高统帅部不愿意采用后膛装弹步枪的想法，因为这会带来的巨大财政负担。

负责规划奥军丹麦行动的参谋费伦茨·弗拉斯特（Ferenc Vlasits）上校的观点表明，这种过度乐观的态度在维也纳的高层中并不罕见。1865 年，他对普军进行了如下评价：

◎ 吉迪恩·克里斯马尼奇将军，在 1866 年战役中，他是贝内德克北方集团军的作战指挥官。（罗杰斯 摄）

（普鲁士人）的指挥太混乱了……虽然普鲁士战略家们懂得赢得战略主动性、果敢行动以及积极创造条件的意义，但是他们并不懂得交通线路的关键、甚至决定性作用。他们是无可救药的乐观主义者，在行动陷入混乱后，他们没能在后方重新构建一条新的战线。[12]

贝内德克并不愿意指挥波西米亚奥军，他已经意识到了自己的不足之处，因此他坚持带着一位极有能力的参谋长——冯·约翰（von John，此人曾在意大利战役期间辅佐贝内德克）。然而，后来他却被迫把冯·约翰留在原位，以利用后者在实战中取得的经验辅助阿尔布雷希特大公。在大公的建议下，贝内德克只好接受了自信、满腹经纶却只会纸上谈兵的吉迪恩·冯·克里斯马尼奇（Gideon von Krismanic）少将，后者以作战部主任（director of operations）的头衔领导着贝内德克的幕僚团队。

克里斯马尼奇来自克罗地亚；他出生于 1817 年，意大利战役期间曾在拉德茨基的麾下作战，之后，他开始对波西米亚及其军事历史进行详细研究。1859 年，他成为维也纳军事学院的战略学教授，并在第二年引起了阿尔布雷希特大公的注意，他表现出的过人才智给后者留下了深刻的印象。弗里登评论说，克里斯马尼奇拥有"强大的思维能力，也能接受新鲜事物，他非常自信，语言表达能力也不错，但是这些优点或许会掩盖他创新性和判断力不足的毛病。"[13] 克里斯马尼奇的策略完全基于防御阵地和固定通信线路，这在当时已经是一种过时的理念了，而且他也有点过于谨慎。除此之外，贝内德克让愤世嫉俗且怨天尤人的赫尼克斯泰因参与北部奥军的决策，这使问题更加严重了；

因为后者对普奥战争的结果完全持悲观态度，在评论别人的想法时，他往往也是一个非常消极的人。1866年，一位奥地利将军卡尔·莫林（Karl Moring）观察到这两位参谋长的表现时，曾说道："我那博学而懒惰的朋友克里斯马尼奇（Krismanic）和我那不学无术的朋友赫尼克斯泰因似乎都搞砸了，他们承担此类重任就像我写歌剧一样生疏。"[14]

总体而言，这并不是一支对抗普鲁士军队的最强队伍。但是在1866年6月，奥军的缺陷也并不明显；在对双方进行审视后，弗里德里希·恩格斯认为："普军的指挥体系较为失败。"恩格斯对贝内德克很有好感，他说："贝内德克是一位经验丰富的军官，至少知道自己的想法。显然，就最高指挥层而言，奥军一方占有优势。"[15]

贝内德克手下将领的素质参差不齐。第1军由富有但无能的贵族克朗·加拉斯（Clam Gallas）率领，他在1859年的意大利战役中表现平平，但在后来的大清洗中幸存下来，被称为"在索尔费里诺战役和柯尼希格雷茨（Koniggratz）战役期间削弱奥地利军队的裙带关系和特权阶层的最佳范例。"[16]第2军由卡尔·图恩–霍恩施泰因（Karl Thun–Hohenstein）指挥，他是一位平凡的将军，但迄今为止表现还算不错。第3军和第8军分别由恩斯特大公（Ernst）和利奥波德（Leopold）大公指挥；第4军由无能的塔西洛·费斯泰迪奇（Tassilo Festetics）指挥，第6军则由威廉·拉明（Wilhelm Ramming）指挥，他曾在1859年担任赫斯的助理参谋长，在这个职位上，他的贡献不大，而且与赫斯相处得并不融洽。第10军由刚从荷尔斯泰因回来的加布伦茨指挥，此人值得信赖。在骑兵师的指挥官中，最引人注目的是骁勇善战的埃德尔斯海姆（Edelsheim），他曾在意大利战役中指挥第1轻骑兵师，并赢得了相当大的声誉。最后，威廉大公被任命为炮兵总监。

除了自己国家的军队，贝内德克还拥有一支实力强大的萨克森军队，由能力极强的萨克森王储亲自指挥。贝内德克的军队共有24.7万名奥地利人，还有2.4万名萨克森人；这个数字与毛奇和他的参谋人员所预测的数字极其接近，而这个预测也是普鲁士制订战略计划的基础。

第五节 最后的计划

尽管在战争爆发之前，毛奇已经仔细地分析了战略问题，但是，在4月和5月期间，他仍然在对各种可能性进行不断地思考，普军所要采取的最终计划也没有被敲定。在制订对奥战争计划的过程中，毛奇采取了一种灵活的办法，以便他的选择仍留有余地。毛奇所采用策略的基本原则后来在一篇写于1871年文章中得以阐明：

> 根据战略计划，我们的首要任务是最终集结作战力量，即军队的首次部署，这里涉及各个方面，需要从政治、地理和国内政治状况方面进行考虑。一旦战争爆发，军队最初集结时发生的错误是很难纠正的。好在这个问题可以在战争爆发前进行考虑，并且假定各部队已做好战备工作，运输工具也已准备就绪，那势必会带来预期的战果。更广泛的战略任务还包括集结部队的战斗部署，也就是作战。不久后，敌人就要与我们发生正面对决了。我们只有做好准备，果断行动，才能取得胜利……任何作战计划都不能与真实情况完全相符。只有外行才会在一个动态过程中，始终如一地执行一份预先设想的、非常详细的计划，并坚持贯彻到底。

当然，普鲁士军队的统帅会一直牢记他的伟大目标，不受战事变化的影响。但是，他走向胜利的道路，是永远不能预先确定的。在整个战斗过程中，他必须根据无法预见的情况做出一系列决定。[1]

这就是毛奇在1866年那个令人焦虑的春天所遵循的原则，不过，有一个不利条件已经开始显现了——毛奇的战略计划并没有得到许多参与这次战争准备工作的其他人的赞同和理解。尽管毛奇小心翼翼地不干预政治决策，但他仍然非常注意政治形势对其战略的影响。例如，毛奇很清楚，出于经济和政治上的原因，他必须以迅速取得胜利作为目标。整个普鲁士和德意志的民众对战争的前景都不乐观；毛奇自己的参谋人员在5月18日提交给他的一份文件中强调了迅速采取行动的重要性："不能忽视国内民众的意见。目前，民众对战争的想法越来越趋向消极。除非军队开始行动，否则士气将受到严重影响。"[2]尽管，在俾斯麦的银行家格尔森·布莱克洛德的努力下，普鲁士有足够的财力

◎ 1866年的康斯坦丁·冯·福格茨－莱茨将军，普鲁士第1集团军参谋长。（罗杰斯 摄）

发动战争，但一场持久战也会对普鲁士的财政和国民经济造成严重损害。

最后，不断出现的外部干扰也是俾斯麦从未忘记的潜在威胁，战争拖得越久，其他列强采取联合行动的可能性就越大，普鲁士也就越危险。

5月25日，毛奇为在柏林皇宫举行的一次重要会议撰写了一份备忘录。在这篇文章中，毛奇谈到了国王的忧虑，为此，他特意排除了奥军对柏林构成严重威胁的可能性；至于奥地利人对西里西亚发动的进攻，只要"再走几步"，他们就能感受到集结在岑堡—比绍夫斯沃达和德累斯顿的普鲁士大军的压力。一旦这些军队进入波西米亚，奥地利军队就必须撤退。毛奇认为奥地利军队向格尔利茨进军是毫无意义的，也是不可能的。备忘录的最后，毛奇老调重弹，即他认为普鲁士必须立即发起进攻：

从军事角度来看，6月5日之后我们就必须采取行动了，一天都不能浪费。到那个时候，奥地利人已经很难把所有的兵力都调动起来对付我们了。但是，随着时间的推移，他们会变得越来越强大，几个星期后，新的敌人很可能会出现在法兰克尼亚。最重要的是在这一切发生之前，消灭敌军主力，打敌军个措手不及……出于军事考虑，我们的外交行动应该在6月5日前结束。[3]

布卢门塔尔出席了这次会议，并在日记中记录了会上的部分辩论内容。他认为，国王仍然对和平解决危机抱有期望，而且他对奥地利军队即将进军柏林充满了担忧。为此，第1集团军的参谋长公开批评了毛奇的部署计划：

福格茨 - 莱茨（Voigts-Rhetz）指责部队的部署过于分散，以至于无法完成首次前行——从泽茨到上西里西亚，其正面宽度大约有 60 英里。但冯·毛奇将军的理由是运输工具的改进，也就是铁路，正是铁路使这种集结速度成为可能。

利用铁路，在前进的过程中，各支部队也能保持更为密切的联系。总参谋部的意见是，我们不应该把主力部署在易北河，而应该将其部署在格尔利茨，因为那里很可能是奥军首选的入侵地点。[4]

这次会议没有达成任何明确的结论就散会了，但布卢门塔尔认为，第 2 集团军应该在等待第 1 集团军到来的同时且战且退，然后固守防线。当然，这与毛奇的观点相左；会议结束后，在与腓特烈·查尔斯的交流中，布卢门塔尔觉得奥地利人不太可能分散兵力，而是更可能集中主力向第 1 集团军据守的阵地发起猛攻。[5]

由于政治形势尚不明朗，毛奇于 5 月 29 日下令将重心向东转移，将第 2、3、4 军向第 2 集团军靠拢。他还指示赫沃斯接管易北河集团军的指挥权，同时指示禁卫军在科特布斯集结。这些行动将于 6 月 5 日开始。毛奇的策略在很大程度上并不被他的一些同事所理解，这一点在一封写于 5 月 29 日的长信中得到了进一步的证明，施泰因梅茨给毛奇去信抱怨说，他的部署影响恶劣，相当于邀请奥地利人入侵西里西亚，而且莱茵河诸省份都没有得到充分保护。在 6 月 1 日的回信中，毛奇耐心地解释了他的策略：

我们只有一个真正危险的敌人——奥地利，它也是德意志小邦国的核心。这个敌人正全副武装地站在那里；而我们却把主力部队放在莱茵河旁边，去防御一个目前还不存在的敌人，这将是一个巨大的错误。

关于施泰因梅茨对西里西亚提出的担忧，毛奇写道：

第 1 集团军的位置是正确的。如果我们在萨克森或北波西米亚遭遇奥地利军队，还可以将第 1 军补充给这个集团军。如果敌人的主要作战目标是西里西亚，那么第 2 集团军也可以立即赶来增援……很明显，从军事角度看，这一部署是没有问题的。但与这个问题有关的其他讨论已经超出了我的职权范围。[6]

但实际上，毛奇已经得出结论：无论如何，第 1 军都应该被编入第 2 集团军内。然而，在毛奇完善战略计划的过程中，他仍然被一些人——比如布卢门塔尔，认为是优柔寡断的。

6 月 1 日，当得知毛奇打算将军队向东转移时，布卢门塔尔立即得出了荒谬的结论，认为毛奇现在正提议采取守势：

这种不断变更战略计划的行为太可怕了，稍有不慎便会功亏一篑。我们并不要求他做得更好，只要坚持原来的计划即可。但恐怕冯·毛奇将军受别人的影响太大，迟迟无法得出决定性的结论。

布卢门塔尔还对福格茨 - 莱茨表示反感，因为后者打算将主力部署在西里西亚的背后，"这对防守来说是有利的，但我无法欣赏一个冒着危及一切的风险试图将自己的信念强加于他人的人。"[7]

尽管担心反复无常的布卢门塔尔，毛奇却无意偃旗息鼓。在 6 月 3 日与国王的一次会面中，毛奇概述了他的建议，即让赫沃斯进军萨克森，然后暂停攻势等待援军，之后再继续进军波西米亚。与此同时，根据最新的情报报告，奥地利人仍打算将重兵部署在帕尔杜比茨－奥斯维辛一线（Pardubitz–Oswiecim）：

因此，我们可以放心进行部署，在 6 月 15 日，我们可以在包岑 - 格尔利茨一线集结第 1 集团军，其兵力为 13 万，它的面前没有在兵力上可以与之媲美的敌军部队，即使驻扎在布拉格的奥地利第 1 集团军抛弃萨克森人，向自己的右翼移动，也无法与之匹敌。

考虑到这一点，毛奇建议把第 1 军调离第 1 集团军，并将其转隶第 2 集团军，因为第 1 集团军不需要这么强大的兵力，而第 2 集团军更容易受到奥军的反制。[8] 国王在前一天发布了总动员令，之后由毛奇向军队下达了具体的作

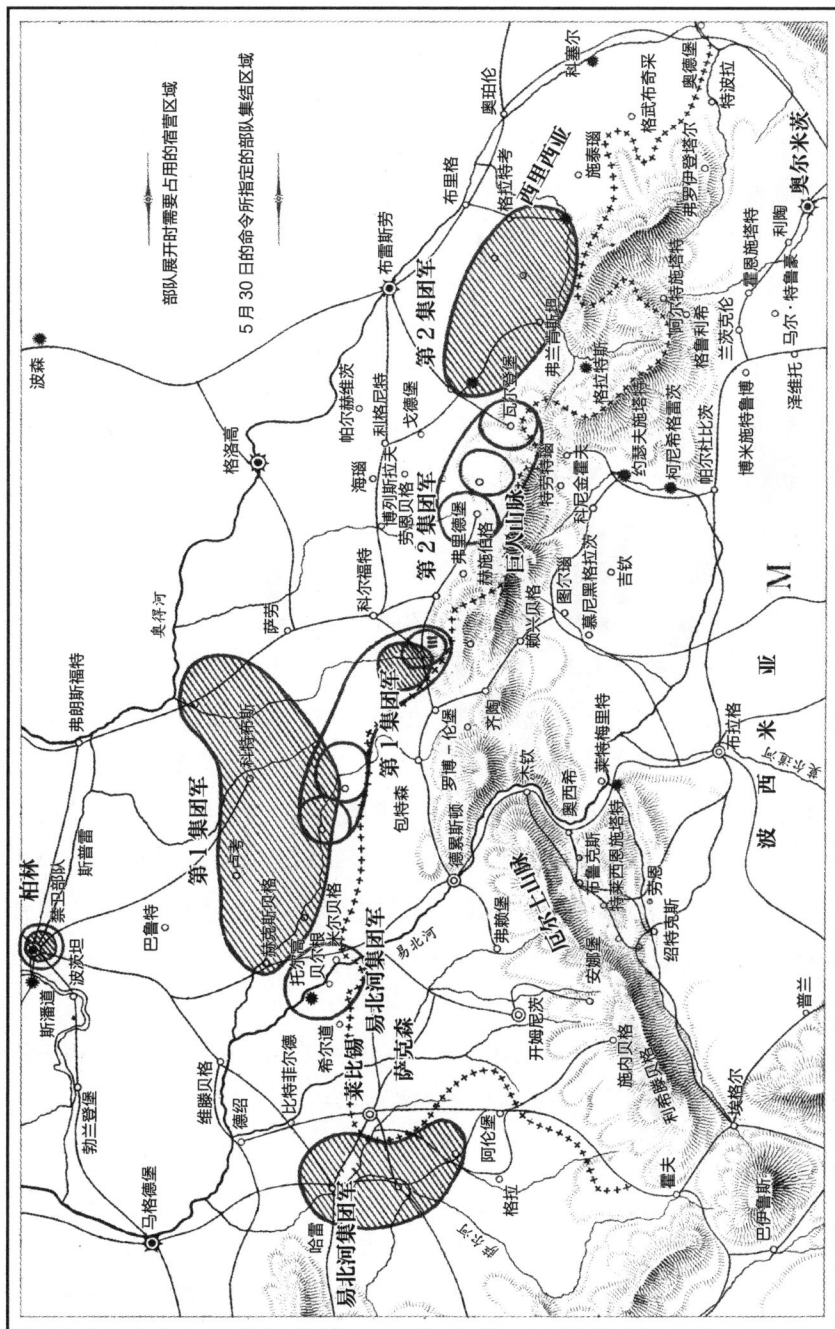

© 普鲁士集团军在萨克森和波西米亚边境的初始集结位置。

195

战命令。此前，国王已经批准了毛奇的计划，第 1 军按指示转移到了赫施伯格（Hirschberg）。6 月 8 日，布卢门塔尔写信给毛奇，他现在认为奥地利军队极有可能会进攻布雷斯劳要塞，并提议在奈塞后方的格罗特考 – 奈塞（Grottkau–Neisse）和帕奇库夫（Patschkau）之间布设一道阵地：

这种以堡垒为支撑的防御阵地很适于拖住敌人，也适于在有利情况下向敌人发动进攻。因此，我打算于 6 月 11 日率领主力离开这里，这样我们就可以在 6 月 16 日之前集中力量对付奈塞的敌人了。[9]

布卢门塔尔接着说，他是多么渴望得到增援，他想知道是否可以把禁卫军调到布里格（Brieg）去，并把这个地区防守的责任移交给第 1 集团军。然而，事实上，毛奇已经决定增援第 2 集团军，在收到布卢门塔尔的信之前，他已经在 6 月 8 日给后者打了个电报："想想看，如果用火车把另一支陆军部队送往你处，你希望他们在哪里与你会师？是格赖芬贝格（Greiffenberg）、利格尼茨、布雷斯劳（Breslau），还是在其他什么地方？请明天上午答复。"[10]布卢门塔尔迅速做出回应，根据信中列出的原因，他声称布里格是最合适的地点。不过，毛奇收到布卢门塔尔的信后，重新进行了考虑。毛奇想给军队的指挥官们更大的自由裁量权，但他不希望他们损害自己的战略计划，因此他立即给布卢门塔尔发了一份电报，明确表示未经批准不得采取任何重大行动。布卢门塔尔因此受到了一定的惩罚，他将毛奇明确禁止他的提议记录了下来："毛奇说，没有国王的批准，是不能这样调动军队的。他也许是对的；但是，我们还得据理力争！"[11]

毛奇已经猜到布卢门塔尔会因他的指示而感到不忿，于是他在电报之后附了一封坚定而委婉的信，重申他打算采取的行动：

请不要误解我今天的电报，我的用意是，一旦军队与敌人接触，就要以严格的命令来限制军队的行动自由。但是，决定我方某支部队是进攻还是防御，前进还是撤退的命令，只能由国王下达，因为这支军队的行动必然与其他军队的行动密切相关，所以我们必须从全局进行考虑。[12]

毛奇说，在他看来，令部队移动到奈塞的提议本身是完全正确的，但是这样的行动必须与第 1 集团军的推进同时进行，他想知道第 6 军是否有可能单独采取这一行动。但是，在进一步对上述地域的阵地进行观察后，他批准了布卢门塔尔的前进计划，并同时确认了将禁卫军转隶第 2 集团军的命令。

然而，毛奇不允许各支部队的前进步调不一致，他于 6 月 11 日向第 1 集团军发出了继续向格尔利茨前进的指示。当天晚上，毛奇写信给布卢门塔尔，他设想，如果易北河集团军能如他所愿进入萨克森，就可以把战线缩小到布列敦 – 格尔利茨（Dresden–Görlitz）一线，届时，奥军就不得不转移 2 到 3 个军到此处，从而减轻普军第 2 集团军的压力：

但我们必须对现实情况进行考虑，而不是任凭我们的想象来臆测。强有力的非军事因素迫使我们的军队在接下来的 8 天内进入根本无法进入萨克森，但我们不应该坐以待毙浪费时间。第 1 集团军将于 6 月 18 日从驻地奈斯基（Niesky）前出到格赖芬贝格和赫施伯格的营地，届时您也将亲自前往奈塞。

然而，毛奇仍然对奥军进攻布雷斯劳的可能性表示警惕：

像贝内德克这样精力充沛的领导人不会因为一点点阻碍就中止他在西里西亚的行动。在那里，他有匈牙利和加利西亚的铁路网做后盾，因此他可以集中全部力量对准面前的目标。[13]

与此同时，或许考虑到布卢门塔尔冲动的性格，毛奇给出了一些明智的建议：

在这里，你比我更有资格判断这些事情，但我能希望你能抵制诱惑，在任何情况下都要保持清醒。显然，不惜一切代价与敌人决战要比撤退容易得多，尽管后者有时候是必须的。[14]

毛奇那天也给斯图普纳格尔（Stulpnagel）写了封信，对仍不明朗的政治局势进行了回顾。毛奇在信中说，自己将会命令第 1 集团军进入卢萨蒂亚，同时让他们自行决定向一线阵地投入多少兵力——这将取决于奥地利军队在波西米亚北部的实力。然而很明显，战争已经迫在眉睫，毛奇正在努力游说国王允许赫沃斯在 6 月 16 日攻入萨克森。在接下来的几天里，毛奇的主要任务是准备在德意志的西部迅速采取行动，不过，在 6 月 14 日，他根据关于敌人在波西米亚活动的最新情报，粗略拟出了普鲁士军队进攻奥地利的计划大纲。在这时候，他已经把吉钦（Gitschin）确定为第 1 集团军和第 2 集团军的主攻方向。[15]

此时，普军部队正按照毛奇的计划沿着一条大约 300 英里长的弧线前进。《官方战史》注意到这一点：

> 这显然不是真正的战略集结，但这是迈向成功的第一步。普军各支部队仍然分散在各个区域，他们有的正在向不同的外围阵地前进，有的则撤回国内，这取决于该处采取的策略是进攻还是防御。[16]

法国评论员博纳尔（Bonnal）将军自称发现了普军战略的真正症结，到 5 月底，普军高层已经做出了发动攻势的决定，但博纳尔认为这些话是为了掩盖下述事实，即毛奇允许第 2 集团军向奈塞挺进，并命令第 1 集团军继续向东挺进，这使他犯了一个严重的战略错误。事实上，对于博纳尔而言，拿破仑的战略原则才是检验任何决策正确性与否的唯一可接受的标准，博纳尔预测："这是一个巨大的战略失误，如果敌人富有拿破仑那种气势如虹、智计频出的品格，那么普鲁士是一定会灭亡的。"[17]

另一方面，德国评论员冯·克默雷尔（von Caemmerer）将军却对毛奇的战略持赞同态度；"很明显，毛奇并不担心奥军在战争初期发动猛攻"，主要是因为他可以依靠"各支分散部队之间的紧密合作"。[18]最终，克默雷尔的观点（而非博纳尔的观点）与历史现实一致；毛奇很清楚贝内德克会以何种方式发动进攻，正如在大量信件中所说的那样，他打算冷静地应对敌人的进攻。早在 6 月 11 日，毛奇就已经有了将各支部队分散部署的理由，当时，情报显示 7 个奥地利军中有 5 个还滞留在摩拉维亚。

但是在当时，一些独立观察家认为普鲁士军队的分散部署是一个严重错误。弗里德里希·恩格斯在《曼彻斯特卫报》上写道："战争一旦开始，优势肯定是属于奥地利一方的。"

普鲁士军队部署的消息一传开，恩格斯就激动地指出这是"重大的战略性失误"，他认为这是王室参与战争的必然结果。并尖锐地表达了自己的观点：

提出这样一种作战计划的军官，甚至连中尉都没资格担任……没有人能预料到，国王和王子们掌握了军队的最高指挥权后，造成的严重甚至致命后果这么快就暴露无遗了。[19]

在普鲁士国内也有不同的声音存在，退休将军冯·威利森认为，转向奈塞是"毛奇可能犯下的最大错误——他将主力分散到两个截然不同的地域中"。[20]

在战争爆发前的几周里，毛奇也一直在关注意大利发生的事情。6月初，西奥多·冯·伯恩哈迪（Theodore von Bernhardi）和冯·卢卡杜（von Lucadou）少校被派往佛罗伦萨，担任普鲁士与意大利的联络人。作为一名军事历史学家和孜孜不倦的日记作者，伯恩哈迪多年来一直与普鲁士的权力核心保持着密切联系，并被俾斯麦和毛奇视为可靠的使者。他让毛奇深入了解到意大利领导人之间关于究竟采取何种策略的激烈辩论。毛奇很快发现这些情报令人沮丧，因为，正如我们将会看到的，他对意大利人的心理攻势完全失败了。

不过，对毛奇而言，意大利的参与才是最重要的，他并没有指望意大利能出多少力。在接下来的几个星期里，奥地利军队没有进行重新部署，因此，毛奇首先要面对的就是贝内德

◎ 弗里德里希·恩格斯，1866年，他在曼彻斯特卫报对欧洲军事形势进行了评论。（该插图选自维基百科）

克的北方集团军。毛奇预测的、奥地利人抢先发动进攻的情况似乎并没有出现。他之所以决定将主力集中在奥尔米茨，不仅是因为克里斯马尼奇不论面对何种情况都打算采取防御策略，也是因为奥军的动员进度比较缓慢，需要从边境慢慢集结兵力。贝内德克已经同意了克里斯马尼奇的战略，这就完全排除了奥军向柏林进军的可能性；而且也没有证据表明克里斯马尼奇曾经认真考虑过另一种选择——对布雷斯劳发动进攻。

尽管如此，贝内德克的参谋部发布的公众食物配给令仍是以奥地利人大踏步前进为依据的。况且，奥军已经宣布了军队在占领区的行为准则，还有贝内德克勇敢善战的名声，足以使奥地利新闻界相信其已经做好了战争准备。但事实却并非如此，贝内德克是在5月中旬才赶到波西米亚的，离开维罗纳时，他毫不掩饰自己的遗憾，喃喃自语道："在这里，通往米兰道路上的每一棵树我都认识，到那里我却成了陌生人。"他欣然接受了克里斯马尼奇谨慎的防御策略。后者无法摆脱一个世纪前对抗腓特烈大帝（Frederick The Great）的战争经验——这为他的战争计划提供了丰富的灵感。毛奇毫不怀疑奥尔米茨一定是奥军的集结地，而不是在更远的西方或北方，尽管这样会给普鲁士在政治和军事方面造成严重后果。在奥尔米茨，贝内德克的部队离东部太远，无法直接有效地支援萨克森，而且这也表明克里斯马尼奇已经放弃了与巴伐利亚人合作的打算。

贝内德克的消极战略在维也纳引起了越来越多的关注。6月6日，贝克被派往奥尔米茨，他要求贝内德克向西进军至波西米亚，但遭到后者的断然拒绝。贝内德克接受了他的全体参谋人员的建议，即目前不可能采取积极行动，因为目标太远了，而且无论如何，奥地利军队的集结还远远没有完成。与萨克森军队的合作，目前只能局限于克朗·加拉斯的第1军——这是当时奥地利在北波西米亚部署的唯一一支主力部队。抛开弗朗茨·约瑟夫对奥军部署的深切担忧不无道理这一点来看，贝内德克的决策在军事上是极其愚蠢的，因为萨克森军队是奥地利军队的重要补充。正如斯宾塞·威尔金森（Spencer Wilkinson）所说的那样：

保护萨克森的方法就是在适当的时候击败普鲁士人。但萨克森军队不是摆设，而是用来作战的，利用萨克森军队的最佳方式是将其部署到前线，帮助击败普鲁士人，只有这样才能确保萨克森的独立。[21]

贝克被告知，他带给贝内德克的只是建议，而不是指示；这种缺乏自信的指挥方式，对于克里斯马尼奇和奥军其他顽固遵守防御准则的高层来说，是完全不起作用的。他们坚决认为，奥军不可能在战争来临之前准备好。

当然，克里斯马尼奇认为他可以等待普鲁士人先出招——这似乎很快就要实现了；他非常愿意在奥尔米茨等着，看看普鲁士人所采取的行动，希望他们可以出现什么纰漏，以便给己方可乘之机。另一方面，克里斯马尼奇消极防御的思想是不可动摇的；他不打算让军队分散，进而被敌人各个击破。相反，他会等到所有部队以及他们的补给和弹药到达，然后在必要的情况下才继续前进。如果有必要进军波西米亚，那么重点防御的对象应该是约瑟夫施塔特要塞，如果克朗·加拉斯和萨克森人受到普军猛攻，他们可以从此处撤退。

这种防御性的、纯粹机会主义的做法正中毛奇的下怀。随着普鲁士军队动员工作的持续进行，由于前期拖延而错失的机会迅速得到了弥补，毛奇集中兵力的计划被打乱的可能性越来越小。《奥地利军事杂志》（Österreichische Militärische Zeitschrift）提出了把焦点放在奥尔米茨的另一个理由，认为这会使"普鲁士犹豫不决，迫使其分散力量"。然而，正如普鲁士《官方战史》所指出的，它起到了相反的作用：

> 当普军得知奥军将主力部署在奥尔米茨附近时，一切疑虑都烟消云散了。要想入侵普鲁士领土，奥军只能经过西里西亚。现在，普军已经在此层层设防，此后柏林的安全不再需要担心了。[22]

随着战争的临近，毛奇也在根据局势的变化改进他的战略。包括组建一支由冯·德·穆尔贝率领的预备部队，这支部队由国土防卫军组成，旨在加强易北河集团军，事实上，穆尔贝麾下将拥有近 27.9 万人，不过，这支军队在战争初期没有采取任何行动。在战争的第一阶段，毛奇共派出 25.5 万军队，其中第 1 集团军 9.3 万人，第 2 集团军 11.5 万人，易北河集团军 4.6 万人。为了对抗普军，贝内德克指挥的北方集团军拥有 24.7 万兵力，还有 2.4 万人的萨克森军提供支援，所以人数上奥军仍然占有微弱优势。对于处于守势的军队来说，这是一个极大的潜在优势，因此，根据军事理论家的观点，奥军占有内线作战的优势。贝内德克的个性可以说与毛奇完全相反，他冲动，对知识分子不感冒，但毛奇仍然对他的勇敢和好斗抱有一丝敬意。不过，普鲁士总参谋部在评估了所有潜在的对手后，只是简单地提到了贝内德克："他既不能胜任总司令，也完全不是一位军事家；他需要在很多专业人士的帮助下，才能管理军队。"[23]

第六节 战争倒计时

欧洲人对普奥战争的结果存在较大分歧。一般来说，报界认为，普鲁士会因为其首相俾斯麦的一意孤行而受到惩罚，这是公众舆论的一致结论。无论如何，这是大多数英国媒体所秉持的立场，对他们而言，俾斯麦实际上就是"魔鬼的化身"。《泰晤士报》发表了一系列言辞激烈的社论，反映出人们的普遍看法：公众认为，奥地利的实力要强大得多；而且考虑到普鲁士和意大利之间的频繁联系，公众相当坚定地认为："自从普鲁士和意大利第一次结为同盟，并臣服于拿破仑脚下以来，欧洲从未形成过比这更具自杀性质的联盟。"[1]

在法国，媒体更担心拿破仑三世会被卷入战争，而不太关心法国是否会明确表明自己的立场。当时，法国的代表报刊是《世纪报》(Le Siecle)，这是一份民主党反对派报纸，与政府有些关联；它主张对普奥战争要警惕地保持中立，只有在奥地利危及意大利统一，或者冲突导致德意志权力平衡发生改变从而损害法国地位的前提下，才应进行干预。[2] 半官方媒体确信法国将保持中立。路易 – 阿道夫·梯也尔 (Adolphe Thiers) 的观点略有不同，但更有先见之明，他谴责了普鲁士不断扩张政策所带来的威胁，以及政府对意大利统一的帮助（因为这对法国没有什么好处）。尽管他同意中立政策，"因为这里没有人愚蠢到为了避免战争而先打一场战争"，然而，对于法国来说，风险在于如果普鲁士取得一场决定性的胜利，那么一个脆弱的德意志邦联很可能会被一个强大的德意志联邦所取代：

去法国的任何地方，去最小的城镇和村庄，您将看到现行政策究竟是否受欢迎。普鲁士正倾向于效仿查理五世，在北部（而非南部）重建古代德意志帝国，如果支持意大利统一，法国将会受到普鲁士的赞许和支持。然而，法国也有很多有识之士，他们不会欢迎这样的政策。[3]

对于战争可能带来的恶果，《泰晤士报》完全漠不关心；该报认为，战争的结果不会超出它的预期："德意志目前一盘散沙的状态纯粹就是自食恶果——公然无视对丹麦和其他欧洲国家道德义务。"[4] 至于俾斯麦，《泰晤士报》评价道："没有哪位大臣想出过比他更大胆的掠夺别国领土的计划，也没有哪位大臣能像他那样厚颜无耻地推行它。"[5] 英国人渴望看到俾斯麦遭报应，寄希望于普鲁士军队不愿战斗，《泰晤士报》在 5 月 22 日的评论中写道："普鲁士政府……当他们认为可以在进行对外战争时依靠军队时，他们就会知道普鲁士军队根本靠不住。"第二天，这份报纸又开始异想天开道：

普鲁士军队中……受过良好教育的人占很大比例，缺乏精气神……发动一场不可能带来真正荣耀的战争，其最终的结果很可能是带来一场巨大的民族灾难。[6]

其他报纸也有类似的论调。《曼彻斯特卫报》预计："奥地利的事业将会得到'全欧洲的同情和认可'，俾斯麦现在可能不太在乎这些，但他马上就要后悔了。"《晨报》也承认，如果奥地利打败普鲁士，那将是一件令人"高兴"的事情。[7]

那些不太喜欢从众的人的意见可能更为谨慎一些。即将离任的外交大臣克拉伦登勋爵（Lord Clarendon）曾在维也纳向布卢姆菲尔德勋爵（Lord Bloomfield）表达了自己对奥地利的担忧："这里的状况引起了极大的忧虑，每个人都希望祖国一切安好，担心她还没有准备好去面对她的死敌。"[8] 当时，罗伯特·莫里埃（Robert Morier）驻扎在达姆施塔特，他坚信在德意志统一的历史进程中，奥地利置身事外会更好；尤其是对奥地利来说受益匪浅，莫里埃清楚地预测到"意大利人将会被狠狠地教训一顿"，而贝内德克将"要么遭受最严重的打击，要么打一场异常血腥的、非决定性的战斗"[9]。关于这场战争的局势，还有一种个人观点应该被记录下来，那就是拿破仑三世的观点。他在战争双方之间举棋不定，他心里有一种预测，那就是奥地利或将获胜，或将迎来一场旷日持久的、毫无结果的战争。他估计，无论结果如何，法国都能坐收渔翁之利。然而有趣的是，拿破仑三世派驻柏林的武官是但是少数几个认为普鲁士会获胜的人之一。[10]5月15日，拿破仑三世在欧塞尔（Auxerre）发表的演讲令外交界一片哗然，他对1815年的条约进行了直言不讳的抨击，以为他未来的政策打下铺垫。拿破仑三世的观点或许不是最明智的；但除了战争的主角——普、奥两国之外，收获最大的国家的确是法国。即使拿破仑三世的预测被证明是错误的，普鲁士取得了完胜，他也希望俾斯麦至少会因为他的中立而对他有所回报。

战争的结果通常取决于军队本身的实力及其指挥官的个人能力，但在这些因素背后，有许多迹象表明，就发动战争而言，普奥两国比表面上更加势均力敌。现在，我们暂且不考虑双方能够调动并部署在决定性战场上的军队数量，而是先进行如下对比：诚然，哈布斯堡帝国的总人口几乎是普鲁士的两倍，前者总人口为3750万，后者是1930万；但是，与由众多民族组成的奥地利军队相比，普鲁士军队中的同民族和受过良好教育的人口更多，因此普鲁士拥有一支素质更高、训练更有素的军队（尽管泰晤士报否认这一点）。其实，只要看一下几个基本的经济指标，就会发现两国之间存在惊人的差距。直到1866年，奥地利仍有70%的劳动力从事农业，而普鲁士只有45%；尽管如此，后者每年的粮食产量为80万吨，而奥地利的产量仅为70万吨；普鲁士的煤炭产量约为每年1200万吨，奥地利为570万吨；更重要的是，奥地利的生铁年产量只有46万吨，而普鲁士的生铁年产量几乎是奥地利的两倍，达到了85万吨。[11]

普鲁士铁路系统的发展速度比奥地利要快得多。早在1847年，普鲁士铁路运行的公里数就是奥地利的两倍还多；随着新铁路的不断建设，普鲁士的铁路网络还在不断完善，增加了两倍的里程。正如约翰·布鲁伊（John Breuilly）观察到的那样，这是工业进步螺旋上升效应的又一个例证：

（普鲁士）拥有一个更加复杂、更先进的经济体系，城市人口和制造业人口的素质较高，这有利于该国更好地发展新的交通运输形式，如铁路，另外，其不但拥有较为雄厚的资本，也积累了很多专业知识，可以将最新技术用于生产建设。[12]

对两国财政状况的比较还表明，普鲁士经济在战争面前远没有人们预测的那样脆弱。普鲁士的经济发展因其加入德意志关税同盟（Zollverein）而得到了极大的促进，这反映在工业的进步和迅速增长的税收上。在普鲁士的坚决抵抗下，奥地利没能加入这个同盟，这对两国国力产生了深远的影响。虽然奥地利的年财政收入为 2.92 亿泰勒，普鲁士为 2.4 亿泰勒，但奥地利的借款高达 16.7 亿泰勒，而普鲁士的借款只有 2.9 亿泰勒。根据各自军队的规模，奥地利和普鲁士的军事预算分别是 5100 万和 4500 万泰勒；但战争本身带来的冲击很快就会证明谁的预算花得更合理。

事实上，尽管在一些自认为消息灵通的观察家看来，奥地利更强大，尤其是弗里德里希·恩格斯，他从一系列看上去无懈可击的证据得出了这个结论。但如果对严格的军事指标进行分析，结论却指向相反的方向。从过去 15 年两国军事发展的对比中可以看出，普鲁士从战略战术思想、装备技术和军事实践等方面处于全面领先地位。约翰·布鲁伊总结如下：

军事历史学家们或许仍在争论，1866 年和 1870 年的战争是否还有可能朝另一个方向发展，但毫无疑问，普鲁士是第一个如此系统地钻研"现代战争"的国家，这为上述战争的胜利创造了必要的条件。[13]

但是，即便取得胜利的军事条件已经具备了——在相当大的程度上是由毛奇所创造的——决定开战仍然是一个高风险的战略。这种风险的一个方面是，战争可能会拖得很久，就像莫里埃提到的那样，这可能会给普鲁士民族带来巨大的压力，并带来不可估量的政治后果。正如许多历史学家指出的那样，俾斯麦在后来成功地令许多人相信，他的战略自始至终都是经过精心策划的。洛萨·高尔（Lothar Gall）指出：

（毛奇）给人的印象是，他几乎是完全掌控着"游戏"的每一个环节，确保将风险降到最低，他总是确保自己留有后招。事实上，尽管毛奇在 1866 年所做的战略规划中对细节有着精明的计算，尽管他拥有着不容置疑的战略头脑和抓住时机的能力，在这场游戏中，除了技巧和对规则的把控之外，他是靠好运气才在关键时刻扭转局面的；甚至在柏林证券交易所，直到战争爆发之前不久，大多数人都认为维也纳会成为最终胜利者，这绝非偶然。[14]

实际上，俾斯麦也不清楚毛奇的总参谋部在战争中能发挥多大威力。直到最近，现代战争的相关战略战术才开始迅速发展起来，因此，即使是普鲁士核心领导层（毛奇除外），也不完全明晰其可能产生的影响。因此，在俾斯麦的决定中有一些鲁莽的成分，在权力政治中，他把自己所有的底牌都放在了桌子上，就像他在 1851 年 11 月给奥托·冯·曼陀菲尔的信中所说的那样。

俾斯麦在与英国大使的著名谈话中，清楚地表明了他自己和国家所冒的巨大风险。6 月 15 日晚，奥古斯都·洛夫图斯勋爵（Lord Augustus Loftus）与俾斯麦在威廉大街（Wilhelmstrasse）后面的花园里散步，当午夜的钟声敲响时，俾斯麦说："如果我们被打败了，我就不回来了。我将在最后的冲锋中倒下。生命只有一次；但如果我们失败了，那还不如死了。"[15]

注释：

第一节 战争动员

1. 引自 H. 勃姆等人所著的《德意志帝国的建立》第 159-160 页；以及 C.W. 克拉克所著的《弗朗茨·约瑟夫和俾斯麦》，第 337-339 页和 560-572 页。

2. 引自 C.W. 克拉克所著的《弗朗茨·约瑟夫和俾斯麦》，第 337 页。

3. 引自 H. 冯·西贝尔所著的《德意志帝国的创建》，第 3 卷第 344-345 页。

4. 引自 J. 普雷斯兰和 G. 斯凯尔顿所著的《胜利者之路》（伦敦，1934 年），第 210 页。

5. 引自 H. 冯·西贝尔所著的《德意志帝国的创建》，第 4 卷第 350 页；引自 C.W. 克拉克所著的《弗朗茨·约瑟夫和俾斯麦》，第 345 页。

6. 引自 H. 冯·毛奇元帅所著的《军事通讯》，第 5 卷第 92-95 页。

7. 同上，第 5 卷第 102-103 页。

8. 同上，第 5 卷第 103-106 页。

9. 同上，第 5 卷第 107 页。

10. 同上，第 5 卷第 108-109 页。

11. 同上，第 5 卷第 115-117 页。

12. 引自 C.W. 克拉克所著的《弗朗茨·约瑟夫和俾斯麦》，第 380 页。

13. 引自 H. 弗里德容所著的《德国的霸权之争》，由 AJP. 泰勒和 W.L. 麦克尔威翻译，第 132 页。

14. 引自 D.E. 肖尔特所著的《铁路与步枪》，第 61 页。

15. 引自《普鲁士官方战史，1866 年在德意志各邦的战役行动》，由冯·赖特上校和 H.M. 霍齐尔上尉翻译（伦敦，1872 年），第 11 页。

16. 引自 H. 冯·毛奇元帅所著的《军事通讯》，第 5 卷第 247-251 页。

17. 引自 H. 弗里德容所著的《德国的霸权之争》，由 AJP. 泰勒和 W.L. 麦克尔威翻译，第 190 页。

18. 引引自引自 H. 弗里德容所著的《德国的霸权之争》，由 AJP·泰勒和 W.L. 麦克尔威翻译，第 190 页。

19. 引自 H. 冯·西贝尔所著的《德意志帝国的创建》，第 4 卷第 497-500 页。

20. 引自 H. 冯·毛奇元帅所著的《军事通讯》，第 5 卷第 272 页。

21. 引自戈登·克雷格教授所著的《普鲁士军队的政治问题》，第 195 页。

第二节 军事部署

1. 引自 H. 冯·毛奇元帅所著的《军事通讯》，第 5 卷第 13 页。

2. 同上，第 5 卷第 13-14 页。

3. 同上，第 5 卷第 17 页。

4. 同上，第 5 卷第 18 页。

5. 同上，第 5 卷第 21 页。

6. 同上，第 5 卷第 48 页。

7. 同上，第 5 卷第 52 页。

8. 同上，第 5 卷第 135-147 页。

9. 同上，第 5 卷第 147-157 页。

10. 同上，第 5 卷第 157-163 页。

11. 同上，第 5 卷第 165-178 页。

12. 同上，第 5 卷第 179-185 页。

13. 同上，第 5 卷第 186-189 页。

14. 同上，第 5 卷第 190–191 页。

15. 同上，第 5 卷第 200–204 页。

16. 同上，第 5 卷第 213–216 页。

17. 同上，第 5 卷第 218–220 页。

18. 同上，第 5 卷第 221–227 页。

19. 同上，第 5 卷第 228–229 页。

20. 同上，第 5 卷第 234–235 页。

21. 同上，第 5 卷第 210 页。

22. 引自《官方战史》，第 20 页。

第三节 普鲁士军队

1. 引自 GJR. 格吕尼克中校所著的《1866 年的波希米亚战役》（伦敦，1907 年），第 22 页。

2. 引自 F. 恩格斯所著的《作为军事评论家的恩格斯》（曼彻斯特，1959 年），第 123 页。

3. 引自斯托费尔回忆录，第 2 页。

4. 同上，第 3 页。

5. 引自戈登·克雷格教授所著的《柯尼希格雷茨》第 35 页。

6. 引自 S. 威尔金森所著的《战争与政策》（伦敦，1900 年），第 164–165 页；以及《军队的大脑》（伦敦，1895 年），第 183–184 页。

7. 引自戈登·克雷格教授所著的《柯尼希格雷茨》，第 33 页；以及克拉夫特·祖·霍亨洛厄 – 英格尔芬根王子所著的《关于炮兵的信函》，由 N.L. 沃尔福德翻译（伦敦，1890 年），第 1 页。

8. 引自戈登·克雷格教授所著的《柯尼希格雷茨》，第 33 页。

9. 引自霍亨洛厄 – 英格尔芬根王子所著的《关于炮兵的信函》，第 2–16 页。

10. 引自 W. 伯德罗等人所著的《阿尔弗雷德·克房伯的书信 1827–1877》（伦敦，1930 年），第 226 页。

11. 引自陆军元帅布卢门塔尔伯爵所著的《1866 年和 1870 年的日记》（伦敦，1930 年），第 226 页。

12. 引自戈登·克雷格教授所著的《战争、政治与外交》，第 113 页。

第四节 奥地利军队

1. 引自 G.E. 罗滕堡所著的《弗朗茨·约瑟夫的军队》（印第安纳州西拉斐特，1998 年），第 31 页。

2. 同上，第 38–39 页。

3. 同上，第 39 页。

4. 同上，第 55 页。

5. 同上，第 59 页。

6. 同上，第 59 页。

7. 同上。

8. 引自戈登·克雷格教授所著的《柯尼希格雷茨》，第 21 页。

9. 引自 F. 恩格斯所著的《作为军事评论家的恩格斯》（曼彻斯特，1959 年），第 58 页。

10. 引自 G.E. 罗滕堡所著的《弗朗茨·约瑟夫的军队》，第 64 页。

11. 引自 N. 里奇所著的《荷尔斯泰因文件》（剑桥大学，1955 年），第 1 卷第 28 页。

12. 引自 G. 沃罗所著的《普奥战争》（剑桥大学，1996 年），第 31 页。

13. 引自 J. 普雷斯兰和 G. 斯凯尔顿所著的《胜利者之路》，第 210 页。

14. 引自罗滕堡回忆录，第 68 页。

15. 引自 F. 恩格斯所著的《作为军事评论家的恩格斯》，第 122–123 页。

16. 引自 J. 普雷斯兰和 G. 斯凯尔顿所著的《胜利者之路》，第 163 页。

第五节 最后的计划

1. 引自 H. 冯·毛奇元帅所著的《军事工程》，第 2 卷第 2 章第 33–40 页；以及 D.J. 休斯教授所著的《毛奇论战争艺术》，第 45 页。

2. 引自 F.E. 惠顿中校所著的《毛奇》，第 89 页。

3. 引自 H. 冯·毛奇元帅所著的《军事通讯》，第 5 卷第 247–251 页。

4. 引自陆军元帅布卢门塔尔伯爵所著的《1866 年和 1870 年的日记》，第 16–18 页。

5. 引自 H. 冯·毛奇元帅所著的《军事通讯》，第 5 卷第 253–254 页。

6. 同上，第 5 卷第 260–262 页。

7. 引自陆军元帅布卢门塔尔伯爵所著的《1866 年和 1870 年的日记》，第 21 页。

8. 引自 H. 冯·毛奇元帅所著的《军事通讯》，第 5 卷第 268–272 页。

9. 同上，第 5 卷第 278–281 页。

10. 同上，第 5 卷第 281–282 页。

11. 引自陆军元帅布卢门塔尔伯爵所著的《1866 年和 1870 年的日记》，第 26 页。

12. 引自 H. 冯·毛奇元帅所著的《军事通讯》，第 5 卷第 285 页。

13. 同上，第 5 卷第 288–290 页。

14. 同上。

15. 同上，第 5 卷第 312 页。

16.《官方战史》，第 22 页。

17. 引自 H. 博纳尔将军所著的《萨多瓦》（伦敦，1907 年），第 41 页。

18. 引自冯·凯默尔将军所著的《战略学的发展》（伦敦，1905 年），第 186 页。

19. 引自 F·恩格斯所著的《作为军事评论家的恩格斯》，第 122–123 页。

20. 引自 H. 博纳尔将军所著的《萨多瓦》，第 62 页。

21. 引自 J. 普雷斯兰和 G. 斯凯尔顿所著的《胜利者之路》，第 226 页。

22. 引自《官方战史》，第 25 页。

23. 引自 F.E. 惠顿中校所著的《毛奇》，第 100 页。

第六节 战争倒计时

1. 引自彼得·H. 皮尔所著的《英国舆论与德国统一战争：1864–1871 年》，第 204 页。

2. 引自林恩·M. 凯斯所著的《法兰西第二帝国对战争和外交的看法》（宾夕法尼亚州费城，1954 年），第 198 页。

3. 同上，第 199 页。

4. 引自彼得·H. 皮尔所著的《英国舆论与德国统一战争：1864–1871 年（马里兰出版社，1981 年出版），第 216 页。

5. 同上，第 206 页。

6. 同上，第 212 页。

7. 同上，第 224 页。

8. 引自 H. 麦克斯韦爵士所著的《第四代克拉伦登伯爵的生平和书信》（伦敦，1913 年），第 2 卷第 322 页。

9. 引自 R. 威姆斯所著的《罗伯特·莫里埃爵士的回忆录和信件》（伦敦，1911 年），第 2 卷第 74 页。

10. 引自 F. 韦尔斯利上校等人所著的《第二帝国时期的巴黎大使馆》（伦敦，1928 年），第 297 页。

11. 引自 J. 布勒伊所著的《奥地利、普鲁士和德国 1806–1871 年》（伦敦，2002 年），第 102 页。

12. 同上，第 91 页。

13. 同上，第 99 页。

14. 引自 L. 加尔所著的《俾斯麦：白色革命者》（伦敦，1986 年），第 1 卷第 275-276 页。

15. 引自 O. 普兰泽所著的《俾斯麦与德国的发展》（新泽西州普林斯顿，1990 年），第 1 卷第 305 页。

战争爆发

第三章

第一节 与德意志中部邦国的较量

　　普鲁士退出法兰克福议会的消息很快传到了柏林，最高统帅部很快便按照 6 月 12 日部长级会议的决定向各位大使做出了明确的指示。6 月 15 日，舒伦堡伯爵（普鲁士大使）在德累斯顿向萨克森首相贝斯特发出最后通牒，要求萨克森立即与普鲁士结盟，将军队规模削减到和平时期的水平，并同意普鲁士关于邦联改革的提案，否则其将面临战争。不出所料，贝斯特拒绝了上述要求；当晚，舒伦堡向他正式递交了宣战书。与此同时，赫沃斯的先遣部队已经越过了萨克森边境，他们没有遇到抵抗。按照事先安排，萨克森军队撤退到了波西米亚，萨克森国王约翰（King John）和他的大臣们随军队一同撤走。

　　在黑森 – 卡塞尔，事情通常没有那么井然有序，政府阁员之间矛盾重重。黑森 – 卡塞尔政府在 6 月 14 日下达了总动员令。然而，在第二天，议会通过了一项决议，撤销动员令并寻求中立。当然，这在很大程度上只是空谈。6 月 15 日上午，普鲁士大使罗德尔将军抵达，并向首相阿贝亚（Abée）递交了最后通牒。阿贝亚就国会的决定会对宪法产生何种影响进行了毫无意义的争论，但罗德尔表示自己只想见一见黑森 – 卡塞尔选帝侯，阿贝亚勉强同意了他的要求。下午 2 点钟，罗德尔被大公召见了。选帝侯针对俾斯麦发表了一些不友善的评论，并粗暴地拒绝和普鲁士结盟，他傲慢地宣称"自己从未放弃正直的道路"，在交谈结束之时，他还将罗德尔斥为"和平的破坏者"。[1] 下午，黑森 – 卡塞尔部队接到命令，要求他们从富尔达（Fulda）撤退到哈瑙（Hanau），晚上 10 点钟，罗德尔正式收到黑森－卡塞尔拒绝结盟的消息，他立即对该国宣战。次日清晨，拜尔（Beyer）率领一个师的部队从韦茨拉尔（Wetzlar）出发，入侵该选侯国，并于 6 月 19 日占领了卡塞尔。尤其令黑森－卡塞尔选帝侯感到沮丧的是，他被普军活捉了。他先是被转移到明登，然后被转移到斯德丁（Stettin），而他的国家并没有发生明显的混乱治理现象，在没有他的情况下，一切正常运行。

然而，最复杂的情况是在汉诺威发生的。该国的瞎眼国王乔治（King George）听闻普鲁士退出邦联后，便立即下令动员军队，但汉诺威军队的备战状况不佳，这意味着该国需要几周（而不是几天）的时间才能完成备战工作。在一次部长级会议之后，汉诺威政府告知普鲁士大使伊森堡（Ysenburg）亲王，普鲁士的最后通牒已经遭到拒绝；但直到深夜，汉诺威政府才将正式文本起草出来。与此同时，汉诺威首相普拉腾（Platen）去见伊森堡，要求延长最后通牒的期限，但被后者拒绝；在这种情况下，伊森堡被迫将宣战书摆在了自己家门口的台阶上，以示普鲁士已经向汉诺威宣战。当天深夜，一个来自汉诺威城的代表团来到王宫，想说服国王改变主意，与普鲁士结盟，但也遭到了国王的断然拒绝。6 月 16 日凌晨 4 点，乔治国王带着几位大臣和高级军官，动身前往哥廷根（Göttingen），就在前一天，汉诺威军队接到了在此集结的命令。

当时，汉诺威军队的去向和行动是普鲁士最高统帅部首先要考虑的问题。如果普鲁士能在德意志西部战役爆发的头几个星期内，在汉诺威军队与其他亲奥邦国的部队会合之前将其击溃，那么普鲁士人所面临的军事压力（尤其是兵力紧缺）就能大大减小。

但问题是普鲁士军队的劣势不仅仅只有兵力不足，更严重的是，其主力部队分散得范围太广了，要想克服

◎ 汉诺威国王乔治五世。（沃斯 藏）

◎ 1866 年的汉诺威军队，由理查德·诺特尔绘制。（沃斯 藏）

这一缺点，就必须马上做出决定，采取迅猛而协调的行动。从制订战争计划伊始，毛奇就大胆地提出了一个方案，即在国土防卫军和当地驻防部队的支持下，只动用一个军来对付奥地利的德意志邦国盟军；在 1865 年至 1866 年冬天所撰写的关于对奥军事部署的最后一份备忘录中，毛奇再次强调不需要转移主力至奥地利。[2]

毛奇打算立即采取行动。早在 6 月 14 日，他就已经发出了备战命令，命令规定：作战行动将于 6 月 17 日开始。拜尔得到通知："除非接到中止行动的命令，否则你无论如何都要在周日 17 日中午攻入黑森境内。"[3] 第二天，随着外交形势的明朗，拜尔、法尔肯斯坦（Falckenstein）和曼陀菲尔都接到命令：普军将在 6 月 16 日发起进攻，其中，拜尔和法尔肯斯坦分别接受了来自普鲁士派驻卡塞尔和汉诺威大使的指示（但两者的内容互相矛盾）。[4] 考虑到正在进行以及未来即将进行的作战行动可能会产生的公共安全问题，上述两位将领在 6 月 15 日晚上 10 点 30 分接到命令，即"在入侵邦国的时候，应该安抚居民，告诉他们我们不是敌人。私人财产要严加保护。国家财产应该被视为己有。"[5]

213

此后，毛奇坐镇柏林总部，继续协调 3 个师（拜尔师，戈本师和曼陀菲尔师）的行动，毛奇把 6 月 16 日汉诺威军队前往哥廷根的消息通知了他们三个人；拜尔还得到命令要摧毁纳海姆（Nauheim）至法兰克福的铁路。毛奇这种远距离指挥并非没有困难：6 月 16 日，一份发给各级指挥官的电报严厉提醒他们必须对自己收到的电报进行确认。随后发生在法尔肯斯坦身上的事情证明了这条命令是非常有必要的。

普鲁士人在德意志西部和南部都面临着严峻的军事形势，这在一定程度上是因为，在普鲁士和奥地利进行的外交斗争中（主要目标是拉拢中部各邦国），后者取得了重大胜利（门斯多夫居功甚伟）。普鲁士在这方面所失去的，现在不得不在战场上弥补回来。然而，尽管在战争爆发前的几周内，门斯多夫那些有限的外交目标几乎已经完全实现了，但这并没有为奥地利带来多少实际的军事优势。况且，如果邦国想全心全意与奥地利进行战略合作，它们就必须放弃自己的私利而投入到奥地利的事业中，然而这并不是那么容易做到的。

5 月份，在一份递给国王的备忘录中，毛奇对德意志中部各邦国的实力进行了详细分析，并预测了它们对波西米亚战事可能产生的影响：

◎ 萨克森国王约翰一世。（沃斯 藏）

名义上有 4 万人的邦联第 8 军据说正在符腾堡集结。它很难单独对付我们，但它可以在班贝格额外补充 4 万巴伐利亚军队。这 8 万人或许需要很长时间进行准备和集中。与此同时，一支更强大的奥地利军队将很快在北波西米亚和萨克森准备就绪。显然，萨克森人打算集中在安娜堡（Annaberg）……他们可能是想与集结在法兰克尼亚的巴伐利亚人会合。因此，我们必须派兵去对付分布在班贝格—布拉格一线的敌人。我们必须在后方监视汉诺威人，他们和卡利克旅（Brigade Kalik）加在一起大约有 2.3 万人。要与敌人交锋的话，除了 10 万邦联军队（尽管他们还没准备好）之外，我们还要面对已经做好充分准备的奥地利军队，因此我们必须做好兵力部署才能与敌人势均力敌。

毛奇推论说，普鲁士应该集结所有的部队来对付主要敌人：

只要用一次迅猛的攻击击败奥军主力，就能阻止我们的其他对手采取行动。在这种情况下，我们必须立即部署一支增援部队来对付汉诺威，为此，我们要在明登时刻做好准备。

如果国王觉得这个策略太过冒险，毛奇就打算派出驻扎在科布伦茨的第 16 师来阻挡亲奥邦联军队的进攻。[6] 随后，在 5 月 25 日的会议上，毛奇重申了迅速对奥地利采取行动的重要性，以便在联邦军队介入之前先发制人：

再过几个星期，另一个敌人可能会出现在法兰克尼亚。对我们来说，最重要的是在这一切发生之前，消灭那个蠢蠢欲动的首敌，那样的话，亲奥的邦联军队就来不及采取任何行动了，如果他们真的对我们发动攻击，我们还可以从普劳恩（Plauen）或埃格尔（Eger），即从侧翼打击他们。[7]

毛奇在会议上指出：俾斯麦也支持他的观点，即认为普军不需要在易北河左岸部署重兵以监视南部各邦国。

随着政治形势的发展，毛奇一直关注着德意志西部和南部。5 月 30 日，他向俾斯麦提交了将 1.6 万人的部队

◎ 1866 年巴伐利亚军队的指挥官——查尔斯王子。（沃斯 藏）

集中在荷尔斯泰因的计划，该建议得到了批准。

毛奇对布卢门塔尔最为信任，后者很了解他对这个次要战场的想法，不过那里的事态发展也可能会影响奥地利的战略计划。6月11日，毛奇告诉布卢门塔尔："敌人的卡利克旅随时可能从阿尔托纳出发，明天我们就可能会收到最后通牒。"[8]到目前为止，毛奇已经打算坚定地推行他思虑已久的战略，即集中力量打击奥地利军队，而让普鲁士指挥官们以少量兵力来控制德意志西部和南部局势——不管国王采取何种态度。

理论上，毛奇应对德意志中部各亲奥邦国的战略计划风险较高。在亲奥邦国军队中，汉诺威军队由冯·登·克内塞贝克（von dem Knesebeck）、德·沃克斯（de Vaux）、冯·比洛（von Bülow）和冯·波斯默（von Bothmer）率领的4个旅所组成，是一个不容小觑的对手。这4个旅的指挥权最终交给了能力出众的冯·阿伦斯席勒特（von Arentschildt），他的参谋长是柯德曼（Cordemann）上校。担任副官的是达默斯上校，他被西贝尔形容为"一位消息灵通的人，充满活力，具有容易激动的性情和不安分的品格"，在即将爆发的战争中扮演了重要的角色。[9]汉诺威满负荷作战时，可投入20个营、24个独立中队和52门大炮。黑森大公国军队由冯·罗斯伯格领导，下辖由冯·布拉尔（von Buttlar）和冯·奥斯特豪森（von Osterhausen）率领的两个师以及冯·巴德利本（von Bardeleben）率领的骑兵旅；这支部队的总兵力为10个营、8个独立中队和16门大炮。普鲁士军队所面对的最大的一支邦国军队当然是由查尔斯王子指挥的巴伐利亚军队，由45个营、44个独立中队和144门大炮所组成，其分为4个师——第1师（由冯·斯蒂芬指挥）、第2师（冯·费德）、第3师（冯·佐勒）和第4师（冯·哈特曼）。巴伐利亚后备骑兵军由卡什斯王子（Prince Taxis）指挥。巴伐利亚参谋长由非常有才干的路德维希·冯·德坦（Ludwig von der Tann）担任。最后还有邦联第8军，由来自符腾堡、巴登、黑森－达姆施塔特和拿骚的部队所组成，还有一个奥地利旅赶来增援。其总兵力为46个半营、36个独立中队和134门大炮。其中，来自符腾堡的第1师由冯·哈代格（von Hardegg）指挥；来自巴登的第2师由威廉王子指挥；来自黑森－达姆施塔特的第3师隶属冯·贝格拉斯（von Perglas）麾下；第4师，包括冯·哈恩的奥地利旅以及拿骚和黑森的军队，由尼佩尔伯爵（Count Neipperg）指挥。这支混编邦联军的总兵力为 121 个半营、112 个独立中队、346 门大炮。

然而，如果读者们从毛奇大胆的计划中得出结论，认为德意志中部各邦国的军事力量是孱弱的，或者他们在军事技术上毫无建树，那就大错特错了。1859 年战争之后，军事改革已经不再局限于大国。在德意志，较小的国家认识到，技术的发展以及日益不稳定的政治局势使军事合作成为迫在眉睫的要事。如果说战争时期各邦国之间的军事合作很重要，那么在备战中也是如此，特别是在主战武器的选择上。普鲁士军队手中德莱赛击针枪的出现，以及最近在丹麦战争中所取得的巨大成功，让小邦国的军事领导层意识到引进后膛装弹步枪的重要性。但困难在于如何才能达成一致意见。当时，经过一番争论，符腾堡、巴登、黑森和巴伐利亚已经同意引进一种性能较为普通的卡宾枪（由奥地利制造），用于替换他们当时使用的各种不同口径的前膛装弹米尼步枪；如果再引入德莱赛击针枪的话，需要重新进行商讨，各方对此都很不情愿。[10]

就在邦联军队关于究竟采用何种武器还没有达成最终协议的时候，1866 年的危机迅速平息了他们混乱的争论局势，在即将到来的战争中，反对普鲁士的德意志南部各邦国不得不继续使用手头那些性能明显不如敌方的武器。与此同时，汉诺威军队坚持走自己的路——它装备的米尼步枪采用了一种独特的口径，而德意志北方各邦国在组织和装备上都遵循普鲁士的模式。萨克森则基本沿用了奥地利的军制和武器。

实际上，亲奥德意志邦国军队的总兵力远远超过了当时普军的兵力（根据毛奇的战略部署）。战前的普鲁士一共有 9 个军区，其中有 7 个在东部，2 个（第 7 和第 8 军区）在西部；此外，还有驻扎在石勒苏益格的曼陀菲尔部队。毛奇将隶属于西部军区的部队分散部署，将驻扎在科隆的第 15 师派遣到黑尔，再利用驻科布伦茨的第 31 旅与拜尔指挥下的第 32 旅组成一个联合师，一起对抗奥地利人。按照现行计划，第 8 军将有四分之三的兵力被调走并投入到波西米亚战区，这使俾斯麦深感忧虑，他担心法国可能会介入，于是敦促国王取消了这一命令。幸运的是，毛奇得知后，又力劝国王恢复了原来的计划。最终，毛奇将第 7 军下辖的第 14 师（由蒙斯特伯爵率领）派往易北军集团军，命令戈本的第 13 师集中在明登和比勒费尔德（Bielefeld），这个师将前往德意志西部作战。此战区内，普鲁士军队的第三个组成部分是来自荷尔斯泰因的联合师。

总体而言，上述部队就是普鲁士对抗亲奥德意志邦国的主力。

上述部队由53个营、29个独立中队和12门大炮组成。

由于亲奥邦国的加入，目前，普鲁士军队的步兵数量不及对手的一半，其骑兵和炮兵更是只有对方三分之一左右。与此同时，普军部队的部署区域过于广泛，最初集结地的交通也很不方便。此外，普军还有一个不利因素：最初，这些部队的指挥权被交给了厄内斯特·沃格尔·冯·法尔肯斯坦（Ernest Vogel von Falckenstein）将军。1864年，法尔肯斯坦曾在丹麦战争中担任联军总参谋长，在新的战争中，现年69岁的他又被任命为司令。在丹麦，他纵容甚至教唆年迈的弗兰格尔一意孤行，直到他被免职并被毛奇本人所取代（应埃德温·冯·曼陀菲尔的要求）。然而，毛奇或许会深感困惑的是，法尔肯斯坦的官方评价相当好，《圣徒传——新德意志帝国的缔造者》中记载：

毫无疑问，法尔肯斯坦仅次于毛奇，是普鲁士和德国军队中最伟大的战

◎ 爱德华·厄内斯特·沃格尔·冯·法尔肯斯坦将军，普鲁士主力军的指挥官之一。（罗杰斯 摄）

◎ 德意志邦联第8军司令，陆军元帅、黑森的亚历山大亲王。（沃斯 藏）

略家和最有成就的参谋，也是战场上最完美的战术领袖，总的来说是那个时代最伟大的军事领导人。[11]

法尔肯斯坦的军旅生涯还囊括了 1848—1850 年的丹麦战争。作为一名玻璃和瓷器画家，他也享有相当的（或许更值得称道）的声誉。在国王腓特烈·威廉四世的准许下，法尔肯斯坦创建了皇家玻璃绘画学院，并亲自担任院长。不过，他是个极其固执己见的人，这种性格缺陷在即将到来的战争中频频展露。

法尔肯斯坦的下属中有埃德温·冯·曼陀菲尔，后来接替前者担任总指挥，曼陀菲尔还带来了曾占领石勒苏益格以及荷尔斯泰因的部队。值得一提的是，曼陀菲尔对政治决策的积极参与使他与俾斯麦发生了很多冲突，俾斯麦试图与反对派达成和解的努力经常受挫——尤其是在 1865 年 5 月。不过，不久后，俾斯麦终于排除了这个巨大的障碍，在加斯坦公约（Convention of Gastein）签订之后，曼陀菲尔被任命为石勒苏益格州的州长。

在德意志西部战区的普鲁士战地指挥官中，最能干的要数奥古斯特·冯·戈本（August von Goeben）中将，他于 1816 年生于汉诺威，在经历了丰富多彩的职业生涯后，他现在担任普鲁士第 13 师的指挥官。由于对和平时期的军旅生涯而感到厌烦，戈本于 1836 年加入了西班牙的唐·卡洛斯（Don Carlos）的军队，他 24 岁时晋升为中校，并负伤 5 次。随着卡洛斯争夺西班牙王位（Carlist）事业的失败，已经彻底破产了的戈本从法国基本依靠步行回到家乡。此后，戈本从普鲁士军队的最底层重新开始，但很快就得到提拔，在杜佩尔和阿尔森，他负责指挥第 26 步兵旅。从外表上看，戈本显然不是一个典型的普鲁士将军，他衣着邋遢是出了名的，戴着一副厚厚的"酒瓶子底"（pebble glasses）。但他非常聪明，很有幽默感，西贝尔对他的领导才能的描述与事实完全相符：

他能充分权衡利弊，以铁一般的镇定牢牢地抑制住自己内心的冲动，直到合适的时机到来，他再以火一般的热情率领部队发起排山倒海的进攻。[12]

当然，普军的指挥是统一的，这带来了非常大的优势——即使这种优势并不总能被利用。而邦联军队的指挥就不那么令人满意了。巴伐利亚军队本应由巴伐利亚的查尔斯王子指挥，但克洛德威格·冯·霍恩洛厄（Prince Chlodwig von Hohenlohe）亲王以"查尔斯王子太老而不能担任总司令"为由，轻描淡写地在工作簿中将其排除。[13] 邦联第 8 军由称职的黑森亲王亚历山大指挥，他是俄国沙皇皇后（Czarina）的兄弟。在加入奥地利军队之前，他曾在普鲁士军队服役过一段时间，在 1859 年的意大利战争中，他以师级指挥官的身份获得了崇高的荣誉。他与许多欧洲皇室有着密切的姻亲关系，他的儿子就是未来的巴腾堡亲王路易斯（Prince Louis of Battenberg），即 1914 年英国第一海务大臣。亚历山大对普鲁士军队指挥层，尤其是对俾斯麦本人极度敌视，他肯定会全力以赴击败普军的。但亚历山大对自己任务的困难程度已经有所察觉，他在 6 月 25 日给姐姐的信中写道：

> 我正站在人生最重要的十字路口。德意志所有忠于邦联的地方都要依靠我。6 个邦国已经把他们的军队托付给了我。邦联也会完全按照我的指示行事。我能不辜负他们的信任吗？我能用这支大杂烩一样的军队打败普鲁士人，恢复被放逐的卡塞尔和汉诺威国王的地位吗？[14]

邦联军队无法协调一致的缺点很快就会尽显无疑。更重要的是，战争的准备工作实际上被德意志中部各邦国忽视了，因此，战争的爆发完全令他们措手不及。亚历山大的妻子写信给沙皇：

> 他们什么都没有，既没有弹药，也没有马匹和交通工具。当他们出发时，就好像他们要去参加一场游行，在他们得到最起码的必需品之前，除了把他们送到美因茨的要塞外别无他法。[15]

第二节 朗根萨尔察

德意志中部各邦国的政治领袖们大多数都是一些二流人物，根本无法应对重大事件所带来的压力。而且，在大多数情况下，这些国家的那些有名无实的统治者们更无法理智、有效地应对他们王朝的这场迫在眉睫的危机。这种

"虚浮"的氛围在汉诺威表现得最为明显。面对普鲁士大使伊森堡的最后通牒，汉诺威国王乔治吹嘘他的军队有5万人的兵力。他是真的相信自己的军事力量，还是仅仅是靠吹嘘来振奋士气，我们不得而知；伊森堡向他指出，此时，汉诺威可用的兵力仅是他声称的三分之一。况且，调动军队需要数周的时间，就算是对乔治国王来说，也等不了那么久。

当乔治国王与军队一同前往哥廷根时，陪同他的有王储，普拉腾伯爵（Count Platen）、军政大臣冯·布兰迪斯、奥地利大使和一些高级军官。当他们到达营地时，发现汉诺威后备部队已经开始陆续到达，到6月17日傍晚，其总兵力已达到1.9万人，42门大炮。但军队领导层的士气并不高；他们反对现行的指挥体系。原来的计划是让瞎眼国王名义上发号施令，这样就把实际上的作战指挥权交给了他的第一副官冯·奇尔施尼茨中将，但这一计划并没有受到将领们的认可。总司令盖普瑟（Gebser）将军和参谋长冯·西哈特（von Sichart）也不被将领们所接受；将领们通过王储向国王施压，要求将指挥权转交给冯·阿伦特席尔德。后者极不情愿地接过了指挥权，他对汉诺威军队所处的形势不抱任何幻想。阿伦特席尔德认为，目前，汉诺威军队必须立即南下，与巴伐利亚人或邦联第8军会合。国王对此表示赞同，并打算立即采取这一行动；但他的高级军官们坚决反对，他们认为必须先行解决军队的组织问题。况且，汉诺威军队面临着诸多问题：炮兵部队、弹药运输部队和后勤补给部队所需马匹的供应不足；严重缺乏武器装备；弹药的储备也不足。国王很不情愿地做出了让步，给了部队休整的时间，这在一定程度上解决了这些问题。实际上，尽管汉诺威战前囤积了大量补给品和弹药，但当6月17日戈本师攻入汉诺威城时，这些物资和弹药通通落入了普鲁士人手中。普鲁士采取了速战速决的战略来对付汉诺威人，同一天，曼陀菲尔向吕讷堡（Lüneburg）和策勒（Celle）进军，并打算在汉诺威城与戈本会师；6月19日，法尔肯斯坦命令戈本向哥廷根推进，追击敌人。

毫无疑问，汉诺威人正在密切关注普鲁士的军事行动。见势不妙，鲁道夫（Rudorff）中校和雅可比（Jacobi）少校这两名汉诺威参谋去面见国王，建议道：目前，军队虽然可以继续行军，但无法战斗，因此必须立即同普鲁士人进行谈判。乔治国王对这个建议完全不予理会。于是，在汉诺威军队内部，争论仍在继续，下一步究竟采取何种方针仍然悬而未决。此时，参谋人员的意见有两种，一种是驻扎在哥廷根，守株待兔，因为法尔肯斯坦肯定会对此发动试探性进攻；另一种是向南撤退到哈茨山脉（Harz），以便与巴伐利亚和其他联邦军队建立联系。留在哥廷根显然是极其危险的，因此他们决定向南转移。汉诺威军队的第一个转移计划是通过黑森－卡塞尔向南然后向西，穿越威拉河（位于贝布拉）和富尔达河前往法兰克福。但 6 月 19 日，根据波斯默对卡塞尔郊区进行的侦察显示，拜尔师的主力已经抵达了那里，还有其他一些迹象表明，普鲁士军队现在已经散布在整个区域，因此直接向法兰克福进军太冒险了。尽管汉诺威寄给巴伐利亚和邦联第 8 军的信件也没有收到任何答复，但很明显，如果汉诺威人不迅速向南方撤退，他们与其他亲奥邦国军队会合的可能性就会完全丧失。因此，汉诺威军队决定于 6 月 21 日从海利根施塔特（Heiligenstadt）出发，分成两个纵队经由穆尔豪森（Muhlhausen）和瓦恩菲尔德（Wanfried）前往爱森纳赫（Eisenach）。据估计，在 6 月 23 日傍晚之前，大部分汉诺威军队可以抵达位于爱森纳赫附近的新阵地。

与刚开始集结时的混乱相比，汉诺威军队出发时的状况有了很大的改善。趁这个短暂的喘息之机，汉诺威军队已经为战争做了大量的准备工作。[1]

1866 年的 6 月，天气非常炎热，随着时间的推移，气温越来越高。6 月 21 日，汉诺威军队在向南进军时，已经因为高温而经受了巨大的痛苦。第二天，天气更热了，由于汉诺威人没有高温行军的经验，况且当天一丝风都没有，他们的痛苦加剧了。此外，汉诺威军队还缺乏关于普鲁士行动的可靠情报，真正令他们担心的是，拜尔的部队随时随地都有可能从西部，也就是他们的侧翼发动进攻。

然而，相比于阿伦特席尔德的胡乱猜测（因为他和他的同僚们完全不知道敌人的动向），实际上，汉诺威人此时所面临的威胁要小得多。尽管法尔肯斯坦已经得到明确指示，要把摧毁汉诺威人作为首要目标，但他收到的情报却表明，汉诺威人已经决定在哥廷根防守到底，因此他发布了相应的作战命令。6 月 19 日，普军进行了换防，戈本师离开了汉诺威城，占领该城的任务由曼陀菲尔师接替。此时，普军主力已经从北方赶到了，法尔肯斯坦便命令拜尔师从卡塞尔向哥廷根进发。他计划在 6 月 23 日对汉诺威军队发动进攻，在普鲁

◎ 1866 年 6 月，普军针对汉诺威的战役行动区域。

士军队主力参与的情况下，他相信这次行动是不会失败的。然而，法尔肯斯坦的优柔寡断却给了汉诺威整整两天时间，他们得以利用这段时间不受干扰地向南进发，而普军只得到了一座空城。直到 6 月 21 日傍晚，法尔肯斯坦才从柏林得到消息，说他的猎物已经逃脱追捕——汉诺威人已经安全抵达了穆尔豪森。第二天，法尔肯斯坦突然做出了一个新决定——然而，毛奇的命令是，"首先要把汉诺威军队赶出战场，并尽可能解除它的武装"，法尔肯斯坦需要对自己的改弦更张做出合理解释。[2]

事情的原委如下：6 月 19 日，俾斯麦把他从卡尔斯鲁厄收到的一封电报

223

的内容转告法尔肯斯坦，这封电报似乎暗示着一种诱人的可能性（即乘虚而入，一举粉碎亲奥邦国抵抗的机会）。然而，这个企图完全违背了法尔肯斯坦原本的目标，也违背了毛奇紧咬汉诺威军队不放的命令。电报称，法兰克福附近的邦联军队"仍然完全处于无组织状态"。而只要普军迅速攻占法兰克福，那么亲奥邦国将无法展开任何有组织的抵抗，普军很容易便会取得一次类似罗斯巴赫（Rossbach）会战的大胜。[3]

三天后，法尔肯斯坦发现普军已经与汉诺威人失去了联系，他禁不住电报的诱惑，命令部队向法兰克福进发，尽管身处柏林的毛奇正绞尽脑汁调动兵力围追堵截汉诺威人。发现法尔肯斯坦偏离既定目标后，毛奇下达了严厉的命令，要求其放弃前往法兰克福的计划。实际上，俾斯麦对法尔肯斯坦的干预似乎不是为了追求某种特定的政治目标；相反，正如克雷格所指出的，这是由于当时的普鲁士人还不熟悉他们于6月2日建立的新型指挥结构。在该结构中，指挥层的所有作战命令不再通过陆军部，而是直接发给前线各部队。[4]但令人遗憾的是，这个体系纵容了任性的法尔肯斯坦，他失去了"紧箍咒"，可以不顾毛奇的命令，自行其是。法尔肯斯坦的头脑中形成了这样一种观念，即法兰克福是一个比汉诺威军队、巴伐利亚军队和联邦第8军更重要的目标。因此，他"把自己完全献给了这个虚无缥缈的希望……即在法兰克福赢得辉煌的胜利"。[5]法尔肯斯坦给国王发了一封信，称他"对自己的进一步行动无可奉告，普军将从哥廷根出发，并对任何敌军主力可能存在的方向发动进攻。[6]普军《官方战史》对这一事件保持了委婉的沉默，不过当务之急是采取措施阻止汉诺威军队撤退。

面对这一境况，毛奇略显窘迫，早在6月19日，他就向法尔肯斯坦指出，应该派一个师经马格德堡前往爱森纳赫；如果当时法尔肯斯坦听取了他的建议，汉诺威人就不可能逃到南方去。目前，能立即阻挡他们的只有下列部队：少量国土防卫军，毛奇以前派往哥达（Gotha）的守备部队（garrison troops），冯·法比克上校（Colonel von Fabeck）派驻在哥达的两个营，以及冯·奥斯坦 – 萨克（von Osten-Sacken）上校派往爱森纳赫的两个禁卫步兵营。从汉诺威人所采取的行动来看，爱森纳赫的重要性是显而易见的。毛奇继续敦促法尔肯斯坦采取行动，命令他率主力赶往南方——通过马格德堡利用火车运兵至哥达。

不过，直到 6 月 21 日，法尔肯斯坦仍然对毛奇的新命令充耳不闻，他的心思一直放在法兰克福，并声称怀疑普军部队能否及时到达目的地。[7]

为堵截汉诺威人，法尔肯斯坦也做了一些事情，他在 6 月 22 日早晨命令拜尔集中在威拉的奥特曼豪森（Ottmannshausen），并对爱森纳赫展开侦察，戈本和曼陀菲尔继续停留在哥廷根，准备通过卡塞尔向法兰克福进发。与此同时，法比克（Fabeck）已经前出至爱森纳赫，并在那里设立了指挥部——他的部队仍然是汉诺威人面前唯一一个障碍。

因此，直到 6 月 22 日，汉诺威人的处境实际上比想象中要好，他们现在所要做的就是以尽可能快的速度向南进军，并坚决排除一切障碍。此时，拜尔离他们还有两三天的路程，戈本和曼陀菲尔距离他们就更远了。毛奇虽然远在柏林，对战况观察得却要比法尔肯斯坦更仔细，他又给后者打了个电报，告诉他应该利用铁路去堵截敌人。这一次，毛奇要求法尔肯斯坦立即命令驻扎在卡塞尔的普军部队，经哥廷根拦截阿伦特席尔德；然而，法尔肯斯坦仍然对毛奇的命令无动于衷，他的理由是汉诺威人在撤退时堵住了哥廷根至卡塞尔铁路线所经过的一条隧道，还炸毁了芒登（Münden）的一座铁路桥。但事实上，这些问题都是可以解决的，普军可以先通过铁路走到隧道前方，再走一小段路绕过隧道，来到威拉（Werra）河上的大桥，在那里可以搭乘其他列车继续前进。但是法尔肯斯坦草率地宣布，普军切断汉诺威军队退路的计划已经失败，他还大张旗鼓地宣布了自己的新计划："我的目标是在法兰克福歼灭邦联第 8 军，然后让莱茵省（Rhine Province）脱离巴登，并迫使巴伐利亚人从萨克森和波西米亚撤出。"[8] 显然，俾斯麦先前的电报及电报背后所蕴含的巨大价值仍萦绕在他的脑海中。

6 月 23 日，法比克已经像守门员一样在哥达和爱森纳赫之间来回巡视，然而，看着几股敌军同时向他袭来，他又回到了原来的阵地，因为最新的迹象表明这才是汉诺威人的重点目标。不过，他在兵力上只有敌人的四分之一或五分之一，所以最好的办法就是尽量把阿伦特席尔德拖得再久一点，好让普军主力堵截到他。然而，除非他能说服法尔肯斯坦按照毛奇所说的去做，否则即使法比克成功做到了这一点，也无法取得什么战果。随后，为了减缓汉诺威人向南方进军的速度，毛奇直接对法比克下命令，让他敦促汉诺威人投降，因为汉诺威人已经被普军包围了。当然，从字面意义上来说确实如此，不过任何被包围的军队都有可能杀出一条血路，区区法比克一支部队抵抗汉诺威大军的前景不言而喻，并不乐观。

冯·齐伯格（von Zielberg）上尉带着法比克的要求来到了位于朗根萨尔察的汉诺威总部，他的出现再次激起了汉诺威军队内部怀疑论者的恐惧。他们仍然坚持着自己的观点——即汉诺威军队行军没问题，但不堪一战；如果他们想要平安抵达德意志南部，那么就需要与普军进行一些谈判，但绝不能直接投降。因此，双方似乎很有可能达成某种停战协议；由于齐伯格没有谈判的权利，汉诺威方面将雅可比少校被派往哥达，在那里，他将通过电报与柏林的毛奇进行直接谈判。另外，他还有个隐藏的任务，那就是侦察普军部署在哥达的兵力。

当天晚上，雅可比到达了哥达，在那里他立刻和毛奇取得了联系。毛奇建议：汉诺威军队先回到哥廷根，然后解散，国王回到他在汉诺威城外的住所。雅可比则提议：普鲁士允许汉诺威人继续向德意志南部进军，后者保证在6到8周内不参加任何针对普鲁士的敌对行动。雅可比还补充说，除非他确信汉诺威军队已经被具备压倒性优势的敌军所包围，否则就绝对不可能投降。

与此同时，阿伦特席尔德一直在从当地居民和俘虏的几个普鲁士国土防卫军士兵那里收集情报，他得出了一个确切结论：在哥达，挡在他面前的敌军不超过5个营。他的情报几乎准确无误。鉴于手中的兵力远远强于敌军，阿伦特席尔德不出所料在第二天下达了向哥达挺进的命令。阿伦特席尔德刚发出命令，就传来了普军离开爱森纳赫的消息，于是他派比洛率领一个旅去占领该地，另派鲁道夫上校去监督这次行动。与此同时，汉诺威其余的部队在朗根萨尔察南部集结，准备于第二天发动进攻。

雅可比回到汉诺威总部后，召开了一场漫长的战争会议。在会议上，雅可比报告说，有一大批敌军已集结在哥达周围，而戈本师也正在乘火车赶往那里。雅可比对他的同僚们说，虽然自己的提议没有得到任何回复，但双方一旦达成协议，对汉诺威将是有利的。汉诺威的将领们大多数都在寻找一个可以避免战斗的借口，而雅可比所说的一切都足以鼓励那些宁愿清谈而不愿战斗的人，结果，会议决定，由达默斯（Dammers）上校于第二天，也就是6月24日随雅可比前往哥达，进而决定下一步的动向，于是汉诺威针对哥达和爱森纳赫的进攻被暂时搁置了。

当达默斯和雅可比第二天早上到达哥达的时候，他们与城内的唯一一位将军见了面，此人就是萨克森－科堡－哥达（Saxe Coburg Gotha）的厄内斯特公爵（Duke Ernest），他在普鲁士军队中没有正式职位。然而，作为公爵，他很愿意做一些事情来促成双方停战，他和达默斯共同拟定了一份协议并送交柏林，建议普鲁士允许汉诺威军队自由进入德意志南部，作为交换条件，汉诺威军队在一年之内不参与任何敌对行动。

但是，后来发生的事情表明，这次谈判并没有表面上那么顺利，因为双方心中虽然都有共同的目标，但他们并不打算为了实现这个目标而放弃任何既得利益。达默斯的直接目的比看上去更简单，他不相信雅可比关于普军部署在哥达的军事力量的情报，他自身对此的看法更为精准。于是，达默斯派另一名汉诺威军官克劳斯（Krause）上尉带着一份秘密电报回到朗根萨尔察的指挥部，内容是：中止一切谈判，立即向爱森纳赫挺进。不过，达默斯上校暂时留在了哥达，他的态度显得很暧昧，让普鲁士人琢磨不透。事实上，汉诺威军队由于其他原因已经决定中止谈判了，指挥部于上午 11 点派遣冯·德·温瑟（von der Wense）上尉去哥达召回达默斯。不过，达默斯此时已经在回总部的路上了，两人在半路相遇，达默斯于下午 3 点回到了总部。

如果不是雅可比继续留在哥达，以等待普方代表冯·阿尔文斯勒本中将的到来，这些事件根本不足挂齿。然而，此时，事态正在别处迅速发展。与达默斯碰头之后，冯·德·温瑟继续前往哥达，把发生的事情告诉了雅可比（包括向爱森纳赫发动进攻的决定）。前一天，朗根萨尔察的汉诺威总部终于明晰了当前的形势，尽管哥达的情况还不清楚，但爱森纳赫的普军守备力量已经确定是很薄弱的，比洛旅准备进攻此地，他先向普军指挥官奥斯坦－萨克上校发出劝降令，要他从城内撤退——奥斯坦－萨克上校已经带着两个禁卫步兵营赶回来保卫爱森纳赫。劝降书于上午 9 点递交至普鲁士人手中，不出所料，奥斯坦－萨克拒绝投降。此时，鲁道夫所获得的情报已经足以令汉诺威人相信，针对爱森纳赫的行动（曾因雅可比的报告而被中止）应该继续进行了，鲁道夫在上午 10 点半赶回朗根萨尔察，亲自向国王报告。正是由于他带回来的最新情报，而不是达默斯上校的反馈，说服了乔治继续发动进攻，这位盲人国王以他特有的战争狂热接受了鲁道夫的报告。"敌人没有在哥达布置重兵！爱森纳赫没几个敌军！毛奇宣布我们被包围是毫无根据的吹牛。"[9]在这种突如其来的乐观情绪下，他正式向汉诺威军队下达了攻占爱森纳赫的命令。

很快，比洛旅的先遣队就占领了梅克尔施塔特（Meckerstädt），并切断了当地的铁路和电报线路。正当他们赶赴普军薄弱的战线时，仍然滞留在哥达的雅可比发来了一份电报，电报传到了汉诺威先遣队指挥官克奈普（Knipping）中校那里，上面写道："由于汉诺威所提出的条件已被普鲁士接受，因此我方必须避免敌对行动。"[10]面对这封电报，克奈普别无选择，只能选择停火。为此，在晚上7点左右，他派遣一名军官与爱森纳赫城内的奥斯坦－萨克进行谈判。比洛和奥斯坦－萨克同意暂时休战到第二天早上8点，休战结束前三个小时，双方将先行告知。在此刻，比洛的兵力占有绝对优势，他很有可能轻松拿下爱森纳赫；但是，即便如此，汉诺威的其余部队也很难能在法尔肯斯坦迟来的拦截行动展开之前，以足够快的速度越过河流，沿着大路南下。汉诺威军队内的强硬派很快就开始指责倒霉的雅可比影响了部队的推进。

然而，事实上，雅可比的情报还是靠谱的。科堡公爵对汉诺威人突然表现出来的强硬态度表示非常惊讶。"看起来，这种行为是不可饶恕的。"他说道。当天晚些时候，公爵收到俾斯麦的回信，对汉诺威军队在一年内不可以参加敌对行动这一建议做出了回应：

> 俾斯麦伯爵接受了哥达方的建议，但要求汉诺威必须保证履行已达成的相关协议。因此，普鲁士派遣冯·阿尔文斯勒本中将与汉诺威国王商谈担保事宜。[11]

公爵立刻把这封信送到了汉诺威司令部，交给了冯·德·温瑟上尉。不久之后，为了避免无谓的流血牺牲，雅可比向总部发了一封电报，旨在阻止汉诺威军队针对爱森纳赫的行动，因为在他看来，总部做出攻击的决定，一定是在不知道停战谈判正在取得进展的情况下做出的。

乔治国王在对公爵的回应中明确表示，一年不能参加敌对行动的条件对他来说是不可接受的，他要求召回雅可比，但与此同时他也将"非常高兴接待冯·阿尔文斯勒本副官……并很高兴与他进行谈判，以使我的臣民免于战争的痛苦"[12]。这些记录都表明，汉诺威总部的人，如果能找到一条令人满意的出路，是不会对战斗十分热衷的；在当前战争的总体形势下，汉诺威国王避免了无谓的流血牺牲，这是值得赞扬的。然而，在"平平安安抵达德意志南部"这个目标上，他很快就要失望了；就在汉诺威总部通过电报线与哥达和柏林进行会谈的时候，普鲁士军队正在飞快地前进。

前文曾提到过，奥斯坦－萨克曾收到由鲁道夫递交的劝降书，要他献出爱森纳赫，但是他拒绝了。随后，奥斯坦－萨克向法尔肯斯坦发出了紧急信息，请求支援。拜尔之前对法尔肯斯坦说，那天他最多能派两个营去支援奥斯坦－萨克。但是，在接到后者进一步的求助请求后，他还是派遣5个营通宵急行军到克罗伊茨堡（Kreuzburg），准备第二天赶往爱森纳赫作战。戈本已在6月24日早晨到达芒登，也准备协助奥斯坦－萨克，他通知法尔肯斯坦，自己将率部前往卡塞尔，再从那里用火车向爱森纳赫运送增援部队，他的5个营将在6月25日黎明前赶到那里。此时汉诺威人已经没有再向南突进的希望了。

此时，毛奇对法尔肯斯坦所做出的反应不太满意，他担心汉诺威军队占领哥达。他两次下令要求增援哥达，但都被无视了；6月24日上午8点，毛奇严令法尔肯斯坦利用马格德堡铁路运送援兵，即使这样，后者仍然充耳不闻。下午6点，毛奇又给法尔肯斯坦发了电报，他的愤怒溢于言表：

今天早上陛下下达命令，要求你经马格德堡派兵前往哥达和爱森纳赫。增援那里的分遣队是当务之急。与汉诺威军队的谈判仍在继续，想必不会在今天结束，但明天双方有可能爆发战斗。为此，你采取了什么措施？[13]

事实上，尽管行动迟缓，但法尔肯斯坦最终还是采取了行动。下午5点，他报告说，戈本师有一半人将奔赴爱森纳赫，曼陀菲尔也将派出由冯·弗莱斯率领的5个营前往哥达。

法尔肯斯坦决策迟缓，再加上在铁路运输方面遇到困难，上述部队直到6月25日晚上才赶到哥达。与此同时，阿尔文斯勒本已经抵达朗根萨尔察，试图与汉诺威人达成协议。他发现乔治国王傲慢而固执。关于汉诺威军队停止对普敌对行动的问题，国王只同意延长8个星期，而不是原定的一年。而且他

也不想对此做出任何保证，只说他是
国王，说话自然算数。阿尔文斯勒本
对此不以为然；但最终双方同意先停
火 24 小时——至少，这符合普鲁士
人的意愿。同时，阿尔文斯勒本和达
默斯原则上同意将休战时间延长（并
签订了相关文件）——"直到另行
通知为止"，但汉诺威一方认为休战
应该是无限期的，一直延续到接到下
一步的通知为止。[14] 阿尔文斯勒本把
关于谈判进展的消息用电报发送至柏
林，并要求从柏林转发给法尔肯斯坦；
与此同时，这份电报也送到了戈本手
里，但由于战事在波西米亚发生重大
转折，消息直到晚上 9 点才送到爱森
纳赫。

◎ 朗根萨尔察战役中的普鲁士指挥官爱德
华·冯·弗莱斯将军。（罗杰斯 摄）

　　法尔肯斯坦自己也已经到了爱森
纳赫。由于法兰克福行动被推迟，他暴跳如雷。弗莱斯的部队正在积极布防，
以应对汉诺威人的进攻，这令法尔肯斯坦感到尤为恼火，因为他完全没有心情
与汉诺威人缠斗。这时，鲁道夫出现在爱森纳赫，他向普鲁士人请求安排一辆
火车送他去柏林，以继续讨论停战协定，法尔肯斯坦粗鲁地告诉他，他可以向
阿尔文斯勒本借一辆火车。鲁道夫向柏林直接发电报的请求也被法尔肯斯坦拒
绝，他只能先回到总部向乔治国王报告。无功而返的使者引起了国王的暴怒，
他认为法尔肯斯坦先违反了停战协定，因为此时他已经命令比洛的部队从爱森
纳赫撤退了。这时，法尔肯斯坦和乔治国王都确信对方正在使诈。

　　法尔肯斯坦收到了一条虚假的情报，说巴伐利亚人已经到达了距离爱森
纳赫只有 18 英里的瓦察（Vacha），他给毛奇发电报说，必须在次日，即 6 月
26 日发动进攻，否则他的部队就会被汉诺威人和巴伐利亚人前后夹击。第二
天早晨 4 点，法尔肯斯坦收到了毛奇的答复，说休战将于当天上午 10 时结束，

不过，普方已经将冯·多林（von Döring）上校派往朗根萨尔察同汉诺威国王谈判，停战时间也可能会延长。法尔肯斯坦对此大为恼火，他不情愿地给乔治国王送去口信，说自己会尊重停战协定；后者现在再次考虑把鲁道夫直接派往柏林，以重申为期8周的中立期限。

然而，在夜间，汉诺威军队的一支征粮队进入了穆哈尔豪森（Mühlhausen），这使俾斯麦接到了错误的情报，称汉诺威军队主力已经抵达了那个地方。俾斯麦认为，唯一的解释是，汉诺威人现在正试图向北撤退，以摆脱包围。收到这一情报后，俾斯麦马上给厄内斯特公爵打电报说，多林上校的任务已经毫无意义了；与此同时，毛奇则向法尔肯斯坦发出命令，要求其派遣弗莱斯（Flies）对正在撤退的汉诺威军队采取行动。多林到达汉诺威总部后，发现那里并没有什么突发情况，来自柏林的命令是基于错误的情报，所以他打算在朗根萨尔察继续自己的任务。与此同时，鲁道夫已经动身前往哥达（他的最终目的地是柏林），却正好遇到了应毛奇指示连夜行军的弗莱斯部队。弗莱斯拒绝让鲁道夫通过，理由是停战协定已经过期。但在鲁道夫的抗议下，他同意继续延长两个小时，并允许鲁道夫再给柏林发一份电报，以证明停战协定仍然有效。[15]

在朗根萨尔察，乔治国王比以往更加愤怒，他一开始甚至拒绝和多林说话。当后者终于获得觐见的机会时，他发现自己与愤怒的国王相处得异常艰难。多林说他奉命设法平息战争时，国王打断了他的话：

"谁给你下的命令？"多林回答是普鲁士国王陛下亲自下的命令，但乔治国王的问题接踵而来："是你们国王亲自送来的？"多林回答："是普鲁士首相俾斯麦伯爵通知我的。"乔治国王喊道："这个畜生在干什么？"多林恭恭敬敬地提醒国王，他骂的是一位普鲁士大臣。"实际上！"乔治说，"我们人类都只是一种动物而已，告诉我你的使命究竟是什么！"[16]

多林解释说，他是来重新提出普汉联盟建议的（俾斯麦曾在战争爆发之前提出过），这引发了乔治国王一阵愤怒的吼声："哦，呸！一个联盟！"紧接着，他对普鲁士人的行为进行了激烈的抨击。当多林指出停战协定已经到期时，国王更是愤怒地宣称这个协议应该是无期限的。在这种情况下，多林只能告诉国王，他有义务把停战协议的有效期告诉后者，于是，双方的会谈正式破裂。很快，法尔肯斯坦获知了这个消息，他命令部队继续行动。但是他并没有集中所有的力量来对付阿伦特席尔德，而是将部队分散部署，因为他再次确信巴伐利亚人构成了威胁。根据部署，弗莱斯和曼陀菲尔（来自哥廷根）将与汉诺威人交战，而拜尔和戈本则转向南方。因为曼陀菲尔距离目标还很远，法尔肯斯坦让弗莱斯先不要轻举妄动，除非汉诺威人自己想逃出包围圈。在柏林，失望的情绪与日俱增。由于对双方的和平使者们来来回回毫不知情，毛奇和威廉国王一直等待着进攻的消息，结果一直没有等来。于是，威廉派遣一名使者以国王的名义赶到法尔肯斯坦的司令部把命令重新宣读了一遍：

> 我再重复一遍毛奇将军的命令，即要求你们集中一切兵力，以迅猛有力的行动（步行或者铁路运输）包围汉诺威军队，迫使他们投降。另外，根据情报，巴伐利亚军队位于迈宁根（Meiningen）附近。[17]

法尔肯斯坦给国王发了一封温和的回信，向他保证自己将执行命令。但实际上他并没有这样做，而是准备于第二天动身前往卡塞尔，以临时总督的身份出席因新军事占领而召开的民政会议。事实上，他在当天下午3点就离开了，尽管当时他得到情报说弗莱斯已经抵达了温斯特鲁特河（Unstrut）；此时，毛奇又给法尔肯斯坦发送了一道命令，吩咐他照做：

> 巴伐利亚人甚至奥军部队现在都是次要的。陛下要求立即让汉诺威军队缴械投降。法尔肯斯坦将军，您今天做了什么安排？请立即回答。[18]

结果这份命令被法尔肯斯坦随意揣在衣服口袋里。

毛奇的命令再直率不过了，当天晚上，当他得知法尔肯斯坦仍然没有服从自己的命令时（后者从卡塞尔给毛奇回的信），他那磐石般的冷静也动摇了。午夜时分，毛奇再次以国王的名义对法尔肯斯坦发了一道命令，这份命令的内容虽然是重复的——即集中一切力量对付阿伦特席尔德，但措辞更加严厉，并指出"由于缺乏足够的支持"，弗莱斯很快就会被汉诺威人给赶回去。即便法

◎ 关于 1866 年 6 月 27 日朗根萨尔察战役的全景石版画，显示了战场的主要区域。（罗杰斯 摄）

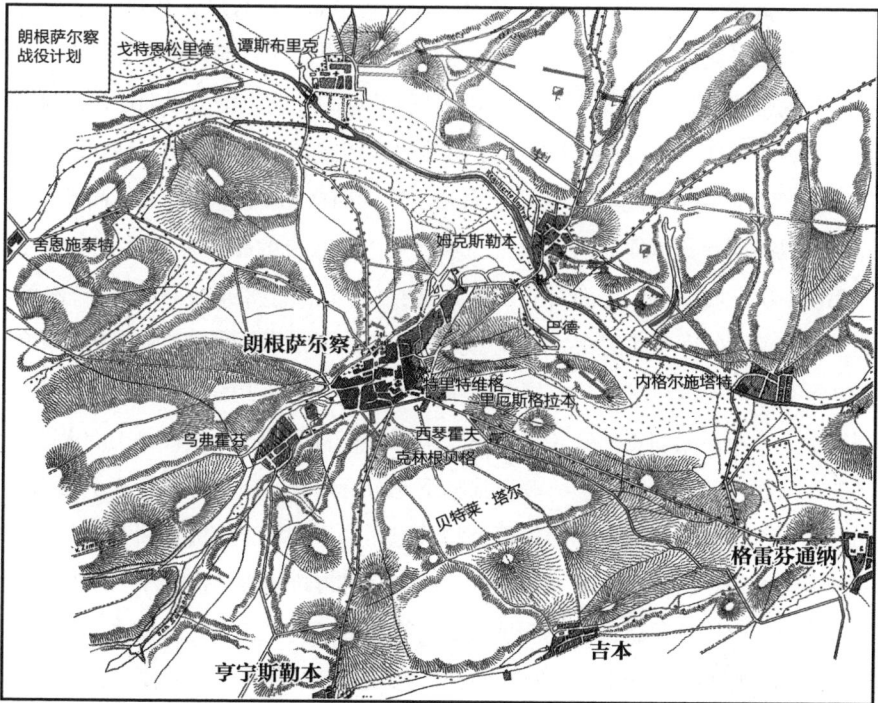

◎ 6 月 27 日，朗根萨尔察战役。

尔肯斯坦坚信自己是绝对正确的，也很难经得起这样持续不断的指斥。

毛奇关于弗莱斯的推测是准确的，这位白发苍苍的老兵总是过度理解他收到的命令，抄送给他的命令（来自国王）是"不惜一切代价（coute que coute）打败汉诺威人"，所以他开始向北追击他认为正在撤退的敌人。

事实上，汉诺威人也收到了巴伐利亚人已经到达瓦察的假消息，他们已经在温斯特鲁特河附近占据了良好的防御阵地，等待着盟军的到来。

汉诺威人已经沿着温斯特鲁特河北岸的高地修建了土方工程，大大加固了阵地，并且部署了多门火炮来控制渡口。这个阵地的关键区域是默克斯勒本（Merxleben）村以及基希贝格高地，后者控制着河上的桥梁——这是敌人的骑兵和炮兵部队发动进攻的唯一一条可行路径。

阿伦特席尔德在塔姆斯布鲁克（Thamsbrück）的右侧部署了比洛旅，以抵御敌人从穆尔豪森发动的进攻。沃克斯旅位于阵地中心，占据了默克斯勒本。波斯默旅在阵地左翼，靠近纳格尔施塔特（Nagelstadt）。克内塞贝克旅作为汉诺威的预备部队，位于默克斯勒本的后方。上述部队拥有足足9000人，弗莱斯的兵力相形见绌，只有其一半。以这种方式将自己的一部分军队暴露在兵力占绝对优势的敌人之下，这足以证明法尔肯斯坦的无能，但力量对比的悬殊并没有吓倒弗莱斯。普军很快就将处于劣势的汉诺威先头部队赶出了朗根萨尔察（位于温斯特鲁特河以南），普军还占领了犹太胡格尔（Jüdenhugel）高地，从此处可以控制汉诺威军队的主阵地。但当克内塞贝克的旅前来增援主阵地时，弗莱斯很快就明白了，他面对的是汉诺威主力。这时，弗莱斯突然因中暑而病倒了，在关键的一个小时里，他完全失去了知觉。弗莱斯的参谋觉得自己不能主动下令撤退，没过多久，率军抵达基希堡（Kirchberg）的阿伦特席尔德觉察到对手兵力不足的弱点，开始信心满满地进行兵力部署。虽然普鲁士的大炮已经架在了犹太胡格尔高地上，并居高临下地对汉诺威的炮兵阵地造成了相当大的破坏，但当阿伦特席尔德率领两个骑乘炮兵连从普鲁士阵地侧面开火时，前者的战斗力很快就被削弱了。波斯默旅的步兵也趁机前进，占据了一个重要区域，他相信汉诺威军队可以据此越过温斯特鲁特河，对普军发起反击。

此时，雅可比少校已经放弃了外交工作，而转去执行军事任务，他对普军阵地的左翼进行了侦察，并向阿伦特席尔德做了报告。这位汉诺威司令终于

◎ 朗根萨尔察战役中，汉诺威军队突袭卡伦伯格磨坊时的场景。（罗杰斯 摄）

捕捉到了战机。汉诺威的炮兵现在已经占了上风，下午1点，阿伦特席尔德命令比洛和克内塞贝克强渡温斯特鲁特河。这条河的河岸和河床位置较高，这意味着军官们必须率领部下下马泅渡，所幸的是他们很快就击退了对面的普鲁士人，如果左翼的波斯默也取得同样的胜利，那么，弗莱斯必将遭遇大溃败。然而，波斯默的推进遇到了困难，他很快就被迫放弃了渡河的任务——面对普军持续而猛烈的炮火，这是不可能实现的。尽管鲁道夫上校极力劝说波斯默再试一次，但后者还是拒绝了。此后，波斯默旅一直留在战线后方（河的北岸）。这时，在克内塞贝克旅的两个营的增援下，位于战线中部的沃克斯旅也渡过了温斯特鲁特河，他们成功地夺取了普鲁士人一直在坚决保卫的卡伦伯格（Kallenberg's Mill）磨坊，并俘虏了一百人。

弗莱斯已经恢复了知觉，他知道自己别无选择，只能撤退。普鲁士《官方战史》简要地记述道：

考虑到对手的巨大优势，弗莱斯将军认为再继续打下去不可取；此外，这次行动的目标——拖住汉诺威军队——已经达成了，实际上，普军为该目标已经付出了太多，继续消耗实力没有必要。[19]

　　费力地把己方步兵从汉诺威骑兵的追击中解救出来后，弗莱斯先撤退到亨宁斯勒班（Henningsleben），然后集合所有撤退的部队，回到瓦尔萨（Warza）。汉诺威人则集中在朗根萨尔察。这是一场激烈而令人疲惫的战斗，从战略全局的角度来看，这场战斗完全没有必要。许多普鲁士士兵在筋疲力尽地倒在路边后被俘；汉诺威人估计他们俘虏的总人数为 907 人。此外，普军还有 170 人阵亡，643 人受伤，33 人失踪。汉诺威人也遭受重大损失，共有 1429 人伤亡。夜幕降临时，鲁道夫又被派去向弗莱斯提出另一个停战协议，即给予汉诺威军

◎ 朗根萨尔察战场上的冯·弗莱斯将军。（罗杰斯 摄）

队两个月的期限以及自由通行权，让他们前往南方。按照柏林方面的指示，弗莱斯立即拒绝了这个建议；这时，毛奇终于成功地控制了任性的法尔肯斯坦，曼陀菲尔、拜尔和戈本三支部队已经开始向汉诺威阵地进军，他们的目的是立即结束这场战役。

乔治国王来到阿伦特席尔德的司令部，向汉诺威军队发了一个华而不实的嘉奖令，祝贺他们赢得了"光荣的胜利"，他对此表示由衷的感谢，并赞扬他们的事业"理应归于上帝"。[20]

晚上，乔治国王召集了一次战争会议。在会议上，普拉腾敦促立即向哥达推进，然后再南下挺进至图林根森林（Thuringian Forest）。高级军官们对当前局势的态度则要现实得多，他们对攻占哥达没什么热情。他们没有赞同国王的夸张言论，而是在第二天早上坐下来写了一份建议书，如实记录了他们对军队所处艰难困境的看法——汉诺威军队需要休整，而且缺乏弹药和补给，部队现在实际上已经被包围，而且没有任何改善目前状况的希望：

在这种情况下，我们只能认为任何进一步的战斗或抵抗都是无用的，都

◎ 朗根萨尔察战役中，由里特迈斯特·冯·埃纳姆率领的汉诺威剑桥龙骑兵正在对普军发起冲锋。（罗杰斯 摄）

是徒劳的流血牺牲，我们只能建议国王陛下，依据我们忠实的信念，放弃抵抗，接受投降。[21]

阿伦特席尔德和汉诺威所有高级军官都在建议书上签了名。面对这种情况，好战的国王也只能屈从于共识，他将寻求投降协议的消息发给了弗莱斯。弗莱斯又向法尔肯斯坦报告，法尔肯斯坦起草了一份文件，交给了阿伦特席尔德，后者表示接受。在此期间，毛奇突然绕过法尔肯斯坦（有人说是故意冷落后者），指派曼陀菲尔来商谈投降条件，普方将领们一致认为，如果曼陀菲尔的条件对普鲁士更有利，那么法尔肯斯坦拟定的协议就不应生效。当曼陀菲尔于 6 月 29 日抵达汉诺威总部时，这种情况确实发生了。俾斯麦已经在向前看了——曼陀菲尔以国王的名义所提出的条件显然没有法尔肯斯坦提出的那么苛刻，当天晚些时候，曼陀菲尔和阿伦特席尔德在朗根萨尔察正式签署了投降书。幸运的是，这场战役很快就结束了，而这场战役的意义只能从某种中世纪的层面上，即通过战争来满足王室（House of Guelph）的家族荣誉来理解。然而，不久后我们将会看到，这场战役实际上标志着汉诺威王国独立地位的结束。目前，随着投降书的签订，毛奇所面临的一个次要的，但很紧迫的军事问题终于得以解决了；但是，对普鲁士人来说，还有巴伐利亚人和邦联第 8 军需要对付，虽然迄今为止他们的行动很迟缓，但其潜力仍然不容小觑。

施里芬简要分析了从这场短暂的战役中应吸取的经验和教训：

6 月 28 日，普鲁士军队克服了无数困难，修正了多个错误和误解，经过多次行军和撤退，打了一场血战之后，才取得了最终胜利。但如果普军直接采用毛奇的战略计划的话，早在 6 月 24 日就会赢得一场干脆、彻底、甚至不流血的胜利。普鲁士的将军们，不论他们有多么杰出，多么优秀，也无法理解这位头发花白的军事理论家（指毛奇）的战争计划，后者甚至连一个连都没有实际指挥过……有赖毛奇冷静而不知疲倦地努力，才把普鲁士军队这个支离破碎的体系重组起来。一开始，他把自己对战役的干预局限于善意的劝说。最后，他被迫诉诸国王，以命令的形式专横地干预战事。最后，他实现了自己的意愿，战役也幸运地以胜利告终，这也是他最大的成就。[22]

第三节 攻入波西米亚

6月16日早上6点，普鲁士易北河集团军的先头部队越过边境攻入萨克森。霍兹尔（Hozier）上尉在为《泰晤士报》报道战争进程时，描述了战争开始前的最后几个小时：

> 普军部队主力在午夜时分聚集在一起，士兵们将武器堆在一起休息，等待黎明的到来。他们睡意全无，气氛凝重，从拥挤的纵队中不断传出低沉的窃窃私语声，诉说着弥漫在人们心中的被压制的极度兴奋感；这种激动不是没有缘由的，因为士兵们都以为奥地利人已经到了德累斯顿，明天就要开战了。终于，曙光初现，普鲁士人急切地排成队列，在太阳升起之前，率先出击的禁卫军已经在萨克森人的土地上轻快地前进了。[1]

然而，奥地利人并不在德累斯顿，而是在很远的地方，萨克森军队关心的也只是撤退，而不是战斗。在普军入侵之前，萨克森人采取了坚壁清野的战术，包括破坏铁路，以拖延普军的进攻。但是，由于时间仓促，这些都没有取得什么成效。如普鲁士人所料，萨克森人曾打算烧毁里萨（Riesa）附近易北河上的铁路大桥，但也没有成功，普鲁士工程师迅速对仅有的两个受损桥墩进行了修复。[2] 普军的先头部队很快就发现，萨克森人已经撤离德累斯顿，并沿着易北河撤退到皮尔纳（Pirna）。在接下来的几天里，普鲁士人一枪未发就占领了萨克森全境，只有柯奈塞泰因要塞（Königstein）例外，但这个要塞坚不可摧的名声并没有经受考验，由于普军认为要塞内1200人的驻军对自己没什么威胁，因此就放他们安全地撤离了。6月20日，普军正式宣布占领萨克森。随后，被任命为占领军长官的冯·德·穆尔贝率领预备队从柏林赶来并接管了萨克森的守备任务，从而解放了易北河集团军，使其得以继续向波西米亚边境挺进。进军途中，普鲁士军队收到了严格的命令，要求其尊重占领区居民，霍兹尔指出：

> 普鲁士士兵的优良纪律在萨克森表现得非常突出。居民们最初怀有的恐惧和偏见越来越少，在几天内，普鲁士人就树立了自己友好的形象。[3]

就在易北河集团军由赫沃斯（Herwarth）向战线右翼推进之时，第1集团军的主力部队越过了边境，霍恩（Horn）的第8师也在开战首日到达卢堡（Lobau），6月17日到达包岑（Bautzen）。6月18日，冯·埃特泽尔的第16师占领了德累斯顿并继续向前挺进。普军后方和前线的通信显然存在问题，因为直到午夜，毛奇仍然不了解前线的真实状况，他给施洛特海姆（Schlotheim）发电报说："我没有前线的最新消息。赫沃斯将军进入德累斯顿了吗？萨克森人在哪里？有奥地利人加入战斗吗？"[4]

施洛特海姆在6月19日报告说，埃特泽尔已经进入了德累斯顿，无论是萨克森人还是奥地利人，都没有发起任何抵抗；但这份姗姗来迟的报告表明，不论是在现在还是在未来，战争中的毛奇对于敌人的位置常常一无所知。《官方战史》强调：

> 关于奥军所处位置的情报是多种多样的，有一部分是假的。这一切都似乎表明，距离易北河两岸最近的奥地利第1军似乎已经得到了第2军的增援，甚至连萨克森军也加入了进来。[5]

法国评论员博纳尔将军称，普鲁士总参谋部在6月19日得到了关于"奥尔米茨附近的6个奥地利军开始向波西米亚进军"的确切消息，然而，惠顿（Whitton）上校认为这一情报不可能是真实的，因为普鲁士总参谋部已经于6月11日获得了一份《奥地利战时编制》的副本。[6]

毛奇对萨克森军动向的第一反应是担心他们不会撤退到波西米亚（而毛奇打算一旦萨克森军撤到波西米亚，就正好把他们和北方的三支奥军一锅端了），而是在法兰克尼亚与巴伐利亚军队会合。

毛奇在6月18日写给斯图尔普内格尔的信中说，这将"令人非常难受"，因为赫沃斯将被迫从易北河流域撤走，以对付萨克森人。[7]而赫沃斯的角色是充当普军波西米亚攻略部队的右翼，这对毛奇的计划至关重要。"一旦赫沃斯将军准备妥当，那一刻我们就该以上帝之名进军波西米亚了。"为了优化指挥结构，易北河集团军暂于6月19日被置于腓特烈·查尔斯麾下。毛奇已经在制定计划，准备让腓特烈·查尔斯和普鲁士王储合兵一处；早在6月19日的

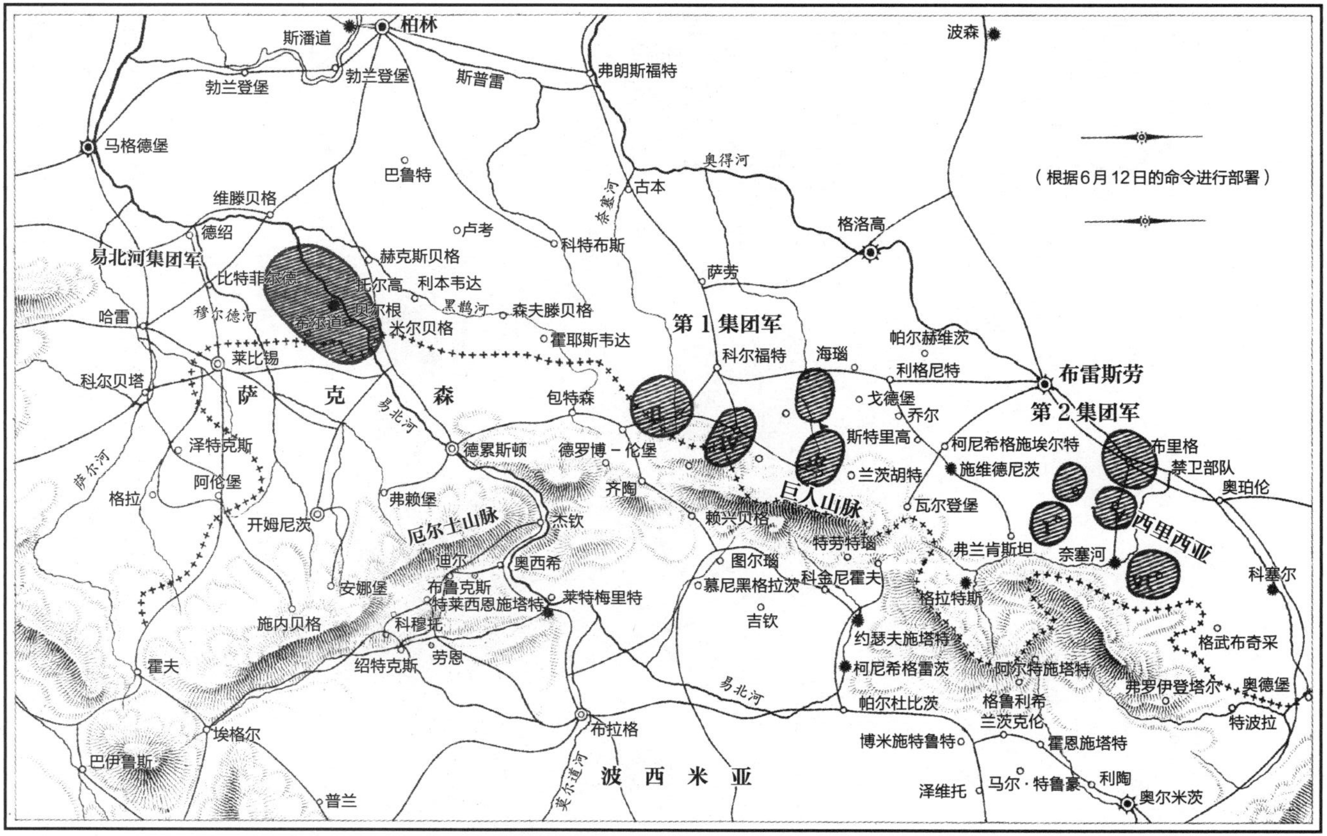

（根据6月12日的命令进行部署）

第2集团军

布雷斯劳

第1集团军

巨人山脉

厄尔士山脉

波希米亚

森

克

柏林

© 6月18日，普鲁士三个集团军所处的位置。

241

◎ 6月19日，普鲁士军队进入莱比锡时的场景。（该插图选自《战争编年史》）

一份备忘录草稿中，毛奇就指出，"相关情报证明，奥地利军队的主力将集中在北波西米亚地区"；他认为腓特烈·查尔斯应该率军赶往吉钦（Gitschin）。当天，在给王储的命令中，毛奇作出指示："为加快两军的会师……第2集团军有必要调动一下，目前只需要将一个军留在奈塞河（Neisse）附近。" [8]

对于第 1 集团军司令部来说，如何协调两个集团军之间的行动仍然是一个棘手的问题；奇怪的是，尽管毛奇在 6 月 4 日已经公开了计划，但斯图尔普内格尔还是觉得有必要在 6 月 21 日满怀希望地问毛奇，第 1 军究竟属于第 1 集团军还是第 2 集团军。斯图尔普内格尔的询问是由腓特烈·查尔斯授意的，他担心自己会孤军面对贝内德克的主力部队。对此，毛奇并不担心；不过，他觉得赫沃斯进军波西米亚的同时，侧翼有可能会遭到攻击，于是他在 6 月 22 日私下写信给斯图尔普内格尔："至少派第 8 师来支援他（赫沃斯），让他停在圣潘克拉兹（St Pankraz），然后等两军会合，这难道不是个明智的策略吗？"

在同一封信中，他就他的全面计划向斯图尔普内格尔发出明确警告：

虽然你军的战略大方向是吉钦，但如果能在其他方向获得切实的战绩，

◎ 弗里德里希·埃伯哈德·赫沃斯·冯·比滕菲尔德将军，普鲁士易北河集团军总司令。（罗杰斯 摄）

◎ 莱昂哈德·卡尔·冯·布卢门塔尔将军，在 1866 年的普奥战争中担任第 2 集团军参谋长。（罗杰斯 摄）

你也可以全力以赴。不过，决不能因此而偏离大方向。[9]

6月22日下午，毛奇发出了入侵波西米亚的正式指令，并在指令中要求：两个集团军要"在吉钦寻求会师"。在随后的书面命令中，毛奇指出，选择吉钦的唯一原因是"路程较短，且此地公路和铁路交通状况俱佳，这使此处成为首选之地。当然，我并不是说在任何情况下都必须进入吉钦；这取决于战事的发展"[10]。他接着给腓特烈·查尔斯下了一个重要的指示：

由于第2集团军的实力较弱，且他们从山区出发，任务更艰巨，所以第1集团军一旦与冯·赫沃斯将军的易北河集团军会合，就更必须通过快速推进来减轻风险。[11]

接下来的几天对毛奇而言显然是一个焦虑的时期，在整个战争中，最困难的任务就是调整两个集团军的进攻方向，以确保它们不会被敌人各个击破。
在这方面，毛奇没有得到任何可靠情报的帮助。6月23日，他写信给斯图尔普内格尔说："奥地利军队正全速向北推进。关键是要在他们之前抵达伊瑟尔河。"与此同时，他还表示，自己担心第2集团军向阿尔瑙（Arnau）的挺进，会"吸引敌军的相当一部分兵力，我担心会吸引过多的敌人"。他再次强调了快速推进的必要性，并敦促谨慎的第1集团军指挥官迅速采取行动："以腓特烈·查尔斯王子为首的10万人，以及他们后面的5万预备队获胜的可能性最大。"[12]然而实际上，奥地利军队向西突入的距离比毛奇所设想的要短得多，第二天布卢门塔尔所面临的情况也是如此，他对情报质量颇有微词：

尽管我们费尽心机，但情报工作还是很糟糕。如果奥地利军队正集中在永本茨劳的说法属实的话，那么只要两个集团军的进攻速度足够快，就可以顺利会师。

毛奇在自己补充的评论中也显示出了他感到压力越来越大："一个伟大的时刻即将到来。但愿上帝不会抛弃我们。我基本夜不能寐。"[13]

事实上，上述部署的风险比毛奇当时意识到的要大得多。如果毛奇认为贝内德克的目标是永本茨劳（而不是事实上的约瑟夫施塔特），他就可以指望在遇到贝内德克的主力之前就让自己的两个集团军会师。贝内德克也就可以趁机直插两个普鲁士集团军的结合点。冯·卡普里维（von Caprivi）对这种缺乏可靠情报的情况进行了解释，当时他是普军情报部门的一名上尉：

在 1866 年，一切都要靠我们亲手创造出来。虽然在两年前，我们曾不得不与奥地利作战，但战争爆发时，我们对奥地利各军的混乱情况所知甚少。[14]

而且，正如惠顿上校所指出的，普鲁士人漫不经心地使用自己的骑兵进行侦察，令情报问题更加复杂了。无论是在普军越过边境的时候，还是在决定性战役的前夜，都没有任何证据表明腓特烈·查尔斯或王储的骑兵进行过有效侦察，由此产生的结果就是"战斗成为和敌人玩捉迷藏的游戏"。[15]

当普鲁士军队于 6 月 23 日越过边境时，双方还没有正式宣战。但国会投票的结果实际上标志着双方进入了战争状态，普鲁士人已经通知了奥地利的前哨部队："战争已经爆发了，普鲁士军队接到了战斗命令。"[16]

这显然让布卢门塔尔感到很失望，他在 6 月 22 日的日记中写道："所以我们终究没有正式宣战！"然而，更重要的是，他对未来可能出现的危险也进行了思考。"我不能回避这样一个事实，那就是我们翻山越岭的行动非常关键，而且很可能会失败。然而，如果我们不想浪费时间，也只能这样做。"[17]

在前进的路上，腓特烈·查尔斯和王储要分别穿过厄尔士山脉（Erzgebirge）和巨人山脉，这两道山脉组成了一个三角形的两腰，三角形的底边正好穿过布拉格。腓特烈·查尔斯虽然有很长的路要走，但他可以指望越过山脉，直达北波西米亚平原，而不会遇到太多的阻力；对王储而言，从他的起点到吉钦的直线距离只有 35 英里，但是，隘口非常狭窄，他们很大程度上只能从高耸的山峰行军，这一点布卢门塔尔非常清楚。另一个决定两军行军路线的自然障碍是河流。易北河从利森山脉向南流经约瑟夫施塔特和柯尼希格雷茨要塞，直到帕尔杜比茨，然后向西转向布拉格，向北到达杰钦（Tetschen），穿过厄尔士山脉。在易北河的这一段，它的两条最重要的支流是莫尔道河

（Moldau）和伊瑟尔河（Iser）。莫尔道河向北流经布拉格，与易北河在布拉格以北大约 20 英里处会合。伊瑟尔河在帕尔杜比茨以西大约 50 英里处与易北河汇合，此时此刻，普奥双方最高指挥官的眼睛都紧紧地盯着这条河。

贝内德克一直在推测毛奇到底打算沿着哪条路线前进，他仍然认为，普军最有可能从西里西亚发动进攻。6 月 16 日，奥皇弗朗茨·约瑟夫发了一封电报，要求贝内德克立即开始行动，这不无道理，但他在回复这封电报时，对下一步行动却表现出游移不定的态度。事实上，贝内德克与赫尼克斯泰因和克里斯马尼奇（Krismanic）一起度过了一段艰难的时光，他们对战局的看法完全相左，后两人更倾向于防御性的观点。贝内德克说，作为对皇帝催促的回应，他将在 6 月 20 日前完成大军在奥尔米茨的集结工作；随后，他补充道：

> 如果敌人的主力仍停留在格尔利茨和兰茨胡特（Landshut）附近的阵地上，那么我军将在 11 天内准备好在约瑟夫施塔特作战。如果他们在上西里西亚（看起来很有可能）作战，我们则必须在 4 天内准备好。[18]

第二天，贝内德克意识到自己后一个假设是错误的，随后，他命令军队从奥尔米茨向约瑟夫施塔特进发。维也纳报刊称他为"卧狮"，并对大敌当前时刻他的军事部署表示满意。 但在 6 月 20 日，当贝内德克自己离开奥尔米茨前往博米施特鲁博（Böhmisch Trubau）时，他给妻子写了一封悲伤的信：

> 如果我作为一个战败的将领回到你的身边，那么请对我宽容些，让我像个男子汉一样默默地承受不幸吧。我将平静而坚定地走向自己的命运。[19]

当普鲁士军队准备越过厄尔士山脉和利森山区时，其不可避免会分散开来，而此时，贝内德克已经或多或少地集中了自己的力量。况且，这时奥军正集中在约瑟夫施塔特，位置很有利，贝内德克有充分的条件可以反攻普鲁士军队。值得一提的是，王储从群山中冲下来的地方正好接近奥军新阵地，这无疑突出了这次行动的棘手性质，在山的另一边，布卢门塔尔也正在思考这个问题。

贝内德克的情绪开始高涨起来。6 月 21 日，他骑马侦察了奥军将要部署的阵地，以对付他设想中的、从西里西亚赶来的普鲁士军队，据说他曾自言自语道："是的，我相信我终究会打败他们的。"[20] 然而，他早先给皇帝的电报所显示的不自信，在他给克朗·加拉斯和萨克森王储的下达的命令中仍然表现得很明显。最初，贝内德克的意图是将萨克森人部署在易北河战线，掩护主力部队的左翼；但在 6 月 20 日，贝内德克更改了命令，转而要求萨克森军集结在伊瑟尔河附近，并与克朗·加拉斯的第 1 军会师一处，以阻碍普鲁士人的推进。6 月 21 日，克朗·加拉斯接到了这份命令，但萨克森人的部队直到 6 月 22 日午夜才接到命令，此时他们正按照原计划前往帕尔杜比茨，因此不得不紧急撤回。

贝内德克仍然按照克里斯马尼奇制订的总体战略计划，即在不分散奥军主力的前提下，转移到约瑟夫施塔特，以保持奥军的潜在区位优势。然而，如果奥地利人要在内线作战并利用到这一优势，就必须迅速而果断地采取行动。

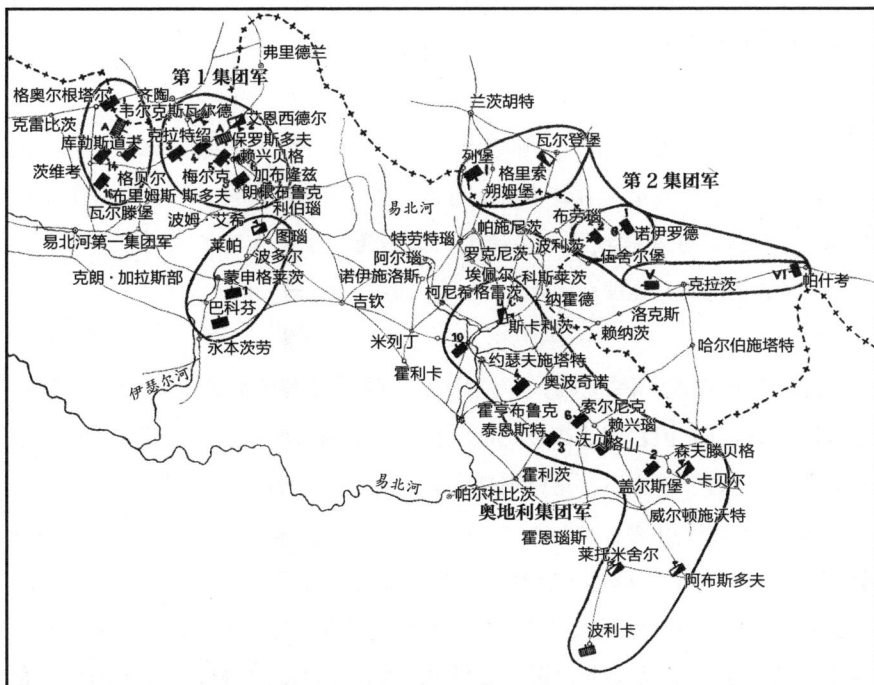

◎ 6 月 25 日夜间，普鲁士、奥地利各集团军所处的位置。

247

◎ 萨克森王储阿尔伯特。（冯塔内 绘）

贝内德克可以留下足够的兵力来拖延普鲁士王储下山的时间，并立即与克朗·加拉斯和萨克森人在伊瑟尔河会合；或者他也可以派部队去阻止腓特烈·查尔斯和赫沃斯的进攻，然后再集中力量去攻打王储。重要的是，贝内德克无论如何都要下定决心；一旦普鲁士军队到达了可以互相支援的位置，他的优势地位就丧失了，而他的敌人将会取得决定性的主动权。正如普鲁士《官方战史》所说，"为了获得内线作战的优势，必须在几个敌人互相远离的时候，集中力量攻击其中一个。"[21] 现在，贝内德克似乎已经决定选择王储作为他的第一个目标。

《官方战史》继续指出，尽管事后看来，贝内德克的举动太过明显了，但他实际上还是尽可能地保留了自己的主动权：

> 现在一切都准备妥当了，所有人都在说，最好的计划是把所有兵力都投入到与普鲁士第 2 集团军的战斗中，因为他们需要翻山越岭。但是普鲁士王储在格拉茨后面的行军路线是无法被我们探知的，除非他的军队已经从隘口穿过，否则不可能被人知道。[22]

利森山脉本身并不是特别令人生畏的山脉；其山峰大部分位于山口两侧，且都不是特别高。但它们的高度足以阻止大批军队通过，因此王储要想从此处通过必定要走过一些隘口，这给奥地利人提供了有限的答案。事实上，王储的行军路线只有以下几种：从列堡（Liebau）向北走，或是从朔姆堡向东走到特劳特瑙（Trautenau），抵达山脉最北的出口；接下来要走从布劳瑙（Braunau）穿过皮考（Pickau）到纳霍德的路；或是走从格拉茨（Glatz）穿过雷纳茨（Reinerz）到纳霍德或南下到森夫滕贝格的路。在约瑟夫施塔特，贝内德克布

248

置了完善的阵地，足以覆盖上述出口。对艰苦行军的普鲁士纵队来说，施泰因梅茨（Steinmetz）所接受的任务是最困难的。他要从格拉茨和赖亨斯特恩（Reichenstern）走到纳霍德。6 月 24 日，毛奇向布卢门塔尔强调了这一点："第 5 军有一个艰巨的任务，即掩护整个集团军的侧翼。施泰因梅茨将军很可能会向北撤退到布劳瑙。"[23] 毛奇继续表示，施泰因梅茨应该寻求禁卫军的支援，与此同时，第 6 军也应该从格拉茨或奈塞向南发动进攻，以减轻其压力。对于第 2 集团军来说，现在的局势非常紧张。虽然王储的总部设在格拉茨东北约 7 英里的卡缅兹（Kamenz），但他们并没有脱离危险地带，正如布卢门塔尔在 6 月 25 日的日记中所记录的那样：

◎ 奥地利第 1 军指挥官爱德华·克朗-加拉斯将军。（罗杰斯 摄）

> 昨天晚饭后，我发现，施泰因梅茨一向前推进，我们就会暴露无遗，那么第 2 集团军的侧翼就没有人保护了。如果奥地利人知道了这一点，他们所要做的就是伸手抓住我们。正是由于我的疏忽，王储才被置于危险当中。[24]

　　山区暴风雨来袭，天气变得很糟。除此之外，6 月 26 日，普军通过山中隘口的一切都已准备就绪。冯·博宁的第 1 军将走北线；禁卫军要穿过布劳瑙向埃佩尔（Eypel）前进；施泰因梅茨作为侧翼的掩护部队向纳霍德推进。第 6 军在东部先向弗雷瓦尔道（Freywaldau）进军（实际上是进行佯攻），然后将作为预备队跟随主力前进。把第 6 军从奈塞周边的阵地撤回来，直接支援第 2 集团军的推进——这一决定非常重要，特别是考虑到如果贝内德克继续他原来的企图，即集中力量对付王储而不是腓特烈·查尔斯的话。

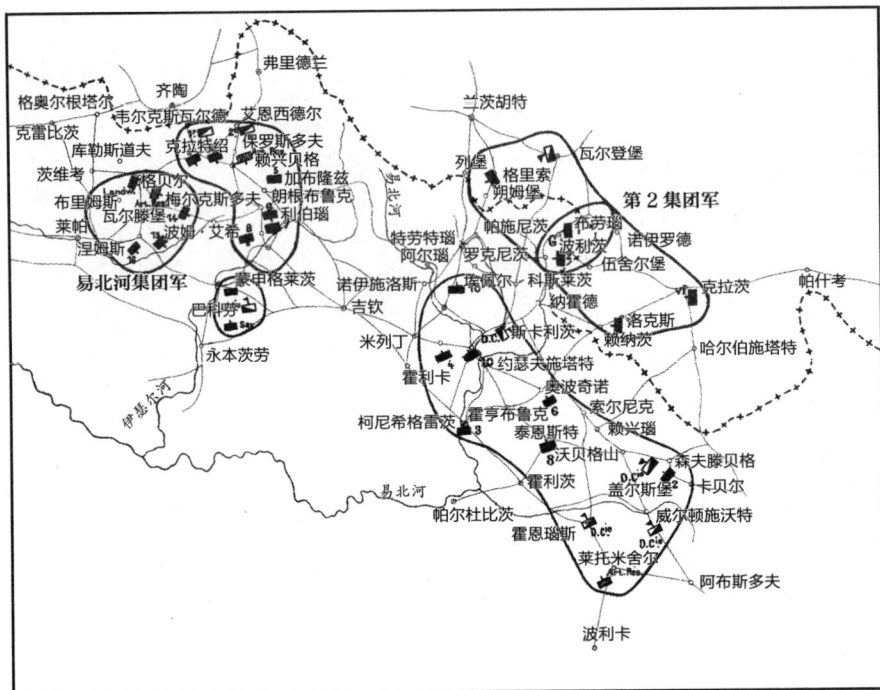

◎ 6月26日夜间，普鲁士、奥地利各集团军所处的位置。

与此同时，普鲁士第1集团军和易北河集团军正在向北波西米亚挺进。腓特烈·查尔斯推迟了他的军队穿过埃尔兹博格河的行动，直至与赫沃斯的前进步伐保持一致。6月24日，第1集团军沿着从齐陶到马科利萨（Marklissa）的大弧线穿越边境，成功地集中在赖兴贝格（Reichenberg）周围。此时，易北河集团军到达了格罗斯·默根塔尔（Gross Mergenthal），并以梯队形式从伦堡（Rumburg）附近撤离，因此，在这一阶段的进攻中，他们仍然在腓特烈·查尔斯以西很远的地方。在主力部队前面，双方骑兵的小规模战斗越来越频繁，这说明与奥地利军队的激烈交锋即将展开，但是不管怎么样，普军穿越卢萨蒂亚山脉通道的行动没有遭遇抵抗，已经顺利完成了。

奥军方面，克朗·加拉斯最初得到命令，要在永本茨劳和蒙申格莱茨（Münchengrätz）之间占据一块阵地，他的目标是"促进奥地利人与萨克森人

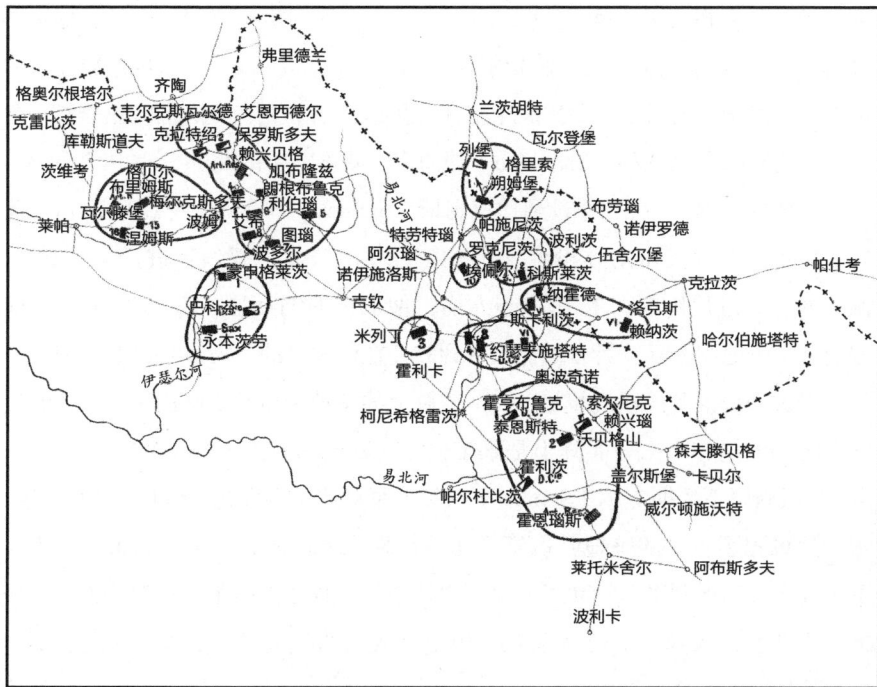

◎ 6月27日夜间，普鲁士、奥地利各集团军所处的位置。

之间的接触，并保持双方的联络”[25]。然而，克朗·加拉斯缺乏想象力，他按字面意思执行了这些指示，他在6月21日执行了修改后的命令，与萨克森人共同集结在永本茨劳，但他不清楚自己为什么要这样做。普军现在还不能确定贝内德克是否让克朗·加拉斯率主力向伊瑟尔河进军，去对抗腓特烈·查尔斯，或者克朗·加拉斯和萨克森人仅仅是在执行佯攻行动（在贝内德克派出6支军队对付普鲁士王储的时候吸引普军的注意）。不过，对于普鲁士人来说，他们也不确定奥地利军队部署在伊瑟尔河上的力量有多大；在这个阶段，他们认为有两个奥地利军部署在那里。

6月25日傍晚，易北河集团军的先头部队已经到达加贝尔（Gabel），而腓特烈·查尔斯最重要的部队——第7师，还在加布隆兹（Gablonz）的东南方，距离伊瑟尔河约15英里。第1集团军的其余部队位于后方，被严密保护着，位于赖兴贝格和艾奇希特（Eischicht）附近。奥地利最前方的部队是埃德尔斯海姆的第 1 轻骑兵师，位于伊瑟尔河西边的图瑙（Turnau）。克朗·加拉斯的第 1 军在伊瑟尔河附近，距离蒙申格莱茨不远，而萨克森人的部队正准备与之会合，他们就在巴克芬（Backofen）的西南，永本茨劳的北部。

赫沃斯奉命于 6 月 26 日到达尼姆斯（Niemes）和奥斯奇茨（Oschitz），此后，他将沿着加贝尔南方和西南方一条长约 10 英里的弧线行进。当天上午，他的部队穿过尼姆斯，上午 10 点左右，他们在胡纳瓦瑟（Huhnerwasser）前方遭遇了奥地利骑兵，后者很快撤退到驻扎在树林里的己方步兵巡逻队那里。

经过一场混乱的小规模战斗，一支强大的奥地利步兵部队出现了，他们就躲在毗邻的树林里——实际上是莱宁根（Leiningen）指挥的步兵旅。上午 11 点，赫沃斯麾下的斯克尔（Schöler）率领普军对莱宁根发起了进攻，将其击退。然后他巩固了自己的阵地并占领了胡纳瓦瑟（Hühnerwasser）。后来，在当天下午 6 点，奥地利军队发动了反攻，但被击退，且损失惨重。在这一天里，普鲁士人共有 7 人阵亡，43 人受伤；奥地利人大约损失了 270 人。这是证明击针枪优越性的一个早期例子。

再往北，普鲁士第 1 集团军也第一次体验了真正的战斗。他们的目的是放慢前进的速度，以便易北河集团军能从右翼赶上来，但与此同时，腓特烈·查尔斯担心对面可能会埋伏着一支强大的奥军部队，于是他命令霍恩的第 8 师派一支先遣部队穿过利贝瑙（Liebenau）进行侦察。这支先遣部队由第 72 团的两个营、一个 4 磅炮兵连和一个枪骑兵中队所组成，并由第 2 骑兵师（由哈恩·冯·韦伊赫恩指挥）支援。在利贝瑙（Liebenau）的南面，普军先遣队遭遇了埃德尔斯海姆第 1 轻骑兵师的先遣部队，他们的防守巧妙而有力，普军因此停滞不前。腓特烈·查尔斯亲自来到现场，命令其余部队继续向前推进，特别是霍恩右面的弗兰西基（Fransecky）的第 7 师。埃德尔斯海姆手下只有骑兵和骑乘炮兵，最终被迫从图瑙撤退。当霍恩的部队在锡克罗（Sichrow）陷入停顿时，弗兰西基继续向图瑙推进。弗兰西基下午到达了图瑙，他惊喜地发现伊瑟尔河上的大桥虽然已有部分被毁坏，但无人看守。他还了解到，埃德尔斯海姆已经在蒙申格莱茨附近与克朗·加拉斯的主力部队会合了。弗兰西基立刻下令建造一座浮桥，并把它运到河上，以加强对图瑙的防守，这座小城可谓是普军在伊瑟尔河上的桥头堡，有了它，腓特烈·查尔斯才能沿着河流向南进攻奥地利的阵地。

实际上，放弃图瑙的决定源于克朗·加拉斯和萨克森王储之间的意见分歧。6月24日，后者被任命为奥萨盟军在伊瑟尔河的总指挥，这一命令还带来了这样一个附加信息，即贝内德克现在提议把腓特烈·查尔斯作为他的首个攻击目标。萨克森王储阿尔伯特率军接近了克朗·加拉斯驻守的蒙申格莱茨，并向他的奥地利盟友们提出了一个建议，即应该把战线向北延伸到图瑙。然而，克朗·加拉斯说服他放弃了这一想法，由此产生的不幸结果是，在两人扯皮期间，弗兰西基已经兵不血刃地拿下了图瑙。这一消息在下午到达了萨克森王储的总部，几乎与此同时，贝内德克发出命令，命令他恢复图瑙和蒙申格莱茨的阵地，且不惜一切代价守住伊瑟尔河防线，这就给他提出了一个难题，即如何收复阵地。

萨克森王储决定在当天晚上发动进攻，夺回图瑙，并占领伊瑟尔河西岸波多尔城（Podol）外的丘陵。然而，由于普军优势兵力的进攻，这次军事行动即便取得了成功，也会使奥地利人处于非常危险的境地。[26] 事实上，来自霍恩第8师的部队立刻冲进了波多尔城并构筑了阵地，他们奉命占领这个城镇，以保护附近的渡口。在这一点上，他们取得了成功，到了晚上8点30分，奥军发动第一波进攻时，他们首先要清除波多尔的普鲁士军队，然后才能穿过4座石桥，向河对岸挺进。

奥军部队由波切尔旅 [有两个营被派往左翼的兰科（Lankow）] 打头阵，主力由冯·贝尔贡（von Bergon）上校率领，向波多尔城外的石桥进发。面对奥军的猛烈进攻，只有5个连的普军指挥官弗洛托（Flotow）少校在晚上11点决定撤退。然而，此时驻扎在普雷佩尔（Preper）的普军第15旅指挥官冯·博斯（von Bose）听到了波多尔周围猛烈的交火声，他集结了仅有的两个营，大约1300人，向敌人发起反攻。在前进的过程中，冯·博斯遇到了一些正在撤退的弗洛托部队的士兵，从他们口中他终于获悉了奥军的强大力量。然而，考虑到这个渡口的重要性，冯·博斯必须冒这个险，他在明亮的月光下奋力向前，想夺回石桥。赶到桥附近的时候，一整列奥地利纵队，正以密集的队形前进，他们在冯·博斯主力营枪炮的密集火力下遭受了重大损失；此后，奥军的第二轮进攻也失败了，且损失惨重，冲入波多尔城内的奥军也渐渐被清理干净了，不过石桥还在奥地利人手中。最后，随着援军的到来，普鲁士军队在博斯和德加尔斯基（Drygalski）上校的率领下，向大桥发起了最后的进攻。第一次进攻在奥军猛烈的步枪火力下失败了；德加尔斯基当场阵亡，但博斯抓起一支步枪，带领纵队继续向前，经过激烈的肉搏战，普军终于重新夺回了石桥，并向桥下挺进以坚守该地。

这时，克朗·加拉斯亲自来到了战场，他指挥皮雷（Piret）和阿比勒（Abele）两个旅发动了一系列未经协调的进攻，但都没有成功。到凌晨 1 点，战斗终于停止时，伤亡人数又进一步失衡。普鲁士总共损失 130 人，其中 32 人阵亡，81 人受伤，17 人失踪；奥地利则有 111 人阵亡，432 人受伤，509 人被俘。[27] 如果算上弗兰西基夺取图瑙的行动，奥地利人在波多尔战役的失败具有至关重要的意义，因为这意味着萨克森王储再也无法守住伊瑟尔河防线了。普鲁士易北河集团军和第 1 集团军其余部队还在陆续抵达战场，如果萨克森王储不增加兵力，就只能在原地防守，更不用说发动进一步的进攻，那将是极其危险的。

第二天，萨克森王储收到贝内德克发来的电报，说奥军主力部队仍驻扎在约瑟夫施塔特附近，显然他不能指望立即得到增援；贝内德克还表示他们打算在 6 月 30 日之前到达吉钦，因此对伊瑟尔河方向无能为力。因此，萨克森王储别无选择，只能放弃伊瑟尔河防线，向吉钦进发，他计划在 6 月 28 日开始行动。

然而，敌人的反攻所遭遇的尴尬处境并没有使腓特烈·查尔斯对自己的表现感到满意。他接到的命令是迅速向普鲁士第 2 集团军靠拢，以缩短危险期，但到目前为止，他的进展颇令人失望。腓特烈·查尔斯为第二天准备的作战计划也没有明显改善情况。6 月 27 日，他并没有按计划向吉钦发动全面进攻，而是用了整整一天时间，精心准备向蒙申格莱茨发动攻击，目的是摧毁萨克森王储和克朗·加拉斯的阵地，或者至少消除他们对自己右翼构成的威胁。因此，6 月 27 日普军几乎没有什么有效进展。此时，易北河集团军的先遣部队已经在胡纳瓦瑟停了下来，该集团军下辖的 3 个师集中在一起，其中第 14 师在博米施艾察（Böhmisch Aicha），第 15 师在普洛斯尼茨（Plauschnitz），第 16 师在巴兹多夫（Barzdorf）。第 1 集团军也没有取得多大进展。霍恩和弗兰西基继续在图瑙附近的伊瑟尔河河岸作战，现在，卢赞（Luzan）的第 6 师也紧随其后。普鲁士第 2 军（唯一一个以军级指挥结构运作的部队）的先头部队位于利贝瑙；在左翼，第 8 师正在向艾森布罗德（Eisenbrod）挺进。而且，有迹象表明，普军骑兵部队的主力仍然远在赖兴贝格之后。正如毛奇的传记作者所描述的，这是一个让他焦虑不安的时期："27 日晚上，他肯定度过了他 66 年生命中最焦虑的几个小时。"[28] 腓特烈·查尔斯再次表明了他的意图：不愿意按照原计划行动。毛奇已经在和平时期参加乘骑作业的时候注意到了查尔斯的这个特点，他说："王子粗鲁的举止和傲慢的性格冒犯了他的军官。"[29]

显然，要使第 1 集团军保持足够快的前进速度，以减轻王储的压力，就需要毛奇发挥全部的耐心和决心。

第四节 第 2 集团军在山区的行动

到 6 月 24 日，普鲁士第 2 集团军向利森山脉隘口进军的准备活动已经基

◎ 6 月 26 日至 27 日，波多尔夜间的战斗。（该插图选自《战争编年史》）

本就绪。此时，普军方面，博宁的第 1 军位于兰茨胡特，禁卫军位于西尔伯贝格（Silberberg），第 5 军位于从格拉茨到雷讷茨的路上。这一天，贝内德克的骑兵已经侦察到了第 2 集团军的行动，双方爆发了几次小规模的冲突，奥军占了些许上风。到 6 月 26 日，普军三个主力军部署的情况如下：博宁的第 1 军已在列堡和朔姆堡就位，准备越过边境；禁卫军已经开始翻越山脉，其下辖的第 1 师位于迪特斯巴赫（Dittersbach），第 2 师位于皮考；与此同时，施泰因梅茨的第 5 军位于纳霍德。在他们后方，第 2 集团军直辖的骑兵师位于瓦尔登堡（Waldenburg），第 6 军正在向格拉茨逼近。禁卫军可以去支援博宁，也可以去支援施泰因梅茨，它与两者之间的距离大致是相等的。

然而，即便贝内德克已经得到了有关普鲁士王储行动的确切情报，他却并没有据此更改克里斯马尼奇于 6 月 26 日提交给他的作战计划。这份计划的中心思想是：奥地利军队的主力与阿尔伯特亲王和克朗·加拉斯会合，在伊瑟尔河与腓特烈·查尔斯决战，只留下两个军来牵制普鲁士第 2 集团军的进攻。实际上，克里斯马尼奇的军事逻辑是有说服力的，几周后，贝内德克在给奥皇约瑟夫的信中悔恨地解释道：

> 您知道，殿下，一个人永远不应该认为自己比别人更愚蠢。在约瑟夫施塔特，我认为对奥军而言，最好的计划是尽全部力量攻击普鲁士王储。但是克里斯马尼奇来了，并且对我谈了敌人主力和辅助力量的主次问题。他说只要击败敌人主力，那么敌人的辅助力量就不在话下了，反之则不然。他还说，我们要在吉钦以外去寻找敌人的主力。[1]

这个计划，即所谓"秘密计划"，正是贝内德克不惜一切代价坚守伊瑟尔战线的原因；然而，由于弗兰西基兵不血刃地占领了图瑙，它几乎立刻就被废弃了。到了 6 月 26 日午夜，关于普鲁士王储所在位置的最新情报表明，他的行动比预期的要快，奥军指挥部应该立即展开行动拖住普军。贝内德克向萨克森阿尔伯特亲王传达了一条信息，说伊瑟尔河战线可以暂时放一放，同时，贝内德克也向维也纳解释了他目前的行动：

我只是暂时推迟进攻，等军队完全集中起来，确定了敌人的位置，我就发动进攻，我预计这将在几天内完成。[2]

　　但事实上，留给贝内德克的时间已经不多了。与腓特烈·查尔斯不同的是，王储行动异常迅速，第二天，普鲁士第2集团军就与奥军主力部队发生了接触。此外，贝内德克也逐渐丧失了其所拥有的优势——在普鲁士人分散时，他的部队至少是集中的。尽管普鲁士两个集团军之间的距离还有50英里左右，但现在正以更为紧密的队形互相靠拢；另一方面，奥军部队却开始散开。除去伊瑟河上的两个军，奥军加布伦茨第10军的先头部队正位于科尼金霍夫以北，距离仍停留在奥尔米茨的主力部队也还有相当一段距离。

　　6月26日下午，普鲁士第1军的先遣部队已经到达了横跨梅特托河（Mettau）的大桥（位于纳霍德）旁边，这座桥也是边境的标志。第9师指挥官冯·洛温菲尔德少将听到纳霍德仍在敌人的控制下，便骑马前去侦察。虽然他带领的部队人数很少，但奥地利人并没有想认真地守住这座城市。在利用炮兵火力与普鲁士4磅炮兵连（并不满编）进行了敷衍的交战后，奥军就撤退了。留下普鲁士人去修复被破坏了的梅特托河大桥，并守住这座城市以抵御可能的反击。此外，奥地利人还放弃了一座离河大约四分之三英里的城堡，如果他们

◎ 纳霍德的城镇和城堡。（该插图选自雷根斯堡所著《纳霍德－威索科夫》一书）

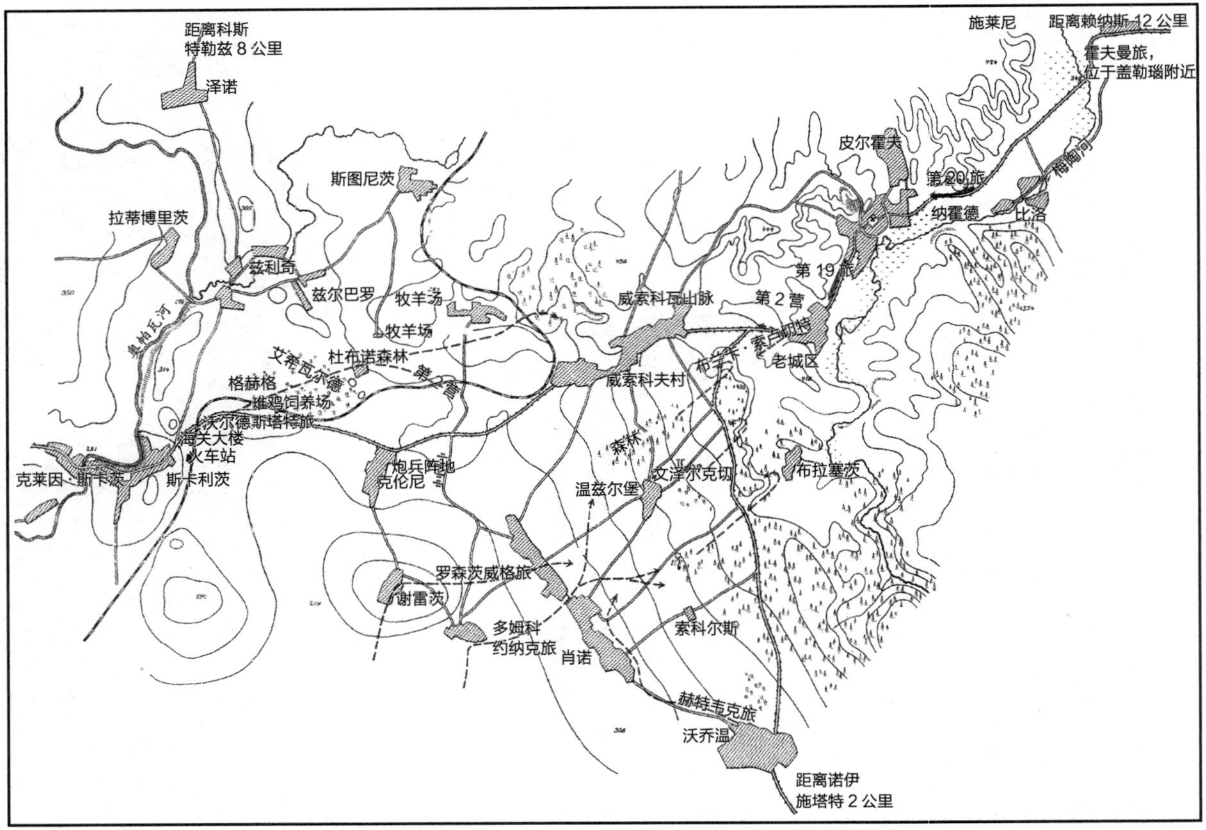

距离赖纳斯12公里　距离赖纳斯12公里
霍夫曼旅；
拉于蒙盖勒瑙附近

施莱尼
第20旅
纳霍德

皮尔霍夫
第19旅
第2营
赛老城区
布拉塞茨

距离诺伊
施塔特2公里

威索科夫宾山旅
赛科夫夫村
皮泽尔克利切
卡森
温兹尔堡
索科尔斯
赫特吉克旅
沃乔温

斯图尼茨
兹尔巴罗
（牧羊场
故丰场
火炮阵地
克伦尼茨
罗森灰威格旅
多姆科
谢雷茨
约纳克旅
肖诺

距离科斯
特勒兹8公里
泽诺

拉蒂博里茨

玄利员
艾素克尔德
杜布港森林
格赫格一谁查同莱场
耶米兰格斯特客栈
火车站
斯大大大楼
火车站
克莱因－斯卡利茨
斯卡利茨

◎6月27日，纳霍德战役。

下定决心守卫这座城堡的话，它对于普鲁士人来说就是一块难啃的硬骨头。由于奥军没有发动任何反击，第二天凌晨 3 点，在未遭到骚扰的情况下，普鲁士人不但修好了梅特托河上的桥梁，还另外搭建了两座桥。

纳霍德战役，以及在发生在利森山脉的其他战役，充分说明了奥地利人所采用的战略和战术是多么的混乱、蹩脚以及浪费。不管奥地利人总的战略计划是什么，轻易放弃普鲁士人必经之路上的据点对战局都是没有任何积极意义的。施泰因梅茨直到 6 月 27 日早晨 5 点才离开营地，他不得不率领全军走一条狭窄的小道，即从雷讷茨出发，再穿过一条 5 英里长的泥泞道路；但只有依靠梅特托河上的桥梁和纳霍德镇，奥军才能够以最低限度的兵力牵制住他，也正是在那里，奥军才最有可能在普军部署到位之前，就将其彻底击溃。

事实上，后来，当奥军派出由拉明率领的第 6 军从斯卡利茨（Skalitz）出发去拦截施泰因梅茨的时候，他甚至都不知道普鲁士人已经占领了纳霍德。他自己大约在上午 8 点 15 分才到达斯卡利茨，和施泰因梅茨到达纳霍德的时间差不多。当拉明的先头部队抵达战场时，洛温菲尔德早已派遣他的先遣队进入了纳霍德镇，并在该镇西南的高地上布设了一道阵地，这处阵地正好位于威索科夫村（Wysokow）的上方。

奥军从纳霍德镇的正南方发动了第一次进攻。赫特韦克（Hertweck）的旅在普罗沃多（Prowodow）列队，穿过温兹尔堡（Wenzelsberg），向洛温菲尔德位于纳霍德镇外高地（实际上位于威索科夫村上方的树林中）的阵地进发。奥地利猎兵很快占据了温兹尔堡的教堂，从那里，他们和树林边的普鲁士猎兵进行了激烈的交火。当赫特韦克带着他的先遣部队向前推进时，普军第 37 团第 2 营（实际上有两个半营的兵力）沿诺伊施塔特（Neustadt）路南下，从侧翼对其发动了猛攻，赫特韦克被迫和旅主力一起向南撤回温兹尔堡。

在战场左翼，普鲁士的小股骑兵部队击退了向威索科夫进军的奥地利轻骑兵。

赫特韦克继续从温兹尔堡向树林发动进攻，尽管奥军在兵力上占有很大优势，普军第 58 团却凭借巨大的牺牲扭转了战局，连普军第 17 旅的指挥官冯·奥利奇（von Ollech）少将也在这次激烈的战斗中受伤。

然而，赫特韦克很快就得到了增援。上午 9 点，约纳克（Jonak）旅在多

◎ 威廉·拉明将军，在1866年的普奥战争中担任奥地利第6军的指挥官。（罗杰斯 摄）

◎ 卡尔·弗里德里希·冯·施泰因梅茨将军，在1866年的普奥战争中担任第5军的作战指挥官，战争胜利后，他被授予"斯卡利茨之狮"的称号。（罗杰斯 摄）

姆科（Domkow）集结，随后对赫特韦克进行了支援。当约纳克旅在赫特韦克身后向前推进时，后面还跟着罗森茨威格（Rosenzweig）旅，该旅就位于普罗沃多和肖诺（Schonow）之间。在战场左翼，拉明率领索姆斯（Solms）王子的骑兵旅穿过克伦尼（Kleny），沃尔德斯塔特（Waldstätten）旅和他的后备炮兵部队紧随其后，然后是另一个奥军骑兵旅，所以直到上午11点，拉明的整个军都出现在这片狭窄的战场上。奥军的这次协同进攻不仅会把洛温菲尔德置于非常危险的境地，如果他们速度足够快，还会危及施泰因梅茨军的其他部队。普鲁士方面，到目前为止，只有冯·威克（von Wnuck）的混成骑兵旅赶到了战场，他们在崎岖不平的山路上小跑了7000码，在威索科夫以东的主要道路上占据了一个阵地，在那里，该旅的炮兵投入了战斗。

拉明军的新攻势由罗森茨威格旅在温兹尔堡的东边率先发动，它的右侧

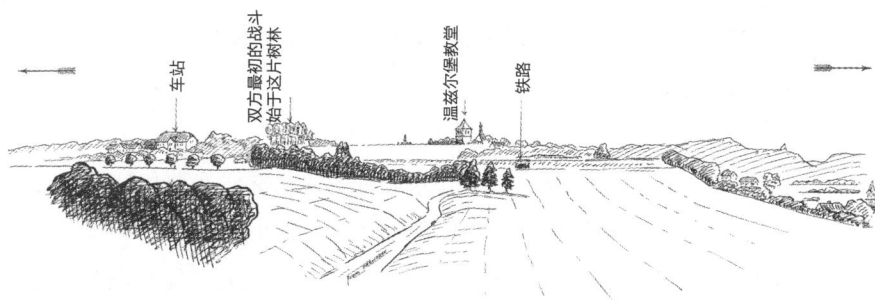

◎ 关于纳霍德战场的全景草图，展现的是从普罗沃多夫向东看，普军部署在温兹尔堡山脊的阵地景象。

◎ 温兹尔堡的教堂，1866 年 6 月 27 日，在纳霍德战役中，双方在此爆发了激烈的战斗。（罗杰斯 摄）

是约纳克旅；奥地利军队在兵力上占有巨大优势，不久就迫使普鲁士骑兵放弃树林，撤退到诺伊施塔特路上。随着约纳克的推进，普军第 58 团不得不撤退。拉明的攻势眼看就要成功了：

洛温菲尔德将军现在处于非常关键的位置。他的部队被迫退回到高地的最边缘和布拉泽（Brazetz）树木繁茂的山坡上，排成了三千步长的单排横队，而且没有任何后备力量。[3]

但是面对击针枪的强大威力，处于中路的罗森茨威格旅没有取得任何进展。与此同时，在奥军的左翼，战斗正处于最激烈的阶段。

索姆斯王子的骑兵旅由两个胸甲骑兵团组成，分别是"德皇费迪南德"团和"黑森"团。当奥军步兵从中央向右方推进时，索姆斯的骑兵旅正沿着通往威索科夫的路线向前推进，并占领了该村。现在，普军右翼和据守纳霍德的部队都遭遇了严重的危机，普军赶忙召集冯·威克的骑兵旅（下辖第8龙骑兵团和第1枪骑兵团）去应对奥军的进攻。普鲁士枪骑兵冲向奥地利骑兵的本队；龙骑兵则冲向他们的左翼。普军枪骑兵发动的冲锋直接打穿了奥军防线。很快，双方就展开了一场激烈的混战，新的奥地利骑兵中队也赶来参战：

这是一个激动人心的时刻。普鲁士骑兵，在步兵的注视下，欣然接受了冲锋的任务，他们在战斗精神的鼓舞下向前冲去；反观奥地利骑兵，他们以自己英勇善战的名声为傲，并急于洗刷在小规模对战中失利的耻辱，一看到普鲁士人向他们逼近，他们也反冲过去。两军骑兵在半路相遇，一时间，他们挤成一团，扭打着，然后望见普鲁士枪骑兵低着头弯着腰，压低着矛尖冲了过去。随后，奥地利骑兵——当时欧洲最负盛名的骑兵，纷纷被捅翻在地。[4]

普鲁士第37团的步兵乘机进攻，收复威索科夫村。可惜的是，迅速收复阵地之后，冯·威克就率领他们转变目标，转而去堵截奥地利援军去了，普军混成骑兵旅没有去追击撤退的奥地利胸甲骑兵。当冯·威克旅在威索科夫村附近重新集结时，遭到了奥军炮火的猛烈袭击；就在这时，一个新的敌军目标出现了，那就是在进攻洛温菲尔德羸弱的防线未果后，开始向温兹尔堡撤退的奥地利步兵。尽管奥军步兵匆忙地组成了防御轮形阵（Klumpen），但他们无法抵抗普鲁士龙骑兵的进攻，很快就被击退，并撤出了战场。

与此同时，随着普军第5军的主力部队抵达战场，洛温菲尔德在逆境中的长期坚守终于得到了回报。到了中午，经过13.5英里的长途跋涉，由基什巴赫（Kirchbach）率领的普鲁士第 10 师的先头部队也赶到了洛温菲尔德的阵地。[5] 甚至普鲁士王储本人也从布劳瑙骑马赶来，亲眼见证施泰因梅茨的士兵长期坚守并转败为胜的过程。然而，胜利不是那么容易取得的，奥地利炮兵仍然掌控着战场，上述普鲁士增援部队不得不在猛烈的炮火下进行部署。拉明手中也有一些生力军，就在下午 1 点左右，奥军的沃尔德斯塔特旅也赶到了战场，他很快便利用两个营向威索科夫和温兹尔堡之间的树林发动了进攻，那片树林已经被前出的普鲁士步兵给占领了。沃尔德斯塔特的先遣部队首先占据了普军防线的缺口（位于威索科夫村内），然后再从斯塔科克（Starkoc）方向向威索科夫村的普军阵地发动进攻，然而，奥军的这次进攻又失败了，而且损失惨重。与此同时，奥军其他部队在威索科夫村北端的另一次进攻也被普军击退，同样损失惨重。

在村子的北侧，一个奥地利胸甲骑兵团和一些炮兵占领了一处阵地，由于奥军步兵的进攻失败，这个阵地的位置已经暴露了，基什巴赫的副官（ADC）海尼士（Haenisch）上尉注意到了这一点。当时，他奉命悄悄带领普军混成骑兵旅的一个小分队端掉这个奥军据点；海尼士头脑敏捷，领着两个中队的枪骑兵穿过一个农家庭院，出其不意地向奥军炮兵阵地冲去。

奥军胸甲骑兵和炮手们见势不妙，纷纷逃之夭夭了，普军缴获了两门大炮。直到此刻，随着下午渐渐过去，夜幕即将降临，普鲁士的战线才终于从高地向前推进，施泰因梅茨也终于拿得出足够的大炮来压制在整个战斗中都占据优势的奥地利炮兵。然而，尽管大炮给了拉明优势，但他阻止普鲁士第 5 军挺进纳霍德的企图却完全失败了。他那些被打败的部队一瘸一拐地返回了斯卡利茨，普鲁士人之所以没有穷追不舍，只是因为在激烈的战斗过后，普军已经精疲力竭了。事实上，在此战中，奥地利军队伤亡惨重，达到了 7510 人，其中约 2500 人被俘。相比之下，普鲁士人的损失要轻得多：共有 283 人阵亡，825 人受伤，14 人失踪。[6]

这一重要胜利意味着施泰因梅茨成功地穿越了山脉，并在奥地利控制的地区找到了落脚点，他准备在第二天利用己方占有的优势，继续向斯卡利茨推进。另一方面，拉明意识到自己现在所处的阵地是多么的不堪一击，他沮丧地向奥军司令部报告了战斗的结果，并要求立即增援。事实上，在 6 月 27 日，

◎ 在纳霍德，普奥骑兵正在进行激烈的肉搏战。该插图由安东·霍夫曼绘制。
（该插图选自雷根斯堡所著《纳霍德－威索科夫》一书）

◎ 位于纳霍德的普奥战争骑兵对决遗址。（罗杰斯 摄）

他几乎已经说服了司令部，但克里斯马尼奇坚信普鲁士王储不可能带着一支强大的部队穿过山道。他对这一点深信不疑，所以尽管中午时分传来消息说拉明在纳霍德陷入苦战，他却拒绝骑马到前线去看看发生了什么事："我知道有更好的办法；我得睡觉了。"说罢，克里斯马尼奇立刻上床睡觉去了。[7] 贝内德克对此会作何反应，我们只能猜测，但他自己患了严重的胃病，整天躺在床上，所以奥地利司令部几乎没有发挥指挥中枢的作用。

实际上，在抵御普鲁士第 2 集团军的防线的北端，奥地利军队的状况已经大为好转——这使得上述迁延迟疑更加令人惋惜。凌晨 4 点，博宁的普鲁士第 1 军离开了位于列堡和朔姆堡的宿营地，奉命穿过特劳特瑙和皮尔尼科（Pilnikau）。博宁的计划是分成两个纵队前进，其中右边的纵队为先锋。不幸的是，这支纵队被奥军牵制住了，所以对特劳特瑙的占领计划直到上午 10 点才实现。普鲁士骑兵进入特劳特瑙，同奥地利龙骑兵发生了几次小规模战斗，

◎ 为纪念参加纳霍德战役的两个奥地利胸甲骑兵团——第 4 和第 6 团而树立的雄伟纪念碑。（罗杰斯摄）

◎ 纳霍德战役中,普鲁士龙骑兵骑马践踏奥地利步兵的情景。该插图由安东·霍夫曼绘制。
(该插图选自雷根斯堡所著《纳霍德-威索科夫》一书)

奥地利龙骑兵不久就撤退了。

不过,博宁推进的延迟给了当面奥军一个机会,使其可以调集足够的部

队来抵御他的进攻。特劳特瑙位于
奥帕河（Aupa）以南；这座小镇的
南面有三座陡峭的山峰，从东至西
分别是高尔根堡（Galgenberg），卡
佩伦堡（Kapellenberg）和霍普芬堡
（Hopfenberg），均可以作为制高点控
制全镇。博宁没有立即采取行动来夺
取这些关键高地，这一失误造成了严
重的后果，因为他不知道，加布伦茨
率领奥地利第 10 军正在向北急行军，
以阻止普军前进。这股奥军的先头部
队是蒙德尔（Mondl）旅，他们沿着
穿过霍亨布鲁克（Hohenbruck）的道
路向北推进，很快就凭借高地的优势，
在特劳特瑙西侧与普鲁士军队主力接
战。至此，博宁才认识到有必要先攻

◎ 令人难以忘怀的纪念碑——为纪念纳霍德战役
中的奥地利第 6 猎兵营而建，上面的猎兵凝视着
军营的方向，不远处就是一座公墓。（罗杰斯 摄）

打这些制高点，然后才能沿着通往皮尔尼科的道路继续向前推进。为此，普军
共派了两个团，他们的第一个目标是攻占高尔根堡（Galgenberg），并打击奥
地先头部队的左翼，这是一项看起来容易做起来难的任务，因为此地的地形条
件非常复杂：

> 河岸十分陡峭，只能先疏散队形再进行攀登，山脊树木繁茂，我军只能排
> 成一列纵队通过……这不但极大地消耗了士兵的体力，也浪费了大量时间。[8]

尽管如此，普军的这次进攻还是取得了成功，蒙德尔旅被赶下三座高地，
他被迫穿过霍亨布鲁克，从阵地东端撤退到旧罗格尼茨（Alt Rognitz）的外围。

但是，普军并没有追击撤退的奥军，因为普鲁士军队从凌晨 3 点起就在
行军，他们已经疲惫不堪了。到下午 3 点左右，炮火停止了，博宁命令部队转
向西方的皮尔尼科挺进，把攻打高地的一部分部队也撤走了。半小时后，他后

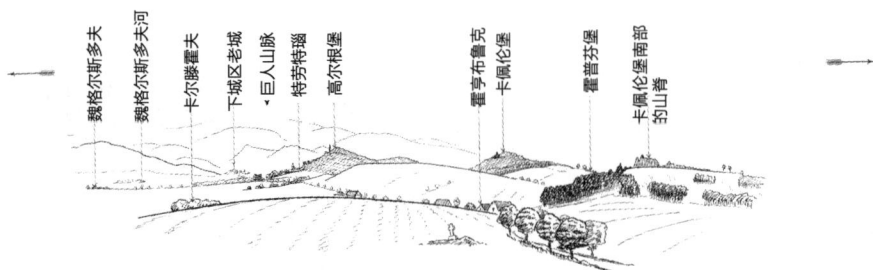

魏格尔斯多夫　魏格尔斯多夫河　卡尔滕霍夫　下城区老城　巨人山脉　特劳特瑙　高尔根堡　霍亨布鲁克　卡佩伦堡　霍普芬堡　卡佩伦堡南部的山嘴

◎ 关于特劳特瑙战场的全景草图，展现的是从奥军阵地后方的霍亨布鲁克以南 500 码处向北看的景象。

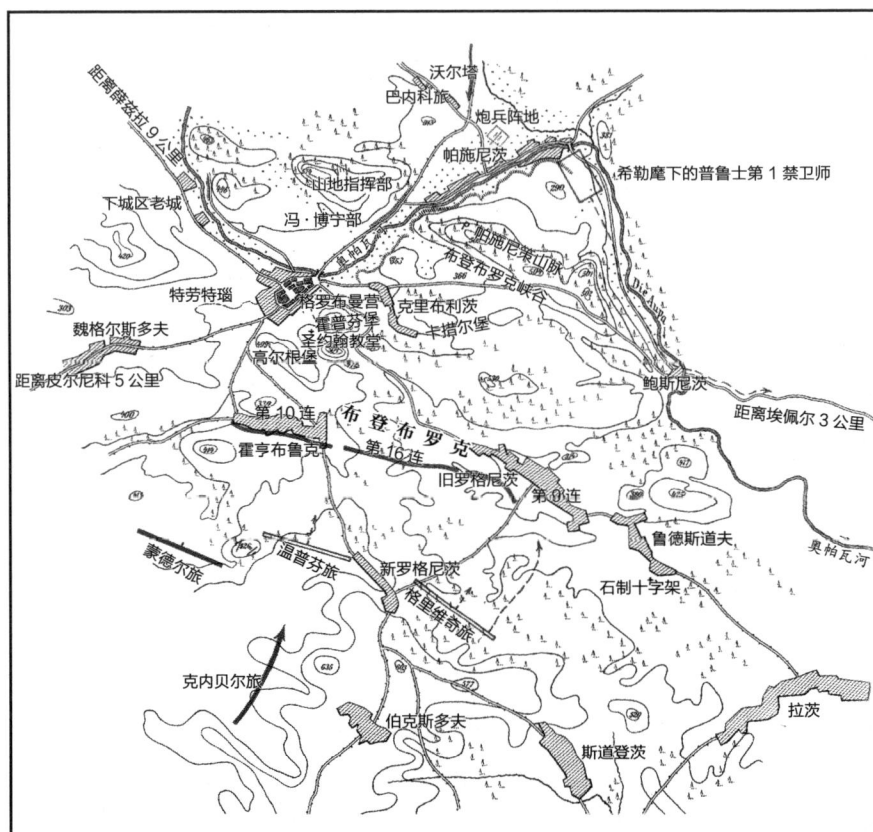

距离韦茨拉 9 公里　沃尔塔　巴内科旅　炮兵阵地　希勒庵下的普鲁士第 1 禁卫师　帕施尼茨　山地指挥部　下城区老城　冯·博宁部　帕潘尼茨山城　布登布罗克峡谷　特劳特瑙　格劳布曼营　克里布利茨　卡塔尔堡　鲍斯尼茨　霍普芬堡　圣约翰教堂　高尔根堡　距离皮尔尼科 5 公里　距离埃佩尔 3 公里　第 10 连　布登布罗克　霍亨布鲁克　第 16 连　旧罗格尼茨　第 9 连　鲁德斯道夫　奥帕瓦河　蒙德尔旅　温普芬旅　新罗格尼茨　格吕维奇旅　石制十字架　克内贝尔旅　伯克斯多夫　斯道登茨　拉茨

◎ 6 月 27 日，特劳特瑙战役。

悔自己没有巩固在高地上的阵地，因为加布伦茨发动了新的攻势：这次，蒙德尔旅再次从霍亨布鲁克出发，向前推进，格里维奇（Grivicic）旅同时从右翼向驻扎在奥特罗格尼茨高地的小股普军部队发动进攻。奥地利步兵虽然伤亡惨重，但仍顽强地向前推进，不久就重新占领了高尔根堡和卡佩伦堡；经过激烈的战斗，以及加布伦茨的预备队，也就是位于他战线右侧的克内贝尔（Knebel）旅的到来，奥军重新占领了霍普芬堡。由于奥军重新占领了这些高地，博宁要想继续留在特劳特瑙就完全不可能了；在后卫部队（主要由第3团所组成）的掩护下，普鲁士第1军沿帕施尼茨（Parschnitz）撤退，虽然博宁打算在特劳特瑙以北驻扎，但由于一旦开始撤退，就有很大的惯性，普军不得不继续后撤，直至前一天晚上的出发地点。博宁软弱

◎ 特劳特瑙的加布伦茨纪念馆。尽管这张照片拍摄于 1900 年左右，但这座纪念碑——实际上是奥地利第 10 军全体而不是其指挥官本人的纪念碑——最近已经被修复，恢复了昔日的辉煌。作为一名老兵，加布伦茨曾在生前下令，他死后将与 6 月 27 日为他英勇奋战而阵亡的将士们长眠在一起，于是他被安葬在距离纪念碑几码远的地方。（罗杰斯 摄）

无能的领导导致了这场无妄之灾，正如《官方战史》所指出的：

第 1 军一整天都被困在一个不利的位置，因为在战斗开始时，普军并没有立即占领特劳特瑙并控制它周边的高地，这使得普军主力始终处于被动地位。此时，普军在战争初期所占据的优势已经荡然无存了，其主力收缩到了奥帕河附近，只有一些小分队还在更远的地方与奥军交战……普军步兵几乎是孤军奋战；没有多少骑兵赶来支援，而大部分炮兵仍留在对重要战场毫无贡献的阵地上。[9]

◎ 克内贝尔旅重新占领特劳特瑙的霍普芬堡。（罗杰斯 摄）

这次胜利表明，只要部署得当，再配合适当的反击，奥军是很有希望阻止普军，至少能在很大程度上延缓普鲁士王储翻越利森山脉的脚步的，这也对普军方面发出了严峻的警告。本次战役，博宁军的伤亡情况为：244人阵亡，1008人受伤，86人失踪；而加布伦茨军的总伤亡人数为5782人。奥军无法承受太多次这样代价高昂的胜利。不出所料，加布伦茨没有追击撤退的普鲁士人。奥地利《官方战史》记载："由于军队的疲劳和夜晚的黑暗，我军没有发动追击。"[10] 另一方面，普鲁士的《官方战史》则对加布伦茨由胜转败的过程进行了更严厉的批评：

他不愿冒险去执行一项新的任

◎ 普鲁士第1军指挥官阿道夫·冯·博宁将军。（罗杰斯 摄）

务，害怕使他已经取得的战功受到损害。尽管在此时，战争的天平正偏向奥地利，但他这一懦弱的决定对后来的行动产生了决定性的影响。[11]

但事实上，追击博宁会将加布伦茨的侧翼暴露在普鲁士禁卫军的威胁之下，如果向前推进得太过，那就太愚蠢了。

我们还可以从另一个角度来解释博宁的失败之处。从迪特斯巴赫和皮考向埃佩尔推进的普鲁士禁卫军，已经做好了准备，无论博宁和施泰因梅茨有什么需要，该军都可以向他们提供援助。下午1点，一位禁卫军军官拜访了博宁，他告诉后者，自己的部队就在特劳特瑙以东仅4英里半的地方待命，随时可以提供援助。正如《官方战史》记载：

下午2点，禁卫军第1师逼近了敌人的右翼——这本可以一锤定音，但我军没有善加利用。在敌人集中兵力之后，这个师就被迫离开了，以继续发动新的攻势。[12]

另一方面，布卢门塔尔似乎更倾向于指责禁卫军而不是博宁，他评论说：

◎ 位于特劳特瑙——卡佩伦堡山顶上的教堂。（罗杰斯 摄）

◎ 旧罗格尼茨附近地势起伏的乡村风景，6月27日的特劳特瑙战役中，奥军格里维奇旅在此与普军进行了一场血战。在普鲁士禁卫军的攻击下，这个旅于第二天在鲁德斯道夫溃散了。（罗杰斯 摄）

"无论是对战线的右翼或对左翼，禁卫军都没有给予任何帮助，他们只是留在中路按兵不动。"这条评论和他前一天的记录一起读起来很矛盾——该记录大意是他已经命令禁卫军去支援施泰因梅茨。[13]

事实上，与计划相比，6月27日禁卫军的行动并没有发生太大的改变。经过长途行军，第1禁卫师到达埃佩尔，第2禁卫师到达科斯特雷茨（Kosteletz），并在那里向西以及西南方向派出骑兵进行巡逻。在一次巡逻行动中，三个半普军枪骑兵中队和两个奥地利枪骑兵中队在切尔维纳赫拉（Czerwenahora）附近发生了一场遭遇战。[14] 在纳霍德战役取得胜利后，普鲁士王储打算至少利用第2禁卫师去支援施泰因梅茨向斯卡利茨推进的行动；但是，6月28日凌晨1点，王储得到了特劳特瑙爆发战斗的第一手消息，于是他取消了上述命令，转而命令禁卫军继续向基勒（Keile）进军："如果在特劳特瑙的战斗还在进行，禁卫军就要向基勒进军，并立即与敌人交战。这支部队将尽快出发。"[15] 这时，第 2 集团军司令部还没有收到博宁从山里撤退的消息。

与此同时，在南方，奥地利司令部发布了新指令，以作为对拉明兵败纳霍德的回应。下午 6 点，利奥波德大公（Archduke Leopold）奉命防守斯卡利茨，以抵御施泰因梅茨的进一步推进。奥军宣布，拉明军因为被打得遍体鳞伤而降为后备队使用；就在指令发出的同时，拉明向利奥波德大公报告说："今天，经过漫长而紧张的战斗，我的部队已经筋疲力尽，无法应对明天早上敌人可能会发动的进攻。"[16] 然而，直到临近早晨，利奥波德大公的军队才终于接替了拉明军，在斯卡利茨周边的高地上占据了一道阵地。

贝内德克在 6 月 28 日恢复了健康，他起得很早，急于恢复对战事的控制。事实上，在生病之前，他似乎曾命令第 3、第 4、第 8 军去支援加布伦茨和拉明，只是这一命令后来被克里斯马尼奇撤销，为什么会这样，我们不得而知。[17] 但毫无疑问，奥军总部的气氛并不友好，这也可以理解，但如果确实是克里斯马尼奇取消了命令，贝内德克无疑会非常生他的气。无论如何，那天早晨贝内德克还是骑马到斯卡利茨去了解了一下关于前线的第一手资讯。他的出现受到下属的热烈欢迎：

当贝内德克在 6 月阳光明媚的早晨骑着马，穿过等候已久的奥军队列时，他受到了全军最热烈的欢迎。在敬爱的指挥官亲自出现之后，疑虑和悲观都消失了……当他骑马经过时，周围响起一阵雷鸣般的欢呼声，他身材瘦削，腰杆笔直，面孔棱角分明，戴着一顶饰有羽毛的帽子，一双黑眼睛炯炯有神。[18]

当贝内德克视察前线时，利奥波德的部队已经在高地上就位了，拉明军位于其后方。奥地利第 4 军（军长为费斯泰迪奇）也在附近，位于多兰（Dolan），所以奥军在此部署了大约 7 万名士兵，有足够的兵力来抵抗施泰因梅茨的进一步进攻。

这是战争的决定性时刻之一。尽管没有确凿的证据来支持自己的判断，但是贝内德克坚信应该集中精力去对付从西方攻过来的腓特烈·查尔斯，他得出结论，施泰因梅茨不会继续向斯卡利茨推进，也没有理由命令奥军主动向普鲁士第 5 军发动进攻。这一观点并没有得到普遍赞同。与军官们一样，士兵们对指挥官的到来感到非常激动，他们认为，从奥军在中路所取得的胜利就可以预料到，现在有机会取得决定性的胜利。但贝内德克对此无动于衷。"他提高了嗓门，以便让所有站在旁边的军官都能听到。他宣布，这里不应该发生激烈的战斗，因为他决心遵守自己做出的决定。"[19]

相反，贝内德克指示大公，如果到下午两点施泰因梅茨还没有任何动作，他就要率领奥地利第8、第6军向约瑟夫施塔特撤退，并准备向伊瑟尔河进军，加入集中对抗腓特烈·查尔斯行动的大军。费斯泰迪奇负责掩护撤退。这一命令使奥军错失良机。施泰因梅茨还在前进，如果部署得当，奥军很有可能打他一个埋伏，奥军的兵力也大大超过了对方。此时，施泰因梅茨还不知道，他原指望用来支援他向格拉利茨推进的禁卫军第2师已经被调到北方去了。没有抓住大好机会的唯一原因似乎是贝内德克坚信无论发生什么，他都必须坚持克里斯马尼奇的计划。大约在上午11点，贝内德克骑马离开斯卡利茨，准备赶回约瑟夫施塔特。在路上，贝内德克遇到了拉明，他向后者说明了自己撤军的打算。拉明已经听到了从山脉方向传来的枪声，因此提出了抗议，但贝内德克安慰他说，这可能只是施泰因梅茨向北转移时，其后卫部队发出的枪声。[20]

事实上，在山的另一边，情况截然不同。施泰因梅茨今天的任务是占领格拉利茨（Gradlitz）。由于上级宣称第2禁卫师将赶过来支援自己，施泰因梅茨在早上7点派了一个由洛温菲尔德指挥的小分队到斯图尼茨（Studnitz）去与增援部队接触。与此同时，在中路，他的先遣部队在冯·福格茨-莱茨上校的指挥下向斯塔科克进发。施泰因梅茨的主力部队——由基什巴赫率领的普鲁士第10师，已经在早上8点撤离了先前占领的阵地，因此奥地利人有足够的时间来收集关于普鲁士第5军真实意图的情报，但洛温菲尔德进军斯图尼茨的情报可能不经意间给奥军留下了这样一种印象——施泰因梅茨要北上特劳特瑙。

当然，就在贝内德克访问前线的时候，普奥两军只在斯图尼茨地区爆发了冲突。普军方面，由辛德洛克（Schindlöcker）率领的重骑兵旅试图攻占奥军部署在茨利奇（Zlitsch）的左翼阵地，因此，双方炮兵在此进行了激烈对射。奥军部署在此处的阵地与斯卡利茨以北高地上的阵地相连，该镇地由弗拉涅尔（Fragnern）旅据守，而舒尔茨（Schulz）旅部署在斯卡利茨的西南方向，位于火车站和斯皮塔（Spitta）之间。克赖塞恩（Kreyssern）旅部署在中部的一条穿过斯卡利茨的主干道上，作为奥军的预备队。

上午 10 时 45 分，施泰因梅茨得到消息说，他无法从禁卫军得到任何帮助，因此他决定集中兵力直接向格拉利茨进发。普军现在对利奥波德大公防御阵地的位置已经非常清楚了，因此他们必须首先占领位于斯卡利茨东北、主干道以北的杜布诺森林（Dubno）。施泰因梅茨指示洛温菲尔德从北面攻击杜布诺森林，从俯瞰森林的沙夫堡（Schafberg）往下走，而福格茨－莱茨则奉命移动到主干道的左边，从南面攻入森林。当时，普军还不清楚这片森林实际上有多么难啃；事实上，一开始，奥地利只有部分散兵来阻挡普军的进攻。但是，利奥波德大公不顾贝内德克向约瑟夫施塔特撤退的命令，一直坚守在奥帕河以东的高地上，当费斯泰迪奇和拉明开始退却的时候，普鲁士纵队的进逼使他难以招架。利奥波德大公并不是一个特别能干的人，而是一个敏感而自负的人，他很可能因为贝内德克给了加布伦茨一个看上去颇具独立性的任命而被激

◎ 特劳特瑙战役的胜利者、在 1866 年普奥战争中担任奥地利第 10 军司令的路德维希·卡尔·威廉·冯·加布伦茨将军。1864 年，他在石勒苏益格－荷尔斯泰因的杰出表现已经赢得了许多喝彩。1874 年，灾难性的个人财务崩溃导致他在苏黎世自杀。（罗杰斯 摄）

◎ 奥地利第 8 军司令利奥波德大公。（沃斯 藏）

怒。[21]无论如何，由于明显低估了施泰因梅茨投入进攻的力量，也许就像弗里登（Friedjung）所暗示的那样，他觉得刚一看到敌人就撤退是不光彩的，利奥波德大公指示他的旅长们对普军发动了一系列反攻。[22]

结果，奥地利军队没有继续守在斯卡利茨北部高地的坚固防御阵地上，而是从东边的山坡冲下来反攻普鲁士军队，而普鲁士军队目前已基本掌控了杜布诺森林。到了中午，双方步兵的战斗才刚刚开始，在此之前，双方的交战形式主要是利用越来越猛烈的火炮交锋，特别是在战线的南端，奥地利军队的火力再次占据了优势。但在森林里，普鲁士人最初在兵力上占据优势，奥地利守军在经过一场几乎无法有效指挥的战斗后，很快就溃逃了。到目前为止，双方步兵的主力尚未交战，但随后奥军各旅开始了一系列不协调的反击，普军则趁机展示了击针枪的强大威力。

首先是奥军克赖塞恩旅从斯卡利茨沿主路发起的进攻，有六个半营被部署在一条从铁路线向南延伸的路线上；很快，该旅的进攻被普军挫败，奥军损失惨重（旅长当场阵亡）。但在此之前，奥军一些勇敢的士兵已经逼近普军阵地，并用刺刀发起了冲锋，给守军造成了相当大的损失。然而，在普军先遣队的后面，基什巴赫已经率主力赶了上来；在战线右侧，基什巴赫派出他的第20旅从侧翼进攻奥军左翼部队所据守的高地；而在中路，他又对福格茨－莱茨的先遣队进行了增援。在他身后，也就是普鲁士战线的左侧，军属炮兵部队已在克伦尼周围准备就绪，从这里可以有力地回击奥地利部署在高地上的炮兵阵地。此时，普鲁士人部署在战场上的兵力是如此强大，奥军取胜的一切机会都已经化为乌有。奥军舒尔茨旅派三个营从普军阵地的南侧向前推进时，遭到了普鲁士炮兵的集火射击，结果这次攻势还没来得及进入普鲁士步兵的射程内就宣告失败了。

普军发动反击的时机显然已经成熟；在军乐队演奏的激励下，第47团作为普军的前锋攻入斯卡利茨镇内，并与奥军发生了激烈的战斗，特别是在三层楼高的火车站周围，混在一起的奥军各部在此遭受了更大的损失。在这场血腥的战斗中，另一名奥军旅长弗拉涅尔阵亡。

由于普鲁士人顺利夺取了高地，施泰因梅茨在下午3点下令从北部和东部向斯卡利茨发动全面进攻；双方在镇内爆发了激烈的巷战，奥地利人寸土不让，顽强地保卫自己的阵地，但普鲁士人最终占了上风，他们追击撤退的敌人，一直追到扎格泽德（Zagezd）。在这场战役中，普鲁士的伤亡人数为1365人，其中296人阵亡；另一方面，奥地利军队的伤亡超过5570人，利奥波德大公的军队只能沿着主干道败退回约瑟夫施塔特，事实上，他们一直撤到易北河对岸，在萨尔尼（Salney）宿营。与此同时，拉明的部队撤退到兰佐（Lanzow），而费斯泰迪奇留在多兰掩护撤退。[23]

经此大胜，施泰因梅茨信心膨胀起来。派驻普鲁士第2集团军司令部的英国军事观察员沃克（Walker）上校记录称：施泰因梅茨曾对一名被派去了解最新战况的营地助手说："我不知道下一个村庄的名字，但我知道我已经拿下了两道奥军阵地，我打算拿下第三道。"[24]

对双方指挥官来说，这一天所发生的事情非常奇怪。贝内德克经过短暂的"前线侦察"后，十分确信普鲁士并没有继续向前推进的打算，因此正在向南走以赶回约瑟夫施塔特，由于雷阵雨的干扰，他听不到斯卡利茨战场的

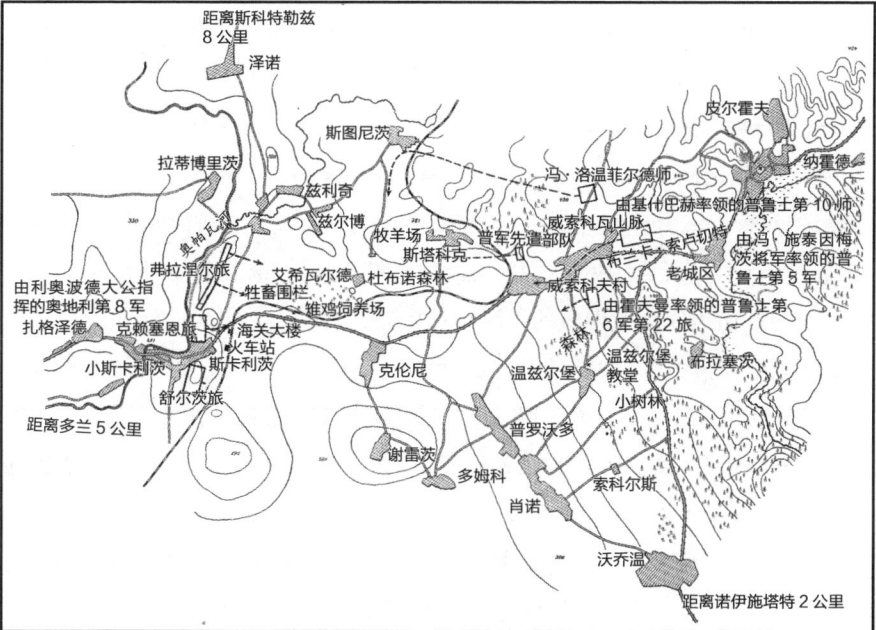

◎ 6月28日，斯卡利茨战役。

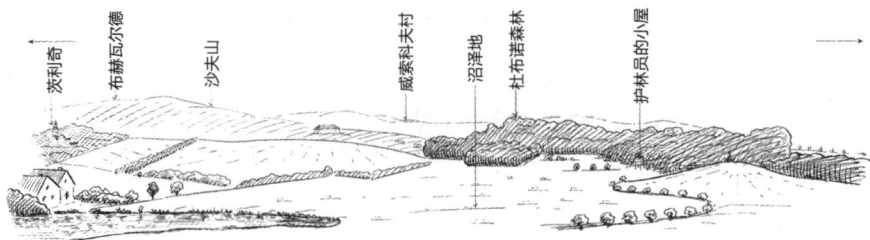

◎ 关于斯卡利茨战场的全景草图，展现的是从奥军阵地左侧望向普军进攻轴线的景象。

枪炮声，而在约瑟夫施塔特，是完全可以听得到这些响声的。回到约瑟夫施塔特，贝内德克仍然很乐观，他显然没有被利奥波德司令部发来的消息所困扰，即"敌人正在向斯卡利茨大举进攻"，因为在他看来，拉明和费斯泰迪奇就在附近，这足以让人安心。[25]

同样的雷雨却给普鲁士第 2 集团军司令部带来了极大的不安。王储本人已经在科斯特雷茨就位，这个地方大致上位于禁卫军和第 5 军 6 月 20 日行动地点的正中间，这样，如果形势需要，他就可以在任何一块战场上发挥作用。

这场雷雨使南方的枪炮声失真了，听起来施泰因梅茨似乎正在和多达三个奥地利军对战，这给普军参谋人员造成了相当大的恐慌。但正如冯·弗迪·杜·韦尔诺瓦（von Verdy du Vernois）所记录的，王储本人稳如泰山。他平静地吸着烟斗，询问参谋们是否能做些什么；他说："好吧，我们已经尽了自己的责任，以自己有限的智力努力做到尽善尽美了，现在只能听天由命。"[26]

他的自信是完全有理由的，因为在中路，普鲁士禁卫军已经成功挽回了博宁昨天在特劳特瑙所遭遇的失败。事实上，在开战第二天的时候，普鲁士第 2 集团军司令部还不知道，博宁突然跨越边境撤退已经把他的部队完全搞垮了，司令部认为，禁卫军的推进意味着加布伦茨将会受到两面夹击；正是因为考虑到这一点，6 月 28 日凌晨 2 点，司令部发布命令要求禁卫军继续向基勒前进。禁卫军的参谋部几乎是分秒必争，当日早上 4：30，部队已经上路，到早上 7：45，第 2 禁卫师（师长为冯·普兰斯基）连同第 1 禁卫师（师长为希勒）第 1 旅穿过了埃佩尔。希勒的另一个旅位于前方，正在向上拉茨（Ober–

278

Raatsch）前进，随后，其顺利穿越了狭窄的山隘，继续向普劳斯尼茨－基勒
（Praussnitz–Keile）进发。

普鲁士禁卫军的挺进具有相当重要的意义。虽然在特劳特瑙战役中取得
了胜利，但加布伦茨痛苦地意识到他的第 10 军已经在普鲁士步兵手中遭受重
创，实力被大大削弱了。

6 月 27 日晚上 9 点 30 分，加布伦茨向奥军司令部报告，要求派援军到普
劳斯尼茨－基勒，以掩护他的右翼，并抵御普鲁士人从埃佩尔方向发动的进攻。
令人宽慰的是，6 月 28 日早晨 6 点，加布伦茨获悉奥地利第 5 军的 4 个营已
被派去占领这一阵地，他们还打算重新占领埃佩尔，这样就封锁了这一地区的
大门，阻止敌人穿越奥帕河发动进攻。不幸的是，不知什么原因，这支增援
部队没有赶到普劳斯尼茨－基勒，而是去了 10 英里外的上普劳斯尼茨（Ober-
Praussnitz）；更糟糕的是，没有人告诉加布伦茨，他认为他的侧翼以及在约瑟

◎ 如今的斯卡利茨——从奥地利阵地望向杜布诺森林时的景色。1866 年，奥军克赖塞恩旅就是从镜头
后面穿过田野，直奔树林的。（罗杰斯 摄）

◎ 普军对斯卡利茨的最后一次进攻，该插图由安东·霍夫曼绘制。
（该插图选自雷根斯堡所著《纳霍德－威索科夫》一书）

◎ 奥地利人在斯卡利茨杜布诺森林的边缘竖立的纪念碑，以纪念普奥战争中的死者。（罗杰斯 摄）

夫施塔特的主力部队没有受到威胁，并据此制订了当日的作战计划。[27]

上午 7 时，克里斯马尼奇接到报告，一支强大的普鲁士纵队正在从埃佩尔隘口向西进军，他命令加布伦茨在从普劳斯尼茨到约瑟夫施塔特的路上布设一道阵地。加布伦茨遵守了这一命令；他的大部分部队沿大路南下，穿过新罗格尼茨（Neu Rognitz），格里维奇旅被派往旧罗格尼茨，并占领鲁德斯道夫（Rudersdorf），以掩护该军的其余部队。如果不是因为一份错误的情报，即奥地利的增援部队正在向特劳特瑙和埃佩尔挺进（据此，普军暂停了第 1 禁卫师的行动并将其暂时撤回），情况很可能会对普军不利；此时，对普鲁士禁卫军而言，唯一合适的防守位置就是在奥帕河后面，希勒就是从这个方向撤退的。

然而，到了上午 9 点，上述情报被证明是错误的，于是，奥古斯特王子率领普鲁士禁卫军回到原位，并继续前进。希勒亲自率领先遣队，后面跟着第 1 禁卫师的其余部队，他们要穿过斯道登茨，向伯克斯多夫（Burkersdorf）方

◎ 自 1866 年以来几乎没有什么改变的斯卡利茨火车站，当年 6 月 28 日，普奥两军在这座火车站周围进行了血腥的战斗。今天仍能看到战争留下的弹孔。（罗杰斯 摄）

向前进，他们的速度很快，在斯道登茨西边的树林里遭遇了引领第10军主力向南前进的奥军克内贝尔旅。在凯塞尔（Kessel）上校的指挥下，普军禁卫军先遣队的步兵们立即向森林以南地势起伏的玉米地发动进攻，很快就把克内贝尔的部队赶出了森林，并开进了伯克斯多夫。

到上午11点时，希勒师的主力已经通过斯道登茨，与克内贝尔旅全面接战。克内贝尔现在得到了已经到达新罗格尼茨的蒙德尔旅的支援。加布伦茨还命令另一个旅（格里维奇旅）跟在第10军的辎重火车后面，向西侧的皮尔尼科进发，以增援克内贝尔。普军进攻的矛头主要落在克内贝尔旅身上，后者很快就被赶出了伯克斯多夫，慌忙向苏尔（Soor）方向撤退。位于希勒攻势最右侧的禁卫燧发枪手团第2营，与己方大部队走散了，他们与奥军蒙德尔旅在新罗格尼茨南部的树林里纠缠在一起。由冯·克内塞贝克（von Knesebeck）中校率领的普鲁士燧发枪手们毫不畏惧，他们冲过树林，其中一个连攻入了镇子，但后来被奥军派重兵击退。随着奥地利第10军主力逐渐瓦解——现在大部分撤退到了苏尔，让这支小部队暴露在外面已经没有任何意义。但与此同时，普鲁士燧发枪手们也暂时撤退了，这主要是因为奥军格里维奇旅正位于他们阵地的东侧，然而格里维奇并不了解战事的最新进展，他只是按照上级指示继续据守鲁德斯道夫。

加布伦茨派了一个勤务兵去警告格里维奇有危险，但是消息没有传过去。格里维奇面对的实际上是由普鲁斯基率领的普鲁士第2禁卫师的全部主力，而此时他与奥地利第10军其他部队的有效联系被切断了。有一段时间，格里维奇与一支独立的普军部队——第2禁卫掷弹兵营作战，并守住了阵地，该营指挥官在对奥军据守的村庄所发动的一次失败袭击中牺牲了。但到了中午12点30分，普鲁士援军开始陆续抵达；下午3点，普军对格里维奇的阵地发动了总攻，很快就把后者赶出了鲁德斯多夫，迫使其退到了旧罗格尼茨。奥军退守到该镇旁边一座小山上的墓地中，面对普军重兵，奥军想要守住这个地方的努力无疑是徒劳之举。格里维奇旅开始溃散，当它再次撤退时，有大量俘虏落入了普鲁士人手中，包括不幸的格里维奇本人。[28]

普鲁斯基奋力追赶奥地利人。到下午5点30分，特劳特瑙和周围的村庄均已被普鲁士人控制。尽管格里维奇旅有一部分人趁机逃跑了，但第二天当他

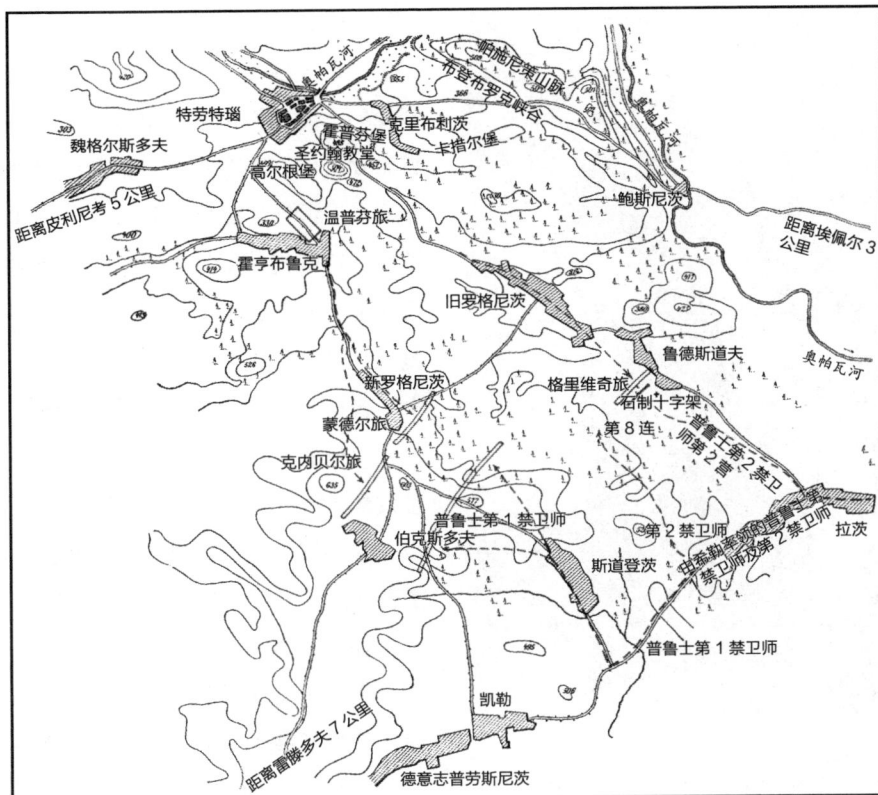

◎ 6月28日，苏尔 - 伯克斯多夫战役。

们试图从伯克斯多夫以东的树林中抄近路向后方撤退时，被普军全部包围并俘虏了。值得一提的是，普鲁士禁卫军的胜利在很大程度上是由步兵取得的，炮兵只起了很小的作用。在克拉夫特·霍亨洛厄（Kraft zu Hohenlohe）王子的指挥下，普鲁士后备炮兵部队在抵达科斯特雷茨之后一直处于停摆状态，直到弄清让其在斯卡利茨还是在苏尔更能发挥作用时，它才开始活跃。直到下午5点，霍亨洛厄才接到重新与军本部会合的命令；普鲁士后备炮兵部队穿过埃佩尔隘口后，在上拉茨和斯道登茨（Staudenz）之间宿营。第二天，该部在与奥军部分溃散的步兵遭遇而耽搁了一段时间之后，继续向伯克斯多夫进发。在该城，发生了令霍亨洛厄懊恼的事情，他在步兵中的朋友们向他打招呼，并问道：

◎ 奥古斯特·冯·符腾堡亲王，于 1866 年的普奥战争中担任普鲁士禁卫军指挥官。（罗杰斯 摄）

"你终于来了！你到底去哪儿了？敌人用无数大炮发射冰雹般的炮弹来压制我们，而我们不得不忍着。我们一直想知道你会不会来，但是最后你没有来！"霍亨洛厄后来写道，当时他被不公正的批评逼得几近绝望；但他后来也不得不承认，在炮兵作战方面，奥地利军队要成功得多。在整个战争中，普鲁士炮兵从遥远的后方姗姗来迟，而未能充分发挥其威力的例子不胜枚举。[29]

在该战役中，普鲁士人总共损失了 713 人，其中 155 人阵亡；奥军方面，加布伦茨军有 207 人阵亡，311 人受伤，2908 人被俘或失踪。[30] 这场战役是为了争夺苏尔（1745 年，腓特烈大帝也以此地为战场）而打响的，因此，普鲁士人将其命名为"苏尔战役"。它完全扭转了普军前一天在特劳特瑙遭受的不利局面，普鲁士人不但大大削弱了加布伦茨所部的战斗力，还占领了南部的重要据点斯卡利茨，这令贝内德克和克里斯马尼奇一直坚持的战略计划化为了泡影。

第五节 吉钦

尽管对自己当面敌人的真正实力还一无所知，但腓特烈·查尔斯以他特有的坚决开始了进攻蒙申格莱茨的准备工作。6 月 27 日，腓特烈·查尔斯向集团军直属部队下达了 12 项命令，其中有这么一条，"看来敌人很可能会在蒙申格莱茨附近与我军接战"，为突破敌军阵地，普军必须集结主力部队——但这肯定不利于迅速行动。[1] 不过，腓特烈·查尔斯收到的情报表明：敌军已经在

◎ 1866 年的伯克斯多夫。（该插图选自雷根斯堡所著《从斯卡利茨到柯尼希格雷茨》一书）

* 注：原版书即有地图右下角这处空白。

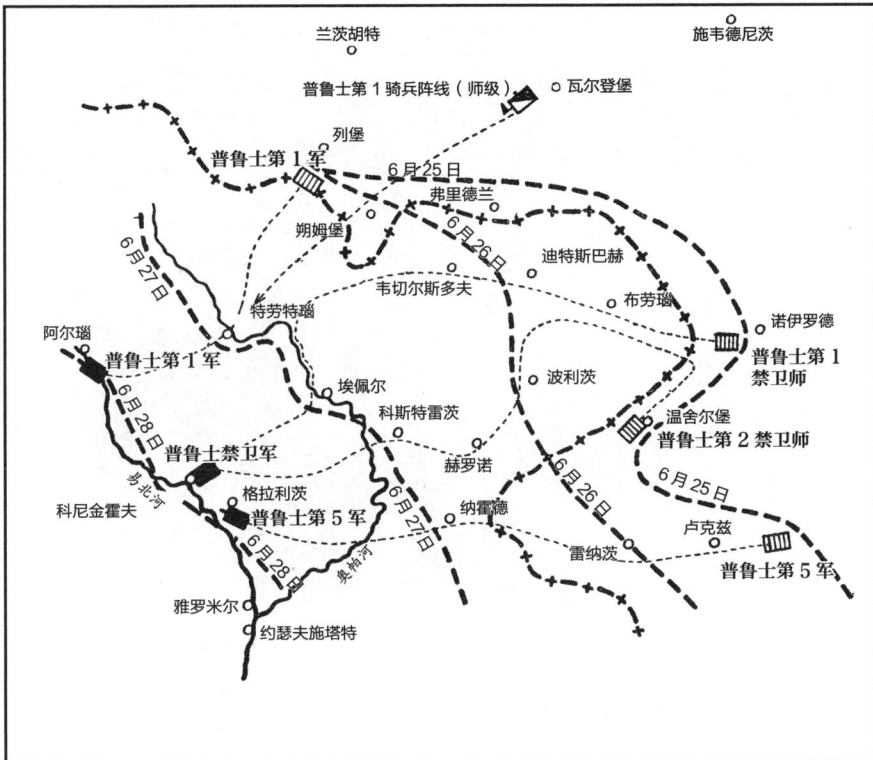

◎ 截至 6 月 28 日，普鲁士第 2 集团军的推进情况。

◎ 6月28日，退守旧罗格尼茨的奥军格里维奇旅。该插图由安东·霍夫曼绘制。
（该插图选自雷根斯堡所著《从斯卡利茨到柯尼希格雷茨》一书）

蒙申格莱茨附近集结了强大的兵力，并且已经对战壕工事进行了加强——这促使他几乎动用了全部兵力来发动攻势；6月28日上午9点，赫沃斯将横跨伊瑟尔河，对河对岸发动进攻，与此同时，普鲁士第1集团军从北方发动进攻，对准那些位于敌人侧翼和后方的目标，第1集团军从早上7点30分开始待命，一旦赫沃斯的枪声传到他们的耳朵里，他们就立即前进。

然而，事实上，奥军这只鸟已经飞了起来，至少已经起飞了，利用短暂的休整时间，他们已经躲开了腓特烈·查尔斯设置的陷阱。萨克森王储别无选择，他必须按照贝内德克的指示行动，即"如果敌人在兵力上占据优势，他就应该率军与奥军主力会合"。于是，6月28日早晨，萨克森王储命令麾下的所有部队开始向吉钦撤退；当赫沃斯向担任奥军后卫的莱宁根旅所占据的阵地发起进攻时，贝内德克的策略已经取得了成功，普军主力扑了个空。此时，在伊瑟尔河以西还留有一些奥军部队，他们有充足的炮火支援；因此，普军为了夺取奥军占据的克劳斯特村（Kloster），需要采取一场复杂的行动，这个村庄似乎已被奥军牢牢控制在手里。然而，一旦从侧翼包抄，普军就发现自己几乎没有遇到什么抵抗——赫沃斯的先遣队很快就到达了伊瑟河西岸，在那里，他们发现河上的大桥已经起火了。普军只能在河下游的一个浅滩上渡到对岸，他们于上午11点半冲进蒙申格莱茨，结果发现普军第14师的部队不顾来自穆斯基堡（Muskey Berg）的奥军炮兵的攻击，已经越过了伊瑟尔河。

穆斯基堡是蒙申格莱茨以东的一个制高点，奥军在此部署了多个炮兵连，普军跨越伊瑟尔河的部队都在其射程之内。一听到从伊瑟尔河以西传来枪炮声，霍恩和弗兰西基两个普鲁士步兵师就立即向南边的穆斯基堡发动进攻。他们穿过布赖齐瑙（Brezina）和兹迪安（Zdian），不久后就进入了奥地利大炮的射程，普鲁士炮兵仍滞留在后方，因此无法轻易克服奥军的火力优势。弗兰西基率领他的部队向前推进，不久就击退了想要支援穆斯基堡炮兵阵地的奥地利步兵；下午1点，奥地利守军带着大炮迅速从穆斯基堡撤退，普军的行动宣告结束。虽然西岸包围圈内的大部分奥地利人和萨克森人都得以逃出生天，但代价高昂；奥、萨两军共有2000人伤亡，还有1390名俘虏落入普军手中。普鲁士损失341人，其中46人阵亡。[2]

就这样，普军在各个渡口横渡伊瑟尔河的行动都取得了成功；但正如上文所指出的，尽管普军突入蒙申格莱茨的行动轻易就取得了胜利，但同时也给腓特烈·查尔斯带来了严重的后勤问题，因为前进部队都已经迅速占领了目标：

> 他现在发现在如此狭小的一块区域内已经集中了如此多的普军部队——一平方英里内有多达 10 万人，他们根本没有机动的空间，如何给他们提供足够的食物也成为一个难题。[3]

事实上，上面的说法有点夸张，当时普鲁士军队并没有密集到这个程度。但即使是《官方战史》也遗憾地记载着"军队的伙食很匮乏，特别是只有部分补给车到达了宿营地"。[4]

无疑，毛奇的焦虑感愈发强烈。6 月 28 日下午 1 点，他首次向第 1 集团军发送了一份关于纳赫德和特劳特瑙战况的简短报告，并明确补充说："第 1 集团军的迅速推进对第 2 集团军顺利突破山区大为有利。"[5]第二天早上 6 点 35 分，毛奇给斯图尔普内格尔发了一份更为详细的电报，记录了第 2 集团军的进展情况。他接着强调，必须尽快援助王储：

> 在我看来，绝对有必要让他脱离第 1 集团军的束缚，因为第 1 集团军有 5 个军之多，而对面却只有奥地利第 1、第 3 军和萨克森军。机不可失，失不再来。[6]

显然，毛奇觉得这份电报的分量不够，于是一小时后，他又给腓特烈·查尔斯本人发了一封电报：

> 国王陛下希望第 1 集团军加速推进，以帮助第 2 集团军。第 2 集团军虽然取得了一系列胜利，但目前仍处于困境之中。[7]

幸运的是，差不多到了毛奇、国王和其他参谋离开柏林前往前线的时候了，他们可以对裹足不前的第 1 集团军直接施加压力。然而，到目前为止，上述电报似乎还没有成功地让固执的指挥官们迅速行动起来。6 月 29 日晚上，毛奇给布卢门塔尔发了一封电报，这封电报中隐约流露出毛奇的不耐烦："无论发生什么，你都必须领导第1集团军前进。这个命令我今天都下达两次了。"[8]

　　在对于骑兵的运用这一重要方面，普奥双方都做得都不是很好。腓特烈·查尔斯没有让他的骑兵部队领先于步兵，而是继续跟随在步兵之后，这在一定程度上导致他始终不知道对面敌人的实力有多大，也不知道他们是如何逃

◎ 6月28日，蒙申格莱茨战役中，普军成功占领了穆斯基堡。该插图由格奥尔格·莱布雷希特绘制。（该插图选自雷根斯堡所著《从斯卡利茨到柯尼希格雷茨》一书）

出蒙申格莱茨包围圈的。与此同时，奥军司令官们也同样不知道普军进攻部队的兵力和主攻方向，这也给他们造成了一系列严重后果：

> 普鲁士人突然出现在图瑙，这真是出乎意料，而且夺回该地区的计划完全是出于对形势的误解；如果对骑兵运用得当，我们是不会犯这种错误的。[9]

这种对敌人的位置和行动的不确定性是完全可以弥补的，但在普奥双方不断上演，直到战争结束。

6月28日晚，当腓特烈·查尔斯准备对他那些过度集中的部队进行整理时，他的敌人却已经逃到了远处。除了在波德科斯特（Podkost）部署了一个坚固的前哨，得以在当日夜间和次日一两个小时之内牵制住普鲁士的先头部队之外，克朗·加拉斯军的绝大多数部队已经撤到了索博特卡（Sobotka），而萨克森军已经撤到了达布莱泽诺（Brezno）和包岑；引领奥军向东撤退的部分奥

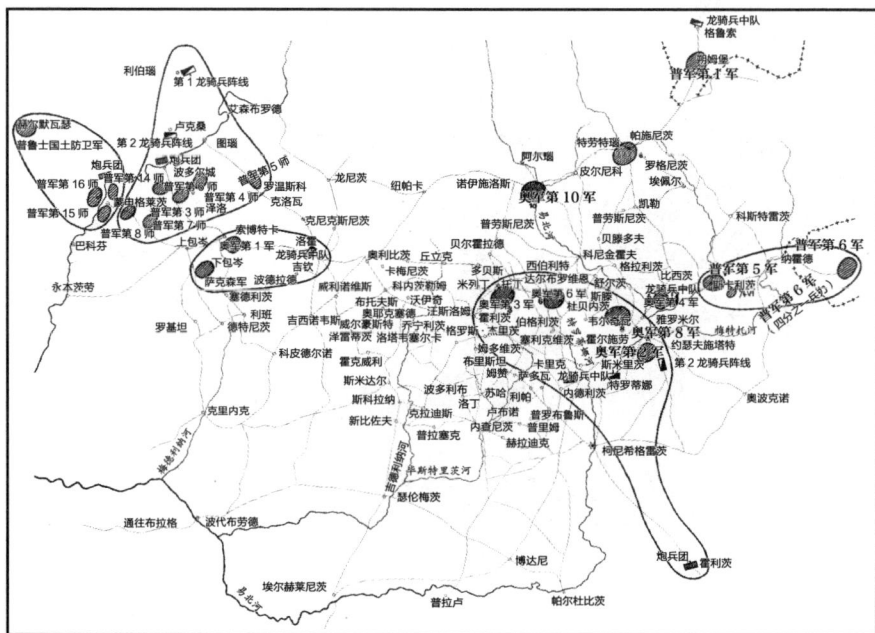

◎ *6月28日夜间，普鲁士、奥地利各集团军所处的位置。*

◎ 路德维希·卡尔·廷普林将军，普鲁士第 5 师
的指挥官。（罗杰斯 摄）

军骑兵部队甚至已经到达了吉钦。夜幕降临时，一个奥军步兵旅也撤到了那里。

普鲁士第 1 集团军的主力直到 6 月 29 日中午才出发去追击奥军，但腓特烈·查尔斯似乎没有料到自己会遭到奥军的顽强阻击。此时，普军的廷普林师（Tümpling）已经离开罗温斯科（Rowensko），正在从北部穿过库兹尼茨（Kuiznitz）向吉钦进军。

与此同时，普军韦尔德（Werder）率领的第 3 师从索博特卡和波德科斯特出发，途经洛霍（Lochow），从西部向吉钦进发。在这些先遣部队的后面跟着第 1 集团军的其他部队，以及易北河集团军，后者位于廷普林师后方，他们计划穿越利本（Libun）向吉钦进发。上述部队中，廷普林师的速度最快，等韦尔德抵达目标的时候，或许会发现吉钦"早已经落入了廷普林师的手中"。无论如何，普军"今天一定要占领吉钦，只许成功，不许失败"。[10] 和往常一样，普军骑兵跟在步兵后面，阿尔文斯勒本（Alvensleben）师跟在赫沃斯后面，汉恩（Hann）师跟在曼施坦因后面。《官方战史》对第 1 集团军在休整过程中遇到的问题进行了总结：

在这一天，人们清楚地看到，当大批军队集中在一起时，他们的移动是多么困难。很明显，将一支大军划分为多支不同的纵队，并尽可能长时间地保持其独立性是十分必要的。[11]

我们可以从这句话中看出，第 1 集团军迄今为止的行动是受到某种非议的，在占领蒙申格莱茨后，由于该集团军的主力部队过于集中，它缓慢的前进速度又要被进一步拖慢了。

正如人们之后所发现的那样，普鲁士第 1 集团军正在逼近的吉钦，已经被奥军巩固为一个强大的要塞；根据贝内德克的战略，双方"很有可能"在此展开决战。如果两支大军想在波西米亚展开较量，那么吉钦显然是一个极其重要的交通枢纽；从该地向北、东北、东、南、西各个方向都有主干道向后延伸。6 月 29 日上午，萨克森王储和克朗·加拉斯在吉钦会面，讨论下一步该何去何从。早上 9 点，克朗·加拉斯已经将他的军分散部署在吉钦周围的防御

◎ 6 月 29 日，吉钦战役。

阵地中，其中有3个旅沿吉钦以北的高地部署，第4旅——林格尔斯海姆（Ringelsheim）旅，负责掩护上、下洛霍，第5旅是莱宁根旅，作为奥军的预备队。

萨克森军经过一夜短暂的休息，于凌晨3点从下包岑（Unter Bautzen）出发，早上到达吉钦时已经筋疲力尽了。王储期待着贝内德克能在第二天率军赶到吉钦地区，因此，从表面上看，只要奥萨联军奋起抵抗，吉钦还是能够守住的。不过，为了保险起见，萨克森王储在中午给贝内德克的总部发了一份电报，请求他施以援手。但贝内德克没有回复。然而，两小时后，一个信使带着一封贝内德克的紧急信件从约瑟夫施塔特骑马赶了过来，信

◎ 奥古斯特·利奥波德·冯·维尔德将军，普鲁士第3师的指挥官。（罗杰斯 摄）

里说奥地利第3军当天就可以赶到吉钦，信里还说，主力部队就在后面不远处，他们要按照贝内德克原先的计划，继续向伊瑟尔河进军。然而实际上，贝内德克已经暂停了前往伊瑟尔河的行动；但是收到信件的萨克森王储和克朗·加拉斯误认为自己先前的判断是正确的，即应该继续固守吉钦。为此，萨克森第1旅（旅长为冯·豪森）增援了位于吉钦城北的阵地，而第4旅（即禁卫旅，旅长为冯·博克斯伯格）则在近处驻扎，并担任预备队。

萨克森王储和克朗·加拉斯在很多方面都是一对奇怪的组合。王储是一位能力非凡的职业军人，在1866年的普奥战争和后来的普法战争中表现出色。至于克朗·加拉斯，普鲁士总参谋部的机密文件中对他有一些毫不客气的评价："（克朗·加拉斯）热爱美食胜过军事。他在作战的时候，有个坏习惯，就是总是采取错误的行军路线。需要一个非常强势的顾问去辅佐他，才能不出差错，这个人就是贡德勒古将军。"[12]

此时，廷普林师正朝着一道从自然地势上来说较为"易守难攻"的奥军防线前进，而且这道防线守军的兵力也远远超过了普军。奥军阵地的最左边由阿比勒旅守卫，其阵地部署在陡峭多石的山坡上，山坡上生长着云杉和银杉，几乎寸步难行。在防线中部，波斯卡彻尔（Poschacher）旅防守着位于普里维金（Prywicin）和布拉达（Brada）两座高地上的坚固阵地，奥军在这些阵地上挖掘了大量战壕，为加强其火力，还在阵地上部署了多个炮兵连，它们的炮弹可以完全可以覆盖廷普林师的必经之路。

在波斯卡彻尔旅所据守阵地的东侧，是迪勒茨（Diletz）镇，该镇由萨克森第1旅负责守卫；最后，在防线的右翼，也就是吉钦镇和艾森施塔特钢铁厂的前方，驻扎着皮雷旅。迪勒茨镇位于一个山坡下方，因此，一旦敌人从北面沿着斜坡向下发动进攻，该镇的防线就摇摇欲坠了。不过，迪勒茨镇非常重要，因为它正好是波斯卡彻尔和皮雷两个旅防线的接合处。为支援防线上的步兵，奥军在迪勒茨镇后方部署了一道强大的炮兵阵地。埃德尔斯海姆的骑兵师负责对上述阵地进行近距离支援，莱宁根和博克斯伯格（Boxberg）两个步兵旅作为奥军预备队。《官方战史》称赞了普军的进攻计划：

甫一思索，廷普林将军就下定了打击敌人防线右翼的决心，这一行动会极大地威胁奥地利第1军与其主力部队的交通线。[13]

廷普林命令他麾下的所有部队都以吉钦教堂的尖塔作为目标向前推进，并在下午4点半左右调集炮兵来支援进攻。然而，在战斗的初期阶段，又是奥地利炮兵控制了战场，廷普林很清楚，在拿下波德什村（Podulsch）之前，他的大炮无法前出至足以支援己方进攻的距离。具有讽刺意味的是，这个村庄的守军绝大部分由奥军第34团（即"普鲁士国王"团）的1个步兵连和1个来复枪连所组成。普军第48团的1个营从赞慕斯（Zames）村发动了一次进攻，攻占了波德什村，但未能拿下该村西南方向的一组建筑物。[14]

另一方面，奥地利人从艾森施泰特（Eisenstadt）方向向赞慕斯所发动的反攻也被普军击退，奥军损失惨重。在战线右侧，普军由冯·卡米恩斯基（von Kamienski）率领的第10旅穿越吉诺里茨（Ginolitz）和布雷斯卡（Bresca）对

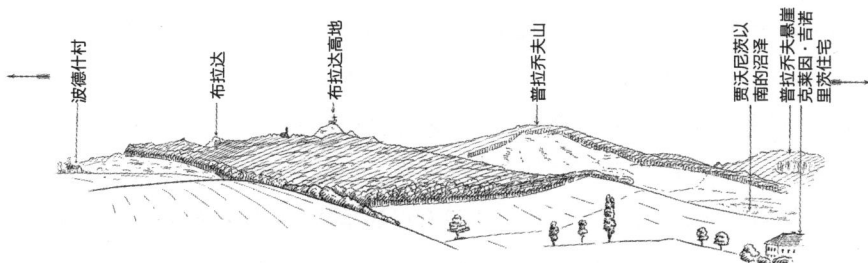

◎ 关于吉钦战场的全景草图，展现的是从吉诺里茨向南眺望奥军阵地左翼的景象。

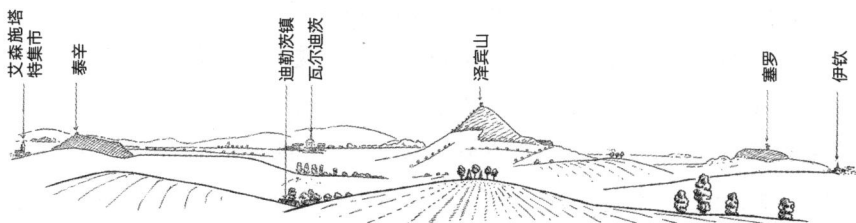

◎ 关于吉钦战场的全景草图，展现的是从下波德什村向东南方看向奥军阵地右（东）段的景象。

奥军阵地发动了一系列进攻，并从布雷斯卡一直推进到了普拉恰（Prachow）；
但随着战斗的进行，冯·卡米恩斯基不得不将他的预备队投入战场，战事似乎
正在陷入一场僵局。战场东侧，冯·高迪（von Gaudy）中校率领 9 个普鲁士
燧发枪手连于下午 6 点 30 分左右攻入了迪勒茨镇；但与此同时，萨克森第 1
旅发起反击，把分散在镇内各处的普鲁士人赶了出去，并以 3 个营的兵力重新
占领了这个小镇。面对危急的局势，廷普林派出 3 个炮兵连去支援高迪中校的
攻势，在镇内，双方展开了激烈的肉搏战，最终，普军赢得了胜利。与此同时，
冯·伯格（von Berger）上校率领普军第 8 团的 1 个营在迪勒茨镇附近击退了
萨克森人的预备队，结果却遭遇了埃德尔斯海姆 6 个骑兵中队的冲锋，普军被
击退，且伤亡惨重。到晚上 7 点 30 分，普鲁士人终于牢牢地控制住了迪勒茨，
萨克森军队撤退到了苏德林娜（Cydlina）后方，他们在此地的最高指挥官——
博克斯伯格也被普军俘虏。[15]

　　尽管如此，从整个战场的范围来看，廷普林将军的计划并没有完全取得
成功。阿比勒和波斯卡彻尔旅还没有把全部兵力都投入战斗，而皮雷旅基本上

没有受到干扰。吉诺里茨周边的战斗停止之后，廷普林将军下一步的打算是对布拉达发动进攻，他认为此处是奥军防线的关键。就在普军为新攻势做准备的同时，克朗·加拉斯和萨克森王储阿尔伯特收到了一些坏消息。首先，林格尔斯海姆在洛霍周边的阵地（对后撤路线至关重要）已经受到了普军的严重威胁，这已经够糟糕的了。更糟的是，根本没有得到预期当中来自奥地利第 3 军的支援；晚上 7 时 30 分，斯滕贝格（Sternberg）伯爵从约瑟夫施塔特赶来，他带来的指示同往常一样，与受指示的人所面临的实际状况八竿子打不着。

可笑的是，斯滕贝格不确定阿尔伯特王储的位置，但是听说王储要在吉钦城外的米利奇沃斯城堡（Schloss Milicowes）过夜，前者便决定在那里等他。直到听到枪声，斯滕贝格才觉得他最好去寻找命令接受者王储本人。[16] 斯滕贝格携带的指示是："避免与敌军优势兵力接触，并立即撤至霍利茨（Horitz）和米列丁（Miletin），与主力部队会合。与此同时，另外 4 个军也正在向上述位置转移。"[17]

在这份命令面前，萨克森王储除了撤退没有别的选择；但当地的局势让这一行动变得非常困难：廷普林师的部队已经穿过迪勒茨并准备对布拉达发动进攻，与此同时，韦尔德师也正在向高地后方推进，威胁着奥军从吉钦撤退的路线。当韦尔德率领普军从索博特卡沿大路向前推进时，他与廷普林的联系被完全切断了，因此，他并不知道山的另一边发生了什么，也不知道廷普林师的进展如何。下午 4 点左右，韦尔德听到了从山的另一边传来的炮声，但很快就停止了，他继续向吉钦进发，并没有期待当天的行动会取得什么成果。下午 5 点 30 分，当韦尔德率领部队接近主干道两旁的两个洛霍村（上、下洛霍）时，突然遭到了林格尔斯海姆部署在上洛霍（Ober Lochow）的炮兵的攻击，阿比勒旅的一些分遣队也驻扎在那里。韦尔德的先头部队沿着公路继续向前推进，在路的南侧，冯·雅努肖夫斯基（von Januschowsky）的普鲁士第 5 旅也正在前进。傍晚 7 点 15 分，普军第 2 团的 1 个营攻占了下洛霍，但在敌人的火力下无法继续进攻。林格尔斯海姆沿着公路边缘延伸开来的高地布置了一道防线，就位于下洛霍上方，普鲁士人想要在这个斜坡上站稳脚跟，以便对奥军防线发动进一步的攻势，但林格尔斯海姆却利用此处的地形优势，居高临下阻击普军。

◎ 今天的迪勒茨镇，自从吉钦战役中萨克森人和普鲁士人在此激战以来，它的变化不大。（罗杰斯 摄）

◎ 一座位于吉钦的萨克森军人集体墓地，他们都是在普军攻打迪勒茨镇的行动中阵亡的。（罗杰斯 摄）

在树林里，林格尔斯海姆在树干后面部署了步枪射手，很快，他们就给韦尔德的步兵造成了巨大伤亡。[18]韦尔德立刻就明白了，虽然近期奥军节节败退，但继续对这道阵地发动正面进攻只会给进攻者造成重大损失。击退守军的重任现在落到了雅努肖夫斯基身上——他已经在晚上8点推进到了沃斯特鲁奇诺（Wostruschno）。几乎同时，林格尔斯海姆接到了撤退至吉钦的命令，在这之前，他曾亲自率领自己的第73团向下洛霍（Unter Lochow）发动反攻，但被普军击退，损失惨重；然而，他有足够的时间带着残余部队（在先前的战斗中，他的旅实际上已经被打垮了）沿着通往吉钦的道路撤走。到晚上9点，奥地利军队已经从前沿阵地全面撤退了。普军没有追击林格尔斯海姆，因为天渐渐黑了，而且经过激烈的战斗，韦尔德的部队已经筋疲力尽了。

就在这时，普鲁士第2军的指挥官施密特（Schmidt）亲自赶来指挥先头部队，由于缺乏足够的饮用水，而且部队已经疲惫不堪，施密特决定不再采取迂回路线，而是直接率领他们攻向吉钦。

◎ 吉钦战场遗址上的纪念碑，为纪念奥地利第42步兵团而建。该团是林格尔斯海姆旅的一部分，在吉钦战役中，他们以防守坚韧而著称。不过，第42步兵团也因此付出了惨痛代价，有超过500人阵亡。（罗杰斯 摄）

当普军沿着大路前进的时候，遇到了从霍林（Holin）撤退的奥军第33团的队伍。经过短暂的交火，这些人悉数投降了。施密特率军进入吉钦城内的时候，已经是晚上10点半了，在那里，他遭遇了萨克森禁卫旅，该旅被派去充当后卫，以掩护主力部队的撤退。

与此同时，在城北，萨克森王储阿尔伯特仍在奋力从廷普林的魔爪下解救己方部队，其中一些部队仍在和普军血战。为从普军的重围中解救萨克森第1旅，皮雷旅穿越苏德林娜，向迪勒茨镇和赞慕斯发起猛攻。虽然到了晚上8点，他们被普鲁士第48团和第8团的联手发动的反击所击退，

◎ 在吉钦战役的最后阶段，普鲁士第 2 掷弹兵团第 2 营的士兵攻占下洛霍的情景。（罗杰斯 摄）

◎ 6 月 29—30 日，萨克森人和普鲁士人在吉钦进行的夜战。图中所示的建筑物一直留存到现在，且很容易辨认。（该插图选自《战争编年史》）

且损失巨大，但皮雷旅的目标已经实现，萨克森人得以从吉钦撤退。另一方面，奥军第 34 团的 9 个连仍然顽强地保卫着他们位于布拉达的阵地；直到廷普林将军亲自率人发动了一次冲锋（在这次冲锋中，他的胳膊被子弹击中了），普鲁士人才得以爬上布拉达山的顶峰。

冯·卡米恩斯基接管了廷普林师的指挥权，他派冯·高迪越过苏德林娜，绕到吉钦城东，想要包抄仍然守在该城北部入口处的萨克森后卫部队。吉钦城内，由于撤退的多支奥地利部队绝望地混杂在一起，局势十分混乱。到了晚上 11 点，队伍混乱至极，有消息说普鲁士部队已经渗透到了镇中心。

镇内，克朗·加拉斯带着他的参谋人员向各部队指挥官下达了全线撤退的

◎ 在吉钦战役中，双方对布拉达高地展开了争夺。（冯塔内 绘）

命令，并向他们出示了撤退路线。然而，克朗·加拉斯本人已经丧失了理智，他随后就留下他的部队自生自灭，自己逃命去了。尽管担任后卫的萨克森禁卫旅在市集广场和镇内的其他地方进行了英勇的战斗，但克朗·加拉斯的部队在当晚和第二天撤退的过程中完全解体了。另一方面，萨克森军残余部队则井然有序地向斯米达尔（Smidar）方向撤退。当天晚上，获胜的普鲁士军队集中在著名的华伦斯坦集市广场周围，他们露宿在有廊柱的拱廊里，普军在当天取得了相当大的胜利。本次战役，普鲁士的伤亡总人数达到1553人，其中329人阵亡，1212人受伤。奥地利－萨克森联军的损失则要大得多，其伤亡总人数为5511人，其中有3300多人被普军俘虏。[19]

尽管来自约瑟夫施塔特的令人震惊的撤退令最终造成了奥萨联军在吉钦的溃退；但更重要的还是韦尔德和廷普林所具有的坚韧不拔的毅力，他们战胜了重重困难，取得了应得的胜利。当时他们的兵力不超过2.6万人，但面对的敌人却很可能达到了6.6万人（不过，实际参与战斗的人可能不超过4.2万人）。此外，克朗·加拉斯还占据了位置极其有利的阵地；人们不禁会想，贝内德克在犹豫的时候浪费了多少机会，他没有按照最初的设想迅速出击，用较少的兵力来抵挡普鲁士第2集团军的进攻，同时更快地派遣他的主力部队去迎战腓特烈·查尔斯。最关键的是，即便按照克里斯马尼奇防御至上的战略思想，吉钦也无疑是那种必须要坚守到底的阵地。

事实上，贝内德克又度过了非常糟糕的一天，因为当萨克森王储按照他的命令在吉钦打了一场完全不必要的战斗并输了的时候，东线普军又制造了新的麻烦，普鲁士第2集团军正在迅速向腓特烈·查尔斯靠拢。首先，希勒正率领第1禁卫师向科尼金霍夫进军。加布伦茨第10军的一些分遣队还留在那里，不过兵力只有10个连。双方在城郊爆发了零星的、逐家逐户的战斗。此后，奥军得到了蒙德尔旅的增援，该旅当时正在向约瑟夫施塔特撤退的路上。更重要的是，在蒙德尔旅的帮助下，奥地利第10军的4个连和第3后备炮兵师的1个连才得以在奥帕河右岸继续行动。随后，奥军炮兵连与希勒先遣队的两个炮兵连进行了长时间的炮战，与此同时，在科尼金霍夫，冯·瓦德西中校率领普鲁士军队，奋力将奥地利军队赶到了易北河对岸。此战中，普军的全部伤亡只有70人，相比之下，奥军的伤亡名单上有597人，其中有400多人被俘。[20]

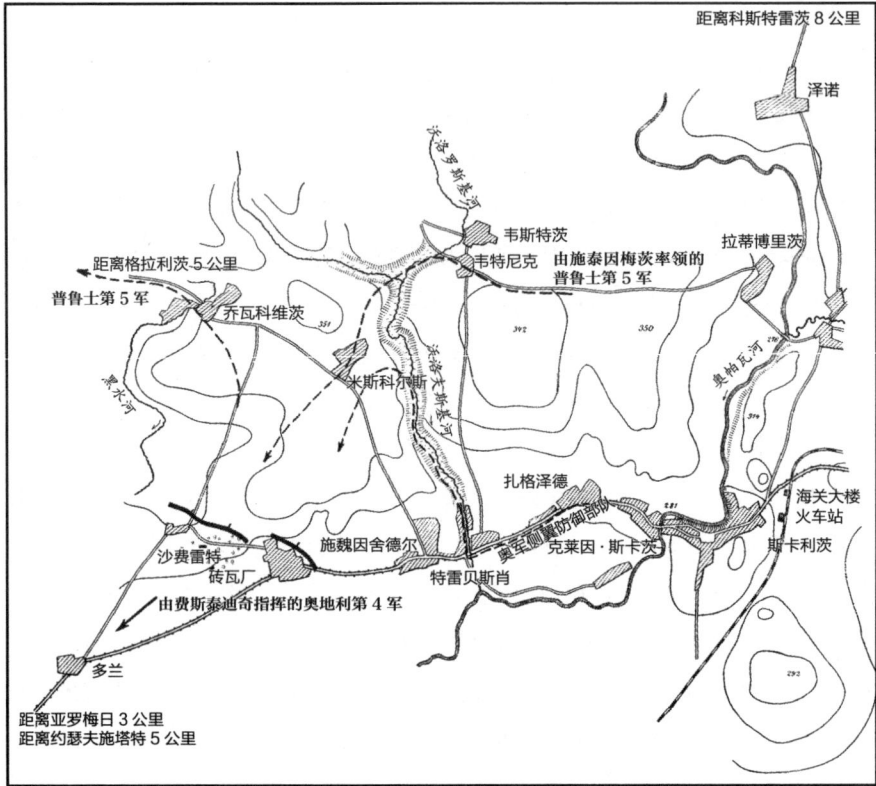

◎ 6月29日，施魏因舍德尔战役。

　　再往东，尽管施泰因梅茨的普鲁士第5军已经攻占了斯卡利茨，但他的部队疲惫不堪，费斯泰迪奇趁机率领奥地利第4军封锁了该城的出门。6月29日上午，施泰因梅茨让他的部队先休息一下，然后下午继续向格拉利茨进军。在他们身后，普鲁士第6军正在向斯卡利茨进发（以接替第5军）。普鲁士人现在不大清楚奥地利各军在他们前方的确切位置，因为他们缴获了一些文件，文件上的信息表明前一天曾有三个奥地利军驻扎在这一地区。不过，普鲁士第5军参谋长冯·维蒂奇（von Wittich）上校亲自侦察了奥地利人在特切贝绍（Trzebeschow）的阵地，他断定自己可以率军绕过奥地利人的左翼阵地，穿过拉蒂博里茨（Ratiboritz）、韦特尼克（Wetrnik）和乔瓦科维茨（Chwalkowitz），

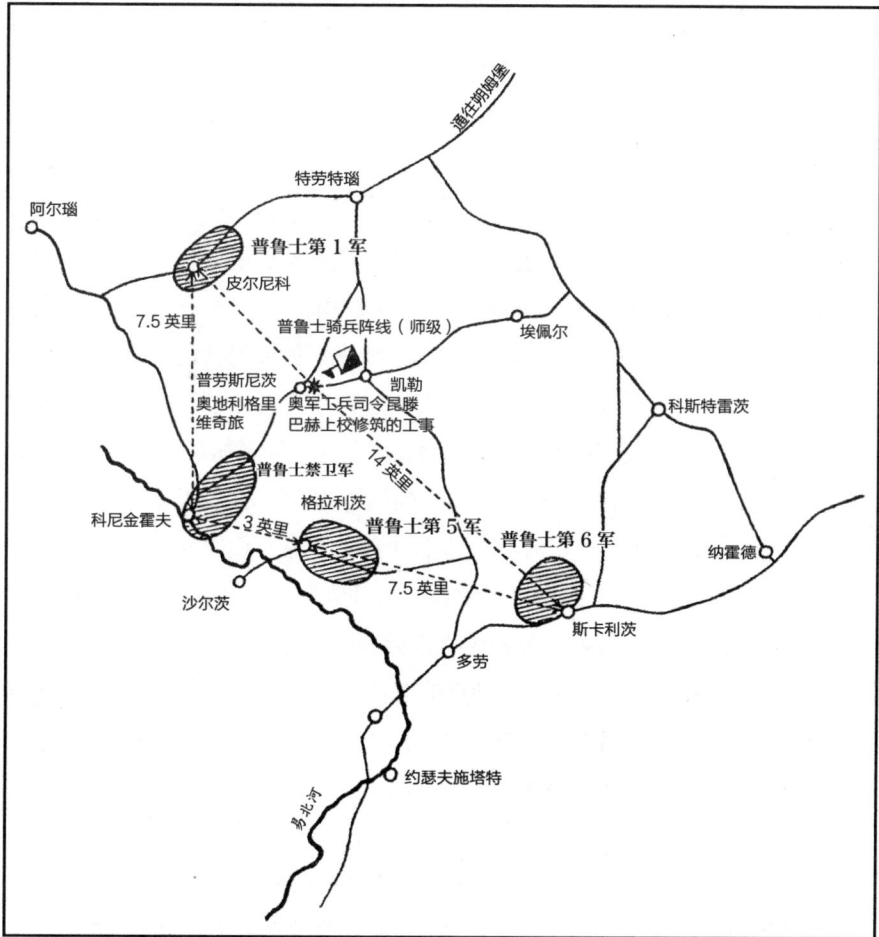

◎ 6月29日，普鲁士第2集团军所处的位置。

直捣格拉利茨。由西奥多·冯·维蒂奇（Theodor von Wittich）少将指挥的第20步兵旅侧翼分遣队和威克（Wnuck）的混成骑兵旅打算穿过扎格泽德和米斯科尔斯（Miskoles），以掩护这次奇袭。其中，主力部队于下午2点出发，半小时后侧翼分遣队紧随其后。然而，后者很快就与费斯泰迪奇军的先遣部队缠斗在一起；而普军主力部队在穿过朗瓦斯尔（Langwasser）向乔瓦科维茨行进时，遭到施魏因舍德尔（Schweinschädel）以北的4个奥地利炮兵连的远程炮击。

事实上，费斯泰迪奇已经派 2 个旅挡在了普军面前——约瑟夫大公（Archduke Joseph）旅在奥帕河和施魏因舍德尔之间布设了一条防线，波克（Poeckh）旅也把防线延长到了塞布克（Sebuc）。下午 3 点 30 分，位于施魏因舍德尔南部的另一个奥军炮兵阵地也向普军第 20 旅开了火，与此同时，基什巴赫决定派遣蒂德曼（Tiedemann）的普鲁士第 19 旅去协助侧翼分遣队。维蒂奇成功地从侧翼包抄了奥军的炮兵阵地，迫使奥军炮手撤退；蒂德曼旅赶到战场后不久，就与奥军波克（Poeckh）旅发生了激烈的交火，由于约瑟夫大公旅已经在通往雅罗米尔（Jaromir）的道路上设了防，因此波克旅的撤退受到了阻碍。此时，普军各先遣部队的指挥官们急于扩大战果，但是为了尽快与第 2 集团军的其他部队会合，施泰因梅茨禁止他们继续行动，因此，费斯泰迪奇才得以从普军的重围中逃脱，撤退到了萨尔尼。根据官方记录，奥军总共损失了 1484 人，还有 3400 名毫发未损的士兵成了俘虏；普鲁士第 5 军总共损失了 394 人。[21]

几天以来，毛奇第一次可以自由自在地呼吸了：第 2 集团军已经突破了奥军的易北河防线，并且其下辖的绝大部分部队都已经集中到了一起。此时，腓特烈·查尔斯似乎也已经做好了前进的准备，一旦时机来临，两个集团军就可以携起手来。现在，贝内德克集中全部力量各个击破普军的危险已经消失了。

反观奥地利人，他们的危机却大大加深了。

> 6 月 29 日清晨，随着关于斯卡利茨和苏尔战役失利的不幸消息传来，加布伦茨本人也赶回了总部，他憔悴不堪，所有自命勇敢的小虚荣都破灭了。加布伦茨的头发乱蓬蓬的，衣服凌乱不堪，眼睛因抽烟和缺乏睡眠而布满血丝，无声地诉说着他遭遇的灾难、痛苦和羞辱。[22]

对奥军总部而言，这是一个阴郁的早晨，在那里，人们越来越清醒地认识到，向吉钦方向撤退是非常不明智的。尽管如此，当贝内德克于那天上午召开参谋会议，宣布新的计划是要撤退到杜贝内茨（Dubenetz）时，大家还是明显感到失望，一个世纪前，约瑟夫二世皇帝（Joseph II）在巴伐利亚王位继承战争中对抗腓特烈大帝时，曾在杜贝内茨布设过重要阵地，对此克里斯马尼奇可谓心知肚明，因此他才选择了这个地方。

尽管如此，克里斯马尼奇显然已经被眼前的事情搞得心烦意乱了；大家注意到，在准备新的行军命令时，他起初完全落掉了一个骑兵师。[23] 于是，6月29日上午，奥军总部搬到了杜贝内茨。这导致萨克森王储阿尔伯特从吉钦发送的、要求上级指示的电报没有得到回复，杜贝内茨没有电报局，唯一一台野战电报机也发生了故障。斯滕贝格携带的这封信是一大早由贝内德克口述的，但直到奥军总部迁到杜贝内茨以后才由他带出。结果，贝内德克和克里斯马尼奇在就这样白白度过了这一天，他们全然不知道萨克森王储和克朗·加拉斯已经按照先前的命令，决定在吉钦与普军决一死战。而且，吉钦期望从厄内斯特大公的奥地利第3军得到增援的期望也全然落空了，因为大公已经在当天上午7点45分收到了新命令，即在吉钦不要抵抗。[24]

　　然而，奥地利第1军已经在从吉钦败退的过程中溃不成军，萨克森军也慌不择路，一直向南退到了斯米达尔，这意味着杜贝内茨已经不再是一个安全的集结地了；很明显，到目前为止，挡在腓特烈·查尔斯面前的敌人都已经暂时离开了，当普鲁士第2集团军从北面和东面发动进攻时，他可以轻易地率军

◎ 吉钦战役后，败退的萨克森人和奥地利人在施托瑟附近的营地。(该插图选自《战争编年史》)

305

◎ 现如今从普军战线望向施魏因舍德尔的景象。自 1866 年 6 月以来，这个村庄，甚至它的各个建筑，都没有什么变化。（罗杰斯 摄）

◎ 6 月 29 日，普军向施魏因舍德尔挺进时的情景。（冯塔内 绘）

插入奥军防线的后方。看来奥军不可避免要继续向南撤退到柯尼希格雷茨。第二天一大早，贝内德克向国王汇报了此事："陆军第 1 军和萨克森军的溃败迫使我方继续向柯尼希格雷茨方向撤退。"[25]

这个消息引发了维也纳决策层的困惑：弗朗茨·约瑟夫放弃了自己上前线的念头，他派遣值得信赖的贝克（Beck）上校到北方去了解情况。贝克于 6 月 30 日中午离开维也纳。一开始，他乘火车前行，行至博米施特鲁博的时候，他发现铁路线已经被破坏，于是下车步行。他越过了奥军防线的缺口，搭上了一辆火车，前往帕尔杜比茨，然后再前往柯尼希格雷茨。途中，他遇到了一些来自第 1 军残余部队的乱兵，他们是从吉钦一路逃到这里的。这是一个令人沮丧的场面——在柯尼希格雷茨的郊区到处都是奥军遭遇惨败的证据。第二天清晨，贝克遇到了贝内德克和他的参谋人员。他们的士气无疑非常低落；这不仅是由于克里斯马尼奇已经失去了与普军继续战斗下去的勇气，更因为最近几天所发生的事情已经严重破坏了他们对贝内德克能够以某种方式挽救局面的信心。此刻，贝内德克自己也失去了信心。在离开杜贝内茨前往柯尼希格雷茨之前，他给妻子写了一封信，清楚地表明最近几天的战事对他的影响有多大：

> 亲爱的朱莉，也许今天是我最后一次对你说话。无论是在会议中还是在私下里，我都曾诚挚地对皇帝说过，如果他同意，我愿意为他牺牲我军事和文官生涯所获得的全部荣誉，现在这样的事情已经发生了……我希望还能再见到你。但对我来说，要是被子弹击中就好了，可是，如果能为皇帝和军队做最后的贡献，那么我愿意直面耻辱。[26]

怀着这样沉重的心情，7 月 1 日，贝内德克和他的参谋人员与贝克坐下来重新审视战局。贝内德克和他手下的军官们非常悲观，他们觉得只有立即结束战争才能拯救这支军队，贝内德克甚至对贝克说："今天，如果某个普鲁士旅对我发动进攻，我将毫无招架之力。"面对这种情况，贝克别无选择，只能表示同意。当天上午 11 点 30 分，贝克给弗朗茨·约瑟夫发了一封电报，上面有贝内德克的签名："陛下，前线迫切地恳求您不惜任何代价媾和。否则军队将不可避免会遭遇一场灾难，贝克中校将立即返回。"[27] 参谋会议结束后，贝克

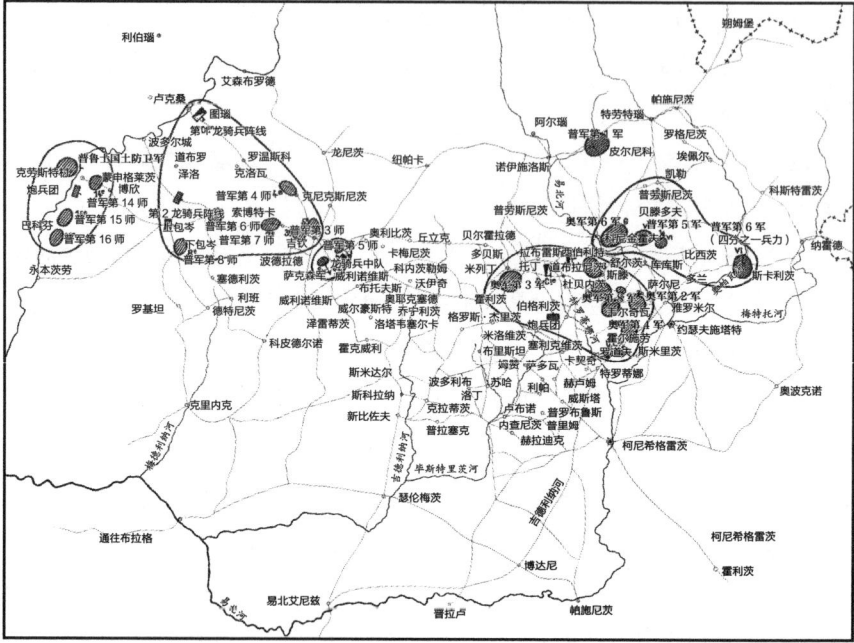

◎ 6月29日夜间，普鲁士、奥地利各集团军所处的位置。

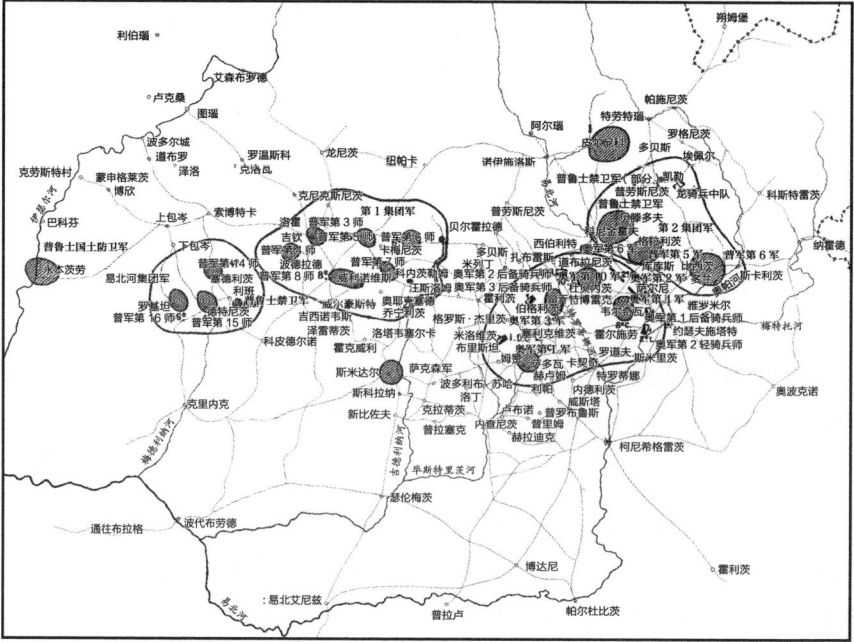

◎ 6月30日夜间，普鲁士、奥地利各集团军所处的位置。

单独会见了贝内德克，并交给了他一封弗朗茨·约瑟夫的亲笔信，信中询问：如果贝内德克无法继续指挥，他将如何选择继任者？贝内德克着重推荐了炮兵司令威廉大公（Archduke William），称他是"唯一一个有头脑的人"。在同一次谈话中，贝内德克阴郁地预见到一旦战争结果不利，或许会要他背黑锅。他说，届时也许要进行一场军事法庭审判，而且只有他一个人承担全部责任。这之后，贝克就出发回维也纳了，在前线的所见所闻给他留下了深刻的印象。到达帕尔杜比茨后，贝克给克伦内维尔（Crenneville）发了一封电报，重申了前线奥军所持立场的严重性："从发至柯尼希格雷茨的电报来看，停战或者说寻求和平不可避免，因为继续撤退是行不通的，我心如刀割，但我必须说实话。"[28]

维也纳的奥地利决策层在最初收到电报的时候无疑也感到十分沮丧，皇帝亲自起草了一个简短的回复，并在下午 2 点 30 分发至前线："不可能讲和。我命令你开始撤退，如果损失不可避免，请尽最大可能把部队带回来。你们与

◎ 在伊瑟尔河沿岸战斗中受伤的奥地利、萨克森和普鲁士官兵均被安置在梅尔尼克。
（该插图选自《战争编年史》）

敌人发生过战斗吗？"[29]最后一句是克伦内维尔在得到了皇帝的批准后加上去的，人们认为这句话传达的信息是如此明确，以至于当贝内德克在考虑下一步行动时，这句话对他的思想产生了决定性的影响。无论如何，目前贝内德克和他的参谋人员正忙着收拾已经陷入了混乱局面的军队，到傍晚时，他们已经在一定程度上恢复了部队的士气。晚上11点，贝内德克给维也纳发了另一封电报，报告了当前形势。之前，在与贝克的讨论中，贝内德克和他的参谋们已经对最佳撤退路线进行了考量，也许是撤到易北河对岸的帕尔杜比茨，甚至更远的奥尔米茨，克里斯马尼奇就倾向于后者。到目前为止，前线显然已经对撤退达成了一致，因为贝内德克的电报已表明了这样做的意图，他还补充了一项更加鼓舞人心的评论，大意是说，目前情况比贝克访问时要好一些，各支部队正在重整旗鼓，假以时日，情况可能会有所改善。

事实上，奥地利军队现在的确有了喘息之机，因为在吉钦战役之后，普鲁士第1集团军没有发动过追击，第2集团军也在科尼金霍夫地区休息了整整一天。6月30日，普鲁士王家统帅部从柏林出发，向前线进发。由于随从人数较多，占用了至少6列火车，造成了相当大的后勤问题。[30]在向南前进的过程中，毛奇一直与前线保持着联系；当他到达科尔福特时，从第2集团军那里传来消息，说他们已经突破了奥军在易北河的防线，但吉钦战役的结果尚不清楚。因此，毛奇在中午12点45分发出了以下指令：

第2集团军应该坚守他们在易北河上游的阵地；其右翼将前出至科尼金霍夫；与此同时，第1集团军的左翼要继续向前推进，双方将在科尼金霍夫会师。此外，第1集团军还将立即向柯尼希格雷茨挺进。[31]

行动过程中，赫沃斯负责掩护普军的右翼。即使对贝内德克的状况一无所知，也无法推测他的意图，毛奇还是决定保留主动权，随时准备绕过贝内德克的侧翼，打一场包围战。然而，他的想法一开始并没有得到下属的赞赏，正如克雷格教授所指出的那样：

毛奇的下属们没有考虑追击和包围，因为，尽管他们取得了一系列胜利，但他们把迄今为止发生的一切都看作是对双方实力的试探，是即将到来的、真正战斗的序曲，因此他们希望集结整个部队。[32]

午夜时分，普鲁士王家统帅部抵达了赖兴贝格，他们就在倒霉的克朗·加拉斯的城堡里安营扎寨，正是在这里，毛奇第一次得到了普军在吉钦取得胜利的消息。此时，俾斯麦提出的一个安全问题，暂时地分散了毛奇对未来战略的考量。俾斯麦注意到只有几百名炮手在保卫统帅部，便问道：鉴于敌军骑兵近在咫尺，这样做是不是太过冒险了？毛奇对此无动于衷；"是的，"他说，"在战争中，一切都是危险的。"——他有意或无意地引用了克劳塞维茨的话。[33]俾斯麦对毛奇的回答颇不以为然，他小心翼翼地将炮兵部署到国王居住的城堡附近。第二天，俾斯麦给妻子写了封信，抱怨了一番，显然他还在担心安全问题，又过了一天，俾斯麦要求妻子寄给他"一支大口径左轮手枪和一支骑兵手枪"。[34]多年后，俾斯麦在自己对这一事件的描述中表明，为了解决国王的安全问题，他已经明显干涉了军事事务：

军事当局由于我个人对国王的态度而对我怀恨在心，这种仇恨源于部门之间的倾轧，并且注定会在这场战争和普法战争中进一步发展。[35]

实际上，这并不是俾斯麦第一次专门干涉军事事务，也不会是最后一次。但有趣的是，他认为这一事件具有特殊的意义。

注释：

第一节 与德意志中部邦国的较量

1. 引自 H. 冯·西贝尔所著的《德意志帝国的创建》，第 5 卷第 33 页。

2. 引自 H. 冯·毛奇元帅所著的《军事通讯》，第 5 卷第 61-65 页。

3. 同上，第 5 卷第 305-306 页。

4. 同上，第 5 卷第 308-309 页。

5. 同上，第 5 卷第 309 页。

6. 同上，第 5 卷第 240-243 页。

7. 同上，第 5 卷第 247-251 页。

8. 同上，第 5 卷第 289 页。

9. 引自 H. 冯·西贝尔所著的《德意志帝国的创建》（纽约，1891 年），第 3 卷第 261 页。

10. 引自 D.E. 肖尔特所著的《铁路与步枪》（康涅狄格州哈姆登，1976 年），第 44 页。

11. 引自 GLM·施特劳斯所著的《缔造新德意志帝国的人》（伦敦，1875 年），第 2 卷第 181 页。

12. 引自 H. 冯·西贝尔所著的《德意志帝国的创建》（纽约，1891 年），第 3 卷第 261 页。

13. 引自霍恩洛厄－希灵斯菲斯特王子所著的《回忆录》（伦敦，1906 年），第 1 卷第 149 页。

14. 引自 E. 科尔蒂伯爵所著的《三个王朝的衰亡》（伦敦，1934 年），第 178 页。

15. 同上，第 179 页。

第二节 朗根萨尔察

1. 引自 H. 冯·西贝尔所著的《德意志帝国的创建》（纽约，1891 年），第 5 卷第 42 页。

2. 引自《官方战史》第 37 页。

3. 引自戈登·克雷格教授所著的《普鲁士军队的政治问题》，第 197 页。

4. 同上。

5. 引自 H. 冯·西贝尔所著的《德意志帝国的创建》（纽约，1891 年），第 3 卷第 261 页。

6. 同上。

7. 引自《官方战史》，第 40 页。

8. 引自 H. 冯·西贝尔所著的《德意志帝国的创建》，第 5 卷第 48 页。

9. 同上，第 5 卷第 52 页。

10. 引自 A. 马利特爵士所著的《推翻德意志邦联》（伦敦，1870 年），第 223-224 页。

11. 引自 W.J. 怀特上尉所著的《关于汉诺威和意大利战争的政治和军事历史》（伦敦，1868 年），第 54 页。

12. 同上，第 55 页。

13. 引自 H. 冯·西贝尔所著的《德意志帝国的创建》，第 5 卷第 57 页；以及 H. 冯·毛奇元帅所著的《军事通讯》，第 5 卷第 421 页。

14. 引自 H. 冯·西贝尔所著的《德意志帝国的创建》，第 5 卷第 58-59 页。

15. 引自 W.J. 怀特上尉所著的《关于汉诺威和意大利战争的政治和军事历史》，第 60 页。

16. 引自 H. 冯·西贝尔所著的《德意志帝国的创建》，第 5 卷第 64 页。

17. 同上，第 5 卷第 67 页；以及 H. 冯·毛奇元帅所著的《军事通讯》，第 5 卷第 436 页。

18. 引自 H. 冯·西贝尔所著的《德意志帝国的创建》，第 5 卷第 68 页。

19. 引自《官方战史》，第 52 页。

20. 引自 A. 马利特爵士所著的《推翻德意志邦联》，第 254 页。

21. 同上，第 256 页。

22. 引自《施利芬回忆录》，第 83-84 页。

第三节 攻入波西米亚

1. 引自 H.M. 霍兹尔所著的《七周战争》（伦敦，1867 年），第 1 卷第 167 页。

2. 引自《官方战史》第 59 页。

3. 引自 H.M. 霍兹尔所著的《七周战争》（伦敦，1867 年），第 1 卷第 170 页。

4. 引自 H. 冯·毛奇元帅所著的《军事通讯》，第 5 卷第 319 页。

5. 引自《官方战史》第 61 页。

6. 引自 H. 博纳尔将军所著的《萨多瓦》，57 页；以及 F.E. 惠顿中校所著的《毛奇》，第 105 页。

7. 引自 H. 冯·毛奇元帅所著的《1866 年对奥地利战役期间的通信记录》，由斯宾塞·威尔金森等人翻译（伦敦，1915 年），第 43 页。

8. 同上，第 44-45 页。

9. 同上，第 48-49 页。

10. 引自 H. 冯·毛奇元帅所著的《军事通讯》，第 5 卷第 325-326 页。

11. 同上，第 5 卷 326-327 页。

12. 同上，第 5 卷 329 页。

13. 同上，第 5 卷 328 页。

14. 引自 F.E. 惠顿中校所著的《毛奇》，第 121 页。

15. 引自冯·施利希廷所著《毛奇和贝内德克》（柏林，1900 年）；以及 F.E. 惠顿中校所著的《毛奇》，第 122 页。

16. 引自《官方战史》，第 62 页。

17. 引自陆军元帅布卢门塔尔伯爵所著的《1866 年和 1870 年的日记》，第 32-33 页。

18. 引自 F.E. 惠顿中校所著的《毛奇》，第 107 页。

19. 引自 J. 普雷斯兰和 G. 斯凯尔顿所著的《胜利者之路》，第 228 页。

20. 引自 J. 普雷斯兰和 G. 斯凯尔顿所著的《胜利者之路》，第 229 页。

21. 引自《官方战史》，第 65 页。

22. 同上。

23. 引自 H. 冯·毛奇元帅所著的《军事通讯》，第 5 卷第 325-326 页。

24. 引自陆军元帅布卢门塔尔伯爵所著的《1866 年和 1870 年的日记》，第 34 页。

25. 引自《官方战史》，第 66 页。

26. 同上，第 70 页。

27. 同上，第 75 页。

28. 引自 F.E. 惠顿中校所著的《毛奇》，第 125 页。

29. 同上，第 126 页。

第四节 第 2 集团军在山区的行动

1. 引自 J. 普雷斯兰和 G. 斯凯尔顿所著的《胜利者之路》，第 233 页。

2. 引自 H. 弗里德容所著的《德国的霸权之争》，由 AJP. 泰勒和 W.L. 麦克尔威翻译（伦敦，1935），第 50 页。

3. 引自《官方战史》，第 87 页。

4. 引自 H.M. 霍兹尔所著的《七周战争》，第 1 卷第 281 页。

5. 引自《官方战史》，第 94 页。

6. 引自《官方战史》，第 237 页。

7. 引自 J. 普雷斯兰和 G. 斯凯尔顿所著的《胜利者之路》，第 210 页。

8. 引自《官方战史》，第 79 页。

9. 同上，第 79 页。

10. 引自 N. 马尔科姆所著的《波西米亚 1866》（伦敦，1912 年），第 61 页。

11. 引自德国出版的《官方战史》（博纳尔卷），第 92 页。

12. 引自《官方战史》，第 82 页。

13. 引自陆军元帅布卢门塔尔伯爵所著的《1866 年和 1870 年的日记》，第 82 页。

14. 引自《官方战史》，第 105 页。

15. 同上。

16. 同上，第 113–114 页。

17. 引自 J. 普雷斯兰和 G. 斯凯尔顿所著的《胜利者之路》，第 237 页。

18. 同上，第 238–239 页。

19. 引自 H. 弗里德容所著的《德国的霸权之争》，由 AJP. 泰勒和 W.L. 麦克尔威翻译，第 220 页。

20. 引自 J. 普雷斯兰和 G. 斯凯尔顿所著的《胜利者之路》，第 237 页。

21. 引自 GJR. 格吕尼克中校所著的《1866 年的波希米亚战役》，第 109 页。

22. 引自 H. 弗里德容所著的《德国的霸权之争》，由 AJP. 泰勒和 W.L. 麦克尔威翻译，第 109 页。

23. 引自《官方战史》，第 125–126 页。

24. 引自陆军将军 C. 博坎普·沃克爵士所著的《一位军人的生活》（伦敦，1894 年），第 230 页。

25. 引自 J. 普雷斯兰和 G. 斯凯尔顿所著的《胜利者之路》，第 240 页。

26. 引自戈登·克雷格教授所著的《柯尼希格雷茨》，第 81 页。

27. 引自《官方战史》，第 106 页。

28. 同上，第 109 页。

29. 引自霍亨洛厄－英格尔芬根王子所著的《关于炮兵的信函》，第 10–11 页。

30. 引自《官方战史》，第 112 页。

第五节 吉钦

1. 引自《官方战史》，第 98 页。

2. 同上，第 103 页。

3. 引自戈登·克雷格教授所著的《柯尼希格雷茨》，第 85 页。

4. 引自《官方战史》，第 103 页。

5. 引自 H. 冯·毛奇元帅所著的《军事通讯》，第 5 卷第 330–331 页。

6. 同上，第 5 卷第 331 页。

7. 同上，第 5 卷第 332 页。

8. 同上。

9. 引自 N. 马尔科姆所著的《波西米亚 1866》（伦敦，1912 年），第 61 页。

10. 引自《官方战史》，第 128–129 页。

11. 同上，第 129 页。

12. 引自 J. 普雷斯兰和 G. 斯凯尔顿所著的《胜利者之路》，第 250 页。

13. 引自《官方战史》，第 136 页。

14. 同上，第 133 页。

15. 同上，第 135 页。

16. 引自 J. 普雷斯兰和 G. 斯凯尔顿所著的《胜利者之路》，第 148 页。

17. 引自《官方战史》，第 136 页。

18. 引自 H.M. 霍兹尔所著的《七周战争》（伦敦，1867 年），第 1 卷第 245 页。

19. 引自《官方战史》，第 144-145 页。

20. 同上，第 149 页。

21. 同上，第 155 页。

22. 引自 J. 普雷斯兰和 G. 斯凯尔顿所著的《胜利者之路》，第 243-244 页。

23. 同上，第 245 页。

24. 同上，第 248 页。

25. 同上，第 251 页。

26. 同上，第 254 页。

27. 同上，第 255 页。

28. 同上，第 256-257 页。

29. 同上，第 256 页。

30. 引自戈登·克雷格教授所著的《柯尼希格雷茨》，第 94 页。

31. 引自《官方战史》第 156 页。

32. 引自戈登·克雷格教授所著的《柯尼希格雷茨》，第 95 页。

33. 同上，第 94 页。

34. 引自俾斯麦所著的《情书》，第 2 卷第 177 页。

35. 引自俾斯麦所著的《思考与回忆》，第 2 卷第 35 页。

柯尼希格雷茨

第四章

第一节 两军恢复接触

7月1日，毛奇在赖兴贝格醒来后发现，前线又一次没有人告诉他敌人在哪里。在这两条战线上，由于对骑兵的使用不当，普军似乎已经完全失去了关于奥军行踪的情报，而且，毛奇在制订新战役计划的时候，不得不自己对各种复杂的战况进行设想。显然，决战即将到来，但毛奇完全不知道奥军将阵地转移至杜贝内茨的消息，更不了解其之后进行的大撤退。当天早晨，王家统帅部向南转移到锡克罗城堡（Castle Sichrow）。在这里，毛奇收到了来自第2集团军司令部的报告，报告的内容是：博宁的第1军要穿过易北河，前往米列丁，其余的部队也要跟进。这令毛奇大为不解，因为这与他之前的指示完全相反，于是，他在当天下午1点45分发出了一个急切的询问：

> 根据我昨天发的密电，第2集团军将必须停留在上易北河（Upper Elbe）的左岸。难道你们没有收到我的电报吗？还是有什么特殊原因促使你们决定和整个部队一起向右岸挺进？[1]

由于没有收到任何答复，而且感觉有必要澄清自己的真正意图，以避免产生误解，下午4时20分，毛奇又给第2集团军司令部发了一封电报："我今晚要去吉钦。第1集团军明天休息，或许后天也休息。希望能和你的一名军官谈谈。"[2] 这样的谈话当然是值得的，因为在布卢门塔尔在战役开始几天后所写的一篇日记里，仍然声称第 2 集团军打算在 7 月 1 日跨越易北河，毛奇于 6 月 30 日下达的指示显然没有起作用。不过，《官方战史》表明，毛奇在收到科尔福特（Kohlfurt）电报之前就有这一意图了。[3]

6 月 30 日，普鲁士第 1 集团军和易北河集团军从吉钦城内穿过，继续前进，为了与第 2 集团军会师，其派出一个骑兵团搜索四周，并试图与后者进行联络。同样，普鲁士王储也像毛奇一样，对吉钦战役一无所知，他也从第 1 军派出骑兵向西巡逻，试着与第 1 集团军和易北河集团军建立联系。此时，施泰因梅茨第 5 军和奥地利第 8 军 [现在由韦伯（Weber）接替利奥波德大公指挥] 之间除了隔着易北河利用大炮对轰之外，没有任何新的作战行动，整个第 2 集团军的战线几乎都没有任何移动。此时，毛奇可能不知道敌人的下落，但对自己的两个集团军的现状非常满意，正如《官方战史》中所记录的那样：

如果分兵只是一种权宜之计的话，那么普鲁士各集团军现在可以自由地联合起来了；但人们认为保持分兵状态更好，因为这样不需要更改战略，而且可能会给我方带来巨大的战术优势；如果敌人的阵地过于强大，仅从正面进攻无法奏效，那我们就有必要集中一切力量，再重新划分成不同的纵队，从敌人阵地的侧翼发动进攻。[4]

毛奇认为，普鲁士各集团军现在所处的位置非常安全。

7 月 1 日，根据第 1 集团军的行军命令，该集团军的前线将从米列丁到格罗斯·杰里茨（Gross Jeritz）和米洛维茨（Milowitz），形成一条蜿蜒的阵线，易北河集团军各梯队的位置要稍后一些，其前锋位于斯米达尔西北的霍克威利（Hochwesely）。第 2 集团军除了派第 1 军从阿尔瑙跨越易北河向上普劳斯尼茨进发之外，并没有进行任何实质性的行动，这令毛奇十分恼火。这一向西的行动，使得博宁军在南下追击敌人的时候落后于第 2 集团军的其他部队。

因此，普军并没有影响奥军从杜贝内茨阵地撤退的行动，因为这次撤退是从 7 月 1 日凌晨 1 时开始的。他们不受干扰（普鲁士王家统帅部也不知道他们的行动）地向南行进，前往毕斯特里茨河（Bistritz）和易北河之间的新阵地（由贝内德克亲自指定）。奥军于当天下午正式进驻了该营地。

◎ 一幅关于波希米亚普鲁士军队野战邮局的有趣画作。（冯塔内 绘）

* 注：原版书即有地图右下角这处空白。

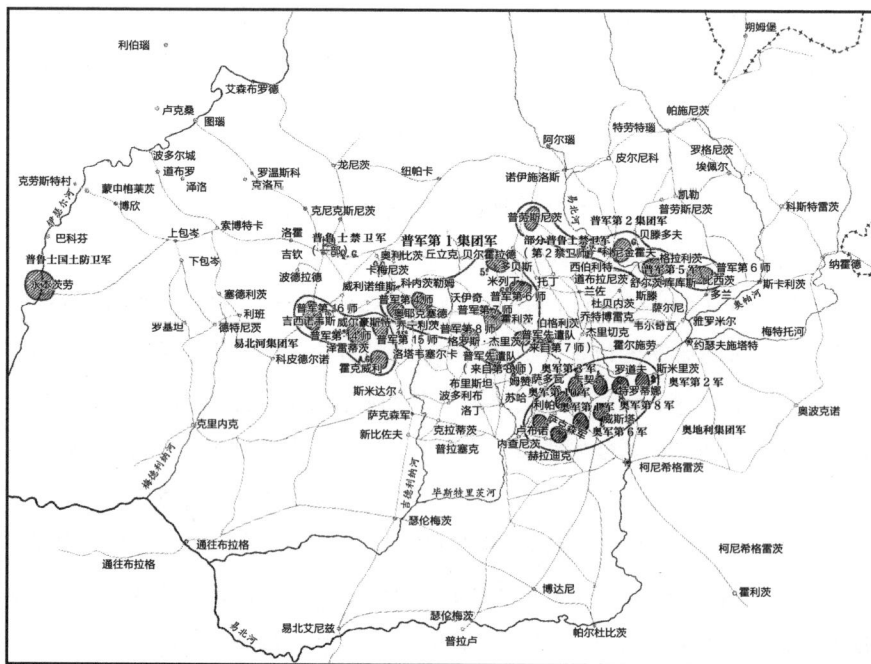

◎ 7月1日夜间，普鲁士、奥地利各集团军所处的位置。

实际上，毛奇制订的 7 月 3 日作战计划很大程度上是带有试探色彩的。7 月 2 日早上，毛奇从吉钦发出的命令，强调了与敌人重新恢复接触的重要性：

下一步作战最重要的一点，是要了解敌军主力的位置，因为尽管我们已经幸运地赢得了一连串胜利，但还是失去了与敌人接触的机会。因此我们有必要进一步了解敌人的方位，并抓住攻击敌人的机会。[5]

因此，易北河集团军要"对布拉格方向进行警戒，并确保我军在易北河从帕尔杜比茨往下渡口的安全通行"，除了派一个小分队对奥军易北河防线的一段——从约瑟夫施塔特到柯尼希格雷茨之间进行侦察，第 1 集团军还要向新比绍–霍利茨的奥军阵地（Neu Bidschow–Horitz）前进。其中，博宁的第 1 军，要前往伯格利茨（Burglitz）和塞利克维茨（Cerekwitz），第 2 军留在原地不动，但要派人对易北河左岸的奥帕河和梅特托河流域进行侦察。很明显，毛奇认为贝内德克不会把阵地布设在易北河的前面，这个结论基于他的一贯观点，即位于易北河后方两个要塞之间的阵地才是最坚固的：

吉钦的王家统帅部，没有得到任何关于前线的确切消息。据推测，敌军的主力部队仍在后撤当中，他们将在易北河的前方占据一个阵地，届时，他们的两个侧翼就可以与约瑟夫施塔特和柯尼希格雷茨这两个要塞相连。于是，我军只剩下两种选择——要么找到敌人阵地的薄弱点，要么从正面突破敌人防线。为了发动这样的攻击，第 2 军必须留在易北河左岸。[6]

毛奇在 7 月 3 日发出的指示，最初包含把两个集团军分开部署的内容；但是，布卢门塔尔和其他人一样，对命令中的某些内容表示感到恼火："这种利用 25 万大军去执行试探任务的命令……一定会导致我们被打得落花流水。"他对接下来发生事情的描述是典型的以自我为中心：

10 点钟的时候，我跳上马车，在弗迪（Verdy）的陪同下，驱车整整 28 英里，穿过米列丁到达吉钦，去和国王和毛奇谈谈这件事。我想我说服了后者，使他明白了利用整整两个集团军去搞侦察是徒劳无功的，也使他明白了在赢得战役胜利后，不左顾右盼，直接进军维也纳才是最有利的。

事实上，无论是毛奇，还是国王（他"善意地笑了笑，无疑认为我不是认真的"），都不可能被一个与他们赢得决定性包围战的决心直接相悖的提议所轻易说服。在副官古斯塔夫·冯·阿尔文斯勒本以及司令部位于卡米涅茨（Kamenetz）城堡的腓特烈·查尔斯和福格茨－莱茨之间进行了激烈的辩论后，7月3日的作战计划并没有任何改变。因此，布卢门塔尔对他的吉钦之行倍感失望，这次挫败显然让他非常生气："我对前往总部的这段经历没什么印象。一群面无表情的懒汉总是令人厌恶，尤其是当他们以一种居高临下的态度与人打招呼的时候。"[7]

奇怪的是，布卢门塔尔本应将愤怒集中在普军对沿易北河、即约瑟夫施塔特和柯尼希格雷茨之间那些被怀疑是奥军阵地的侦察上，而不是毛奇7月3日指令中所表现出来的、普军战略的进一步发展变化上；如果侦察行动表明分进合击风险太大，那么全部三个集团军将继续向帕尔杜比茨进军。[8]不过，既然这就意味着让第2集团军直面贝内德克的防线，那么，布卢门塔尔这位脾气暴躁的参谋长继续对命令发牢骚也就不足为奇了。当然后来有些评论家也是这样做的，博纳尔将军就批评普军从易北河左岸针对奥军侧翼所发动的进攻不够强大，而向南进军则是一个"令人震惊的计划"。[9]但是，毛奇总是准备在形势允许的情况下迈出大胆的一步，而且不允许自己被所谓的"正统思维"过分束缚。以往的经验已经告诉他，奥军的指挥层不是很得力；而且，毫无疑问，一旦投入进攻，普军有足够兵力来保护自己的侧翼，其可以在侧翼布设强大的阵地，并在击针枪的帮助下，迅速挫败奥军的任何一次反攻。当然，如果贝内德克真的从毛奇所说的"易北河沿岸的坚固阵地"中走出来，这将给普军提供一个绝佳的机会，届时，普军就可以包围和彻底摧毁奥军了。

在这种情况下，除非对贝内德克的意图有更多的了解，否则对普鲁士绝大部分部队来说，休息一天是唯一明智的做法。即使贝内德克违背他先前继续撤退的意图，转而决定继续战斗，那么，现在被派去守卫毕斯特里茨河防线的奥军，在经过一星期的艰苦战斗之后，也同样得休整一段时间。自7月1日贝克列席会议之后，奥军的士气已经有所上升了。7月2日，贝内德克坐在马鞍上，从一支部队骑行到另一支部队，想亲眼看看他的军队是如何从严重削弱信心的惨败经历中恢复过来的。当天晚上，贝内德克感觉自己的军队已经有了起色："我军在7月2日晚上再次露宿，他们虽然疲惫沮丧，但仍然是一支纪律严明、秩序井然的战斗部队。"这是一项了不起的成就，正如他的传记作者所写的那样："这次重组表现出了巨大的勇气和非凡的能力，可惜，无论是贝内德克还是他的各级军官，都没有得到应得的赞扬。"[10]

　　和自己部下接触之后，贝内德克的精神变得更加振奋了，或许是觉得在普军发动进攻时采取敌前撤退的策略比好好打一场防御战还要危险，所以贝内德克决定坚守现有阵地。然而，也有一种可能，那就是贝内德克是根据奥皇的命令而下定决心的——奥皇或是以克伦内维尔附加在7月2日电报副本的形式间接地对他下达了命令，或者直接下达了明确的命令。不过后者只是一种猜测，是基于贝内德克的传记作者的研究，该作者声称从他最亲密的朋友欧根·穆勒（Eugen Müller）的侄女那里得到了证据。后者死后，他的兄弟奉命销毁他的文件；在此之前，他给妻子和女儿看了一封7月2日奥皇打给贝内德克的电报，这是他在一堆电报中找到的："必须打一场仗——弗朗茨·约瑟夫。"虽然没有其他证据表明存在这样一份电报，但普雷斯兰（Presland）认为，上述间接证据已经足以支撑这份电报真实存在的结论了，并指出了以下几个原因：

　　贝内德克在7月1日至2日之间发生了惊人的战略转变；皇帝和那些信任他的人急于令贝内德克对他们之间所发生的一切保密；皇帝要求销毁所有文件，因此贝内德克的任何回忆录或传记材料中都抹去了这份电报；所以，贝内德克坚信自己是被冤枉的。[11]

　　维也纳的正式记录中也没有这样一份电报的副本，或许是因为资料库中有一小包文件失踪了——显然是因为在1866年11月被送到军事法庭从而下落不明的；当然，普雷斯兰的理论是很有说服力的。但是，贝内德克的参谋人员对这封电报明显一无所知，这有力地说明了这样一份电报的到来，除了贝内德克自己以外，几乎没有任何人知道，而且似乎也没有任何人曾经暗示过有这样的命令存在。无论如何，从表面上看，贝内德克的态度在 7 月 2 日逐渐发生了重大转变，似乎随着士气的提高，他已经放弃了继续撤退的主意。

当天下午 1 点，贝内德克与奥军高级将领们举行了一场"离奇"的会议。根据贡德勒古的说法，留在毕斯特里茨河一线的决定是由贝内德克亲自做出的，然而，"他没有讨论任何战略或战术问题"；图恩也声称，这个会议"与军事行动无关"。[12] 参加会议的人后来驳斥了贝内德克将这场会议描述为战争会议的说法，他们指出会上根本没有关于敌人意图的信息，因而也无从制定战略。

无论实际的决策过程是怎样的，到 7 月 2 日黄昏时，贝内德克已经决定要挺身而出，他必须要战斗，只有这样才符合哈布斯堡王朝特有的、所谓的"正统"行为准则。然而，除了这种政策的变化，还有人员的变化。白天，维也纳来了指示，要求贝内德克立即将克朗·加拉斯、克里斯马尼奇和赫尼克斯泰因就地免职，此后，贡德勒古将接替克朗·加拉斯指挥第 1 军。贝内德克不得不挑选新的参谋长，他认为能力超群的阿洛伊·冯·鲍姆加滕（Alois von Baumgarten）少将是最佳选择，但是不知道什么原因，贝内德克把这个重要任命推迟到了 7 月 3 日早上。由于赫尼克斯泰因也暂时留在了总部，结果，正如克雷格教授所说："在这个决定整个战争走向的早晨，有整整三个参谋长辅助贝内德克，但一个经验不足，一个满腹怨气，第三个——赫尼克斯泰因——和往常一样，尖酸刻薄且毫无帮助。"[13]

尽管根据毛奇的设想，贝内德克的最佳选择是撤退到易北河后面的坚固阵地内，但后者现在选择的防线实际上也蕴含着巨大潜力。虽然毕斯特里茨河只是一条小溪，但最近的大雨已经使它涨满了水。在它后面的山脉上，奥军布置的阵地有力地控制着腓特烈·查理斯从西向柯尼希格雷茨进发的路线。这一防线的关键区域是利帕（Lipa）和赫卢姆（Chlum）两个村子，两地均位于连绵的山脉中。山脚下，有一条以霍利茨为起点，跨越毕斯特里茨河，直达萨多瓦（Sadowa）的公路。在山脉的北面，有一大片名叫斯威普森林（Swiepwald）的森林，森林的后面是陡峭的马斯洛德（Maslowed）高地；再往北，还有座名叫霍伦诺斯（Horenowes）的高地。根据计划，贝内德克将自己防线的右翼部署到北方，正对着普鲁士王储的必经之路，这条路沿着山脊向东，从赫卢姆

◎ 担任奥地利北方集团军炮兵总监的威廉大公，他也是柯尼希格雷茨战役中奥军炮兵所采用的绝妙阵地的主要指挥官之一。（冯塔内 绘）

一直延伸到内德利斯特（Nedelist），因此，马斯洛德和霍伦诺斯都不在奥军防线上。另一片名为霍拉瓦尔德（Holawald）的森林位于利帕的西边，主干道的南面。此外，贝内德克在毕斯特里茨河沿岸的所有小村庄都设置了防御据点，还布设了大量路障和鹿砦。

尽管有上述优点，但在贝内德克的司令部里，有些人对奥军的新防线并不满意，其中一个军官显然认为这"糟透了"。杰弗里·瓦洛（Geoffrey Wawro）就认为这是"一道18世纪的古董防线"，是基于18世纪的火炮射程和军事技术而修建的。然而，像他那样轻易就得出奥军防线"几乎弱不禁风"的结论，也是不正确的。[14] 正如克雷格教授指出的，贝内德克手下的军官们并不全都是玩忽职守的人：

在过去的两天里，他的炮兵总监、奥地利的威廉大公（Archduke William of Austria）对这一地区进行了艰苦的勘察，并对己方火炮的射界和射程都进行了精确的测量和标记；在利帕和赫卢姆村的制高点，他部署了多个炮兵阵地，这样就能控制萨多瓦（Sadowa）大桥和更远处的杜布（Dub）山谷的边缘了。与此同时，奥军工兵司令弗兰兹·卡尔·弗赖赫尔·冯·皮多尔·祖·昆滕巴赫（Franz Karl Freiherr von Pidoll zu Quintenbach）上校已经修筑了一套精心设计的战壕和野外工事系统，他命令手下将萨多瓦河附近高地上的树木全部砍倒，再将树木的树梢和树枝向着敌人可能来的方向，这样就形成了大量鹿砦。[15]

如上所述，奥地利的工兵和炮兵充分利用了7月1日和2日这两天宝贵的时间。因此，至少在贝内德克选定的战场上，奥军的炮兵部队是占据优势的，这清楚地表明，奥地利人已经从早期的战斗中吸取了一些教训。实际上，如果奥军躲在强大的防御阵地中，且不对普军发动徒劳无功的刺刀冲锋（在普军步兵和他们手中的击针枪下，这种冲锋是势必要被粉碎的），他们的表现还是可圈可点的。而且，发动攻击的一方（普军）并没有占数量上的优势，在这种情况下，攻击方必须克服防守方的地形优势才能取得胜利。因此，当贝内德克看到他的部下在为即将到来的决战做准备时，比前一天早晨悲伤地从杜贝内茨骑马视察时更有信心，也就不足为奇了。然而，贝内德克并不知道敌人的位置，也不知道战斗什么时候开始，他似乎也不想费力气去查明这些。

当然，到目前为止，他的对手也同样非常无知。就在自负的布卢门塔尔结束吉钦之行，赶回科尼金霍夫（Königinhof）的时候，战况发生了戏剧性的变化。此时，冯·契林斯基(von Zychlinski)上校率领普鲁士第7师的先遣部队，已经到达了塞利克维茨城堡。7月1日到2日夜间，冯·契林斯基在距萨多瓦河渡口以北5英里处，看到东方和东南方的高地上亮起了许多营火，第二天，他对奥地利阵地进行了抵近侦察。他的一支骑兵巡逻队抓到了一个俘虏，从那里他了解到奥地利第3军已经在利帕－赫卢姆（Lipa–Chlum）村布设了阵地。他立刻把这个消息传回总部。大约在中午时分，这个情报被送到了卡米涅茨城堡。事实上，这份情报令普军总部对他先前传回去的报告更加重视了。根据先前的报告，总部已经命令第1集团军采取进一步行动，调查奥军该阵地。接到新情报后，普军立即派一些骑兵巡逻队向东前进，进行侦察。

其中一队骑兵由第1集团军参谋部的冯·昂格尔（von Unger）少校率领，他们骑马从米洛维茨一路小跑至杜布。途中，他们与少量奥地利骑兵爆发了一场小规模战斗，冯·昂格尔抓了两个俘虏，从他们那里他得知奥地利在毕斯特里茨河防线部署了整整4个军。冯·昂格尔继续前进，穿过杜布村，到了村子后面的小山，从那里他可以亲眼望见奥军的阵地，眼前的情景终于证实先前的情报是正确的。到目前为止，冯·昂格尔的小队基本上没有遇到任何攻击，奥地利人显然把他们都误当成了萨克森骑兵；但后来他们还是被发现了，一队加利西亚枪骑兵在后面紧追不舍。不过，冯·昂格尔最终还是勉强摆脱了追击，最关键的是，他是带着重要情报逃走的。

晚上7点前，冯·昂格尔将这份重要情报带到了位于卡米涅茨城堡的第1集团军司令部。与此同时，由冯·海斯特（von Heister）中尉率领的另一支巡

◎ 柯尼希格雷茨战役之前，冯·昂格尔少校正骑马进行大胆而关键的侦察。（冯塔内 绘）

逻队也带着至关重要的情报过来了，他一直在向北探索毕斯特里茨溪谷，并对贝纳泰克（Benatek）周边的情况进行了侦察。他看到了大量奥地利人在那里露宿，这说明敌人在河对岸的高地上集结了兵力。[16]

对腓特烈·查尔斯和福格茨－莱茨来说，这些情报令人震惊，这似乎表明奥地利人目前的集结行动是反攻的前兆，而不是撤退中的暂停。不管怎样，他们很清楚，必须立即采取行动，把第 1 集团军所属部队全部召集起来。到晚上 9 点，参谋人员已经准备好发布所有部队立即出击的命令，绝大多数部队被要求在凌晨 2 点前出发，其作战目标是："明天拂晓，第 1 集团军将在霍利茨到柯尼希格雷茨（Horitz–Koniggratz）的路上集结，准备进攻敌人位于毕斯特里茨河以及萨多瓦的阵地。"[17]赫沃斯收到了单独的指示，但仅限于要求他"带着所有可用的部队前往内查尼茨（Nechanitz），并尽可能快的到达那里"。由于腓特烈·查尔斯不知道敌人的阵地向南延伸了多远，这条简短的命令表明赫沃斯的主要职责是保护军队的右翼，因此他要比第 1 集团军的主力师走更远的路。赫沃斯在夜间 12 点 30 分收到了这些指示，并发布了他自己的命令——所属部队从凌晨 3 点开始行军。

对腓特烈·查尔斯和福格茨 – 莱茨来说，更紧迫的问题是他们左翼的安全。于是，晚上 9 点 45 分，诺曼德（Normand）中尉带着一封给普鲁士王储的紧急信件出发了。基于奥军已经从约瑟夫施塔特附近渡过易北河（Elbe）的事实（我们并不完全清楚他从哪里得到的这个情报），腓特烈·查尔斯写道：

> 我只能认为，敌军的意图是：一旦我向柯尼希格雷茨推进，他们就会进攻我的左翼。这样就会迫使我分散自己的部队，到那时，我军就不能取得消灭敌军这一预期战果了。

因此，他请求第 2 集团军至少让禁卫军渡过易北河，从科尼金霍夫向约瑟夫施塔特进发，因为博宁离得太远，无法提供帮助。[18]

这些命令刚一发出，福格茨 – 莱茨就骑马赶回吉钦的王家统帅部汇报战事进展。奇怪的是，关于奥军阵地位置的情报直到现在才传到统帅部。多年以后，关于在柯尼希格雷茨战役之前已经就已经召开过一次决定性的战争会议的说法显然激怒了毛奇，他为此澄清了随后发生的事情：

> 晚上 11 点，冯·福格茨 - 莱茨将军在吉钦向国王禀报了这一消息，国王陛下很快就派他来见我。这一情报消除了我所有的疑虑，减轻了我心中的负担。"感谢上帝！"我从床上跳起来，急忙跑到国王那里，他住在集市广场的另一边。我赶到时，国王陛下正躺在他的小行军床上。在我作了简短的解释后，他说他完全了解情况，并决定在第二天派遣全部三个集团军联合作战，他要我把必要的命令转告给王储，让他立即跨越易北河。与国王陛下的谈话只持续了不到十分钟，而且没有其他人在场。这就是柯尼希格雷茨战役之前所谓的"战争会议"。此时，冯·波德别尔斯基（von Podbielski）将军和沃滕斯勒本少校都和我住在一起。向第 2 集团军发出的命令立即被草拟出来，共一式两份，在午夜前经由两条不同的路线发到前线。一份由冯·福格茨 - 莱茨将军携带，用于向腓特烈·查尔斯亲王汇报国王的战略意向；另一份被送往科尼金霍夫的第 2 集团军司令部。[19]

国王的命令简明扼要。先对第 1 集团军的情况进行了概述，然后命令王储立即"做出必要的部署，以全军支援第 1 集团军，进攻敌军的右翼，并尽可能快地发动进攻"[20]。冯·芬肯斯坦（von Finckenstein）伯爵（当时军衔为中校）是国王的副官，他奉命向王储下达这个命令。冯·芬肯斯坦伯爵立刻出发，踏上了前往第 2 集团军司令部的 28 英里路。在途中，冯·芬肯斯坦正好经过了第 1 军先遣部队的驻地，并趁机向博宁下达了命令，要求他立即集中部队，"为了在王储殿下的命令到来时做好充分的准备"；并继续指示他，如有必要，可以根据情况独立行动。[21] 此后，芬肯斯坦继续骑马前往科尼金霍夫，并于凌晨 4 点到达。

布卢门塔尔已经于凌晨 2 点返回了科尼金霍夫，他在向王储报告了访问总部的情况后就上床睡觉了。然而，布卢门塔尔很快就被第 1 集团军传来的消息给惊醒了，他在日记中对这个消息的概括有些不准确，但却带有鲜明的个人色彩："腓特烈·查尔斯在执行他的侦察任务时……已经陷入了迫在眉睫的危险境地，所以他请求我们来帮助他。"[22] 布卢门塔尔对自己在王家统帅部所受到的冷遇仍然愤愤不平，因此他的判断出现了偏差；他一开始认为，或许腓特烈·查尔斯手头只能调动第 1 军和骑兵部队，因此第 2 集团军需要派出所有可用部队去支援他在易北河左岸的侦察任务。值得注意的是，起初，布卢门塔尔认为，为这条消息而打扰王储的休息是不值得的。然而，随着芬肯斯坦的到来，一切都发生了戏剧性的变化："我立刻叫醒了王储，然后向我的参谋大声口授了命令，要求把我们的整个集团军调过易北河去支援腓特烈·查尔斯王子。"[23] 凌晨 5 点，普鲁士王储正式下令；到了 7 点，第 2 集团军的主力部队已经在赶往目标的路上了。布卢门塔尔本人在早上 7 点半出发。战斗的前景使他完全恢复了精神：

> 天气很冷，但令人神清气爽。虽然昨天我骑行了整整 56 英里，几乎没有吃什么东西，而且从 5 点半到 6 点半只睡了短短的一小时，但现在我一点也不觉得疲倦。[24]

冯·昂格尔少校和冯·芬肯斯坦伯爵的任务对普鲁士人来说至关重要，有

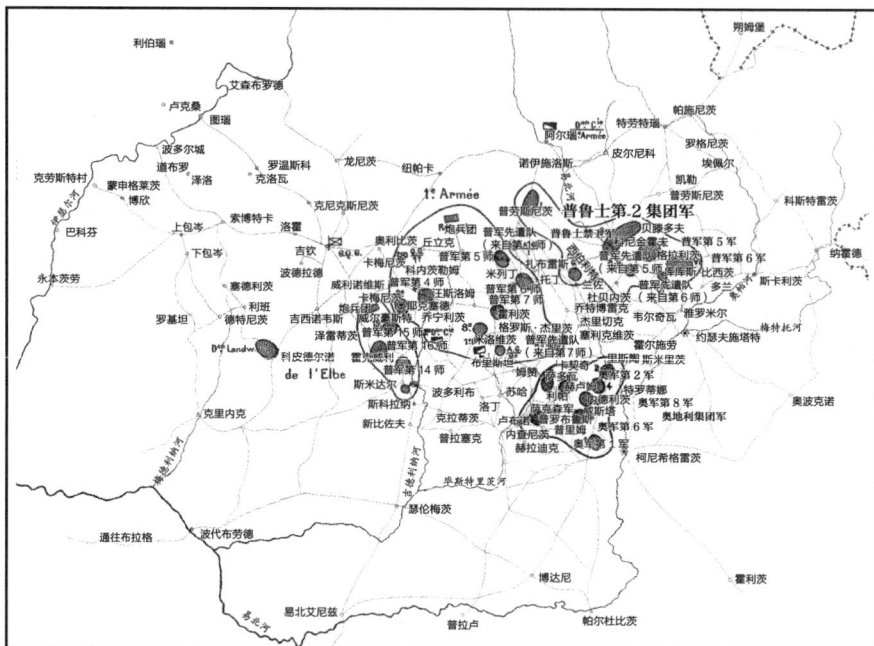

◎ 7月2日夜间，普鲁士、奥地利各集团军所处的位置。

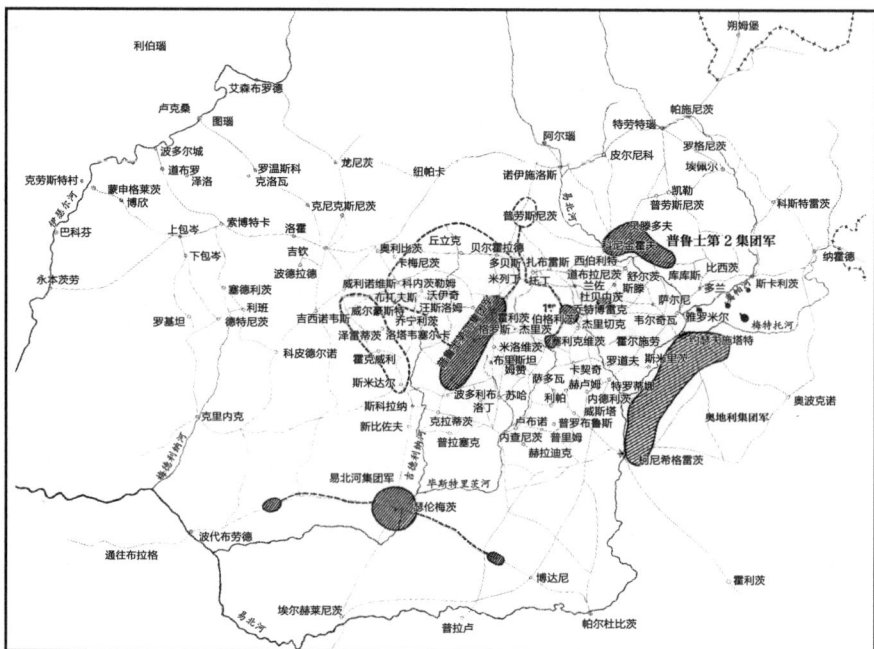

◎ 7月2日夜间，普鲁士、奥地利各集团军所处的位置。

328

赖于他们的成功，普军才能为第二天的战斗做好准备。如果没有前者收集的情报，或后者安全送达命令，7月3日战斗的结果可能会大有不同。奇怪的是，尽管当时的军事技术严重制约了毛奇的战略——普鲁士军队履行职责的方式与两千年前没有根本不同，但毛奇还是紧紧抓住了这次稍纵即逝的机会。

归根结底，在当时，也只有骑在马上的人才能为军队做出如此巨大的贡献。具有讽刺意味的是，这种通信手段的脆弱性在7月3日凌晨就得到了体现，当时，由巴尔贾（Barja）上尉率领的一支奥地利巡逻队俘虏了第2集团军的一名普鲁士士兵，从他那里得知普鲁士王储已经在向南行军了。然而，传达这一消息的电报没有打到贝内德克那里，与此同时，两个骑马携带这份重要消息的信使也被普军抓获了。[25]

虽然毛奇终于知道了奥军阵地的位置，也愿意做出立即发动进攻的决定，但他不得不考虑一些可能对战斗结果产生重大影响的问题。他清楚地预见到，如果听任事态发展，腓特烈·查尔斯将与贝内德克的整个集团军对战，而普鲁士第2集团军的支援很可能是不够的。如上所述，事实就是如此；布卢门塔尔不了解真实情况，他明显不愿意直接进攻贝内德克的侧翼。

即使立即作出反应，第2集团军也没有足够的时间到达敌人阵地的右翼。芬肯斯坦要凌晨4点才能赶到科尼金霍夫，很久以后，第2集团军下辖的各个部队才开始行动起来。即便这样，他们也要在大雨滂沱的地带长途跋涉才能赶到目的地。让腓特烈·查尔斯独自抵御整个奥地利集团军的持续进攻显然是有风险的。

毛奇的另一个选择是将查尔斯的进攻推迟到第二天，到那时，他就可以指望第2集团军全力配合，也可以更清楚地了解奥军的部署情况。在这种情况下，普军几乎肯定会失去"突然袭击"这一宝贵优势，也多给了贝内德克整整一天的时间来准备。如果贝内德克选择撤退，而不是在毕斯特里茨河沿线布防，奥军就能回到易北河畔的坚固阵地中，但如果贝内德克在目前的位置作战，那么毛奇就会得到他一直想要的、包围奥军的机会。毛奇决定立即抓住这个机会，他表现出了真正伟大指挥官的胆识，正如一位传记作家所言：

人们应该记住，这是一个年近七旬的人所做的决定，它值得更高的赞扬。

四十年来，毛奇几乎没有参加过野战，一个旅、一个营，甚至一个连都从来没有指挥过，而且他才刚刚来到战区。[26]

就连一向挑剔的博纳尔将军也承认，毛奇对福格茨－莱茨所带来的消息的迅速反应证明了他"对大兵团会战有一种敏锐的直觉"，他的"伟大体现在命令第 2 集团军全力协助第 1 集团军上面"。[27]

毛奇对这场战役最后的考量完全出于政治目的。7 月 1 日，法国大使贝内代蒂（Benedetti）正在前往王家统帅部的路上，这则消息给普军决策层敲响了警钟：拿破仑三世或许有干涉这场战争的倾向。如果普鲁士人想要赢得一场胜利，并从中获得最大的利益，那么他们最好尽快开战。

当然，奥军的侦察工作做得也不是很好，对贝内德克的帮助也很有限，这一点与毛奇类似，但从某种意义上说，这并不重要。贝内德克知道每个普鲁士集团军的大致进攻方向，他的当务之急是如何让自己的军队处于最佳战斗状态。7 月 2 日中午，贝内德克在他位于布拉格郊区的总部（位于柯尼希格雷茨以西）召开了一场会议，参加会议的有他的参谋长和各军军长。贝内德克麾下部队的士气明显提高了；无论贝内德克对皇帝的命令有怎样的理解，他在谈到自己的计划时都是冷静而坚定的，而且据说他倾向于劝谏皇帝，而不是征求皇帝的意见。[28]虽然奥地利的《官方战史》后来谴责他在毕斯特里茨河而不是易北河的后方作战，但他所选择的阵地有助于提升奥军指挥官的信心，在战术上是无可挑剔的。鉴于奥军在进攻普鲁士阵地时，在后者的击针枪面前一再失败，他们应该不难接受贝内德克采取守势的决定。

然而，奥军参谋人员的工作并没有什么改善。虽然贝内德克在当天早些时候已经制定了明确的计划大纲，但直到 7 月 2 日晚上，他的总部才发布命令，有多支部队在第二天凌晨 4 点后才收到他的命令。[29]命令中规定了各军所处阵地的位置。其中，最左边是萨克森军的阵地，位于波波维茨（Popowitz），韦伯的第 8 军负责为其提供支援。接着是加布伦茨和他的第 10 军，他们的前沿阵地延伸到多哈利兹（Dohalitz）和莫克劳斯（Mokrowous）。在中部，也就是整个防御体系的关键位置——利帕－赫卢姆，驻扎着厄内斯特大公的第 3 军。然后是皮多尔（Pidoll）修筑的阵地，由费斯泰迪奇的第 4 军和图恩的第 2 军守卫，这些阵地沿着从赫卢姆到内德利斯特的山脊布设，覆盖了奥军的整个侧翼。奥军的预备队由贡德勒古的第1军（克朗·加拉斯已经离开了前线）、拉明的第6军、后备炮兵部队和5个骑兵师组成。贝内德克还明智地下令在易北河和阿德勒河（Adler）上修建桥梁，以便在必要时撤退。

那是一个寒冷潮湿的夜晚。双方的部队都只能在野外露宿。黎明前的几个小时，普鲁士人又累又饿，但他们还是排成纵队，沿着大路向毕斯特里茨河进发。凌晨1点30分，腓特烈·查尔斯和他的参谋人员从卡米涅茨城堡骑马出发了。《泰晤士报》记者这样描述当时的情景：

> 月光很明亮，但月亮只能偶尔露出来，大多数时候它都被厚厚的云层给遮住了。在公路两旁、那些军队露营过的地方，可以清楚地看到篝火正在逐渐熄灭。火焰在风中摇曳，看上去就像一群群小精灵在翩翩起舞……天渐渐亮了，但伴随着黎明的第一缕阳光，下起了毛毛雨，一直持续到傍晚。风越来越大，士兵们感觉风吹在身上很冷，因为他们缺乏睡眠和食物，阵阵狂风甚至把路旁宽阔田地里的那些饱含雨水的玉米吹倒在地上。[30]

凌晨4点，毛奇同波德别尔斯基和沃滕斯勒本乘着他的狩猎马车离开吉钦前往霍利茨。在那里，他们骑上马继续向米洛维茨进发。途中，他们经过一长列普军步兵的行军纵队，这些人正在奔赴一处重要战场，而这场战役将决定普鲁士的命运，并最终决定欧洲的命运。

第二节 斯威普森林

腓特烈·查尔斯和福格茨－莱茨已经起草了集结第1集团军和易北河集团军的命令，他们想利用第1集团军和易北河集团军打一场决定性的战役，而第2集团军的任务将局限于掩护这两个集团军的右翼。毛奇得知贝内德克已经在毕斯特里茨河一线布置阵地后，起初打算对腓特烈·查尔斯所部在7月3日的部署计划做出大幅度调整；但是，考虑到某些部队已经开始行动了，如果强行更改计划，可能会造成混乱。因此毛奇没有变更命令，他准备等两个集团军基本就位，对它们的早期作战行动进行评估之后再说。

实际上，第1军在现有计划中所扮演的角色完全符合毛奇的思路，但也发生了一个令人震惊的乌龙事件。腓特烈·查尔斯将第3军的两个师（廷普林师和曼施坦因师）留在霍利茨以南，通往柯尼希格雷茨主要道路的两侧，以作为预备队，他打算利用第1集团军的其他4个师对奥军阵地发动首轮进攻。包括施密特的第2军，由第3师（韦尔德）和第4师（赫沃斯）所组成，这两个师将分别在米洛维茨以南的普萨雷克（Psarek）和布里斯坦（Bristan）集结。第7师（弗兰西基）则奉命集中在位于毕斯特里茨河较远一侧的塞利克维茨——正是这项部署令人感到惊讶，鉴于第1集团军的战略目标，这个部署会带来潜在的危险。首先，塞利克维茨绝不是一个有助于保护侧翼的地点；而且，无论如何，在起草命令时，第1集团军参谋部都打算利用第2集团军来保护自己的左翼，因此这项部署显得有点多余。其次，如果要打一场进攻性的战役，弗兰西基单枪匹马的力量还不足以对贝尼德克防线的右翼造成威胁，况且普军并不清楚奥军右翼阵地的位置和范围。最后，普军将骑兵部队部署在战线左翼或许更有用，但他们暂时奉命留在宿营地。

　　到早上5点45分，第1集团军的所有部队均已按计划就位。就在这个时候，腓特烈·查尔斯接到了易北河集团军的报告，称其下属的36个营将在早上7点到9点之间到达内查尼茨。[1] 然而，普军没有得到关于奥军的进一步消息，他们的侦察哨已经撤退，而且受天气影响，战场的能见度极低，这意味着普鲁士的部队将集中在前哨线后面，而奥地利人对即将到来的重击也同样一无所知。来自易北河集团军的消息意味着腓特烈·查尔斯现在可以向前推进了，早晨6点，他下令向毕斯特里茨河进发。抵达预定地域后，他的部队连一杯咖啡都没来得及喝，就开始继续前进。霍恩奉命沿着主干道向萨多瓦进发。在他的右侧，赫沃斯和维尔德的部队也正排成长长的队伍进军，他们穿过乡村，越过潮湿的玉米地。曼施坦因和廷普林的部队紧跟其后，分列在大路的两旁。骑兵军也在向彼得罗维茨（Petrowitz）进发，他们奉命留在第2军后面，并与易北河集团军的左翼部队保持联系。

　　腓特烈·查尔斯最初并没有考虑利用第7师发动进攻，但他留给弗兰西基的命令是："萨多瓦的行动一旦开始，你部就要从塞利克维茨出发，并根据情况需要参加行动。"[2] 这些指示可以说是非常模糊的，但腓特烈·查尔斯对他

◎ 爱德华·冯·弗兰西基将军，普鲁士第7师的指挥官，他在斯威普森林打的那场史诗般的保卫战为普军在柯尼希格雷茨战役的最终胜利做出了巨大贡献。（罗杰斯 摄）

手下的师长弗朗西基非常信任，他完全相信后者的判断。

直到早晨6点进攻开始，腓特烈·查尔斯还不能确定敌人是否驻守在毕斯特里茨河旁的阵地上。但是，当他小跑着爬上杜布上面的山坡，亲眼看到山谷和山坡上敌人的阵地时，这种疑虑便烟消云散了：

雾气浑浊、天色朦胧，雨不停地下着，寒风凛冽……7点钟时，腓特烈·查尔斯王子率领他的骑兵和炮兵部队向前推进。他们轻手轻脚地走下斜坡，朝着毕斯特里茨河小跑而去，尽管地面非常潮湿，他们不时地滑来滑去，但仍尽力保持身姿的挺拔。枪骑兵们的枪旗被雨水打湿了，沉重地拍打在枪杆上……不久后，隐藏在村庄附近一块田地里的奥军大炮突然向他们开火，这个村庄就位于主干道和毕斯特里茨河的交汇处，柯尼希格雷茨战役开始了！[3]

虽然贝内德克对普军的行动几乎一无所知，但他毫不怀疑，在这块由他自己选定的战场上，普奥双方要打一场决定性的战役。那天一大早，他匆匆给妻子写了一张充满哲理的便条：

今天，最迟明天，我预计会有一场决战。如果幸运女神还没有完全抛弃我，我军就会取得胜利，但如果发生了其他情况，那么我就会谦恭地说："愿神的旨意实现"。[4]

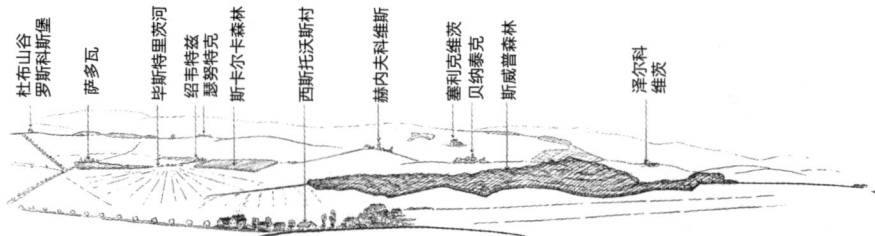

◎ 关于柯尼希格雷茨战场的全景草图，展现的是从位于利帕－赫卢姆的奥军主阵地向西北方看到的景象。

◎ 关于柯尼希格雷茨战场的全景草图，展现的是从位于利帕－赫卢姆的奥军主阵地向东北方看到的景象。

  由于弗朗茨·约瑟夫利用电报下达命令，解除了克里斯马尼奇（Krismanic）和赫尼克斯泰因的职务，奥军总部的情况不容乐观。如前文所述，鲍姆加滕是在 7 月 3 日上午才接任参谋长的，当时奥军总部位于柯尼希格雷茨郊区。贝内德克在那里发布了命令，他在命令中说："从敌人的阵地判断，他们明天极有可能对我军发动进攻，而且可能首先针对萨克森王家军队。"贝内德克在下达了发动有限反攻的指示之后，特别命令第 4 军在第 3 军的右翼向前移动，第 2 军则位于整个集团军的最右翼。如果要发动反攻，他的司令部就设在赫卢姆附近的高地上。[5] 在毕斯特里茨河的另一边，普鲁士第 1 集团军的主力正在准备发动总攻，一接到命令，他们就会立即行动；易北河集团军的先遣部队在斯克尔率领下，已经投入了作战，开始争夺至关重要的内查尼茨渡口。实际上，此时正面抵御赫沃斯进攻的阵地主要由萨克森军负责守卫，但贝内德克最初的命令中并没有包含这一项，而且萨克森王储阿尔伯特直到午夜时分才收到这份命令。

  此时，萨克森军队正驻扎在波波维茨和特雷索维茨（Tresowitz）以东的高地上；但当 7 月 3 日黎明破晓时，人们很快就发现，这一阵地对于防御来说并不理想，实际上，萨克森军已经在遥远的南方，即普罗布鲁斯（Problus）和下普里姆（Nieder Prim）之间的高地上，找到了一处更好的防御阵地。在这里，萨军可以更好地抵御易北河集团军的进攻，因为内查尼茨是后者的必经之路。贝内德克很快就批准了萨军变更阵地的申请。斯克尔部队从科比利茨（Kobilitz）出发，向东挺进，于早上6点30分赶到由萨克森第6营据守的旧内查尼茨（Alt Nechanitz）；萨克森人的兵力是前者的三倍还多，但还是退回了内查尼茨城，与城内的第7营会合并继续撤退，撤退过程中，他们拆除了横跨毕斯特里茨河大桥上的部分木板，并放火点燃了剩下的木板。

后来的著名军事评论员——弗里茨·赫尼格（Fritz Hoenig）当时是易北河集团军的一名下级军官，他描述道：

第28团燧发枪手营（F./28th）的士兵们纷纷拿出他们的锅碗瓢盆，并使出了他们团在家乡时的灭火土法。他们排成两列，前头的人把水泼到木板上，其余的人则不断地从野战厨房的水缸里舀水并依次递给他们……在军官的有力指挥以及士兵们的努力下，第28团燧发枪手营成功地控制了火势，挽救了大桥，另外，他们还用木板和支架修复了桥上的破洞，这些材料都是由他们营拖过来的。就这样，第28团燧发枪手营的这些聪明的莱茵人就完成了一件即便是训练有素的工兵也会表示赞赏的工作。[6]

有赖于这个营的镇定和努力，易北河集团军的前进速度才没有被拖慢。内查尼茨是毕斯特里茨河上的唯一一个渡口，在左面，第17团的燧发枪队在毕斯特里茨沼泽般的草地上涉水而过。此时，易北河集团军的后备炮兵部队正轰隆隆地驶过大桥，只留下第57团的团长，他的部队绝大多数已经赶在炮兵之前渡了河，他本人则在西岸焦急地等待着其余部队赶到。斯克尔打算先攻占内查尼茨，之后再继续向敌军纵深挺进。此时，仍驻守在内查尼茨渡口的萨克森第8营也在炮火的掩护下迅速向卢布诺（Lubno）撤退。

在易北河集团军的身后，普鲁士骑兵军正在向苏哈（Sucha）进发，此地与内查尼茨渡口的距离以及与莫克劳斯和多哈利兹之间区域（即毕斯特里茨河沿岸区域）的距离基本相等，普鲁士第2军下属的各师将分别攻占上述区域。这些部队的士兵，连同军直属炮兵部队的大炮，一起在拥挤的小道上行军，遇到了相当大的困难；上午8点，韦尔德的第3师已经到达扎瓦迪尔卡（Zawadilka），赫沃斯第4师的先头部队已经赶到了姆赞（Mzan）。霍恩第8师从克伦尼茨（Klenitz）出发，经过杜布，沿着大路向前推进；其先头部队正准备对萨多瓦前方的一座砖厂发动进攻，当时，这座砖厂还在奥军的控制之下。

在北部，弗兰西基一直在等待着上级发出从塞利克维茨向前进军的信号。弗兰西基等得有点不耐烦了，事实上，他从凌晨3点开始就准备停当了，在此期间，他派出了第一批信使，向第2集团军通报了自己的位置，并请求支援。早上7点，弗兰西基接到命令，要求其伺机与第8师会合，并共同前往萨多瓦。他立即决定，只要听到霍恩对萨多瓦开炮，他就向贝纳泰克推进。早上7点半，弗兰西基的先遣部队在契林斯基的率领下出发了。他刚一到达贝纳泰克村，奥军炮兵就从霍伦诺斯高地、马斯洛德高地，以及斯卡尔卡（Skalka）森林向他

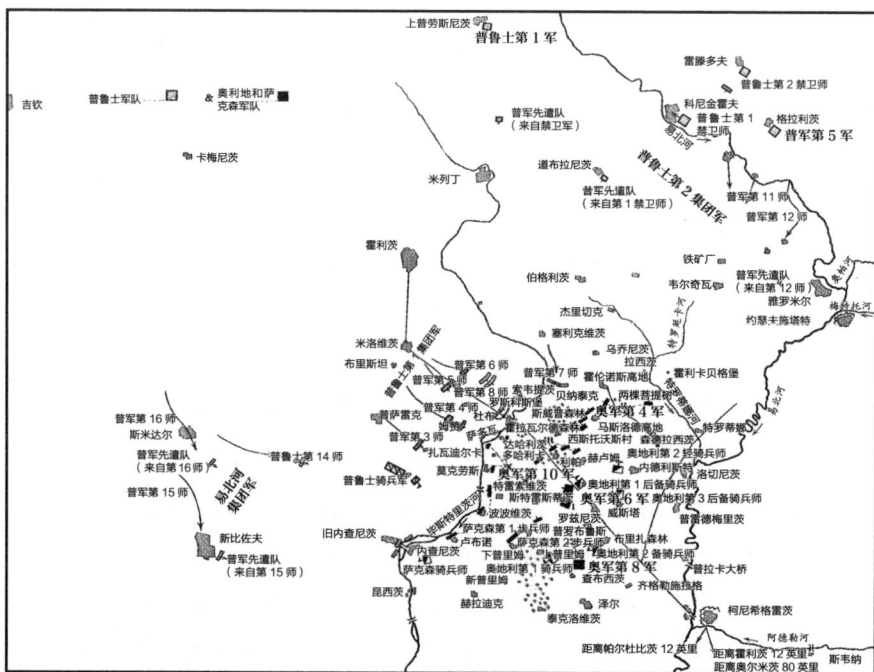

◎ 7月3日上午8点，柯尼希格雷茨战役。

336

开火。随后，位于毕斯特里茨河以西、罗斯科斯堡（Roskosberg）的普军炮兵阵地（由霍恩部署）开始开火还击，弗兰西基麾下的炮兵部队也投入了战斗，不久后，奥军炮兵被迫向利帕撤退。契林斯基很快便攻占了贝纳泰克镇，但随后，他们遭遇了来自斯威普森林的"猛烈但无效的火力袭击"，为避免伤亡，契林斯基命令部队在镇子的南面和西面呈扇形散开。预感到斯威普森林是敌人一处防守严密的据点，契林斯基暂时叫停了行动，他命令部下掘壕据守，等待增援。[7]

行动初期，腓特烈·查尔斯曾因战场能见度低而感到十分沮丧，为了亲眼看看敌人部署在他前面的力量，他在第3师向毕斯特里茨河进军之前，亲自骑马前往了第1集团军的右翼。然而，从这里，他只能看到奥军阵地的一小部分，只有从奥国阵地向普鲁士主力部队所发射炮火的猛烈程度，才使他断定，自己所面对的至少是奥军主力的一部分。随后，腓特烈·查尔斯命令他麾下各师以缓慢但精心计算的火力回击奥地利炮兵，直到探明敌方阵地为止。此时，普军步兵已经接近了毕斯特里茨河，但暂时不打算到河对岸去。

为回应普军炮兵的反攻，奥地利军队立即全线开火，霍兹尔对此描述道：

普鲁士人刚一开火，奥军的枪炮就仿佛变魔术似的，出现在他们阵地的每一个角落。从每条大路，每个村庄，从普军右侧的莫克劳斯果园，到他们左侧的贝纳泰克果园，都闪着火光，枪弹呼啸着，如雨点般飞出来；伴随着尖锐的爆裂声，炮弹碎片在普军的枪炮、炮手、马车和马匹中间四处纷飞，噼啪作响；通常，一名士兵或一匹战马会应声倒毙，但有时，普军的大炮也会被震落到地上。奥军的炮弹每次着地，都会掀起大量泥土，并将其溅到人们的脸上。[8]

大约早上5点，威廉国王坐着敞篷马车从吉钦出发，到了克伦尼茨，那里军方已经安排了几匹马在等着他和他的侍从。随后，威廉国王在俾斯麦和毛奇的陪同下，向罗斯科斯堡骑行而去。上午7时45分，国王抵达了罗斯科斯堡，一路上，他受到了沿主干道行军的士兵们的热烈欢呼。在索韦提茨（Sowetitz）的西南方，主干道的北面，罗斯科斯堡耸立在毕斯特里茨河岸旁，从这里可以很好地观察到奥军的关键阵地。不久，国王就遭到了攻击，几枚奥地利炮弹在

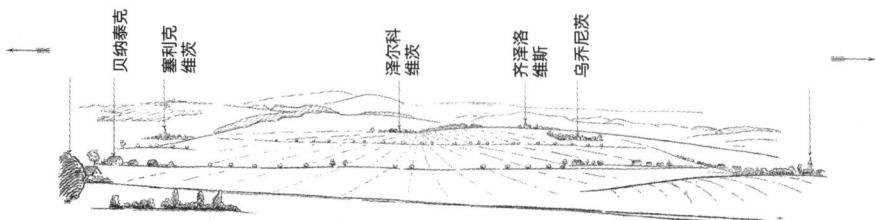

◎ 关于柯尼希格格雷茨战场的全景草图，展现的是从位于斯威普瓦尔德和马斯洛德高地之间的奥军前沿阵地向北看到的景象。

他附近爆炸。首相俾斯麦感到很不安。"你知道我们抓住一角的这条毛巾总共有多长吗？"俾斯麦问毛奇。毛奇的回答像往常一样谨慎："不，我们不知道确切的情况；不过，敌人至少有 3 个军，也许整个奥地利集团军都在这儿了。"[9]此时，俾斯麦只能对现状表示满意，因为不管敌人的实力究竟为何，其已经派遣重兵据守在毕斯特里茨河防线，这一点是确定无疑的。然而，毛奇所担心的

并不是敌军摆在腓特烈·查尔斯面前的力量过于强大，而是正好相反。事实上，毛奇不希望贝内德克从面前这个圈套中脱身，因为在天亮之前，这个陷阱就可能会把他逼上绝路。

因此，普军领导层在对现有情报进行综合分析后，命令第 1 集团军继续前进，从整个攻击正面全线渡过毕斯特里茨河。毛奇认为只有这样，他才能牢牢抓住奥地利军队，并防止他们逃跑。战役一开始，毛奇的意图就在于，一旦战斗打响，就要与奥军决一死战，因为无论是军事上、经济上、还是政治上，普鲁士都无法承受一场旷日持久的战争，而一举结束这场战争的机会恰好在今天出现了。毛奇绝不会轻易放弃这次机会。当天晚些时

◎ 奥地利第 4 军司令费斯泰迪奇伯爵。
（沃斯 摄）

候，第1集团军的伤亡人数激增，而且没有取得明显进展，他告诉俾斯麦："重要的是拖住敌人，打一场全面的战役。"[10] 不管周围的人暂时有什么顾虑，毛奇知道他自己在做什么。

即将面对普鲁士第1集团攻势的奥军阵地后方，一些部队仍在不断地转移，部分是按照贝内德克先前的总命令，赶去防御分配给自己的阵地，一些则正好相反，是为了逃避他的命令。指挥第4军的费斯泰迪奇和他的参谋长戈尔茨（Görz），对贝内德克分配给他们的阵地（即守卫防线的右翼，沿着从赫卢姆到内德利斯特的山脊线布防）极为不满。在这里，皮多尔·祖·昆滕巴赫的工兵们已经修筑好了堑壕工事，准备让第4军进驻；但这件事显然没有事先通知第4军的参谋部，所以当他们看到这些工事时，都不以为意：

这些堑壕阵地所处的位置只会令官兵们感到惊讶，并引人猜想——他们或许只是在撤退时，在这四面可见、毫无遮挡的山坡上短期驻扎一下而已。[11]

◎ 三座纪念7月3日战斗的纪念碑矗立在斯威普森林最醒目的位置上。（罗杰斯 摄）

◎ 一张现代照片，一座关于奥地利第 8 猎兵营的独特纪念碑，像是在守卫斯威普森林的入口。
（罗杰斯 摄）

　　刊登这段话的那本奥地利杂志也说明了理由，这理由在费斯泰迪奇和戈尔茨看来是很有说服力的，因为他们得出结论，与其占据这个分配给第 4 军的阵地，不如把防线右翼前移，一直到马斯洛德高地，由于在马斯洛德布设阵地的优势是如此明显，人们乍一看就会确信，拥有这些高地肯定对战斗有相当大的影响。因此，这次转移"给人的印象是，这只是按照总司令的命令行事"。[12]费斯泰迪奇试图对自己违反命令的行为进行辩解，他继续得出结论："因为第 2 军要负责掩护第 4 军的右翼，因此它必须转移到霍伦诺斯和拉西茨（Racitz）以南的高地，这就导致防线出现了一个缺口，所以，为了抵抗来自东北方向敌人的进攻，并掩护整个集团军的右翼，将第 4 军部署在赫卢姆—马斯洛德—拉西茨一线比部署在赫卢姆—森德拉西茨（Sendrasitz）一线更合适。"[13] 普鲁士《官方战史》中引述了这篇自辩书的大量内容，但未作评论。事实上，也不需要进行评论。

于是，费斯泰迪奇率领部队向赫卢姆—马斯洛德一线前进，在这道阵地上，他将不可避免地加入双方在斯威普森林的激战。事实上，弗兰西基的先遣队最初遭遇的敌军部队是勃兰登斯坦（Brandenstein）旅的两个营，而该旅正是第 4 军的一部分。在此之前的一天，他们为执行警戒任务，从贝纳泰克沿河而下一直走到了霍伦诺斯，7 月 3 日凌晨，他们将战线继续延伸到拉西茨，此时，奥军第 8 军已经从这道阵地向南转移，以支援位于奥军战线最左侧的萨克森人。

斯威普森林从东到西的长度约为 2000 码，从南到北约 1200 码。在它的后面是西斯托沃斯村（Cistowes），由第 3 军阿皮亚诺（Appiano）旅下辖的两个营守卫。斯威普森林覆盖了一整条山脊，其中，山脊上最陡峭的一面坐南朝北，那里有一片茂密的橡树林，有一些橡树非常高大，底下是一片片浓密的灌木丛。在斯威普森林的中心，也就是山脊线上有一条小道，后来被人们称为"死亡大道"。

普军方面，冯·契林斯基已经派出两个燧发枪手营去进攻斯威普森林，第 27 团的第 1 营和第 2 营负责对其进行支援；第 14 旅的指挥官冯·戈登（von Gordon）少将担任进攻总指挥。进攻部队得到了第 7 师师属炮兵的支援，但炮兵们遇到了一些阻碍，因为第 7 师的侧翼，也就是面对东部的霍伦诺斯的方向实际上是大敞四开的。普军的两个炮兵连从贝纳泰克以东的高地向森林开火，但在奥军散兵的不断袭击下，他们也付出了巨大的伤亡，于是，在位于村庄附近的其他普军炮兵连参战之前，这两个连就已经撤退了。[14]

普军的攻势于上午 8 点 30 分开始，勃兰登斯坦很快便发现自己那点人根本无法抵挡敌人的进攻，于是便穿过森林向西斯托沃斯村撤退了。冯·戈登趁机展开部队，他亲率第 27 团追击撤退的奥军，并派遣一个燧发枪手营占领森林北部。然而，很快，他们就遭到了敌人炮火的猛烈袭击，因为普军把临时阵地选在了赫卢姆和马斯洛德之间，而费斯泰迪奇也刚好赶到了这里。"敌人

◎ 奥地利第13猎兵营的纪念碑静静地矗立在斯威普森林的边缘地带，该营隶属第4军弗莱施海克旅。（罗杰斯 摄）

向这个方向开火，大炮火力越来越强，其火力密度很快便提高到了空前的程度。"[15] 普军部队在前进的过程中，穿过了茂密的森林，爬上了陡峭的山坡，不可避免地陷入了严重的混乱之中。但是，尽管遭受了损失，他们还是成功地推进到了斯威普森林的南端。在这里，亲率第27团第2营的冯·契林斯基发现第1营的两个连已经进入开阔地带，其中一个连在西斯托沃斯村的正前方布设了阵地，另一个连则位于森林的边缘。

奥军很快就做出了回应。在森林的北端，奥军发动了首次反攻，但这次反攻的组织很混乱，勃兰登斯坦从马斯洛德方向派出两营步兵进入森林，但这两个营无法收复已经被普军占领的阵地。渐渐地，奥军反攻部队被迫撤退，尽管混乱的、支离破碎的战线意味着森林里的激战仍在持续，但戈登很快就占领了斯威普森林的绝大部分区域。此时，奥军投入了首批生力军——隶属于第4军的弗莱施海克（Fleischhacker）旅。为了支援反击行动，奥地利炮兵增强了火力，但贝纳泰克周围的普鲁士炮兵也开始还击。

上午9时30分，一枚炮弹在费斯泰迪奇的司令部附近爆炸，他本人受伤，戈尔茨被当场炸死。第4军的指挥权现在被交给了莫利纳里（Mollinary），他立即命令部队进行一系列持续不断的反攻，以夺回斯威普森林。虽然莫利纳里接替费斯泰迪奇担任军长，但他后来声称自己并不清楚后者以及贝内德克的意图。[16] 按照莫利纳里的命令，弗莱施海克麾下的6个营沿着通往西斯托沃斯村的小道发动反攻。此前，在村子里，契林斯基取得了不错的进展，他已经占领了村子西边的建筑，并从北方继续发动进攻，事实上，契林斯基已经成功地赶走了阿皮亚诺旅的两个营——它们曾是奥军部署在该村的守备部队。

然而，就在这时，弗莱施海克发起了反攻，由于兵力占压倒性的优势，他重新夺回了西斯托沃斯，并将契林斯基分散在村庄各处的连队赶回了斯威普森林，甚至有两个连被迫向西撤到了萨多瓦附近的森林。

在这一阶段的战斗中，普军遭受了严重的伤亡，他们被迫撤退到森林中，弗莱施海克旅在后面穷追不舍。当第4军剩余的两个旅（波克旅和约瑟夫大公旅）在上午9点30分左右赶到时，奥军面对这一小股普军部队的胜算就更大了。不过，根据普鲁士《官方战史》的计算，在这一阶段，弗兰西基在斯威普森林中只部署6个营，而奥军在此地有大约28个营，来自奥地利第8军的2个营，以及来自第4军的14个营也在逐步靠近。在炮兵方面，普军部署于此的18大炮要面对奥军的96门大炮。对弗兰西基而言，更严重的问题是，由图恩率领的第2军的先头部队也已经抵达了第4军的右侧，随时可以对其进

◎ 奥地利第 2 军司令卡尔·图恩·冯·霍恩施泰因伯爵。（沃斯 藏）

行增援。第 2 军先头部队的指挥官也很快受了伤，但伤势不重。由于暴露在战场上，双方指挥官都面临着巨大的危险，弗兰西基的经历进一步说明了这一点。在森林的东北角，弗兰西基和他副官的战马都在奥军反攻中中弹了。弗兰西基步行前去视察他的主力部队时，发现自己被奥地利步兵包围了。要不是有 20 名普鲁士士兵（他们与自己部队的联系被奥军切断了）及时救援，弗兰西基很可能会落入奥军手中，成为俘虏。

就在这个时候，斯图尔普内格尔赶来拜访弗兰西基，前者是从第 1 集团军的总部赶来的，他警告弗兰西基，叫他不要把自己的阵地向左延伸得太远。考虑到普鲁士第 7 师所面临的危险，这显然是一个明智的预防措施。图恩的先遣旅已经在霍伦诺斯以及该镇以南、面向马斯洛德的区域布设了阵地，来自符腾堡旅（Württemberg's Brigade）的一个来复枪手营也被派去掩护勃兰登斯坦的右翼，后者此时正在从斯威普森林向后撤退。随后，双方均向这一地区增派了部队。弗兰西基率领施瓦茨霍夫（Schwarzhoff）第 13 旅的剩余人员，打算从森林中突围而出；而为了继续围困普军，在莫利纳里的要求下，符腾堡旅又派出两个营去增援马斯洛德。来自奥军的压力反过来迫使施瓦茨霍夫把他最后的预备队投入了斯威普森林。但他派去援助戈登的一个燧发枪手营被奥军阻挡在西斯托沃斯村前方，没能杀出一条血路。另一个营几乎突进到了斯威普森林的最南端；然而，在前进的过程中，它遭遇了奥地利援军的猛烈炮火。此后，这个营得到了增援并向左侧转移，最终在马斯洛德对面的森林边缘占据了一处阵地。在它的左边，普鲁士第 66 团的 1 个营试图向马斯洛德进发，但也被奥军击退了。

在战场右侧，双方同样展开了一场拉锯战。和施瓦茨霍夫一样，戈登也不得不把第13旅的最后一支预备队投入战场，这支部队由冯·波斯默上校率领，他们成功抵达了森林边缘、正对西斯托沃斯村的区域，并及时地稳固了普军在那里的阵地。此时，双方的战斗变得异常混乱，波斯默的两个连均参与了在马斯洛德对面爆发的战斗，而在普军先遣部队的后面，激烈的战斗仍在森林深处持续进行：

在这一区域，普军各连都是各自为战的，彼此之间没有任何联系，敌军强大的分遣队甚至成功地夺回了森林西部的边缘地带，实际上越过了波斯默上校不久前走过的那条小道。[17]

普鲁士人很幸运：戈登派人到霍恩的第8师寻求帮助，后者派一支部队从斯卡尔卡森林向斯威普森林进军，一路上击退了挡道的奥地利人，并在森林里与戈登的混成旅建立了联系。

在斯威普森林的另一边，莫利纳里又派遣波克旅发动了一次反攻，这次反攻得到了约瑟夫大公旅和部分第4军直属炮兵部队的支援。此外，莫利纳里还要求图恩采取行动来支援这次进攻，即"对普鲁士的左翼发动进攻，以便尽可能地改善与敌人在森林里缠斗的不利状况，攻占敌人在森林中的阵地，并迫使其后退"[18]。图恩欣然同意了莫利纳里的计划，他命令萨弗兰（Saffran）率领旅主力去进攻斯威普森林东北部的边缘地带，萨弗兰旅的其他部队和部分符腾堡部队所组成的后备纵队负责为这次进攻提供支援。波克旅率先发动了反攻，其目标是森林的东南部边缘地带。起初，反攻部队遭遇了普军的顽强抵抗，奥军伤亡惨重，特别是军官，但其随后发动的第二次冲锋成功地从各个方向击退了普军。在战场左侧，波克部队冲进了由冯·波斯默防守的阵地，尽管奥军的进攻相当猛烈，但仍未能把后者从西斯托沃斯村前面的阵地上赶走。尽管如此，奥军主力部队还是横穿斯威普森林，一直向山顶挺进。不过，在西斯托沃斯西边，戈登和契林斯基成功守住了他们的阵地。

萨弗兰对斯威普森林东北边缘的普军阵地所发动的第一次进攻完全失败，且损失惨重。然而，波克在侧翼和后方的推进，使普鲁士人在森林边缘地带的

◎ 这张现代照片为我们展现了斯威普森林深处的景象，其与 1866 年 7 月 3 日没有什么区别。（罗杰斯 摄）

◎ 一幅卡尔·罗克林的画作，为我们展现了普鲁士第 27 线列步兵团第 9 连在西斯托沃斯附近向奥地利军队开火时的情景。（沃斯 藏）

阵地越来越危险，在奥军持续不断的压力下，他们也向后撤回了森林中。直到上午 11 点，尽管付出了惨重的代价，但莫利纳里和图恩所发动的反攻已经收复了斯威普森林的绝大部分地区，他们的持续推进给弗兰西基带来了重大危机。

然而，即使冒这样大的风险也是值得的，《官方战史》（反映了毛奇的观点）中记载道：

> 敌人的兵力优势是如此强大，很可能会对第 7 师造成重大威胁——甚至可能会导致其土崩瓦解，但是，即便最坏的事情发生，普军的整体战略也会因此受到相当大的推动，因为这单独一个师把敌人的两个野战军牢牢地牵制在森林里，并且通过与敌人部队持续交战，使他们偏离了正确目的地。[19]

弗兰西基的副官之一冯·洛（von Loe）中校将情况向国王做了汇报，并请求对第 7 师进行增援；然而，由于毛奇能清楚地看到双方阵地，对投入预备队的时机也了然于胸，因此他坚决否定了此时进行增援的想法：

> 我必须郑重地建议陛下，不要给冯·弗兰西基将军增派一兵一卒。在王储发动进攻之前——这才是唯一能给弗兰西基将军带来帮助的事情——我们必须时刻提防奥军的反攻。只要我们 3 个集团军保持一致，打败敌人就是绰绰有余的……无论如何，我了解冯·弗兰西基将军，我知道他具有坚定的意志。[20]

几个小时后，同属于腓特烈·查尔斯麾下的、三支独立部队的行动开始互相产生有利影响，但王储所辖部队还没有发挥出自己的作用。整个上午，弗兰西基都在战线的左侧，霍恩、赫沃斯和韦尔德在中间，易北河集团军在右侧，它们都与驻扎在高地上的奥军发生了冲突。

尽管除了斯威普森林之外，贝内德克依然可以召集更多的预备队，但普奥双方在其他战场可以立即投入战斗的兵力并没有显著差距。

霍恩的第 8 师从早上 8 点开始发动进攻，他亲率师主力部队向左，向索韦提茨进发，而此时，他的先遣部队正在萨多瓦后方的罗斯科斯堡附近与敌人交战。霍恩把大炮部署在村庄北面和西面的高地上，很快就压制了毕斯特里茨河对岸的奥军炮兵。当弗兰西基通过贝纳泰克继续前进的消息传到霍恩那里后，他便命令冯·博斯率领第15旅越过毕斯特里茨河，先与第7师建立联系，然后再向右转，向通往柯尼希格雷茨的主干道前进。博斯的进攻立即威胁到普罗哈斯卡（Prohaska）旅的侧翼和后方，该旅仍守卫着萨多瓦面前的奥军前沿阵地。普罗哈斯卡向厄内斯特大公（Archduke Ernest）求助，得到的回应却是："你的旅不要指望得到任何援军，如果万不得已，可以撤退，不过，我之前已经把情况通知了邻近的第10军。"[21]

普罗哈斯卡如遇大赦，他立即率军沿着主干道撤退到了利帕，奥地利第3军的残余部队都集中到了那里。

这意味着霍恩横渡毕斯特里茨河的行动现在可以顺利进行了。博斯奉命前往主路南侧的霍拉瓦尔德森林。这片森林大约有一千码见方，里面有很多高大的树木，包括橡树、山毛榉和冷杉，但树下也有很多茂密的矮树丛。[22]浓密的森林很快就将进攻的普军分割成数股小部队；尽管在前进过程中几乎没有遇到什么阻力，但博斯旅还是历经千辛万苦才抵达了森林的另一边。该旅的秩序非常混乱，而此时"敌人的炮弹像冰雹一样砸过来"，这些炮弹来自"一道强大的奥军炮兵阵地，即奥地利第3军和第10军部署在从利帕到斯特雷斯蒂茨沿途倾斜高地上的炮兵阵地"[23]。博斯很清楚，面对奥军的优势火力，任何想要从森林里冲出来的企图都会招致灾难，于是，他召回了先遣部队，并命令他们守住森林的边缘。除了第72团的两个营被派往斯威普森林支援戈登之外，普鲁士第8师剩下的8个营，到上午10点均集中在霍拉瓦尔德后方，以支援博斯旅的行动。

在霍恩的左侧，普鲁士第4师已经于上午8点开始从姆赞向毕斯特里茨河进发。当该师向河的上游行进时，遭到沿山坡布设阵地的奥军炮兵的猛烈射击，很快就遭受了相当大的伤亡，尤其是第4师的炮手们，尽管他们在兵力上处于劣势，但仍在努力与敌人对战，因此伤亡惨重。见到这种情况，第2军指挥官施密特命令韦尔德尽快率领第3师向前推进，还命令他麾下的炮兵部队赶往前线去支援第4师。随后，普奥双方的炮兵利用自己手上的大炮展开了对决，尽管普军被迫将自己的滑膛炮后撤，以躲避奥军炮弹，但他们还是以精准的射

◎ 斯威普森林的边缘地带，拍摄于 2008 年秋天，此时已经是一片安宁祥和的景象。（罗杰斯 摄）

◎ 斯威普森林之战中，普军步兵挫败了奥军猎兵的一次进攻。（冯塔内 绘）

◎ 斯威普森林的"死亡大道"，如今，枪炮声早已经沉寂，但这个地方仍然有一种怪异的气氛，听不到一声鸟鸣。（罗杰斯 摄）

击给奥军制造了巨大的麻烦，加布伦茨被迫为他的炮兵寻求增援，但这一请求被上级拒绝了。从内心来说，贝内德克当然不愿意在毕斯特里茨河与普军进行近距离缠斗，他的意图仍然是充分利用占据制高点的优势。此时，由冯·施拉布伦多夫（von Schlabrendorff）率领的普鲁士第7旅第49团的一个营正在向前推进，以确保毕斯特里茨河旁的制糖厂的安全，这座制糖厂对日后渡河具有重要作用。上午9时45分，普鲁士第4师的先遣部队向多哈利兹进发，主力部队则正通过萨多瓦。这些行动使得加布伦茨无论如何也守不住他的前沿阵地了，所以他逐渐退回到位于朗根霍夫（Langenhof）以西的山坡上和斯特雷斯蒂茨的奥军主阵地。

再看普军方面，第4师的主力部队已经在霍拉瓦尔德后方占据了一块阵地；在它的右侧，一个普军燧发枪手营前往多哈利卡（Dohalicka）进行侦察，却发现这个镇子已经被普鲁士第3师占领了。

韦尔德在上午9点完成了在扎瓦迪尔卡的部署，并通过科帕尼纳（Kopanina）向毕斯特里茨河推进。在他的右边，冯·德·戈尔茨的第3骑兵旅（该旅原隶属于骑兵军，目前暂时划归第2军指挥）也在向前推进，并利用火炮与特雷索维茨以东的萨克森炮兵阵地进行了对战（接近双方火炮的最大射程），但其随后又撤到了苏哈的后方。萨克森人试图利用手头的一个滑膛炮连彻底赶走第3骑兵旅所辖的炮兵连，然而也没有成功，双方还在不断对射。

不过，由于普军第8、第4师的进攻所带的压力，奥军开始撤退，韦尔德发现自己面前的阻力陡然下降，便命令部队加速向毕斯特里茨河推进——这些毫无意义的交战终于结束了。前文曾提到过，毕斯特里茨河的河岸较高，但是，正在向莫克劳斯快速挺进的第54团先遣部队的士兵们毫不犹豫地跳进河里，蹚水渡河，在几分钟内就拿下了这个村庄，并抓获了70名俘虏。随后，他们继续沿着通往朗根霍夫的林荫道向前推进，但遭到了奥地利炮兵的阻挡射击。到目前为止，普鲁士第3师的绝大多数部队都在毕斯特里茨河对岸和通往多哈利兹的路上占据了阵地。由于河上没有桥梁，普军被迫将大炮留在西岸；第2军的后备炮兵部队只能先转移到多哈利兹，再从那里渡河。

当普军步兵大踏步前进的时候，骑兵军却仍然滞留在苏哈之后。上午10点30分，眼见战斗已经离自己越来越远，阿尔布雷希特王子（Prince

◎ 在柯尼希格雷茨的众多纪念碑中，最具特色的是图中这个——奥地利第 4 军波克旅第 8 猎兵营的纪念碑。（罗杰斯 摄）

Albrecht）感到烦躁不安，他向上级申请派遣骑兵军渡过毕斯特里茨河。在等待集团军司令部的答复之时，他收到了一个情报（其实是错误的），大意是易北河集团军急需骑兵进行支援。为此，腓特烈·查尔斯命令阿尔布雷希特王子派遣阿尔文斯勒本的第 1 骑兵师以及汉恩·冯·韦赫恩（Hann von Weyhern）

的第 2 骑兵师一起向萨多瓦进发。但这一命令激怒了毛奇,因为"这完全不符合总司令的意图",《官方战史》略带嘲讽地记录下这条命令所带来的后果:"就这样,在整个集团军前进的过程中,牺牲了许多人而好不容易集结在一起的骑兵军,在这个决定性的日子里,又被分成了两半。"[24] 需要骑兵去支援易北河集团军的建议是由赫沃斯提出的,当时,上级命令他全线出击(而不仅仅是拿下内查尼茨渡口),赫沃斯似乎不愿意立即回应这个命令,因而提出了急需骑兵进行支援的建议。[25]

最后,在战线的最右边,易北河集团军的主力部队正缓慢地渗透到卢布诺和赫拉迪克(Hradek)背后的战线,准备继续向萨克森军发起进攻,而后者已经有序撤退到了位于普罗布鲁斯高地和普里姆(Prim)高地的奥军主阵地。直到上午 11 点,赫沃斯的第 3 师,也就是蒙斯特的第 14 师,还没有开始从内查尼茨的桥梁上通过。截至目前,由斯克尔率领的、总兵力 7 个营的先遣队是易北河集团军中唯一与敌人实际接触的部队,而此时,普军在这条战线上只有炮兵在作战。

不过,在毕斯特里茨河沿线的北端,双方的战斗仍然是最激烈的。当时的斯威普森林到处都弥漫着硝烟,充斥着火光和巨响,弗兰西基曾经是一位军事历史学家,面对此情此景,他充分展现出自己的学术底蕴。在和第 2 集团军的一位参谋军官(他带来了王储进展的最新消息)谈话时,弗兰西基说道:"在军校里我们都学过这句谚语:'我希望黑夜来临,或者布吕歇尔赶来。'在这儿,我们都不是威灵顿,无法像他那样在滑铁卢一锤定音,但我们与他的感受是相同的!"[26]

第三节 焦虑的罗斯科斯堡

从冯·芬肯斯坦伯爵带着毛奇的命令来到第 2 集团军的那一刻起,司令部的气氛就变得十分热烈。布卢门塔尔在凌晨 5 点发出了作战命令,这条命令十分简明扼要,堪称典范,其大意是令整个集团军尽快南下。此时,奥军阵地的位置已经变得越来越清晰了,因此普军有足够的信息和时间针对贝内德克的侧翼制定精确的攻击计划。布卢门塔尔已经准备好跨越毕斯特里茨河,与贝内德克展开正面对决,他的命令反映了这一点:

根据目前得到的情报，可以预料，在霍利茨、米洛维茨和塞利克维茨展开的第 1 集团军会遭受敌人的攻击；第 2 集团军将以下列方式进行支援：

1. 第 1 军将分为两个纵队，分别从扎布雷斯（Zabres）和格罗斯·图恩（Gross Tuhn）向格罗斯·伯格利茨（Gross Burglitz）进发。

2. 骑兵师将跟随第 1 军前往同一地点。

3. 禁卫军将从科尼金霍夫出发，前往杰里切克（Jericek）和洛塔（Lhota）。

4. 第 6 军将前往韦尔奇瓦（Welchow）；到达目的地后，派遣一支小分队去监视约瑟夫施塔特要塞。原定于今天举行的演习活动取消。

5. 第 6 军行动两小时后，第 5 军紧随其后，并一直推进到乔特博雷克（Choteborek）。

6. 部队将尽早出发，并将货车和行李留在后方，除非总司令特别下令，否则这两样东西都不准运到前线。[1]

截至早上 6 点，上述命令只传达到了禁卫军和第 5 军。实际上，早在 5 点 15 分，冯·芬肯斯坦伯爵就带着毛奇的命令路过了第 1 军先遣队，但谨小慎微的博宁只是发布命令，使他的部队处于戒备状态，而并没有做出任何努力令部队立即投入行动。穆提乌斯的第 6 军在当天的预定任务主要是对约瑟夫施塔特进行侦察，此时，他还在为这次行动做准备，也没有收到上级的最新命令。由普罗德钦斯基（Prondzynski）率领的第 12 师已经在当天早晨 6 点离开了格拉利茨，该师将从库库斯（Kukus）附近的浮桥渡过易北河。扎斯特罗（Zastrow）率领第 11 师在早上 7 点和第 21 旅一起出发，第 22 旅在一个小时后出发，它们将分别从斯坦甘多夫（Stangendorf）和舒尔茨（Schurz）渡过易北河。穆提乌斯在早上 6 点 30 分接到了新命令，为了加快前进速度，他命令扎斯特罗立即按照新计划改弦更张，并派人去找已经到达萨尔尼的普罗德钦斯基，穆提乌斯用铅笔给后者写了一张字条，命令他转而向韦斯特茨（Westetz）和额尔蒂娜（Ertina）进军，以掩护部队的左翼。

此时，由普鲁斯基率领的第 2 禁卫师正位于科尼金霍夫后方的雷滕多夫（Rettendorf）；早上 7 点，他接到命令，立即通过科尼金霍夫向南推进——由希勒·冯·加特林根（Hiller von Gartringen）率领的普鲁士第 1 禁卫师的主力部队就驻扎在这里。禁卫军司令部对第1禁卫师所下的命令是前出至杰里切克，该师在早晨 8 点就上路了。差不多在同一时间，第 5 军紧跟禁卫军之后，从格雷利茨的宿营地开拔。第 2 集团军的全体官兵就这样按照布卢门塔尔的紧急命令出发了——只有一个例外。尽管已经提前接到了毛奇的命令，但博宁仍然拒绝采取行动，他声称除非自己得到更加明确的指示。早上 7 点 15 分，博宁终于接到了第 2 集团军的命令，但他花了整整一个小时向他的部队转发行军命令，因此直到 9 点 30 分，博宁的部队才踏上通往扎布雷斯的前哨阵地的道路。博宁行动迟缓的另一个受害者是哈特曼率领的骑兵师；该师在早上 8 点 15 分接到布卢门塔尔的命令，随即于 9 点出发。要前往目标地域，哈特曼的骑兵师首先要与大量辎重车争夺道路，好不容易从中"突围"，又撞上了博宁的后备炮兵部队，后者不让骑兵通过，所以他们别无选择，只能跟在炮兵后面。[2] 布卢门塔尔有些激动地回忆道：

我们的骑兵师连个影子都看不见——就像在地球上消失了一样，除了向该师师长发出严厉的批评，我还安慰自己说，它或许会出人意料地出现在某个地方。然而，还是没人见到它。[3]

早上 7 点 30 分，普鲁士王储和布卢门塔尔骑着马冒着大雨同主力部队一起开拔，他们在大约一小时后才赶上禁卫军，此时后者正艰难地渡过易北河，并向南挺进。至少到目前为止，王储还不打算在这一天就投入战斗：

就在这个时候，我加入了禁卫军的行列，和他们一起在倾盆大雨中，在易北河的陡峭河岸和后面的群山中，艰难地行军。原先的道路已经被雨水给冲毁了，这极大地阻碍了各团的前进，使行军变得困难重重。我认为今天不会有大规模交战了，因为我觉得奥地利人是不会背对着易北河发动反攻的。[4]

在康斯坦丁·冯·阿尔文斯勒本（Konstantin von Alvensleben）的率领下，普鲁士禁卫军的先遣队已经到达了东布罗维茨（Dombrowitz），从那里可以清楚地听到从毕斯特里茨河河谷所传来的隆隆炮声。阿尔文斯勒本决定不再等主力部队，而是立即向南推进，他给弗兰西基送去消息，说他将在上午 11 点半到达杰里切克，并向禁卫军司令部报告了他的行踪。[5]事实上，他那些急行军的步兵在上午 11 点就赶到了那里。在他身后，第 1 禁卫师的主力部队沿着陡坡向东布罗维茨挺进，然后再向东转向杜贝内茨，一路上径直从乡间小道穿越过来。第 2 禁卫师的先遣部队紧随其后，而且，本来打算跟在最后一批步兵后面的禁卫军后备炮兵部队也终于在最后一刻赶到了，这令该部队的指挥官霍亨洛厄倍感宽慰。上午 10 点，霍亨洛厄率领部队抵达易北河畔，并开始渡河，但当他刚到达东布罗维茨的时候，就接到了继续向前推进的命令。不久后，霍亨洛厄的部队甚至超越了第 1 禁卫师的主力部队：

> 炮兵从我们的纵队面前疾驰而过，他们穿过田野，穿越高大的玉米田，但是，长长的稻草和黏土混合在一起，缠绕在车轮上，形成一层厚厚的泥饼，给炮兵们制造了巨大的麻烦，当他们到达杰里切克时，已经有几匹马因过度疲劳倒地而亡。[6]

再往东，穆提乌斯的普鲁士第 6 军也正在竭尽全力向战场前进。那里的地面状况同样非常恶劣，但是，在第 12 师前面进行先期侦察的普鲁士第 6 军直属骑兵部队，正好遇到了从约瑟夫施塔特撤退的奥地利骑兵，便跟着后者一直走到了斯米里茨（Smiritz）。普军迅速渡过易北河的事实表明，奥军并没有在河的东岸部署重兵，不久后，普军第 6 军直属骑兵正在圣温兹尔（St Wenzel）和哈布里纳（Habrina）集结，以等待步兵赶上来。

普罗德钦斯基的第 12 师在行军的途中与奥军部署在约瑟夫施塔特要塞的大炮进行了短暂的交火；根据穆提乌斯的命令，普罗德钦斯基要随时与右翼的第 12 师保持联系，当时这个师正在向韦尔奇瓦挺进，普罗德钦斯基可以看到他们的纵队。而第 12 师自己则继续在崎岖的道路上向南行进，并于上午 11 点到达了拉西茨东北方向的霍利卡贝格堡（Horicka Berg）的山脚。与此同时，冯·扎斯特罗的第 11 师已经越过了易北河，正在向炮声隆隆的南方全速推进。指挥官尽了一切努力，试图把各营聚拢起来，但由于他们沿着狭窄泥泞的道路前进，因此不可避免的，第 11 师下辖的部队开始变得越来越分散。历经千辛

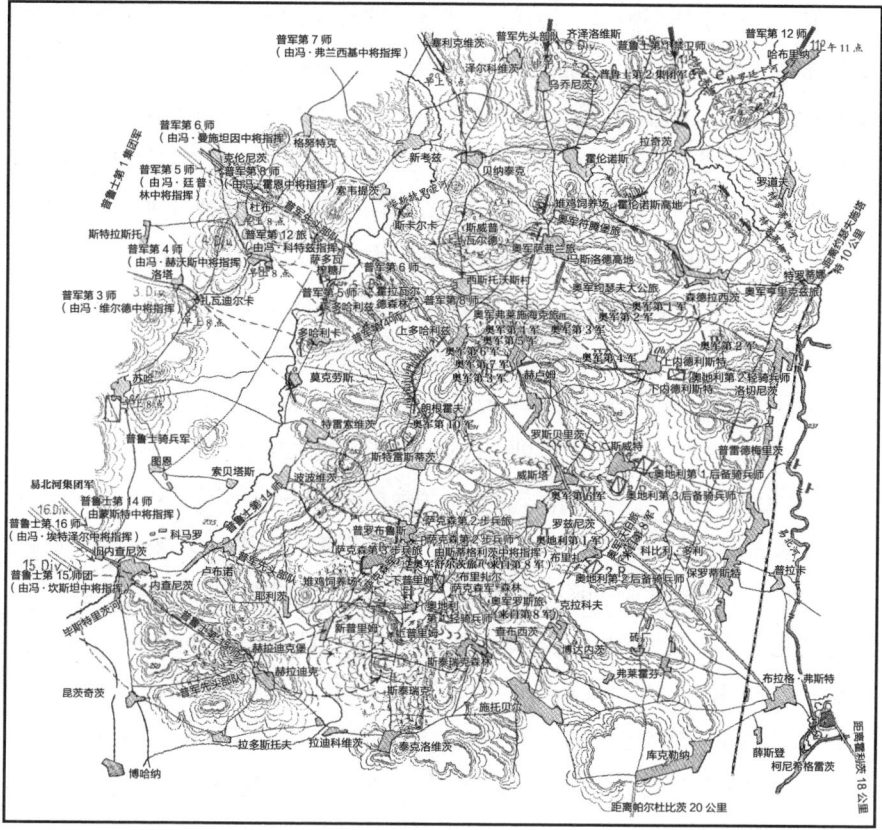

◎ 柯尼希格雷茨战役，截至 7 月 3 日中午各支部队所抵达的位置。

万苦抵达特罗蒂娜（Trotina）后，第 21 旅的先头部队还得被迫蹚着齐胸深的水过河。上午 11 点，在卢赞和拉西茨之间的高地上，第 11 师第一次遭遇了敌人，在远处，奥地利炮兵正在从霍伦诺斯山脊向他们开火。

在穆提乌斯身后，施泰因梅茨的第 5 军正在向北推进，他亲率骑兵部队奔赴战场，后面跟着第 9 和第 10 师，最后是后备炮兵部队。上午 11 点，施泰因梅茨靠近了乔特博雷克。至此，第 2 集团军的主力部队已经取得了足够的进展，无论身处何地，他们都能及时抵达奥军防线的右翼，为第 1 集团军提供支援。

但是，位于毕斯特里茨河谷——罗斯科斯堡的王家统帅部，对第2集团军的进展一无所知。对于威廉国王和他的随从们来说，第2集团军能否抵达预定区域完全是个未知数，他们不得不忍受长达几个小时的焦虑。毛奇或许还可以对战况进行冷静的估计，用《官方战史》的话来说，（毛奇认为）"普军阵地的中心区域没有任何危险"[7]，但也有人不那么肯定。普鲁士步兵在霍拉瓦尔德和斯威普森林都受到奥军炮兵的猛烈轰击，而普军炮兵并没有做出有效的回击。此时，大约有250门位置极佳的奥地利大炮向第1集团军的中心阵地开火，它们的射程和射界大都在前一天就测量好了。到上午11点，普军在易北河左岸只有12个炮兵连，其中只有7个连能投入战斗，也就是说，普军只有42门大炮能与敌人对战。[8]当周围人的神经变得越来越紧张的时候，毛奇的头脑却仍然保持冷静。没有人记录下在上午晚些时候那令人焦虑不安的几个小时里，普军决策层的对话内容，正如克雷格教授指出的那样，我们只能猜测毛奇在战斗的各个阶段都做了哪些关键的决策，而这些决策都在后来成为传奇。

　　在毛奇多年后所写的一篇文章中，描述了与国王的一次交流——他似乎是所有人中最急躁的。国王叫道："毛奇，毛奇！我们要输了！"毛奇简洁地回答说："陛下，您今天不仅会赢得战斗，而且会赢得整场战役。"[9]不久之后，俾斯麦也变得非常紧张（这可以理解），他把自己的雪茄盒递给毛奇，并从后者精心挑选雪茄的动作中得到了一些安慰。[10]

　　贝内德克和他在利帕的参谋人员，与罗斯科斯堡的普鲁士王家统帅部一样，对王储率领集团军向南挺进的情况一无所知。此时，他们的注意力正集中在前线，即斯威普森林和霍拉瓦尔德的战斗上，据他们所知，这场战斗的结果非常好——事实上，贝内德克已经开始期望不久后能在毕斯特里茨河一线展开全面反攻了。然而，第4军和第2军的私自前移，直接导致皮多尔事先为两军修筑的堑壕工事被空置。贝内德克在早上9点就知道了这件事，当时鲍姆加滕骑马来到赫卢姆，却发现战壕里空无一人；过了一会儿，皮多尔本人和诺伊伯（Neuber）上校也都证实了这一点。然而，贝内德克并没有立即命令第4和第2军撤退，显然，他也认为在短时间内继续对弗兰西基施加压力是不错的选择。于是，为填补漏洞，贝内德克命令拉明的第6军占据赫卢姆—内德利斯特一线的阵地，但不久他就改变主意取消了命令，也许是因为他想保留预备队以备反

◎ 从罗斯科斯堡山顶往东看的景象；在远处的地平线上缓缓升起的一大片黑压压的物体就是斯威普森林。（罗杰斯 摄）

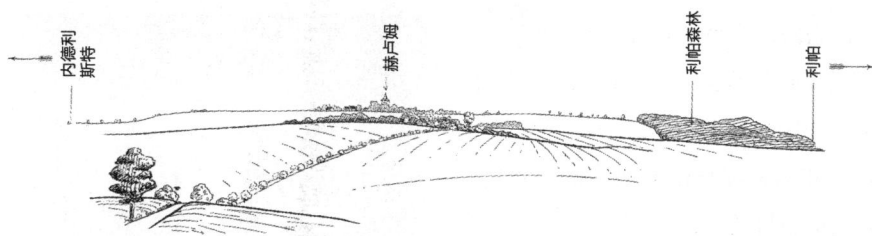

◎ 关于柯尼希格雷茨战场的全景草图，展现的是从马斯洛德向南看向奥军主阵地的景象。

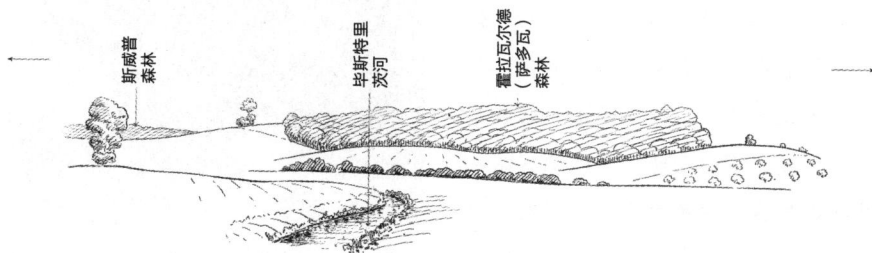

◎ 关于柯尼希格雷茨战场的全景草图，展现的是从萨多瓦向东看向奥军前沿阵地的景象。

攻。不久后，贝内德克打算着手解决奥军右翼阵地过于偏左的问题。上午11点，他向法尔肯海因伯爵（Count Falkenhayn）口授了一条命令，并让他传达给莫利纳里："你部必须撤退到赫卢姆—内德利斯特一线，并保持与第3军和第2军的联系。"[11]

然而，莫利纳里没有服从这个命令，他回复了一个消息，大意是说他所处阵地的位置很有利，撤退将不利于第3军发动反攻。这大概是源于厄内斯特大公的反击计划，但贝内德克并没有相关指示。上午11点30分，约瑟夫施塔特要塞的司令官向总部发来电报，汇报了普鲁士第2集团军向南进军的情况。面对这份重要情报，贝内德克认为，必须要对己方薄弱的右翼进行整顿，他派遣一名参谋军官到莫利纳里和图恩处，命令他们撤退。莫利纳里再次违抗命令，这次他骑马回到利帕，亲自和贝内德克商量阵地的位置。莫利纳里对当前战局感到非常乐观，并打算把这种情绪传递给贝内德克，他相信，奥军即将取得斯威普森林争夺战的胜利，而且普鲁士人在其他方向上也都没有取得任何重大进展，因此，反击的时刻就要到了。

面对普鲁士第2集团军迅速挺进所带来的巨大威胁，这种论调根本不可能被奥军的参谋人员所接受，并引起了一场激烈的争论。当莫利纳里赶到并开始解释自己对战局的看法时，鲍姆加滕打断了他的话：

（鲍姆加滕）把一只手放在自己的另一只胳膊上以示警告，（他）读了一封来自约瑟夫施塔特的电报，并开始阐述普鲁士王储集团军的迅速推进所造成的不利形势。莫利纳里不知道鲍姆加滕现在是参谋长，对他打断自己而感到颇为不满，莫利纳里愤怒地质问鲍姆加滕，奥军手中是否有足

◎ 安东·莫利纳里少将，由于奥地利第4军司令费斯泰迪奇伯爵受伤，他接管了该军的指挥权。（莫利纳里 摄）

够的预备队以对付普鲁士王储。"这正是我一直强调的！"突然，克里斯马尼奇从围绕贝内德克的、由奥军高级军官所组成的"圣圈"的最外圈喊道。

贝内德克不置可否，转而询问威廉大公——他最看重威廉大公的意见：现在是否到了反攻的时候？显然，后者的意见是否定的，因为经过一番私下交谈之后，贝内德克重新回到人群中，并在回答莫利纳里的进一步请求时说："我也没有办法，你必须撤退。"[12] 这是一个戏剧性的、发人深省的时刻，它把奥地利军队领导层的混乱和分裂展现得淋漓尽致。事实上，正如普雷斯兰所说，"这位伟大统帅的敏锐洞察力和头脑中的灵光一闪"本可以使奥地利免于战败的命运，但此次会议后，这样的机会已经丧失，而且不复再来了。

莫利纳里对战局的乐观看法，至少从斯威普森林战场来看是合情合理的，因为直到上午 11 点，弗兰西基的处境已经岌岌可危了。由于寡不敌众，位于他防线右翼的部队不断地退回到森林的北部边缘，并蒙受了巨大损失。在他的左边，也就是森林凸向马斯洛德高地区域的西角，冯·维德纳（von Wiedner）少校率领几个连的步兵坚守在马斯洛德—西斯托沃斯公路附近的阵地上；在他们的右边（实际上就是他们的身后），奥军正在向森林的北部边缘推进，准备攻占贝纳泰克。

图恩的奥地利第 2 军还在向前挺进，其目标是清除斯威普森林的最后一批普鲁士守军。在这样的战斗中，军官的指挥能力至关重要：

随着双方在密林中来回拉锯，所有不同的连队都混杂在了一起；在山峦和树林遮挡住周围一切视线的地方，是无法做到统一指挥的，各个分队的指挥官所能做的，就是以身作则，去领导自己身边的人。[13]

当图恩最新投入的 5 个营向斯威普森林发起进攻时，普鲁士王储即将抵达战场的流言迅速在普鲁士守军中间传播开来，他们都深受鼓舞，但这也是他们在未来一段时间内所得到的唯一一个鼓励了。

发动反攻的奥军自己也感到非常困惑，他们经常在密林中迷路。有一个奥军整编营穿越了森林，但它刚从森林的西北部冲出来，就遭到由冯·亨伯特

（von Humbert）上尉率领的一个普鲁士轻骑兵中队的反击，该营的 16 名军官和 665 名士兵悉数被俘。这个营后面还跟着另一队奥军步兵，弗兰西基看到了他们，便命令冯·普勒兹（von Ploetz）上尉带领两个连去抓俘虏。这队奥军步兵共包括 3 名军官和 200 名士兵，他们被普军包围并全部成了俘虏。但奥军所施加的压力从不间断，又有一个新的奥军纵队想要突破普军在森林中的防线，这迫使普勒兹撤回了贝纳泰克以东的阵地。

在右边，也就是森林的东北边缘，情况大致相同，此地的防御由冯·波斯默负责。奥军的反攻一浪高过一浪，有两次成功地把普鲁士人赶出了阵地，但都在守军激烈的反击面前节节败退。不过，奥军施加的压力已经开始起作用了，到接近中午时，弗兰西基觉得，为了准备足够的兵力，以应对奥军针对贝纳泰克方向的集中进攻，必须把冯·维德纳（Wiedner）的部队从斯威普森林的西北角撤回来。

不过，对普鲁士第 7 师的漫长考验也终于接近了尾声。尽管奥军几乎收复了斯威普森林，但普鲁士第 2 集团军的进攻所产生的间接影响现在也开始显现了。虽然莫里纳里和图恩已经遵照贝内德克的指示发出了撤退令，但奥地利第 4 军和第 2 军所辖的部队并没能立即收到这些命令，于是，战斗又持续了一个多小时。到下午 1 点以后，普军所面临的压力已经明显减轻了。

毛奇决心同第 1 集团军一道，在阵地中心区域等待并坚守下去，直到第 2 集团军和易北河集团军的进攻带来决定性的胜利。此前，弗兰西基已经在斯威普森林遭受了可怕的重击，普军部署在霍拉瓦尔德的部队伤亡人数也在不断攀升，但这都没有影响毛奇的判断。可是，到了中午，腓特烈·查尔斯再也按捺不住了，他把本应作为预备队的第 3 军的全体人员派往了毕斯特里茨河，这一举动公然违背了毛奇的意图。《官方战史》还指出，腓特烈·查尔斯的部队现在已经准备妥当，"一旦侧翼部队赶到"就向前推进，但《官方战史》也谨慎且低调地指出，"这一刻还没有到来，第 1 集团军的耐心和耐力还需要经受长期考验"。[14] 对普鲁士人来说，问题的关键在于战场的中心地带：

在这些区域，双方所进行的战斗在本质上是一场炮兵对决，这显然是一场极不公平的对决，普鲁士步兵长期在敌军最猛烈的炮火下被动挨打，他们的

毅力面临着极大考验。¹⁵

　　奥地利人沿着毕斯特里茨河部署了大约200门大炮，他们具有很大的优势，首先是阵地居高临下，其次是阵地对普军具有相当的隐蔽性，最后是可以事先测定好射程和射界。另一方面，普鲁士的大部分火炮甚至都无法从后方运到毕斯特里茨河，因此也无法有效地做出反击。

　　在霍拉瓦尔德的背后，在主干道的两旁，在斯卡尔卡森林的前方，奥军的各支炮兵连均起到了极为重要的作用。然而，在上述区域内，奥军火炮弹丸的重量都远超对手，而且阵地的位置也较为不利。

　　在此期间，普鲁士第8师的步兵仍然据守在霍拉瓦尔德，他们忍受着敌军猛烈的炮火，伤亡惨重。普军认为，霍拉瓦尔德是一块不可轻易放弃的地方，如果普军要越过毕斯特里茨河，这片森林就不能落入奥军之手。因此，普军不仅要利用强大的兵力来守住森林边缘，还要留有大量的预备队——他们同样被迫在炮火的不断攻击下，在森林后方严阵以待。

　　在更远的南方，普鲁士第3师受到奥军炮火的影响要小一些，该师成功地占领了多哈利兹和莫克劳斯两个村子，并建立了更为牢固的据点。例如，在多哈利兹，教堂和校舍迅速成为普军抵御奥军反攻的据点。然而，韦尔德要把手中的所有大炮都运到前线是很困难的，因为毕斯特里茨河上缺乏可行的桥梁，直到当天晚些时候，普军的几个炮兵连才在河的东面布设了阵地。

　　除韦尔德师外，易北河集团军（毛奇作战计划中最关键的部队），也正在慢慢地进入一个可以为计划的实现做出重要贡献的阵地。不过，在相当长的一段时间内，易北河集团军的主力部队似乎并没有什么大的动作，而且由于这些部队在内查尼茨的过桥行动非常缓慢，带给人一种不真实的感觉。弗里茨·赫尼格对普军在旧内查尼茨的行动进行了观察：

　　从上午10点半到下午1点钟，普军部队在这里休息了很长一段时间，看起来就好像是为执行和平任务而集结的军队。各个团的军官们互相见面，互相交谈，分享他们仅有的一点食物，他们似乎都没有预感到7月3日即将成为德国历史上一个重要的日子。当然，谈话中的人们的注意力时常被战场上

◎ 莫克劳斯的普军炮兵部队。（冯塔内 绘）

的情景给吸引过去了，这是自然而然的——战场的规模相当宏大，一直延伸
到地平线的最左侧，并且被巨大的、升腾着的火焰和异常黑暗、缓慢移动的
浓烟所笼罩着。[16]

不过，过了桥，情况就变了，伴随着之前先遣队与敌人交战所留下的痕迹，
易北河军队的主力部队终于进入了作战阵地。

与此同时，敌人也在做着同样的事情。迎击奥军的第一道防线由萨克森
第 1 师 [师长为辛普夫（Schimpff）] 负责守卫，从斯特雷斯蒂茨到下普里姆都
是其防区，这道防线的关键位置是普罗布鲁斯镇。萨克森第 1 师的后面是萨
克森第 2 师（师长为冯·施蒂格利茨），其右侧是萨克森骑兵师，这些部队均
与加布伦茨的第 10 军保持着联系。萨克森王储阿尔伯特将他的后备炮兵部队
部署在第 1 师后方，也就是博尔（Bor）森林附近。最后，奥地利第 8 军也赶
来支援萨克森人，他们隐藏在博尔森林内，作为预备队。不过，该军的部分步
兵不久后就被转调到上普里姆（Ober Prim）南部的斯泰瑞克（Stezirek）森林。
此外，第 8 军下辖的两个 8 磅炮连也加入了下普里姆的萨克森炮兵阵地。

赫沃斯亲率易北河集团军的先遣队对敌人阵地进行了侦察。他发现，萨克森人挡住了他与第 1 集团军直接会师的道路。为了打通道路，他可以沿着毕斯特里茨河的左岸前进，以便进攻韦尔德的左翼，或者直接进攻普罗布鲁斯镇。前者的行动路线完全违背了毛奇的指示，而且要冒巨大的风险，于是赫沃斯下定决心对普罗布鲁斯镇发起攻击（正如《官方战史》所指出的那样，这个决定"非常正确"），但他的大部分部队还没有渡过内查尼茨大桥。

上午 11 点 30 分，赫沃斯命令坎斯坦穿过赫拉迪克到达上普里姆。至于蒙斯特，当他的部队还在河对岸行进时，就接到了赫沃斯的命令：穿过卢布诺和波波维茨，然后向东转向最关键的目标——普罗布鲁斯。蒙斯特的先头部队很快就完成了行动准备，他们不久后抵达了波波维茨以东的森林，发现那里没有奥军部队。"对于刚刚从内查尼茨过河的第 14 师而言，占领这座林木茂密

◎ 双方在普罗布鲁斯高地激战时的场景。（冯塔内 绘）

的山岭对后续发动进攻极为有利。"[17]

在战场右侧，坎斯坦命令斯克尔先遣队继续向前推进，他们穿过耶利茨（Jelitz），占领了位于该城和新普里姆（Neu Prim）之间的雉鸡饲养场。萨克森王储阿尔伯特很快便注意到普军这次并不明显的推进，他决定派遣莱布（Leib）旅进行反击。王储首先将莱布旅从普罗布鲁斯后面的阵地调出，然后命令其向斯克尔位于新普里姆和雉鸡饲养场的主力部队发起进攻。此外，王储还从驻下普里姆的辛普夫师调来一部分部队，来增强这次反击行动的力度。遭到攻击的普军部队中，有些士兵并没有还击，因为他们看错了军服，把萨克森人误当成了自己人。不久后，驻守在雉鸡饲养场的两个普鲁士营就遭受了惨重的损失，被迫向耶利茨和赫拉迪克撤退。事实上，莱布旅的向前推进，会给坎斯坦造成相当大的麻烦，幸亏它的攻势由于其左翼在斯泰瑞克森林中受到意想不到的威胁而突然停止。在那里，普鲁士第 56 团所辖的一个营官兵，击退了奥军步兵，后者已经进入森林，并从森林向北方的上普里姆进军，这直接导致莱布旅停止前进，它被迫向南组织防御，以免被普军突袭。此时是中午 12 点 45 分，如果易北河集团军想要像毛奇计划的那样，成为钳形攻势的南方分支，赫沃斯就必须加快步伐了。不过，普军手中仅有的毕斯特里茨河渡口——内查尼茨，只有一座桥梁通往对岸，这对普军而言非常不利。实际上，所有的评论家都认为，普军应该再在河上建造两座或三座桥梁，那样的话，赫沃斯就能更早地把他的部队派往进攻阵地了。

这时候，罗斯科斯堡的气氛更加阴郁了。随着日子一天天过去，国王越发感到坐立不安，于是他问毛奇，如果有必要的话，他采取了什么措施来掩护己方部队撤退。毛奇以他典型的方式做了斩钉截铁的回答："这里没有退路。我们现在是在为普鲁士的生存而战。"[18] 当然，毛奇的信心一刻也没有动摇，不久他就能以一种不同寻常的夸张方式表现了出来——考虑到他周围持续一整天的紧张气氛，这也是可以理解的。

下午 1 点刚过，焦急的俾斯麦用望远镜越过奥军防线向西眺望。他发现霍伦诺斯的山脊上似乎有动静，看起来，奥军炮兵正在向这个区域发射炮弹。毛奇也用望远镜看了看，这实际上是他第一次看到第 2 集团军主力参加战斗的场景。他立即骑马去见国王，并宣布："谨遵陛下的旨意，战局已定！"国王感到困惑和焦虑，他反驳说，自己听不明白毛奇说什么，而且现在必须集中精力打好眼前的仗。在这一时刻，毛奇罕见地说出了浮夸的豪言壮语，他坚持己见："不，战争已经胜利了。维也纳就在陛下您的脚下。"[19] 当然，毛奇并没有夸大其词，但是在这一点被证明之前，普鲁士人在这场战役中还有很长的路要走。

在山谷的另一边，贝内德克的心里又在盘算着如何进行反攻。他骑行到己方防线的右侧，发现莫利纳里和图恩终于服从命令开始撤退了。低低笼罩在战场上空的滚滚浓烟，使他看不到正在前进的普鲁士第 2 集团军，他似乎把这件事暂时抛之脑后了。贝内德克认为，毫无疑问，面对不断逼近的敌人，莫利纳里和图恩一定能守住赫卢姆到内德利斯特的阵地。总之，他备受鼓舞，就赶回利帕去了。在那里，他大声地问自己的参谋们：现在是不是到了发起全线反击的时候了？当他的参谋们表示反对，并认为最好等到烟雾散去时，贝内德克耸了耸肩，没有继续坚持这一观点。[20] 不过，用具有象征性、而非纯字面意义的话来说：贝内德克面前的"烟雾"确实很快就要消散了。

第四节 夺取赫卢姆

当普鲁士王储和布卢门塔尔向南疾驰，经过步兵的行军纵队时，他们已经越来越清楚地认识到，自己最初的想法大错特错——他们本以为当天不可能发生重大战事。当他们在上午 9 点左右经过多布罗维茨（Dobrowitz）的时候，炮声已经越来越响了，尽管能见度很低，远处仍然可以看到一团团烟雾飘散到半空中。当两人在上午 11 点左右到达乔特博雷克时，情况愈演愈烈——普奥双方正在进行一场激烈的战斗，第 2 集团军的这条推进路线即将直插贝内德克防线的右翼。在布卢门塔尔看来，当务之急是显而易见的：

从硝烟的分界线上，我们可以清楚地看到并判断整个战场的范围。奥军阵地的右翼似乎位于霍伦诺斯高地。很明显，腓特烈·查尔斯王子的集团军正在同整个奥地利军队的主力激战。我们的当务之急是拖住他们，并通过威胁他们的右翼和后方，迫使其放弃阵地。[1]

从乔特博雷克向南看去，有一个地标非常醒目，正如王储在日记中所写的那样："在我们正前方约半个小时路程的地方，也就是在霍伦诺斯镇的最高处，孤零零矗立着一棵参天大树。我把这个地标告知了各军，作为他们的主要参照物。"[2] 实际上，这是两棵高大的菩提树，正好位于一座十字架的两旁，这个景象后来成为德国军事史上的一个传奇，也成为战争中最令人难忘的景象之一。从乔特博雷克，普鲁士第 2 集团军的官兵们还可以看到奥军炮兵正在不断轰击位于西部的普鲁士第 1 集团军。奥军炮兵的行动有时候似乎停止了，但很快就又重新活跃起来；而且奥军似乎正在这个方向上取得重大进展。[3] 尽管乔特博雷克的视野非常广阔，但仍有一座高地横亘在它和战场之间，正如《官方战史》所记载的那样：

前方的视野被从霍伦诺斯延伸到特罗蒂娜的山脊所遮挡。在山顶上有两棵大树，形成了一个标志物，从很远的地方就可以看见，它早就引起了双方军队的注意。在昏暗的天色中，从大约两英里半远的地方看过去，这些高地就像一座巨大的壁垒，仿佛把一切前进的道路都堵死了。[4]

这个时候，贝内德克究竟在多大程度上预料到普鲁士第 2 集团军即将展开进攻，以及他是否决定在自己的右翼部署强大的部队与之相对抗，我们不得而知。据推测，当时普军看不到霍伦诺斯山脊后方的奥军阵地，他们只能看到在山脊上紧靠森林的地方有个奥军炮兵连；因此，布卢门塔尔此时真正担心的问题是，禁卫军下属的各步兵营在从奥军阵地对面的山坡向山脊行进时，将会暴露无遗。

不过，普鲁士王储的大部分部队都在迅速抵达预定位置：王储很快就接到了穆提乌斯已经抵达韦尔奇瓦的消息，而在中心区域，威克的骑兵旅先于第 5 军其他部队，正在向乔特博雷克进军。

王储、布卢门塔尔和他们的参谋人员，还有沃克上校，站在丘特柏林克的高地上，敦促从他们身旁经过的禁卫军步兵纵队向霍伦诺斯山脊进发——那里耸立的菩提树是他们最明显的目标。禁卫军士兵们的情绪很高昂，经过王储身边时，他们都兴高采烈地挥舞着帽子。沃克对他们的举止印象深刻，他自己也深受感染。[5] 然后，他向南眺望奥军无人防守的高地和空空如也的山谷，再转向王储，挥舞着手说道："殿下，上帝已经把敌人都交到您手里了！"[6]

直到上午 11 点 15 分，位于第 2 集团军右翼的先遣部队已经穿过齐泽洛维斯（Zizelowes），向乌乔尼茨（Wrchownitz）和泽尔科维茨（Zelkowitz）挺进。很明显，部署在霍伦诺斯山脊上，以及霍伦诺斯通往马斯洛德的大路以南的奥军炮兵，不断向西向贝纳泰克以及斯威普森林北部边缘的普鲁士军队射击，于是，普鲁士第 2 集团军先遣队所属的炮兵连很快就进行了反击。不过，显然，普鲁士禁卫军的后备炮兵部队应该及早投入作战，越快越好，让霍亨洛厄的部队先于第 2 禁卫师前进是正确的决定，这一点现在已经得到了充分的证明。

再往东，穆提乌斯已经接到了紧急通知，让他赶紧派遣手下的炮兵参战。上午 11 点 30 分，来自扎斯特罗第 11 师的 4 个炮兵连从卢赞东南方的桥上越过了特罗廷卡（Trotinka）河，并在拉西茨以北的高地投入了战斗，向霍伦诺斯山脊开火。不过，拉西茨本身还在奥军手里，为免除其对普军炮兵的威胁，必须出动步兵攻占这个村庄。哈南费尔特（Hanenfeldt）旅负责执行这一任务，该旅从北部的阵地出发，向南推进。事实上，这支部队的指挥官同时从他的军长和师长那里收到了有些矛盾的指示，即分别向霍利卡贝格堡和拉西茨的森林发起进攻。虽然他选择了后一个目标，但这并没有产生什么不利影响，霍利卡贝格堡很快就被普罗德钦斯基的第 12 师占领了。后者率领他的部队于上午 11 点到达哈布里纳和圣温兹尔高地；他看到有奥军步兵在霍利卡贝格堡的森林里出没，就命令第 23 团不等该师的其他部队赶到，立即发动进攻。这些奥军步兵隶属于亨里克兹（Henriquez）旅，该旅负责的防线很长，向东和东南一直延伸到

◎ 一张关于霍伦诺斯附近的"两棵菩提树"的著名照片，树旁矗立着奥地利第 57 步兵团的纪念碑。（罗杰斯 摄）

易北河上的洛切尼茨（Lochenitz）大桥，因此只能勉力维持；面对普罗德钦斯基的进攻，亨里克兹不得不撤退到特罗蒂娜后方。

不过，第 12 师的进攻轴线过于偏右了，以至于暴露了第 11 师的侧翼，令其陷入了危险当中。为此，第 11 师指挥官扎斯特罗要求普罗德钦斯基将战线进一步向东移动。

中午时分，普鲁士第 2 集团军全线逼近。实际上，这时候，如果贝内德克选择占领右翼，这可能是一个真正有效的防御阵地；但是，除了在霍伦诺斯和紧邻该村东部的山脊之外，奥军几乎没有部署任何兵力。到了中午，普军聚集了 48 门大炮来对付霍伦诺斯的奥军。这一次，普军终于占有了兵力上的优势，他们面前只有奥军部署在霍伦诺斯山脊上的 5 个炮兵连还在抵抗，这些炮兵原本是用来掩护莫利纳里和图恩两军撤退到赫卢姆－内德利斯特一线的。普鲁士炮兵的火力在中午 12 点 30 分大幅增强，此时，霍亨洛厄终于将他的禁

◎ 当禁卫军列队从他身边走过时，王储用手指向他们的目标"两棵菩提树"。（沃斯 藏）

卫军后备炮兵部队投入到杰里切克南部的战斗中，普罗德钦斯基麾下的两个炮兵连也开始炮击奥军。这场不对等的战斗没有持续多久——奥军炮兵很快就撤退了；霍亨洛厄和他的同僚们认为，这是由于他们第一次在火力对决中占了上风，但事实上，这是因为奥军炮兵已经完成了自己掩护第 2 军和第 4 军撤退的任务，所以没必要和普军继续缠斗。[7] 奥军最后撤离霍伦诺斯山脊的部队正是那个在两棵菩提树下布设阵地并最先投入作战的炮兵连。

与此同时，第 2 集团军的步兵部队也越来越积极地投入到行动中。首先，第 2 集团军下辖的 4 个连被派往战线最右侧的贝纳泰克，以支援处境十分艰难的第 7 师，阿尔文斯勒本也将 5 个连派往自己的左翼，并对霍伦诺斯展开进攻。直到下午 1 点，霍伦诺斯镇已经落入了普军手中。在高地后方，图恩的最后一批部队正在慌忙撤退。对冲在最前方的普军骑兵而言，这些奥军步兵是一个极具诱惑力的目标，但他们很快就搭建了临时防御阵地，而且由于地势非常崎岖，普鲁士骑兵难以发动冲锋。再往东，扎斯特罗正率军向森德拉西茨以北的高地推进，除了从很远的地方偶尔射来几枚炮弹外，他们几乎没有遇到任何阻力。同样的，在他的左侧，普罗德钦斯基的推进也只受到奥军亨里克兹旅远程炮火的干扰，该旅的阵地远在特罗蒂娜之外。过河后，普罗德钦斯基的先头部队继续向森德拉西茨挺进，并轻而易举地赶走了那里兵力薄弱的奥军。奥地利守军部分撤退到内德利斯特，但主要是向洛切尼茨撤退。在第 12 师攻击轴线的最左侧，有几个普军连从磨坊和铁路路堤穿过了特罗蒂娜；沿途的奥军几乎没有做什么抵抗就当了俘虏，普军带着这些俘虏继续向南方的洛切尼茨挺进。亨里克兹仍然守卫着洛切尼茨的大桥，但是普罗德钦斯基正在向森德拉西茨和更远的地方挺进，亨里克兹旅与奥地利第 2 军其他部队的联系时断时续，受到了严重威胁。

奥地利第 2 军的绝大部分部队仍在撤退当中。他们排成梯队沿着马斯洛德 – 内德利斯特的路线撤退。与此同时，奥地利第 4 军也终于服从了贝内德克的命令，占领了赫卢姆 – 内德利斯特的阵地。该阵地由奥军后备炮兵部队的 64 门大炮提供火力支援，其指挥官为霍夫鲍尔（Hofbauer）中校。因此，尽管奥地利第 4 军和第 2 军的持续后撤意味着奥军防线的右翼已经被完全搅乱了，但第 2 军的主力仍然毫发无损，更重要的是，其仍然拥有很多大炮，足以给普军制造巨大的麻烦。而且，对普军而言，奥军在霍伦诺斯山脊以北的阵地位置和兵力部署仍然是未知的。

奥军防线的关键位置当然就是赫卢姆村，由冯·斯拉维茨基（von Slawetzki）的奥地利第46团把守，他在村子里驻扎了一个营，还有一个营就位于村东不远处。第46团隶属于第3军阿皮亚诺旅，从当天上午9点开始就驻守在赫卢姆村。不过，奥地利第4军也有相当数量的部队驻扎在赫卢姆村周围，其中有很多部队进入了事先为他们修筑好的阵地。因此，在奥军阵地的第一线，共囊括：5个炮兵连、约瑟夫大公旅（基本完好无缺），还有3个来复枪营的残部（曾经在斯威普森林中遭受了重创）。第二线共包括：勃兰登斯坦旅的一部分，两个炮兵连，还有另外两个团的残余部队——这些部队也曾经在斯威普森林这个"大熔炉"中经受过锤炼。再往东，萨弗兰旅布设了一道防线，还有霍夫鲍尔的8个炮兵连部署在通往内德利斯特的山脊上。如果将上述部队及时派遣到赫卢姆周边的防御阵地内，或许会给发动进攻的普军部队带来很多麻烦。

普军方面，夺取赫卢姆村的任务由希勒师承担，霍亨洛厄的炮兵负责为他提供支援。后者已经位于普军攻击箭头的最尖端了，比希勒自己的师属炮兵更适于参与进攻。霍亨洛厄在杰里切克以南选定了他的第一个阵地，并向奥军开火，但由于距离太远，对奥军造成的伤害并不大，于是他向前推进到霍伦诺斯附近的一个新地点，在那里，他继续对1900码外的敌人展开攻击。一个正在小跑着撤退的奥军炮兵连落入了霍亨洛厄的视线，他立即下令麾下的所有炮兵连向这个诱人的目标开火，但是，令他沮丧的是，这次攻击收效甚微：

> 炮弹纷纷落在敌人的前方或后方，但没有一枚命中。奥军炮兵连毫发无损地逃过一劫，很快就逃到山后不见了。我就像错过了一只皇家牡鹿①的猎人一样生气。[8]

---

① 译者注：有十二个以上角叉的公鹿。

◎ 柯尼希格格雷茨战役，截至7月3日下午的战况。

过了一会儿，霍亨洛厄终于得到了些许安慰——他的大炮打散了一个从霍伦诺斯冲下来的奥军步兵营。受此鼓舞，霍亨洛厄骑行到各炮兵连的前方，想找到一个足以支援己方步兵攻打赫卢姆的好地方。经过先前奥军的炮兵阵地时，他倍感惊讶和失望，因为他发现，自己的炮火没有对敌人造成什么严重的伤害：

没有一门断了轮子的大炮，没有一个炸得粉碎的弹药箱，没有一匹断肢的马，甚至没有任何东西可以表明这曾经是敌人的炮兵阵地。[9]

◎ 不幸的奥地利第 46 步兵团的纪念碑，该团在赫卢姆全军覆没。（罗杰斯 摄）

当普军步兵向赫卢姆发动进攻时，霍亨洛厄的阵地就位于霍伦诺斯东北方向约 1000 码处，其遭到了部署在赫卢姆两侧的奥军炮兵的集中攻击（尽管处于奥军大炮射程的末端）。不久后，霍亨洛厄将阵地向前转移到两棵菩提树附近，并继续向奥军开火，他本人则骑马飞奔到马斯洛德高地的前方，想找到另一块靠近敌军炮兵阵地的位置。在途中，他遇到了禁卫炮兵司令冯·科隆尼尔（von Colomier）少将，当时，科隆尼尔正和步兵的先头部队在一起勘察敌情，他对霍亨洛厄将炮兵阵地前移的做法表示赞同。科隆尼尔在马斯洛德和内德利斯特之间找到了一块合适的阵地，他赶忙派人把大炮挪到这里，自己则留在原地等待。当科隆尼尔站在那里，注视着手下推着大炮小心翼翼地从霍伦诺斯山脊往下走的时候，敌军炮弹突然如雨点般将他包围，炮弹先是打得太近，在距离他100码的地方爆炸，然后又打得太远，在距离阵地100码外爆炸。第三颗炮弹则正好落在他身旁，科隆尼尔猜想，他的对手或许已经发现了霍亨洛厄正在为普军炮兵阵地的前移做准备，因此也有针对性地调整了大炮的射程。

霍亨洛厄命令自己的部队前移到他新选定的阵地。他们刚一接近新阵地，奥军炮兵就全线开火了，霍亨洛厄和他的炮手们不得不冒着冰雹般的炮弹，拖着大炮，又向敌人逼近了三百码，但他们毫发无损地通过了这个区域，敌人显然没有发现他们的前进，因为奥军的炮弹依旧落在科隆尼尔的阵地上。[10]霍亨洛厄很快就在大约1350码的距离上对敌人展开反击。

在散兵的带领下，希勒师的全部主力现在都在向赫卢姆进军，目标是教堂的尖塔。各先遣队冒着从该镇两侧高地发射的、冰雹般的炮弹，很快就抵达了奥军的第一道防御工事。但普军的前进在很大程度上是盲目的，这不仅是因为能见度低，地面崎岖起伏，更是因为他们要穿过一片五英尺高的玉米地。奥军炮兵连的炮手们从始至终一直躲在土方工事里，现在他们付出了代价——许多炮手来不及在普鲁士步兵攻来之前推走他们的大炮。其中一个奥军炮兵连被普军包围，与己方部队失去了联系，他们试图向北逃跑，但遭到普军步兵火力的近距离攻击，有6门大炮当场被毁，不久后，第7门大炮又被普鲁士禁卫轻骑兵部队指挥官冯·克罗西克（von Krosigk）中校击毁。

在普军发动进攻的最初阶段，赫卢姆守军一直保持沉默，部分原因是他们未能及时发现敌军的新动向，还有部分原因令人感到匪夷所思——很明显，守军将冲到他们一线阵地的普鲁士禁卫军误认为是萨克森步兵了。不过，赫卢姆守军似乎不太可能没有意识到他们已经身处战争的最前线，单是双方重炮之间的交锋就足以提醒他们，敌人的进攻迟早会到来。实际上，普军很快就冲上来了：普军攻击部队的右翼是第1禁卫步兵团第1营，他们向右方推进，并散开包围了村子的南端和东南端，还有一个来复枪连冲进了村子的北端。双方在村中心进行了一场激烈的战斗，冯·斯拉维茨基当场阵亡，奥军的抵抗很

◎ 克拉夫特·祖·霍亨洛厄-英格尔芬根王子在战争结束后很久拍摄的照片。1866年，他担任普鲁士禁卫炮兵部队司令，他是一位才华横溢的炮手，也留下了许多与19世纪后期战争有关的、充满真知灼见的重要著作。
（霍亨洛厄-英格尔芬根 藏）

快被粉碎，初战告捷的普军很快向村的西郊挺进。不过，在200码的距离上，他们遭到了冯·德·格勒本（von der Gröben）上尉指挥的奥地利第3军直属第8骑炮连的猛烈攻击，但幸好，普军第1禁卫步兵团下辖的燧发枪手营，几乎是在同一时间突然向环绕赫卢姆南端的奥军炮兵阵地发动进攻，并以凶猛的火力压制那里的奥军炮手。在短短5分钟内，冯·德·格勒本和第8骑炮连的另一名军官阵亡，另有52名炮手和58匹马死伤，只有一门大炮侥幸逃出了普军的包围圈。奥军炮手们一直战斗到了最后，直到今天，战场遗址上还竖立着一座纪念碑，以纪念不朽的"死亡炮兵连"。

下午2点45分，普军完成了村里的扫荡工作，整个奥军防线的关键区域已经在希勒手中了。尽管普军还要面临多场血战，但赫卢姆的陷落也许是这场战争的决定性时刻。

为巩固已经占领的阵地，赫卢姆的胜利者们继续向前推进。此时，希勒的左翼部队已经到达了奥军在赫卢姆和内德利斯特之间的炮兵阵地，他们在俘获的大炮中间停下来休整，只有两个连单枪匹马，继续向斯威特（Sweti）推进。普军左翼部队的进攻只遇到微弱的抵抗，因为当面部队——勃兰登斯坦旅步兵的士气非常低落，他们连同波克旅的残余部队和约瑟夫大公旅这支尚未遭受损失的生力军一起很快就撤退了。

当希勒的士兵着手占据赫卢姆南部的阵地时，由石勒苏益格-荷尔斯泰因亲王率领的奥地利后备骑兵师已经来到了赫卢姆所在小山的南麓，辛德洛克旅在他的右边，索姆斯王子（Prince Solms）旅在他的左边。辛德洛克向村外的普鲁士步兵发起了冲锋，当时，这些步兵正从村里出来，准备向罗斯贝里茨

（Rosberitz）前进。奥军骑兵阵线的前锋由枪骑兵和胸甲骑兵所组成，还有一个胸甲骑兵团紧随其后。普鲁士步兵等到奥军骑兵距离不到200码时才开火，他们手中击针枪的威力实在太可怕了，因此冲在第一线的奥军胸甲骑兵有些逃到了位于第二线的枪骑兵的阵列中，另一些胸甲骑兵则完全转过身来，径直强行冲回了第二线（此时正在向前冲）。一会儿工夫，辛德洛克旅就有大约200人伤亡，狼狈不堪的幸存者们只能与索姆斯王子旅会合，共同向朗根霍夫撤退。[11]击退奥军骑兵部队并造成如此可怕伤亡的普军部队是禁卫营，其指挥官是冯·凯塞尔（von Kessel）上校，他随即率领部队下山攻入了罗斯贝里茨。

辛德洛克旅的这次得不偿失的冲锋并不是奥军所发动的唯一一次反击。实际上，为了夺回被普军缴获的大炮，奥军从利帕方向和朗根霍夫方向均发动了反击，只不过协调性非常差。虽然在反攻初期，奥军取得了进展，有一次，奥军甚至攻入了赫卢姆村内，但这些反击都以失败告终，奥军损失了大量有生力量。

就在希勒的部队攻占赫卢姆并继续扩大战果的时候，由冯·埃克特（von Erckert）少校率领的一支普军纵队正从罗斯贝里茨东部的一座小山上冲下来，

◎ 普军进攻赫卢姆时的场景。（冯塔内 绘）

并拦截了部分正在向威斯塔（Wsestar）撤退的奥地利后备炮兵部队成员。

埃克特和他的副官冲上前去，亲自缴获了两门大炮。沿着这条战线，普鲁士禁卫军奋勇向前，不但趁着奥军炮兵仓皇撤退的时机俘获了他们手中的大炮，还通过自己的行动确保了罗斯贝里茨的安全。

刚一攻陷赫卢姆，霍亨洛厄就开始再次调遣他的后备炮兵部队，以支援希勒的第1禁卫师，他本人骑马前行到村庄南边的一座小山上，从那里可以俯瞰通往柯尼希格雷茨的主干道。突然，他发现有一个千载难逢的机会就摆在面前：

我敢肯定，我的大炮绝不会错过眼前的目标，不管是线膛炮还是滑膛炮都不会射偏。两个奥地利军正在山脚下的平原上集结，他们身穿盛装、排成队列，他们的白制服在迎风摇曳的绿色玉米田中显得格外醒目。这些奥军部队正面对萨多瓦列队集结，因此他们的右翼就暴露在我面前。奥军的步兵营、骑兵中队和炮兵集群正在接受检阅，他们排列成整齐的队列，从上面俯瞰就像棋盘上的方格。[12]

◎ 以冯·德·格勒本上尉指挥的奥地利"死亡炮兵连"阵地的视角看赫卢姆及镇内教堂的景象。（罗杰斯 摄）

霍亨洛厄驻足欣赏着这一奇观。不过，和他一起探查敌情的科隆尼尔（Colomier）是一个一心只有公事的人。"现在不是欣赏美景的时候。快把你的炮兵连派上来！"他厉声说道。[13]

在希勒的右侧，随着主力部队的迅速推进，阿尔文斯勒本已经落在了后面。下午2点30分左右，阿尔文斯勒本到达了奥军位于马斯洛德以南的阵地，驻守在此处的是弗莱施海克旅的残余部队。实际上，之前，奥军把弗莱施海克旅留在西斯托沃斯村完全是一个乌龙，因为莫利纳里军的其他部队早已经撤走了。就在希勒奋力攻打赫卢姆的时候，弗莱施海克旅开始撤退，其撤退路线正好经过希勒的后方。撤退过程中，一个奥军轻骑兵团走在弗莱施海克旅前面，负责探路。途中，这个轻骑兵团先是遇到了冯·阿德勒（von Adler）上尉率领的两个普军工兵连——他们正在向赫卢姆进军，不久后，它又遇到了正在向新阵地转移的霍亨洛厄手下的部分炮兵连。后者迅速转向奥军轻骑兵的右侧，并在近距离开火，给奥军造成了重大伤亡。起初，奥军轻骑兵打算穿过赫卢姆向后撤退，但没能成功，然后他们又转向北方向马斯洛德撤退，后面跟着一个炮兵连和一些步兵。与此同时，弗莱施海克旅的残余部队正在与阿尔文斯勒本的先遣队交战。不久后，奥军轻骑兵在马斯洛德再次受阻，面对普军猛烈的步枪火力，他们只能抛下手头的两门大炮，并转而向森德拉西茨前进。此举令普鲁士王储和他的随从们陷入危险当中，因为奥军轻骑兵的逃生路线正好经过第2集团军指挥部，他们不得不与奥军周旋，并向第2禁卫师靠拢，以确保安全。不过，这些制造麻烦的奥军骑兵很快就被一个普军轻骑兵中队（隶属于普鲁士禁卫轻骑兵团）给驱散了，他们中的大多数人都成为普军的俘虏，其随行的步兵和炮兵连的残余人员也很快就投降了。与此同时，阿尔文斯勒本也把弗莱施海克旅的残余部队打得落荒而逃，后者向赫卢姆以西逃窜，阿尔文斯勒本最初打算继续追击，但希勒于下午2点45分策马赶到了，他命令阿尔文斯勒本停止追击，因为他在赫卢姆的部队需要支援。

在禁卫军的东侧，穆提乌斯也在短时间内取得了较大进展。普鲁士第11师在攻占森德拉西茨之后，其先头部队继续向内德利斯推进，因此该师的步调与希勒基本保持一致。由冯·贝尔肯（von Berken）少校率领的普军第50团第2营，冒着奥军后备炮兵的火力，向内德利斯特发起猛攻，这显然完全出乎了守军的意料，因此他们有许多人逃跑了，其余的都成了俘虏。在内德利斯特西部，第50团第2营下辖的两个连在没有被守军发现的情况下，偷偷穿过高高的玉米地，向一个奥军炮兵连发起突然袭击，并迫使其全部投降。

内德利斯特的丢失，使贝内德克再也无法守住自己的右翼防线了，而这条防线本可以帮助奥军抵御普鲁士王储的进攻。不过普鲁士第6军先遣队的推进速度实在太快了，以至于贝尔肯现在的位置过于突前，他不得不停下来等待哈南费尔特旅的其他部队赶上来。与此同时，正位于特罗蒂娜的奥军亨里克兹旅，除了要面对普军越来越凶猛的火力之外，还要忍受一种新的、意想不到的危险。一枚普军发射的炮弹正好掉落到一大群蜂箱里，激起的大量蜜蜂铺天盖地向奥军飞来，他们几乎无法保护自己免受蜂群的猛烈攻击。[14] 下午3点，哈南费尔特的第21旅赶到了战场，紧随其后的是霍夫曼（Hoffmann）的第22旅和师属炮兵，这令扎斯特罗得以继续深入奥地利军队的侧翼。与此同时，在扎斯特罗的左边，普罗德钦斯基也在向前推进，但他的部队由于连续急行军而感到疲乏不堪。下午3点，普罗德钦斯基的几个先头连已经抵达了洛切尼茨，并向这个村庄发起了第一次进攻，但没能成功。至此，普鲁士第2集团军在突飞猛进之后，不得不停下来进行休整。到目前为止，普军在这个方向上的进展非常顺利，但在这漫长的一天结束之前，他们还要面临多场恶战。

第五节 易北河集团军的挺进

此时，在普鲁士第1集团军的战线，一场旷日持久、实力悬殊的炮兵对决仍在持续当中，由于战事进展缓慢，损失不断攀升，罗斯科斯堡的普鲁士王家统帅部的精神不仅得不到一丝放松，反而越来越紧张了。尽管有迹象表明普鲁士第2集团军正在前进，但令腓特烈·查尔斯感到沮丧的是，目前，他无法采取任何有效措施来撼动占据优势地位的奥地利炮兵：

我们费尽千辛万苦才把大炮弄过毕斯特里茨河，途中遇到的麻烦不计其数，损失也不小，结果它们的射界受到一片片森林的遮挡。奥军火力最猛的炮兵阵地，通常都部署在最易守难攻的地方，例如在利帕的正前方，奥军有一道火力十分强大的炮兵阵地，它将大量炮弹和弹片如狂风骤雨般倾泻到萨多瓦森林以及位于森林背后的我军预备队身上。[1]

最后，腓特烈·查尔斯忍无可忍，他命令曼施泰因立即发动进攻，以清除山坡上的奥地利炮兵。然而，这正是毛奇决心要避免的那种过激反应；在这个阶段投入曼施泰因所部不仅会提早耗尽普鲁士第 1 集团军的预备队，而且会重蹈奥地利人在斯威普森林的覆辙。

毛奇明白，只要尽可能久地将奥军拖在中心阵地，普军取得最终胜利的希望就会大大增加。后来，在《官方战史》中，腓特烈·查尔斯解释提早派遣曼施坦因参战的命令是基于"第 2 集团军的先头部队现在已经足够近了"。第二天，毛奇在给妻子的信中，谈到了第 1 集团军司令部急于对利帕的奥地利军队采取行动：

不惜代价突破这里对我们没有任何好处，我撤销了下达给曼施坦因将军的命令，即要他迅速夺取奥军炮兵阵地。因为只要我们继续在两翼推进，必然会迫使奥军炮兵撤退。[2]

整整一上午时间，利帕的奥地利炮兵阵地都在给普军制造麻烦。由于试图在主干道以北集结足够的力量，普鲁士炮兵被迫驻扎在奥军大炮的射程之内，他们的损失非常惨重，有一个普军炮兵连甚至被迫撤离战场。除此之外，普军一些炮兵阵地的位置也很不理想："位于西斯托沃斯村正前方的炮兵阵地由于右侧长满了矮草而显得异常拥挤，但如若把阵地挪到草地上，就会失去该村周围的视野。"[3] 而且它们距离斯威普森林及附近的步兵交战地域过近，以至于还受到奥军反攻的巨大威胁。第 1 集团军后备炮兵部队指挥官施瓦兹少将已经得到命令，要求他搜集一切可用的人为其炮兵连提供步兵掩护，包括那些与母团失散的步兵和一个独立工兵分队。他甚至强迫两个刚好位于附近的枪骑兵中队来为自己的炮手们提供支援。

位于霍拉瓦尔德以南的普鲁士炮兵阵地得到了整整 60 门大炮的增援，但仍然不及对面奥军大炮数量的一半。而且，普军加强炮兵阵地火力的努力还加剧了指挥体系的混乱：

◎ 毕斯特里茨附近的普军炮兵阵地，隶属于第2军。（该插图选自《战争编年史》）

在战场的这一区域，普军炮兵明显缺乏凝聚力……驻扎在那里的 11 个炮兵连分属于 5 个不同的炮兵师，有的隶属于师属炮兵，有的隶属于后备炮兵。[4]

由于接到了己方步兵正在撤出下多哈利兹（Unter–Dohalitz）的报告，有两个普军炮兵连被迫后撤，还有一些炮兵连由于弹药耗尽或者阵地太过于暴露（正好处于奥军部署在山坡上的炮兵阵地射程内）而撤退了。屋漏偏逢连夜雨，毕斯特里茨河上的渡口本来就很少，还被蜂拥而至的普军步兵给堵住了——这主要是由腓特烈·查尔斯的一个错误决定导致的，即命令曼施坦因和韦尔德两个师同时渡河。

在霍拉瓦尔德森林以及周边地区，普军步兵的情况也不容乐观。由于森林中的伤亡人数不断增加，只能先撤去一些部队并分派到他处，再派遣增援部队来替代他们。普鲁士第 4 师有 4 个营被派进了森林。其中一个营已经在这里打过多场拉锯战了，这次它试图主动向森林边缘前进，但在挫败了奥地利骑兵的两次反攻后，它也成了强弩之末，只能撤退。普军第61团下辖的1个连沿大路向前推进，占领了一个奥军营房，他们以此为阵地，利用手中的步枪向附近的一个奥军炮兵连猛烈开火，并给其造成了损失。

为夺回营房，两个奥军枪骑兵中队向普军发起了反攻，但是，在密集的步枪火力下，奥军枪骑兵不但反攻失败，还遭受了惨重的损失。不过，普军巩固阵地、伺机前进的企图也没有实现，尽管这个连仍然坚守着营房，但所有赶来支援它的普军步兵都被奥军赶回了霍拉瓦尔德。

然而，对占据霍拉瓦尔德的普军而言，最严重的威胁是奥军有一次在无意之间发动的反攻。下午1点，厄内斯特大公得出结论——发动反击的时机已经到了，于是他派一个信使去找贝内德克，请求他允准自己的反攻计划。贝内德克拒绝了他的请求；但基什伯格（Kirschberg）旅已经开始行动了，其下辖的一个团向上多哈利兹（Ober Dohalitz）发起了反击——大约有两个半营沿大路向森林的一角发动进攻。尽管奥军的这次反攻最终失败了，但双方都损失巨大；此时，普军派驻霍拉瓦尔德森林防御阵地的部队总共有5个团，但它们已经打乱编制混杂在一起了，而且这个问题在短期内无法解决。值得一提的是，不久后出现了一个奇怪的巧合：在森林边缘爆发的激烈战斗中，奥军第49团和普军第49团两个团长相继阵亡，而且他们被打死的地方相距仅有几码。

尽管没有一个奥军士兵成功穿越森林，但是第2军的司令官施密特还是被奥军的骚扰搞得心烦意乱，他忍不住主动采取了行动，后来他也为此遭受了严厉批评：

> 由于第4师在森林中损失了大量有生力量，冯·施密特将军认为有必要把他们从阵地上解救出来。他将手边最近的5个营从森林里拉出来，派到大路上去堵截奥军，除此之外，他并没有其他行动……但领头的几个营刚一走到开阔地带，就遭到奥军炮兵的猛烈攻击，施密特将军赶忙命令他们撤到第9团后面去，军官和士兵都极不情愿地执行了这一命令。[5]

在霍拉瓦尔德森林之外，韦尔德一直采取守势，没有主动向前推进，从而将第3师的伤亡人数降至最低。此外，韦尔德的部队接到命令，要充分利用现有的掩体，因此他的部队都躲进了建筑物中，比霍拉瓦尔德那些暴露在野外的部队更加安全。事实上，韦尔德师的士兵一直在坚守阵地，他们不断加强所在村庄的防御工事，并等待着上级的进一步指示。因此，该师的伤亡人数远远少于左翼的普军部队。[6] 在更远的南方，在易北河集团军的战线上，战事开始发生了决定性的转变。当然，这就是毛奇一直在等待的机会，他几乎没有掩饰自己的迫不及待。事实上，毛奇当天发出的唯一一份书面命令正是给赫沃斯的，主要目的是要求他在战线的右侧继续采取行动。这份命令于下午1点45分正式发出，内容如下：

◎ 一座关于奥军内贝尔旅的独特纪念碑，位于多哈利兹。（罗杰斯 摄）

　　王储已经抵达齐泽洛维斯，奥地利人向约瑟夫施塔特的退路被切断了。最重要的是，冯·赫沃斯将军要在奥军的中心阵地还在坚守的情况下，从另一个侧翼发动进攻。[7]

　　实际上，关于赫沃斯究竟是在什么时候收到这条命令的，官方并没有确切记录；但正如《官方战史》所指出的那样，早在战争爆发之初，易北河集团军就已经在向前推进了，战争形势即将发生惊天逆转。

　　与此同时，萨克森王储的反攻几乎把普鲁士人逼回了卢布诺－赫拉迪克山脊，现在他决定利用这次胜利再发动一次大规模反击。他的计划是派遣萨克森禁卫旅作为正面主攻部队，萨克森第2旅负责对其进行支援，奥地利第8军负责掩护其左翼。在反攻开始后，萨克森王储曾计划利用骑兵包抄普军的右翼，从而围歼普军。在下午2点之前，萨克森禁卫旅就开始了行动，很快，第2旅从禁卫旅的左侧跟了上来，两个旅分别向新普里姆和赫拉迪克推进。在两者的左侧，来自奥地利第 8 军的舒尔茨旅和沃伯（Wöber）旅也开始进行部署。

然而，对阿尔伯特王储而言，不幸的是，这时赫沃斯自己的进攻计划也已经成熟了。此前，坎斯坦的推进计划曾因为第 29 旅 [指挥官为冯·斯图克拉特（von Stuckradt）] 的姗姗来迟而受阻。不过，第 30 旅 [指挥官为格拉泽纳普（Glasenapp）] 已经在斯泰瑞克森林中央的一座小山的西侧就位了，这道阵地就位于奥军反击部队的侧翼。大约在下午 1 点 30 分，斯图克拉特终于率领他的先头部队到达了新普里姆，该旅的其余部队也排成一列纵队从赫拉迪克向前推进。坎斯坦决定不再等待，他命令部队立即开始行动。与此同时，奥军的反攻也正在进行当中，位于奥军左翼的舒尔茨旅下辖的第 74 团 [指挥官为诺比利（Nobili）] 一马当先，双方在上普里姆的正前方（斯泰瑞克森林中）展开激战，最终，奥军成功地击退了普鲁士第 56 团所辖的一个营。然而，奥地利人不知道，由冯·盖尔（von Gayl）上校率领的普鲁士第 68 团也已经进入了斯泰瑞克森林；当奥地利人试图穿越森林的空地时，盖尔的部队发现了他们，在短暂的交火之后，普军冲了上去，把他们赶出了森林："从上普里姆一直延伸至新普里姆的奥军核心阵地，就这样被普军突破了。这次猛烈的冲锋给敌人的队伍造成了难以形容的混乱。"[8] 舒尔茨和沃伯两个旅都解体了；在盖尔进攻之下，位于东侧的奥军部队迅速撤退到上普里姆，而西侧的奥军部队试图向北撤退，却被斯图克拉特麾下那些正在向新普里姆推进的部队从侧翼包围。

侥幸逃出普军包围圈的奥军官兵成了惊弓之鸟，他们向不幸的萨克森第 2 旅（当时该旅正在执行王储的反攻命令，向赫拉迪克推进）的侧翼直冲了过去：

> 对萨克森军队而言，这股溃逃的部队犹如晴天霹雳，只见他们奋力向西狂奔，迎头撞上了普鲁士第 29 旅的枪口。这使得奥军的士气彻底崩溃，如果不是萨克森人的英勇抵抗，一场溃败很可能会接踵而至。[9]

萨克森第 2 旅试图通过部署第 6 营来掩护自己的侧翼，但在普军的猛攻之下，萨克森第 6 营和第 8 营都全军覆没；幸亏位于第二梯队的第 5 营和第 2 来复枪营还算镇定，才使得萨克森第 2 旅逃出生天，撤往下普里姆。面对这一

◎ 关于柯尼希格雷茨战场的全景草图，展现的是从特雷索维茨和斯特雷斯蒂茨之间的奥军阵地左翼以及萨克森军阵地向南看到的景象。

灾难，萨克森禁卫旅的反攻计划也被迫流产了，两个旅只能继续撤退到普罗布鲁斯山后的一道阵地中。

坎斯坦的进攻出人意料地取得了成功，但实际上，这是由步兵单独完成的。普军骑兵已经后撤，不过，到下午 1 点，赫沃斯麾下的炮兵指挥官冯·罗辛斯基（von Rozynski）上校在卢布诺山的阵地中部署了 66 门大炮，但由于距离太远，普军炮兵无法对下普里姆战场的己方部队进行近距离火力支援。因此，在缺乏支援的情况下，坎斯坦的手中只有 7 个营的兵力，但他很清楚，自己应该立即利用现有优势继续扩大战果。根据坎斯坦的命令，格拉泽纳普应立即向上普里姆发动进攻；同时，斯图克拉特将率领他全旅的兵力（目前尚未遭受损耗）向下普里姆挺进。由于地势险峻，树木丛生，在某种程度上，第 30 旅的各支部队被迫混杂在一起，但格拉泽纳普还是决定立即出击，他命令：第 68 团和由齐默尔曼（Zimmerman）上校率领的、来自第 40 团和第 65 团的部分小分队从西部出发；第 28 团的两个营从南部的森林出发；共同对上普里姆展开进攻。

奥地利人，特别是由冯·格斯特纳（von Gerstner）上校率领的步兵团，进行了英勇的抵抗，甚至在格拉泽纳普占领了上普里姆镇之后，他们还试图发动反击，但在付出沉重代价之后，奥军还是被击退了。剩下的奥地利守军全都撤退了，一部分撤向普罗布鲁斯，另一部分撤向布里扎（Briza）森林。在这场战役中，双方的伤亡都很高，其中甚至包括奥地利旅的指挥官舒尔茨将军——坎斯坦最初的进攻就是在他的指挥下失败的，他在率领部队冒着普军的猛烈炮火撤退时当场阵亡。

◎ 斯泰瑞克森林边缘的景象，普军步兵就是从这里发动攻势，使奥地利和萨克森军队陷入混乱的。树旁的纪念碑是为纪念在此地损失惨重的奥地利第 74 步兵团而修建的。（罗杰斯 摄）

　　上普里姆的陷落对阿尔伯特王储位于普罗布鲁斯的阵地而言极为不利，他迅速采取行动来巩固自己的侧翼。他派萨克森第 1 旅去防守普罗布鲁斯和查布西茨（Charbusitz）之间的区域，即森林的南部边缘，并指派 2 个滑膛炮连和若干骑乘炮兵分队在下普里姆以东高地的南坡上布设阵地。不久后，又有两个炮兵连补充上来，上述萨克森炮兵部队阻止了坎斯坦的推进，令萨克森步兵有足够的时间逃跑。这时的普军还无法有效应对萨克森人的炮击，上普里姆火光冲天，格拉泽纳普麾下的步兵只能暂时撤离该镇。

　　虽然斯图克拉特没能与普鲁士第 20 旅实现会师，兵力不够强大，但他立即率领自己的部队继续向前推进，将正在撤退的萨克森军队赶回了下普里姆，并很快与上普里姆的齐默尔曼部队取得了联系。当普鲁士步兵向前猛冲时，罗辛斯基把大炮带到距离下普里姆大约两千码的地方。在这场战斗中，普鲁士炮兵的火力空前猛烈。在炮兵的掩护下，普军第 65 团和齐默尔曼部队再次攻入了上普里姆，萨克森军队则撤退到普罗布鲁斯。

◎ 萨克森王储曾竭尽全力从普里姆发动反攻，但很快陷入与普军的混战当中。
（该插图选自《战争编年史》）

在下普里姆的正前方，蒙斯特的第 14 师正准备继续前进。由于通过内查尼茨大桥的行动出现了延误，它在当天下午 1 点 30 分才完成在卢布诺山后的部署。不久后，蒙斯特终于决定继续前进，他的计划是：左翼的攻势由施瓦茨科本（Schwarzkoppen）率领的第 27 旅领衔；右翼跟在前者后面大约半英里处，由希勒的第 28 旅负责。下午 2 点 30 分，普军第 14 师已经准备好对普罗布鲁斯发动攻击，此地仍由萨克森人据守，这也是他们的最后一个坚固据点。然而，对阿尔伯特王储来说，很明显，他不敢在这个阵地上坚守太久。萨克森王储的司令部就位于靠近普罗布鲁斯的小山上，他可以清楚地看到在奥军防线右翼的关键节点，即赫卢姆所发生的事情，并认为，己方部队全线撤退已经是不可避免的了。显然，在萨克森人的阵地的北侧，加布伦茨正准备撤退，而在战线的另一端，坎斯坦的不断推进已经威胁到了他们的撤退路线。萨克森人曾经在此英勇奋战，但显然到了该离开的时候了。

到目前为止，除了在蒙申格莱茨与敌军短暂接战之外，蒙斯特的部队几乎没有参与任何战斗。而且，他们现在的状况也远非理想：

该师的部队在前一天夜里行进了 13.5 英里，而且被迫通过拥挤的道路，穿越茂密的玉米田；他们已经连续 12 个小时处于战斗状态了，而且像该集团军的其他部队一样，没有得到任何补给。[10]

尽管如此，蒙斯特的部队依然保持着优雅的风姿，在距离敌人阵地只有大约 250 码的时候，各团的军乐队仍然冒着敌军猛烈的炮火演奏不息。这是一个令人印象深刻的奇观。第 28 旅的弗里茨·赫尼格记录了自己在普鲁士军队翻越波波维茨山脊的时候所看到的景象：

就像剧院的幕布升起一样，一个舞台突然展现在我们眼前。这是多么漂亮的舞台啊！从普里姆到普罗布鲁斯的山顶，从斯特雷斯蒂茨到利帕和赫卢姆，整个敌人的战线都笼罩在火焰和烟雾中。在普里姆和普罗布鲁斯之间，人们可以看见一排排的大炮，而在视线所及的这一边，到处都有散兵和纵队在前进，旌旗飘扬，音乐奏响……从那之后，我再也没见过这样的场景。[11]

由于树木的遮蔽，施瓦茨科本旅在波波维茨以东的森林里享受了一段难得的平静时光，但一旦他们走出森林，其队列正前方便遭到了奥军位于普罗布鲁斯的炮兵阵地的攻击，其侧翼也遭到了驻扎在特雷索维茨的一个敌军炮兵连的攻击。尽管普军步兵的队列被敌军炮火撕开一条条缝隙，但他们毫不畏惧，继续前行。普军散兵很快就冲入了萨克森人大炮的射程之内——他们已经后撤到了山脊之上，把防御普罗布鲁斯阵地的重任交给了萨克森步兵。据《官方战史》记载："敌人非常顽强，在每一个农家院里，双方都要爆发一场新的战斗，向前迈出的每一步都要付出沉重的牺牲，我们不得不把敌人从一个阵地赶到另一个阵地，直到抵达村庄的另一边为止。"[12]

下午 3 点，普鲁士第 27 旅终于攻占了普罗布鲁斯，但希勒的第 28 旅改变了进攻轴线，其转到战场右侧，从普罗布鲁斯和下普里姆之间通过。当第 28 旅抵达战场上最陡峭的高地时，萨克森炮兵已经撤退了，因此该旅的伤亡比施瓦茨科本旅要小得多。此后，两个萨克森营曾对普罗布鲁斯发动过短暂的反攻，想夺回这个重要阵地，但在普军顽强的防守之下均告失败。在师长的催促下，第 28 旅准备继续前进。事实上，它也是易北河集团军中唯一一支有体力推进到足够远的距离，并借此取得最终胜利的部队。此时，普军坎斯坦师尽管取得了重大胜利，但也因此变得混乱和虚弱，而埃特泽尔的第 16 师和骑兵部队（对这一阶段的战事而言，它们原本是至关重要的部队）却直到下午 2 点才开始越过内查尼茨大桥。

因此，虽然赫沃斯在这场战役中取得了决定性的胜利，但易北河集团军却无法给奥军带来致命一击。而且，尽管此地距离通往柯尼希格雷茨的主干道非常近，但萨克森王储的英勇抵抗（可惜最终失败）却令赫沃斯迟迟无法切断这条贝内德克的唯一退路。

第六节 罗斯贝里茨

此时，身处利帕高地的贝内德克全然不知赫卢姆已经陷落，更不知道他的集团军其实已经陷入了巨大的危险当中。下午两点半刚过，贝内德克派自己的参谋诺伊伯上校前往奥军阵地最左边的埃德尔斯海姆执行任务，诺伊伯打算先骑行到赫卢姆去取一匹新马，结果发现该地已经落入了普鲁士人手里，他感到万分惊骇，便骑马回到司令部，向正在发号施令的贝内德克询问是否可以同他私下谈谈。"我们这里没有什么秘密，"贝内德克轻快地回答道。"那么我得告诉您，普鲁士人已经攻入了赫卢姆。""别胡说八道了！"贝内德克厉声回答，并断然重复道："真是一派胡言（Plauschen's nicht）！"但诺伊伯仍然坚持他的观点，贝内德克只好打发他去埃德尔斯海姆去执行先前的任务。此时，贝内德克还在怀疑这个消息的真伪，为证实一下，他先请鲍姆加滕检验一下诺伊伯的报告，然后他决定亲自去现场评估一下状况。[1]

贝内德克立即带着参谋班底向赫卢姆奔驰而去，半路上正好遭遇从该镇撤退的败兵。他很快就明白情况有多糟了。派驻奥军司令部的《泰晤士报》记者在第二天记录了贝内德克当时所了解到的情况：

我很快就得知，埃斯特哈齐王子已经倒下，甚至连他的马都被子弹击中了；

格朗尼（Grünne）伯爵受了重伤，据说是致命伤；赫尼克斯泰因男爵的坐骑——一匹英国母马也受了重伤；士兵则更是死伤枕藉……现在，阵地的关键区域掌握在敌人手中，每个人的脸上都流露出惊恐的神色。好在贝内德克成了人们的主心骨，在司令部中，没人比贝内德克更冷静了，凡是见到他的人都围拢过去。只见他在这些人的簇拥下，骑马去调拨预备队，打算重新占领阵地。[2]

在这种危急的情况下，贝内德克表现出了他最好的一面，他立即策马向前，冲在第 52 团的最前方，率领他们反攻赫卢姆。很快，奥军就打到了该镇的郊区。然而，由于伤亡过于惨重，第 52 团也只能打到这里，就不得不再次撤退了。贝内德克可以清楚地看到普军对萨多瓦－柯尼希格雷茨公路的威胁，因此奥军必须夺回赫卢姆，否则全军将面临灭顶之灾。现在，贝内德克别无选择，只能动用他谨慎节省下来的预备队，他原本希望预备队能够起到一锤定音的作用，但现在他只能利用他们来勉力支撑战局了。于是，贝内德克命令拉明率领他的第 6 军重新夺回赫卢姆——正如霍亨洛厄从该镇附近的高地往下看时所见到的那样。

赫卢姆的陷落对奥地利第 3 军后方的威胁最大。下午 3 点 15 分左右，普鲁士禁卫军的各支部队对利帕森林发动了集中进攻，很快就攻陷了此地，这使得奥军的局势进一步恶化了。在这场战斗中，奥地利人损失极为惨重，不但被迫向利帕和朗根霍夫全线撤退，还在普鲁士人手中留下了大约 1600 名俘虏。奥军方面的参战部队主要是贝内德克（他与奥军总司令并没有亲戚关系）率领的步兵旅，在激烈的战斗中，他本人甚至都受了伤。相比之下，普军的损失却非常小。然而，奥地利第 3 军仍然保存着一些步兵生

◎ 奥地利第 3 军司令恩斯特大公。（沃斯 藏）

◎ 为夺回赫卢姆和罗斯贝里茨而进行集结的奥地利军队。（冯塔内 绘）
* 注：原版书即有地图右下角这处空白。

力军，包括：一、基什伯格旅，该旅曾参加了针对霍拉瓦尔德的那次失败的反攻行动，但大体保持完好；二、阿皮亚诺旅，尽管该旅在之前的战斗中濒临崩溃，但正努力在赫卢姆高地的南坡上重新集结；三、真正的生力军——未受损耗的阿比勒旅和普罗哈斯卡旅。其中，普罗哈斯卡旅立即发动反攻，以重新夺回利帕森林，特别是赫卢姆以西的小山。在冯·卡蒂（von Catty）上校的率领下，这个旅以密集纵队的队形穿过大路向山上挺进。行至罗斯贝里茨的时候，该旅的正面和侧翼均遭到普军击针枪的近距离攒射。普鲁士人直到最后一刻才开火，这对队形密集的奥军步兵来说杀伤力显著：

> 在距离奥军的密集纵队仅有 100 步时，普军先是对前者展开了两轮齐射，紧接着又发动了一连串集火射击。这次突袭产生了非凡的效果，敌人先是停止前进，然后撤退到大路后面。撤退期间，普军的炮火令其蒙受了巨大损失。[3]

现在，对贝内德克而言，生存比胜利更加重要。而要生存，罗斯贝里茨就是关键，因为除非能重新夺回这个小镇，否则奥军就无法通过发起有效反攻来夺回赫卢姆，而这对于他来说是至关重要的。罗斯贝里茨现在被几支不同的普军部队控制着，总共只有3个营的兵力。如果奥地利人的行动足够迅速的话，就有充分的机会在该镇得到增援之前，在普鲁士第6军通过斯威特（Sweti）发动攻势之前，打一场成功的反击战，并夺回罗斯贝里茨。从被普鲁士人攻陷的那一刻起，罗斯贝里茨就遭到了猛烈的炮火袭击。而且，实际上，两军相距并不遥远，只有一条公路把两者隔开——奥军步枪手的战线就位于公路的另一边，距离该镇的南端非常近。

下午3点30分，霍亨洛厄在赫卢姆高地所看到的壮观景象，正是排成密集纵队、准备向罗斯贝里茨发起进攻的奥军步兵。此时，为捕捉到这个千载难逢的战机，霍亨洛厄的炮兵部队正在迅速跟进，科隆尼尔命令他立即在赫卢姆南部的峡谷里布设炮兵阵地，在此处，他的炮兵部队可以向正在集结、准备反攻的奥地利第6军全线开火。

"排成密集纵队的奥地利步兵为普军大炮的瞄准提供了一个不会错过的活靶子，因此，奥军在此地遭受了惊人的损失。"[4]后来，一个朋友——埃克特少校（当时，他在罗斯贝里茨南端指挥着3个连的守军，因为在战斗中受伤，他被误当成尸体摆在了该镇的正前方）告诉霍亨洛厄，普军的炮火究竟产生了多大的影响：

> 多个奥地利步兵营大踏步前进，径直向罗斯贝里茨冲过去，就在他们即将从我的"尸体"上跨过去的时候，突然从赫卢姆高地上发出了第一声炮响，奥地利人陡然停了下来，面面相觑；他们被恐惧攫住了，似乎有一种神奇的力量牢牢地抓住他们不放。[5]

但是普鲁士炮兵的成功并非没有代价，奥军很快便调来了100多门大炮对普军炮兵阵地进行了猛烈反击。

奥军针对罗斯贝里茨的首轮进攻是从该镇的西部发动的，每次大约派出了两三个营的兵力，但都只冲到郊区就被普军击针枪的集火攻击给打退了。在随后的一次进攻中，拉明改变了自己的战术。首先，他将攻击方向转到罗斯贝里茨南端，投入进攻的部队由约纳克和罗森茨威格两个旅所组成，共划分成三列纵队；同时，拉明派出 6 个营，形成密集纵队，对该镇的西端发动进攻。正是在奥军的这次进攻中，埃克特倒下了；尽管参加反攻的奥军部队蒙受了惨重的损失，但他们压倒性的兵力优势还是迫使普军后退，一场血腥的、逐家逐户的近距离战斗拉开了序幕。

保罗·冯·兴登堡（Paul von Hindenburg）当时是第 3 禁卫步兵团的一名少尉，他率领半个营的增援部队及时赶到了罗斯贝里茨，以增援被层层包围的守军：

尽管我们击针枪的火力效果很恐怖，但敌人每倒下一波，就有新的一波来接替。镇内的茅草屋燃起了大火，在火光冲天的街道上，敌我双方展开了血腥的肉搏战。此时，所有正规军作战的方式方法都被抛在脑后了。每个人都在竭尽全力乱射乱刺。[6]

然而，兵力占据巨大优势的奥军似乎无法阻挡，普鲁士人逐渐被逼出了罗斯贝里茨，兴登堡和他的士兵战斗到了最后一刻，幸好那些屋顶着火的茅草

◎ 罗斯贝里茨之战中的普鲁士第 2 禁卫步兵团。（冯塔内 绘）

房纷纷倒塌在街上，利用这些火焰和浓烟做掩护，他们才得以逃走。逃出镇内的普鲁士人沿着山坡向赫卢姆以东撤退。不过，就在他们撤到霍亨洛厄的炮兵阵地所在峡谷的入口处时，冯·瓦德西中校突然把营旗插在地上阻止了撤退，"他把营旗插在地上，并鼓舞他的士兵们'团结一致、下定决心、绝不后退'。"[7]就在其他从罗斯贝里茨逃出来的普军部队撤回山上的时候，冯·瓦德西把自己人聚拢起来。尽管他们疲惫不堪，烟尘满面，却仍在此布设了一道防线，等待着敌人的下一次进攻。

奥地利军队在罗斯贝里茨北端停下，以便进行重新集结。紧接着，伴随着军号的鸣响和军乐队的演奏，他们排成密集纵队向前冲去。不过，普军的大炮也开火了，奥军纵队的正面和侧翼都遭到炮弹的猛烈轰击，在普鲁士大炮的霰弹以及埋伏在沟壑里、相距不到一百码的普军散兵击针枪的联合打击下，奥军的伤亡十分惨重。通往赫卢姆的路后来也被称为"死亡之路"。

奥军停止了前进，他们试图回击普军的炮火，但是当三个普鲁士禁卫连冲上前去对其展开反冲锋的时候，这些奥军步兵便立即溃不成军了。此后，奥军仍暂时停留在罗斯贝里茨北端，但不再试图从这里突破普军防线了。

然而，在拉明攻击轴线的左侧，其他奥军部队仍然在不断尝试从赫卢姆的南端打开缺口。尽管普鲁士步兵能源源不断地运来最新的弹药补给，但霍亨洛厄的炮手还是几乎耗尽了所有弹药，而且由于炮兵部队的挽马绝大部分都已经受伤，整支部队有失去战斗力的风险，于是，在下午 4 时 30 分，普军下达了让后备炮兵部队撤退的命令。霍亨洛厄率领部下沿着从赫卢姆北端一直延伸到内德利斯特的高地撤退。不过，赫卢姆守军也因此失去了火力支援，最后，博宁第 1 军的先头部队终于赶到了战场，才解决了这一问题。实际上，幸亏第1 军及时赶到，否则赫卢姆守军将面临灭顶之灾。此前，穆提乌斯的信使曾带来消息说普鲁士第 6 军正在内德利斯特重新集结，信使还询问守军，他们在哪儿才能最大限度地提供援助。此外，第 1 禁卫师指挥官希勒所要求的、对罗斯贝里茨的增援还需要一段时间才能赶到，很明显，守军暂时还得依靠自己。

希勒就在赫卢姆的西南角，他焦急地注视着一波又一波的奥军步兵冲上山，又看到他们被击针枪的猛烈火力击退。因此，当第 1 军先遣营的指挥官冯·索默费尔德（von Sommerfeld）少校走到他面前并告诉他说，第 1 军先遣

◎ 从罗斯贝里茨的山坡望向赫卢姆的景象，当年准备夺回贝内德克阵地关键区域的奥军步兵就在山坡下集结，从照片的右上方可以看到赫卢姆镇和镇内教堂的尖顶。（罗杰斯 摄）

◎ 奥地利第1军的步兵们在竭力夺回赫卢姆的途中踏上了"死亡之路"。（冯塔内 绘）

队的其他部队就在后面不远处时，希勒由衷地感到高兴。"现在一切都会好起来的！"希勒喊道。但就在这时，他被一块弹片击中，并从马鞍上滑落下来。后来，希勒在被抬到后方救治的途中不幸身亡。在滑铁卢战役中，希勒的父亲负责指挥一个普鲁士旅，在普军进攻的关键时刻，希勒的父亲曾冒死率部向普朗斯努瓦发动冲锋；至于希勒本人，他成功地占领并守住了赫卢姆，从而对普鲁士赢得柯尼希格雷茨战役的胜利起到了决定性的作用。[8]

希勒师曾沿赫卢姆山麓扩展了一大片阵地，现在这片阵地终于派上了用场。得知奥军大举反攻后，索默费尔德没有浪费时间，立即派遣他的一个步兵连对其进行增援：

第 1 军投入行动的生力军共有 10 个连，再加上阵地内原有的各禁卫军分遣队，现在正在向罗斯贝里茨前方的高地猛烈扫射，他们的凶猛火力让该镇西边的奥军纵队望而却步，并暂时放弃了突破普军防线的企图。[9]

◎ 弗里德里希·威廉·希勒·冯·加特林根将军，普鲁士第 1 禁卫师师长，在 7 月 3 日赫卢姆战役最激烈的时候牺牲。（罗杰斯 摄）

在此之前，奥军曾向山上的普军阵地发起了最后一次进攻，但在付出巨大的代价后，仍然一无所获。普鲁士第 1 师指挥官冯·格罗斯曼（von Grossmann）中将此时已出现在赫卢姆，并接管了那里的指挥权，在他看来，把奥军彻底赶出罗斯贝里茨的时机已经到了。冯·格罗斯曼把这个任务交给了第 1 旅指挥官冯·佩普（von Pape），并由那些可以立即投入作战的禁卫军分遣队进行支援。

与此同时，为回应希勒先前提出的支援请求，霍夫曼正率领着第 6 军第 22 旅向山上移动，该旅共分成两部分：右翼部队从东北方向靠近罗斯贝里茨，其他部队则向威斯塔进军。当佩普率领先头部队沿着山坡向罗斯贝里茨走去时，"他们突然看见公路的另一边有一大队骑兵正从萨多瓦方向疾驰而来。"[10]

这是正在追击撤退奥军的普鲁士第1集团军直属骑兵部队，其指挥官为冯·德·格罗本（von der Groeben）伯爵，此时，他正率领麾下的第12轻骑兵团冲在最前面。从现在开始，战斗进入了最后一个阶段。

就在增援罗斯贝里茨的冯·佩普部队，以及集结在该镇附近准备发动

◎ 奥地利将军利奥波德·贡德勒古伯爵，负责指挥第1军在柯尼希格雷茨的部队。（卢克什 绘）

进攻的奥军部队以东，穆提乌斯正在率领部队向奥军右翼防线的纵深挺进，奥军如果对这次进攻不加以制止，迟早会威胁到其向后方的撤退路线。穆提乌斯的攻势由第11师先遣队领衔，这支部队很快便与一个奥军轻骑兵团接上了火。不过，不久后，奥军轻骑兵团就被击退了，穆提乌斯调集了由冯·威克曼（Wickmann）中校指挥的混成骑兵旅来追击他们。该旅由第2西里西亚轻骑兵团作为先锋，第2西里西亚龙骑兵团紧随其后：

由于轻骑兵们急于尽快与敌人交战，因而他们没有在前方部署侦察兵（éclaireurs），结果他们在前疾驰的时候，意外地遇到了一条深沟，这条深沟就隐藏在高高的玉米地中。[11]

结果造成了一片混乱。一些轻骑兵及时停了下来，但更多人掉到沟里去了，只有少数轻骑兵幸运地跳到了对面。奥地利"巴尔菲"轻骑兵团抓住了这个机会，他们给普军轻骑兵造成了很大伤亡，但"双拳难敌四手"，不久后，"巴尔菲"轻骑兵团就向易北河大桥撤退了。与此同时，图恩的奥地利第2军也正在向同一方向撤退，为了到达易北河的对岸，他们向洛切尼茨和普雷德梅

◎"死亡之路"沿着斜坡蜿蜒而上，通向赫卢姆。7月3日，这一地区发生了难以想象的大屠杀，一名普鲁士军官这样评价奥军为夺回赫卢姆所做的绝望努力："疯狂的阵型，更疯狂的胆量"。（罗杰斯 摄）

◎路易斯·冯·穆提乌斯将军，在1866年担任普鲁士第6军的指挥官。他后来于1866年8月在摩拉维亚死于霍乱。（罗杰斯 摄）

里茨（Predmeritz）急速撤退，既没有在之前去努力去控制重要据点内德利斯特，也没有在之后试图从扎斯特罗的普鲁士第11师手中夺回此地。

此时，奥军方面只有亨里克兹旅一支部队有效抵御了普鲁士第6军的进攻，该旅正尽可能地坚守洛切尼茨的阵地，以保证易北河大桥的畅通。普军方面，为堵截奥军的退路，普罗德钦斯基率领第22团和第23团对洛切尼茨发动进攻，一场激烈的战斗在镇内的街道上展开，普军很快就战胜了奥地利守军，并把他们赶到了镇外。通过这次行动，普罗德钦斯基不但切断了奥军撤退路线上的重要节点——洛切尼茨大桥，还扫清了穆提乌斯的左翼，使他向南推进时再无后顾之忧。

穆提乌斯没有在自己的正前方直接遭遇敌军部队，于是他决定转向右侧，去支援处境异常艰难的赫卢姆守军，他命令扎斯特罗继续向罗斯贝里茨、威斯塔和斯威特前进；普罗德钦斯基则要向扎斯特罗靠拢，掩护其左翼。因此，扎斯特罗撤出了占领洛切尼茨镇的部队，以便向左翼移动。不过，他留下一个连的步兵来驻守洛切尼茨大桥；还派另一个连去占领并驻守普雷德梅里茨附近的大桥。扎斯特罗把霍夫曼旅部署在罗斯贝里茨的前方，让其面朝西南方向，而哈南费尔特旅则移动到了威斯塔和斯威特的南边。下午3点45分，扎斯特罗冒着奥军后备炮兵部队（得到了拉明麾下一部分炮兵的支援）的猛烈火力，向斯威特前方推进。普鲁士的炮手们竭尽全力，却始终无法取得火力优势，因此扎斯特罗的部队在向斯威特奋勇前进时伤亡惨重。眼见普军气势汹汹地冲过来，奥军炮手们，以及掩护他们的奥军步兵慌忙向后撤退，哈南费尔特旅趁机冲到斯威特镇内，并于4点15分占领该镇。

与此同时，在战场的另一侧，易北河集团军已经占领了普罗布鲁斯高地，但他们仍然面临着萨克森人的顽强抵抗。萨克森第1旅仍然据守在普罗布鲁斯以东的布里扎森林，他们以此为掩护，向希勒的第28旅猛烈开火。由于缺乏掩护，希勒已经觉察到他的部队正陷入危险当中，他决定立即拿下布里扎森林。

◎ 隐约出现在"死亡之路"末端的赫卢姆镇。值得一提的是，在战争中，一些奥军部队成功地渗透进了该镇的郊区。与此同时，成千上万的战友或死或伤躺在这一地区，而其他人则蜷缩在附近的峡谷中寻求掩护。（罗杰斯 摄）

希勒将他的旅编成二到三列纵队，逐渐逼近森林；正当他们准备进攻的时候，先行对森林进行侦察的普鲁士骑兵发出了错误的警报，希勒赶忙命令步兵排成方阵，并暂时停止前进。[12] 警报解除后，希勒亲自骑马赶到全旅的最前方：

> 到达散兵线时，希勒突然举着剑向前冲去……军鼓声也响了起来，整个队伍都站起来，毅然决然地向前冲去。士兵们异口同声地高喊着"万岁（Hurrah）"，声音此起彼伏，在整条战线上，处处都有士兵与敌人厮杀在一起。[13]

尽管普军步兵的身上都背负着沉重的野战装备，但他们还是一口气走了两百米，直到森林边上的鹿砦前面才停下。普军很快就解决了这些障碍物，进入了茂密的森林。出于某种令人费解的原因，在萨克森军队的阵地前，到处都有普军"用手绢示意，给人的印象是，敌人就要投降了"，但事实并非如此。[14] 萨克森人打得非常坚决，他们借助茂密的灌木丛来牵制普军的进攻，并缓慢地向后撤退。不过最后，普军还是将这片森林清理干净了，希勒的先头部队一直打到位于博尔城外东北方的森林的边缘。普鲁士人的成功是用昂贵的代价换来的；希勒旅的伤亡人数达到 200 人，但萨克森人的伤亡也不低，而且还有 200 多人成为普军的俘虏。

当希勒接近布里扎森林的西部边缘时，普鲁士第 15 师的部队也正在从南方向这片森林发动进攻。值得一提的是，驻扎在上普里姆东侧的普鲁士第 28 团，遭到了奥军炮兵（阵地位于查布西茨附近）的炮火急袭，普军被迫从燃起大火的上普里姆撤出，到东侧的冷杉林中寻找掩护。第 28 团的先遣营在占领了这一小片冷杉林后，便跟在撤退的奥地利守军后面进入了布里扎森林，其下辖的另一个营则直接前往森林的西南角。第 28 团几乎没有遇到什么抵抗，其很快就抵达森林的东北边缘，与希勒的部队会师。

这时，萨克森阿尔伯特王储已经做好了撤退的准备工作。他在罗兹尼茨（Rosnitz）和布里扎森林之间的高地上维持着一条临时防线，以便有足够的时间去接应最后一批从前线撤退的步兵营，在没有得到上级明确命令的情况下，萨克森军队已经开始向普拉卡（Placka）大桥的方向撤退了。然而，不久之后，贝内德克命令萨克森人继续向南走，到奥帕托维茨（Opatowitz）和帕尔杜比茨之间的十字路口去。韦伯的奥地利第8军原本分散在罗兹尼茨和查布西茨之间，但现在也开始向后撤退了。

再往北，加布伦茨也开始与第3后备骑兵师一起撤退。像往常一样，可敬的奥地利炮手将掩护他们的撤退行动。斯特雷斯蒂茨的奥军炮兵一直坚守着自己的阵地，施瓦茨科本的第27旅在普罗布鲁斯附近的空地上遭遇了猛烈的炮火。当第27旅正忙于重新部署时，来自奥地利第1军的皮雷旅突然对其发起了袭击，第1军是贝内德克从预备队中调集的，专门用于稳定奥军战线的南端。一开始，皮雷旅取得了一些进展，将第27旅的散兵赶回了普罗布鲁斯；但是，随着皮雷旅的前出，普军对其缺乏掩护的两翼发起了猛烈反击，该旅损失惨重，只能跌跌撞撞地撤退了。直到下午4点，易北河集团军一路高歌猛进，击退了当面所有的敌人，布里扎森林已经被彻底肃清了。现在，赫沃斯可以重新部署他的第14和第15师了。不过，此时普鲁士第16师距离战场还比较遥远，其下辖的部队中，只有舒勒·冯·森登（Schuler von Senden）上校指挥的第31旅通过了内查尼茨大桥。第16师其余的部队由赫尔曼·冯·阿尔文斯勒本（Hermann von Alvensleben）少将统一指挥，由于他亲自率领第1骑兵师冲在最前面，并为此调整了部署，从而导致自己的队伍有些混乱。好在他已经竭尽所能搜罗可用的部队向斯特雷斯蒂茨方向前进了。

然而，毛奇对战况并不乐观。虽然赫沃斯已经突破了奥军的左翼防线，但他没有足够的力量来实现参谋长的全部战略目标。《官方战史》对第16师的缺席做了有力的评论，但并没有直接发出责备：

> 如果冯·赫沃斯将军手头有新的预备队，并且直接向易北河推进的话，他的集团军很可能会取得更加伟大的成就……易北河集团军的胜利成果就这样被剥夺了一大部分，但如果没有莱茵兰人和威斯特伐利亚人的物质支持，他们甚至连这点胜利也无法取得。[15]

第七节 胜利

下午3点以后，奥军炮兵的火力已经开始逐渐减弱，奥军全线撤退的迹象也变得越来越明显了。毛奇一直盼望的时刻即将到来——在罗斯科斯堡，他是唯一一个对战局充满信心的人。施密特和曼施坦因都曾要求把骑兵立即派往前线，于是，汉恩·冯·韦赫恩奉命率领普鲁士第2骑兵师赶往前线。随后，普鲁士王家统帅部命令第1集团军全线出击。腓特烈·查尔斯王子渴望冲在最前线，于是，他亲自率领冯·德·格罗本的第3轻骑兵旅在萨多瓦渡过毕斯特里茨河；梅克伦堡旅的指挥官威廉公爵则率军从索韦提茨渡河，威廉国王和他的随从就跟在该旅后面。不过，普军骑兵部队赶往前线的旅程并不顺利，一方面，他们受到路上补给马车的严重阻碍，另一方面，大批普军步兵和炮兵正在追击撤退的奥地利人，导致道路十分拥挤。

毛奇与国王同行，他饶有兴味地注意到朗根霍夫前方的奥地利炮兵：

> 它是我们突破萨多瓦森林的一大障碍，甚至直到最后一刻都压制着我方火力。敌人撤退时只带走了一部分大炮，有整整10门8磅炮被留在原位，周围躺着或死或伤的人和马。[1]

事实上，前线的很多步兵部队并没有在原地傻等普鲁士王家统帅部下达出击命令，而是主动采取了行动。一看到出现在利帕附近高地上的军队是普鲁士人，位于霍拉瓦尔德东北方的冯·桑德拉特（von Sandrart）上校便主动率领6个连前进，并与禁卫军的先头部队取得了联系。在霍拉瓦尔德以南，来自普鲁士第4师的3个炮兵连紧急上山抢占了一片阵地，并向掩护撤退行动的奥地利炮兵开火。在整条战线上，当步兵的先头部队开始向前探索，并试图与逐渐消失的奥地利人保持接触时，第1集团军的主力也开始向前推进了。

下午4点左右，沿大路向前推进的普鲁士骑兵部队终于从己方步兵的行军队列中成功"突围"，抵达了朗根霍夫－斯特雷斯蒂茨一线。其中，走在最前方是由冯·德·格罗本指挥的第3轻骑兵旅。格罗本骑马走在队伍之前，想为他的部队搜寻一个好目标——最好和平时训练的目标相同。接近罗斯贝里茨时，一个完美目标出现在他视线里：当时，奥地利步兵和炮兵纵队正在向东向柯尼希格雷茨撤退。格罗本手下有两个团：第12轻骑兵团[团长为冯·巴内科（von Barnekow）]和第3龙骑兵团（团长为冯·威利森），不过，后者只有两个中队跟随格罗本沿大路向前推进；威利森率领其他三个中队向原目标——

斯特雷斯蒂茨进发。冯·德·格罗本没有浪费时间，他命令巴内科立即向撤退中的奥军步兵发起冲锋。普军轻骑兵很快便驱散了一个奥军步兵营，但他们随即就遭到敌军炮火的袭击。于是，冯·德·格罗本转而率领一个中队全速冲向奥军火炮阵地，他砍翻了炮手，缴获了四门大炮，但他自己也身受重伤。

普军轻骑兵因为取得了战斗胜利而得意扬扬，但就在他们重新集合的时候，他们突然看见一大群奥地利骑兵正向自己冲过来。此时，距离他们最近的普军部队是第3龙骑兵团第5中队，他们一直位于冯·德·格罗本进攻轴线的右侧，见到友军陷入危险，这支部队立刻迎着奥地利骑兵进攻的方向冲了过去。这股奥军骑兵主要由辛德洛克旅所组成，并由荷尔斯泰因后备骑兵师的残余部队提供支援。此前，眼见奥军步兵和炮兵部队大踏步后退，荷尔斯泰因后备骑兵师也开始向柯尼希格雷茨撤退。现在，为支援友军，他们又转过身来投入战斗。尽管普鲁士龙骑兵寡不敌众，但他们的冲锋还是突破了奥地利第9胸甲骑兵团的第一道防线，随后，第5中队向后撤退，与第4中队会合。

奥军辛德洛克旅的人就跟在后面，他们把普军龙骑兵以及那些因为离得近而加入了这场混战的普军轻骑兵一起赶回了出发点。然而，当奥军骑兵继续反攻时，便遭遇了那些沿大路前进，以及隐藏在罗斯贝里茨西部的农场建筑中的普军步兵，后者的火力十分强劲，这令奥军骑兵不得不放慢了速度。[2]

这时，普鲁士第4枪骑兵团赶到了战场。在冯·克莱斯特（von Kleist）上校的指挥下，该旅一路小跑到大路以北的山谷，以支援普鲁士第2军的其他部队。途中，他们突然遇到了正在追击冯·德·格罗本旅残部的奥军辛德洛克旅。两个中队的普鲁士枪骑兵匆忙在距离敌人只有60码远的地方排成战斗队列，然后猛冲到敌人面前；第4枪骑兵团的其他部队则策马绕到奥军骑兵的右翼，然后对其侧翼发起冲锋。

这次出人意料的进攻，迫使奥军胸甲骑兵向朗根霍夫撤退。然而，普鲁士枪骑兵的组织也在战斗过程中变得极为混乱。

随着双方的战斗向南转移，在这一系列复杂而瞬息万变的交战中又加入了新的角色。奥军方面，索姆斯王子旅正从东部赶往战场的途中，其先头部队是第4胸甲骑兵团；普军方面，第3轻骑兵团（隶属于威廉公爵旅）的先遣中队也已经抵达了朗根霍夫以北的小河旁边。至于朗根霍夫镇本身，则早已被普鲁士禁卫军那些冲在最前面的部队（他们是从利帕高地下来的）给占领了。此外，普军第4师还派出了5个连，第5师还派出了2个连对该镇的守军进行了增援。普鲁士禁卫军继续推进，占领了朗根霍夫以南约250码的一个牧羊场（Schäferei），恰好此地也成为奥地利胸甲骑兵的第一个反攻目标：

> 胸甲骑兵们兵分两翼，策马疾驰，向朗根霍夫的南端推进。此前，他们已经在牧羊场和小镇围墙的旁边领略过普军步兵凶猛的火力了，因此将攻击轴线稍稍南移。普鲁士第3轻骑兵团抵达朗根霍夫后，冯·卡尔克罗伊特（von Kalkreuth）中校和冯·梯勒（von Thile）上尉带着一个半中队穿过该镇附近的小河，在冯·汉恩将军的统一指挥下，对奥军胸甲骑兵的右翼发起进攻。由于双方的距离太近了，普鲁士轻骑兵没有时间排好队列，但他们的进攻仍然极大地震撼了敌军。在重击之下，奥军胸甲骑兵开始向博尔撤退，但他们和普鲁士轻骑兵的战斗并没有停止，双方"边跑边打"，持续了很久。[3]

然而，形势再一次发生了逆转，这时，又有一列奥地利胸甲骑兵打算向普鲁士第3轻骑兵团的左翼发动进攻。普军轻骑兵们赶忙重新集结，准备迎接这个新的敌人——奥地利第6胸甲骑兵团。就在奥军胸甲骑兵向朗根霍夫疾驰而去的时候，克莱斯特麾下的一个半中队的枪骑兵，从牧羊场的东侧向奥军的侧翼发起冲锋；与此同时，威廉公爵率军从奥军的正面发动进攻，因此，奥军索姆斯王子旅进攻轴线的右侧已经被普军完全封闭了。在随后的混战中，奥军再次败下阵来，被迫向西南方的斯特雷斯蒂茨（Stresetitz）撤退。

双方骑兵的交锋始于冯·德·格罗本的第一次冲锋，在之后的一连串战斗中，普军各骑兵部队的损失都十分巨大，尤其是第3龙骑兵团，单单这一个团就有103人伤亡；其他各骑兵团的伤亡加在一起也超过了100人。不过，奥军骑兵的损失更大，在这些交锋中，约有317名胸甲骑兵阵亡。

与此同时，冯·威利森也率领普鲁士第3龙骑兵团剩下的3个中队投入了战斗。他们向南骑行，但在斯特雷斯蒂茨附近遭遇了敌人的猛烈炮火，威利森躲在一个洼地里，考虑下一步该怎么办。这时，一小队撤退的奥军步兵进入了威利森的视线，可就在他打算发动偷袭的时候，他又看到一些敌军骑兵正向罗

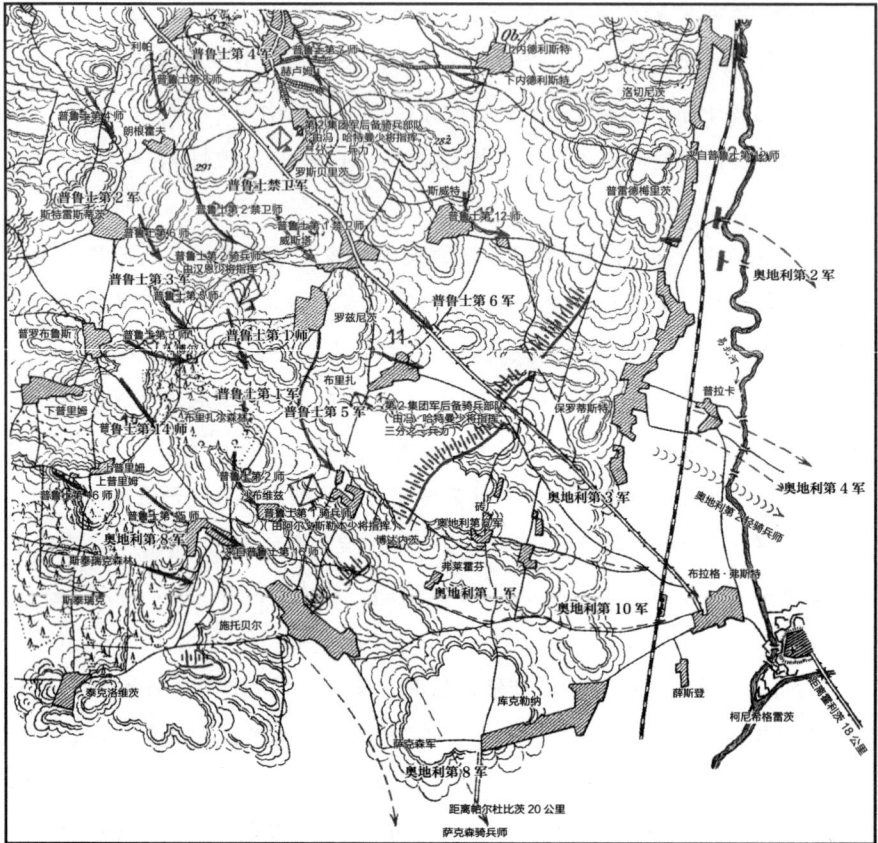

◎ 柯尼希格雷茨战役，截至 7 月 3 日夜间。

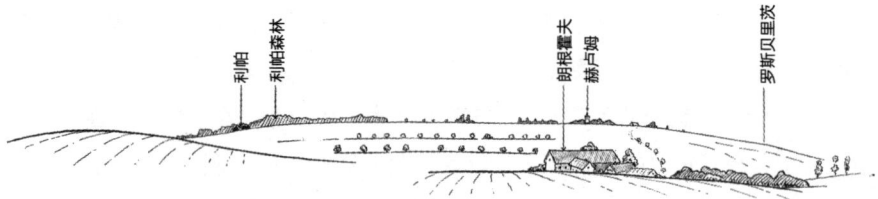

◎ 关于柯尼希格雷茨战场的全景草图，展现的是从特雷索维茨和斯特雷斯蒂茨之间的奥军阵地中心向东北方看到的景象。

兹尼茨前进，于是他改弦更张，先率部去拦截这股骑兵。实际上，这支前出的奥军骑兵部队是库登霍夫（Coudenhove）的第 3 后备骑兵师的第一梯队，其先头部队是温迪施格拉茨（Windischgrätz）旅下辖的第 8 胸甲骑兵团。库登霍夫

◎ 朗根霍夫，普军骑兵作战的遗址，照片正前方就是当年奥军的防线。（罗杰斯 摄）

◎ 柯尼希格雷茨战役中，双方的骑兵之间爆发了大规模对战，图为普鲁士第 11 枪骑兵团与奥军骑兵交战的场景，由弗赖贝格绘制。（沃斯 藏）

和荷尔斯泰因一样，接到普鲁士骑兵发动进攻的消息，便转身往回走，现在正向斯特雷斯蒂茨挺进。尽管冯·威利森的兵力远远不如当面奥军，但他知道现在有大批普鲁士步兵驻扎在斯特雷斯蒂茨，并且还得到了一个炮兵连和一个枪骑兵团的支援，威利森想，或许可以把奥军骑兵引到上述部队枪炮的射程之内。于是，威利森向斯特雷斯蒂茨撤退，温迪施格拉茨就跟在他后面在大约半英里远的地方，不久后，随着奥军骑兵的前进，牧羊场普军步兵的火力终于覆盖到了他们。

趁着奥军胸甲骑兵陷入混乱，威利森突然转身，率领自己的小部队向其发起了反冲锋。当时双方的距离是150码，普军骑兵向奥军胸甲骑兵阵线的侧翼斜着冲了过去：

尽管驻扎在朗根霍夫牧羊场的普军步兵已经用火力覆盖了奥地利胸甲骑兵，但他们仍然以坚定而紧凑的队形迎接普军龙骑兵的进攻。不过，他们没有加快步伐，只是小跑着迎战。战斗十分激烈，双方的前锋都冲破了对手的防线。[4]

随着普军骑兵的各队相继冲到了奥军胸甲骑兵的右翼，双方很快就爆发了激烈的混战。由于双方混杂在一起，斯特雷斯蒂茨的普军步兵和炮兵不得不停止开火。失去火力支援的普鲁士龙骑兵逐渐落于下风，就在他们快要撑不住的时候，普鲁士第11枪骑兵团（团长为霍亨洛厄亲王）拍马赶到，将其从奥军的包围中解救出来。第11枪骑兵团原隶属于威廉公爵旅，不过，在普军禁卫军步兵逼近斯特雷斯蒂茨的时候，该团就与其他部队分开了。看到威利森的部队陷入了困境，霍亨洛厄赶忙采取行动，他派3个枪骑兵中队直插奥军胸甲骑兵的左翼；派1个中队进攻奥军右翼——当时，奥军胸甲骑兵的右翼部队正向朗根霍夫方向疾驰，追击威利森的一小队龙骑兵。奥军胸甲骑兵的左翼部队被霍亨洛厄的突然进攻所压垮，他们慌不择路，又冲进了驻扎在斯特雷斯蒂茨南部的普军第31步兵团的炮火中，因此很快分散为数股部队，其他处在第一线的奥军胸甲骑兵也被迫向罗兹尼茨方向逃跑，很快就消失了踪影。

在这次战斗中，奥军骑兵遭受了严重的损失，温迪施格拉茨本人受了重伤，他的旅共伤亡 276 人；普军则损失 146 人。

在战场以南，普奥双方的骑兵部队进行了另一场对决，这一次，威廉国王和他的幕僚们都成了旁观者。此前，国王曾奋力前进，以尽可能地接近他军队的进攻矛头。当国王抵达利帕时，敌人猛烈的炮火曾令俾斯麦对他君主的安危深感忧虑，但王室的随从们似乎并没有感染这种情绪，他们没有采取任何措施将国王带到安全的地方。俾斯麦很生气，他骑马走到国王面前。"作为少校，在战争中，我没有什么建议可以给陛下的，"俾斯麦说道，"但是作为首相，我有责任请求陛下您不要像这样把自己置于危险当中。"[5]国王悻悻地接受了前者的建议。过了一会儿，国王一行沿大路往南走，来到斯特雷斯蒂茨西北约400 码的地方，在这里，他目睹了双方骑兵的第三次对战。在这次战斗中，奥军骑兵牺牲了自己，成功地掩护了主力部队的撤退。

阿尔文斯勒本的第 1 骑兵师在通过内查尼茨大桥时以及从易北河集团军的步兵纵队中穿越时打乱了建制。他本人和第 1 禁卫龙骑兵团 [团长为冯·巴尔纳（von Barner）] 骑行在其他部队之前，很快，冯·蒙恩（von Mengen）少将发现了这支普鲁士骑兵部队的新动向，蒙恩是奥军骑兵旅的旅长，隶属于库登霍夫的后备骑兵师。蒙恩原想冲进战场支援温迪施格拉茨旅，但被普军步兵和炮兵的火力所阻止，此时正在撤退当中。不过，在发现阿尔文斯勒本后，冯·蒙恩很快掉头向其冲过去，他将麾下的第 11 枪骑兵团（"亚历山大国王"团）部署在左侧，将第 10 胸甲骑兵团部署在右侧。但此时，巴尔纳已经得到了从多哈利兹山下策马而来的普鲁士第 5 轻骑兵团的支援，因此也对奥军发起了冲锋。两支骑兵部队都以最大速度向对方冲去，他们的左翼与敌人右翼猛烈碰撞在一起。经过短促而激烈的交锋，奥军骑兵的右翼部队被赶回了斯特雷斯蒂茨；在左翼，奥军枪骑兵击退了部分普军禁卫龙骑兵，之后继续向普罗布鲁斯挺进，然而，卡斯帕里（Caspari）上尉的炮兵阵地就位于此处，他们发射的霰弹以极近的距离在奥军枪骑兵的队伍中炸开。奥军第 11 枪骑兵团的残部招架不住，只好骑着马在冰雹般的炮弹之间穿行，然后掉过头与被驱赶到斯特雷斯蒂茨的该团的其他部队会合。[6]

与此同时，普军第 5 轻骑兵团在奥地利第 10 胸甲骑兵团尚未开拔之前就向其发起了进攻，经过混战，普军轻骑兵驱散并击退了奥军胸甲骑兵。冯·蒙恩的预备队——第12胸甲骑兵团没有参加这次战斗。被从北方驱赶到斯特雷斯蒂茨的奥地利枪骑兵却在那里遇到了更大的困难，他们先是受到普军步兵猛烈的火力袭击，之后冯·莱茵巴本（von Rheinbaben）少将又率领普鲁士第1禁卫枪骑兵团的3个中队向其侧翼发起了冲锋。一部分奥军骑兵沿原路撤退，但也有大约100人向北逃去，直奔威廉国王和他的随从。芬肯斯坦伯爵担心他们的安全，打算从国王的贴身卫队中抽出半个中队，并亲自率领他们发起冲锋。不过，在两者遭遇之前，这股奥军骑兵就陷入整整3个普军步兵营的密集火力之中，其大部分被歼，少数幸存者掉头向南方逃跑。[7]

另一位对骑兵对战感兴趣的旁观者是弗里茨·赫尼格，他和同一连队的战友们在布里扎森林北部和西部的阵地中饶有兴味地观察着战场上发生的事情，甚至都看入迷了：

> 在我的记忆中，全连没有一个人开火。事实上，这些高贵的骑兵，他们的队列是如此的威武雄壮，甚至令我的士兵在极度惊奇和全神贯注中忘记了使用他们的武器，当时我们距离敌人约为700步，是完全可以开火的。甚至连我——他们的连长也没好到哪里去！[8]

在这场战斗中，奥军损失了295人；普军也有83人死亡。奥地利骑兵的勇气和决心与他们的炮兵不相上下，两者共同支撑着被打得遍体鳞伤的步兵部队，但这三次激烈的对战之后，奥军骑兵部队实际上也被彻底打垮了。最重要的是，奥军骑兵通过自己的牺牲为步兵的撤退争取了时间。不过，面对普军越来越猛烈的炮火，他们也无法继续前进了，只能向易北河退却，暂时脱离火线。[9]现在，正如普鲁士《官方战史》所指出的那样，在奥军防线的右翼出现了一个可供普军一举突破的漏洞。奥军实际上已经放弃了这片适合骑兵行动的乡间田野：奥军第2轻骑兵师已经向易北河撤退了，第2后备骑兵师和萨克森骑兵部队也都被上级调到了遥远的左翼阵地——埃德尔斯海姆。

虽然在荷尔斯泰因王子和库登霍夫的拼死协助下，处境艰难的奥军步兵撤退了，但他们还没有脱离危险。佩普对罗斯贝里茨的进攻，以及普鲁士第6军的持续推进，对奥军的撤退路线构成了严重的威胁。

佩普率领着来自第 1 军的 15 个步兵连，在禁卫军步兵分队的支援下，已经从三面包围了罗斯贝里茨。奥地利人顽强地保卫着这个小镇，双方不得不逐家逐户地进行争夺，直到普军攻入小镇，守军的退路被彻底切断后，镇内的3000 多名奥军才举手投降。佩普派出散兵从罗斯贝里茨南端沿着大路继续前进，沿途缴获了 6 门大炮。在罗斯贝里茨陷落的同时，双方骑兵部队在战场的中心区域爆发了短暂而激烈的战斗。

在战场左侧，霍夫曼正沿着从罗斯贝里茨 – 威斯塔一线前进。他基本没有遇到抵抗，只有一些心猿意马的奥军骑兵对他发起了反攻，但也很快被击退。不过，他自己的右翼部队在冯·奥斯特洛夫斯基（von Ostrowski）少校的指挥下，遇到了大批从罗斯贝里茨撤退的奥地利步兵。与此同时，在霍夫曼的左侧，由冯·文斯特（von Wunster）上尉率领的一个连已经突进到威斯塔的郊区，该连缴获了三门大炮和两辆弹药车，然后从侧翼包抄了奥斯特洛夫斯基的敌人。再次击退奥军骑兵后，奥斯特洛夫斯基下令冲锋，奥军步兵被彻底击溃，共有700 人被俘。

霍夫曼旅的其他部队在从东北方向逼近威斯塔的时候，遭遇了守军的顽强抵抗，尤其是守军布设在教堂墓地内的炮兵阵地向进攻的普军倾泻了大量霰弹，直到普军攻陷这个炮兵阵地后，失去掩护的奥地利守军才放弃该镇，并越过公路向罗兹尼茨撤退。现在，扎斯特罗的攻势势不可挡。与此同时，哈南费尔特的第 21 旅也在向斯威特推进，在那里，该旅要面对奥军后备炮兵部队布设的强大阵地，这支部队又一次试图延缓普军的前进步伐，但这次没能像以前那样取得成功：

在这次进攻中，普军第 5 和第 8 连已经触碰到了敌人炮兵阵地的右翼，他们摧毁了敌军一门大炮，并迫使其后撤。挫败敌军骑兵的两次反扑后，两个连继续向前推进，途中经过斯威特的西部，在那里他们再次遭遇了敌人的炮兵阵地，两个连的散兵和支援他们的辅助部队以迅雷不及掩耳之势冲了过去，奥地利炮兵来不及撤走，普军俘获了 9 门完好无损的大炮。与此同时，普军第 10和第 11 连向奥军的右翼继续推进，他们也俘获了 5 门大炮。[10]

侥幸从普军手中逃脱的奥军炮兵部队继续后撤，有些逃去了布里扎，有些则沿大路逃向了柯尼希格雷茨。

现在轮到普鲁士炮手来展现自己的实力了。穆提乌斯将54门大炮集中在威斯塔和斯威特上方的山坡上，并向敌军开火：

> 敌人的步兵纵队正匆忙地向布里扎和柯尼希格雷茨赶去，这为普军的大炮提供了绝不会打偏的好目标。此时，奥军炮兵仍在以极大的献身精神抢占新的阵地，他们企图把普鲁士人的炮火吸引到自己身上，但没有成功。[11]

实际上，奥军炮兵已经无能为力了；普鲁士炮兵的火力占据了绝对优势，普鲁士第1军的42门大炮已经在赫卢姆高地就位，并开始对撤退中的奥军（一个非常诱人的目标）发动攻击。

此时，普鲁士骑兵有机会追击并消灭向柯尼希格雷茨和易北渡口（还有少数渡口尚在奥军手中）撤退的奥军部队；但是，在上述三次骑兵对战中，荷尔斯泰因和库登霍夫至少成功地扰乱了普鲁士骑兵，使他们暂时无暇追击奥军步兵，从而永远失去了这个战机。即使是只率领了全师一小部分（以求轻便灵活）的阿尔文斯勒本，也未能及时摆脱奥军骑兵的纠缠，从而迅速追上奥军步兵。在这种情况下，普军炮兵只能竭尽所能，以猛烈的火力压制奥军炮兵——为阻止普军追击，后者已经在罗兹尼茨布设了一道强大的炮兵阵地。

此时，贝内德克已经离开了他的参谋部，所以，在战斗的最后阶段，他对奥军所做出的贡献可以完全归功于他自己：

> （贝内德克）在战场的不同区域出现过几次，他的主要工作是为那些陷入困境的部队打气，当时这些部队正在执行后卫作战任务，他试图组织起强有力的抵抗，并制止恐慌在前线蔓延。在一次战斗中，他亲自策马向前，挺身而出作为榜样，去鼓舞那些被普鲁士人的冲锋吓得节节后退的奥军骑兵。

虽然看起来贝内德克是想在败局已定的那一刻主动寻求死亡，正如霍兹尔所言，是为了"用他的血来洗去关于战败的不幸记忆"，贝内德克却在写给妻子的信中明确否认了这一说法："我从未想过自杀，我之所以铤而走险，只是因为我的军队需要帮助。"[12] 在这最后的、令人绝望的时刻，贝内德克一直坚守在前线，直到他认为最后一批奥军步兵已经逃离了毛奇的铁钳，然后，他又找到了他的一部分参谋，一起骑马向霍恩毛特（Hohenmauth）走去。到目前为止，当天所发生的毁灭性事件已经对贝内德克的身体造成严重伤害；奥军总参谋部一位上尉的记录显示：他似乎在"精神上和肉体上都崩溃了"[13]。

的确，由于奥地利人英勇的炮兵、自我牺牲的骑兵，以及由于普军第1和第2集团军的攻击部队混杂在一起而导致的不可避免的拖延，奥军步兵侥幸逃脱了普军的包围：

> 虽然3个普鲁士集团军原定的会师地点在奥军阵地后方四英里半的地方，但是等到普军的攻击轴线在那里汇聚时，奥军早已被赶出了阵地。[14]

埃特泽尔的第16师是普鲁士易北河集团军的唯一一支生力军。不过，在该师下辖的部队里面，只有森登的第31旅还能够继续前进，因为赫沃斯叫停了第16师的其他部队，即便他们已经通过了内查尼茨大桥。而且，在后备炮兵部队赶到之前，埃特泽尔也没有足够的力量继续向前推进了，因为他无法抵御仍然横亘在他前方的奥军炮兵。正如《官方战史》记载的那样，"对敌人而言，冯·扎斯特罗中将所率领的11师的持续推进更为恐怖，该师下辖的两个旅正在以势如破竹之势向罗兹尼茨和布里扎前进。"[15] 虽然奥军的抵抗仍然非常顽强，但普军的攻势也极具冲击力，罗兹尼茨和布里扎两个小镇很快就陷落了，普军不但抓获了很多俘虏，还缴获了多门大炮。事实上，当哈南费尔特为了整顿他的部队而被迫停止向布里扎进军时，扎斯特罗的第11师已经连续行动8个小时了，在最后的2个小时里，其俘虏了近5000人，还缴获了52门大炮。因此，扎斯特罗师现在急需进行休整也就不足为奇了。

好在新的普军部队还在源源不断地赶到战场，把追击敌军的任务交给他们之后，扎斯特罗师可以放心休整了。继续追击奥军的普军部队面临着一些难题，例如坚韧的奥军炮兵，他们就驻扎在易北河沿岸地区星罗棋布的农舍里。当普鲁士人沿着从罗兹尼茨到查布西茨的山坡向易北河前进时，他们就成为奥军大炮的活靶子。更大的问题出现在各集团军会师的地方，当时，大量普军部队都集中在一小块区域，导致人员、武器的密度过高："正午时分，普鲁士军队的战线仍超过 16 英里长；现在布里扎被普军攻陷了，战线缩短到了只有两英里多一点，也就是从这个小镇到博尔的距离。"[16]

在赫卢姆高地上，普鲁士王储一直在观看炮兵向撤退的奥地利人发射炮弹的场景，随后，他与自己的堂兄腓特烈·查尔斯进行了一次激动人心的会面：

我们先是在远处互相挥舞帽子致意，然后，在我最右翼和他最左翼部队的欢呼声中，我们紧紧拥抱在一起，并且共同为我们的国王欢呼。[17]

在战场的另一边，埃特泽尔的普鲁士第 16 师仍然在布里扎和斯泰瑞克森林之间裹足不前，在他的面前，有一道仍然十分强大的奥军炮兵阵地，这道阵地有一部分甚至延伸到了施托森（Stössen）以西。与其让己方步兵在与奥地利炮兵的战斗中遭受不必要的伤亡，还不如让炮兵来对付他们，于是来自多个军的普鲁士炮兵部队从布里扎赶到查布西茨以北，稍后又在斯泰瑞克高地，组成了一道炮兵阵地，并在随后与奥军展开了一场激烈的炮兵决斗。

与此同时，三个集团军离开会师地域继续前进，直到第 2 集团军和易北河集团军从第 1 集团军的前面越过为止。毛奇很清楚，是时候叫停了，下午 6 点半，他发布了当天的第二份书面命令：

没有意外情况发生的话，明天休息；除了一些必要的措施，例如为了增加舒适性和重组部队而行军之外，主力停止一切行动。第 2 集团军应派出前哨部队前往约瑟夫施塔特方向，第 1 集团军的前哨部队应前往柯尼希格雷茨方向；步兵将军冯·赫沃斯的部队应尽其所能，追击敌人——敌人大部分已经向帕尔杜比茨方向撤退了。除此之外，国土防卫军禁卫师应前往克鲁梅兹（Chlumetz）方向。[18]

就在毛奇发出这一命令的时候，其他一些普军部队还在继续向前推进。此前，施泰因梅茨和他的第 5 军没有参加战斗，但经过了整整 12 个小时的不间断行军后，他终于接到了毛奇停止前进的命令，这时他已经到达了克拉科夫（Klacow），这加剧了前线区域过度拥挤的状况。

毛奇和普军参谋人员从毕斯特里茨骑马向前走，他们先是在战场上发现了敌人有序撤退的迹象。但是，他们在继续向前走时又发现：

> 敌人扔掉的背包、披风、甚至军大衣越来越多，敌人的随身武器和滑膛步枪散落在四面八方，这足以证明奥军步兵的队伍中已经发生了严重的混乱。[19]

但显然，奥军的骑兵和炮兵将在战争的最后阶段向普军证明：他们仍然具有相当大的反抗力量。但他们超凡的勇气并没能阻止身后发生的灾难，当乱作一团的奥军步兵抵达易北河渡口时，柯尼希格雷茨要塞的司令官却早已关闭了大门：

> 数以百计的马车被掀翻或被人从大路上推下来，没有人骑的马和混乱的人群试图趟过河水，逃到望眼欲穿想要躲避进去的要塞中，他们中有许多人都被河水没过了脖子；不过，自然而然地，普军派出的追兵并没有看到敌军在柯尼希格雷茨大门前狼奔豕突的惨状。[20]

因此，虽然毛奇很清楚自己已经赢得了决定性的胜利，但他并不知道这场胜利的范围有多大，他那颇具试探性的追击令就是明证；另外，毛奇已经66岁了，并且在马鞍上坐了超过12个小时，他被疲倦所压倒也就不足为奇了。毛奇不得不带着他手下的参谋人员回到吉钦，途中，他遇到了"一望无际的弹药车，足以补充一整天的消耗了，所以，我们到达住处时已经是半夜了"[21]。返回吉钦的途中，毛奇向一位路过的枪骑兵讨了一些香肠，这是他当天吃的第一顿饭；回到吉钦后，他只找到一杯茶；然后"我累得发高烧，只能穿着衣服躺在床上，因为我在大清早就得到了了身在霍利茨的陛下的许可，所以我现在必须做出必要的安排。"[22] 不过，毛奇的心中仍然能感到一种纯粹的满足："他的大胆计划是完全有道理的，于是他躺下休息，虽然疲惫不堪，但却赢得了自莱比锡战役以来最伟大的一场战役。"[23]

◎ 在柯尼希格雷茨之前，奥军的有序撤退演变为仓皇逃窜。
（该插图选自雷根斯堡所著《柯尼希格雷茨》一书）

与此同时，国王在俾斯麦的陪同下，在自己的胜利之师中驱驰，太阳西沉时，国王遇见了一直在寻找他的王储。对王储来说，这是一次既感性又正式的会面：

我告诉国王我的集团军已经赶到了战场，吻了吻他的手，然后他拥抱了我。有一段时间，我们谁也说不出话来。然后国王率先开了口他告诉我他很高兴，因为到目前为止我成功地完成了作战目标，并显示出了高超的指挥能力。

此前，国王已经打算授予他的儿子功勋勋章，但是后者还未收到电报，于是"就这样，在战场上，在我和他一起取得决定性胜利的地方，我的国王父亲当场授予我最高军事勋章。"[24] 国王骑马回到霍利茨，睡在一张用沙发、两把椅子和一张桌子临时拼凑起来的床上。国王的首相就没那么幸运了——在寻找住处时，俾斯麦滑了一跤，不小心跌进了一个粪坑里，然后只能在霍利茨镇广场廊柱下的马车坐垫上睡觉。

福格茨－莱茨思索着这一天发生的事情，他在写给朋友阿尔弗雷德·克虏伯的一封信中对当天发生的事情表达了敬意：

在战斗临近尾声的时候，我只能对你高呼一句"胜利！"，在当时的情况下，这就足够了。你曾对战事感到忧心忡忡，但现在，你已经知道了，我们打倒了傲慢的奥地利人，除了爱国主义之外，你还用你们的大炮这一最有效的方式帮助了我们。你们的这些孩子和他们的奥地利堂兄弟在炎热的天气里"会谈"了好几个小时；这是一场用膛线炮进行的炮兵决斗，给人留下了深刻印象，它们非常引人注目，但也极具破坏性。[25]

贝内德克带着他的参谋默默地向南骑行而去，一行人在新柯尼希格雷茨（Neu Königgrätz）的一家旅馆停了下来。晚餐时，一开始，大家都没有碰面前的酒杯，直到贝内德克举起酒杯说："让我们缅怀那些在今天白白牺牲的勇敢的战友们。"有人回忆，当他说话的时候，眼泪顺着他的脸颊流了下来，溅在粗糙的木桌上。[26] 毛奇后来对贝内德克当时的悲痛和困惑进行了反思，他写道：

◎ 普鲁士国王威廉和他的胜利之师在柯尼希格雷茨。（冯塔内 绘）

◎ 战斗结束后，在霍利茨进入梦乡的俾斯麦。（霍夫曼 藏　罗林 绘）

一位战败的将军！要是平民百姓能理解这代表什么意义就好了！那天夜里，柯尼希格雷茨的奥军总司令部是什么情形啊！哦，当我自己试着想象的时候！很难想出还有比贝内德克功勋更卓越，更勇敢，更谨慎的将军！[27]

尽管对双方领导人来说，这一天是以一种平淡的基调结束的，但这一天却是整个欧洲历史上最引人注目的日子之一。统计数字说明了一切。在普鲁士方面，第1集团军的伤亡最为惨重，有1065名官兵阵亡，4075人受伤，120人失踪。第2集团军有514人阵亡，1650人受伤，101人失踪；易北河集团军有356人阵亡，1234人受伤，57人失踪。因此，普军的总伤亡人数为9172人。奥地利和萨克森人所遭受的损失几乎是普军的五倍，其伤亡总数大约为44200名官兵，其中19800人被俘。[28]

毛奇所取得的辉煌胜利是惊人的，但它能够带来什么还有待观察。

注释:

第一节 两军恢复接触

1. 引自 H. 冯·毛奇元帅所著的《军事通讯》，第 5 卷第 334 页。

2. 同上。

3. 引自《官方战史》，第 158 页。

4. 同上，第 158 页。

5. 引自 H. 冯·毛奇元帅所著的《军事通讯》，第 5 卷第 337 页。

6. 引自 H. 冯·毛奇元帅所著的《德法战争》(伦敦，1907 年)，第 414 页。

7. 引自陆军元帅布卢门塔尔伯爵所著的《1866 年和 1870 年的日记》，第 38-39 页。

8. 引自 H. 博纳尔将军所著的《萨多瓦》，第 118 页。

9. 同上，第 114 页。

10. 引自 J. 普雷斯兰和 G. 斯凯尔顿所著的《胜利者之路》，第 260 页。

11. 同上，第 259 页。

12. 引自 G. 沃罗所著的《普奥战争》，第 208-209 页。

13. 引自戈登·克雷格教授所著的《柯尼希格雷茨》，第 104 页。

14. 引自 G. 沃罗所著的《普奥战争》，第 208-209 页。

15. 引自戈登·克雷格教授所著的《柯尼希格雷茨》，第 104 页。

16. 引自《官方战史》，第 162-163 页。

17. 同上，第 163 页。

18. 同上，第 164-165 页。

19. 引自 H. 冯·毛奇元帅所著的《德法战争》(伦敦，1907 年)，第 414 页。

20. 引自陆军元帅布卢门塔尔伯爵所著的《1866 年和 1870 年的日记》，第 38-39 页。

21. 同上，第 167 页。

22. 引自陆军元帅布卢门塔尔伯爵所著的《1866 年和 1870 年的日记》，第 39-40 页。

23. 同上，第 40 页。

24. 同上。

25. 引自 J. 普雷斯兰和 G. 斯凯尔顿所著的《胜利者之路》，第 266 页。

26. 引自 F.E. 惠顿中校所著的《毛奇》，第 152 页。

27. 引自 H. 博纳尔将军所著的《萨多瓦》，第 137 页。

28. 引自 J. 普雷斯兰和 G. 斯凯尔顿所著的《胜利者之路》，第 262 页。

29. 引自《官方战史》，第 168 页。

30. 引自 H.M. 霍兹尔所著的《七周战争》，第 1 卷第 310 页。

第二节 斯威普瓦尔德

1. 引自《官方战史》，第 174 页。

2. 同上，第 174 页。

3. 引自 H.M. 霍兹尔所著的《七周战争》，第 1 卷第 315 页。

4. 引自 J. 普雷斯兰和 G. 斯凯尔顿所著的《胜利者之路》，第 266 页。

5. 引自《官方战史》，第 168-169 页。

6. 引自 F. 霍尼希所著的《未来的战术》(伦敦，1899 年)，第 40 页。

7. 引自《官方战史》，第 168-169 页。

8. 引自 H.M. 霍兹尔所著的《七周战争》，第 1 卷第 315 页。

9. 引自戈登·克雷格教授所著的《柯尼希格雷茨》，第 108 页。

10. 同上。

11. 引自《官方战史》，第 171 页。

12. 同上，第 184 页。

13. 同上，第 185 页。

14. 引自《官方战史》，第 191 页。

15. 同上。

16. 引自 J. 普雷斯兰和 G. 斯凯尔顿所著的《胜利者之路》，第 272 页。

17. 引自《官方战史》，第 196 页。

18. 同上，第 197 页。

19. 同上，第 199 页。

20. 引自戈登·克雷格教授所著的《柯尼希格雷茨》，第 120-121 页。

21. 引自《官方战史》，第 200 页。

22. 同上。

23. 同上。

24. 同上，第 205 页。

25. 引自戈登·克雷格教授所著的《柯尼希格雷茨》，第 120-121 页。

26. 引自戈登·克雷格教授所著的《柯尼希格雷茨》，第 122 页。

第三节 焦虑的罗斯科斯堡

1. 引自《官方战史》，第 173-174。

2. 同上，第 210 页。

3. 引自陆军元帅布卢门塔尔伯爵所著的《1866 年和 1870 年的日记》，第 41 页。

4. 引自普鲁士王储所著的《日记》，第 36 页。

5. 引自《官方战史》，第 206 页。

6. 同上，第 206-207 页。

7. 同上，第 205 页。

8. 同上。

9. 引自 H. 冯·毛奇元帅所著的《写给妻子的信》，第 2 卷第 299 页。

10. 引自戈登·克雷格教授所著的《柯尼希格雷茨》，第 122 页。

11. 引自 J. 普雷斯兰和 G. 斯凯尔顿所著的《胜利者之路》，第 273 页。

12. 同上，第 273-274 页。

13. 引自《官方战史》，第 232 页。

14. 同上，第 236 页。

15. 同上。

16. 引自 F·霍尼希所著的《未来的战术》，第 41 页。

17. 引自《官方战史》，第 246 页。

18. 引自戈登·克雷格教授所著的《柯尼希格雷茨》，第 122 页。

19. 同上，第 133 页。

20. 引自 J. 普雷斯兰和 G. 斯凯尔顿所著的《胜利者之路》，第 278 页；以及戈登·克雷格教授所著的《柯尼希格雷茨》，第 134 页。

第四节 夺取赫卢姆

1. 引自陆军元帅布卢门塔尔伯爵所著的《1866 年和 1870 年的日记》，第 41 页。

2. 引自普鲁士王储所著的《日记》，第 37 页。

3. 同上。

4. 引自《官方战史》，第 211 页。

5. 引自戈登·克雷格教授所著的《柯尼希格雷茨》，第 129 页。

6. 引自 J. 普雷斯兰和 G. 斯凯尔顿所著的《胜利者之路》，第 278 页。

7. 引自霍亨洛厄－英格尔芬根王子所著的《关于炮兵的信函》，第 22 页。

8. 同上，第 62 页。

9. 同上，第 63 页。

10. 同上，第 65–66 页。

11. 引自《官方战史》，第 225 页。

12. 引自霍亨洛厄－英格尔芬根王子所著的《关于炮兵的信函》，第 68 页。

13. 引自霍亨洛厄－英格尔芬根王子所著的《我的人生》，第 3 卷第 289 页。

14. 引自《官方战史》，第 229 页。

第五节 易北河集团军的挺进

1. 引自《官方战史》，第 236 页。

2. 引自 H. 冯·毛奇元帅所著的《写给妻子的信》，第 2 卷第 187 页。

3. 引自《官方战史》，第 236 页。

4. 同上，第 239 页。

5. 同上，第 243 页。

6. 同上，第 242 页。

7. 同上，第 254 页；以及戈登·克雷格教授所著的《柯尼希格雷茨》，第 136 页。

8. 引自《官方战史》，第 236 页。

9. 引自戈登·克雷格教授所著的《柯尼希格雷茨》，第 136 页。

10. 引自《官方战史》，第 236 页。

11. 引自 F. 霍尼希所著的《未来的战术》，第 48–49 页。

12. 引自《官方战史》，第 253 页。

第六节 罗斯贝里茨

1. 引自戈登·克雷格教授所著的《柯尼希格雷茨》，第 150–151 页。

2. 同上，第 151 页。

3. 引自《官方战史》，第 258 页。

4. 同上，第 261 页。

5. 引自霍亨洛厄－英格尔芬根王子所著的《关于炮兵的信函》，第 69 页。

6. 引自陆军元帅保罗·冯·兴登堡所著的《远离我的生活》(伦敦，1920 年)，第 26 页。

7. 引自《官方战史》，第 262 页。

8. 引自戈登·克雷格教授所著的《柯尼希格雷茨》，第 161–162 页。

9. 引自《官方战史》，第 265 页。

10. 同上。

11. 同上，第 266 页。

12. 引自 F. 霍尼希所著的《未来的战术》，第 58–59 页。

13. 同上，第 60 页。

14. 同上，第 64 页。

15. 引自《官方战史》，第 273 页。

第七节 胜利

1. 引自 H. 冯·毛奇元帅所著的《写给妻子的信》，第 2 卷第 187 页。

2. 引自《官方战史》，第 277 页。

3. 同上，第 279 页。

4. 同上，第 281 页。

5. 引自戈登·克雷格教授所著的《柯尼希格雷茨》，第 163 页。

6. 引自《官方战史》，第 282-283 页。

7. 同上，第 284 页。

8. 引自 F. 霍尼希所著的《未来的战术》，第 63 页。

9. 引自《官方战史》，第 284 页。

10. 同上，第 287 页。

11. 同上，第 288 页。

12. 引自 J. 普雷斯兰和 G. 斯凯尔顿所著的《胜利者之路》，第 288-289 页。

13. 引自 G. 沃罗所著的《普奥战争》，第 256 页。

14. 引自《官方战史》，第 289 页。

15. 同上，第 290 页。

16. 同上，第 291 页。

17. 引自普鲁士王储所著的《日记》，第 44 页。

18. 引自《官方战史》，第 294 页。

19. 同上，第 296 页。

20. 同上。

21. 引自 H. 冯·毛奇元帅所著的《写给妻子的信》，第 2 卷第 301 页。

22. 同上。

23. 引自 F.E. 惠顿中校所著的《毛奇》，第 159 页。

24. 引自普鲁士王储所著的《日记》，第 49 页。

25. 引自 W. 伯德罗等人所著的《阿尔弗雷德·克房伯的书信 1827-1877》，第 230 页。

26. 引自 J. 普雷斯兰和 G. 斯凯尔顿所著的《胜利者之路》，第 294 页。

27. 引自戈登·克雷格教授所著的《柯尼希格雷茨》，第 175 页。

28. 引自《官方战史》，第 297-298 页。

余波

第五章

第一节 库斯托扎

毛奇对他的意大利盟友的战斗力不抱任何幻想。普鲁士《官方战史》中总结了毛奇对他们能力的看法：

◎ 1866 年的意大利步兵。(该插图选自《1866 年战争特辑》)

几乎没有人认为意大利人有能力
进行艰苦而漫长的攻城战。因此，他
们不能指望通过自己的力量直接攻占
威尼斯，而必须要等到奥地利因为战
争的总体方针而主动放弃威尼斯之
后，意大利人才能把它收入囊中。[1]

尽管如此，毛奇还是急于对意大
利人的战略施加影响，但他发现这是
一段令人异常沮丧的经历。

战争开始后，意大利人计划以巨
大的兵力优势压倒敌人。除了打算在
特伦蒂诺（Trentino）战役中部署加
里波第（Garibaldi）志愿军之外，意
大利人还可以将 20 万人、370 门大
炮投入战场。这支大军将编为 20 个

◎ 库斯托扎战役中的意军最高指挥官——阿方
索·拉·马尔莫拉将军。
（《该插图选自《1866 年战争特辑》）

步兵师和 1 个骑兵师。正常情况下，意大利国王维克托·伊曼纽尔（Victor
Emmanuel）将负责在战争中指挥全军，但实际上，意大利军队是由参谋长阿
方索·拉·马尔莫拉（Alfonso La Marmora）将军所指挥的；不过，马尔莫拉
此时还担任意大利首相，他需要一直履行这个政治职责到 6 月 18 日，之后才
能放手指挥军队。

毛奇是根据 6 月初被派往意大利的西奥多·冯·伯恩哈迪的报告来了解意
大利总部的情况的。西奥多·冯·伯恩哈迪是一位军事历史学家，也是一位孜
孜不倦的日记作者，于 6 月初被派往意大利，他的一个特别任务是将毛奇对即
将到来的战争提出的建议转达给意大利人。此外，伯恩哈迪还是一位敏锐的政
治观察家，并且与政府关系密切，是一位公认的可靠特使。

伯恩哈迪发回来的报告并不乐观，在他们的描述中，意大利的军事组织
似乎还远远没有做好开战的准备。伯恩哈迪对意大利军官喜欢穿便服而不穿制
服的习惯尤其感到不以为然。更重要的是，伯恩哈迪很快就意识到，在这场战

争中，意大利并没有制定出连贯的战略。总的来说，意大利人只有两种选择：1.把主力部队集中在明乔，然后向东移动到维罗纳；2.从曼图亚（Mantua）向北进攻。其中，第二种选择，也就是从南向北发动进攻的话，意大利人的战线将受到波河（Po）流域地理环境的极大限制，正如杰弗里·瓦罗（Geoffrey Wawro）所指出的那样：

> 意大利军队在曼图亚附近穿越波河的尝试是不可能成功的，因为只要在博洛尼亚以西渡河，意大利军队就会在曼图亚和莱尼亚戈（Legnago）之间的柳树沼泽登陆。往东，也就是波河三角洲，这里遍布沼泽，瘟疫弥漫，因此，意军也无法从此地以及从亚得里亚海（Adriatic）沿岸登陆。[2]

不过，毛奇强烈主张从波河河谷发动进攻，伯恩哈迪也极力主张这一行动方针。在这一点上，他还得到了恰尔迪尼（Cialdini）将军的支持，后者的意大利第4军由8个师所组成，已经被派到了这个区域。

然而，就像伯恩哈迪在6月9日汇报的那样，拉·马尔莫拉更倾向于从明乔发动进攻。拉·马尔莫拉有些不情愿地透露说，他的意图是通过打一场包围战来突破奥地利的"四角防线"①，不过，毛奇知道，要打这样一场战斗，意大利军队明显准备不足。拉·马尔莫拉的计划是在奥军防线的正面发动攻击，同时，恰尔迪尼率领一支规模小得多的部队从波河河谷向前推进。伯恩哈迪敦促他采取另外一种战略，即只派偏师对明乔进行佯攻，主力则趁机从波河向北进攻，但这个方案因为过于大胆而未被拉·马尔莫拉采纳。根据意大利第3军指挥官德拉·罗卡（della Rocca）将军的说法，相比于伯恩哈迪的建议，拉·马尔莫拉对毛奇所提方案的反应要大得多；马尔莫拉认为其"几乎完全是为了普鲁士的利益"，并且"认为这是对意大利的冒犯，是绝对不可接受的"[3]。伯恩哈迪得出了一个令人沮丧的结论，即"不能指望意大利军队采取有力而

---

① 译者注：四角防线（英语：Quadrilateral；意大利语：Quadrilatero）是传统用来称呼由奥地利帝国于伦巴底及威尼西亚建立的防御系统。防线连接着跨越明乔河、波河及阿迪杰河的四个要塞——佩斯基耶拉、曼图亚、维罗纳及莱尼亚戈。

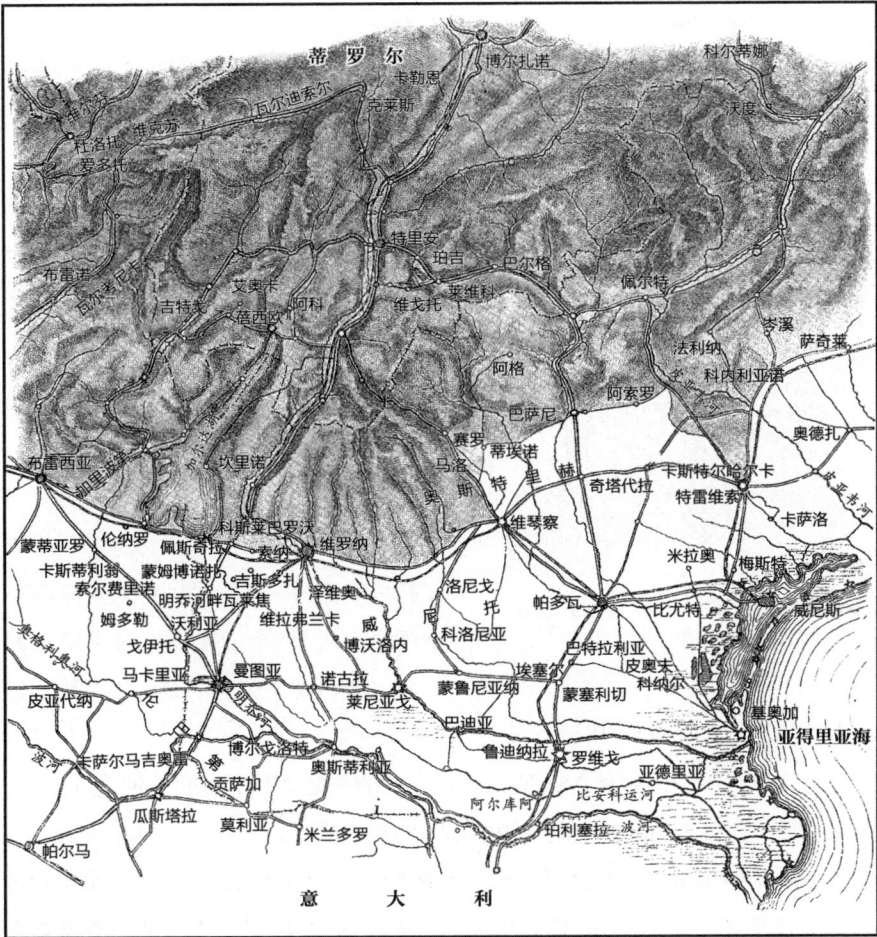

◎ 1866 年的意大利战场。

有效的行动，从而使奥地利人从北部战区抽调大量部队赶去支援，这一点是无法实现的"。[4]

毛奇在 6 月 15 日的回信中，字里行间充满了惊讶，抑或是失望：

值得注意的是，在佛罗伦萨，他们竟然没有发现在旷野中击败奥地利人比围攻这些要塞更容易达成突破四角防线的战略目标。后一项工作可能会持续

◎ 意大利第 4 军军长恩里科·恰尔迪尼将军。
（该插图选自《1866 年战争特辑》）

数月，不，甚至数年，却不能达到目的。实际上，一次针对帕多瓦（Padua）的进攻足以切断奥军的补给线。这将迫使敌人撤出要塞，因为他们将会断粮。但要想做到这一点，恰尔迪尼的力量太弱了……难道意大利人在亚诺河（Arno）上还没有发现，除了奥地利帝国被实质性削弱，没有任何东西能够保住意大利人占领的土地，即使他们已经把这些土地攥在手中了？[5]

毛奇在信的结尾真诚地希望维克托·伊曼纽尔能从另一种角度来看待问题，并承诺："在最后的决定性时刻，我将率领庞大的普鲁士精锐穿过波利西纳河（Polesina）增援意军。"

在 1848 年和 1859 年的战争中，意大利的战略就是穿越明乔河发动进攻，但这并不是拉·马尔莫拉偏爱这种战略的唯一原因。实际上，早在 1862 年，意大利国王的军事内阁就已经否决了所有跨越波河的行动计划，理由是意军进攻部队要花整整 3 天时间才能越过波河，而在这段时间内，其一直都要暴露在来自罗维戈（Rovigo）或莱尼亚戈的奥军的威胁之下。[6]

约翰·波考克（John Pocock）在他最近一篇关于库斯托扎（Custozza）之战的记述中指出，毛奇之所以主张向波利西纳进军，是因为他"从未亲身到过这个地区，也不知道一旦跨过大河，就会遇到行动极其困难的沼泽地带"。[7]恕我直言，这个结论并不准确；首先，毛奇在军事地形方面的研究非常精深；其次，他非常谨慎，通常是在确保获得所有相关信息后才会形成自己的观点。当然，这并不能解释恰尔迪尼对跨越波河发动进攻计划的支持，也不能解释为什么意大利最高统帅部仍然愿意认真考虑这一方案。实际上，采取这个计划也有很多好处，除了可以绕过令人望而生畏的四角防线之外，还可以利用困难的地形阻碍奥军的反击——就像意军自己跨越波河继续前进时所遇到的阻碍一样。当然，要做到这一点，意大利人必须为渡河做非常细致的准备，以尽量减少行动所需时间及因此而产生的风险；但这一点他们显然没有做到。事实证明，将注意力集中在波河上是一个错误；一段时间的大雨，加上山上积雪的融化，使阿迪杰河（Adige）和波河的水位急剧上升，人们甚至开始担心大坝会决堤，将整个地区淹没。在这种情况下，如果意大利军队的主力采取从波河向北进攻的方案，那么如何让军队渡过湍急的河流将是一个非常棘手的问题。[8] 事实上，恰尔迪尼就被迫从他的第一道前进阵地上退下来，向下游移动，以寻找一个更好的位置，渡过涨水的河流。

拉·马尔莫拉一共派遣 3 个军去执行他的计划：第 1 军 [军长为杜兰多（Durando）将军]，下辖第 1、第 2、第 3 和第 5 师；第 2 军 [军长为库恰里（Cucciari）将军]，下辖第 4、第 6、第 10 和第 19 师；还有第 3 军（军长为德拉·罗卡将军），下辖第 7、第 8、第 9 和第 16 师。后备骑兵师由德·索纳兹（de Sonnaz）将军指挥。德拉·罗卡在就任军长后，拜访了维克托·伊曼纽尔的常设国防委员会主席佩蒂蒂（Pettiti）将军，对现行战略，即将全军分成两支截然不同的部队进行了抗议。他在自传中记录了这次讨论：

"理论上你是对的，"佩蒂蒂回答说，"但我们的情况是个例外。在波希米亚与普军作战的奥地利人无法向意大利派出一支庞大的军队，所以无论敌人在明乔河还是波河攻击我们，我们的两支部队的任何一支都能与之抗衡。""很好"，我说；"但请记住那句古老的谚语：团结就是力量。在我看来，最好的策略是聚集在一起，等待敌人先进攻，然后利用我们的全部兵力击退它。"[9]

佩蒂蒂在拉·马尔莫拉和恰尔迪尼之间做了某种妥协，其结果是给了后者一支比原计划规模更大的部队，但他们在渡过波河之后，要在阿迪杰河中部与马尔莫拉的大军重新会合。这是两位将军在 6 月 17 日的一次会议上达成的协议，在此之后，恰尔迪尼似乎确信他的部队将会带给敌人致命一击。[10]

在维克托·伊曼纽尔的传记作者看来，拉·马尔莫拉和恰尔迪尼这两位意大利主要领导人之间的互动总是招致灾难性的后果：

◎ 阿尔布雷希特大公，于1866年担任奥地利南方集团军总司令。（罗杰斯 摄）

◎ 弗朗茨·冯·约翰将军，担任奥地利南方集团军参谋长。（罗杰斯 摄）

要是用其他人来替换这两位将军就好了，因为拉·马尔莫拉和恰尔迪尼是死对头，他们都极其蔑视对方的能力。恰尔迪尼……踌躇不前，让拉·马尔莫拉单枪匹马去对付四角防线。[11]

与意大利相反，奥地利对于现在需要做些什么有更清晰的认识。奥地利南方集团军的司令是阿尔布雷希特大公，对他的任命是在4月中旬宣布的，这让很多人感到惊讶。因为他几乎没有作战经验，在1859年战争后，阿尔布雷希特大公成为一名集团军指挥官，但他没有参加过战争，他一直担任这个职位，直到1863年，他转任陆军督察（Army Inspector），这是一个空名。值得一提的是，阿尔布雷希特大公是查尔斯大公的长子，而查尔斯曾是拿破仑最有力的对手之一。奥地利在意大利部署了大约13万人，包括四角防线各要塞的守备部队和从蒂罗尔派去对抗加里波第的部队。为应对意大利人的进攻，奥军给阿尔布雷希特大公配备了一支下辖 3 个军的野战部队，每个军由 3 个旅组成，另外还补充了 2 个骑兵旅和 1 个后备步兵师（也包含 3 个旅）。各军的指挥官分别为：第 5 军军长为加布里埃尔·冯·罗迪奇（Gabriel von Rodich）少将，由于原军长列支敦士登王子生病，他在战争开始前不久才接管了该军的指挥权；第 7 军军长为陆军中将约瑟夫·马洛伊奇（Joseph Maroicic）；还有第 9 军军长恩斯特·哈通（Ernst Hartung）中将。后备步兵师由海因里希·鲁普雷希特·冯·维尔特索洛格（Heinrich Rupprecht von Virtsolog）少将指挥。阿尔布雷希特的参谋长是能力极强的弗朗茨·冯·约翰（Franz von John）少将。奥地利南方集团军的总兵力为 71284 人，其中骑兵 3536 人，大炮 168 门。[12]

阿尔布雷希特大公率领 3 个军在威尼斯附近展开了战役，其中，第 5 军部署在维罗纳，第 9 军在维琴察（Vicenza），第 7 军在帕多瓦。到了 6 月，他把这 3 个军都集中在阿迪杰河左岸的四角防线之内，奥军可以从那里向西或向南移动，以应对意大利人的首轮进攻。6 月 3 日，阿尔布雷希特大公向弗朗茨·约瑟夫报告说：

> 在这个位置上，我可以同时牵制住敌人的两个集团军，因为我只需要向任意一个方向急行军，就能遇到距离我最近的敌军部队，并有较大的把握击败它。[13]

他很清楚拉·马尔莫拉能够，或者说应该比恰尔迪尼推进的速度更快，于是他将一个轻骑兵旅派到明乔河，以监视意大利人渡河时的一举一动。阿尔布雷希特打算利用他核心阵地的优势来保持战略主动权。距离恰尔迪尼最近的马洛伊奇很清楚这一点，他在 5 月命令手下的旅长们：

> 意大利人根本无法在这片支离破碎、泥泞不堪的土地上增强兵力。请牢记：敌人进攻开始的时候总是伴随着炮声。如果敌人分成几个纵队前进，我们将竭尽全力打击冲在最前面的敌军纵队，将其赶到波河对岸，然后再对付另一个敌军纵队，我们将打击他们的后方，并将其彻底击溃。[14]

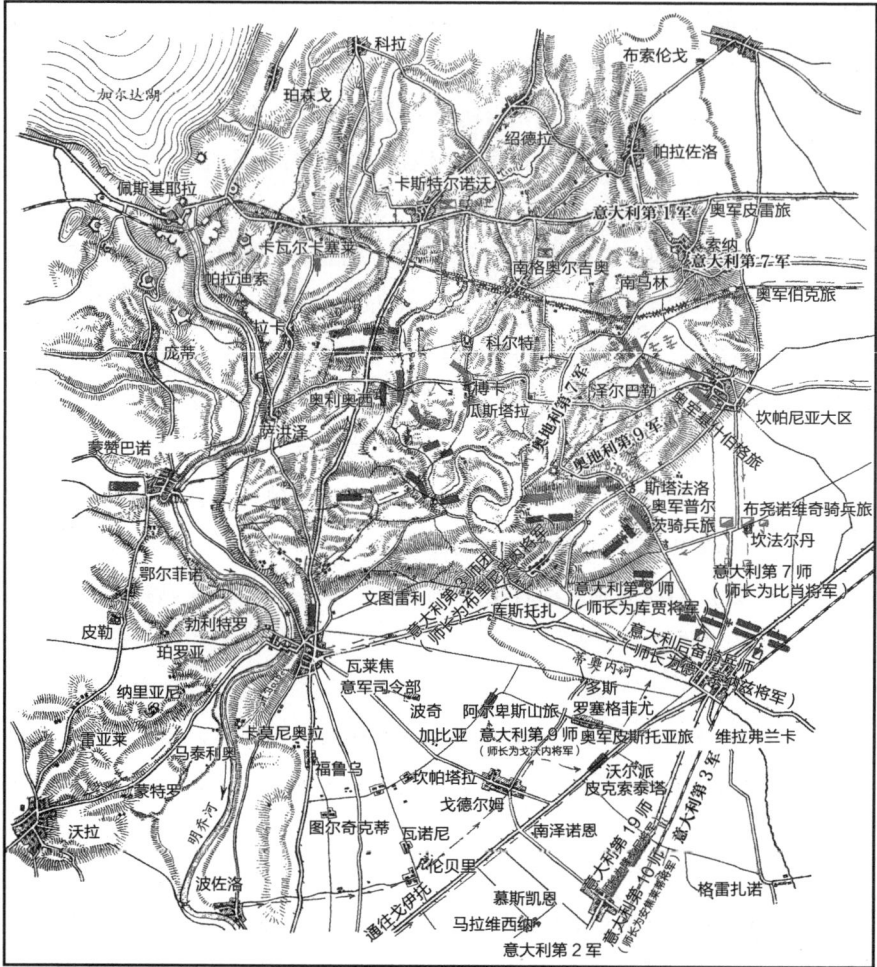

◎ 截至6月24日下午2点，库斯托扎战役的战况。

　　6月20日，拉·马尔莫拉终于向曼图亚的奥军要塞递交了意大利的宣战声明，比与普鲁士结盟时所约定的时间晚了4天。第二天，拉·马尔莫拉的部队慢慢地向明乔河靠近；负责监视敌情的奥地利骑兵向司令部报告说，意军的渡河行动迫在眉睫。很明显，恰尔迪尼此时还不足为惧，因此双方的第一场战斗将在明乔河流域打响，阿尔布雷希特和约翰决定利用库斯托扎、索姆马坎帕尼亚（Sommacampagna）和圣卢西亚（Santa Lucia）的高地阻击敌人，因此赶在意大利人到来之前占领了它们。一旦占领了这些山丘，奥地利南方集团军就可以利用它们更好地从拉·马尔莫拉的侧翼展开进攻，此时，后者已经越过明乔河，向阿迪杰河挺进。6月23日晚些时候，由鲁普雷希特师所组成的奥军右翼部队从维罗纳向西挺进，6月24日，他们向南穿过卡斯特诺瓦（Castelnuova），向奥廖西（Oliosi）进发。接下来是罗迪奇，其正在率军向索纳（Sona）北部移动，然后转向西南。奥军左翼部队由马洛伊奇和哈通两个军组成，这两支部队穿越索纳，向奥军左翼阵地的重要枢纽——索姆马坎帕尼亚前进，普尔茨（Pulz）则率领一个骑兵旅跟在远处，以掩护两军的侧翼。

意大利人从瓦莱焦（Valeggio）和戈伊托（Goito）的大桥跨越了明乔河——奥地利人将这两座大桥完好无损地留给了他们，除此之外，还有为提高进军效率，意大利工兵搭建的两座浮桥。但意军渡河的速度比预期的要慢很多；到6月23日傍晚，拉·马尔莫拉的集团军只有大约一半部队通过了大桥，其余部队封锁了大桥，准备第二天继续渡河。索纳兹骑兵师报告说，在阿迪杰河以西没有发现奥军的踪迹，这在一定程度上安慰了拉·马尔莫拉，从而使他放心让

◎ 奥地利第7军军长约瑟夫·弗赖赫尔·马洛伊奇·迪曼多纳·德尔蒙特。（卢克斯 绘）

◎ 意大利第1军军长乔瓦尼·杜兰多将军。（该插图选自《1866年战争特辑》）

自己的部队暴露在这样的危险之中。

这个错误的侦察报告也很可能是导致拉·马尔莫拉决定派遣多支部队进入山区（目的是对自己的侧翼进行保护）的原因，他并不知道，整个奥地利集团军正在开进这些山区。6月24日，杜兰多的意大利第1军奉命向北迂回，打算以瓦莱焦为中心，占领库斯托扎和索姆马坎帕尼亚的高地。在6月23日到24日夜间，猛烈的雷雨突然来袭。6月24日清晨，双方部队都离开了营地，他们的目的是在酷热的天气到来之前尽快就位，这种天气在前一天给双方都造成了极大的不适，一些人甚至死于中暑。奥地利人在凌晨2点30分开始行动，意大利人也在1小时后出发。虽然两军的指挥官都选择向山区推进，但有一个本质的区别：阿尔布雷希特这么做是因为他打算在6月24日与敌人接战，拉·马尔莫拉则对此一无所知。

在杜兰多的意大利第1军下辖的部队中，第2师[师长为皮亚内利（Pianelli）]留下来监视佩斯基耶拉（Peschiera）要塞；该军其余的3个师继续向山区挺进，从左至右分别为：塞拉勒（Cerale）的第1师向奥廖西挺进，西尔托里（Sirtori）的第5师向圣卢西亚挺进，而布里尼奥内（Briignone）的第3师向库斯托扎挺进。与此同时，德拉·罗卡的第3军向维拉弗兰卡（Villafranca）进发，马尔莫拉预计杜兰多在自己的进攻轴线上不会遭遇奥军的激烈抵抗，于是将德拉·罗卡留在平原上作战。

奥军进入山区之后，其先头部队传回来的第一份情报——没有遇到任何敌军，这令阿尔布雷希特大公长舒了一口气。直到早上6点30分，双方才在维拉弗兰卡北部发生了交火，在那里，普尔茨的骑兵旅与德拉·罗卡第3军的先头部队进行了交战。与此同时，在奥军进攻轴线的西侧，鲁普雷希特在奥廖西附近遇到了塞拉勒师的先头旅。如果不是塞拉勒师的纵队和西尔托里师的纵队于瓦莱焦越过明乔河后发生了混乱，导致两支部队混杂在一起，拖慢了前进速度，这次交战本来会发生在更北的地方。

拉·马尔莫拉听到了奥廖西传来的炮声，但他误以为是奥军部署在佩斯基耶拉要塞的大炮所发出的轰鸣。他向维拉弗兰卡骑行而去，不久后，他与第3军的部队相遇，此时，马尔莫拉对战局仍然信心十足，他告诉前者说，维罗纳以西已经没有奥地利军队了，他们可以放心大胆地停下来做早餐。[15]

◎ 意大利第 3 军军长恩里科·德拉·罗卡将军。
（该插图选自《1866 年战争特辑》）

然而，不久之后，马尔莫拉的安全感突然破灭了，他带了几名参谋人员登上了克罗齐山 [Monte Croce，是一座位于斯塔法洛（Staffalo）以南约 115 米高的小山] 的山顶，然后惊讶地发现由哈通率领的奥地利第 9 军的纵队就在几公里外，正朝着他冲过来。此时，马尔莫拉的手头只有布里尼奥内（Brignone）师在附近——位于库斯托扎，他立即派人到杜兰多和德拉·罗卡的指挥部去寻求增援，并匆忙开始在库斯托扎周围布设防线。

然而，德拉·罗卡已经忙得不可开交了。他将自己的第 7 师 [师长为尼诺·比肖（Nino Bixio）] 和第 16 师 [师长为翁贝托王储（Crown Prince Umberto）] 部署在维拉弗兰卡及其周边地区，等待着向维罗纳进军的命令。意大利第 8 师 [师长为库贾（Cugia）] 正位于瓦莱焦–维拉弗兰卡的路上，第 9 师 (师长为戈沃内) 位于第 8 师以南不远处。索纳兹骑兵师则位于维拉夫兰卡南部的田地里。直到早上 7 点左右，这个区域内还没有爆发战事，甚至都没人预测到即将爆发战事。不过，宁静的局面很快便被打破了，由冯·罗达科夫斯基（von Rodakowski）上校率领的一个奥地利骑兵团，从掩体中出来，原本只想进行一次侦察，结果却对比肖师和翁贝托王储师之间的一个意军据点发动了一次猛烈进攻。罗达科夫斯基的顶头上司——骑兵旅旅长普尔茨觉得有必要支援他那刚愎自用的部下，于是将他其余的部队也派上了战场。有一段时间，意大利步兵陷入了极度混乱的境地，翁贝托王储仅仅因为侥幸才逃脱了抓捕；但过了一段时间，奥军骑兵也在遭受惨重损失（罗达科夫斯基的 600 人中，伤亡达到了三分之二）后被迫撤退了，在战斗的最后阶段，布亚诺维奇（Bujanovic）率领一个奥军骑兵旅赶到了战场，对普尔茨进行了支援。奥地利骑兵虽然伤亡惨重，却令德拉·罗卡、比肖和翁贝托

◎ 冯·罗达科夫斯基上校率领他的奥地利枪骑兵在库斯托扎战场发动了一次"死亡或荣耀"的冲锋，本图由科赫绘制。（罗杰斯 摄）

王储深感不安，他们见面后，一致同意在原地掘壕据守，因为他们确信敌军步兵一定会尾随骑兵而至。[16]

此时，拉·马尔莫拉的信心已经由于哈通军出现在战场以及奥军骑兵针对自己右翼的进攻而动摇了，即使目睹了左翼还算顺利的进展状况，也没能提升他的信心。在左翼，塞拉勒的第1师正沿着通往奥廖西的道路向北行进，而西尔托里的第5师正在向圣卢西亚进发。西尔托里的先头部队由2个营和6门大炮组成，由比亚赫尔摩萨（Villahermosa）将军指挥。不幸的是，他们拐错了弯，误走到了通往奥廖西的路上（位于塞拉勒先头部队的正前方）。在那里，他们受到了来自奥军鲁普雷希特师的先头部队，以及位于蒂奥尼山谷（Tione valley）另一边的第5军直属炮兵部队的火力打击。比亚赫尔摩萨对奥军本科（Benko）旅在克里奥里（Cricoli）山的阵地发起了进攻，虽然前者最初取得了成功，但终因寡不敌众而溃不成军。这时，塞拉勒师的先头部队[由维拉里（Villarey）率领]来到了战场，该师的其余部队也陆续赶到了。由于在兵力上拥有巨大优势，塞拉勒对克里奥里山的进攻终于取得了进展，本科旅被赶下了山。

然而，意大利人由此获得的优势，很快就被三支由贝赫德斯海姆（Bechtoldsheim）上尉率领的奥地利枪骑兵的突袭行动所冲淡了。早晨8点，他们来到本科旅附近，向前进中的意大利步兵发起反攻；奥军枪骑兵突然冲进路边的一个意军会议会场——与会者是塞拉勒、他手下的一个旅长杜（Dho）和其他几位军官。一位意军军官被当场打死，塞拉勒和杜受伤，奥军枪骑兵则沿着大路继续前进。

接着，他们又袭击了意军炮兵部队，炮手们惊慌失措，强行穿越后面

◎ 奥地利第9军军长恩斯特·哈通将军。（卢克斯 绘）

437

的步兵逃走了，把这几个营的步兵搅得晕头转向，惶恐不安。出于安全考虑，贝赫德斯海姆最终还召回了他的枪骑兵，尽管他们在返回奥地利防线的过程中遭受了巨大伤亡，101 人中只有 17 人成功返回。但他们取得了非凡的成功，不但重创了塞拉勒师，还迫使其撤退到位于奥廖西以南，圣卢西亚正西的文托山（Monte Vento）上的阵地。[17]

在通往圣卢西亚的路上，西尔托里一直带着他的主力部队向前推进，不过，由于上述原因，他的先头部队已经不在自己前方了。很快，沿着蒂奥尼山谷的斜坡向上爬的意大利步兵就与奥军鲍尔（Bauer）旅接上了火。

为了把奥地利人从佩尼萨（Pernisa）南部山脊上的阵地中赶走，西尔托里发动了一系列刺刀攻击，但都失败了；此后，奥军也进行了一次反攻，尽管付出了更为沉重的代价，但其成功地把意大利人赶回了蒂奥尼山谷的另一侧，奥军则趁机在圣卢西亚占据了一个强有力的防御阵地。

再往东，也就是奥军战线的左翼，为保住已经占领的高地，拉·马尔莫拉曾匆忙请求增援，当时，他观察到哈通正率领奥地利第 9 军队向这些高地挺进，而意军方面只有布里尼奥内师负责防守贝尔韦代雷（Belvedere）、库斯托扎周边高地以及托瑞山（Monte Torre）和克罗齐山上的阵地。为此，库贾师从

◎ 库斯托扎战场上的奥地利第 65 步兵团，本图由弗里茨·诺伊曼绘制。（罗杰斯 摄）

平原赶来支援山区的意军，戈沃内师紧随其后。此外，意军还占领了位于贝尔韦代雷以北的莫里门蒂山（Monte Molimenti）。不过，奥军方面，哈通的进攻得到了来自第 7 军的（军长为马洛伊奇）斯库迪尔（Scudier）旅的支援，该军下辖的另外两个旅也作为预备队跟在哈通军的后面。韦克贝克（Weckbecker）旅和伯克（Böck）旅在克罗齐山，斯库迪尔旅在莫里门蒂山分别与意军对峙，由哈通本人亲自指挥。奥军在仰攻意军阵地的过程中遭受了巨大伤亡，尽管如此，斯库迪尔还是勉力向前推进，最终，其占领了贝尔韦代雷的顶峰，并前出至库斯托扎镇的郊区。

这时，在战线左侧，韦克贝克和伯克已经攻占了克罗齐山，并对托瑞山的意军阵地构成了重大威胁。不过，意军库贾师很快就在炮兵的支援下发起了反攻，及时击败了韦克贝克和伯克两个旅，这令戈沃内师得以将注意力转向斯库迪尔旅，该师于上午 10 点 45 分赶到了战场。鉴于双方力量对比悬殊，且敌人正在逐渐逼近，斯库迪尔被迫退回了贝尔韦代雷，此后，该旅一直坚守阵地，直到增援部队到达；不过，在奥军增援部队抵达的时候，斯库迪尔旅又后撤至索纳。戈沃内趁机发动反攻，并最终在下午 3 点左右夺回贝尔韦代雷。

此时，双方的总司令都或多或少失去了对军队的控制，而他们的部队正在为争夺高地而进行着一系列独立的战斗。实际上，由于战场信息匮乏，双方指挥官都无法预判对方的下一步行动。虽然双方都认为现在的状况很糟糕，但他们的反应却有很大不同：拉·马尔莫拉没有明确的计划，他尽最大努力想要重新掌控部队，但收效甚微；阿尔布雷希特大公则决定发动新的攻势。而且，很多部下并没有对拉·马尔莫拉提供帮助，例如，德拉·罗卡在清晨面见了维克托·伊曼纽尔，并对拉·马尔莫拉提出了严厉批评：

了解到总部参谋人员对敌军阵地的位置一无所知，我简直无法抑制心中的愤慨。由于我们相信了"奥地利人位于阿迪杰河另一边"的错误情报，他们甚至还没走出四角防线，就将我军玩弄于股掌之间了。另外，我还提到我军战线过长的问题——目前，其从佩斯基耶拉一直延伸到维拉弗兰卡，而且我军还缺乏一个可以指挥全局的总部。[18]

奥军的新攻势从战线右侧开始，在那里，罗迪奇和鲁普雷希特开始猛烈炮轰意大利在文托山和圣卢西亚周围的阵地。下午2点，皮雷旅在魏玛（Weimar）旅和本科旅的支援下，冒着意大利守军猛烈的步枪火力向文托山推进；下午3点，这座山已落入奥地利人之手。

在文托山以东不远处，莫令（Möring）旅对圣卢西亚发起了进攻。虽然奥军取得了较大进展，但随着皮雷向文托山挺进，西尔托里担心自己左翼有暴露的危险，认为有必要让部队撤退。

但是，阿尔布雷希特大公认为，只有在库斯托扎的阵地上，双方才能决出胜负，于是，他决定动用自己的所有预备队，全力夺取这一阵地。此前，戈沃内已经占据了贝尔韦代雷的山顶，并对自己的战果感到非常满意，就在他下令休息的时候，下午4点，奥军突然开始猛烈炮轰他的阵地；这场炮战持续了一个小时，在这一过程中，意大利炮兵被奥军完全压制了。

奥军方面，由韦尔泽谢姆（Welsersheimb）旅对库斯托扎发动突袭；莫令旅负责对这次行动提供支援。其中，莫令旅从圣卢西亚穿过蒂奥尼，再从西边攻入库斯托扎镇内；与此同时，韦尔泽谢姆旅从该镇的北部和东部发动进攻。面对这次攻势，库斯托扎镇内的意大利守军溃不成军，许多人都被莫令旅俘虏了——当时该旅正在向平原推进。[19]

◎ 奥地利第5军军长加布里埃尔·弗赖赫尔·冯·罗迪奇将军。（卢克斯 绘）

到了这时候，意大利已经不可避免地滑向失败的深渊了，整条战线的意军都已经陷入了不同程度的混乱局面，他们从山上蜂拥而下，进入平原，准备越过明乔河逃走。在德拉·罗卡的第3军中，王储师和比肖师由于害怕奥军向维拉弗兰卡发动进攻，因而一整天都驻扎在该镇附近。现在，王储师奉命撤退到河边，留下比肖师和一个骑兵旅掩护全军撤退。普尔茨麾下的骑兵没有放过意大利人，实际上，直到晚上9点，他们一直在袭扰撤退

◎ 库斯托扎战役后，维罗纳的古罗马圆形竞技场中关满了意军俘虏。（该插图选自《1866 年战争特辑》）

◎ 库斯托扎战役后，行军途中的奥地利步兵。（该插图选自《战争编年史》）

的意军。这之后不久，比肖师也撤到了明乔河对岸，此后，意军就只剩下留守河左岸桥头堡的部队了。奥军的胜利之师一整夜都守在这个意军留在战场上的最后阵地之前，以防其逃走。[20]

在维克托·伊曼纽尔的总部，出现了令人痛苦的一幕。拉·马尔莫拉伤心欲绝，坚持要辞职；意大利国王派第 3 军军长德拉·罗卡去找他，想说服他继续指挥军队，但最终无功而返。国王让德拉·罗卡接任总参谋长的职务，但被他谢绝了，德拉·罗卡举荐了比肖，可国王又觉得比肖过于年轻。随后，德拉·罗卡又举荐了恰尔迪尼。[21] 最终，国王命令拉·马尔莫拉暂时留任，并以参谋长的身份参加与敌军的进一步谈判，直到战争结束。

阿尔布雷希特未能采取行动追击溃不成军的意大利军队，这无论是在当时还是后来都饱受批评。杰弗里·瓦罗认为，他"那天晚上有一个绝好的机会，几乎不用冒什么风险就能摧毁一半的意大利军队……'摧毁'意大利明乔河集团军实际上就是不断追击它，并迫使其投降"[22]。但采取这样的行动其实并不简单，因为当时意军还有一支生力军，即恰尔迪尼集团军尚未遭受损失，这令奥军十分忌惮。不过，另一方面，正如瓦罗所言，阿尔布雷希特本可以更加积极地应对后者，因为此时，恰尔迪尼正在率军向西挺进，以期与明乔河集团军的残余部队在奥利奥（Oglio）河对岸会师。当奥军战败的消息从柯尼希格雷茨传来时，阿尔布雷希特已经派兵到明乔河对岸进行试探了；不久后，又传来了恰尔迪尼与拉·马尔莫拉的部队会师的消息，对此深感忧虑的阿尔布雷希特命令部队停止前进，并迅速撤回库斯托扎。从那以后，是否对意大利人采取进一步行动的问题就不存在了，因为奥地利南方集团军必须立即撤回北方来帮助保卫维也纳。因此，恰尔迪尼向北进军威尼斯时没有遇到任何阻力。

从理论上讲，奥军克服了重重困难，在库斯托扎取得了惊人的胜利；但瓦罗指出，拉·马尔莫拉的无能意味着：在 6 月 24 日的战场上，阿尔布雷希特的取胜概率并没有达到 2：1，他在兵力上只占有微弱优势，他的总兵力为7.5 万人，而意军为 6.5 万人。[23]

战斗的总伤亡人数呈现出一个耐人寻味的模式：奥地利有 78 名军官和大约 2000 名士兵阵亡，219 名军官和大约 4700 名士兵受伤，10 名军官以及大约1600 名士兵被俘。意大利方面的损失包括 61 名军官、大约 1000 名士兵阵亡，

226 名军官、大约 3000 名士兵受伤，70 名军官以及大约 4000 名士兵被俘。奥军损失最惨重的部队是哈通的第 9 军和鲁普雷希特师；意军方面伤亡最大的部队是布里尼奥内师。[24]

此时，毛奇正忙于自己在波西米亚和德意志西部的工作，因此没有对库斯托扎战役发表评论，但他不会对战役的结果感到太过惊讶。为了保卫维也纳，奥地利南方集团军已经从威尼斯撤退，这当然是毛奇必须要考虑的事情；但是意大利军队完全按照他的要求进行了战斗，不论是在柯尼希格雷茨战役之前还是之后，库斯托扎战役的结果对毛奇的战略考量都没有产生多大影响。

第二节 向多瑙河挺进

7 月 4 日，当毛奇从睡梦中醒来时，有一大堆极其复杂的事情正等着他。毛奇首先要解决的问题是，把普军混在一起的得胜之师重新分开，再派他们去追击奥地利军队；当然，弄清楚贝内德克的撤退方向也是极其重要的，不过，真正的当务之急是要尽快给奥地利人重重一击，因为，尽管奥地利军队在柯尼希格雷茨遭到惨败，但如果不保持压力，凭借自己的职业韧性，他们很快就会在某种程度上恢复过来的。另外，奥地利的南方集团军很有可能从意大利战场赶来增援，由于意大利军队在库斯托扎的溃败，他们对奥军的威胁已经消失了。最后，从柯尼希格雷茨战场上枪炮沉寂的那一刻起，一个复杂的外交局面就形成了，这可绝不是一个小问题。尽管俾斯麦和毛奇很快就在重大政策事项上产生了分歧，但他们一致认为：想要最大限度地利用这次胜利，就必须采取迅速而果断的行动。

当然，立即与撤退的奥地利人重新建立联系也是非常重要的。理论上，贝内德克有两个选择：他可以直接向南向维也纳撤退——先穿过伊格劳和布尔诺（Brünn），到达多瑙河；或者，他也可以从东方和东南方撤退到奥尔米茨，并在不断推进的、普鲁士军队的侧翼占据一个阵地。但实际上，贝内德克别无选择：

在目前的状态下，奥军不可能沿着以前的方向继续行军，因为在长达 135 英里的行军途中，奥军的建制会被完全打乱。当务之急是要选择某个地方重新集结部队，不过，在这种情况下，他们就会失去反攻普军的机会，后者将再次紧随其后。

在多瑙河以北，没有河流天险可供奥军立足。但另一方面：

相较于维也纳，筑有堑壕工事的奥尔米茨要塞距此只有一半的路程，奥军可以安然抵达那里而无须担心建制被彻底打乱，他们可以在那里重新集结，恢复到适宜的状态，以便再次出战。[1]

因此，贝内德克率领他的全部部队向奥尔米茨撤退，只留下第1轻骑兵师和3个后备骑兵师断后。这些骑兵部队在荷尔斯泰因公爵的指挥下，向多瑙河撤退，他们的任务是挡在前进的普鲁士人面前，尽量拖住他们。奥地利第10军被派往布鲁索（Brusau）和莱托维茨（Lettowitz），然后通过铁路直接返回维也纳。贝内德克集团军剩余的部队则利用穿过霍恩毛特和威尔德施韦特（Wilderschwerdt）的两条道路向奥尔米茨撤退。

战斗结束后的第二天，霍亨洛厄王子精疲力竭地躺在床上睡着了。他的副官——冯·谢尔（von Schell）中尉，花了整整半个小时才叫醒他：

我终于醒了过来，只见我的好谢尔正在绝望地摇着我。"看在上帝的分上醒醒，好吗？国王陛下正在检阅军队。各炮兵连都已经准备妥当了，记住你要站在路的右侧。"此时，国王已经在通往检阅区的路上了。谢尔焦急地试图叫醒我。我一路跛着脚，半睡半醒，跌跌撞撞地走到了自己的位置上。随后国王马上到了……我们高呼万岁！他则亲切地问了我几个问题。但是我注意到国王看到炮兵并不是特别高兴。王储倒是对我非常友好，对我麾下的炮兵连以及给予他第1禁卫师的支援赞不绝口。[2]

霍亨洛厄起初把国王的冷淡归咎于希勒的死——后者对此深感悲痛；后来他才知道，国王对附近炮兵的作战表现非常不满，进而对整个炮兵部队都很不满。

此前，霍亨洛厄麾下的炮兵连曾因友军炮火的误击而受损，但那天早上还有另一件让他感到尴尬的事情，"一位名字不重要的高级军官"问他是否对他的将士感到满意，霍亨洛厄向他保证，所有人的品行都堪称典范——除了普鲁士炮兵从背后向自己人射击的那一刻，那时他需要竭尽全力才能让自己的部下保持镇定。"是啊，是啊，"那位高级军官说道，"我完全可以想象昨天发生的事。"于是他骑着马继续前进。然而，不久后，霍亨洛厄的一个参谋人员告诉他，他说错了话——就是这位先生下令向霍亨洛厄的炮兵阵地开火的。[3]

霍亨洛厄深深地感受到了公众舆论针对炮兵部队的不公正批评：

普军炮兵错误地按照行军的顺序进行部署，并且被禁止前进的命令束缚在后面，他们只能姗姗来迟，并与敌人零星交战，而且不得不与数量上比他们多三到五倍的敌人作战。然后有人说："炮兵不在战场上，他们毫无用处。"于是到处都有人指责他们。[4]

与此同时，奥地利人为了争取一些时间，于7月4日派遣颇受普鲁士人欢迎的加布伦茨去王家统帅部寻求停战——这是奥地利人几次求和尝试中的第一次。加布伦茨眼睛缠着绷带穿过了普军的战线，在萨多瓦附近的公路上面见了普鲁士国王。随后，他被派去见毛奇，但毛奇对他的请求无动于衷；尽管普鲁士准备通过谈判达成最终和平，但"不能指望普鲁士军队立即停止军事行动"。另一方面，毛奇建议，如果奥军将自己手中的特莱西恩施塔特（Theresienstadt）、约瑟夫施塔特和柯尼希格雷茨这三座要塞都交给普军的话，他还是可以答应休战3天的。[5]由于加布伦茨没有任何谈判的权力，普鲁士人礼貌地将他护送回了柯尼希格雷茨。

这时，毛奇命令易北河集团军脱离第1集团军的指挥，让他们前往克鲁梅兹，再向南从伊劳路（Iglau）越过易北河。在战线中央，普鲁士第1集团军向普雷路克（Prelouc）方向挺进，第2集团军向帕尔杜比茨进发，在那里渡过易北河之后再向赫鲁迪姆（Chrudim）前进。在紧邻战场南部的乡村中，大多数村庄都荒废了，居民匆忙收拾行装，随奥军仓皇撤退。当普鲁士人向前推进时，霍兹尔描述了当时的情景：

普军经过的乡村通常都一片寂静。教堂的钟声没有响起，因为它们的守卫已经逃走了。由于没有人给教堂的大钟上弦，它们的指针一动不动地停在刻度盘上。听不到马的嘶鸣，因为它们全部被带走了，或是为了疏散平民，或者是为了帮助撤退的奥军拖走大炮……牛都被赶走了，牧场也空空如也。宽阔的玉米田被踩出一条条道路，显示出奥军各营的行军路线，田间到处都散落着背包或弹药袋。[6]

普鲁士第2集团军于7月5日傍晚到达易北河旁边；此时，他们还不清楚是否会遭遇抵抗，但侦察巡逻队很快报告说，在渡口没有发现敌军。哈特曼率领第2集团军的后备骑兵部队于帕尔杜比茨附近的浅滩率先渡河。此前，哈特曼曾俘获了几名奥军散兵，但他遇到的奥军骑兵全都选择了避战逃跑，因此渡河后，普军能够立即着手修复帕尔杜比茨的易北河大桥。

易北河集团军也抵达了易北河一线，它的主力部队从克拉德鲁普

◎ 7月8日，普鲁士军队开进布拉格时的场景。（该插图选自《战争编年史》）

（Kladrub）和雷坎（Recan）渡河，因此，7月5日傍晚时分，从帕尔杜比茨到克拉德鲁普的易北河河段已经都被普军占领了。随着普军的行军纵队逐渐收拢，整个集团军都集中在大约25平方英里的空间内，这给部队的后勤补给以及通信线路的安全带来了相当大的难题。因此，第2集团军将第6军留在后方，专门负责监视奥军要塞的动静，以及清理战场。第11师的大炮对柯尼希格雷茨要塞进行了短暂的轰炸，引发了奥军激烈的反击，但由于要塞附近没有掩护，普军停止了炮击，只满足于在远处进行观察。

与此同时，为了加速铁路网络的恢复，赫沃斯接到命令，派遣罗森伯格（Rosenberg）率领国土防卫军禁卫师去占领布拉格。由于奥地利军队和政府已经放弃了这座城市，因此国土防卫军禁卫师兵不血刃就完成了这一任务。7月8日，普鲁士国旗已经高高飘扬在布拉格希拉德辛区（Hradschin）上方。布拉格市政当局在普军的住宿和给养问题上给予了合作。从图瑙到帕尔杜比茨的铁路现在可以重新通车了，由于普军没收了30辆机车和1000节车厢，这条铁路的效率大大提高了。此外，普鲁士人还得到了一份意外收获——塞得泽烟草厂（Sedletzer）的几百万支雪茄也落入了他们手中。[7] 此时，毛奇重点考虑的也是后勤问题；实际上，要想迅速结束战争，军队必须取得适当的补给，这甚至比追击敌人更为重要，毛奇针对这个问题所发布的一连串命令反映了他的担忧。

7月6日，毛奇横穿了整个战场，从霍利茨赶到了帕尔杜比茨。这是一段令人沮丧的经历。人们仍在挖掘乱葬岗，被烧毁的村庄里的建筑物仍在冒烟，临时医院里仍然挤满了伤员。

> 长长的马车队把受轻伤的人带了回来。再往前走，路上的尸体少了，但敌人狼狈逃窜的迹象却增加了。成千上万的背包、帽子、腰带和军刀散落在整个田野上。[8]

毛奇的马车在一次交通事故中严重受损，他最终步行来到了帕尔杜比茨，但他的情绪高涨。为了换换口味，他住在一个很好的住处，还有一个厨艺高超的女主人。更重要的是，他的巡逻队带来的信息证实了贝内德克的主力部队正在向奥尔米茨撤退，这样他就可以下决心执行预定战略了。

第二天，毛奇发布的命令表明他对奥地利军队的状况了如指掌。毛奇深知他们无法应对普军的进一步攻击，因此他命令第1集团军和易北河集团军直接向奥地利首都维也纳进发，第2集团军紧跟在贝内德克后方，保护前两个集团军的侧翼。毛奇认为，由于后勤方面的原因，必须扩大部队的攻击正面，他阐述了自己的意图：

为了尽量不压缩中央集团军驻扎的区域，两个侧翼集团军的阵地必须始终向外展开。

与此同时，毛奇强调各集团军需要互相合作：

当我军向奥尔米茨发动进攻的时候，为了切断敌军援兵的增援路线，第2集团军必须与第1集团军的左翼部队保持联系。[9]

7月8日，加布伦茨再次动身前往普军驻地。这次，他带来了一些具体的建议，包括提议休战至少八周，在此基础上，两军将在他们目前的战线上停下来；奥军将约瑟夫施塔特和柯尼希格雷茨移交给普军，但不包括两座要塞的驻军和军械物资。加布伦茨率先造访了普鲁士王储的司令部。但布卢门塔尔让他直接前往普鲁士王家统帅部，他自己也赶忙离开，并将自己反对停战的想法散布开来。不过，布卢门塔尔的担心是多余的。很快，毛奇就把加布伦茨打发回去了，他简洁地对妻子说："他没能见到国王，因为我立刻就把他打发走了。明天我们会继续进军。"[10] 此时，奥地利人正在争取时间调集南方集团军来保卫维也纳，毛奇不想给他们这个机会。普军南下的过程中，双方的骑兵爆发了一系列小规模战斗。7月7日，一支由巴内科指挥的700人的特种骑兵分队被派往泽维托（Zwittau），希望尽可能拦截部分处于劣势的奥军后卫部队。夜幕降临时，巴内科率军对奥地利第8军的2个营，以及萨克森军的4个炮兵连发动了突然袭击，这些部队并没有设置哨兵来保护自己。虽然双方只进行了一次短促交火，但奥军很快就陷入了一片混乱；但是，由于力量对比悬殊，巴内科担心遭到敌军的强力反攻，便率军撤退了，他还一并带走了被俘的4名军官和

112 名士兵。诸如这样的战斗进一步提高了普鲁士军队的士气，霍兹尔注意到：

路上行军的普军纵队就像战争第一天进入萨克森境内一样，坚定不移地向前推进。步兵们常常撩起裤子，把靴子穿在外面，他们愉快地跋涉着，尽管背上背着分量不轻的黄牛皮背囊和做饭用的饭盒，但他们似乎并不觉得很沉重。他们的头盔在战争中所遭受的损失超过了其他装备。在柯尼希格雷茨战役中，许多人头盔顶端的盔钉都被敌军的子弹或弹片给崩掉了。[11]

7 月 10 日，在一个名为萨尔 (Saar，位于通往布尔诺的路上) 的小镇上，双方爆发了一场激烈的战斗。普鲁士第 9 枪骑兵团赶到此地的时候，发现奥军的"黑森－卡塞尔"和"拉德茨基（Radetzky）"两个轻骑兵团正准备穿过小镇的市场。奥军完全被打了个措手不及，但是趁冲锋在最前面的普军枪骑兵等待后续部队赶上来的时候，奥军轻骑兵设法排成了一条防线。正如霍兹尔所描述的那样，此时出现了一个无比壮观的景象：

奥军的援兵刚一赶到，普鲁士枪骑兵就在街对面排成一排，他们先是缓步前进几码，然后再小跑一小段距离，他们的"马蹄踏在石头上发出啪嗒啪嗒的声音，刀剑叮当作响，装备虎虎生风，长矛直立，头顶飘扬着黑白相间的旗帜"。

随后，普军枪骑兵对市场内的奥军轻骑兵发起了冲锋，而后者也同时对前者发起了反冲锋：

他们那些用毛皮制作的、绣有黄色花边的蓝色外衣从左肩垂下来，使握着佩剑的手臂无拘无束。他们高昂着头，每顶帽子上都插着一根老鹰的羽毛，笔直地竖在空中。[12]

在双方锋线发生第一次碰撞后，普鲁士枪骑兵的队形完好无损，但奥军大部分轻骑兵却被冲散了。奥军有少数轻骑兵当场阵亡，有 33 人被俘。普鲁士枪骑兵有 1 人阵亡，17 人受伤。霍兹尔详细描述了他看到的奥军俘虏：

> 他们聪明、身体结实，一看就是优秀的士兵；他们看起来是近乎完美的
> 轻骑兵，但在近战方面却不是普鲁士骑兵的对手，因为后者高大而强壮，似乎
> 仅用一只手就能把他们从马鞍上揪下来扔在地上。[13]

　　7 月 11 日，贝内德克终于把他所有的部队都集中在奥尔米茨。被迫撤退
显然无助于提高奥军的士气，更何况现在的情况很明显：他们没有机会进行休
整，也没有机会进行他们迫切需要的重新装备。奥尔米茨的军营已经人满为患，
另外，南下的普军部队距离布尔诺只有一天的路程，这对贝内德克和维也纳之
间的联系造成了严重威胁。贝内德克已经知道，他没有时间可以浪费了，于是
他命令整个北方集团军，除了一个军继续驻守奥尔米茨之外，其余立即向维也
纳撤退。当时铁路还可以通行，一些先头部队可以乘火车前往维也纳；但由于
运力的限制，这条铁路线无法调动整个集团军，其余的人只好步行撤退。奥地
利第 3 军，以及紧随其后的萨克森军，当天晚上开始撤离奥尔米茨。同一天，
贝内德克接到命令说，虽然由他暂时继续指挥北方集团军，但此后，他要接受
阿尔布雷希特大公的领导，后者被任命为帝国陆军的最高指挥官。维也纳的
报纸对贝内德克进行了恶毒的批评，但无论是这些批评，还是他被赶下台的事
实，都没有改变他对祖国的忠诚。贝内德克写信给妻子，告诉她自己的信念没
有动摇：

> 报纸上愚蠢的流言蜚语，全世界对我的评判——对所有这些人，对所有
> 这一切，我都漠不关心。我的全部态度只取决于我的责任感以及对皇帝、对国
> 家的无限忠诚。[14]

　　实际上，当天毛奇就在距离贝内德克不远的地方——他正在从泽维托前
往切尔纳霍拉（Czernahora）的路上，并突然造访了第 2 集团军的司令部。布
卢门塔尔借此机会向毛奇提出了自己对第 2 集团军部署的看法，他认为应该在
奥尔米茨以南的普罗斯尼茨（Prossnitz）布设一道阵地，以便在必要时能更好

地支援腓特烈·查尔斯。令布卢门塔尔恼火的是，毛奇对他的话"'置若罔闻'，他没有和我讨论这个问题，却开始挑毛病，说我们走得太慢了"。不过，第二天，毛奇接受了布卢门塔尔的建议——第 2 集团军受命继续前进，布卢门塔尔的怒火才烟消云散。[15]

7 月 12 日，普奥双方的骑兵在第施诺维茨（Tischnowitz）爆发了另一场激烈战斗，此后，梅克伦堡的威廉公爵率领普鲁士第 1 集团军的先头部队逼近了摩拉维亚的首都布尔诺。尽管到目前为止还没有遇到奥军的强力抵抗，但毛奇还是很谨慎，他从泽维托发出命令，要求腓特烈·查尔斯自己判断在哪里可能会遭遇什么程度的抵抗，但他又补充说：

根据第 2 集团军得到的情报，以及昨天晚上与第 1 集团军和易北河集团军传回的消息，在布尔诺，敌人可能只剩下从这个方向撤退的奥地利第 10 军、一部分骑兵和从维也纳调来的增援部队。[16]

在距离布尔诺城区只有 4 英里的地方，普军先遣部队停下了脚步，只有一些参谋军官继续前进，对该城布防情况进行侦察。情况很快就趋于明朗：

灿烂的阳光把教堂的尖顶和房屋的屋顶照得锃明瓦亮，但是并没有在阳光下闪闪发光的佩剑和长矛。而在城西的史匹尔堡（Spielberg），既看不到大炮，也看不到城墙上的哨兵。每个尖塔和塔楼上都飘扬着休战的白旗，甚至城堡的旗杆上也飘扬着白色的床单，而不是奥地利的国旗。[17]

当天晚些时候，曼施泰因师率先开进了布尔诺城，走在该师最前列的是腓特烈·查尔斯本人，在那里普军的行动得到了布尔诺市市长吉斯克拉博士（Dr Giskra）的全力配合。

与此同时，在维琴察，阿尔布雷希特大公带着他的参谋长约翰正在收拾行装，准备离开意大利。大公采取了必要的措施——以尽可能快的速度把自己的集团军派往维也纳：

军方将奥地利陆军后备军拆散，将其中的 8 个旅补充给第 5 军和第 9 军，每个军各补充 4 个旅。其中，第 5 军将向泰洛尔（Tirol）进发，而第 9 军将通过斯蒂里亚（Styria）直抵多瑙河。与此同时，奥军将在伊松佐河（Isonzo）留下 1 个军，并在伊斯特里亚（Istria）留下 1 个师——而这两支部队就是奥军为阻拦意大利人向前推进而留下的全部兵力了。[18]

在奥尔米茨，贝内德克也为他的北方集团军南下做好了准备，按照他的计划，奥军将沿着克莱姆西尔（Kremsier）和哥丁（Göding）的山谷前往普雷斯堡（Pressburg），再从那里前往维也纳。7 月 13 日，国王、毛奇和普鲁士王家统帅部的参谋人员一行人抵达了布尔诺。由于第 1 集团军在向南迅速推进的过程中遭受了损失，毛奇同意了腓特烈·查尔斯的请求，让他在布尔诺休整两天。此时，毛奇将全部注意力聚焦在第 2 集团军方面——他们尚无令人满意的进展。尽管第 2 集团军仍位于遥远的北方，但现在必须把主要的任务交给它，因为只有第 2 集团军可以从目前的阵地上骚扰奥地利北方集团军，并阻止其向南转移的企图：

要完成第二项任务，最好的办法是令第 2 集团军推进到距离奥尔米茨要塞更近的地方，并在普雷劳（Prerau）和伦登堡（Lundenburg）之间的某个恰当的地点切断铁路线。[19]

毛奇的命令是基于两天前布卢门塔尔所提出的建议而发布的，于是，双方主力很快就发生了自柯尼希格雷茨战役以来的第一次实质性接触。

与此同时，赫沃斯奉命直接前往塔亚河（Thaya）旁的茨奈姆（Znaim）——很明显，第 1 集团军的面前已经几乎没有什么敌人，也不需要易北河集团军提供帮助了。

霍兹尔从布尔诺向《泰晤士报》的读者们发送了一篇报道，并在报道中对毛奇本人进行了详细描绘：

他有一双锐利的浅蓝色眼睛，高高的额头和匀称的身材，这表明他是一个聪明而精力充沛的人，不过，他虽然行动敏捷，言谈却很谨慎，简直谨慎得过了头，由于他的这种特质和他对欧洲语言的广泛涉猎，毛奇在普军内部被评价为"是一个可以用七种语言来保持沉默的人"。毛奇细心而勤劳，用自己的双手计算出了几乎所有的战略细节，他闪电般的进攻令整个欧洲大吃了一惊，他的临场部署带来了巨大的战果，在此之前，奥军甚至在还没有完成集结之前就已经遭遇了溃败，他从国人那里赢得了"欧洲第一战略家"的称号。

然而，与此同时，《泰晤士报》驻奥军随军记者威廉·霍华德·罗素（William Howard Russell）暗示，一切还没有结束：

> 从意大利赶来的援军给奥军注入了新的活力。这些生力军充满信心，心中丝毫没有对普军击针枪的恐惧。我所见到的这些人的外表和举止让我对他们的战斗能力充满信心，他们的将领也都是经验丰富、战技高超的人。[20]

第二天，毛奇回顾了次日第 1 集团军再次发动进攻将采取的行动，随后，他发布了向维也纳进军的详细指示。第 1 集团军和易北河集团军的主力部队将在 7 月 17 日前分别于穆肖（Muschau）和茨奈姆渡过塔亚河。作为预备队，易北河集团军要利用从布拉格到布尔诺的铁路，尽快调动由罗森伯格和本特海姆（Bentheim）率领的两个师，哪怕使铁路满负荷运行也在所不惜。当天晚些时候，考虑到两个集团军均可以在 7 月 15 日抵达塔亚河，毛奇修改了指令，大意是允许各集团军在 7 月 17 日之前跨越塔亚河。

那天晚上，从第 2 集团军传来了一个重要的消息：贝内德克集团军的大部分部队正从奥尔米茨向普雷劳方向撤退。这份情报是由哈特曼传回来的——哈特曼率领的先遣巡逻队沿着从科尼茨（Konitz）到科斯特雷茨的道路前进，当天清晨，他看到东部有一道长长的沙尘云，这似乎表明有相当多的部队正在行进当中。哈特曼本人在上午 11 点半骑行到前线，但什么也没看见。向施泰因梅茨汇报后，哈特曼接到命令，要继续向普罗斯尼茨推进，并向普雷劳派出侦察队。不过，接到这个命令的时候，他早已经完成了这两项任务，当天下午晚些时候，他发回了进一步的报告：

所有迹象都表明，敌人正在向南撤退。我请求您将我由通往杜布（Dub）的路上转调到敌人的撤退路线上，前往科兹曼（Krzmann）或科科尔（Kokor）附近，或者前往通往普雷劳的必经之地——托比绍（Tobitschau）。[21]

为此，哈特曼请求施泰因梅茨第5军的步兵提供支援，但后者离得太远，无法提供支援。于是，施泰因梅茨又向第2集团军司令部提出申请：首先，他证实了哈特曼的情报，即奥军正在向南转移；其次，他建议第1军可以对哈特曼提供必要的支持。最终，就施泰因梅茨个人而言，他授意哈特曼继续行动。

7月15日上午8点，在听取上述情报后，毛奇对自己的战略计划进行了大幅度修改。根据新计划，赫沃斯和腓特烈·查尔斯必须放弃直接进军维也纳的打算，转而等待时机，继续对奥军发动进攻。易北河集团军则对维也纳方向展开侦察，观察奥地利首都周边的军队是否有行动的迹象。与此同时，第1集团军向伦登堡进发，并对奥军发动进攻——此地是贝内德克向南向维也纳撤退时必须要通过的一个交通枢纽。毛奇强调，第2集团军的任务仍是："继续对奥尔米茨展开监视，尽可能地拖延敌人的撤退步伐。"其中，禁卫军和第6军要前出至奥尔米茨附近；第1军和第5军则分别前往克莱姆西尔和纳帕格德尔（Napagedl）。此外，毛奇还对铁路运输计划进行了修改；从西里西亚（Silesian）边境的奥德堡（Oderberg）出发的铁路线，与从奥尔米茨到伦登堡（属于普雷劳）的南向铁路线相连，毛奇可能会需要使用该线路，正如他指出的那样：

现在值得注意的是，奥德堡—韦斯基什岑（Weisskischen）—伦登堡的铁路线可能会对我军运输产生重大影响，因此，我军不但不能摧毁它，位于奥尔米茨附近的普军部队还要尽可能对其加以保护，特别是普雷劳段的铁路线。[22]

米施克（Mischke）上尉在返回第2集团军司令部的时候，带回了上述命令的大纲，也许正是这些使布卢门塔尔大为光火，他在日记中写道：

毛奇向米施克传达的意见，在某些方面是完全不可理喻的，当我从米施克那里听说毛奇好几次斥责我们的行军速度太慢时，我再也控制不住自己了。

考虑到我们几乎是竭尽全力的行军，这是最莫名其妙的指责。[23]

勃然大怒的布卢门塔尔还成功地说服了王储，据布卢门塔尔称，当时王储已经考虑辞去第2集团军总司令一职。不过，最终两人还是做出了妥协，他们派遣施托什去面见毛奇，并且"手里拿着指南针，向毛奇指出他的错误"。就像许多在布卢门塔尔周围肆虐的风暴一样——无论是真实的还是想象的，这场危机也被证明是小题大做，施托什很快赶了回来，并报告说毛奇已经批准了他们的全部建议。

7月14日傍晚，普鲁士第1轻骑兵团和一些萨克森骑兵在克拉瑞兹（Kralitz）附近爆发了一场激烈的战斗。在萨克森人被击退后，普军轻骑兵在敌军炮火和步兵火力下遭受了一些伤亡，这表明奥军在此地部署了较为强大的部队。普鲁士王储在前往东施蒂夫特（Neustift）的路上听说了这件事，他命令博宁立即率领一个步兵旅，以及一个炮兵连赶往托比绍，以支持哈特曼在第二天的作战计划。不过，博宁直到当天晚上10点30分才接到这份命令，因此，双方商定，博宁的部队要到第二天一早才能参与行动。

不过，普军骑兵部队的主力已经于当天下午4点出发了，其中，冲在最前面的是由冯·巴比（von Barby）上校率领的第1胸甲骑兵团，其于夜幕降临时抵达了克拉瑞兹。在忽明忽暗的光线中，冯·巴比似乎看见了敌人的骑兵，他当机立断，下达了全团冲锋的命令。然而，当他们接近敌人时，才发现那是一个已经排成了方阵的敌军步兵营。这次冲锋将奥军步兵方阵一分为二，但并未对其造成重大杀伤，随后，又有新的奥地利步兵赶来增援，他们在炮火的支援下发起了反攻，冯·巴比被迫撤回了普罗斯尼茨。实际上，他遭遇的奥军步兵营来自第2军，当时其正紧跟在第4军的后面从奥尔米茨向南转移。而且，这些只是贝内德克南下部队的第一梯队，而不是像毛奇早前收到的情报所暗示的那样，是奥军的后卫部队。[24]

为帮助博宁完成任务，普鲁士王储将冯·马洛基（von Malotki）的第3旅分派给了他。7月15日凌晨4点，该旅从斯蒂乔维茨（Stichowitz）附近的营地开拔，经普罗斯尼茨向赫鲁希茨（Hrubschitz）进发。

当马洛基到达赫鲁希茨时，看到来自杜布的敌军步兵纵队正沿着通往托

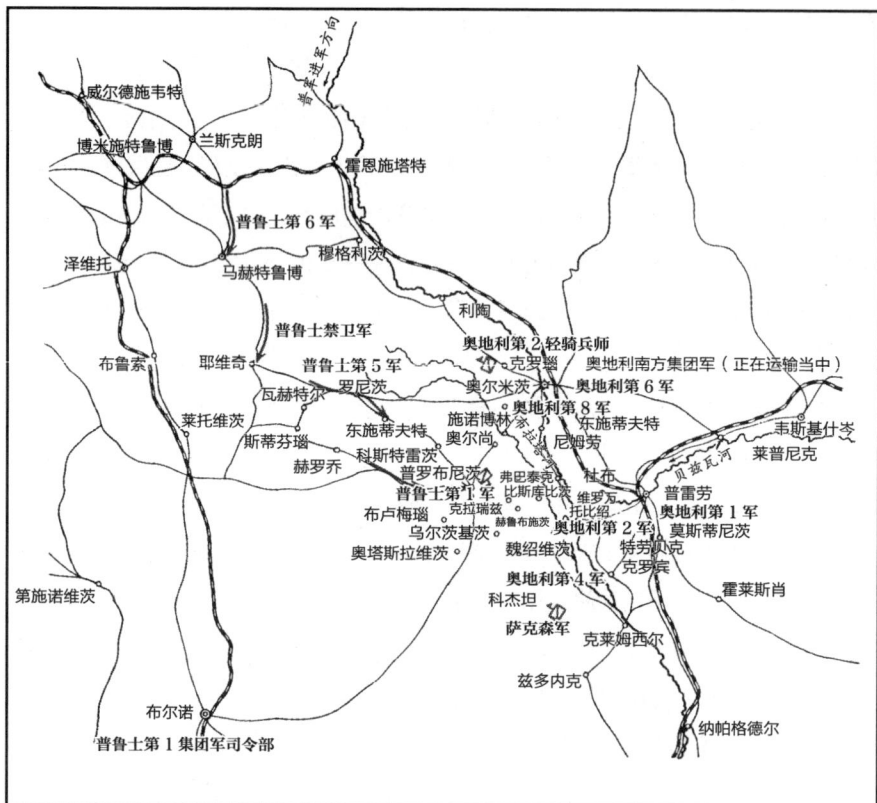

◎ 7月14日夜间，奥尔米茨周边的战况。

比绍的大路向南行进。实际上，这是来自奥地利第8军的罗斯科奇（Rothkirch）旅，该旅之前从未参加过战斗。马洛基决定立即发动进攻，切断敌人通往托比绍的行军路线。博宁亲自骑行到前线指挥战斗，并命令第1军的其他部队也赶来增援。

　　马洛基率军从克洛波托维茨（Klopotowitz）和维克利策尔霍夫（Wiklitzerhof）农场之间的阵地向前推进，途中遭到奥军炮火的猛烈袭击。普军派来1个4磅炮连和2个骑炮连前来支援，但仍然无法压制奥军的炮火。随后，普军第44团越过布拉塔（Blatta）河，占领了一个雉鸡饲养场，赶走了一批奥地利散兵。第4团也随即越过了该河，并朝着托比绍前进。[25]

456

◎ 7月15日，托比绍战役。

有一段时间，雾蒙蒙的天气和战场上的硝烟令普军看不清敌人的阵地，但是，当硝烟散去后，他们可以清楚地看到奥军步兵已经在托比绍以北的主干道上占据了一块阵地，同时，奥军的炮兵则已经向杜布方向撤退了。马洛基没有浪费时间；第44团立即冲出了雉鸡饲养场，他们冒着猛烈的炮火，从正面和左翼同时对奥军阵地发起了进攻，并将其赶回了威洛旺（Wirowan）。奥军的炮手们继续猛烈开火，直到他们落入前进的普军步兵的步枪射程后为止，他们随即撤退到威洛旺以西的阵地上。

与此同时，哈特曼手下一位目光敏锐的副官——冯·罗森伯格（von Rosenberg）中尉，在布拉塔河的上游发现了一座桥，就位于奥地利炮兵阵地侧翼的对面，他还发现这座桥没有奥军步兵的掩护。罗森伯格把自己的发现报

◎ 7月15日，普军胸甲骑兵在罗凯尼茨／托比绍夺取奥军大炮时的场景。
（该插图选自雷根斯堡所著《最后的战斗以及缔结和约》一书）

告给了冯·布鲁多（von Bredow）中校，后者立即抓住机会，率领 3 个中队的
胸甲骑兵，铿锵作响地冲过了那座摇摇晃晃的桥。看到这一幕，哈特曼把他的
2 个骑炮连转移到布拉塔河去吸引敌人的注意力，布鲁多一过桥，就向奥军的
炮兵阵地直冲过去。巧的是，当时，贝内德克和他的参谋部跟随第 8 军向南撤

◎ 这张照片为我们展示了罗凯尼茨／托比绍的地形，可见其非常适合骑兵发动冲锋，1866年7月15日，布鲁多率领普军骑兵在距此不远处俘获了多门奥军大炮。当时，布鲁多的骑兵就是从照片右侧发起的进攻。（罗杰斯 摄）

退，当他们走到威洛旺附近的奥军炮兵阵地跟前时，正好看见布鲁多的胸甲骑兵朝他们冲过来：

在清晨的薄雾和奥军大炮的硝烟中，很难看清楚这些骑兵究竟是普鲁士人还是奥地利人。就在贝内德克感到惶惑不安的时候……普军骑兵突然发起了冲锋，在他的眼皮底下从奥军炮兵连手里夺取了18门大炮。负责护送贝内德克的为数不多的奥地利龙骑兵向普鲁士胸甲骑兵猛扑过去，但这是一种无用的牺牲，贝内德克和他的全体参谋人员都有被敌军俘获的危险，他赶忙调转马头，带着几名参谋军官策马逃离战场。[26]

贝内德克的传记作者后来写到，这次死里逃生是他整个军人生涯的最低谷。反过来，布鲁多和普鲁士胸甲骑兵则发动了"绝妙的一击"，他们抓住了骑兵们一直渴望却千载难逢的机会。普鲁士胸甲骑兵只付出了10个人的代价，就缴获了18门大炮，连同炮架和炮车，还抓获了170名俘虏。[27]

为了支援马洛基对威洛旺的进一步攻击，布鲁多的骑兵在布拉塔河左岸重新集结，不久后，普军就占领了威洛旺，他们不但把奥军步兵赶出了此地，还肃清了邻近的拉科多（Rakodau）村和纳纳科维茨（Nenakowitz）村，甚至把奥军一直赶回了北方的杜布。

与此同时，在马洛基进攻威洛旺的时候，哈特曼率领其余大部分骑兵，在来自第4团的5个连的支援下，向托比绍方向前进。尽管托比绍守军——奥地利第71团下辖的3个连进行了激烈的抵抗，但这个城镇还是很快就被普军潘维茨（Pannwitz）所部占领了；奥军被迫撤回特劳贝克（Troubek），但该镇也很快就在普军的进攻下陷落了。哈特曼现在可以向普雷劳发动进攻了；值得一提的是，有1个步兵连跟随他的骑兵一同前进，前者是乘坐着为此而征用的马车与骑兵一起行动的。幸好哈特曼没有浪费多少时间——此时，贝内德克的大部分部队还在从奥尔米茨向南转移的路上，可以预料的是，双方很快就会爆发新一轮战斗。

果然，没过多久战斗就开始了：下午1点30分，刚刚在杜布阵地站稳脚跟的奥地利炮兵就向马洛基旅猛烈开火，与此同时，"通往奥尔米茨的道路上飞扬的尘土，预示着新部队的到来"。[28]上文提到，博宁曾将第1军的其余部队派遣到一个可以在必要时进行增援的位置——现在看来这是一个明智的决定。下午2点，普军炮兵的先遣部队赶到了战场，他们在比斯库比茨（Biskupitz）附近占据了一道阵地，在那里可以从较远的距离向发动反击的奥军步兵开火。

然而，奥军的反攻很快就在拉科多和纳纳科维茨村的郊外瓦解了，他们匆忙地向奥军炮兵占据的阵地撤退，并留下了相当多的俘虏。马洛基沿着通往奥尔米茨的公路一直追击到杜布，然后就撤离了前线；他们已经做了足够多的工作，明确表示已经无力再从奥尔米茨继续向伦登堡推进了。

与此同时，哈特曼率领部队于大约下午3点越过普雷劳附近的贝兹瓦（Beczwa）河，向德卢霍尼茨（Dluhonitz）和罗凯尼茨（Rokeinitz）直冲过去，

◎ 托比绍城外的道路，7月15日，在那里爆发了一场激烈的交战，奥地利第71步兵团遭受了惨重的伤亡。（罗杰斯 摄）

半路上，他遇到了"一大群高级军官的随从"，似乎是贝内德克的参谋人员；此时，奥地利第1军的部分部队正在前往普雷劳的路上，但是其主要指挥官并没有和部队在一起，而是和军长贡德勒古一起开会去了——这进一步加剧了奥军的混乱。

见到贝内德克和他的参谋部遭受威胁，5个奥地利轻骑兵中队连忙赶往战场。此前，哈特曼的轻骑兵和枪骑兵曾享受过一段美好时光，他们扰乱了奥军步兵的行军纵队，破坏了奥军运送给养的马车队，还抓获了相当多的俘虏，但当奥军的抵抗越来越强时，哈特曼还是决定向后撤退。即使是在这个时候，后撤中的一支普军部队——由冯·格拉泽纳普（von Glasenapp）上校率领的3个国土防卫军轻骑兵中队，也抵挡不住前来保护贝内德克的一支强大的奥地利轻骑兵部队：后者向前者勇敢地发起了冲锋：他们先是扭过头来一路小跑，冲到距离普军骑兵只有 10 步远的地方，然后，冯·格拉泽纳普亲自率领大约 130 名骑兵，向奥地利骑兵大军发起了冲锋；后者在遭到突然袭击后便暂停了行动——这是可以理解的，因为奥军认为，普军既然敢在如此草率的情况下发动进攻，这表明更为强大的普军部队就在附近。然而，过了一段时间后，"更为强大的普军部队"半个人影都没有出现，寡不敌众的普军轻骑兵只能与敌人脱离接触并向后撤退，冯·格拉泽纳普本人在战斗中受了重伤，被奥军俘获。在撤退的过程中，普军轻骑兵破坏了沿途的铁路和电报线路，然后重新渡过了贝兹瓦河。哈特曼最终于当天下午 5 点撤回到托比绍西部地区；冯·马洛基则在原阵地一直坚守到天黑。所幸的是奥军没有发动追击。在这两场战役中，普军的总伤亡数是 247 人；奥军的总伤亡人数是 2000 多一点。[29]

当天晚上，贝内德克一行人在普雷劳歇息，经历托比绍和罗凯尼茨战役之后，第 1 和第 8 军也都暂时留在那里；在普雷劳，贝内德克收到了一条令人不安的消息：奥尔米茨以南 45 英里处的哥丁已经落入普鲁士人手中。

这就意味着，贝内德克原先设想的通过"行军山谷"走到多瑙河的路线已经行不通了，他不得不对那些南撤路线被切断的部队下达命令，让他们改为从下喀尔巴阡（Lower Carpathians）山脉的隘口撤退到沃格（Waag）山谷，然后再从那里前往普雷斯堡。

哥丁位于伦登堡东北 15 英里处，实际上并不是在 7 月 15 日陷落的。不过，普军早就已经接到了奥军利用该镇附近的铁路线频繁调动军队的情报，于是，由霍恩率领的普鲁士第 8 师将其作为直接目标，该师专门派出 150 名枪骑兵和一些工兵去破坏这段铁路：

当普军枪骑兵的先锋接近这段铁路时，他们可以看见两列火车，一列紧挨着另一列，它们的发动机在剧烈地运转着，烟囱喷着气，好像拖着一堆沉重的货物，慢慢地向伦登堡驶去。[30]

显然，行动迫在眉睫。几分钟之内，普军就彻底破坏了这条位于哥丁以北的铁路线，这导致一列满载着萨克森部队的火车迅速掉头逃跑。

虽然普军枪骑兵很快就被当地守军给赶走了，但他们对铁路线造成的破坏在短时间内无法修复。无论如何，第二天下午4点，霍恩师的主力部队开进了哥丁，城内剩余的少量守军很快就撤退了。

与此同时，弗兰西基正率领第7师向伦登堡进军，自从传出贝内德克从奥尔米茨南下的消息以来，伦登堡就被普鲁士第1集团军列为首要目标。7月16日，弗兰西基占领了伦登堡，几乎没有遭遇什么抵抗。在这些一马当先的步兵师后面，腓特烈·查尔斯的其余部队也正在继续向南进军。易北河集团军没有收到毛奇于7月15日清晨发布的经过修改的命令，当天继续向茨奈姆前进，但他们在第二天就改变了行军方向，开始向拉阿（Laa）前进。

贝内德克和他的军长们在翻山越岭撤退到瓦格山谷的过程中表现出了令人钦佩的毅力，他们行动迅速，完全避开了普军的追击，使毛奇对奥军的撤退方向一无所知。7月17日，毛奇在布尔诺发布了一项"向多瑙河挺进，但之后是前往维也纳还是普雷斯堡，目前还不能确定"的总体命令，但紧接着，

◎ 7月21日夜间的战况。

463

毛奇表示，他将继续对各集团军进行严格指挥：

鉴于目前的情况，我们有必要在这里统一指挥第 1、第 2 和易北河集团军
的行动，对他们的指导性命令只能在行动开始前不久下达。[31]

第 1 集团军的任务是阻止维也纳的奥军向普雷斯堡移动，易北河集团军
负责从右翼直接向维也纳进军。第 2 集团军则负责对以上两者进行支援。此
时，毛奇担心在首都维也纳附近集结的奥地利军队或许会从弗洛里斯多夫
（Florisdorf）方向向普军发动反攻，于是，在接下来的几天里，他制定了相应
的紧急计划，为此，他动用了所有的储备兵力，只留下博宁的第 1 军留在原地
继续监视奥尔米茨。[32] 7 月 19 日，普军长长的纵队继续向南行进，穿过一片长
满柳树的平原。在普鲁士人眼中，波西米亚的乡村显得荒凉而陌生：

这片平原上遍布着成群的马、猪和巨大的白牛——它们的角伸出来跟水
牛的角一样大。照看这些牲畜的是一些男孩，他们有的人身穿匈牙利传统服饰，
但更常见的服饰是一件白色法兰绒斗篷，这种斗篷从肩膀一直垂到脚踝，是他
们全身唯一的遮盖物。[33]

当天，毛奇向各军的指挥官们阐明了他对可能即将爆发的新战役的作战意
图：这或许是一场防御战，重点是应对奥地利人可能从弗洛里斯多夫发起的反
攻；但普军也可能打一场进攻战，趁机攻取此地，并在随后迅速占领普雷斯堡。
这场战役将在下列拥有深厚历史底蕴的地域内展开："国王陛下的目的是将部
队集中在罗斯巴赫河（Russbach）的后方，其中，易北河集团军集中在沃尔克
斯多夫（Wolkersdorf），第 1 集团军集中在德意志瓦格拉姆（Deutsch–Wagram）
的后方，第 2 集团军作为预备队集中在舍尔基兴（Schönkirchen）。"[34] 为战胜
敌人，普军不仅要调集位于布拉格和帕尔杜比茨的预备役部队，还准备将重型
火炮从德累斯顿运到伦登堡———一声令下就可以起运。毛奇对接下来与奥军爆
发更多战斗的可能性进行了认真考虑；虽然双方外交谈判还在持续进行，再打
一场大规模战役的可能性已经不大了，但他仍然希望采取更多的作战行动。在

听到主力部队取得胜利的消息后，他写信给妻子说："上帝显然是站在普鲁士军队这一边的。但愿他在这里也能继续眷顾我们，因为只要没有外交手段的干预来阻止我们，我们就能继续走在通往最具决定性胜利的道路上。"[35]

越过喀尔巴阡山，贝内德克还在继续向南赶路。7月20日，他的主力部队到达了距离普雷斯堡东北约25英里的施蒂利亚（Tyrnau）；尽管贝内德克命令自己的先遣部队亨里克兹旅在蒙德尔旅的支援下，先行乘马车赶往普雷斯堡进行布防，但这两个旅也是普雷斯堡唯一有效的防卫力量了。此时，奥地利北方集团军的其余部队已经疲于奔命，它们尚需时日才能成为有凝聚力且能有效运作的军事单位。

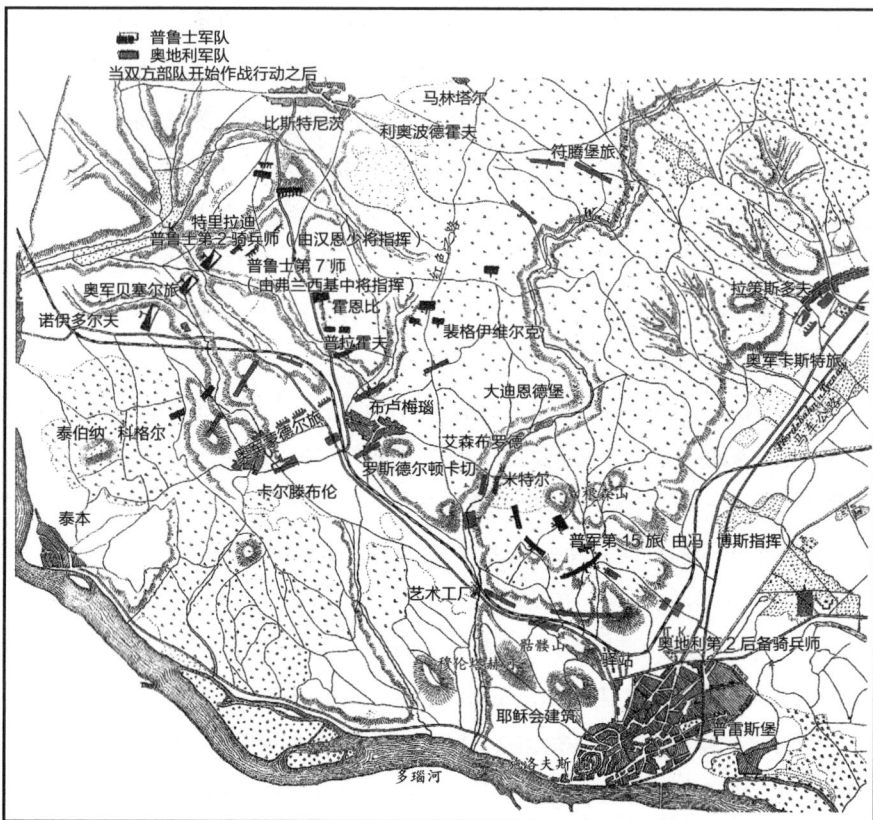

◎ *1866年7月22日，布卢梅瑙战役。*

不过，一旦奥军恢复战斗力，贝内德克反而要卸任了。当贝内德克骑着马沿着瓦格山谷向下走时，他突然想起自己曾在 1849 年的一次旅行中走过同样的路，当时他是一颗冉冉升起的将星，谋得了一个期待已久的职位。可现在，克伦内维尔伯爵来信通知贝内德克，他将不得不出席一个调查委员会的会议，将自己从接过指挥权的那一天起，一直到被解职的那一天所发生的一切做出解释[36]——显然，帝国已经打算把他选做替罪羊来承担军事失败的大部分责任了。此时，奥地利南方集团军的第 5 军和第 9 军已经抵达了维也纳，直到 7 月 20 日，约有 5 万人在保卫首都。

在把普军集中在维也纳的正前方和东北方向之后，毛奇策划了一个更为直接的作战方案，即在奥地利北方集团军撤回之前对普雷斯堡发动突袭。7 月 20 日，易北河集团军的先头部队抵达了沃尔克斯多夫，第 1 集团军抵达了魏德尔巴克（Weiderbach），并且在韦肯多夫（Weikendorf）和舍尔基兴之间布设了一道阵地。第二天，除了那些被派往普雷斯堡的部队之外，上述两个普鲁士集团军都停留在原地。此时，军方指派第 8 师师长霍恩前往莱比锡去担任一个组建中的后备师的指挥官，霍恩显然对此感到非常不满，但他别无他法，只能立即赶去赴任；第 8 师暂时由博斯接管，并置于弗兰西基的指挥之下，后者负责指挥突袭普雷斯堡的行动。在另一次改组中，戈尔茨取代斯克尔成为易北河集团军先遣部队的指挥官，毛奇显然是想让所有人都明白，他只接受那些表现出最高水准的指挥官。[37]

斯图尔普内格尔曾陪同弗兰西基和博斯前往布卢梅瑙（Blumenau）和卡尔滕布伦（Kaltenbrunn）进行侦察，他在两个镇之间的前沿阵地上只发现了少量敌军，包括一个步兵营、几个骑兵中队和一些大炮。因此，他建议在第二天就对普雷斯堡采取行动。为发动这次攻势，弗兰西基准备了 18 个步兵营，24 个骑兵中队和 78 门大炮。在 7 月 21 日到 22 日夜间，他亲自率领第 8 师在比斯特尼茨（Bisternitz）占据了一块阵地，普军的先头部队已经沿着公路推进到布卢梅瑙，与此同时，第 7 师位于马斯特（Masst）和斯特兰芬（Strampffen），而汉恩的第 2 骑兵师位于马尔谢格（Marchegg）。作为信使的黑塞勒（Häseler）伯爵已经从第 1 集团军司令部那里取得了突袭普雷斯堡行动的许可，他在 7 月 22 日凌晨 3 点离开了司令部，当时，停战的消息还没有传到腓特烈·查尔斯那里。实际上，双方已经在尼科尔斯堡（Nikolsburg）达成了停战协议，并将于7月22日中午生效。

在一个没有月亮的夜晚，黑塞勒伯爵骑着马艰难地在路上跋涉，终于在黎明时分赶到了弗兰西基的司令部。于是，弗兰西基按照原计划继续率军向前冲去。此时，奥军的主力部队驻扎在布卢梅瑙，奥军阵地的右翼正好毗邻喀尔巴阡山最西侧的山嘴：

山坡的地面崎岖不平，到处都是碎石，还有巨大的石块散布其间，在许多地方，锯齿状的岩石从土壤中拔地而起，形成了天然的堡垒，足以令敌军无法攻上山。一片片茂密的橡树和松树林，由于疏于照料，已经长得密密麻麻，枝叶交织在一起……生长在峡谷的两侧和相对平缓的山脚上。[38]

奥军阵地左翼的情况是：

在布卢梅瑙的对面，向右大约四分之三英里处，有一个叫卡尔滕布伦的小村庄，它坐落在崎岖不平、乱石嶙峋的山丘上。山丘本身名叫泰本-贝格尔山（Theben-Berger），那里被茂密的冷杉树林覆盖着，树林占据了铁路、公路和多瑙河之间的整个三角地带。[39]

这是一道令人望而生畏的强大阵地，因此弗兰西基决定采取侧翼包抄战术，他派遣博斯率领第15旅（由第31团和第71团的6个营所组成，约5000人）从比斯特尼茨出发，走山路攻打敌军位于甘森伯格（Gämsenberg）附近的后方据点，占领由普罗哈斯卡旅以及奥军猎兵据守的磨坊，从而切断奥军从普雷斯堡撤退的路线；与此同时，普军第7师将从奥军防线的正面发动进攻。

奥军方面，布卢梅瑙由蒙德尔旅负责守卫，并且得到了亨里克兹旅[现在由冯·舒特（von Schutte）上校指挥]的密切支援，亨里克兹旅就驻扎在艺术工厂（Kunst Mill）附近。蒙德尔旅沿着布卢梅瑙镇西北的铁路路堤布设了一道防线。就在这道防线的正前方，两个奥军枪骑兵中队和一个普鲁士轻骑兵中队爆发了激烈的遭遇战，最终，普鲁士轻骑兵取得了胜利，将前者击退。

此时，其他普军部队陆续抵达普雷斯堡，其中一些正走在穿过博辛（Bosing）和圣格奥尔根镇（St Georgen）的路上。奥军方面，符腾堡旅位于拉策斯多夫（Ratzersdorff），萨弗兰旅则位于从瓦尔特堡（Wartburg）到普雷斯堡的路上。在战场附近，奥地利人共部署了24个步兵营，11个骑兵中队和24门大炮，但它们的防御效果很值得怀疑：

> 诸位可以想象一下，这些奥军部队都是从奥尔米茨逃出来的，一路艰苦跋涉，特别是经过21日和第二天晚上的急行军才赶到现在的阵地，由此不难猜到他们现在有多么疲惫不堪。[40]

冯·博斯于早上6点半才开始行动，此时，第7师已经在一个轻骑兵中队的引领下发动进攻了。不久后，普军进攻部队就遭遇了两个奥军枪骑兵中队。起初，普军被迫向后撤退，但他们很快组织起足够的兵力，对奥军枪骑兵发起了反攻，并将后者赶到了铁路路堤后面。这时，普军的远程大炮也开火了；由于担心博斯出击较晚，无法按预定时间进攻奥军阵地的侧翼，弗兰西基增派了

◎ 7月12日，布卢梅瑙战场上的情景。（冯塔内 绘）

◎ 从布卢梅瑙通往普雷斯堡的铁路堤坝。（罗杰斯 摄）

两个营的部队去进攻卡尔滕布伦，并另派一支规模更大的部队（在令人敬畏的戈登率领下）去对抗敌人的右翼。作为对普军进攻的回应，蒙德尔加强了阵地两翼的兵力，并给已经率军抵达普雷斯堡的图恩送去了一封信，请求他帮助自己守住阵地。

大约在这个时候，弗兰西基收到了停战协议即将生效的消息（尽管直到中午才开始生效）。这给弗兰西基出了一个巨大的难题，他的军队深陷重兵作战，他此刻很难将其召回：

已经采取的行动有望产生巨大的战果。将军认为，完全有理由充分利用中午停战协议生效之前的行动自由，况且他也认为没有理由中断已经开始的作战行动。[41]

因此，弗兰西基不但把大炮调到了距离目标更近的位置上，还派出更多的步兵营前去支援进攻奥军侧翼的部队。汉恩的骑兵部队也被派遣到了敌军阵地的右翼去支援进攻。

上午9点，弗兰西基的右翼部队抵达了铁路路堤，他们穿过树林，继续向卡尔滕布伦进发。不过，在左翼，戈登在弗兰兹洛夫（Franzhof）正前方的废墟上冒着猛烈的炮火艰难前进。与此同时，博斯部队正分成两列纵队翻越山脉，他们计划于上午10点在蒙德尔旅后方的甘森伯格重新会合：

部队行军的时候没带背包，头上也只戴着军便帽，但是在这些树木繁茂、沟壑纵横的山地丘陵上行军，实在是太累人了，纵队的先锋不得不多次停下来，等待后面的人跟上。[42]

第31团第12连作为普军进攻部队的后卫走在纵队的最后方，它刚一出发就迷了路，还与两支奥军小分队突然遭遇。在混战中，该连俘获了42名俘虏，但其自身也被分割成了两部分，好在凭借顽强的精神，该连还是带着俘虏撤回了马林塔尔（Marienthal），且只付出了3人伤亡的代价。

弗兰西基对博斯的进展一无所知；但部分作为信使的枪骑兵参与了第12连的冒险行动。上午10点——距离停战协议生效只剩下2小时，弗兰西基决定对奥军阵地发动正面进攻，并以持续的炮火进行掩护。这次进攻很快便取得了成功，戈登率领先头部队攻占了弗兰兹洛夫，在遥远的左翼，第67团的一个营击退了当面的奥军，但随后，来自符腾堡旅的一个团从拉策斯多夫赶过来支援奥军。

就在弗兰西基发动正面进攻的同时，博斯的先头部队已经冲到了甘森伯格的山脚下，他们向这座小山发起了猛烈的进攻，不但击退了山上的奥军，还给其带来了惨重的损失。随后，博斯的主力部队也开到了山上，并继续发动进攻，奥军节节败退，最终，博斯旅占领了水力磨坊，并穿过公路和铁路，继续向普雷斯堡挺进。[43] 为守住普雷斯堡，图恩派遣预备队对博斯第15旅的侧翼展开了反攻。其实，博斯本意是想"虚晃一枪"，他只派了一个燧发枪手团对普雷斯堡展开佯攻，而其余的部队都转向右边，去攻击奥军后方的布卢梅瑙。然而，有两个营没有收到他的命令，他们跟着燧发枪手团向普雷斯堡冲过去了。博斯第15旅主力部队的推进为崎岖不平的地形所阻碍，但是经过几场激烈的小规模战斗之后，可以清楚地看到，当面的奥军已经开始全线撤退了。博斯本人在抵达甘森伯格的时候收到了停战的消息，中午时分，整条战线上的奥军部队开始升起白旗。此后，在一段时间内，因为停战的消息是逐渐传播开来的，

◎ 位于甘森伯格山顶的布卢梅瑙－普雷斯堡战役纪念碑。（罗杰斯 摄）

双方还在继续交火。不过，不久后军方就下达了正式的停火命令：

> 战场上突然一片寂静，这显得非常古怪和突兀。事实上，一开始，双方武器互射的频率并没有下降，甚至也没有关于炮击即将减弱的零星报告；然而，过了一会儿，大炮的轰鸣声和轻武器的嗒嗒声就突然消失了，只留下对此感到惊讶的士兵们所发出一阵阵奇怪的、喊喊喳喳的谈话声。[44]

毫不奇怪，一开始，奥地利人很难相信他们大部分军队已经被普军给"包了饺子"，但在随后商定停战分界线的讨论中，他们很快就意识到自己已经陷入了一个多么无望的困境。斯图尔普内格尔骑马前往普雷斯堡，想与图恩商谈一条新的停战分界线，这是因为当天早上普方代表艾比斯布朗（Eibesbrunn）与奥方代表约翰（阿尔布雷希特大公的参谋长）所确定的停战分界线与这个区域战事的最新进展严重不符。有鉴于此，图恩接受了斯图尔普内格尔公正的意见，认为应该允许博斯旅在它所占据的那条战线上一直待到第二天中午，以此来证明博斯旅占领的阵地和其所取得的战果。[45] 霍兹尔描述了接下来发生的事情：

> 然后出现了一个奇怪的画面。博斯的普鲁士第15旅……被一群群奥地利士兵给包围了，而这些奥地利士兵原本是他们计划要消灭的目标。普奥两国的军人走到一起，交换烟草，用彼此的瓶子喝酒，由蓝、白两色军服所组成的部队聚拢在一起谈论着战争，在同一个火堆上做饭。那天晚上，奥地利和普鲁士各营的士兵们紧挨在一起露宿，他们感到十分安全，没有丝毫恐惧之感。[46]

不管外交官们还需要解决什么问题，这些士兵都知道，战争已经结束了。

在布卢梅瑙战役中，普军阵亡27人，受伤169人，失踪11人；奥军方面有61人阵亡，245人受伤，184人失踪。但正如《官方战史》所指出的那样，以早期战役的标准来看，这些损失是"微不足道的"。[47] 诚然，这是一场计划周密、执行得力的作战行动，并且充分表现出了普奥双方在军事效率方面的差距。然而，这完全是一场没有必要的战斗，那些在布卢梅瑙战场上英勇牺性的人，实际上只是为了一种虚无缥缈且不会持续太久的概念，即所谓的"军事荣誉"而死的。

第三节 基辛根

尽管到目前为止，法尔肯斯坦在战争中的表现受到了柏林越来越多的批评，但对付巴伐利亚军队和德意志邦联第8军仍然是他的责任。截至目前，这两支亲奥邦国的军队正在三心二意地向北挺进，以靠近被普军团团包围的汉诺威，这使得他们处于法尔肯斯坦的部队（现在被普鲁士军方重新命名为"美因河集团军"）轻松打击的范围之内。

早在6月18日，首条关于汉诺威人打算南下的消息就传到了巴伐利亚人那里。当时，一名汉诺威参谋军官抵达了施韦因富特（Schweinfurt），请求冯·哈特曼（担任巴伐利亚第4步兵师师长）能够支援他们的行动；巴伐利亚人欣然同意了汉诺威人的请求，并对后者预计的行军路线进行了询问。6月21日，汉诺威人回复前者：富尔达是他们此行的目的地。因此，巴伐利亚军队的总司令查尔斯王子决定在富尔达集结他的军队，只是，巴伐利亚军队的行动太过缓慢了，6月25日，又传来了新消息，汉诺威人已经离开了爱森纳赫——似乎有大量普鲁士军队正聚集在那里。

显然，现在必须采取紧急措施来协调联军未来的行动了。6月26日，查尔斯会见了黑森的亚历山大王子，就"联军未来究竟应采取何种战略"这一关键问题进行了讨论，况且，德意志邦联主席、奥地利人屈贝克（Kübeck）在6月23日发给亚历山大王子的指示并无助于促成各国之间的紧密合作：

> 当巴伐利亚总司令起草作战方案时，必须要注意，作战行动应始终与各盟国本国的利益相协调，也就是说，各支邦联军队既要考虑保护好自己的国家，也要尽可能地集中兵力战胜敌人，达成战略目标。[1]

在三支邦国军队中，关于汉诺威军队行动的信息最为稀少。在巴伐利亚军队中，部署最为靠前的部队是哈特曼师，由该师所组成的梯队被部署在从诺伊施塔特一直向北延伸到弗拉东根（Fladungen）的区域内，另有一支巴伐利亚轻骑兵旅已经前进到了距离哥达还不到35英里的迈宁根；邦联第8军则仍然集中在法兰克福周围，亚历山大王子最主要的任务也是保护法兰克福，不过，他强烈主张向北移动到卡塞尔，因为在他看来，这是掩护法兰克福最有效的手段，他希望发动攻势来迫使普鲁士人撤退。但另一方面，查尔斯更倾向于把爱森纳赫作为目标，因为从爱森纳赫向北移动，就可以同时覆盖维尔茨堡和班贝格。最终，双方商定，两支邦联军队都集中在赫斯菲尔德（Hersfeld）周围，因为只有这样，才能在7月7日之前实现会师。

显然，在此期间，并没有人认真催促巴伐利亚人北上去支援汉诺威人；不过，这也无可厚非，因为严重缺乏关于后者的情报，再加上巴伐利亚人没有做好战斗的准备，立即派部队去驰援汉诺威人将会使自己陷入极其危险的境地。另一方面，两位王子将自己的目标确定为赫斯菲尔德，也实在是有点过于乐观了，虽然占据此地可以阻止普鲁士军队向法兰克福或巴伐利亚进军，但普鲁士人不大可能放任他们顺利抵达那里，更何况普军距离赫斯菲尔德比邦联军队更近。[2]6月26日，年轻的巴伐利亚国王路德维希二世（Ludwig II）不情愿地离开他心爱的旧天鹅堡（Hohenschwangau），前往班贝格战场去看望他的军队。尽管路德维希二世对一切军事方面的事物都很厌恶，但这次旅程还算成功，他最喜欢的副官图恩和塔克西斯王子曾向理查德·瓦格纳（Richard Wagner）报告说："整个巡视过程都取得了巨大的成功，国王在马鞍上坐了整整20个小时！"[3]

邦联军队能否及时占领赫斯菲尔德的阵地，取决于汉诺威人能不能把普鲁士人拖得足够久，但如果汉诺威人能够突破普军的重围，重新与邦联军队会合的话，那就更好了。不过，就目前而言，无论在朗根萨尔察发生了什么，邦联军队迅速采取行动都是十分必要的；但不幸的是，亚历山大还没有做好立即行动的准备，双方商定在6月30日才开始行动。这时候，查尔斯几乎不假思索就改变了自己原先的行军路线，他决定向右移动，穿过图林根森林，向哥达进发，以便帮助汉诺威人；与此同时，查尔斯将骑兵部队部署在自己的左翼，并随时与亚历山大保持联系，骑兵部队则将瓦察作为自己的目标。根据查尔斯的计划，首先，巴伐利亚军队要集中兵力占领基辛根。为此，查尔斯把他的司令部转移到了迈宁根；然而，在那里，他收到了汉诺威投降的消息——这使得任何向爱森纳赫进军的行动都毫无意义了，因此，他决定暂时把部队集中在迈宁根。

现在，形势很明朗了，对法尔肯斯坦而言，接下来需要干什么已经不言而喻了——率领整个集团军南下去攻打亲奥邦国的时机已经成熟了。遗憾的是，亚历山大一心只关注他麾下的军队所属国家的利益，他决定先向北方进军，然后向东北进军，再经过格伦堡（Grunberg）到达原先商定的会合地点。因此，直到 6 月 30 日，他的大部分部队还留在弗里德堡（Friedberg），距离查尔斯所在的迈宁根还有近 80 英里。如果亚历山大一开始就沿着格尔恩豪森（Gelnhausen）路向东行进，他就会处于更好的位置——不但能与更南部的巴伐利亚接壤，还可以远离法尔肯斯坦的势力范围。实际上，随着汉诺威的崩溃，两支邦国军队已经陷入了十分不利的境地，只要普鲁士人行动够快，就能在它们之间往来穿梭。

6 月 30 日，查尔斯写信给亚历山大，要求继续推进他们原来的计划：

我……诚挚地请求殿下放弃一切次要目标，带上你所有的部队一起来加入我们，你可以分兵前进，一部分部队沿哈瑙 - 富尔达 - 欣费尔德（Hünfeld）一线行军；另一部分（更加关键），乘坐从法兰克福到格明登（Gemünden）的火车，途经哈默尔堡（Hammelburg）抵达基辛根。[4]

但亚历山大采取的行军路线已经令原来的计划无法实现了，况且，只要法尔肯斯坦率军向这个方向发动进攻，法兰克福市以及该市以西的区域就可以说是他的囊中之物，夺取这些地区对普鲁士人而言也具有特殊的政治意义。实际上，亚历山大的最佳方案是向富尔达进军，而不是按照原计划经过乌尔里希施泰因（Ulrichstein）和劳特巴赫（Lauterbach）向艾尔斯菲尔德（Alsfeld）前进。因为，这种远距离的行军对他的部队没有好处：天气愈发糟糕，雨下得很大，第 8 军只能在缺食物、少帐篷的情况下，艰难地向东行进，穿过一片缺乏补给的乡村。亚历山大部队的士气非常低落——他们自己的战事并不顺利，从遥远的波西米亚战场也没有传来什么好消息。7 月 2 日，亚历山大在日记中闷闷不乐地写道：

这些消息令人震惊，简直犹如晴天霹雳……之前拉明、加布伦茨、埃德尔斯海姆取得大胜的消息竟然全是假的。我们的情况开始变得非常危急。我正试图与巴伐利亚人联系，但不知道他们在哪里。而曼陀菲尔和拜尔率领的 5 万普鲁士军队已经在赫斯菲尔德安营扎寨了。美因河和美因茨（Mainz）一线受到了敌人的严重威胁，而此时，奥军正在从波西米亚撤退。[5]

这时，亚历山大仍在担心他左翼的情况：在韦茨拉尔－吉森（Giessen）地区一直有可疑的敌人出没，于是他派遣巴登旅去肃清这一威胁；另外，他暂时将奥地利－拿骚混合师留在法兰克福，以防驻扎在科布伦茨的普军突袭该城。当亚历山大再次试图与查尔斯建立联系时，却发现后者已经暴露无遗。好在，哈特曼师已经推进到瓦松根（Wasungen）和沃恩绍森（Wernshausen），这对查尔斯仓促采用的行军路线来说是一个很好的掩护，当时他正试图率领其余的部队翻越霍厄－勒恩（Hohe-Rhön）山脉，向西部的富尔达移动。不过，查尔斯选择了一条错误的翻山道路，这导致这次行军十分艰难。另外，关于普鲁士人最新动向的情报很快就传了过来——他们正在从爱森纳赫向南移动，因此，幸亏哈特曼位于瓦松根附近，否则普军就可以直插邦联军队后方了。7 月 2 日夜间，双方爆发的小规模战斗更加凸显了哈特曼的价值。

当天，法尔肯斯坦将麾下部队分成两列，分头向前推进。其中，拜尔在右侧，向欣费尔德方向前进；戈本在左侧，向马克苏尔（Marksuhl）和伦斯费尔德（Lengsfeld）方向前进；曼陀菲尔作为预备队位于两者身后。毛奇希望美因河集团军能将施韦因富特定为首要目标，因为只有这样，巴伐利亚军队和邦联第 8 军才有可能积极投入战斗。法尔肯斯坦一直痴迷于向法兰克福发动进攻的想法，要想达此目的，富尔达是他首先要瞄准的目标；而且，就目前而言，考虑到敌军的位置，或许富尔达也是其最佳目标，他甚至完全可以在查尔斯和亚历山大抵达之前就拿下此地。意识到这一点，毛奇给法尔肯斯坦的参谋长冯·克拉兹－科施劳（von Kraatz-Koschlau）上校发了电报，指示美因河集团军应该立即向富尔达推进。毛奇的想法是，若能在巴伐利亚人自己的领土与之交战，那么，为保卫领土，敌军派出的所有分队将被迫撤回国内。[6]

按照法尔肯斯坦目前的行军速度，他极有可能在查尔斯和亚历山大之前抵达富尔达。对巴伐利亚人来说，最好的行军路线是从霍厄－勒恩山脉北面的瓦松根出发，途经德姆巴赫（Dermbach）和盖萨（Geisa），最后到达欣费尔德。7月3日，哈特曼师就走了这条路线，而其他3个巴伐利亚师则穿越山脉向南进发。巴伐利亚人很快就发现，普军比他们预期突入得更深，佐勒（Zoller）师的巡逻队发现普军已经控制了德姆巴赫的十字路口，哈特曼也在维森塔尔（Wiesenthal）遇到了一支普军分队，但其见状立即撤退了。[7]

根据相关情报，法尔肯斯坦已经对巴伐利亚人的行动有了相当准确的了解，他决定继续向富尔达推进。他命令拜尔向欣费尔德进军，同时，命令戈本甩开左翼的敌人，然后跟在拜尔后面继续前进，曼陀菲尔负责殿后。

此前，没有人预料到拜尔会遭遇激烈战斗，然而，7月4日，就在他的行军路线上，双方爆发了第一次冲突。

巴伐利亚后备骑兵军的指挥官卡什斯王子遵照命令，从富尔达向北进军瓦察，以充当两支邦联军队之间的纽带。他于7月3日到达富尔达，并从那里给亚历山大发了一封求援信，因为他认为邦联第8军已经相距不远了，而他自己严重缺乏步兵。

不过，亚历山大拒绝了卡什斯王子的请求，因为他打算在7月4日休息一天。于是，王子独自派了两个胸甲骑兵团从富尔达向北出发，到前线去侦察。早上7点，在距离欣费尔德不远的地方，这些巴伐利亚胸甲骑兵与拜尔的先头部队遭遇了；一开始，双方打得难解难分。但当普鲁士人将两门4磅炮投入战斗之后，巴伐利亚人惊慌失措，他们丢下一门大炮和28名俘虏，仓皇逃回了欣费尔德。

巴伐利亚胸甲骑兵的逃亡并未就此止步。不久后，当他们马不停蹄地向南行进时，遇到了卡什斯王子的主力部队——后者也已经掉转方向，正

◎ 普鲁士第13师师长冯·戈本将军，该师隶属于美因河集团军。（罗杰斯 摄）

◎ 7月4日，在欣费尔德战场上狼狈逃窜的巴伐利亚骑兵。（冯塔内 绘）

在急速撤退当中，两者合兵一处，先撤到了富尔达，然后再往远处撤，最后一直撤到了布吕克瑙（Brückenau）。

卡什斯王子亲自率领一个骑兵团和一个骑炮连在德克尔巴赫（Döllbach）占据了一道阵地，但他又花了好几天的时间才把其余的部队重新聚拢起来，恢复为一个战斗单位。[8]

与此同时，戈本一直在按计划行动。早上8点，他派库默（Kummer）去进攻邦联军队在泽拉－奈德哈尔茨豪森（Zella–Neidhartshausen）的阵地，弗兰格尔则继续率军向维森塔尔进发。邦联军队布设在泽拉的阵地可谓是易守难攻，这个城镇就坐落在陡峭的山坡上，前方被沼泽湿地严密地保护着。在泽拉城的中心，有一座城墙坚固的女修道院，这也是一座戒备森严的堡垒。尽管如此，库默的主力部队还是同时从北部和西部强行攻入了该城。不久后，普军的一个燧发枪手营对奈德哈尔茨豪森展开了进攻，另一个营则清除了道路东边树林中的敌人。鉴于敌军阵地较为强大，且守军兵力雄厚，尽管普军的胜利规模不大，但也堪称辉煌了。不过，巴伐利亚人依靠佐勒的主力部队守住了迪埃多

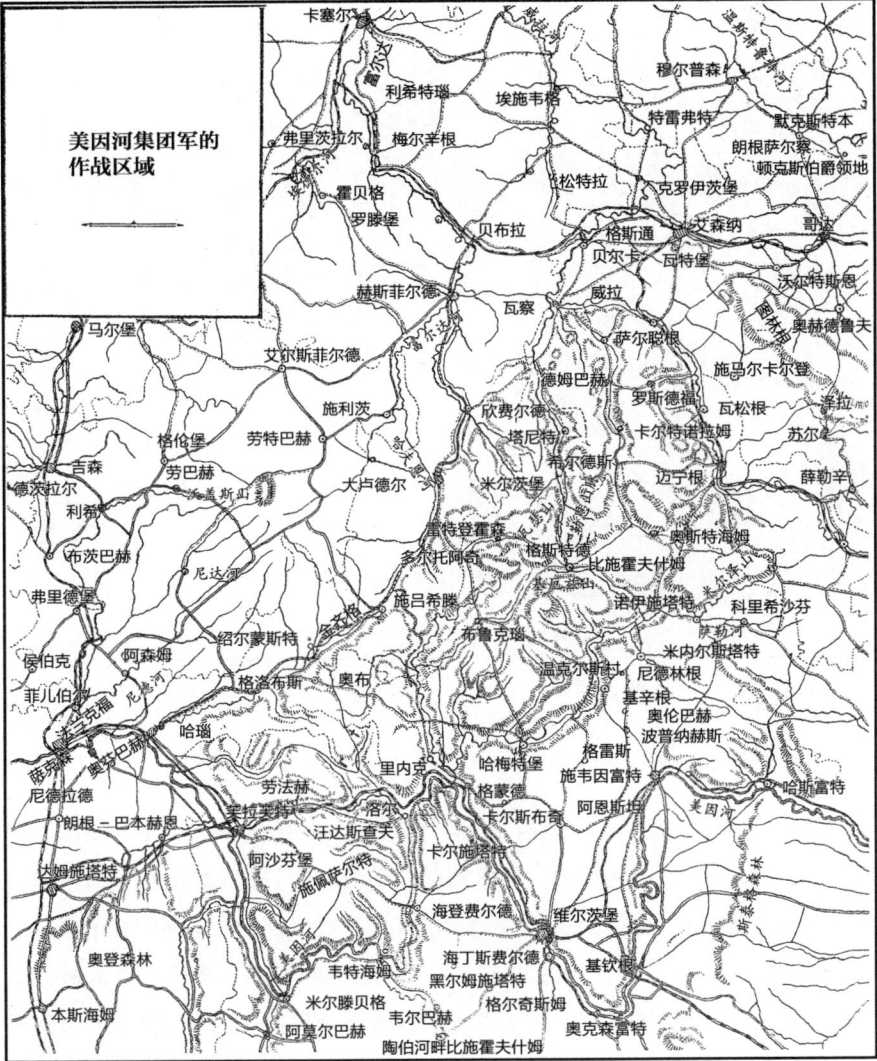

美因河集团军的
作战区域

◎ 美因河集团军的作战区域。

夫（Diedorf）；在那里，从早上一直到下午 3 点，巴伐利亚人发起了一系列反击，但都失败了。[9]

在维森塔尔，弗兰格尔也取得了类似的胜利，他的先头部队对巴伐利亚

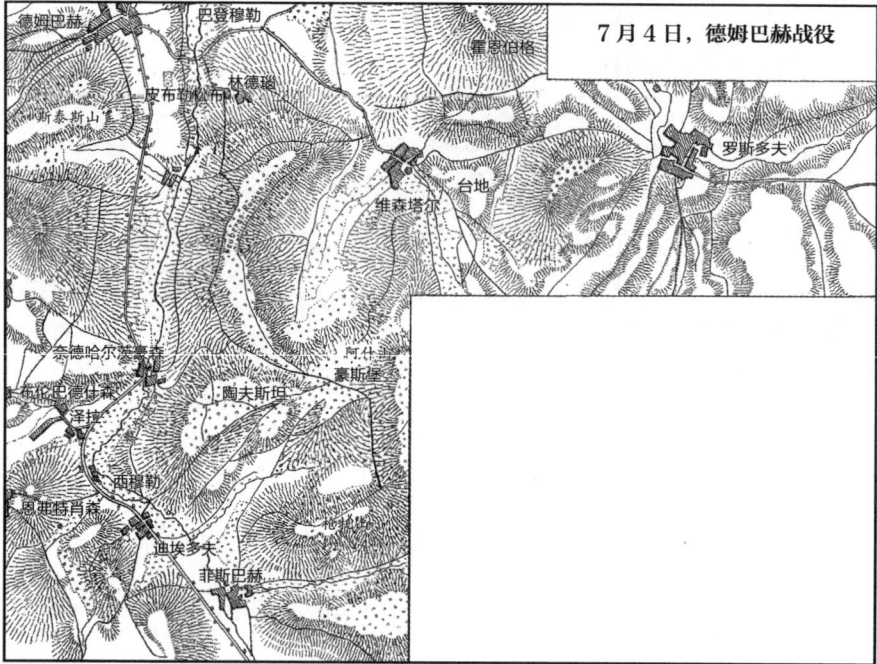

7月4日，德姆巴赫战役

* 注：原版书即有地图右下角这处空白。

军队据守的村庄发起了突然袭击，赶走了内贝尔堡 [Nebelberg，是一座位于罗斯多夫（Rossdorf）正前方的、林木繁茂的小山] 的守军。塞拉率领的新军前来支援，在陡峭的山坡上占据了阵地。战斗中，巴伐利亚守军遭到 2 个普军步兵营的进攻（还有另一个营提供支援）。经过激烈的炮战，巴伐利亚人被普军击退，被迫后撤到罗斯多夫。哈特曼带着援军前来反击，几乎收复了内贝尔堡的山头，但弗兰格尔派出了更多的部队，把巴伐利亚人再次赶回了罗斯多夫。

下午 3 点左右，按照法尔肯斯坦的指示，戈本命令库默和弗兰格尔撤退，他们在不受敌人干扰的情况下安然完成了这一任务。[10] 此时，法尔肯斯坦认为整个巴伐利亚陆军的主力就在自己的面前，他决定抓住这个机会，给予巴伐利亚人决定性的打击，为此，他把拜尔从进攻富尔达的行动中召回来，并将曼陀菲尔也派上了前线。然而，法尔肯斯坦不知道的是，这只鸟已经从他的笼中飞走了；实际上，巴伐利亚的警戒部队已经布满了附近的山丘，在他们的掩护下，

◎ 普鲁士人对巴伐利亚军队设在泽拉的阵地发动攻击时的场景。（冯塔内 绘）

巴伐利亚军队的主力已经撤走了。

　　查尔斯现在明白，随着普鲁士人渡过威拉河，他与邦联第 8 军在勒恩山脉以北会师的希望已经落空了。他必须立即与面前的敌人脱离接触，并前往南方。另外，普军在 7 月 5 日白天的侦察也表明，巴伐利亚人已经逃走了。于是法尔肯斯坦又恢复了原来的计划，他命令部下继续向富尔达发动进攻。与此同时，查尔斯制定了一份新计划，他在 7 月 5 日告诉亚历山大，自己要率军撤退到诺伊施塔特－比绍夫斯海姆（Bischofsheim）一线，他计划于 7 月 7 日先抵达诺伊施塔特，并要求亚历山大也参与这一行动。这份计划听起来很简单，但对第 8 军来说实际上很难完成：

　　巴伐利亚军队或许在两天内就能从卡伦－诺德海姆（Kallen-Nordheim）赶到诺伊施塔特。他们至少拥有一条像样的行军道路，还可以利用勒恩山脉来避开敌人。反观第 8 军，首先他们还没能集中起来；其次，他们行军的距离比巴伐利亚人要远一倍；最后，他们还要在敌人眼皮底下通过那些山间隘口。[11]

　　鉴于亚历山大迄今为止所表现出来的、不紧不慢的态度，即使没有普鲁士人的干涉，也很难指望他遵守这次约定。但是，从实际的意义上说，只有两军立即团结起来，才有战胜普鲁士人的希望。

而且，亚历山大对战事的看法也比查尔斯更加悲观。在7月5日接到命令之前，他已经从巴伐利亚司令部的联络官那里得知了7月4日战斗的结果，并在随后得到了普军发动进攻的消息。因此，他选择施吕希滕（Schlüchtern）作为第8军的集结地点。第二天，第8军各支分散的部队开始会合，与此同时，巴伐利亚人也在撤退当中，但他们的行军速度太慢，直到7月6日傍晚才到达奥斯特海姆（Ostheim）和弗拉东根。

然而，在那一天即将结束的时候，查尔斯和亚历山大都收到了奥军在柯尼希格雷茨遭受灾难性惨败的消息，这迫使他们从另一个角度来看待当前所面临的问题。显然，这场战争的结果必然是失败，这是他们无论做什么也无法扭转的。但另一方面，德意志西部战场的结果可能会对和平谈判的进程产生重大影响。不幸的是，这使得各亲奥邦国的政府以及它们的军事指挥官都将注意力集中在本国的特殊利益上，这导致巴伐利亚军队和邦联第8军之间的合作进一步恶化了。邦联第8军各分遣队的指挥官们认为，自己的首要责任是保卫自己的家园，而不是抛弃本国，去与巴伐利亚人并肩作战。因此，邦联的军事委员会直接向亚历山大下达了指示，他必须守住主干道，而不是东进去与巴伐利亚军队会合。

来自柯尼希格雷茨的消息自然而然地在慕尼黑（Munich）和其他小邦国的首都"引起了极大的轰动"；霍亨洛厄在7月5日的日记中记录了在亲奥邦国中弥漫的普遍忧郁和悲观的情绪：

来自波西米亚的消息令这里的人都感到非常沮丧。此外，由于巴伐利亚领导人的无能，他们没能派军队来拯救汉诺威人。《巴伐利亚官报》解释说，巴伐利亚军队的司令部"并不知道汉诺威人在哪里"。还有比这更荒谬的事情吗？在我们的陆军部，一切都是按照老旧的、官僚主义的繁文缛节来进行的。到处都充斥着骄傲自满和怠惰因循。陆军部长冯·卢茨（Von Lutz）……是一个智力非常低下的人……查尔斯王子是一位容易神经过敏的老绅士；总参谋部的一些军官也不比陆军部长好多少。我对战争的进展感到忧心忡忡。[12]

此时，邦联第8军还在按原计划撤退，但面对邦联军事委员会下达的最新指示，亚历山大不得不得出这样的结论："目前最迫切的任务是重新夺回主干道的控制权。"[13] 亚历山大没有迟疑，立即掉头赶奔主干道方向，并给查尔斯捎去口信，建议两军将会师地点改为哈瑙和阿沙芬堡（Aschaffenburg）之间的某处，而不是原先计划的法兰克尼亚。7月7日，邦联第8军顺利撤退到了奥尔滕贝格（Ortenberg）和比尔斯坦（Birstein），途中没有与普军发生接触。第8军更改路径之后，巴伐利亚军的左翼暴露无遗，不堪一击。查理向亚历山大发出请求，要求他再次转向，前往吕希滕，不出所料，亚历山大拒绝了他的请求。实际上，亚历山大并不是唯一一个违背上级意愿、自行其是的指挥官；巴登军队的指挥官威廉王子也采取了可疑的行军路线。此时，巴登师和巴伐利亚后备骑兵军正位于邦联第8军原推进方向的左侧，按照计划，他们的任务是掩护法兰克福，并在吉森布设一道阵地以阻挡普军。之前，巴登的威廉王子已经得出确切结论：普鲁士军队正在向富尔达挺进，而不是向西进军；但是，尽管得到了这样的保证，他却仍然担心普鲁士人在莱茵河流域的行动可能会威胁到法兰克福。因此，他并没有遵循先前的计划，而是先率军撤退到布茨巴赫（Butzbach），并于7月6日撤退到尼达河 [Nidda，位于菲儿伯尔（ Vilbel ）] 后方。亚历山大并不赞同威廉王子的计划，他按照第8军既定的"舞蹈步调"，命令威廉王子再次更改行军路线，向弗里德堡前进。不过，像第8军的其他部队一样，这些优雅的"方阵舞"都是在不与敌人发生接触的情况下才能跳的。这时候，威廉王子和他的参谋人员突然于7月7日返回法兰克福，并入住了豪华的安格特瑞酒店 (Hotel d' angleterre)，这令亚历山大感到十分困惑。[14]

与此同时，巴伐利亚军队一直在缓慢撤退中，然而，今年的7月格外闷热，在滚滚热浪中，巴伐利亚人已经精疲力竭了。查尔斯似乎已经在脑子里打定了主意，他认为自己时间充裕，因此可以采取多次数、短距离的行军方式继续前进，他的目标是在法尔肯斯坦追上自己之前，在波彭豪森（Poppenhausen）设立一道防线，并掩护施韦因富特。[15] 直到7月8日，巴伐利亚的主力部队终于抵达了诺伊施塔特。为了掩护这次行动，查尔斯王子将多支分遣队部署在该镇西北方向上，形成一道防御弧线。然而，普鲁士人比查尔斯想象的要近得多，而且相比于巴伐利亚军队也更为集中。巴伐利亚的各支纵队延伸长达22英里，而法尔肯斯坦麾下各梯队的分布地域还不到其一半长。再往西，拜尔正沿着通往法兰克福的道路向前推进，他于 7 月 8 日抵达了施吕希滕，但没有发现邦联第 8 军的踪迹，此后拜尔转向东南方向，直奔布吕克瑙。与此同时，戈本已经抵达了德克尔巴赫，跟在他后面的曼陀菲尔也抵达了富尔达。第二天，这两个师继续向南方的布吕克瑙挺进。

从波希米亚传来的大获全胜的好消息，给南下普军的领导层带来了一些焦虑。7 月 8 日，戈本在给妻子的信中写道：

　　星期三，我们全军将向美因河进发……我希望到那时，停战协定不会成为我们的障碍。我们非常担心，因为有消息说拿破仑三世已经向普鲁士提出调停战争的建议了。[15]

7 月 8 日，温泉小镇基辛根一片安宁。3 天前，大约有 80 名卡什斯王子的骑兵（他们是从欣费尔德逃出来的）铿锵顿挫地穿越了基辛根镇，在温泉浴场的游客和当地居民中引发了相当大的恐慌；但镇长给他们吃了一颗定心丸，他保证，如果普鲁士人发动进攻，他会提前 24 小时通知全镇。

这时候，正如霍兹尔所指出的那样："巴伐利亚的参谋人员漫步在库尔加滕（Kurgarten），仿佛身处某个最为和平安宁的时刻。"[16]

当敌人放松警惕时，戈本却已经意识到战斗即将爆发，因为前出的普军巡逻队多次报告说与巴伐利亚骑兵发生接触；这一点在普军先头部队于普拉茨（Platz）和瓦尔德芬斯特（Waldfenster）遭遇抵抗时得到了证实，后者位于基辛根西北部，很快，巴伐利亚主力部队就撤到了那里。这些巴伐利亚部队主要隶属于佐勒师，其在基辛根和哈默尔堡各部署了一个旅。佐勒师并没有得到其他巴伐利亚部队的密切支援；在其他 3 个巴伐利亚步兵师中，费德师和后备炮兵部队位于米内尔斯塔特（Münnerstadt）镇，哈特曼师位于米内尔斯塔特镇的南面，斯蒂芬师仍然位于诺伊施塔特的萨尔，距离战场比较远。7 月 9 日晚上，查尔斯命令佐勒师前往基辛根奋起抵御普军的进攻，他接下来的打算是，第二天，派遣费德师来支援佐勒师，同时，命令哈特曼师从波彭豪森撤退，以便随时准备"迎接"从奥伊尔多夫（Euerdorf）渡过萨尔河发动进攻的普鲁士人。

7月10日，基辛根战役

查尔斯的部署存在很多问题，他本应把哈特曼师部署在更靠河的地方，以直接支援位于基辛根的阵地。因为在 7 月 10 日，巴伐利亚人将不得不同时进行两场毫不相干的战斗，一场是在哈默尔堡，另一场是在基辛根及其周边地区，因此，其兵力将会变得异常紧张。

负责守卫哈默尔堡的是由施魏策尔（Schweitzer）率领的巴伐利亚第 6 旅，该旅下辖 11 门大炮和若干骑兵。第 6 旅的先头部队位于该城的北部，靠近下埃尔塔尔（Unter–Erthal），7 月 10 日上午，该旅就是在此地与拜尔师的先头部队遭遇的；当时普军发动了一次猛烈的炮击，巴伐利亚人被迫渡过图尔巴河

◎ 温泉小镇基辛根。（沃斯 藏）

（River Thulba），撤向哈默尔堡。

拜尔陪同法尔肯斯坦来到了前线，由于身处林木繁茂的乡村，他们无法确定敌人的力量，因此只能暂时采取远距离炮战的作战方式。在主力赶到战场之前，普军没有采取任何进一步的行动。法尔肯斯坦担心遇到强大的敌军部队，于是给戈本送去消息说，如果他还没有与敌人交战，就应该直取哈默尔堡，包抄巴伐利亚军队的右翼；然而，此时的戈本已经忙得不可开交了。[17]

经过又一场旷日持久但收效甚微的炮战，拜尔继续向前推进，其攻占了一座名为奥芬塔勒贝格（Offenthaler Berg）的小山，并迫使敌人向右翼撤退。这座小山原先是由一个巴伐利亚步兵营守卫的，当他们向哈默尔堡撤退时，普军尾随而至，很快就占领了该镇的郊区。就在这时，巴伐利亚人放弃了哈默尔堡，当天下午3点，这处战略要地落入了拜尔手中。这次战斗双方的损失都很轻微，普鲁士人共有10人阵亡，72人受伤，巴伐利亚人的伤亡情况也差不多。[18]

戈本在基辛根面对着更为强大的敌人。最初，该镇的防卫任务被交给了佐勒的另一个旅，即由里博皮埃尔（Ribeaupierre）率领的巴伐利亚第5旅；尽管这点兵力显得非常单薄，但哈特曼师就位于奥伊尔多夫和波彭豪森之间，随时可以对该镇进行支援；费德师和斯蒂芬师分别位于该镇的北部和东部，也能对该镇进行支援。滞留在基辛根的那些不幸的游客现在不得不近距离地目睹战事了；由于担心泄露自己的备战状况，巴伐利亚人不让任何人离开小镇，但允许桑纳酒店（Hotel Sauner，位于河右岸）的住户搬到该镇中那些不易被战火波及、相对安全的地方。[19] 战役结束后，佐勒的副官杜里格（Durig）向霍亨洛厄报告说："在战斗爆发的那天早晨，游客们正在街上散步，直到第一颗炮弹落在街上，他们才赶忙爬进地窖，肯定有许多人死在那里。"[20]

戈本的进攻由库默旅打头阵，他们被派到基辛根镇的正前方，实际是从该镇的西南方发动进攻，该旅于上午10点左右占领了加里兹（Garitz）。有两个巴伐利亚炮兵连部署在基辛根镇以及该镇的东北方，为了压制它们的火力，普军在附近的高地上也部署了两个炮兵连。在炮火的掩护下，库默集结部队，对位于河西岸、基辛根郊区的巴伐利亚前沿阵地发起突然进攻。这些地方很快便落入了普军手中，巴伐利亚守军撤退到了河的左岸。

◎ 保卫基辛根的巴伐利亚步兵。（冯塔内 绘）

此时，在基辛根横跨萨尔河的 3 座桥梁中，只有与主干道相连的那座石桥畅通无阻；位于河上游的木桥几乎被巴伐利亚人完全拆毁了——在和平的日子里，游客们可以利用这座桥前往河对岸的温泉浴场，如今桥上的木板已经被移除了，只剩下孤零零的铁制桥索。然而，在仅剩的石桥上，巴伐利亚人不但设置了路障，还利用两门大炮布设了严密的封锁线。由于此处的河水很深，普军无法涉水到达对岸，因此库默的攻势暂时陷入了停顿。好在，在筹划下一阶段的进攻时，许多普鲁士参谋军官都能得心应手——他们以前经常来基辛根旅游，因而对这个时髦的温泉疗养地极为熟悉。

紧跟在库默身后的是戈本的主力部队，为首的是弗兰格尔旅，他们从战场右侧冲了出来，包抄了佐勒的左翼阵地。如果哈特曼被部署在河边，对于普军而言，这将是一个极其危险的行动。但事实上，弗兰格尔巧妙地利用了那座严重受损的木桥，尽管对岸的巴伐利亚步兵射来密集的子弹，他的工兵们还是从附近的房子里抢来了桌子、长凳和木桩，并开始抢修木桥。很快，普鲁士工兵就搭好了部分桥板——士兵可以排成一列纵队从桥上通过。过了河的部队在基辛根南部高地后方灌木丛的掩护下列队前进，向该镇发起了进攻。其他从木桥过河的普军部队也投入了进攻，很快，双方就在基辛根镇的南部展开了一场激烈的巷战：

巴伐利亚人以一往无前的勇气进行战斗。每一幢房屋、每一个街角、著名温泉花园中的每一条林荫道、墓地中的每一座墓碑周围，都见证了一场场激烈、血腥的厮杀。[21]

正当普鲁士人缓慢前进的时候，利珀燧发枪手连的士兵们成功沿着木桥上残存的铁索爬到了河对面，并在温泉花园中建立了一个桥头堡。不久后，普军针对石桥的进攻也取得了成功，第 53 团下辖的燧发枪手营翻越了桥上的路障，渗透到了基辛根镇的中心，库默旅的其他部队也紧随其后。[22] 至此，巴伐利亚军队在基辛根镇的防御体系已经被普军瓦解了；尽管普军在教堂墓地内外与巴伐利亚后卫部队展开了一场激烈的战斗，但巴伐利亚军队的主力已经撤退到了基辛根以东高地上的温克尔斯村（Winkels）。

◎ 尼德林根前线的普军步兵。（冯塔内 绘）
* 注：原版书即有地图右下角这处空白。

　　戈本从不放过任何一个机会。当库默的部队在基辛根以东重新集结时，戈本正亲自率领第 19 团这支生力军经过那里。在弗兰格尔旅的支援下，第 19 团向温克尔斯高地发起进攻，尽管巴伐利亚人的阵地十分坚固，但普军还是在短时间内就把他们给赶走了。随后，普鲁士人继续向尼德林根（Nüdlingen）前进，他们在目标前方遭到短暂拦截，于下午 4 点左右才占领了这个村庄，巴伐利亚守军进一步向东北方向撤退。在战斗的最后阶段，费德师对佐勒的阵地进行了增援，但为时已晚。事实上，如果援军早点到来，或许战斗的结果会有所不同，但现在已经于事无补。戈本赢得了一场似乎是决定性的胜利，在战斗临近尾声的时候，佐勒本人也被一枚弹片当场炸死。

　　但巴伐利亚人并没有就此认输。查尔斯王子亲自来到了基辛根，他一整天都在给哈特曼和斯蒂芬去信，要求他们赶快支援佐勒。哈特曼似乎收到了各种互相矛盾的命令，这令他感到十分困惑，最后，他认为自己应该再次向施韦因富特撤退。斯蒂芬则接到了命令，并率军进行了增援。与此同时，费德师也正在向基辛根进发。由于费德将自己的师部署到了一个较为偏僻的地方，因此未被普鲁士前哨发现。于是，下午 6 点 30 分，费德师从尼德林根向温克尔斯挺进，针对普军的左翼发起了反攻。普军在撤退的时候，遭受了巴伐利亚炮兵的近距离射击，损失惨重。在弗兰格尔看来，目前普军的进展令人失望，他给戈本发了消息，请求后者支援。然而，在弗兰格尔收到答复之前，他的坐骑就被敌军击中了，马倒了下来，压在他身上，使他失去了知觉。斯托尔茨（Stoltz）上校接管了弗兰格尔旅的指挥权，他率领部队进行了巧妙的分阶段撤退，阻止了巴伐利亚人的反攻。弗兰格尔苏醒过来后再次接过了指挥权，并适时得到了戈本的回应，大意是说只要他有 8 个营，就可以守住阵地，并挫败任何敌人的进攻。不过，接到戈本无法增援的消息后，弗兰格尔对手下大声疾呼：“天呐，我就要把这道阵地给丢了。”[23] 弗兰格尔不想后退，但也无法得到增援，最终他决定孤注一掷，继续发动进攻，于是，全旅在军鼓声中向前推进。尽管伤亡惨重，但普军还是夺回了落入巴伐利军队手中的高地，夜幕降临时，巴伐利亚人撤退到波彭豪森，而普鲁士人则稳住了基辛根周边的局势。

在战场的北部，普鲁士骑兵旅指挥官冯·德·戈尔茨伯爵正在率军向弗里德里希沙尔（Friedrichshall）前进，到达该城对面的时候，巴伐利亚军队突然从他们占据的两个盐场向前者开火。此时，戈尔茨所能做的就是尽量隐蔽起来，以保存自己的力量。上午 11 点 30 分，曼陀菲尔带着 1 个普军龙骑兵中队和一个 4 磅炮连赶到了战场。此前，曼陀菲尔曾接到了支援戈本师的命令，于是他率领上述部队赶往该师的阵地；可就在途中，他又接到一份报告说，冯·德·戈尔茨伯爵的两个营正在与一支强大的敌军部队交战，于是他便改弦更张，先去支援后者。然而，由于曼陀菲尔师的其他部队还落在后面很远的地方，因此很明显，在增援的步兵抵达之前，他们已经无能为力了。下午 1 点 45 分，冯·弗莱霍尔（von Freyhold）率领曼陀菲尔师的步兵部队赶到了战场，曼陀菲尔命令他立即带着第 59 团去攻打豪森（Hausen）。由于普军占据有利地势，当进攻开始时，豪森的巴伐利亚守军没有抵抗，便立即向后撤退。与此同时，在战场右侧，冯·德·戈尔茨率军夺下了盐场，将巴伐利亚人赶到了河对岸。由于巴伐利亚军队破坏了河上的桥梁，普军无法立即发动追击；幸亏两名普军士兵游到河对岸，带回一艘船，一些工兵摆渡过去才重新修复了桥梁，但等普军冲到对岸，敌人已经消失得无影无踪了。[24]

7 月 10 日双方爆发的最后一场战斗是在沃尔德沙赫（Waldaschach），该地位于基辛根以北大约 4.5 英里处。对冯·德·戈尔茨进行支援后，曼陀菲尔师继续向南向戈本师的阵地进发，但一支龙骑兵巡逻队报告说，戈本师的阵地已经被敌人占领了。于是，曼陀菲尔命令坎斯坦上校率领主力部队继续前进，另派一个来复枪手营前往沃尔德沙赫，以防该地守军干扰普军的行动。经过一次短促有力的进攻，普军来复枪兵将沃尔德沙赫团团围住，导致该镇的守军跨越萨尔河迅速向米内尔斯塔特撤退了。[25]

就这样，漫长的一天终于结束了，巴伐利亚人曾经试图依托河岸进行防守，但现在只能全面撤退。双方的伤亡人数都很高，部分原因是击针枪的强大威力，部分原因是巴伐利亚炮兵于夜间在温克尔斯所取得的战绩。在基辛根周边的战斗中，普鲁士总共有 143 人阵亡，698 人受伤，58 人失踪；巴伐利亚人总共有 93 人阵亡，573 人受伤，555 人失踪，失踪者大部分毫发无损，但成了敌军的俘虏。[26] 巴伐利亚的阵亡者中包含佐勒，杜里格奇迹般地穿过了普鲁士防线，把这位将军的遗体带回了慕尼黑。杜里格后来对霍亨洛厄说："巴伐利亚军队在战场各处都表现甚佳，但总参谋部和军需部的行政管理还有很多不足之处。"[27] 令人不齿的是，由于对战争缺乏兴趣，巴伐利亚国王路德维希二世拒绝接见从前线死里逃生的杜里格；对此，查尔斯王子在给弟弟的信中愤怒地写道："你等着瞧吧，他最终肯定会被废黜的。"[28]

正如普鲁士《官方战史》所指出的，查尔斯王子的失败，不仅是因为他盲目确信普鲁士军队在 7 月 11 日之前无法发动进攻，与巴伐利亚军队的错误部署也有很大关系。如果说查尔斯王子将军队部署在萨尔河畔只是为了掩护自己从波彭豪森或者施韦因富特撤退，那么他部署在那里的兵力未免也太多了：

但是，如果萨尔河两岸沟通有困难的话，这样部署是不合适的。一旦萨尔河防线的两个重要节点——哈默尔堡和基辛根遭到敌军攻击，巴伐利亚军队很难及时从米内尔斯塔特和诺伊施塔特赶去增援。[29]

而且，出人意料的是，巴伐利亚人对战争全无准备；参谋人员手里的唯一一张地图是冯·德·坦恩（von der Tann）从基辛根附近一个小镇的居民那里借来的。[30]

巴伐利亚军队从萨尔河防线撤退的行动有些混乱，这并非源于其士兵的素质问题，而更多是由指挥官所造成的。指挥官害怕自己在从基辛根撤退的路上遭到敌军袭击，因而最大限度地选择了一条"安全"的路线。费德师、部分斯蒂芬师以及后备炮兵部队，为远离普鲁士人而一路向东走，向施韦因富特以东的哈斯富特（Hassfurth）进发。哈特曼在撤往施韦因富特之前，作为后卫留在了波彭豪森，而斯蒂芬师的其余部队和骑兵部队则前往维尔茨堡。这时，巴伐利亚的增援部队——后备步兵旅已经抵达了施韦因富特，查尔斯王子亲自率领大约两个半师在此坐镇。不过，《官方战史》中过高地估计了巴伐利亚人的抵抗意志："他下定决心——也别无他法，要在这里战斗到最后一人。"[31] 巴伐利亚人分散撤退的战术取得了部分成功，普鲁士人被彻底弄糊涂了，他们不知道前者究竟去了哪里。法尔肯斯坦认为有必要派遣曼陀菲尔前往施韦因富特进行侦察。在曼陀菲尔的支援下，拜尔从奥伊尔多夫和拉姆斯塔尔（Ramsthal）越过了萨尔河，戈本则继续留在基辛根。到 7 月 11 日中午，在与哈特曼的后卫部队发生冲突，并抓获了 34 名俘虏后，曼陀菲尔有理由确信，巴伐利亚人正在向施韦因富特进发；但还没等他深入追击这些目标，就接收到了一份出于政治考量而颁布的新命令。

在波西米亚，俾斯麦对德意志西部战役迟迟没有结束而感到焦虑不安。他认为，继续打下去，普鲁士在该战区所面临的风险会越来越大，而即使普军取得胜利，也并不会在实质上增强普鲁士的实力。无论如何，普军的军事行动应该在短时间内停止了，于是，俾斯麦给法尔肯斯坦发去了一条简单直接的命令：

现在，握有美因河北部地区的实际控制权对我方而言具有重要的政治意义，我们要尽可能保持现状，以便以此为筹码，为接下来的谈判取得良好的基础。[32]

当然，普鲁士总参谋部对政治方面的干预是出了名的敏感；但《官方战史》不情愿地承认，在这种情况下，俾斯麦的建议或许是最正确的，《官方战史》中肯地评价道：

从军事角度看，毫无疑问，现在应该采取的步骤是立即向施韦因富特前进；

◎ 战争结束后，基辛根的娱乐花园内挤满了伤员。（沃斯 藏）

但是在战争开始和结束的时候，军事上的策略都必须让位于政治上的考量。[33]

　　7月11日下午1点，法尔肯斯坦收到了俾斯麦的命令，为了适应新的政治局势，他命令整个集团军右转，向格明登进发，不过，曼陀菲尔直到傍晚才接到命令。此时，曼陀菲尔已经抵达了梅巴克（Maibach），并准备对此地发动进攻。然而，根据新的命令，除非正在与敌人交战，否则他应该立即向西进发。因此，曼陀菲尔不得不放弃了他原先的进攻计划。第二天，整个美因河集团军都转而向西进军，戈本率领整个集团军沿着从施佩萨尔特（Spessart）通往阿沙芬堡的主干道前进。7月12日傍晚，他抵达了洛尔（Lohr），并打算在第二天拿下劳法赫（Laufach）。7月13日，戈本率军翻越施佩萨尔特山脉，这是一段极为艰难的路程：

　　普军排成两列纵队上山，彼此相隔一个小时的路程，他们迈着有力的步伐，希望能尽快走完这 14 英里的路程到达分水岭，并从山顶的另一侧下山。不过，这是一场残酷的行军，没有丝毫微风吹过，士兵们冒着灼人的热浪，在令人窒息的尘土中上山下山，既没有阴凉，也没有水。大家都一声不吭，一步一步地往前挪。[34]

戈本也在给妻子的一封信中描述了他的部队所遭受的苦难：

我们必须穿过施佩萨尔特山脉，这是一座树木繁茂的高山，看起来非常壮观，但由于我们身处的环境十分炎热，对于背负沉重装备的步兵而言，这是一项艰巨的任务。[35]

戈本身后是曼陀菲尔，他于 7 月 13 日抵达格明登，拜尔则沿着辛恩（Sinn）和金齐希（Kinzig）山谷一路向哈瑙进发，他在同一天抵达了里内克（Rieneck）。与此同时，眼见自己强大的对手普军从前线消失，巴伐利亚人大大松了一口气。普军的改弦更张给了查尔斯王子好几天时间来重组巴伐利亚军队，并重新考虑他的战略目标。实际上，随着汉诺威人战败，邦联第 8 军又消失在了西部战场，一切都为时已晚。对普军而言，现在的问题是，法尔肯斯坦的美因河集团军已经深深地嵌入到了两支亲奥邦国军队之间；因此，接下来战事的发展将在很大程度上取决于亚历山大王子能做些什么或会做些什么。

第四节 法兰克福的陷落

亚历山大王子曾率领邦联第 8 军进行了各种各样的演习，尽管这可能有助于来自不同邦国的部队之间增进了解，但并没能提升该军的备战状态。幸亏到目前为止，他们还没有同敌人发生接触。霍兹尔生动地描述了该军当时的状态：

到了这个时候，邦联第 8 军实际上已经不适合在战场上作战了……第 8 军的各个师之间并没能结成牢固的联盟。黑森 - 卡塞尔轻骑兵身穿的军服与普军极为相似，因此奥军在阿沙芬堡向他们开火。此外，邦联第 8 军各支部队所用步枪的口径五花八门，第 3 师下辖的 4 个野战炮兵连竟然装备了 4 种不同口径的大炮。[1]

不过，邦联第 8 军的总兵力却不容不忽视，目前已经达到了 49147 人。[2] 因此，理论上，对法尔肯斯坦而言，把部队拆成广泛、分散的纵队向西移动可能是草率的决定。戈本尤其容易遭到整个第 8 军的围攻，因为它比曼陀菲尔早两天行军，而且与拜尔完全失去了联系。然而，对咄咄逼人的普军发动反攻并不是亚历山大此刻最关心的事情。普军罗德尔所部的行动已经令邦联第 8 军司令部感到惴惴不安了；从 7 月 7 日起，罗德尔率领一支由守备部队和预备役部队所组成的混编部队从科布伦茨出发，占领了埃姆斯（Ems）和拿骚，这令当地统治者大为惊愕。实际上，罗德尔的目的只是为了分散亲奥邦国的注意力，但在这方面他取得了意想不到的成功。7 月 13 日，罗德尔率军撤回了科布伦茨，但他已经牢牢地吸引住了亚历山大的目光。在亚历山大看来，自己的防线在这一方向上存在重大漏洞，很有可能会让普军钻了空子。7 月 12 日，亚历山大王子得到情报，普鲁士人已经放弃了对巴伐利亚人的追击，转而向他逼近，他陡然明白了与查尔斯合兵一处的好处（但有些迟了），便立即着手进行部署。亚历山大匆忙撤销了他在 7 月 9 日向邦联议会剩余议员所做的法兰克福没有危险这一保证，并建议他们立即迁往奥格斯堡（Augsburg）。议员们去了那里，在"三个摩尔人酒店"（Inn of the Three Moors）安顿了下来。[3]

与此同时，7 月 13 日，戈本亲自率领第 8 轻骑兵团的一个中队翻越施佩萨尔特山脉，弗兰格尔旅的其他部队紧随其后。下午 2 点，他们撞上了由弗雷（Frey）率领的黑森旅先头部队，该旅接到的命令是：对普军进攻部队进行侦察，但绝不能卷入到激烈的战斗中。当普军轻骑兵出现在劳法赫城外的公路上时，黑森人突然向他们开火，前者只能暂时躲在铁路路堤后方，直到跟在后面的步兵赶来增援为止。普军步兵从海因（Hayn）以东铁路隧道的双侧道口冲了进来，将黑森人赶回了劳法赫，随后，黑森人又撤到了弗罗恩霍芬（Frohnhofen），乃至韦伯霍芬（Weiberhöfe，位于弗罗恩霍芬以西 3 英里处）。此时，库默旅的先头部队已经从战场左侧赶了过来，戈本认为他那些疲惫不堪的部队今天已经做得足够多了，于是命令他们在劳法赫的露营地过夜，只留下一个燧发枪手营去监视黑森人。指挥这个燧发枪手营的冯·雷克斯（von Rex）中校很快发现，黑森人频频采取动作，似乎即将发动反攻，这令他感到十分震惊。雷克斯中校立即弗罗恩霍芬的北部和南部部署兵力，以阻截黑森军队，同时向弗兰格尔汇报了情况。闻讯后，弗兰格尔只得命令他疲惫不堪的部队继续前进。

反攻之前，黑森人先是利用部署在盖森堡（Geissen Berg，可以俯瞰弗罗恩霍芬的一座小山）的大炮对普军据守的阵地发起了猛烈的炮击，随后，其步兵在主要道路的两边展开，向普军直冲过来。有那么一段时间，弗兰格尔所部的处境非常艰难；但很快，黑森人的反攻就在普军击针枪巨大的杀伤力下崩溃了。黑森的两个旅先后被打得溃不成军，在普军阵地前留下了大批伤亡人员。在普鲁士炮兵投入战斗后，黑森人更是一路狼狈溃退到了阿沙芬堡。这场战斗中，黑森军队共损失了777人，其中79人阵亡，384人受伤；普军的总伤亡人数是66人。[4]

实际上，弗雷的侦察行动是亚历山大计划的一部分，他的目标是重建与巴伐利亚军队的直接联系。不过，这无法解释黑森－达姆施塔特（Hesse–Darmstadt）师（隶属于邦联第8军）的指挥官贝格拉斯为什么执意要发动这场毁灭性的反攻。尽管他充分证明了自己部下的勇气，但在开阔地带对经验丰富且拥有击针枪的敌军发动强攻是非常不负责任的。同样无法解释的是，亚历山大竟然相信自己可以沿着这条路与查尔斯会合。即使他掌握的情报不足，也应该已经了解到普鲁士军队正沿着这条轴线向西移动了，而一旦普军从阿沙芬堡向东南方向进军，第8军暴露的侧翼就面临着巨大的危险。不过，亚历山大没有时间考虑这些问题了，因为7月13日晚，舍恩菲尔德（Schönfeld）上校带着查尔斯的命令来到了亚历山大面前，命令中写道：第8军应该向南行军，穿过奥登瓦尔德（Odenwald），经过米尔滕贝格（Miltenberg）和陶比肖夫斯海姆（Tauberbischofsheim），到达维尔茨堡东南的乌芬海姆（Uffenheim）。

就实现双方会师的目标而言，这条路线更容易实现一些；但是，即便采取这条路线，第8军的行动也必须比以往更加迅速才行。另外，在向预定会师地点进军的同时，第8军还时刻面临着普军截击的危险。

然而，首先，邦联军队必须在阿沙芬堡遏制住戈本的进攻。冯·哈恩已经率领奥地利旅抵达了阿沙芬堡以东2英里处的哥德巴赫（Goldbach），解救身处困境的黑森人。奥地利旅隶属于尼佩尔伯爵的第 4（混编）师，该师原本辖有 2 个旅，但由于罗德尔的佯攻行动，其中一个旅无法投入到该方向，冯·贝格拉斯那个已经遭受重创的黑森－达姆施塔特师是唯一能支援奥地利旅的部队。

像往常一样，戈本很早就率军开拔了。弗兰格尔于上午 8 点沿着公路前进，而库默则沿着铁路前进；特莱斯科夫的骑兵旅负责为上述部队提供近距离支援。弗兰格尔派冯·德·戈尔茨率领约 2 个营的部队穿过森林向北进发。随着普鲁士人的逼近，邦联军队首先放弃了霍斯巴赫（Hösbach），然后又放弃了哥德巴赫。戈本将自己的骑兵部队派往弗兰格尔攻击轴线的右侧，同时向阿沙芬堡推进。

几个奥军炮兵连巧妙地部署在阿沙芬堡以北的奥姆勒（Aumuhle），它们的炮火严重阻碍了普军的进攻。事实上，奥地利炮兵一直占据着上风，因为普军炮兵一直无法找到一块有利的阵地进行反击，这种情况直到普军第 15 团攻占达姆（Damm）镇，并占领该镇附近的一座小山（山上有一座四周有高墙的塔楼）为止。普军步兵可以进入这座塔楼，并利用自己的步枪火力迫使奥军炮

◎ 7 月 13 日，黑森－达姆施塔特步兵反攻弗罗恩霍芬时的场景。（冯塔内 绘）

◎ 7 月 14 日，普鲁士步兵攻打阿沙芬堡赫斯塔勒门时的场景，本图由布格尔绘制。（沃斯 藏）

兵撤退。[5]

    战场南部，库默麾下的第 13 团攻占了一座由奥军据守的雉鸡饲养场，随后，该团对撤退的奥军展开了追击，并给其造成了重大伤亡。紧接着，库默率领第 53 团推进到了阿沙芬堡的郊区，他们的目标是美因河上的大桥。在第 53 团的冯·巴斯蒂勒（von Bastineller）上尉率领 2 个连占领这座大桥之前，一些奥军部队已经设法逃到了对岸，但前者还是俘房了 200 名试图乘船过河的奥军士兵。[6]

此时，冯·贝格拉斯率领几乎整个师从阿沙芬堡北部撤离，转而向塞利根施塔特（Seiligenstadt）进发，更糟糕的是，贝格拉斯未将自己撤退的情况以及撤退的缘由告诉尼佩尔，这意味着尼佩尔伯爵已经失去了左翼。因此，尼佩尔别无选择，只能撤离阿沙芬堡。美因河大桥被普军占领后，尼佩尔麾下的很多部队被困在城中——大部分是来自维恩哈特（Wernhardt）团的意大利人，他们象征性地抵抗一下就投降了。邦联军队在这场战役中损失惨重，共损失了 2469 人，其中有 707 人伤亡；普军则损失了 180 人。[7]

因天气炎热，部队疲惫，戈本追击败退敌人的行动较为迟缓。但另一方面，尽管亚历山大曾将具有绝对兵力优势的部队部署在戈本攻击轴线的正前方，但他并没有对其发起反攻，从而错过了一个千载难逢的良机——曼陀菲尔正位于戈本以东 30 英里处，一旦赶来支援，亚历山大的反攻行动将会难上加难。

7 月 14 日，亚历山大错过了另一个机会。当时，第 1 符腾堡旅本来已经从格尔恩豪森一路行军到了阿沙芬堡附近，但得知邦联军队战败后，该旅便从战场左侧的施泰因海姆（Steinheim）渡过美因河，折返了回去。正如《官方战史》所说的那样，"如果第 1 符腾堡旅出现在战场上，可能会对普鲁士的进攻产生极为不利的影响。"[8] 实际上，亚历山大打算在南下奥登瓦尔德的时候利用尼佩尔伯爵的部队来掩护自己的侧翼，并利用穿越达姆施塔特的铁路将符腾堡师和巴登师的剩余部队运送到迪堡（Dieburg）和巴本豪森（Babenhausen）。与此同时，邦联第 8 军其余的部队也将前往奥登瓦尔德，把法兰克福留给普军，届时，这座城市的命运将完全掌握在残暴不仁的法尔肯斯坦手中了。

不过，这座城市一直敌视普鲁士，并试图威胁该国的利益，因此也不可能期望得到温和的对待。随着邦联议员和第 8 军相继撤离法兰克福，市参议院于 7 月 15 日正式宣布自己为"开放城市"，同时撤销了所有针对该市的防御措施。7 月 16 日晚上 10 点，普军占领了法兰克福；次日，法尔肯斯坦宣布接管拿骚、法兰克福和普军占领的部分巴伐利亚领土，他征收了共计 600 万弗罗

◎ 7月16日夜间，来自戈本师的普军部队开进法兰克福时的场景。(该插图选自《战争编年史》)

林的税金，取缔了一些反对普鲁士的报刊，并废除了这些地区现存的 11 个武装团体（Vereine）。然后法尔肯斯坦郑重其事地向国王发电报，宣布："美因河以北的所有土地都在陛下您的脚下了。"⁹

具有讽刺意味的是，这也是法尔肯斯坦在得胜之师——美因河集团军总司令任上执行的最后一项任务了；7 月 11 日，王家统帅部决定由曼陀菲尔来取代他，并另派他去执行一项"重要而艰巨的任务"，这个任务与普军在柯尼希格雷茨战场所取得的辉煌胜利密不可分。《官方战史》对此做出了详细解释："当务之急是在屡次被当局抛弃的波西米亚重新组织一个国家，并重新建立一套规范的行政管理体系。"¹⁰

法尔肯斯坦这位战功卓越且在军内极受欢迎的人物突然下台，无疑在公众之中引发了一场抗议风暴，人们相信：宫廷宠臣，且在普鲁士军官中树敌无数的曼陀菲尔曾反对过法尔肯斯坦，这项任命就是前者玩弄阴谋诡计的结果。

实际上，这当然与曼陀菲尔无关。毛奇已经受够了法尔肯斯坦的自行其是，他决心在德意志西部战役的下一阶段，也是最后阶段之前做出改变。不过，毛奇并没有公开表达对法尔肯斯坦的不满，把后者调离，避免他破坏自己的计划，这对毛奇来说已经足够了。

此时，曼陀菲尔师已经抵达了阿沙芬堡，得到调任命令后，他本人立即动身前往法兰克福进行指挥。7月20日中午，曼陀菲尔抵达法兰克福，他停顿了一下，要求该市再追加战争赔款2000万弗罗林，然后下令继续追击邦联第8军。弗莱斯接管了曼陀菲尔师的指挥权。戈本师沿着达姆施塔特和迪堡向南挺进，而其他两个师则沿美因河左岸向前推进。7月22日，戈本师位于柯尼希（König），弗莱斯师位于劳登巴赫（Laudenbach），拜尔师位于瓦尔施塔特（Wallstadt）。曼陀菲尔并没有忽略巴伐利亚军队采取积极行动的可能性，他派人翻越施佩萨尔特山脉进行侦察，发现在马克特海登费尔德（Marktheidenfeld）有一支强大的敌军部队，但他们暂时似乎没有向西移动的打算。

一开始，亚历山大不知道他的敌人去了哪里，直到7月22日巴登师报告在米尔滕贝格及其周边地区与普军弗莱斯部发生接触，他才意识到，和往常一样，普鲁士人的行动比他预料的快得多，而且差点就追上他了。不久后，邦联军队又一次更改了自己的战争计划。7月19日，查尔斯和亚历山大进行了一次会面，他们得出结论：既然邦联军队现在已经实现会师，普鲁士人不大可能对拥有优势兵力的对手继续发动进攻，因而按兵不动的可能性更大。既然如此，邦联军队自己应该主动发起反攻。到目前为止，邦联军队高层的想法还不错，

◎ 埃德温·弗赖赫尔·冯·曼陀菲尔将军，在普鲁士美因河集团军中担任混编师师长。（罗杰斯 摄）

501

7月24日
陶比肖夫斯海姆战役

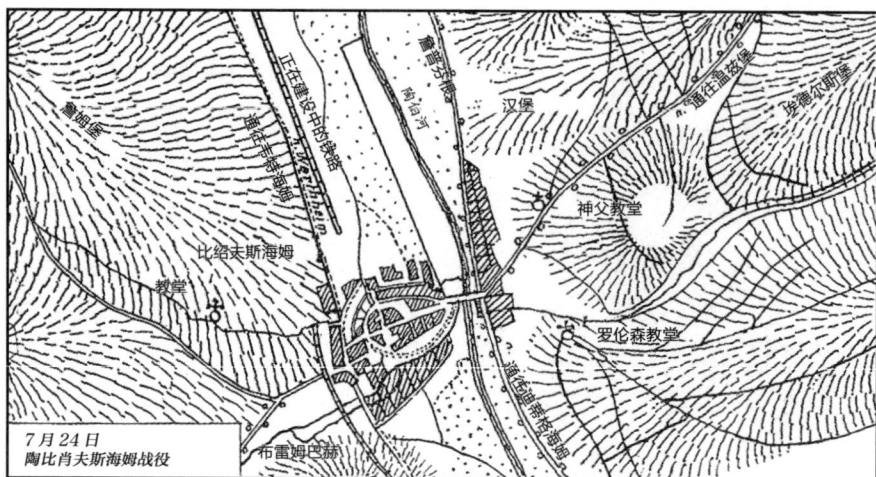

但他们无法就如何发动反攻达成一致。查尔斯想沿美因河左岸移动，打回米尔滕贝格和奥登瓦尔德；但亚历山大的参谋长鲍尔（Baur）更倾向于越过施佩萨尔特山脉发动反攻，他认为，如果第 8 军沿原路返回，将会导致部队士气低落。这次会议没有达成任何协议就结束了，双方商定，7 月 21 日将继续开会商谈反攻事宜。《官方战史》坚定地认为查尔斯的意见是正确的：

> 要想确保反攻取得胜利，最好令 17 日集结于维尔茨堡的邦联第 7 军提前开拔，并在 20 日与第 8 军在米尔滕贝格会师。当时，还有足够的时间做这些部署。[11]

在维尔茨堡，为了有所作为——哪怕是略有作为，查尔斯勉强同意了翻越施佩萨尔特山脉发动反攻的计划，他麾下部队反攻的目标是洛尔，亚历山大所部则沿着主干道向马克特海登费尔德进发，准备反攻阿沙芬堡。巴登的威廉王子带着他的师在洪德海姆（Hundheim）占据了一道阵地，并在弗罗伊登堡（Freudenberg）和艾兴布尔（Eichenbühl）设立了前哨；此外，威廉王子还将一个分队派往位于北面 4 英里处的美因河畔韦特海姆（Wertheim），以保持与巴伐利亚人的联系。7月23日，普军在3天内走完了邦联第8军花了整整6天时间才走到的地方，其中，弗莱斯向纳西希（Nassig，位于韦特海姆西南2英里处）进发。与此同时，冯·法比克率领科堡-哥达团，带着2门大炮，在一些骑兵的支援下对当面的巴登守军——拉罗什（Laroche）旅的一个营发起了进攻，前者不但将该营打得节节后退，还威胁到其他邦联部队的撤退。但是，由于寡不敌众，他只好暂时满足于目前的进展。随后，巴登人对普军发起了一次三心二意的反攻，但很快被后者击退了。在这些战斗中，普军的总伤亡人数为20人，巴登军队为92人。[12]

在遥远的南方，戈本师的先头部队抵达了陶比肖夫斯海姆以西约12英里处的沃尔德恩（Walldürn），在该城的街道上，普鲁士轻骑兵和一个巴登龙骑兵中队爆发了激烈的战斗。普军轻骑兵很快便占据了上风，巴登龙骑兵后撤至由黑森师据守的柯尼希海姆（Königheim）。此时，亚历山大的部队位于陶伯河（Tauber）正前方，并沿河岸线排成了危险的一字长蛇阵，从北部的韦特海姆（也是陶伯河与美因河的交汇处）一直延伸到陶比肖夫斯海姆以南的一个据点。7月23日至24日夜间，巴登师撤离韦特海姆和洪德海姆，向屈尔斯海姆退去。

这些小规模战斗令亲奥邦国军队的指挥官们感到非常困惑。因为他们翻越施佩萨尔特山脉发动反攻的计划有一个大前提，那就是假定普军主力部队无法沿美因河左岸向前推进。但查尔斯有自己的看法，他认为，普鲁士人将沿着从阿沙芬堡到维尔茨堡的道路发动进攻，于是，查尔斯打算率领巴伐利亚军队按照既定计划向左翼移动，也就是向洛尔、格明登和卡尔施塔特（Karlstadt）进军。到7月23日夜幕降临时，勉强实现联合的邦联军队再次分崩离析，而且变得更加分散，其战线宽度达到了36英里。[13]

由于在7月24日无法指望得到巴伐利亚人的支援，亚历山大决定退回到陶伯河防线后面，他对反攻的热忱已经迅速消退了。不过，他在给第8军的命令中解释说，撤退是"为了抵御正在从沃尔德恩向米尔滕贝格前进的敌人，或者是为了打击这股敌人的侧翼"[14]。第8军目前占据的阵地有7英里长，其中，巴登师位于韦尔巴赫（Werbach）和韦尔巴赫豪森（Werbachhausen）之间，符腾堡师位于因普芬根（Impfingen）和陶比肖夫斯海姆之间，混编师在派马尔（Paimar）和格林斯菲尔德（Grünsfeld）之间。黑森师作为预备队，位于格罗斯·林德菲尔德（Gross Rinderfeld）。第 8 军的阵地纵深为 9 英里，其中，后备炮兵部队位于舍恩菲尔德和伊尔姆斯潘（Ilmspan），骑兵部队位于奥伯（Ober）和下阿尔塞姆（Unter Altertheim）。

陶伯河蜿蜒向北流去，在与美因河交汇的地方流经一个狭窄的山谷，其宽度大多不超过 400 码。山谷的两边都是陡峭的小山，大约有 300 英尺高。河流本身不超过 50 英尺宽，看起来，大多数地方都可以直接涉水而过，但陡峭的河岸和山坡令横渡到对岸变得极为困难，即使对于轻装的步兵来说也是如此。1866 年，陶比肖夫斯海姆小镇大约有 3000 名居民，它位于陶伯河西岸的一个空地上，四周都是高耸的河岸。从海德堡（Heidelberg）到维尔茨堡的铁路就从该镇穿过，这条铁路修建在 30 英尺高的路堤上，并利用一座 70 码长的木桥（桥基为石制）通到陶伯河对岸。如果守军牢牢控制该镇本身，并得到来自河对岸大炮的有力支持，那么这道阵地就可以称得上是易守难攻。再往北，邦联军队位于韦尔巴赫的阵地一直延伸到西岸的霍赫豪森（Hochhausen），他们在此设立了一个桥头堡。虽然从韦尔巴赫通往韦尔巴赫的铁路桥已经被毁了，但邦联军队搭建了一座可以供人通行的小桥，并在该桥靠近韦尔巴赫的一端布置了路障，这道阵地可能也会给普军带来相当大的挑战。

然而，邦联军队的部署表明，其坚守河岸线的举动纯粹是暂时的，更多的是为了掩护己方向美因河畔维尔茨堡周边阵地的战术性撤退，而并不打算彻底阻挡普军的进攻。这让曼陀菲尔和他的麾下的师长们大吃一惊，他们原本以为会在陶伯河以西遭遇激烈抵抗，如果这样，普军各师就必须在 7 月 24 日进攻之前聚拢在一起，以形成合力。但在 7 月 23 日晚上，情报显示，不仅整个邦联第 8 军可能均已经渡河，甚至该军都没有留下一支强有力的部队来防守渡口。戈本无须上级催促，便立即抓住了这个战机。虽然库默旅和特莱斯科夫旅的位置过于靠后，无法立即参与作战，但他麾下的弗兰格尔旅和韦尔齐恩（Weltzien）旅已经抵达了沃尔费斯特滕（Wolferstetten），后者是由奥尔登堡（Oldenburg）和汉萨（Hanseatic）人所组成的部队，配属给戈本是为了增强该师的力量，以帮助其从法兰克福继续向南推进。

弗兰格尔命令冯·德·戈尔茨伯爵率领一支分遣队来掩护他的右翼，这支分遣队由 2 个营、2 门大炮和 1 个骑兵中队组成。弗兰格尔自己则率领其余部队直奔陶比肖夫斯海姆，他发现这里已经被第 2 符腾堡旅的一些部队给占据了。其中，一个符腾堡团被派驻到镇内，北边是教堂墓地，南边是铁路路堤。

1 个连被派去守卫连接该镇的桥梁，另有 2 个连作为后备队使用。另外，符腾堡人还在通往迪蒂格海姆（Dittigheim）的路上部署了 2 门大炮；费舍尔率领该旅的其余部队驻扎在因普芬根。符腾堡师的其他部队则藏在城镇后方约四分之三英里的一处隐蔽阵地内。弗兰格尔于下午 2 点开始发动进攻，其先利用部署在伊姆伯格（Immberg）的一个炮兵连对符腾堡阵地进行炮击，然后动用一个半营对城镇的西部边缘发动攻击。在一场短暂的小规模战斗之后，镇内的守军撤退到河对岸，躲在右岸陡峭山坡上的葡萄园里。躲在这里，符腾堡人就可以充分利用己方的炮火优势了，因为普军大炮受到射程的限制，无法还击。但在此之前，普军炮火摧毁了一队由大约 30 辆运粮车所组成的车队，结果正好堵住了一条通往东部的狭窄道路。[15]

此前，符腾堡人没进行多少抵抗就轻易放弃了陶比肖夫斯海姆，但现在可能是发现了戈本部队的弱点，他们开始了一连串反击，试图重新夺回该镇。在大约两个半小时的时间内，符腾堡人进行了一系列夺回城镇的尝试，但是这些反击的协调度都不够，而且通常都是营级规模，面对弗兰格尔麾下部队击针枪的密集火力，他们最终都失败了。

随着下午慢慢过去，曾率领普军攻占陶比肖夫斯海姆并正在坚守这座城

◎ 7月24日，在陶比肖夫斯海姆战场上，符腾堡步兵正在对普军发动反攻。（沃斯 摄）

镇的伯金（Böcking）呼吁对自己进行支援。不久后，来自第 55 团的一个营作为增援部队赶到，在军鼓声中，该营的指挥官斯托尔茨率领士兵冲过大桥，成功地夺取了东岸的部分房屋和花园。不久后，其他普军部队也涉水或游过河去增援斯托尔茨，甚至炮兵也赶过来对其进行支援，事实上，双方进行了激烈的炮战，直到斯托尔茨被迫撤回西岸为止。

当时，亚历山大正在格罗斯·林德菲尔德视察，听说弗兰格尔发动进攻，他亲自率领增援部队——包括第 8 军的后备炮兵部队、黑森师的骑乘炮兵部队，最后还有奥地利混编师集体出动。奥地利人的到来威胁到了弗兰格尔的右翼，他赶忙召集了自己最后的预备队——利珀营以应对威胁。然而，幸运的是，在下午 6 点，亚历山大下令撤退，巴登师随即放弃了自己在韦尔巴赫的阵地。

此时，普军已经筋疲力尽，无法继续追击敌军。而且，无论如何，戈本并不打算把战线推过陶比肖夫斯海姆，即使该师的其余部队也已经赶到了战场。[16]

这注定是不平凡的一天。弗兰格尔以寡击众，对手作战也非常勇敢，给他带来了不少麻烦；不过，符腾堡军队的指挥很差，而且面对威力巨大的击针枪毫无招架之力，这最终决定了战斗的结果。符腾堡军队总共损失 675 人，其中 46 人阵亡，536 人受伤；普军则损失了 126 人。[17]

在韦尔赫，巴登师也占有明显的兵力优势，但他们未能充分利用这一点。韦尔齐恩将自己麾下的 2 个炮兵连先后派往战场，在与 2 个巴登炮兵连和 1 个符腾堡炮兵连的对决中，他们很快就占据了上风。在此期间，韦尔齐恩将步兵集结在陶伯河西岸山丘上的树林中。下午 3 点，韦尔齐恩发动了第一波攻势：3 个营穿过葡萄园，冒着敌军步枪的猛烈火力沿着斜坡冲下小山。尽管敌军激烈抵抗，但普军还是很快就冲到了铁路沿线，并在随后占领了霍赫豪森。现在，巴登人已经放弃了他们位于河东岸的阵地，并退回到位于韦尔斯巴赫河（River Welsbach）的防线上，这条河就在他们阵地的旁边汇入陶伯河。下午 4 点，陶伯河上的桥梁已经修好，普军对韦尔巴赫的攻击开始了。在三面受敌的情况下，尽管巴登人凭借极大的勇气进行了抵抗，但该镇还是被韦尔齐恩的部下攻破了。巴登军队沿着韦尔巴赫山谷撤退，在撤退过程中又遭受了进一步的损失。[18] 更不幸的是，他们一路退到了下阿尔塞姆（Unter-Altertheim），这直接导致陶比肖夫斯海姆守军的右翼门户大开，迫使该镇守军也开始向后撤退。

◎ 普军步兵攻入陶比肖夫斯海姆时的场景。（冯塔内 绘）

战斗中，普军共损失了 71 人，巴登人的损失也不大，这表明这场交战并不是很激烈。[19] 夜幕降临时，拜尔师渡过陶伯河，接替韦尔齐恩部队守卫桥头堡。

　　事实上，丢失陶伯河防线所带来的后果是极为严重的，远远超过亚历山大对守住这条防线所要付出损失的预计。巴登人的迅速撤退令邦联第 8 军再次陷入与巴伐利亚人失去联系的危险当中。查尔斯王子并没有忽略这一点，他立即下令中止施佩萨尔特的反攻计划，并将军队集中到罗斯布伦（Rossbrunn）地区。尽管如此，从一些细节来看，邦联军队仍然面临着战败的危险，这主要是由情报不足和行动欠考虑所导致的。尤其令人难以理解的是：据预计，这片土地的居民普遍对普鲁士人怀有敌意，他们会自觉向邦联军队通风报信，可邦联军队指挥层还是未能查明山的另一边发究竟发生了什么事。

第五节 邦联的终结

　　7 月 25 日清晨，查尔斯王子在自己位于雷姆林根（Remlingen）的总部收到了一份关于第 8 军前线战事的完整报告。联络官所提供的第一手资料让查尔斯相信，两军存在着再次失去联系的巨大风险，于是他命令自己的部队立即向第 8 军靠拢，其中，斯蒂芬（Stephan）所部将前往下阿尔塞姆，菲德尔将前往瓦尔德布伦（Waldbrunn），利奥波德王子将前往上阿尔塞姆（Ober-

Altertheim）。这些举措很明智；但是，在当天上午9点，查尔斯派遣冯·马森巴赫上校给亚历山大送去的那份命令却存在很大问题，因为其忽略了一个令人不快的事实——陶伯河防线已经被放弃了：

> 应利用一切可用的力量来守卫陶伯河防线，目前，第7军正在经由上阿尔塞姆和瓦尔德布伦前往比绍夫斯海姆 - 维尔茨堡一线的路上，以支援第8军。[1]

这份命令来得太晚了些，如果想从中找出什么意义的话，那大概就是暗示亚历山大利用手中的部队重新夺回陶伯河防线了，但这支部队曾在前一天刚刚丢掉了这条防线。实际上，这一命令与亚历山大所提的建议相矛盾，他曾建议巴伐利亚人向韦特海姆推进，以最大限度地缓解他的部队所承受的压力。这份建议是由亚历山大的参谋维尔纳（Werner）中校带给查尔斯的，在带来这份建议的同时，维尔纳中校还捎来一个坏消息：第8军打算继续向后撤退到盖尔希斯海姆（Gerchsheim），而不准备向陶伯河方向发起反攻。

查尔斯重申了他之前的命令，并罗列了陶伯河防线在军事方面的重要意义：

> 只有守住陶伯河防线上的重要节点——比绍夫斯海姆，我们才能成功遏制住敌人的攻势。无论从双方兵力的总体对比来看，还是从第8军当面敌人的兵力来看，我方向维尔茨堡或奥克森富特（Ochsenfurt）撤退都是没有必要的，也是没有道理的。[2]

这当然是完全正确的，但他给亚历山大的建议太晚了，没有起到任何作用。亚历山大现在关注的是美因河防线所提供的安全保障，他想在尽可能短的时间内利用这条河把自己和普鲁士军队隔开。至于韦特海姆计划，查尔斯指出，该计划只会导致邦联军队陷入分裂。[3]

上午11点，也就是在亚历山大接到坚守陶伯河防线的命令之前，第8军就已经开始向盖尔希斯海姆撤退了。亚历山大此举至少有一个好处，那就是使两军逐渐靠拢。两军可以更好地联合起来，共同对曼陀菲尔发动反攻。然而，在亚历山大的脑海中并不存在这样的选项。他的"软弱战略"有着自己的逻辑：尽管只有发动反攻才能阻止曼陀菲尔，但现在既然普军已经越过了陶伯河，他就不准备考虑反攻问题了，在这种形势下，邦联军队躲在美因河天险后面远比在前面直面普军进攻要好得多。但是，亚历山大也因此错失了大量机会；即便是现在，邦联军队在兵力上占有相当大的优势，如果他计划周密，一鼓作气发动进攻，也许就能阻挡曼陀菲尔。

然而，普军并没有放过这个机会。截至 7 月 25 日上午 10 点，美因河集团军已经云集陶伯河东岸，其中，弗莱斯位于乌尔法尔（Urphar），拜尔位于韦尔巴赫，戈本位于陶比肖夫斯海姆。当天，弗莱斯的任务主要是掩护美因河集团军的左翼，以防巴伐利亚人发动反击，因此其最远只推进到了德廷根（Dertingen）。美因河集团军下辖的另外两个师则试图切断亚历山大向维尔茨堡的退路，其中，拜尔师先推进到新布伦（Neubrunn），然后转移到下阿尔塞姆，而戈本师则沿着公路前往格罗斯·林德菲尔德。[4]

上午 11 点，拜尔师开始向新布伦进发，沿途击退了一些巴伐利亚前哨部队，并于下午 1 点 30 分抵达了城镇的正前方。由于普军对巴伐利亚军队南下的行动一无所知，因此，当拜尔发现斯蒂芬师的先头部队就驻扎在新布伦时，他大吃一惊。尽管普军步兵和炮兵的协同进攻很快将敌人赶出了新布伦，但拜尔师却遇到了一个新问题。如果该师继续向下阿尔塞姆进发，可能会有一大批巴伐利亚军队对他的左翼发动进攻；而且，拜尔没有得到关于戈本师最近进展和邦联第 8 军最新行踪的报告，因此不敢轻举妄动。拜尔得出结论，自己应该暂时坚守新布伦的阵地，但很快他就被迫更改了计划。原因是拜尔师部署最为凸前的部队遭到了来自塞塞尔堡（Sesselberg，是通往黑尔姆施塔特路旁的一座高地）森林的巴伐利亚军队的强力反制。为保护自己主力部队的安全，拜尔决定肃清塞塞尔堡；经过短暂的战斗，来自第 20 团的燧发枪手营从这座高地上赶走了巴伐利亚人，迫使他们向黑尔姆施塔特（Helmstadt）撤退。[5]

普军在向前推进时，在赫姆施塔特以东的高地上遭到了巴伐利亚人的炮火袭击，拜尔不得不将自己的炮兵部队派上去进行反击。拜尔逐渐明白，他想停止战斗，采取防御姿态的意图是无法实现的。由于当面巴伐利亚军队占有兵力上的优势，拜尔不得不派出他的绝大部分部队来应对威胁。拜尔现在面对的

◎ 黑尔姆施塔特战役中的巴伐利亚利奥波德王子，本图由霍夫曼绘制。（沃斯 摄）

实际上是利奥波德王子的巴伐利亚第3师，斯蒂芬已经向黑尔姆施塔特以东进一步撤退，以便集中兵力进行反攻。这一行动持续了好几个小时，在此期间，斯蒂芬留下利奥波德单独对付普鲁士人。值得一提的是，利奥波德没有得到巴登的威廉王子的帮助，尽管他的师是整个第8军距离战场最近的部队；像往常一样，这位高深莫测的指挥官为自己的袖手旁观找到了充分的理由，这一次他的借口是没有接到亚历山大的直接命令。事实上，没有证据表明他采取了什么措施来寻求上级指示；但一位当代历史学家认为，威廉王子按兵不动是经过深思熟虑的，因为他认为，在柯尼希格雷茨战役惨败之后，"在战争剩余的时间里，他必须把自己的职权限制在最狭窄的范围内。"[6] 不过，由于查尔斯是总指挥，他和他的参谋部是无法逃避指责的，而且其不但向第8军发出了迟来的、不相干的指示，在关键的7月25日也没有命令两军进行任何形式的合作。

拜尔现在忙得不可开交。在黑尔姆施塔特前方，他的主力部队逐渐战胜了巴伐利亚人，但在他的右侧，第32团遭遇了越来越强烈的抵抗，于是，曼陀菲尔在下午5点30分命令第39燧发枪手团赶来增援。援军的效果是立竿见影的，巴伐利亚人迅速向瓦尔德布伦撤退。拜尔再次认为他可以停止战斗了，于是他命令部队就地露营过夜。现在，该师位于靠近齐格勒胡特（Ziegelhutte）的一个面向东方的阵地上，大部分战斗就发生在这里。

然而，令普鲁士人惊讶的是，在他们的左翼突然出现了一支强大的步兵纵队。一开始，普鲁士人甚至没弄清他们究竟是敌军还是友军，后来确认他们是巴伐利亚人后，普军便匆忙调来第70团和第30团来对付他们。这些巴伐利亚生力军来自斯蒂芬师，当利奥波德在黑尔姆施塔特镇前方作战时，斯蒂芬师正在向后撤退，恰好从该镇后方经过。此时，他们不得不从于廷根（Uettingen）出发，以重新夺回黑尔姆施塔特。巴伐利亚军队的反攻时间被向后推迟了一段，因为斯蒂芬也不能确定他面前部队的身份。然而，不久后他的炮兵就开始轰击普军的左翼部队了，并迫使那里的步兵躲到了森林里。很快，格吕默（Glümer）率领第20团赶来增援左翼普军，他们穿过高大的玉米秆，在发动反攻的巴伐利亚人注意到他们之前就已经占据了制高点，并突然对后者发起了猛攻，巴伐利亚人猝不及防，立即向后撤退，从而暴露了自己的炮兵阵线。巴伐利亚炮手们不得不立即撤退到于廷根，以避免被俘。在那里，他们与部署在兰格山（Lange Hohe）阵地的普军炮兵展开了激烈的炮火对决，与此同时，在下面的山谷中，双方的步兵也在进行着激烈的战斗。随着夜幕降临，巴伐利亚人终于撤退了，他们的损失是43人阵亡，408人受伤，279人被俘。普军的损失是

◎ 在黑尔姆施塔特奋战不止的巴伐利亚散兵线，本图由安东·霍夫曼绘制。
（该插图选自雷根斯堡所著《美因河战役》一书）

31 人阵亡，285 人受伤，37 人失踪。[7]

当黑尔姆施塔特周边的战斗还在进行的时候，弗莱斯已经从乌尔法尔推进到了德廷根，并击退了一支抵抗他的、兵力较弱的巴伐利亚分遣队。不久后，曼陀菲尔命令弗莱斯继续前进以支援拜尔，但他在晚上 9 点才到达于廷根，由于时间太晚无法参加战斗，他便就地露营，并派一支分遣队前往罗斯布伦的巴伐利亚阵地进行侦察。此时，拜尔的部队仍然滞留在黑尔姆施塔特附近，与戈本之间的距离比曼陀菲尔所预期的要远得多，因而无法支持戈本师继续向前推进。

因此，戈本师实际上是以一己之力对付整个邦联第 8 军。其中，库默旅一马当先，沿公路向前推进，韦尔齐恩旅和特莱斯科夫旅紧随其后；弗兰格尔则向右侧的伊尔姆斯潘推进。亚历山大在盖尔希斯海姆周边的道路布设了阵地。其中，混编师作为前卫部队，被部署在主阵地的正前方，主阵地的右边是巴登师，中间是第 2 符腾堡旅，左边是黑森师。符腾堡师的其他部队作为预备队。盖尔希斯海姆的前方有多座高地连成一线，易守难攻，亚历山大在此部署了超过4万人，而普军进攻部队的兵力只有其四分之一。由于巴伐利亚人距离此地只有大约5英里，而美因河集团军的攻击正面宽达大约15英里，因此，可以认为，亚历山大能够在相当长的一段时间内阻挡曼陀菲尔的前进。

不过，戈本可不这样认为。下午4点，戈本派出的先遣巡逻队返回，向他报告了敌军阵地的位置，戈本命令库默旅立即前往盖尔希斯海姆高地下方的森林，与此同时，弗兰格尔从伊尔姆斯潘向盖尔希斯海姆前进，以威胁敌军的左翼。库默旅有2个炮兵连参与了这次行动，但是当他们从森林里冲出来的时候，便立即遭到了3个敌军炮兵连的压制，后来更是增加到了5个，炮战持续了45分钟，此后普军炮兵不得不撤回森林中的掩蔽处。受到这次成功的鼓舞，尼佩尔伯爵开始对库默旅步兵在森林中的隐蔽处进行猛烈的炮击，并派遣拿骚旅发起反攻，试图夺回森林。不过，在冲到距离森林边缘只有大约400码的地方，拿骚旅顶不住普军步枪的猛烈火力，开始向后撤退。[8]此时，冯·贝格拉斯和冯·哈代格都不准备让他们的师重新发起进攻，理由是他们的部队已经精疲力竭了，因此，亚历山大除了保住高地上的阵地之外，别无他法。

然而，很快，弗兰格尔出现在邦联军队的左翼，后者的大炮被迫转向这个新目标，于是戈本命令库默再次前进。之前曾被打得落花流水的普军炮兵再次冲出了森林，这次，在一个奥尔登堡炮兵连的支援下，它们的火力终于压制住了敌军。在炮兵的支援下，库默旅的步兵攻上了高地，随后，韦尔齐恩旅也攻了上来。鉴于弗兰格尔在左翼发动的进攻已经把黑森军队逼退，并威胁到从盖尔希斯海姆向东延伸的公路，亚历山大担心他的后撤路线被切断，于是他决定立即撤退。另外，此时出现的一个震撼景象——大量巴伐利亚散兵游勇和后勤部队正涌向维尔茨堡，导致交通极为繁忙，公路存在被彻底堵塞的风险，这加速了亚历山大的决策，因为这可能会危及整个第8军的撤退。

亚历山大的打算是由黑森师和第2符腾堡旅掩护全军有序撤离。但是随着撤退行动开始，第8军各支部队混杂在一起的状况越来越严重；有些部队甚至根本没有收到撤退的命令。随着夜幕降临，第8军陷入了一片混乱。但幸运的是，普鲁士人对这一切一无所知；否则，如果普军对正在撤退的第8军的队尾发动一次猛烈的攻击，一定会令其陷入更大的灾难中。最终，第8军的步兵在基斯特（Kist）地区重新集结起来，而骑兵和炮兵继续向美因河方向退去。戈本的损失不大，共有 60 人；但邦联第 8 军的损失是其 3 至 4 倍。[9]

现在，邦联军队处于极其危险的境地。一连串的失败迫使其来到了一个位置不佳的地方，从这里即便是完好无损地渡过美因河也很困难。基斯特的后方是几条狭窄的小路，通向美因河幽深的河谷地带，但目前被马车、大炮和其他各种东西所阻塞。7 月 25 日第 8 军的经验表明，在敌军压力下被迫撤退，部队的纪律很可能会迅速崩溃。当天晚上，查尔斯在黑特施塔特（Hettstadt）举行了战争会议。鉴于邦联军队在兵力方面拥有巨大优势，以及他们现在可以作为一个单位行动，与会者认为，现在对美因河集团军发动反攻一定具有很大的胜算。在最坏的情况下，邦联军队发动一次反攻也可以掩护第 8 军有序地撤退到美因河对岸。但是，不久后，听到第 8 军已撤退到基斯特，并了解到当天战斗失利导致己方面临着严峻的形势后，查尔斯的信心动摇了；7 月 26 日黎明前，又传来了亚历山大撤回维尔茨堡的消息，因此，查尔斯最终放弃了针对普军的反攻计划。[10]

但查尔斯不得不面对这样一个现实：即使不发动反攻，他也必须继续战斗。因为普鲁士人的攻势并没有暂停，查尔斯只能继续坚持，他命令亚历山大守住尼科劳斯堡（Nicolausberg，一座耸立在维尔茨堡对面的高地），以便在必要时掩护巴伐利亚军队撤退。另外，查尔斯还计划在瓦尔德布特布伦（Waldbüttelbrünn）高地布设一道阵地，并在此静候普军发动新攻势。除此之外，为巩固这道防线，查尔斯还打算在附近的一些战略要地部署兵力。

此时，普军最凸前的部队是科尔特（Korth）旅，该旅正驻扎在于廷根，并面向东方布设了一道阵地。弗莱斯于 7 月 25 日造访问了科尔特的阵地，他断定后者已经暴露在危险之中，于是，第二天凌晨 3 点，弗莱斯率领该师的其余部队赶去支援科尔特。弗莱斯迫不及待想亲眼看看前线发生了什么事，便骑行在部队的最前方，他发现巴伐利亚人已经按照原计划发起了反攻，目前正在向普军阵地推进。弗莱斯立即命令 2 个营抢占基希堡——这是于廷根北部的两座高地之一，另一座是奥斯纳特（Ossnert）。但他的命令下得太晚了；巴伐利亚人很清楚这些高地的战术价值，哈特曼师的成员在普鲁士人到达基希堡之前就已经驻扎在那里了。在于廷根以南，巴伐利亚人也在向前推进，并在莱特山

（Leite）和布伦施拉格山（Brunschlag）上的险要之处布设了阵地。弗莱斯先前的担心是完全有道理的；科尔特事实上面临着被敌军包围的危险。

弗莱斯总是充满了进攻精神——这一点曾在朗根萨尔察战役中表露无遗，他命令抢占基希堡的那 2 个营立即对敌军阵地展开进攻。他们先冲进山脚下的葡萄园，再向山坡上的树林挺进；虽然伤亡惨重，但他们把巴伐利亚人赶下了山顶，使其退回了奥斯纳特高地。紧接着，这 2 个营又攻占了奥斯纳特高地，并俘虏了 100 多人。据守两座高地的巴伐利亚步枪手们只能撤到缪尔巴赫（Mühlbach）城外的高地，与哈特曼师的主力部队会合。

双方在于廷根南部也爆发了激烈的战斗。巴伐利亚设在罗斯布伦的炮兵阵地向于廷根镇猛烈开火，令其陷入一片火海。根据上级命令，冯·弗莱霍尔（Freyhold）率领一个旅对于廷根南部的高地发起攻击，负责守卫这些高地的是来自费德师的一个旅。普军进攻行动的目的首先是要解除被巴伐利亚军队包围的威胁；其次，占领这些高地之后，普军可以在上面部署炮兵，并对敌军炮火予以还击。

这并不是一项轻而易举的任务。虽然莱特山是巴伐利亚军队的主阵地，但普军必须先拿下布伦施拉格山，因为它控制着通往莱特山的道路。普军向每座山都派遣了一个营的兵力，但两者都遭遇了激烈的抵抗。其中，第 36 团第 3 营的士兵向莱特山进发，"他们在正面和侧翼均遭遇了致命的火力，并遭到驻扎在沃格尔堡（Vogelberg）的一个敌军炮兵连的炮击，因此士兵们本能地向右方的布伦施拉格山方向倾斜。"[11]

冯·弗莱霍尔明白，尽管他的旅已经非常紧张和疲惫，但拿下莱特山是刻不容缓的任务。他和第 36 团团长冯·梯勒上校一起，率领该团仅剩的一个营，端起上了刺刀的步枪，在军鼓声中向山脚下的空地笔直地前进。巴伐利亚人"将最猛烈的火力倾泻到这个营头上。上述两名军官的战马都倒下了，营长阵亡了，许多军官和士兵都残废了"[12]。在身先士卒的军官的鼓舞下，普军继续前进，终于在一片低矮的草丛中找到了隐蔽处。与此同时，在布伦施拉格山，普军的 2 个营正在树林中穿行。在马格德堡燧发枪手团的支援下，冯·弗莱霍尔终于率领部下将巴伐利亚人赶出了森林，占领了布伦施拉格山的山顶；由于普军占领了制高点，部署在沃格尔堡的巴伐利亚炮兵连也撤退了，早上 7 点，普军占领了沃格尔堡。

　　之前，驻扎在于廷根的普军无法继续向前推进，部署在罗斯布伦驿站的巴伐利亚炮兵对其造成了巨大阻碍。不过，作为丢失布伦施拉格山的连锁反应，早上6点，巴伐利亚炮兵从罗斯布伦撤退了，2个普鲁士炮兵连迅速穿过了于廷根，在镇北布设了一道阵地。直到早上7点，弗莱斯共部署了4个炮兵连以打击巴伐利亚在罗斯布伦周边的阵地，现在，于廷根的出口终于被打开了，普军可以调集更多部队去支援冯·弗莱霍尔。在3个营的生力军的帮助下，冯·弗莱霍尔很快就啃下了莱特山这块硬骨头。在他的右侧，更多的援军正在赶来，因为拜尔被猛烈的炮火声所吸引，将他的师也投入了这一战场。在攻占这些高地和森林的时候，普军与巴伐利亚人短兵相接，吃了不少苦头；不过，一旦巴伐利亚人开始后退，就轮到他们进入开阔地带了，事实上，他们在后退和试图反击的时候都遭受了重大损失。[13]

　　拜尔的进攻矛头一直延伸到了梅德尔霍芬（Mädelhofen），严重威胁到巴伐利亚军队的撤退路线，而后者的撤退行动已经在整整5个炮兵连（部署在格劳森海姆以南的高地上）的火力掩护下开始了。普鲁士军队继续施压，于上

◎ 7月26日，普鲁士第36线列步兵团席卷了于廷根的奥斯纳特高地。（冯塔内 绘）

午 8 点向格劳森海姆（Greusenheim）
挺进，迫使其守军加入了撤退的队伍。

在战场中部，普鲁士人以莱特山
的森林为掩护进行了整编，并继续向
罗斯布伦进发。这里的抵抗也很微弱，
上午 10 点左右，普鲁士人已经占领
了罗斯布伦以及该镇北部的高地。在
战场右翼，来自弗莱斯和拜尔两个师
的混合部队从布伦施拉格山向梅德尔
霍芬推进；当面的巴伐利亚人最初撤
退到希美尔希瓦尔德（Himmelreich
Wald），但普鲁士人的进攻很快就把
他们赶出了这片森林。

◎ 弗里德里希·拜尔将军，在普鲁士美因河集团
军中担任拜尔师的指挥官。（罗杰斯 摄）

与此同时，普军骑兵部队也有了
一个崭露头角的机会。克鲁格·冯·尼达（Krug von Nidda）上校率领一个混
编骑兵旅，包抄了巴伐利亚防线右翼的格劳森海姆；当那里的敌军向后撤退
时，他带领骑兵小跑着赶去追击，一直追到距离黑特施塔特仅有大约 1 英里的
地方。那里是一个小溪谷，普军骑兵可以隐藏自己，并对巴伐利亚炮兵和更后
面的骑兵进行监视。不久后，克鲁格率部从掩蔽处冲了出来，击退了敌人的小
股散兵，但很快就遭到了巴伐利亚骑兵的反击。在第一次交锋中，由一个龙骑
兵中队和一个轻骑兵中队所组成的普军混编骑兵部队战胜了巴伐利亚第 6 轻骑
兵（Chevauxleger）团，但面对后者的炮兵火力，普军骑兵还是后退了。渐渐地，
双方剩余的骑兵部队全都赶了过来。克鲁格投入了他的全部兵力，包括一个由
柯尼希率领的骑乘炮兵连，巴伐利亚则将一整支胸甲骑兵旅派往战场。这支部
队的兵力十分雄厚，足以压倒对面的普鲁士人。然而，柯尼希将炮口对准了"从
四面八方蜂拥而至的敌军胸甲骑兵，并利用近距离发射的葡萄弹封住了他们的
前进道路"[14]。就在这时，来自第 5 龙骑兵团的 2 个中队向巴伐利亚胸甲骑兵
发起进攻，其他普鲁士骑兵部队也纷纷赶来支援，见势不妙的巴伐利亚人开始
向后撤退。克鲁格试图扩大战果，但巴伐利亚炮兵的火力和一个新骑兵旅的出

现迫使他暂时后撤，并再次利用大炮来遏制敌军反攻。击退巴伐利亚骑兵的试探性反攻后，克鲁格觉得自己已经完成了任务，便撤退到弗莱斯师留守部队的后面去了。

当罗斯布伦的战斗还在进行的时候，戈本一直留在盖尔希斯海姆，没有采取什么大的行动，他的部队已经筋疲力尽，而且弹药极为短缺。曼陀菲尔不知道（尽管他可能已经猜到）邦联第8军正在向河对岸撤退，留下巴伐利亚人独自在左岸抵抗普军——这一点对亚历山大而言是极为幸运的。曼陀菲尔断定继续发动进攻可能会给己方带来重大伤亡，并认为这样的牺牲是毫无意义的。当天下午，在他的命令下，弗莱斯和拜尔分别开进了罗斯布伦和梅德尔霍芬，并就地设立了露营地。与此同时，巴伐利亚人部分通过维尔茨堡大桥，部分通过在维尔茨堡城北临时搭建的桥梁撤到了美因河对岸，在这一过程中，普军没有对其进行骚扰。[15]

这是美因河集团军最后一次、也是最激烈的一次交战。这次普军面对的敌人不但数量众多，而且能充分发挥其技战术和勇气，普军总共损失了856人，其中101人阵亡，715人受伤，40人失踪；巴伐利亚的损失几乎与此相同。此时，双方得出了一致结论，那就是要尽可能避免再发生激烈的战斗了，但鉴于当前形势，在没有得到上级命令的情况下，他们不能在任何地区私自达成停火协议。而且，出于军事方面的考虑，考虑到邦联军队目前占据的阵地，曼陀菲尔必须继续向前迈进。

因此，7月27日清晨，美因河集团军开始向维尔茨堡进发，为掩护自己的侧翼，其还另派一支分遣队前往南方的海丁斯费尔德（Heidingsfeld）。戈本推进到了霍克贝格（Höchberg），他发现那里已经空无一人；不过，在该师继续前进的途中，其下辖的库默旅遭到了巴伐利亚军队部署在玛丽恩堡（Marienberg，位于美因河以西）的炮兵的猛烈攻击。随着戈本继续发动攻势，当面的小股巴伐利亚散兵节节败退，弗兰格尔和库默相继攻占了尼科劳斯堡和赫克斯堡（Hexenberg）。从这里，普军发现：玛丽恩堡不但驻有强大的敌军部队，并且还装备了重型火炮。[16]尽管普军步兵不费吹灰之力就攻占了玛丽恩堡周边的阵地，但巴伐利亚军队持续不断的炮火还是迫使戈本派出了自己的炮兵部队进行还击。从中午12点到下午1点，双方进行了激烈的炮战，玛丽恩堡炮兵阵地得到了来自河对岸的邦联炮兵连远程火炮的支援。但是，由于普鲁士炮手精心选择了掩护良好的阵地，玛丽恩堡的工事也修得较为坚固，双方都无法对彼此造成重大伤害。不过，在戈本下令将炮火集中在要塞建筑物后，普军成功地烧毁了巴伐利亚军队的军火库。

战场北部，曼陀菲尔带着一个轻骑兵中队赶往前线，想亲自查看敌人的阵地。然而，行进途中，其遭到了河对岸敌军的炮火急袭，曼陀菲尔的一名参谋当场阵亡。显然，一场旷日持久的炮战不会产生任何有用的结果，于是，曼陀菲尔命令戈本停止战斗，并命令全军进入露营地。此时，弗莱斯位于黑特施塔特，拜尔位于瓦尔德布特布伦，戈本位于霍克贝格。随后，曼陀菲尔将集团军司令部设在了艾辛根（Eisingen）。尽管玛丽恩堡的大炮继续向河对岸开火，但普鲁士人不予理睬。尽管邦联军队目前的状况很难称得上是高枕无忧，但随着交战双方都进入了坚固的阵地之中，暂时形成了一个僵局。

然而，从战略层面来看，邦联军队所面临的形势正在急剧恶化。在其后方不远处，普鲁士第2后备军正在迅速推进，并已经威胁到了拜罗伊特（Bayreuth）。这支部队由梅克伦堡－什未林（Mecklenburg-Schwerin）大公率领，原计划总兵力为2.5万人，但7月20日，当它从莱比锡出发，向巴伐利亚纵深挺进时，还没有达到全员备战状态。利用新修好的铁路线，普鲁士第2后备军的先头部队于7月22日抵达普劳恩，并在当晚出发，直接向霍夫（Hof）挺进。霍夫驻扎着2个连的巴伐利亚守军，普军的突然出现大大出乎了他们的意料，因此，在短暂的交战之后，普军就抓获了多达65名俘虏。[17] 第二天，普军先头部队从霍夫开拔继续向前推进，紧随其后的主力部队也于7月27日进入了该城。面对曼陀菲尔的步步紧逼，查尔斯觉得他不能再坐以待毙了，他觉得自己必须要做些什么来阻挡普军前进的步伐。作为预防措施，巴登师向奥克森富特进发，以保护那里的渡口，查尔斯另派兵占领了基钦根（Kitzingen），以防普军从这个方向突入。不过，查尔斯最重要的举措还是给曼陀菲尔写信，呼吁他在战火重燃之时不要破坏维尔茨堡，因为它已经被列为"不设防的城市"。紧接着，查尔斯又抄送了自己收到的关于普奥停战的电报，提议双方停战一周。查尔斯的第三个举措是派遣信使带携带来自巴伐利亚政府的紧急信件前往普军司令部，宣布现在已经与普鲁士达成了停战协议。

不过，曼陀菲尔这边没有听到任何消息。但另一方面，他转念一想，自己不妨利用这个机会，兵不血刃就把维尔茨堡弄到手。因此，曼陀菲尔在给查尔斯的回复中指出，由于该城由玛丽恩堡要塞保卫，所以不能被视为不设防的城市，只有立即投降才能避免遭到攻击。为了对这条建议进行强调，曼陀菲尔摆出了一副即将发动进攻的架势，他命令部下为布设炮兵阵地而修筑工事，并要求查尔斯在 7 月 28 日上午 7 点之前做出答复。收到曼陀菲尔的"最后通牒"之后，巴伐利亚派遣冯·德·坦恩前往艾辛根与普方进行谈判，很快他就返回了巴伐利亚总部，同行的还有他的谈判对手冯·克拉茨－科施劳上校。双方的谈判围绕着一些基本问题进行，即维尔茨堡投降，巴伐利亚可以保留玛丽恩堡的驻军，但必须宣布中立。当谈判正在进行的时候，克拉茨－科施劳收到了一封发给曼陀菲尔的密码电报。趁查尔斯中断谈判的时候，克拉茨回到了普军司令部，把电报带给了曼陀菲尔。这份电报的发出时间为当天清晨 5 点 40 分，上面写着："我方已于 24 日与奥地利签订了初步的和平协议。巴伐利亚也同意休战，协议于 8 月 2 日开始生效。这份电报经由柏林发出，另外，从昨天起信使就在路上了。（署名）冯·毛奇。"[18] 不过，对于查尔斯，曼陀菲尔只字不提立即停火一事，而是在电报中对目前的状况进行了解释；目前，各方一致同意遵守事实上的停火，无论哪方想要终止停火，必须提前 24 小时通知对方。

第二天，天气变坏了，双方的部队均进入了营区。不过，他们的营区分布极为广泛，要想找到他们，得走遍很多地方才行。其中，普鲁士人大部分散落在美因河以西；巴伐利亚人分布在沿河一带；第 8 军则主要驻扎在戈斯曼斯多夫·马克特布赖特（Gossmansdorf Marktbreit）地区。曼陀菲尔把他的司令部迁到了马克特海登费尔德，等待着上级的进一步命令，但他和尼科尔斯堡之间的通信很不可靠，所以命令往往来得很不及时。7 月 30 日，毛奇确认了之前的指示，即曼陀菲尔应该不择手段，尽可能占据更多的领土。[19]

与此同时，梅克伦堡－什未林大公正率领第 2 后备军继续前进，无视巴伐利亚人一再提出的休战协议已经生效的抗议。听说巴伐利亚人打算在 7 月 28 日进驻拜罗伊特，大公派了 1 个燧发枪手连乘坐乡村马车，在 1 个龙骑兵中队（由冯·卢斯少校率领）的护送下前往该城去阻止他们。下午 3 点，普军及时抵达了拜罗伊特，并与首列满载巴伐利亚步兵的火车狭路相逢。巴伐利亚军队的指挥官提出抗议；卢斯同意暂时休战，并等待大公的决定。晚上9点，他告诉巴伐利亚人，休战必须结束了；晚上10点，普军步兵在月光下继续向前推进。当面的巴伐利亚人主动向后撤退；不过，第二天，双方又爆发了小规模的冲突，因为巴伐利亚人试图阻止普军前进，但没能成功。[20]大公现在决定直接向纽伦堡（Nürnberg）进军，他于8月1日率部进入该城，并在霍亨索伦（Hohenzollerns）家族的旧城堡上升起了普鲁士国旗。作为一支临时拼凑的部队，普鲁士第2后备军的表现相当亮眼，其在12天内行军180英里，沿途还占领了许多著名且重要的城市。

与此同时，邦联第8军果然开始自我瓦解了。7月30日，巴登的威廉王子派人面见曼陀菲尔，并带来了巴登大公和普鲁士国王之间正在进行直接谈判的消息，信使指出：双方已经一致同意停战，巴登军队现在就可以回家了。尽管曼陀菲尔没有接到任何相关命令，但他愿意促成第8军的瓦解（显然是非常明智的），于是对此表示赞同。当天晚上，曼陀菲尔收到了毛奇的命令，说他在8月2日前拥有完全的行动自由，于是，曼陀菲尔返回了艾辛根的司令部，并于次日再次将自己的集团军集中在维尔茨堡前方。他派克拉茨去见查尔斯，告诉后者休战将于8月1日早上6点结束，除非维尔茨堡按照先前讨论的条件立即投降。对此，查尔斯别无选择，只好同意；8月2日，普军占领了维尔茨堡——德意志西部战役终于结束了。最后，美因河集团军收到了一封来自普鲁士国王威廉一世的嘉奖电报，国王在电报中赞扬了他们的勇敢和奉献精神。[21]

他们配得上国王的赞美。普鲁士《官方战史》对他们的成就进行了总结：

> 就这样，在战役结束时，各亲奥邦国的全部或至少相当大一部分领土都落入了普鲁士手中，因此，普鲁士有资格规定和平条件。普军在德意志西部战场赢得了这一辉煌战果，但并不是靠一场大规模的决定性战役，而是靠在战场四面八方的一系列交战。统一的指挥和毫不间断的运动战抵消了敌人在兵力上的优势。[22]

在军事上，普鲁士完胜德意志中部各邦国，取得了引人瞩目的战果。这是它们在历史上最后一次奉行自主的外交政策并采取独立的军事行动。在这种情况下，中部各邦国的行动较为孤立，跟战略全局的联系并不紧密，但它们的士兵所表现出的勇气至少给德意志各民族留下了值得自豪的回忆，尽管这标志着它们独立历史的终结。实际上，它也标志着邦联的终结；西贝尔指出，这是邦联议会不得不发动的第一场也是最后一场战争。西贝尔还揶揄道，"我很想知道，如果德国被迫在邦联议会的领导下与法国开战，德国会变成什么样子！"历史学家很少关注普鲁士与德意志中部各邦国之间的战斗，这是可以理解的，因为它完全被波西米亚的重大战事所掩盖。尽管如此，这些战斗依然很重要，这不仅是由于普军作为一支处于较大劣势的部队取得了令人惊叹的全胜，更因为它在政治方面对后来德国历史的走向产生了重大影响。我们只要对普鲁士战败可能会产生的后果进行推测，就知道这些影响有多大了。首先，即使普鲁士在德意志西部战役中落败，也不会影响波西米亚决战的结果；毛奇就曾相信，在西部战场的任何失败都可以在日后得到弥补，这个想法当然是正确的。但一旦普军在这个战场落败，就可能会刺激弗朗茨·约瑟夫继续战斗下去，届时，普军就不得不在漫长补给线的末端——多瑙河河畔，与更加强大的敌人继续打一场漫长的战争了。

更重要的是，如果这些亲奥德意志邦国能够充分利用其明显的兵力优势，而没有遭受全面失败，那么尼科尔斯堡政治谈判的局势可能会受到很大影响。在关键时刻，俾斯麦对普军的战略进行了干预，他决心延长战役，直到自己的谈判地位因美因河集团军的胜利而达到最大化——这在一定程度上表明了这场战役的重要性。因此，这场战役也是 1866 年战争的一个重要组成部分。它与紧随其后发生的事件一起，最终证明了德意志中部邦国没有能力对战争进程施加任何有效的影响。

第六节 毛奇在尼科尔斯堡

在指挥军队向多瑙河挺进并为下一阶段战役做准备的同时，毛奇和他的参谋还密切参与了结束战争的政治进程。不出意料的是，当人们了解到柯尼希格雷茨战役胜利的重要性之后，关于普鲁士在随后的和平谈判中应该提出什么要求的热切讨论就开始了。毛奇似乎并不像有些人一样极力主张大幅扩张领土，或许是因为他比他的一些同僚更加现实，或许是因为他仍然有一支庞大的军队需要指挥，而对接下来的战役进行规划仍然是相当困难的。然而，其他军队高层对这个问题十分关切，他们对国王的外交政策施加了相当大的影响，也让俾斯麦的任务更加艰巨了。

恰好在这个当口，拿破仑三世提出要充当普奥两国的调停人——这位法国皇帝想借此赢得外交方面的主动权，但这只是表面上的，也是暂时的，考虑到这一点，俾斯麦很快就同意了拿破仑三世的倡议。普鲁士首相心中很清楚，只有迅速结束战争才最符合本国的利益。他还没能最终确定普鲁士在和平谈判中的目标应该是什么，威廉一世也是如此。不过，在柯尼希格雷茨战役之后，国王已经在心中勾勒出了一些重点问题的轮廓，包括：各大公国必须向普鲁士靠拢，奥地利在德意志诸邦的地位必须被削弱，必须对德意志北部的小国采取措施。[1] 在接下来的几天里，俾斯麦谨慎地制订了己方的相关政策。然而，国王和将军们此时的态度对执行这些政策毫无助益。7月9日，俾斯麦向妻子说道：

> 尽管有拿破仑三世参与，但我们的进展很顺利；如果我们不提出过分的要求，不幻想我们已经征服了世界，我们就会实现和平，这也是我们付出艰苦努力的最佳回报。但是，就像我们容易因失败而灰心丧气一样，我们也容易因胜利而得意忘形，而我却干着像"往起泡的酒里倒水"一样费力不讨好的工作，我不断强调，我们不是独自生活在欧洲，而是与其他三个憎恨和嫉妒我们的大国生活在一起。[2]

毛奇正在计划指挥军队继续向前推进，他在7月12日告诉妻子，普军距离维也纳只有"五步之遥"，但"在那之后，遗憾的是毫无疑问，外交手段将发挥作用"。[3] 但是，俾斯麦这时已经得出了这样的结论：仅仅在普鲁士的领导下组建一个北德意志邦联（North German Confederation）是不够的，还必须兼并大量的土地，这样才能达到使普鲁士人口增加三百万到四百万的目标。当然，这个论断在军队中很受欢迎，布卢门塔尔在7月15日的日记中写道，听到这个消息后，他感到"非常高兴"：

> 普鲁士的要求固然有些苛刻，但法国皇帝并没有提出异议，所以这方面

不会有什么困难。奥地利将会且必须缔结和平条约，否则她将永远消失。而且，在未来的几年内，奥地利都不能再指望她的军队恢复战斗力了，这是毋庸置疑的。[4]

不过，此时俾斯麦与军方的关系并不融洽。军方显然决意要在和平谈判开始前渡过多瑙河，夺取维也纳，对此俾斯麦感到特别紧张。有一次，他忍无可忍，讽刺地问军方为什么把目标限定在维也纳："既然很难与后方保持联系，为什么不把奥地利人赶到匈牙利，然后继续前往君士坦丁堡，建立一个新的拜占庭，留下普鲁士自生自灭呢？"[5]还有一次，俾斯麦强烈反对军方攻打奥军弗洛里斯多夫防御工事的计划，这项计划是由腓特烈·查尔斯提出的，他认为想要强行突破奥军多瑙河防线，就必须发动这次进攻。令毛奇和其他普鲁士军事领导人倍感不安的是，他们可能会被迫同意一份"为时过早"的停战协议，而这将给奥地利人一个恢复元气的机会。尽管意大利人的失败早在预料之中，但这毕竟向北线释放了大量奥地利援军，而普军一旦停止军事行动，奥地利人就有了卷土重来的机会。7月15日，毛奇在给妻子的一封信中反思道："绝不能再有什么停战了！首先，我们必须要有一些明确的主张，而目前为止，我们还没有提出什么主张。"[6]毛奇一直在担忧外交活动可能会干预、阻碍他未来的行动。7月18日，普鲁士王家统帅部迁至尼科尔斯堡的城堡内，第二天，俾斯麦与军方的对峙达到了高潮。现在，拿破仑三世已经同意了俾斯麦方案中所提出的一些观点，但因为刚愎自用的普鲁士驻巴黎大使戈尔茨没有对法方施加压力，这些观点之中不包括俾斯麦所提出的、普鲁士吞并德意志北部邦国的要求。不过，法国大使贝内代蒂坚持认为，奥地利人已经接受了这些条件，现在应该停战了。接受这一协议，意味着在军事上要冒一些风险，将军们自然会反对；但如果拒绝，可能会引发与法国的冲突，而这正是俾斯麦想要竭力避免的。

7月15日，俾斯麦在切尔纳霍拉召开的一次会议上与将军们爆发了极为激烈的争执。俾斯麦来晚了一会儿，结果发现威廉和高级顾问们正在讨论突破维也纳正前方的弗洛里斯多夫防线的计划。腓特烈·查尔斯一直打算采取这样的行动，但是据估计，要想发动进攻，就必须将重型火炮派往前线，而这需要整整 2 个星期的准备时间。即便到那时，据估计，普军的伤亡人数仍将达到 2000 人。俾斯麦对这种拖延时间的行为感到震惊，他说："我们不能白白等待 14 天，何况这还会大大加重法国仲裁的负担。"俾斯麦后来回忆道，他当时继续指出：普军可以通过横渡普雷斯堡的河流来绕过弗洛里斯多夫防线，在这种情况下，奥地利人要么在多瑙河以南、面向东方作战，要么撤退到匈牙利。看了看地图后，威廉二世对俾斯麦的建议表示赞同，于是这个计划就被采纳了，但军方流露出明显的抵触情绪。[7]

毛奇不太担心与法国人发生冲突。但无论如何，毛奇赞成渡过多瑙河继续对奥军发动进攻的决策。毛奇的意见，以及不费吹灰之力就能解决奥地利人的可能性，令威廉一世的继续战斗的立场更加坚定了。至于法国，两年后，毛奇对时任英国外交大臣克拉伦登勋爵说道，他对在 1866 年没有抓住机会一举打败法国和实现德国完全统一而表示遗憾，这表明他对普军的两线作战能力有充足的信心。[8]俾斯麦询问道，如果法国真的采取军事行动，他将怎么做呢？毛奇回答："我应该会对奥地利采取防御姿态，将军队驻留在易北河一线，同时积极对抗法国。"[9]俾斯麦对毛奇的回答不以为然，但他据此坚定了自己的观点，即当务之急是在短时间内恢复和平。俾斯麦认为，一旦法国采取守势，那么它势必会成为一个难啃的硬骨头；如果普鲁士真的必须打一场两线战争，他宁愿在对付法国之前先把奥地利彻底击溃。

随着军方越来越自信，国王的态度也逐渐变得强硬起来，这令俾斯麦感到更加沮丧。7 月 19 日，在国王的主持下，高级将领们在俾斯麦的房间内举行了会议。之所以在首相的房间内召开会议，是因为他当时正被"一种痛苦的疾病"折磨着。俾斯麦在回忆录中描述了当时的场景：

> 尽管我身穿军服，但在这次会议上，我是唯一的文官。我宣布，自己坚信必须按照奥地利所提出的条件来达成和平协议，但没有人赞同我的意见；国王也站在多数人那边，他更支持将军们的观点。连续多个日夜的重压已经令我的神经难以承受了：我默默地站起身来，走进隔壁的卧室，突然泪如雨下。[10]

军方对下一步究竟应该采取何种行动的看法出奇的一致，那就是横渡多瑙河。当天，国王的副官博扬发现，普军的先遣部队已经接近了多瑙河岸边，他兴高采烈地说："明天我们就能抵达河岸了。渡河的难易就看我们的运气了，我相信，幸运女神是会站在我们这边的。"他紧接着说道："如果外交官们在每一场光荣的战役中都能像臭虫一样乖乖地待在床上，不要干扰我们的行动，那么8天之内，一切都会结束。"这反映了军方对和平谈判进程的不满。[11]

事实证明，7月19日是俾斯麦最焦虑、最难熬的日子。不久后，事情出现了转机，戈尔茨从巴黎传来消息说拿破仑三世接受了普鲁士吞并德意志北部邦国的条件，于是，停战协议的最后一个障碍终于被移除了。不过，还有个问题，就是停战的最佳时间点究竟是何时？为此，俾斯麦询问毛奇，普军对普雷斯堡发动进攻是否存在风险。俾斯麦在《回忆录》中写道：

> 到目前为止，我们"身穿的白马甲上还没有一丝污点"，因此，将停战时间推迟半天是没有问题的，敌人不会怀疑。如果确信会取得胜利，那我们就必须继续战斗下去，胜利会大大增加我们谈判的筹码；否则，我们最好尽早放弃这些雄心壮志。

作为回答，毛奇告诉俾斯麦，"我认为这个问题本身就值得商榷，行动当然是有风险的；但是，在战争中，一切都是需要冒险的。"但这对俾斯麦来说还不够有说服力，于是，他建议威廉一世于7月22日中午正式开启为期5天的休战。[12]俾斯麦向戈尔茨强调，务必要令法方接受普鲁士的领土兼并计划，可以适当给拿破仑三世一些甜头；为此，俾斯麦与毛奇进行了讨论，并成功地劝服了他——毛奇答应不再坚持对普军发出攻占维也纳的正式命令。

然而，停战期只有5天，如果要达成初步和平协议，普方必须趁这段时间解决一些问题。首先是要安抚意大利盟友。在库斯托扎战役中惨败之后，意大利军队陷入了瘫痪状态，各项工作均被冻结，花了整整两个星期才恢复过来。此后，恰尔迪尼率领14个师的兵力缓慢地穿过威尼斯，又花了两个星期才到达维琴察。不过，意大利人对俾斯麦与奥地利人单独媾和的举动极为不满，因此提出了强烈抗议。俾斯麦轻蔑地反驳说：

在未经意大利同意的情况下，我们既没有缔结和平协议，也没有休战，而只是在 5 天时间内停止敌对行动，以便能够商谈这两件事。此外，我需要指出，我们的部队仅仅休息了 5 天，而意大利军队在库斯托扎战役过后可是休息了好几个星期。[13]

此时，随着拉·马尔莫拉的失势，意大利首相里卡索利（Ricasoli）对政策的影响力大大增强，除了主张对特伦蒂诺、弗留利（Friuli）、伊斯特里亚以及威尼托这些领土的主权外，他还希望与奥地利直接打交道，而不是继续通过法国进行交涉。于是，法国将拿破仑亲王派往佛罗伦萨，想劝意大利人回心转意。拿破仑三世对他的斡旋对象们感到十分恼火，他恶狠狠地对梅特涅（Metternich）说："我今天对你的要求不多，只要你们能再次打败意大利人，把他们赶出四角防线并且保住威尼托就好。"[14] 与此同时，拿破仑三世不停地给自己的堂弟拿破仑亲王发电报，敦促其尽快与意大利人签订停战协议，并对其重要性进行了强调。不久后，特格霍夫舰队在利萨附近海域取得惊人胜利的消息传了过来，这给了拿破仑亲王极大的帮助，最终，意方同意签署停战协议，并应允于 7 月 25 日开始履行协议。

各方的当务之急是必须就和平协议的大纲达成一致。谈判于 7 月 23 日正式开始。通过商谈，德奥双方发出了一项声明，即"奥地利皇帝陛下保证批准普鲁士国王陛下对德意志北部地区做出的安排，包括领土变更"，这实际上表明奥地利接受了普鲁士吞并德意志北部邦国的事实。[15] 不过，对俾斯麦来说，让普鲁士国王陛下同意这些领土变更方案甚至更为困难。威廉一世对萨克森怀有极为强烈的反感情绪，正如俾斯麦向卡罗伊解释的那样：

国王认为，这一切麻烦都是由萨克森首相贝斯特制造的，他才是这场战争的始作俑者；萨克森是蛊惑者，其他国家，尤其是黑森大公国和汉诺威王国，只是被蛊惑者；普鲁士为了使她的领土连成一片，也是为了维护她作为胜利者的权利，不得不吞并了大量土地，但如果仅仅从被蛊惑者身上割肉，而让蛊惑者毫发无损，这是不公平的。[16]

◎ 在尼科尔斯堡举行的和平谈判。（沃斯 摄）

　　截至 7 月 23 日，谈判仍未结束，于是双方休会两天，以便参会代表接受上级指示。利用这段时间，俾斯麦为威廉一世撰写了一篇详细的文件，阐述了普鲁士应该寻求的条件。此时，有消息称俄罗斯沙皇正准备召开列强大会，并试图说服英国和法国同意采取联合行动。这加剧了俾斯麦的忧虑，他觉得迟则生变，必须迅速达成协议。俾斯麦在文中强调了拖延时间所带来的风险。另外，他指出，如果普鲁士吞并德意志北部邦国的提议能够通过，并将奥地利的影响力排除在德意志之外，那么普鲁士收获的战果就已经远远超过战前预期了，因此，即使不从奥地利和萨克森割让领土也没有什么关系。不过，尼科尔斯堡的谈判也可能会出现另外一种结果：

　　恕我直言，依我之愚见，试图从奥地利多争取几平方英里领土，或者多争取几百万战争赔款的尝试将是一个重大政治错误，因为这会动摇我们已经到手的战果，我们的未来将充满不确定性，一场旷日持久的战争可能会接踵而至，况且，我们也无法消弭外国干涉谈判的风险。[17]

此时，俾斯麦已或多或少地说服毛奇和其他军方高层同意了自己的想法。毛奇在参与谈判之初曾希望普方代表们能取得"超出所有人的预期"的成果。但 7 月 23 日，他在给玛丽的信中写道：

我仍坚持认为，只要有一线希望，就不应该令我们业已取得的战果蒙受损失。不过，如果采取另外一种思路，即摒弃报复的念头，只把目光放在对自己有利的事情上，也不失为一种良策。[18]

布卢门塔尔在 7 月 22 日的日记中也指出，如果不是国王威廉一世的干扰，和平谈判可能已经结束了。在对俾斯麦提出的建议条款进行审阅后，布卢门塔尔又补充道："满足于这些条件是明智的选择，因为外国不会干涉，而奥地利将从德意志邦联中彻底分离出来。"[19]

但威廉一世仍然固执己见。俾斯麦担心，国王不仅会坚持夺取奥地利和萨克森的领土，还会强迫军队继续发动进攻。俾斯麦没能改变威廉一世的看法，这位国王的好战情绪日益高涨，俾斯麦终于忍无可忍了，他跄跄跄跄地离开了国王的房间，脑海中闪过了立刻请辞的念头。不过，接下来所发生的事情后来成为俾斯麦最津津乐道的故事之一，多年来，他不断地对其加以润色，并将其收录在自己的《回忆录》中：

回到房间后，我心里在想，从敞开的窗户跳下去是不是更好些？——我的房间足有 4 层楼高。当听到开门的声音时，我并没有回头看，但我猜到进来的人是王储，他的房间就在我刚才经过的那条走廊里。我感到他的手搭在我肩上，他说："你知道，我是反对这场战争的。但你认为必须要打仗，所以责任就落在了你的身上。但如果你现在相信我们的目的已经达到了，必须达成和平，我愿意支持你，并在我父亲面前捍卫你的观点。"随后，他离开我的房间，去找国王。王储不到半个小时就回来了，态度还是那样平静、友善，只是轻描淡写地说："这是一件非常棘手的事情，但我的父亲已经同意了你的观点。"[20]

威廉一世在俾斯麦的备忘录上痛心疾首地指出：

我们的军队和国家有权从战败者那里获取战利品，但如果和约不能满足我们的期许，也就是说，我们无法从奥地利这个最主要的敌人那里获得巨额战争赔款或广阔的领土……那么即使我们是胜利者，也不得不在维也纳的大门口前吞下这颗苦果，其中的是非曲直还是留给后人去评断吧。[21]

　　在俾斯麦艰难地赢下了这场令人痛苦的"个人胜利"之后，余下的和平谈判过程大致上是一帆风顺的。和谈重新开启后，俾斯麦同意了卡罗伊将战争赔款压缩到 4000 万泰勒的请求；但他对奥地利将萨克森排除在北德意志邦联之外的企图表示反对。随后，各方终于达成了协议。7 月 26 日，俾斯麦、卡罗伊、奥地利军事代表德根费尔德（Degenfeld）以及毛奇签署了初步协议，协议规定，停战期将延长到 8 月 2 日，届时，和平协议将正式生效。
　　尽管威廉一世感到非常失望，但普鲁士仍然通过战争攫取了大片领土；除了石勒苏益格－荷尔斯泰因之外，普鲁士还吞并了汉诺威王国、黑森大公国、

◎ 9 月 20 日，社会各界在柏林勃兰登堡门举行了隆重的胜利庆祝活动。（该插图选自《战争编年史》）

拿骚公国和法兰克福自由市。

直到此时，毛奇才大大松了一口气。尽管各方仍在对和平条约的具体条款进行讨论，而且还有重新划分德意志势力范围以及许多重大国际问题急需解决，但毫无疑问，普鲁士已经收获了惊人的战果，这一点是毋庸置疑的。很快，毛奇就可以安心地回到柏林了，因为他知道，他所赢得的辉煌胜利已经在政治界引发了一连串的连锁反应。"让我们由衷地感谢上帝吧，"毛奇在 7 月 26 日写给玛丽的信中宣布，各方终于签署了初步的和平协议。[22]

第七节 结论

这场战争最引人注目的一点是，毛奇不仅对他自己的能力充满信心，而且对他的参谋和高级指挥官的能力，以及普军士兵的战斗素质也报以完全的信任。实际上，自拿破仑战争结束后，除了 1864 年的小规模战争，以及 1848—1850 年混乱且零碎的战役之外，普鲁士军队就再也没有参加过任何作战行动了。在那段时间里，所有其他欧洲大国都参与了大规模战争；奥地利人在近期的 1859 年也有了在现代条件下作战的经验，而且他们在军事专家中享有极高的声誉。

特别值得注意的是，毛奇能够自觉限制自己的权力，他在战争中仅对部队发出宽泛的战略指示，很少介入具体的作战命令。直到决定性战役爆发前 4 天，毛奇都一直待在柏林，他宁愿从自己在那里的办公室中监视 3 个彼此分散的集团军的行动，也不愿亲自参与战役的早期阶段。毛奇指挥战役伊始，就采取了一个极端大胆的战略决策——将在德意志西部作战的有效兵力限制为 3 个师，以便在波西米亚集中更多兵力，与奥军兵力大致齐平。尽管法尔肯斯坦故意误解了毛奇的指示，但普鲁士还是在与亲奥德意志邦国之间爆发的战役中取得了辉煌胜利，这充分证明了毛奇的观点，即部署在那里的军队是足够的。无论如何，毛奇知道，普鲁士只要打赢波西米亚的决定性战役，那么即使在德意志西部战场暂时受挫，也是可以恢复的。

在波西米亚战场，毛奇在军事方面的抉择实际上受到诸多因素的严重限制，既有政治因素，也有地理因素。由于威廉一世坚持推迟普鲁士军队的动员，毛奇不得不将军队部署在比他预想的更为广阔的战线上，以便能够利用所有可用的铁路。结果，普鲁士军队最初被部署在长达 275 英里的弧形战线上，毛奇很快采取措施，通过指挥部队向格尔利茨集中来减轻这种状况。然而，毛奇并没有按照拿破仑的方式将部队集中在一小块区域内，这一策略不仅使弗里德里希·恩格斯等评论家感到震惊，而且也使毛奇自己的一些参谋人员感到不解。毛奇的一贯策略是通过包围战消灭敌人来取得胜利。不过，随着战事发展，毛奇试图收缩战线的努力也遇到了阻碍，由于他担心上西里西亚遭到奥军突袭，因此不得不再次向奈塞左侧派出了部分兵力。毛奇最终的目标是将军队集中在吉钦地区，当然，这也要随敌人的动向而定。但是，在负责具体实施毛奇战略的人当中，有很多人自始至终都没能完全理解通过包围敌人来取得胜利的概念。施里芬观察到：

> 毛奇完全沉浸在歼灭敌人的想法中，这是下级指挥官们所无法理解的。他们知道，一个严峻的问题正摆在面前，那就是必须令 3 个分散的集团军合兵一处。在这一点上，他们与毛奇的观点是一致的。不过，毛奇希望在各集团军会合的同时，能包围敌人，但下级指挥官们宁愿把发起包围的机会让给敌人，而按照自己的想法去集中兵力。[1]

毛奇的另一个重要成就是，他顶住了压力，没有让自己的军队过早地会师，甚至在柯尼希格雷茨的决战之日也是如此。在罗斯科斯堡，毛奇始终对赢得最终胜利怀有信心，因而他显得十分平静，这与他焦躁不安的同僚们形成了鲜明对比。只有毛奇知道，事实上，决定性的战斗已经打响了。正如施里芬所指出的那样，这些因素最终促成了普军在柯尼希格雷茨取得的辉煌胜利。[2]

毛奇不但对战略的演进和变化拥有清晰认识，而且一旦选定方案，就会一心一意地贯彻执行。相比之下，他的对手在执行战略方针的过程中显得优柔寡断、反复无常。尽管贝内德克拥有明显的内线作战优势，而且宽松的政治环境使他能够比预期更为及时地到达战区，但他始终无法判断自己应该率先对哪个前进中的普鲁士集团军发动进攻。普鲁士参谋们素以冷静、高效和团结而著称，这是奥地利人难以望其项背的，例如，克里斯马尼奇就只对贝内德克的决策产生了最糟糕的影响。

普军在高级指挥官方面所具有的优势并不是其取得胜利的唯一因素，但事实证明，这是一项决定性因素。在柯尼希格雷茨战役之后，许多军事评论员对奥地利人出人意料的全面失败而感到困惑，他们将其归咎于普军装备的击针枪。尤其是英国报纸，对它的效果进行了添油加醋的报道，例如，《旁观者》评论说："让来福枪手去对付那些装备后膛装弹步枪的人，就可能造成的伤害而言，跟携带弹弓和弓箭的人没什么区别。"[3]

在《曼彻斯特卫报》发表的文章中，恩格斯对此进行了更加深入的思考："如果没有优越的火力，普军不可能迅速取得这样大的成功，因为奥地利军队在传统上比大多数欧洲军队更加坚韧，更不容易惊慌。"不过，恩格斯紧接着对普军行动的"守时有序"以及普军士兵本身表达了敬意：

> 想必全世界都一定会对这些年轻军人在历次战斗中所表现出的骁勇善战感到惊讶。虽然也可以说是后膛装弹步枪的功劳，但它们不能自动发射，它们需要坚强的心脏和强壮的手臂来承载。普鲁士人经常与兵力占优势的对手作战，而且几乎在任何地方都是进攻方，因此，选择防御阵地的主动权就落到了奥地利人手里。在攻击坚固阵地和设防的城镇时，后膛装弹步枪的优势就几乎消失殆尽了。[4]

值得一提的是，在整个战争中，普鲁士军队只消耗了 140 万发步枪子弹，平均每名参加战斗的士兵只消耗了 7 发弹药。柯尼希格雷茨战役的数字更加惊人：7 月 3 日，平均每名普军士兵只发射了一发子弹。[5]睿智而富有远见的法国武官斯托费尔直言不讳地说道："人们普遍认为普鲁士步兵的武器是其赢得胜利的关键因素，但这是一个巨大的误解。实际上，武器的优势只是次要因素罢了……相较奥地利人，普鲁士军队在各方面都占有巨大的优势，这是不容否认的。这一点，再加上奥地利将军们的无能，才是普鲁士人取得胜利的两个关键原因。"[6]

在火力方面，奥军的表现达到了预期。部分原因是普鲁士炮兵当时正处于过渡阶段——普军装备的火炮中有高达三分之一是滑膛炮，其作战效率和所取得的战果几乎都比不上奥地利炮兵，尤其是在掩护战败步兵后撤方面。另一个因素是当时普军炮兵战术的发展还不够成熟。霍亨洛厄坦率地谈到了普奥战争中炮兵的运用："在 1866 年，几乎在每一场战役中。我们的炮兵进入战场的时间都太晚了，而且火炮的数量也太少了。"[7] 尽管霍亨洛厄也同时指出，普军炮手的射击不像预期的那样准确，弹药补充系统的运转也不能令人满意，但正是入场时间晚和火炮数量少这两个缺点直接导致普军炮兵表现不佳，令人失望。到 1870 年，普鲁士人已经吸取了 1866 年的教训，普军不仅采用了不同的战术，而且全面重新装备了克虏伯钢炮。

战争期间，普军对骑兵的运用也出现了类似的问题。骑兵指挥官们执迷于利用骑兵惊人的突破能力对敌人发动决定性打击的战术观念，结果，各骑兵师不是走在集团军主力前面，而是跟在后面，甚至一直作为后备部队使用，直到时机成熟才与敌人接战。因此，毛奇不得不在自己撰写的一篇论文（于柯尼希格雷茨战役结束不久后撰写）中指出，尽管普军步兵在各方面都表现得"十分出色"，但炮兵并没有给予他们足够的火力支援，"骑兵的作用也是聊胜于无"。[8] 到 1870 年，普鲁士人也吸取了这些教训。

普奥战争的另一个对后世具有指导作用的领域是部队的战场补给。6 月 29 日，普军与补给车队失去了联系，尽管补给车队后来终于克服了沿途可怕的交通堵塞，与前线部队恢复了联系，但这已经是在柯尼希格雷茨战役之后了。7 月 8 日，毛奇在给集团军指挥官的通报中总结了这次补给不利的原因。相较于补给部队，作战部队要优先通行，这是原因之一，但本应解决交通问题的野战警察被部署到了其他地方，这直接造成了大拥堵，尤其是在狭窄的隘路上。此外，后勤部队的纪律很差，补给车队中还充斥着大量尺寸不合适以及未经军方批准的马车。[9]

另外，铁路系统的表现也没有达到预期。由于在运送物资方面完全没有纪律可言，铁路线上同样发生了严重的拥堵，大量物资堆积在铁路口岸。毛奇决定让他的铁路主管作为总参谋部的一员上战场，而不是把他留在柏林指挥全局，给整个铁路系统增添一些秩序，这显然使得问题更加严重了。[10] 相比之下，普鲁士人轻而易举地完成了针对波希米亚铁路系统的修缮工作；在普军使用过的奥地利铁路线中，只有一段穿过奥军要塞的线路曾被长时间切断。

然而，大家都心知肚明的是，普奥战争的结果从根本上改变了欧洲军事力量的平衡。尽管毛奇本人对普军的力量充满信心，并一直认为它足以击败法国人和奥地利人，但是，直到军界普遍接受了普军的辉煌胜利及其带来的一连串成果之后，普鲁士军队才名正言顺地成为欧洲最强大的军事组织，并且不再惧怕任何敌人。普鲁士整合了北德意志邦联的军事力量，并且与南德意志各邦国签订了军事条约，这意味着拿破仑强行用武力解决德意志问题的时代已经结束了——如果这个时代真的存在过的话。

尽管这种权力平衡的变化现在已经很明显了，但当时的政治家们还没有完全认识到这一点。奥地利人渴望复仇——这是可以理解的，不过，他们相信自己能做得到，这却进一步证明了奥地利政治家们没有认清现实的能力。尼科尔斯堡和谈结束后不久，弗朗茨·约瑟夫就任命弗里德里希·冯·贝斯特（Friedrich von Beust）接管外交事务，这显然表明了他不管战争结果如何，都要继续介入德意志事务，并与普鲁士对抗的决心。贝斯特自己对这项任命也表示很惊讶。在回忆录中，贝斯特写道，在战争的最后几个星期里，奥地利人视他为不速之客："尽管他的英勇行为曾被维也纳的报纸捧上了天，他甚至曾在布拉格被誉为'真正的男人'，但现在却被认为是战争的始作俑者而遭到鄙视……维也纳也乐得能有一个替罪羊。"[11] 然而，无论奥地利人多么渴望复仇，此刻他们所能做的就只有等待。因为欧洲的政治主动权现在都掌握在一个人手里。

但这个人已经不再是拿破仑三世了。尽管他仍然像以前一样是欧洲和平的潜在威胁，但他在国际权力政治中的显著主导地位已经被摧毁了。一些观察家看得更远，譬如，迪斯雷利（Disraeli）直白地表达了自己的观点：

拿破仑已经完蛋了。他根本无力对普鲁士发动战争；除了疾病对他的智力产生了巨大的不利影响之外，他在国内也受到了政敌的严重威胁。或许，我们很快就会亲眼看到法兰西第二帝国悲喜剧般的结局了。[12]

诚然，普鲁士所取得的巨大成功以及这场胜利所预示的未来已经严重威胁到了拿破仑三世自身的地位。8月18日，斯坦利勋爵（Lord Stanley）在给考利（Cowley）的信中写道，很明显——前景很快就会发生进一步变化：

我开始怀疑，德意志革命可能会比它的发动者所预想的要走得更远、更快。俾斯麦想要一个新的德意志联邦。而拿破仑想建立一个意大利联邦。我们都知道结果是什么：难道不可以照搬先例吗？无论如何，普鲁士都不会长期排斥德意志南部各邦的，然后我们就会看到，法国和俄国是否会容忍一个德意志帝国的出现了。但是，我记得你在一封信中说过，这将是一个在 1868 年出现的问题，而不是 1866 年的问题。[13]

结果，这个问题在 1870 年出现了。

注释：

第一节 库斯托扎

1. 引自《官方战史》，第 18 页。

2. 引自 G. 沃罗所著的《普奥战争》，第 256 页。

3. 引自 E. 德拉·罗卡伯爵所著的《一位老兵的自传，1807-93 年》，由 J. 罗丝翻译（伦敦，1899 年），第 238 页。

4. 引自 H. 冯·毛奇元帅所著的《军事通讯》，第 5 卷第 313 页。

5. 同上，第 5 卷第 313-314 页。

6. 引自 G. 沃罗所著的《普奥战争》，第 90 页。

7. 引自 J. 波科克所著的《苦涩的胜利》，第 44 页。

8. 引自 W.J. 怀特上尉所著的《关于汉诺威和意大利战争的政治和军事历史》，第 176-177 页。

9. 引自 E. 德拉·罗卡伯爵所著的《一位老兵的自传，1807-93 年》，由 J. 罗丝翻译，第 235 页。

10. 引自 G. 沃罗所著的《普奥战争》，第 93 页。

11. 引自 C.S. 佛瑞斯特 所著的《维克多·伊曼纽尔二世和意大利联邦》（伦敦，1927 年），第 157-158 页。

12. 引自 J. 波科克所著的《苦涩的胜利》，第 95-97 页。

13. 引自 G. 沃罗所著的《普奥战争》，第 71 页。

14. 同上，第 72 页。

15. 引自 J. 波科克所著的《苦涩的胜利》，第 51 页；以及 G. 沃罗所著的《普奥战争》，第 104 页。

16. 引自 J. 波科克所著的《苦涩的胜利》，第 56 页。

17. 同上，第 59 页。

18. 引自 E. 德拉·罗卡伯爵所著的《一位老兵的自传，1807-93 年》，由 J. 罗丝翻译，第 249 页。

19. 引自 W.J. 怀特上尉所著的《关于汉诺威和意大利战争的政治和军事历史》，第 220 页。

20. 同上，第 223 页。

21. 引自 E. 德拉·罗卡伯爵所著的《一位老兵的自传，1807-93 年》，由 J. 罗丝翻译，第 252-254 页。

22. 引自 G. 沃罗所著的《普奥战争》（剑桥大学，1996 年），第 118 页。

23. 同上，第 121 页。

24. 引自 W.J. 怀特上尉所著的《关于汉诺威和意大利战争的政治和军事历史》，第 283 页。

第二节 向多瑙河挺进

1. 引自《官方战史》，第 300-301 页。

2. 引自霍亨洛厄 - 英格尔芬根王子所著的《我的人生》，第 3 卷第 306-307 页。

3. 同上。

4. 同上。

5. 引自《官方战史》，第 303 页。

6. 引自 H.M. 霍兹尔所著的《七周战争》，第 2 卷第 90 页。

7. 引自《官方战史》，第 306 页。

8. 引自 H. 冯·毛奇元帅所著的《写给妻子的信》，第 2 卷第 306 页。

9. 引自 H. 冯·毛奇元帅所著的《军事通讯》，第 5 卷第 351-352 页。

10. 引自 H. 冯·毛奇元帅所著的《写给妻子的信》，第 2 卷第 191 页。

11. 引自 H.M. 霍兹尔所著的《七周战争》（伦敦，1867 年），第 1 卷第 167 页。

12. 同上，第 2 卷第 101 页。

13. 同上。

14. 引自 J. 普雷斯兰和 G. 斯凯尔顿所著的《胜利者之路》（伦敦，1934 年），第 210 页。

15. 引自陆军元帅布卢门塔尔伯爵所著的《1866 年和 1870 年的日记》，第 47-48 页。

16. 引自 H. 冯·毛奇元帅所著的《军事通讯》，第 5 卷第 358-359 页。

17. 引自 H.M. 霍兹尔所著的《七周战争》，第 2 卷第 128 页。

18. 引自《官方战史》，第 306 页。

19. 引自 H. 冯·毛奇元帅所著的《军事通讯》，第 5 卷第 366-367 页。

20. 引自 H.M. 霍兹尔所著的《七周战争》，第 2 卷 156 页；引自泰晤士报，1866 年 7 月 14 日版。

21. 引自《官方战史》，第 332 页。

22. 引自 H. 冯·毛奇元帅所著的《军事通讯》，第 5 卷第 366-367 页。

23. 引自陆军元帅布卢门塔尔伯爵所著的《1866 年和 1870 年的日记》，第 49-50 页。

24. 引自《官方战史》，第 334 页。

25. 同上，第 338 页。

26. 引自 J. 普雷斯兰和 G. 斯凯尔顿所著的《胜利者之路》，第 306 页。

27. 引自《官方战史》，第 339 页。

28. 同上，第 341 页。

29. 同上，第 345 页。

30. 引自 H.M. 霍兹尔所著的《七周战争》（伦敦，1867 年），第 2 卷第 159 页。

31. 引自 H. 冯·毛奇元帅所著的《军事通讯》，第 5 卷第 371-373 页。

32. 同上，第 375-376 页。

33. 引自 H.M. 霍兹尔所著的《七周战争》，第 2 卷第 179 页。

34. 引自《官方战史》，第 357 页。

35. 引自 H. 冯·毛奇元帅所著的《写给妻子的信》，第 2 卷第 195 页。

36. 引自 J. 普雷斯兰和 G. 斯凯尔顿所著的《胜利者之路》，第 308 页。

37. 引自《官方战史》，第 361 页。

38. 引自第 2 卷 184 页。

39. 同上。

40. 引自《官方战史》，第 365 页。

41. 同上，第 367 页。

42. 同上，第 369 页。

43. 引自 H.M. 霍兹尔所著的《七周战争》，第 2 卷 190 页。

44. 同上，第 2 卷第 191 页。

45. 引自《官方战史》，第 373 页。

46. 引自 H.M. 霍兹尔所著的《七周战争》第 2 卷第 193 页。

47. 引自《官方战史》，第 373 页。

第三节 基辛根

1. 引自 E. 科尔蒂伯爵所著的《王朝们》，第 180 页。

2. 引自《官方战史》，第 390 页。

3. 引自 W. 布伦特所著的《梦之王》（伦敦，1970 年），第 53 页。

4. 引自《官方战史》，第 392 页。

5. 引自 E. 科尔蒂伯爵所著的《王朝们》，第 181 页。

6. 引自 H. 冯·毛奇元帅所著的《军事通讯》，第 5 卷第 447 页。

7. 引自《官方战史》，第 394 页。

8. 同上，第 402 页。

9. 引自 H.M. 霍兹尔所著的《七周战争》，第 2 卷第 43 页。

10. 引自《官方战史》，第 400 页。

11. 同上，第 403 页。

12. 引自霍恩洛厄－希灵斯菲斯王子所著的《回忆录》，第 1 卷第 155 页。

13. 引自《官方战史》，第 405 页。

14. 引自 A. 马利特爵士所著的《推翻德意志邦联》，第 274 页。

15. 引自 G. 泽宁等人所著的《奥古斯特·冯·戈本书信集》（柏林，1903 年），第 216 页。

16. 引自 H.M. 霍兹尔所著的《七周战争》，第 2 卷第 41 页。

17. 引自《官方战史》，第 409 页。

18. 同上，第 411 页。

19. 引自 H.M. 霍兹尔所著的《七周战争》，第 2 卷第 41 页。

20. 引自霍恩洛厄－希灵斯菲斯王子所著的《回忆录》，第 2 卷第 157 页。

21. 引自 H. 冯·西贝尔所著的《德意志帝国的创建》，第 5 卷第 363 页。

22. 引自《官方战史》，第 413 页。

23. 引自 H. 冯·西贝尔所著的《德意志帝国的创建》，第 5 卷第 365 页。

24. 引自《官方战史》，第 417 页。

25. 同上，第 417–418 页。

26. 同上，第 418 页。

27. 引自霍恩洛厄－希灵斯菲斯王子所著的《回忆录》，第 1 卷第 157 页。

28. 引自 W. 布伦特所著的《梦之王》，第 54 页。

29. 引自《官方战史》，第 429 页。

30. 引自 H.M. 霍兹尔所著的《七周战争》，第 2 卷第 46 页。

31. 引自《官方战史》，第 420 页。

32. 同上，第 2 卷第 421 页。

33. 同上。

34. 引自 H. 冯·西贝尔所著的《德意志帝国的创建》，第 5 卷第 369 页。

35. 引自 G. 泽宁等人所著的《奥古斯特·冯·戈本书信集》（柏林，1903 年），第 218 页。

第四节 法兰克福的陷落

1. 引自 H.M. 霍兹尔所著的《七周战争》，第 2 卷第 48 页。

2. 引自 A. 马利特爵士所著的《推翻德意志邦联》，第 227 页。

3. 引自 H.M. 霍兹尔所著的《七周战争》，第 2 卷第 87 页。

4. 引自《官方战史》，第 426 页。

5. 引自 H.M. 霍兹尔所著的《七周战争》，第 2 卷第 53 页。

6. 引自《官方战史》，第 430 页。

7. 同上，第 431 页。

8. 同上，第 432 页。

9. 引自 H. 冯·西贝尔所著的《德意志帝国的创建》，第 5 卷第 373 页。

10. 引自《官方战史》，第 436 页。

11. 同上。

12. 同上，第 440 页。

13. 同上，第 441 页。

14. 同上。

15. 同上，第 444 页。

16. 同上，第 447 页。

17. 同上，第 448 页。

18. 引自 H.M. 霍兹尔所著的《七周战争》，第 2 卷第 67 页。

19. 引自《官方战史》，第 451 页。

第五节 邦联的终结

1. 引自《官方战史》，第 453 页。

2. 同上。

3. 同上。

4. 同上，第 454 页。

5. 同上，第 455 页。

6. 引自 A. 马利特爵士所著的《推翻德意志邦联》，第 330 页。

7. 引自《官方战史》，第 460 页。

8. 同上，第 462 页。

9. 同上，第 464 页。

10. 同上，第 465 页。

11. 同上，第 467 页。

12. 同上，第 468 页。

13. 同上。

14. 同上，第 471 页。

15. 同上，第 472 页。

16. 同上，第 474 页；以及引自 A. 马利特爵士所著的《推翻德意志邦联》，第 360 页。

17. 引自《官方战史》，第 478 页。

18. 引自 A. 马利特爵士所著的《推翻德意志邦联》，第 366 页。

19. 引自《官方战史》，第 478 页。

20. 同上，第 479–480 页。

21. 同上，第 483 页。

22. 引自 H. 冯·西贝尔所著的《德意志帝国的创建》，第 5 卷第 384 页。

第六节 毛奇在尼科尔斯堡

1. 引自 H. 冯·西贝尔所著的《德意志帝国的创建》，第 5 卷第 254 页。

2. 引自俾斯麦所著的《情书》，第 2 卷第 178 页。

3. 引自 H. 冯·毛奇元帅所著的《写给妻子的信》，第 2 卷第 191 页。

4. 引自陆军元帅布卢门塔尔伯爵所著的《1866 年和 1870 年的日记》，第 49–50 页。

5. 引自戈登·克雷格教授所著的《普鲁士军队的政治问题》，第 200 页。

6. 引自 H. 冯·毛奇元帅所著的《写给妻子的信》，第 2 卷第 194 页。

7. 引自俾斯麦所著的《思考与回忆》，第 2 卷第 40 页。

8. 引自牛顿勋爵所著的《里昂勋爵：一份英国外交记录》（伦敦等），第 140–141 页。

9. 引自俾斯麦所著的《思考与回忆》，第 2 卷第 37 页。

10. 同上，第 2 卷第 47-48 页。

11. 引自戈登·克雷格教授所著的《普鲁士军队的政治问题》，第 202 页。

12. 引自俾斯麦所著的《思考与回忆》，第 2 卷第 45-46 页。

13. 引自 H. 冯·西贝尔所著的《德意志帝国的创建》，第 5 卷第 328 页。

14. 引自 E.A. 波廷格所著的《拿破仑三世和德意志危机，1865-1866 年》（马萨诸塞州剑桥，1968 年），第 178 页。

15. 引自 H. 冯·西贝尔所著的《德意志帝国的创建》，第 5 卷第 338-341 页。

18. 引自 H. 冯·毛奇元帅所著的《写给妻子的信》，第 2 卷第 196 页。

19. 引自陆军元帅布卢门塔尔伯爵所著的《1866 年和 1870 年的日记》，第 55 页。

20. 引自俾斯麦所著的《思考与回忆》，第 2 卷第 51-52 页。

21. 引自 L. 加尔所著的《俾斯麦：白色革命者》（伦敦，1986 年），第 1 卷第 306 页。

22. 引自 H. 冯·毛奇元帅所著的《写给妻子的信》，第 2 卷第 196 页。

第七节 结论

1. 引自霍恩洛厄 - 希灵斯菲斯王子所著的《回忆录》，第 128 页。

2. 同上，第 137 页。

3. 引自戈登·克雷格教授所著的《普鲁士军队的政治问题》，第 202 页。

4. 引自 F. 恩格斯所著的《作为军事评论家的恩格斯》（曼彻斯特，1959 年），第 139-140 页。

5. 引自 M. 范·克勒韦尔德所著的《补给战》（剑桥大学，1978 年），第 81 页。

6. 引自施托费尔回忆录，第 8-9 页。

7. 引自霍亨洛厄 - 英格尔芬根王子所著的《关于炮兵的信函》，第 6 页。

8. 引自戈登·克雷格教授所著的《普鲁士军队的政治问题》，第 186 页。

9. 引自 M. 范·克勒韦尔德所著的《战争指挥》，第 80 页。

10. 同上，第 84 页。

11. 引自弗里德里希·冯·贝斯特所著的《回忆录》（伦敦，1887 年），第 1 卷第 326-327 页。

12. 引自 H. 弗里德容所著的《德国的霸权之争》，由 AJP·泰勒和 W.L. 麦克尔成翻译，第 301 页。

13. 引自 W.E. 莫斯所著的《欧洲列强与德意志问题》（剑桥大学，1958 年），第 249 页。

1864 年普丹战争
普奥联军作战序列
截至 1864 年 2 月 1 日

总司令 陆军元帅冯·弗兰格尔男爵

总参谋长 沃格尔·冯·法尔肯斯坦中将

军需总监 冯·波德别尔斯基上校

总参谋部军官 冯·舍恩菲尔德中校（奥地利）

冯·斯蒂埃尔少校

陆军上尉冯·哈登堡伯爵（Count von Hardenberg）

冯·戈特贝格（von Gottberg）上尉

冯·罗恩上尉

司令部副官 陆军中校克拉夫特·霍亨洛厄 – 英格尔芬根王子

司令部后备成员 陆军中将普鲁士王储腓特烈·威廉殿下

临时配属总参谋部副官 梅克伦堡 – 什未林大公殿下

步兵将军霍亨索伦 – 锡格马林根亲王殿下

陆军上校安哈尔特世袭亲王殿下

普鲁士王家联合特遣军团（第 1 混编军）

总司令 骑兵上将腓特烈·查尔斯王子殿下

参谋长 冯·布卢门塔尔上校

炮兵司令 冯·科隆尼尔上校

工兵司令 冯·克里格斯海姆（von Kriegsheim）中校

参谋部军官 陆军少校冯·瓦德西伯爵

冯·鲁斯少校

参谋副官 陆军上校阿尔布雷希特王子殿下（实际军衔为少校）

临时配属司令部副官 查尔斯王子殿下

第6步兵师

师长 冯·曼施坦因中将

第11步兵旅（旅长为陆军少将冯·坎斯坦男爵）

普鲁士第35（勃兰登堡）燧发枪手团（团长为埃尔斯特曼·冯·埃尔斯特上校）

普鲁士第60（勃兰登堡第7）步兵团（团长为冯·哈特曼中校）

第12步兵旅（旅长为陆军少将冯·罗德二世）

普鲁士第24（勃兰登堡第4）步兵团（团长为陆军上校冯·哈克伯爵）

普鲁士第11（勃兰登堡第8）步兵团（团长为冯·瑟辛中校）

普鲁士第3步炮师，第3（勃兰登堡）炮兵旅（旅长为贝格曼中校）

第3榴弹炮连

第3六磅炮连

第3十二磅炮连

第3（勃兰登堡）工兵营

第13步兵师

师长 冯·温津格罗德中将

第25步兵旅（旅长为冯·施密特少将）

普鲁士第13（威斯特伐利亚第1）步兵团（团长为冯·维茨勒本上校）

普鲁士第53（威斯特伐利亚第5）步兵团（团长为陆军上校冯·布登布罗克男爵）

第26步兵旅（旅长为冯·戈本少将）

普鲁士第15（威斯特伐利亚第2）步兵团（团长为冯·阿尔文斯勒本上校）

普鲁士第55（威斯特伐利亚第6）步兵团（团长为施托尔茨上校）

师直属部队

普鲁士第7（威斯特伐利亚）猎兵营（营长为冯·贝克多尔夫少校）

普鲁士第7（威斯特伐利亚）龙骑兵团（团长为冯·尼贝克中校）

普鲁士第1步炮师，第7（威斯特伐利亚）炮兵旅（旅长为格拉维少校）

第1榴弹炮连

第1六磅炮连

第1十二磅炮连

第4十二磅炮连

第7（威斯特伐利亚）工兵营

混编骑兵师

师长 陆军少将蒙斯特－米恩哈伐尔伯爵

第6骑兵旅（旅长为弗莱斯上校）

普鲁士第3（勃兰登堡）"齐藤"轻骑兵团（陆军上校冯·德·戈尔茨伯爵）

普鲁士第6（勃兰登堡）胸甲骑兵团（陆军上校梅克伦堡－什未林大公殿下）

普鲁士第7（威斯特伐利亚）炮兵旅，第1骑炮连

第13骑兵旅（旅长为冯·霍布少将）

普鲁士第8（威斯特伐利亚）轻骑兵团（团长为冯·兰特佐中校）

普鲁士第4（威斯特伐利亚）胸甲骑兵团（团长为冯·施密特中校）

普鲁士第7（威斯特伐利亚）炮兵旅，第2骑炮连

后备炮兵部队

司令 冯·森格尔中校

普鲁士第2步炮师，第3（威斯特伐利亚）炮兵旅（旅长为冯·赫尔德少校）

第2榴弹炮连

第2六磅炮连

第4六磅炮连

第2十二磅炮连

普鲁士骑炮师，第7（威斯特伐利亚）炮兵旅（旅长为冯·森格尔中校）

第3骑炮连

第4骑炮连

第5骑炮连

第 6 骑炮连

辅助单位

军需和架桥部队

第 7（威斯特伐利亚）炮兵旅—第 1、2、3 号弹药补给队

第 3（勃兰登堡）炮兵旅—第 4、5、6、7、8、9 号弹药补给队

禁卫轻型野战架桥队

第 3 和第 7 号浮桥架设队

奥地利帝国王家第 6 军团（第 2 混编军）

总司令 陆军中将加布伦茨男爵

总参谋长 陆军上校弗拉斯特男爵

副总参谋长 埃德勒·冯·波普海姆少校

炮兵司令 威瑟中校

工兵司令 陆军少校扎利斯－索里奥男爵

第 1 旅（旅长为陆军少将贡德勒古伯爵）

第 30 步兵团（"马丁尼"）（团长为陆军上校冯·祖利连贝格男爵）

第 34 步兵团（"普鲁士国王"）（团长为贝内德克上校）

第 18 猎兵营（冯·托拜厄斯中校）

第 1 炮兵团，第 2 四磅步炮连

第 2 旅（旅长为多尔姆斯少将）

第 35 步兵团（"克芬许勒"）（团长为坎普特纳上校）

第 72 步兵团（"拉明"）（团长为陆军上校冯·阿比勒骑士）

第 22 猎兵营（营长为陆军中校冯·西勒骑士）

第 1 炮兵团，第 3 四磅步炮连

第 3 旅（旅长为诺斯提茨少将）

第 14 步兵团（"黑森"）（团长为陆军上校舒特·冯·瓦伦斯贝格男爵）

第 27 步兵团（"比利时国王"）（团长为陆军上校符腾堡的威廉大公）

第 9 猎兵营（营长为希德拉赫中校）

第 1 炮兵团，第 4 四磅步炮连

第 4 旅（旅长为托马斯少将）

第 6 步兵团（"科罗尼尼"）（团长为费尔纳·冯·费尔德格上校）

第 80 步兵团（"荷尔斯泰因"）（团长为陆军上校奥尔斯佩格伯爵）

第 11 猎兵营（冯·施瓦布上校）

第 1 炮兵团，第 5 四磅步炮连

骑兵旅

旅长 陆军少将多布任斯基男爵

第 2 龙骑兵团（"温迪施格雷茨"）（团长为陆军上校贝勒加德伯爵）

第 9 轻骑兵团（"列支敦士登"）（团长为陆军上校巴塞利·冯·苏森伯格男爵）

技术部队

第 1 工兵营第 4 连以及第 39 和第 40 架桥中队

第 1 工兵营第 3 连

第 11 工程连

军团直属后备炮兵部队（司令为陆军少校冯·诺伊鲍尔骑士）

第 1 炮兵团第 9 八磅炮连

第 1 炮兵团第 10 八磅炮连

辅助单位

战地弹药库，包括附带的第 2、第 35 和第 53 运输中队

军团物资分发仓库

军团物资接收仓库

军团军需品堆放处，包括附带的第 27 和第 28 运输中队

第 1 堆放处连，第 5 战地维修连

军需仓库，以及第 1 堆放处连分遣队

普鲁士王家混编禁卫师（第 3 混编军）

总司令 冯·德·穆尔贝中将

总参谋长 冯·阿尔文斯勒本少校

混编禁卫步兵旅（旅长为陆军少将冯·德·戈尔茨伯爵）

第 3 禁卫步兵团（团长为冯·德·格罗本上校）

第 4 禁卫步兵团（团长为冯·科尔特上校）

混编禁卫掷弹兵旅（旅长为冯·本特海姆上校）

第 3 禁卫掷弹兵团（团长为冯·温特菲尔德上校）

第 4 禁卫掷弹兵团（团长为冯·奥佩尔上校）

禁卫轻骑兵团（团长为冯·克森布罗伊格中校）

禁卫四磅炮连

第 3 禁卫六磅炮连

1864 年普丹战争
丹麦王家军作战序列
截至 1864 年 2 月 1 日

总司令 德·梅扎中将

总参谋长 考夫曼上校

副总参谋长 罗森上尉

海军联络官 弗拉里希（Frøhlich）上尉

第 1 师

师长 格拉赫中将

第 1 旅（旅长为拉森上校）

第 2 步兵团（团长为德雷尔中校）

第 22 步兵团（团长为法尔肯斯约德中校）

第 2 旅（旅长为沃格特少将）

第 3 步兵团（团长为马蒂森少校）

第 18 步兵团（团长为赫希中校）

第 3 旅（旅长为沃里斯霍夫上校）

第 16 步兵团（团长为沃尔勒少校）

第 17 步兵团（团长为伯恩斯托夫上校）

第 4 龙骑兵团

第 2 半团（指挥官为利利安斯科尔德少校）

师直属部队

师属炮兵（司令为格拉恩少校）

第2野战炮兵连

第10野战炮兵连

第5工兵连

师属弹药库以及后勤补给队

弹药补给旅

第2师

师长 杜·普拉特少将

第4旅（旅长为威尔斯泰尔少将）

第4步兵团（团长为法博格上校）

第6步兵团（团长为卡洛克少校）

第5旅（旅长为哈勃上校）

第7步兵团（团长为缪斯中校）

第12步兵团（团长为海因上校）

第6旅（旅长为比洛上校）

第5步兵团（团长为迈尔少校）

第10步兵团（团长为兰格上校）

禁卫轻骑兵团

第1半团（指挥官为赫格曼－林登克伦骑士）

师直属部队

师属炮兵（司令为舒宁少校）

第7野战炮兵连

第9野战炮兵连

第1工兵连

师属弹药库以及后勤补给队

弹药补给旅

第3师

师长 施泰因曼少将

第7旅（旅长为穆勒上校）

第1步兵团（团长为贝克中校）

第11步兵团（团长为里斯特少校）

第8旅（旅长为史塔芬伯上校）

第9步兵团（团长为泰斯林中校）

第20步兵团（团长为朔尔滕中校）

第19旅

第21步兵团（团长为尼尔森中校）

第4龙骑兵团

第1半团（指挥官为格拉赫中校）

师直属部队

师属炮兵（司令为尤斯特少校）

第11野战炮兵连

第12野战炮兵连

第2工兵连

师属弹药库以及后勤补给队

弹药补给旅

第4（骑兵）师

师长 赫德曼—林德科恩中将

第1骑兵旅（旅长为霍恩斯少将）

第3龙骑兵团（团长为布洛克少校）

第5龙骑兵团（团长为布洛克中校）

第2骑兵旅（旅长为沙尔芬伯格上校）

第6龙骑兵团（团长为鲍迪茨中校）

师直属部队

师属炮兵（司令为舒宁少校）

第 5 野战炮兵连（连长为鲍迪茨上尉）

师属弹药库以及后勤补给队

弹药补给旅

军直属步兵预备部队（司令为卡罗克少将）

第 8 步兵团（团长为赫维伯格上校）

第 15 步兵团（团长为泽佩林中校）

弹药补给旅

军属炮兵

司令 卢蒂肖中将

师属炮兵（司令为哈克索森中校）

后备炮兵部队

第 1 野战炮兵连

第 6 野战炮兵连

第 8 野战炮兵连

第 13 野战炮兵连

丹讷韦克要塞炮兵指挥部（司令为华尔上校）

第 1 要塞连

第 3 要塞连

第 5 要塞连

第 6 要塞连

丹讷韦克炮兵阵地

野战军械库

1866 年普奥战争
普鲁士王家陆军作战序列

附录三

总司令 普鲁士国王陛下

参谋长 冯·毛奇将军

炮兵总监 冯·欣德辛中将

工兵总监 冯·瓦舍勒本（von Wasserschleben）中将

第 1 集团军

司令 骑兵上将腓特烈·查尔斯王子殿下

参谋长 冯·福格茨 – 莱茨中将

军需总监 冯·斯图尔普内格尔少将

炮兵司令 冯·伦斯费尔德少将

第 2 军

司令 冯·施密特中将

参谋长 冯·卡米克少将

第 3 师 师长为冯·维尔德中将

第 5 旅（旅长为冯·雅努肖夫斯基少将）

第 2 和第 42 步兵团（注 1）

第 6 旅（旅长为冯·温特菲尔德少将）

第 15 和第 54 步兵团

第 2 波美拉尼亚来福枪手团

第 5 "布吕歇尔"轻骑兵团

第 2 工兵营

4 个炮兵连

第 4 师 师长为冯·赫沃斯中将

第 7 旅（旅长为冯·施拉布伦多夫）

    第 9 和第 49 步兵团

    第 21 和第 61 步兵团

第 4 波美拉尼亚轻骑兵团

4 个炮兵连

注 1：除非另有说明，所有普军线列步兵团和禁卫步兵团都下辖 3 个营。

第 3 军

司令 无

第 5 师 师长为冯·廷普林中将

第 9 旅（旅长为冯·希默尔曼少将）

第 8 和第 48 步兵团

第 10 旅（旅长为冯·卡米恩斯基少将）

    第 12 和第 18 步兵团

普鲁士第 3（勃兰登堡第 1）枪骑兵团

第 3 工兵营

4 个炮兵连

第 6 师 师长为冯·曼施坦因中将

第 11 旅（旅长为冯·格斯多夫少将）

    第 35 和第 60 步兵团

第 12 旅（旅长为冯·科特兹）

    第 24 和第 64 步兵团

    第 2 勃兰登堡龙骑兵团

第 3 猎兵营

4 个炮兵连

第 4 军

司令 无

第 7 师 师长为冯·弗兰西基中将

第 13 旅（旅长为冯·施瓦茨霍夫少将）

第 26 和第 66 步兵团

第 14 旅（旅长为冯·戈登少将）

第 27 和第 67 步兵团

第 4 工兵营

马格德堡轻骑兵团

4 个炮兵连

第 8 师 师长为冯·霍恩中将

第 15 旅（旅长为冯·博斯少将）

第 31 和第 71 步兵团

第 16 旅（旅长为冯·施密特少将）

第 72 步兵团

第 4 猎兵营

第 6 图林根枪骑兵团

4 个炮兵连

骑兵军

司令 骑兵上将阿尔布雷希特王子（大）殿下

第 1 骑兵师 师长为冯·阿尔文斯勒本少将

第 1 重骑兵旅（旅长为陆军少将阿尔布雷希特王子（小）殿下）

禁卫重骑兵团（Garde du Corps）

禁卫胸甲骑兵团

第 2 重骑兵旅（旅长为冯·普富尔少将）

第 6 勃兰登堡胸甲骑兵团

第7马格德堡胸甲骑兵团

第1轻骑兵旅（旅长为冯·莱茵巴本少将）

第1禁卫龙骑兵团

第1禁卫枪骑兵团

第2禁卫枪骑兵团

2个骑炮连

第2骑兵师 师长为汉恩·冯·韦赫恩少将

第2轻骑兵旅（旅长为陆军少将梅克伦堡－什未林的威廉公爵）

第2禁卫龙骑兵团

第3勃兰登堡轻骑兵团

普鲁士第11（勃兰登堡第2）枪骑兵团

第3轻骑兵旅（旅长为陆军少将冯·德·格罗本伯爵）

第3诺伊马克龙骑兵团

第12图林根轻骑兵团

第3重骑兵旅（旅长为陆军少将冯·德·戈尔茨伯爵）

第2（女王的）胸甲骑兵团

普鲁士第9（波美拉尼亚第2）枪骑兵团

2个骑炮连

骑兵军后备炮兵部队

1个骑炮连

第1集团军后备炮兵部队

16个炮兵连

第2集团军

司令 陆军上将普鲁士王储腓特烈·威廉殿下

参谋长 冯·布卢门塔尔少将

军需总监 冯·施托什少将

炮兵司令 冯·雅可比少将

工兵司令 冯·施韦尼茨少将

第 1 军

司令 冯·博宁将军

参谋长 冯·博里斯上校

炮兵司令 克诺特上校

工兵司令 韦伯上校

第 1 师 师长为冯·格罗斯曼中将

第 1 旅（旅长为冯·佩普少将）

　　第 1 和第 41 步兵团

第 2 旅（旅长为冯·巴内科少将）

　　第 3 和第 43 步兵团

第 1 立陶宛龙骑兵团

第 1 猎兵营

4 个炮兵连

第 2 师 师长为冯·克劳塞维茨中将

第 3 旅（旅长为冯·马洛基少将）

　　第 4 和第 44 步兵团

第 4 旅（旅长为冯·巴登布洛克少将）

　　第 5 和 45 步兵团

普鲁士第 1 王家轻骑兵团

第 1 工兵营

4 个炮兵连

第 1 军后备骑兵旅（旅长为冯·布鲁多上校）

普鲁士第 3（东普鲁士）胸甲骑兵团

普鲁士第 8（东普鲁士）枪骑兵团

普鲁士第 12（立陶宛）枪骑兵团

1 个骑炮连

第 1 军后备炮兵部队

7 个炮兵连

第5军

司令 冯·施泰因梅茨将军

参谋长 冯·维蒂奇上校

工兵司令 冯·克莱斯特上校

第9师 师长为冯·洛温菲尔德

第17旅（旅长为冯·奥利奇少将）

　第37和第58步兵团

第18旅（旅长为冯·霍恩少将）

　第7步兵团和第5猎兵营

普鲁士第4（西里西亚第1）龙骑兵团

4个炮兵连

第10师 师长为冯·基什巴赫少将

　第19旅（旅长为冯·蒂德曼少将）

　　第6和第46步兵团

第20旅（旅长为冯·维蒂奇少将）

　第47和第52步兵团

第5工兵营

普鲁士第1（西普鲁士）枪骑兵团

4个炮兵连

第5军后备炮兵部队

7个炮兵连

第6军

司令 冯·穆提乌斯上将

参谋长 冯·斯珀林上校

炮兵司令 赫克特（Herkt）少将

第11师 师长为冯·扎斯特罗中将

　第21旅（冯·哈南费尔特少将）

　　第10和第50步兵团

第 22 旅（霍夫曼少将）

第 38 和第 51 步兵团

西里西亚工兵营

普鲁士第 8（西里西亚第 2）龙骑兵团

3 个炮兵连

第 12 师 师长为冯·普罗德钦斯基中将

混编旅（旅长为冯·克拉纳赫少将）

第 22 和第 23 步兵团（由原第 23 和第 24 步兵团抽调兵员所组成）

普鲁士第 6（西里西亚第 2）轻骑兵团

第 6 猎兵营

2 个炮兵连

后备骑兵部队

普鲁士第 4（西里西亚第 1）轻骑兵团

第 6 军后备炮兵部队

5 个炮兵连

（注解：第 12 师有两个步兵团被抽调到了其他地方，其中，第 63 团派驻奈塞，第 62 团划归冯·克诺贝尔斯多夫将军指挥，他率军驻扎在拉蒂博尔以保护西里西亚，除了第 62 步兵团之外，其麾下还有一些西里西亚枪骑兵，以及一个炮兵连。此外，第 6 军还另有 3 个炮兵连被划归曼陀菲尔指挥。）

禁卫军

司令 符腾堡亲王奥古斯特

参谋长 冯·丹嫩伯格上校

炮兵司令 冯·科隆尼尔少将

第 1 禁卫师 师长为希勒·冯·加特林根中将

第 1 旅（旅长为冯·奥伯尼茨上校）

　第 1 和第 3 禁卫步兵团

第 2 旅（旅长为冯·阿尔文斯勒本少将）

　第 2 禁卫步兵团和禁卫燧发枪手团

禁卫轻骑兵团

禁卫猎兵团

4 个炮兵连

第 2 禁卫师 师长为冯·普鲁斯基中将

第 3 旅（旅长为冯·布德里茨基少将）

　　沙皇亚历山大掷弹兵团和第 3 禁卫掷弹兵团

第 4 旅（旅长为冯·卢恩少将）

　　奥皇弗朗茨·约瑟夫掷弹兵团和第 4 禁卫掷弹兵团

第 3 禁卫枪骑兵团

禁卫神枪手营

4 个炮兵连

禁卫军后备炮兵部队

5 个炮兵连

（注解：第 4 禁卫步兵团最初留在柏林，后来被划归第 2 后备军。）

第 2 集团军后备骑兵部队

司令 冯·哈特曼少将

第 1 骑兵阵线

胸甲骑兵旅（旅长为冯·绍恩少将）

　　普鲁士第 5（西普鲁士）胸甲骑兵团

　　普鲁士第 1（西里西亚）胸甲骑兵团

第 2 骑兵阵线（指挥官为冯·博斯特尔少将）

　　轻骑兵旅（旅长为冯·维茨勒本少将）

　　普鲁士第 10（波森）枪骑兵团

　　普鲁士第 2（王家第 2）轻骑兵团

国土防卫军旅（旅长为冯·弗兰克伯格少将）

第 2 国土防卫军轻骑兵团

　　　第 1 国土防卫军枪骑兵团

　　2 个骑炮连

易北河集团军

司令 赫沃斯·冯·比滕菲尔德上将

参谋长 冯·施洛特海姆上校

炮兵司令 冯·罗辛斯基上校

第14师 师长为陆军中将蒙斯特—米恩霍福尔伯爵

第27旅（旅长为冯·施瓦茨科本少将）

   第16和第56步兵团

第28旅（旅长为冯·希勒少将）

   第17和第57步兵团

普鲁士第7（威斯特伐利亚）龙骑兵团

第7猎兵营

来自第7工兵营的2个连

4个炮兵连

第15师 师长为冯·坎斯坦中将

第29旅（旅长为冯·施图克拉特少将）

   第40和第65步兵团

第30旅（旅长为冯·格拉泽纳普少将）

   第28和第68步兵团

普鲁士第7（王家）轻骑兵团

第8工兵营

4个炮兵连

第16师 师长为冯·埃特泽尔中将

   第31旅（旅长为冯·斯克尔少将）

    第29和第69步兵团

   燧发枪手旅（旅长为韦格尔上校）

    第33和第34步兵团

   第8猎兵营

   2个炮兵连

第14骑兵旅（陆军少将戈尔茨伯爵）

普鲁士第 5（威斯特伐利亚）枪骑兵团

普鲁士第 11（威斯特伐利亚第 2）轻骑兵团

后备骑兵旅（旅长为冯·科特兹少将）

普鲁士第 8（莱茵）胸甲骑兵团

普鲁士第 7（莱茵）枪骑兵团

波美拉尼亚国土防卫军骑兵团

一个骑炮连

第 7 军后备炮兵部队，6 个炮兵连

第 8 军后备炮兵部队，7 个炮兵连

第 1 后备军

司令 冯·德·穆尔贝中将

国土防卫军禁卫师 师长为冯·罗森伯格将军

国土防卫军第 1 禁卫旅

国土防卫军第 1 和第 2 禁卫步兵团

国土防卫军第 2 禁卫旅

国土防卫军第 1 和第 2 禁卫掷弹兵团

国土防卫军混编师 师长为冯·本特海姆将军

国土防卫军第 1 旅

国土防卫军第 9 团和第 10 步兵团

国土防卫军第 2 旅

国土防卫军第 13 和第 15 步兵团

国土防卫军骑兵师 师长为陆军少将杜赫纳伯爵

6 个国土防卫军骑兵团

后备炮兵团

9 个后备炮兵连

美因河集团军

司令 沃格尔·冯·法尔肯斯坦上将

参谋长 冯·克拉茨－科施劳上校

第13师 师长为冯·戈本中将

第25旅（旅长为冯·库默少将）

   第13和第53步兵团

第26旅（旅长为冯·弗兰格尔少将）

第15和第55步兵团

来自第7工兵营的2个连

第13骑兵旅

普鲁士第4（威斯特伐利亚）胸甲骑兵团

   普鲁士第8（威斯特伐利亚第1）轻骑兵团

  6个炮兵连

混编师 师长为冯·拜尔少将

第19、第20、第30、第32、第39和第70步兵团

（注：其中，第30和第70师被派去驻守黑森－卡塞尔。）

普鲁士第9（莱茵第2）轻骑兵团

3个炮兵连

混编师（原先派驻荷尔斯泰因）师长为冯·曼陀菲尔少将

第1混编旅（旅长为冯·弗莱霍尔少将）

   第25和第36步兵团

第2混编旅（旅长为冯·科尔特少将）

   第11和第59步兵团

骑兵旅（旅长为冯·弗莱斯少将）

   普鲁士第5（莱茵）龙骑兵团

   普鲁士第6（马格德堡）龙骑兵团

2个科堡—哥达步兵营

1个利珀步兵营

5个步兵分遣队（兵力大约为步兵营的四分之一）

第9猎兵营

3个新组建的国土防卫军骑兵团

奥尔登堡和汉萨同盟旅（囊括9个步兵营、3个骑兵中队和2个炮兵连）

第2后备军

司令 梅克伦堡 – 什末林大公殿下

梅克伦堡师（囊括5个步兵营、4个骑兵中队、2个炮兵连）

普鲁士混编师（囊括16个步兵营）

2个安哈尔特步兵营

2个国土防卫军后备骑兵团

8个炮兵连

1866 年普奥战争
奥地利北方集团军
作战序列

总司令 步兵上将冯·贝内德克骑士

总参谋长 冯·赫尼克斯泰因中将

炮兵司令 陆军中将威廉大公

工兵司令 冯·皮多尔上校

第 1 军

司令 骑兵上将克朗·加拉斯伯爵

顾问 陆军上将贡德勒古伯爵

参谋长 冯·利策尔霍芬上校

波斯卡彻尔旅（旅长为波斯卡彻尔少将）

第 18 野战猎兵营

第 30 步兵团（"马丁尼"）（注 1）

第 34 步兵团（"普鲁士国王"）

莱宁根旅（旅长为陆军上校莱宁根伯爵）

第 32 野战猎兵营

第 33 步兵团（"格莱"）

第 38 步兵团（"豪格维兹"）

皮雷旅（旅长为皮雷少将）

第 29 野战猎兵营

第 18 步兵团（"康斯坦丁"）

第 45 步兵团（"西吉斯蒙德"）

林格尔斯海姆旅（旅长为林格尔斯海姆少将）

第 26 猎兵营

第 42 步兵团（"汉诺威"）

第 73 步兵团（"符腾堡"）

注：上述各旅，每个旅都包含 1 个来第 2 "尼古拉斯" 轻骑兵团的轻骑兵中队和 1 个四磅野战炮兵连。

注 1：除非另有说明，所有奥地利步兵团都下辖三个营。

第 2 军

司令 陆军中将卡尔·图恩—霍恩施泰因伯爵

顾问 冯·菲利普波维少将

参谋长 冯·德普夫纳上校

托姆旅（旅长为托姆上校）

第 2 猎兵营

第 40 步兵团（"罗斯巴赫"）

第 69 步兵团（"耶拉契希"）

亨里克兹旅（旅长为亨里克兹少将）

第 9 野战猎兵营

第 14 步兵团（"黑森"）

第 27 步兵团（"比利时国王"）

萨弗兰旅（旅长为冯·萨弗兰少将）

第 11 野战猎兵营

第 64 步兵团（"萨克森—魏玛"）

第 80 步兵团（"荷尔斯泰因"）

符腾堡旅（旅长为陆军少将符腾堡公爵）

第 20 野战猎兵营

第 47 步兵团（"哈通"）

第 57 步兵团（"梅克伦堡"）

注：上述各旅，每个旅都包含 1 个来第 6 皇家枪骑兵团的枪骑兵中队和 1 个四磅野战炮兵连。

第 3 军

司令 陆军中将恩斯特大公

顾问 冯·鲍姆加滕少将

参谋长 冯·卡蒂上校

卡利克 / 阿比勒旅（卡利克少将，后来更换为冯·阿比勒上校）

第 22 野战猎兵营

第 35 步兵团（"克芬许勒"）

第 72 步兵团（"拉明"）

（注：该旅在战争爆发时驻扎在荷尔斯泰因，隶属于第 1 军。）

阿皮亚诺旅（旅长为阿皮亚诺少将）

第 4 野战猎兵营

第 46 步兵团（"迈宁根"）

第 62 步兵团（"亨利大公"）

贝内德克旅（旅长为贝内德克上校）

第 1 野战猎兵营

第 52 步兵团（"弗朗茨·卡尔大公"）

第 78 步兵团（"绍克塞维奇"）

基希斯堡旅（旅长为基希斯堡上校）

第 3 野战猎兵营

第 44 步兵团（"阿尔布雷希特大公"）

第 49 步兵团（"赫斯"）

普罗哈斯卡旅（旅长为普罗哈斯卡上校）

第 13 边防步兵团

第 55 步兵团（"贡德勒古"）第 4 营

第 56 步兵团（"高里祖蒂"）第 4 营

第 33 猎兵营

第 34 猎兵营

（注：上述各旅，每个旅都包含 1 个来第 9 "门斯多夫伯爵" 枪骑兵团的枪骑兵中队和 1 个四磅野战炮兵连。）

第 4 军

司令 陆军中将费斯泰迪奇伯爵

顾问 冯·莫利纳里少将

参谋长 冯·戈尔茨上校

勃兰登斯坦旅（旅长为冯·勃兰登斯坦少将）

第 27 野战猎兵营

第 12 步兵团（"威廉大公"）

第 26 步兵团（"迈克尔"）

弗莱施海克旅（旅长为弗莱施海克上校）

第 13 野战猎兵营

第 6 步兵团（"科罗尼尼"）

第 61 步兵团（"俄罗斯皇太子"）

波克旅（旅长为波克上校）

第 8 野战猎兵营

第 37 步兵团（"约瑟夫大公"）

第 51 步兵团（"查尔斯·费迪南大公"）

约瑟夫大公旅（旅长为陆军少将约瑟夫大公）

第 30 野战猎兵营

第 67 步兵团（"施梅林"）

第 68 步兵团（"施泰宁格"）

注：上述各旅，每个旅都包含 1 个来第 7 轻骑兵团的轻骑兵中队和 1 个四磅野战炮兵连。

第 6 军

司令 陆军中将拉明男爵

顾问 冯·科赫迈斯特少将

参谋长 弗洛里希上校

沃尔德斯塔特旅（旅长为冯·沃尔德斯塔特少将）

第 6 野战猎兵营

第 9 步兵团（"哈特曼"）

第 79 步兵团（"弗兰克"）

　　赫特维格旅（旅长为赫特维格上校）

第 25 野战猎兵营

第 41 步兵团（"克尔纳"）

第 56 步兵团（"戈里祖特"）

罗森茨威格旅（旅长为罗森茨威格少将）

第 17 野战猎兵营

　　第 4 步兵团（"德国的"）

　　第 55 步兵团（"贡德勒古"）

约纳克旅（约纳克上校）

第 14 野战猎兵营

第 20 步兵团（"普鲁士王储"）

第 60 步兵团（"瓦萨"）

注：上述各旅，每个旅都包含 1 个来第 10 枪骑兵团的枪骑兵中队和 1 个四磅野战炮兵连。

第 8 军

司令 利奥波德大公

顾问 韦伯少将

参谋长 冯·马伊诺内中校

弗拉涅尔旅（旅长为弗拉涅尔上校）

第 5 野战猎兵营

第 15 步兵团（"拿骚"）

第 77 步兵团（"托斯卡纳"）

　　克赖塞恩旅（旅长为冯·克赖塞恩少将）

第 31 野战猎兵营

第 8 步兵团（"格斯特纳"）

第 74 步兵团（"诺比利"）

　　罗斯科奇旅（旅长为陆军将军罗斯科奇伯爵）

第 25 步兵团（"马穆拉"）

　　　　第 71 步兵团（"托斯卡纳"）

罗斯旅（旅长为冯·罗斯上校）

　　　　第 24 野战猎兵营

　　　　第 21 步兵团（"赖沙赫"）

　　　　第 32 步兵团（"埃斯特"）

　　注：上述各旅，每个旅都包含 1 个来第 3 "查尔斯大公的" 枪骑兵团的枪
骑兵中队和 1 个四磅野战炮兵连。

第 10 军

司令 陆军中将冯·加布伦茨

顾问 科勒男爵

参谋长 布吉尼翁上校

蒙德尔旅（旅长为蒙德尔上校）

第 12 野战猎兵营

第 10 步兵团（"马祖切利"）

第 24 步兵团（"帕尔玛"）

　　格里维奇旅（旅长为格里维奇上校）

第 16 野战猎兵营

　　　　第 2 步兵团（"亚历山大"）

　　　　第 23 步兵团（"艾罗蒂"）

　　克内贝尔旅（旅长为冯·克内贝尔少将）

第 28 野战猎兵营

　　第 1 步兵团（"弗朗茨·约瑟夫皇帝"）

　　第 3 步兵团（"查尔斯大公"）

　第 13 步兵团（旅长为温普芬少将）

第 13 步兵团（"班贝格"）

第 58 步兵团（"斯蒂芬大公"）（下辖 4 个营）

注：上述各旅，每个旅都包含 1 个来第 1 枪骑兵团的枪骑兵中队和 1 个四磅野战炮兵连。

第 1 轻骑兵师 师长为陆军少将埃德尔斯海姆男爵

阿佩尔旅（旅长为阿佩尔上校）

第 2 龙骑兵团（"温迪施格拉茨"）

第 9 轻骑兵团（"列支敦士登"）

瓦利斯旅（旅长为瓦利斯上校）

第 1 龙骑兵团（"萨沃伊"）

　第 10 轻骑兵团（"普鲁士国王"）

弗拉特里耶夫旅（旅长为弗拉特里耶夫上校）

第 5 轻骑兵团（"拉德茨基"）

第 8 轻骑兵团（"黑森 – 卡塞尔"）

第 2 轻骑兵师 师长为陆军少将恩图·塔克西王子

贝勒加德旅（旅长为陆军上校贝勒加德伯爵）

第 4 轻骑兵团（"切赫"）

第 19 轻骑兵团（"哈勒"）

威斯特法伦旅（旅长为威斯特法伦少将）

第 6 轻骑兵团（"符腾堡"）

第 11 轻骑兵团（"帕尔菲"）

第 1 后备骑兵师 师长为陆军中将石勒苏益格 – 荷尔斯泰因亲王

索姆斯王子旅（旅长为陆军少将索姆斯王子）

第 4 胸甲骑兵团（"费迪南德"）

第 6 胸甲骑兵团（"黑森"）

第8枪骑兵团（"马克斯皇帝"）

辛德洛克旅（旅长为辛德洛克少将）

第9胸甲骑兵团（"施塔迪翁"）

    第11胸甲骑兵团（"弗朗茨·约瑟夫皇帝"）

    第4枪骑兵团（"弗朗茨·约瑟夫皇帝"）

第2后备骑兵师 师长为冯·扎伊策克少将

博克斯伯格旅（旅长为博克斯伯格少将）

第3胸甲骑兵团（"萨克森"）

第7胸甲骑兵团（"不伦瑞克"）

第2枪骑兵团（"施瓦岑贝格"）

索提克旅（旅长为陆军将军索提克伯爵）

第1胸甲骑兵团（"弗朗茨·约瑟夫皇帝"）

第5胸甲骑兵团（"尼古拉斯"）

第5枪骑兵团（"沃尔莫登"）

第3后备骑兵师 师长为陆军少将库登霍夫伯爵

温迪施格拉茨旅（旅长为陆军少将温迪施格拉茨王子）

第2胸甲骑兵团（"弗兰格尔"）

第8胸甲骑兵团（"普鲁士的查尔斯王子"）

第7枪骑兵团（"查尔斯·路易斯大公"）

冯·蒙恩旅（冯·蒙恩少将）

第10胸甲骑兵团（"巴伐利亚"）

第12胸甲骑兵团（"尼佩尔"）

第11枪骑兵团（"亚历山大"）

注：上述各骑兵旅，每个旅都包含1个骑乘炮兵连。

集团军直属后备炮兵部队

16个炮兵连

1866 年普奥战争
萨克森王家陆军作战序列

总司令 陆军上将萨克森王储殿下

总参谋长 冯·法布里斯少将

炮兵司令 施马茨少将

第1步兵师 师长为冯·辛普夫中将

第2步兵旅（旅长为冯·卡洛维茨少将）

 第5、第6、第7、第8步兵营和第2来复枪营

第3步兵旅（旅长为冯·哈克上校）

 第9、第10、第11、第12、步兵营和第3来复枪营

师属骑兵部队

 2个来自第2骑兵团和第3骑兵团的骑兵中队

师属炮兵部队

十二磅炮兵连

六磅炮连

第2步兵师 师长为冯·斯蒂格利茨中将

第1步兵旅（旅长为冯·博克斯伯格上校）

第1、第2、第3、第4步兵营和第1来复枪营

第4"近卫"步兵旅（旅长为冯·豪森上校）

 第13、第14、第15、第16步兵营和第4来复枪营

师属骑兵部队

2个来自禁卫骑兵团和第1骑兵团的骑兵中队

师属炮兵部队

十二磅炮连

　　六磅炮连

骑兵师 师长为冯·弗里茨中将

第1骑兵旅（旅长为陆军中将萨克森的乔治王子）

　　禁卫骑兵团和第1骑兵团

第2骑兵旅（旅长为冯·比德曼少将）

　　第2和第3骑兵团

十二磅骑炮连"岑克尔"

后备炮兵部队（司令为科勒上校）

3个十二磅炮连

2个六磅炮连

萨克森军总兵力：16个步兵营；4个来复枪营；16个骑兵中队；58门大炮；2个工兵连

汉诺威王家陆军作战序列
截至 1866 年 6 月 18 日

附录六

总司令 冯·阿伦斯基勒特中将

总参谋长 柯德曼上校

司令部副官 达默斯上校

炮兵司令 冯·斯托尔岑伯格少将

第 1 旅（旅长为冯·登·克内塞贝克少将）

第 1 禁卫步兵团

禁卫来复枪营

"女王的"轻骑兵团

十二磅炮连

    第 2 旅（旅长为德·沃克斯上校）

第 2 步兵团

    第 3 步兵团

    第 1 来复枪营

    "剑桥公爵"龙骑兵团

    六磅炮连

    第 3 旅（旅长为冯·比洛·施托勒上校）

    第 4 步兵团

    第 5 步兵团

    第 2 来复枪营

    "王储"龙骑兵团

六磅炮连

第 4 旅（旅长为冯·波斯默少将）

第 6 步兵团

第 7 步兵团

第 3 来复枪营

禁卫轻骑兵团

六磅炮连

骑炮连

后备骑兵部队（冯·盖索中校）

禁卫骑兵团

禁卫胸甲骑兵团

骑炮连

后备炮兵部队（哈特曼少校）

六磅炮连

二十四磅榴弹炮连

汉诺威军总兵力：16 个步兵营；4 个来复枪营；24 个骑兵中队；24 门大炮；另有 10 门马拉大炮（但马匹数量不足）

1866 年普奥战争
黑森选侯国（黑森－卡塞尔）
陆军作战序列

总司令 冯·罗斯伯格少将

总参谋长 达拉普斯基少校

炮兵司令 冯·科钦豪森少将

第1步兵师 师长为冯·布拉尔少将

禁卫步兵团

第1步兵团

来复枪营

神枪手营

第2步兵师 师长为冯·奥斯特豪森上校

第2步兵团

第3步兵团

骑兵旅（旅长为冯·巴德利本少将）

第1轻骑兵团

第2轻骑兵团

2个来自禁卫骑兵团的骑兵中队

炮兵部队

　　1个四磅炮兵连和3个六磅炮兵连；另有8门四磅马拉大炮（但马匹数量不足）

　　黑森选侯国师总兵力：8个步兵营；2个来复枪营；8个骑兵中队；16门

大炮以及 1 个工兵连

　　（注：有两个骑兵中队被调遣到奥地利—拿骚联合师。）

1866 年普奥战争

巴伐利亚王家陆军

作战序列

总司令 陆军元帅巴伐利亚的查尔斯王子殿下

总参谋长 冯·德坦

野战炮兵总监 冯·布罗代瑟中将

第1步兵师 师长为斯蒂芬中将

第1步兵旅（旅长为冯·施泰因勒少将）

　"近卫"步兵团、第1步兵团以及第2来复枪营

第2步兵旅（旅长为冯·韦奇少将）

第2和第8步兵团

第3骠骑兵团

1个六磅炮连和1个十二磅炮连

第2步兵师 师长为冯·费德尔中将

第3步兵旅（旅长为舒马赫少将）

　第3和第12步兵团以及第7来复枪营

第4步兵旅（旅长为冯·豪瑟少将）

　第7和第10步兵团以及第3来复枪营

第4骠骑兵团

1个六磅炮连和1个十二磅炮连

第3步兵师 师长为佐勒中将

第5步兵旅（旅长为里博皮埃尔少将）

第 11 和第 15 步兵团以及第 5 来复枪营

第 6 步兵旅（旅长为施魏策尔上校）

第 6 和第 14 步兵团以及第 1 来复枪营

第 2 骠骑兵团

1 个六磅炮连和 1 个十二磅炮连

第 4 步兵师 师长为冯·哈特曼中将

第 7 步兵旅（旅长为法斯特少将）

第 5 和第 13 步兵团以及来复枪营

第 8 步兵旅（旅长为塞拉少将）

第 4 和第 9 步兵团以及第 6 来复枪营

第 6 骠骑兵团

1 个六磅炮连和 1 个十二磅炮连

后备骑兵军

司令 陆军中将卡什斯王子

重骑兵旅（旅长为冯·鲁梅尔少将）

第 1、第 2 和第 3 胸甲骑兵团

第 1 轻骑兵旅（陆军少将巴伐利亚的路德维希公爵）

第 1、第 2 枪骑兵团

第 2 枪骑兵旅（陆军少将帕彭海姆伯爵）

第 5 骠骑兵团以及第 3 枪骑兵团

2 个十二磅炮连

后备炮兵部队

　　6 个十二磅炮和 2 个六磅炮连

巴伐利亚王国陆军总兵力：

38 个步兵营；7 个来复枪营；44 个骑兵中队；144 门大炮和 3 个工兵连。

德意志邦联第 8 军作战序列
截至 1866 年 7 月 9 日

总司令 黑森的亚历山大王子

总参谋长（符腾堡人）冯·鲍尔中将

副总参谋长（巴登人）克劳斯少将

炮兵总监（巴登人）冯·法贝尔中将

第 1 师（符腾堡）师长为冯·哈代格中将

第 1 旅（旅长为冯·鲍姆巴赫少将）

第 1 和第 5 步兵团以及第 3 来复枪营

第 2 旅（旅长为冯·费舍尔少将）

第 2 和第 7 步兵团以及第 2 来复枪营

第 3 旅（旅长为黑格尔梅尔少将）

第 3 和第 8 步兵团以及第 1 来复枪营

骑兵旅（旅长为陆军少将冯·舍勒伯爵）

第 1 和第 4 骑兵团

（注：另有第 3 骑兵团转隶于军预备队骑兵部队。）

炮兵部队（冯·卢贝上校）

　3 个六磅炮连

（注：另有 3 个炮兵连转隶于军预备队）

第 2 师（巴登）师长为陆军中将巴登的威廉亲王

步兵指挥官 沃格中将

第 1 旅（旅长为冯·拉罗什少将）

"近卫"掷弹兵团、第 5 步兵团以及来复枪营

第 2 旅（旅长为冯·诺伊布隆上校）

第 2 和第 3 步兵团以及第 2 燧发枪手团

骑兵旅

    2 个龙骑兵团

（注：另有第三个龙骑兵团转隶于军预备队。）

炮兵部队（司令为陆军上校斯波内克伯爵）

    3 个六磅炮连

（注：另有 2 个六磅炮连转隶于军预备队。）

第 3 师（黑森－达姆施塔特）师长为冯·贝格拉斯中将

第 1 旅（旅长为弗雷少将）

第 1 和第 2 步兵团

来复枪连

第 2 旅（旅长为冯·斯托克豪森少将）

第 3 和第 4 步兵团

来复枪连

神枪手营

骑兵旅（旅长为陆军少将黑森的路德维希王子）

    1 个骠骑兵团

（注：另有第二个骠骑兵团转隶于军预备队。）

炮兵部队

    2 个六磅炮连

第 4（混编）师（奥地利、拿骚、黑森选侯国）师长为陆军中将尼佩尔伯爵

    奥地利旅（旅长为冯·哈恩少将）

    第 16 步兵团（"维恩哈特"）

    来自第 21 步兵团和第 49 步兵团（"赖沙赫—黑森"）的 4 个营

    第 35 野战猎兵营

    四磅炮连

（注：另有一个八磅炮连转隶于军预备队。）

拿骚旅（旅长为罗思少将）

第1和第2步兵团以及来复枪营

2个六磅炮半连

（注：另有一个六磅炮连转隶于军预备队。）

来自黑森选侯国轻骑兵团的2个中队

军预备队

骑兵部队 司令为冯·恩特雷斯中将（符腾堡）

1个符腾堡、1个巴登和1个黑森骑兵团

1个符腾堡骑炮连

炮兵部队

    2个十二磅炮兵连（符腾堡）

    1个十二磅炮兵连（黑森）

    1个六磅炮兵连（黑森）

    1个五磅炮兵连（拿骚）

    1个六磅炮兵连（巴登）

    1个六磅炮兵连（巴登）

    1个八磅炮兵连（奥地利）

德意志邦联第8军总兵力：

39个步兵营；7.5个来复枪营；36个骑兵中队；134门大炮。

朗根萨尔察战役中冯·弗莱斯少将分遣队作战序列

截至 1866 年 6 月 27 日

总司令 冯·弗莱斯少将

炮兵司令 佩策尔少校

　先遣部队（指挥官为冯·法比克上校）

　　萨克森—科堡步兵团（团长为冯·威斯特哈根中校）

　　　第 1 营（营长为冯·巴塞维茨少校）

　　　　燧发枪手营（营长为冯·格施泰因少校）

来自国土防卫军第 12 轻骑兵团的"梅泽堡"要塞轻骑兵中队

来自第 4 旅的半个"进击"炮兵连

第 6 野战炮兵团的第 3 个四磅炮连

主力部队（指挥官为陆军上校冯·汉斯坦男爵）

　第 25 步兵团

　　第 1 营（营长为冯·罗贝尔少校）

　　　燧发枪手营（营长为巴森格少校）

来自国土防卫军第 32 团的第 2 "托尔高"营

第 11 掷弹兵团（团长为冯·兹格利尼茨基上校）

第 1 营（营长为德斯·巴雷斯中校）

第 2 营（营长为冯·博宁少校）

燧发枪手营（营长为冯·鲍塞少校）

　　来自第 10 轻骑兵团的兵站中队

　　第 7 炮兵团第 4 骑炮连

预备队（指挥官为冯·塞肯多夫少将）

国土防卫军第1（"阿舍斯莱本"）步兵营阵线（指挥官为冯·赫尔穆特上校）

国土防卫军第32团第3（"瑙姆堡"）步兵营

国土防卫军第27团第3（"阿舍斯莱本"）步兵营

第2阵线（指挥官为陆军少校冯·温津格罗德男爵）

国土防卫军第20团第3（"波茨坦"）步兵营（营长为冯·基尔希上尉）

国土防卫军第20团第2（"特罗伊恩布里岑"）步兵营（营长为库恩策尔少校）

第71团兵站营第3连

"施滕达尔"要塞中队

第4炮兵旅"进击"炮兵连的2门大炮

第7野战炮兵团第3骑炮连

普鲁士美因河集团军的战斗序列
1866 年 7 月 20 日之后

总司令 陆军少将冯·曼陀菲尔男爵

总参谋长 冯·克拉茨－科施劳上校

军需总监 冯·施特兰茨上校

炮兵司令 冯·德克上校

第 13 步兵师 师长为冯·戈本中将

    第 25 步兵旅（旅长为冯·库默少将）

第 53 步兵团（团长为冯·曼陀菲尔中校）

第 13 步兵团（团长为冯·盖尔霍恩上校）

    第 26 步兵旅（旅长为陆军少将冯·弗兰格尔男爵）

第 55 步兵团（团长为斯托尔茨上校）

第 15 步兵团（团长为陆军上校冯·德·戈尔茨男爵）

利珀－德特莫尔德燧发枪手营（营长为凯尔纳上尉）

第 8 轻骑兵团（团长为冯·兰佐上校）

来自第 7 野战炮兵团的 4 个炮兵连（指挥官为冯·德拉比－维希特少校）

后备混编旅（旅长为冯·特莱斯科夫少将）

    第 19 步兵团（团长为冯·亨宁中校）

    第 4 胸甲骑兵团（团长为冯·施密特上校）

    第 7 野战炮兵团第 3 骑炮连

以上 3 个普鲁士旅的总兵力为：16 个营；9 个骑兵中队；31 门大炮以及 1 个工兵连。

奥尔登堡—汉萨同盟旅（旅长为冯·韦尔齐恩少将）

奥尔登堡步兵团（团长为莱曼上校）

吕贝克轻步兵营（营长为冯·贝尔津斯勒温少校，于7月26日加入该旅）

不莱梅燧发枪手营（营长为尼布尔中校）

汉堡步兵团（团长为贝斯上校）

2个来自汉堡龙骑兵团的中队（指挥官为海因森少校，于7月29日加入该旅）

奥尔登堡"骑手"团（团长为贝塞克上校）

2个奥尔登堡炮兵连（指挥官为鲁埃德中校）

奥尔登堡—汉萨同盟旅的总兵力：7个营；5个骑兵中队；12门大炮。

第13步兵师总兵力：23个营；14个骑兵中队；43门大炮；1个工兵连。

由冯·拜尔少将率领的混编师

第32步兵旅（旅长为冯·沃伊纳上校（1号），其同时也是第70步兵团的指挥官）

第70步兵团

第30步兵团（团长为冯·科布林斯基中校）

混编步兵旅（旅长为冯·格吕默少将）

第20步兵团（团长为冯·德·温瑟上校）

第32步兵团（团长为冯·什末林上校）

第39燧发枪手团（团长为冯·沃伊纳上校（2号））

第9轻骑兵团（团长为冯·科塞尔少校）

来自国土防卫军第10轻骑兵团的2个中队

3个炮兵连

后备炮兵部队

4个后备炮兵连

1个工兵连

拜尔师总兵力：15个营；7个骑兵中队；42门大炮；以及1个工兵营。

（注：第70步兵团第2营、第30步兵团第1营曾作为卫戍部队驻扎在卡塞尔，并于7月21日重新回归建制。国土防卫军第10轻骑兵团的另外两个中

队分别驻扎在法兰克福和汉诺威。）

由弗莱斯少将率领的混编师

第 1 混编步兵旅（旅长为冯·弗莱霍尔少将）

第 36 燧发枪手团（团长为冯·梯勒上校）

第 25 步兵团（团长为陆军上校冯·汉斯坦男爵）

第 9 来复枪营（营长为冯·梅德姆上尉）

第 2 混编步兵旅（旅长为冯·科尔特少将）

　　第 59 步兵团（团长为冯·凯斯勒上校）

　　第 11 掷弹兵团（团长为冯·兹格利尼茨基上校）

　　萨克森 – 科堡 – 哥达步兵团（团长为冯·法比克上校）

5 个炮兵连

混编骑兵旅（旅长为冯·贝洛少将，于 7 月 30 日加入该师）

　　第 5 龙骑兵团（团长为冯·韦德尔上校）

　　第 6 龙骑兵团（团长为克鲁格·冯·尼达上校）

　　第 7 野战炮兵团第 4 骑炮连

弗莱斯师总兵力：15 个营；8 个骑兵中队；36 门大炮。

美因河集团军总兵力：53 个营；29 个骑兵中队；121 门大炮；2 个工
兵连。

意大利王家陆军作战序列
截至 1866 年 6 月

总司令 意大利国王维克多·伊曼纽尔二世陛下

总参谋长 拉·马尔莫拉上将

副总参谋长 巴廖拉上校

第 1 军

司令 杜兰多将军

参谋长 隆巴尔迪尼上校

第 1 师 师长为塞拉勒将军

比萨旅（旅长为德·维拉里将军）

　　第 29 和第 30 步兵团

弗利旅（旅长为佐将军）

　　第 43 和第 44 步兵团

第 2 和第 18 狙击兵营

3 个炮兵连

第 2 师 师长为皮亚内利将军

锡耶纳旅（旅长为卡多利诺将军）

　　第 31 和第 32 步兵团

奥斯塔旅（旅长为达拉利奥将军）

　　第 5 和第 6 步兵团

第 8 和第 17 狙击兵营

3 个炮兵连

第 3 师 师长为布里尼奥内将军

撒丁岛旅（旅长为戈扎尼将军）

　第 1 和第 2 掷弹兵团

伦巴第旅（旅长为陆军将军阿马德奥王子）

　第 3 和第 4 掷弹兵团

第 13 和第 37 狙击兵营

3 个炮兵连

第 5 师 师长为西尔托里将军

布雷西亚旅（旅长为比亚赫尔摩萨将军）

　第 19 和第 20 步兵团

瓦尔泰利纳旅（旅长为洛佩斯将军）

　第 65 和第 66 步兵团

第 3 和第 5 狙击兵营

3 个炮兵连

第 1 军直属骑兵部队（司令为吉利尼少将）

奥斯塔枪骑兵团、卢卡轻骑兵团和教导骑兵团

第 1 军直属炮兵部队

来自第 2 炮兵团的 2 个炮兵连

第 2 军

司令 库恰里中将

参谋长 埃斯科菲耶上校

第 4 师 师长为陆军将军米尼亚诺公爵

里贾纳旅（旅长为卡里尼将军）

　第 9 和第 10 步兵团

拉韦纳旅（旅长为菲奥鲁齐将军）

　第 37 和第 38 步兵团

第 1 和第 21 狙击兵营

3 个炮兵连

第 6 师 师长为科森扎将军

阿可奎旅（旅长为斯基亚菲诺将军）

   第 27 和第 18 步兵团

里窝那旅（旅长为拉迪卡蒂将军）

   第 33 和第 34 步兵团

第 15 和第 20 狙击兵营

3 个炮兵连

第 10 师 师长为安焦莱蒂将军

翁布里亚旅（旅长为玛斯将军）

第 53 和第 54 步兵团

阿布鲁齐旅（旅长为佩龙将军）

第 57 和第 58 步兵团

第 24 和第 31 狙击兵营

3 个炮兵连

第 19 师 师长为隆戈尼将军

卡拉布里亚旅（旅长为阿多尔尼将军）

   第 59 和第 60 步兵团

巴勒莫旅（旅长为卡法雷利将军）

   第 67 和第 68 步兵团

第 33 和第 40 狙击兵营

3 个炮兵连

第 2 军直属骑兵部队（司令为巴拉尔将军）

诺瓦拉枪骑兵团和皮亚琴察轻骑兵团

第 2 军直属炮兵部队

来自第 2 炮兵团的 1 个炮兵连

第 3 军

司令 德拉·罗卡将军

参谋长 迪·罗宾兰特上校

第 7 师 师长为比肖将军

德尔雷旅（旅长为德·福尔纳里将军）

　　第 1 和第 2 步兵团

菲拉拉旅（旅长为诺瓦罗将军）

　　第 47 和第 48 步兵团

第 9 和第 10 狙击兵营

3 个炮兵连

第 8 师 师长为库贾将军

皮埃蒙特旅（旅长为诺亚罗将军）

　　第 3 和第 4 步兵团

卡利亚里旅（旅长为加贝将军）

　　第 63 和第 64 步兵团

第 6 和第 30 狙击兵营

3 个炮兵连

第 9 师 师长为戈沃内将军

皮斯托亚旅（旅长为博塔艾科将军）

　　第 35 和第 36 步兵团

阿尔卑斯山旅（旅长为丹齐尼将军）

　　第 51 和第 52 步兵团

第 27 和第 34 狙击兵营

3 个炮兵连

第 16 师 师长为陆军将军翁贝托王储殿下

　　帕尔马旅（旅长为费列罗将军）

　　　第 49 和第 50 步兵团

混编旅（旅长为德·索吉）

　　第 8 和第 71 步兵团

第 4 和第 11 狙击兵营

3 个炮兵连

第 3 军直属骑兵部队（司令为巴勒莫将军）

福贾枪骑兵团、亚历山大轻骑兵团

第 3 军直属炮兵部队

来自第 4 炮兵团的 1 个炮兵连

后备骑兵师 师长为德·索纳兹将军

第 1 骑兵旅（旅长为索曼将军）

  萨沃伊龙骑兵团、热那亚龙骑兵团

第 2 骑兵旅（旅长为库萨尼将军）

  尼扎骑兵团、皮埃蒙特骑兵团

后备炮兵部队

9 个炮兵连

第 4 军

司令 恰尔迪尼将军

参谋长 皮奥拉·卡塞利少将

第 11 师 师长为卡萨诺瓦将军

  皮内罗洛旅（旅长为德·拉·罗什将军）

    第 13 和第 14 步兵团

  摩德纳旅（旅长为邦维奇尼将军）

    第 41 和第 42 步兵团

    第 10 和第 26 狙击兵营

3 个炮兵连

第 12 师 师长为里科蒂利将军

  卡萨莱旅（旅长为博纳德利将军）

    第 11 和第 12 步兵团

  科莫旅（旅长为布里安扎将军）

    第 23 和第 24 步兵团

    第 16 和第 35 狙击兵营

3 个炮兵连

第 13 师 师长为梅扎·卡波将军

萨沃纳旅（旅长为帕拉维契尼将军）

第 15 和第 16 步兵团

博洛尼亚旅（旅长为安吉利诺将军）

第 39 和第 40 步兵团

第 12 和第 22 狙击兵营

3 个炮兵连

第 14 师 师长为基亚布雷拉将军

雷吉奥旅（旅长为德鲁伊特将军）

第 45 和第 46 步兵团

马尔凯旅（旅长为博索洛将军）

第 55 和第 56 步兵团

第 7 和第 14 狙击兵营

3 个炮兵连

第 15 师 师长为梅第奇将军

帕维亚旅（旅长为帕罗奇亚将军）

第 27 和第 28 步兵团

西西里旅（旅长为萨基将军）

第 61 和第 62 步兵团

第 23 和第 25 狙击兵营

3 个炮兵连

第 17 师 师长为卡多尔纳将军

那不勒斯旅（旅长为曼卡将军）

第 5 和第 6 掷弹兵团

托斯卡纳旅（旅长为狄安那将军）

第 7 和第 8 掷弹兵团

第 28 和第 32 狙击兵营

3 个炮兵连

第 18 师 师长为德拉·基萨将军

克雷莫纳旅（旅长为巴莱格诺将军）

第 21 和第 22 步兵团

贝加莫旅（旅长为卡斯特里将军）

第 25 和第 26 步兵团

第 29 和第 36 狙击兵营

3 个炮兵连

第 20 师 师长为弗兰兹尼将军

混编旅（旅长为巴里耶里将军）

第 7 和第 72 步兵团

安科纳旅（旅长为阿尔贝蒂将军）

第 69 和第 70 步兵团

第 38 和第 39 狙击兵营

3 个炮兵连

骑兵师

第 1 骑兵旅（旅长为波宁斯基将军）

米兰枪骑兵团、蒙泰贝洛轻骑兵团以及洛迪轻骑兵团

第 2 骑兵旅（旅长为德拉·福雷斯特将军）

"维克多·伊曼纽尔"枪骑兵团、佛罗伦萨枪骑兵团以及蒙菲拉托轻骑兵团

第 4 军直属炮兵部队

来自第 2 和第 4 炮兵团的 2 个炮兵连

后备炮兵部队

第 7 炮兵团的 4 个连

奥地利南方集团军作战序列
截至 1866 年 6 月

总司令 陆军元帅阿尔布雷希特大公

总参谋长 冯·约翰少将

炮兵司令 冯·胡特森雷特·冯·格林岑多夫少将

第 5 军

司令 冯·罗迪奇少将

参谋长 加里姆上校

鲍尔旅（旅长为鲍尔上校）

第 19 野战猎兵营

第 28 步兵团（"贝内德克"）

第 70 步兵团（"纳吉"）

1 个炮兵连

莫令旅（旅长为莫令少将）

第 21 野战猎兵营

第 53 步兵团（"利奥波德大公"）

第 54 步兵团（"格鲁伯"）

皮雷旅（旅长为皮雷少将）

第 5 "皇家" 猎兵营

第 50 步兵团（"巴登大公"）

第 75 步兵团（"克伦内维尔"）

1 个炮兵连

军直属骑兵部队

来自第 12 枪骑兵团的 2 个中队

军直属炮兵部队

3 个炮兵连

第 7 军

司令 马洛伊奇中将

参谋长 冯·利特罗上校

斯库迪尔旅（旅长为斯库迪尔少将）

第 10 野战猎兵营

第 19 步兵团（"鲁道夫王储"）

第 48 步兵团（"恩斯特大公"）

1 个炮兵连

特普利旅（旅长为特普利上校）

第 7 野战猎兵营

第 43 步兵团（"阿莱曼"）

第 65 步兵团（"路德维希·维克托大公"）

1 个炮兵连

韦尔泽谢姆旅（旅长为韦尔泽谢姆上校）

第 3 "皇家"猎兵营

第 31 步兵团（"梅克伦堡 – 施特雷利茨"）

第 76 步兵团（"鲍姆加滕"）

1 个炮兵连

第 7 军直属骑兵部队

1 个来自第 3 轻骑兵团的中队

第 7 军直属炮兵部队

3 个炮兵连

第 9 军

司令 哈通中将

参谋长 冯·皮尔施蒂克中校

伯克旅（旅长为伯克上校）

第 15 野战猎兵营

第 63 步兵团（"荷兰国王"）

第 66 步兵团（"托斯卡纳"）

1 个炮兵连

基什伯格旅（旅长为基什伯格少将）

第 23 野战猎兵营

第 7 步兵团（"马罗西奇"）

第 29 步兵团（"图恩"）

1 个炮兵连

韦克贝克旅（旅长为韦克贝克少将）

第 4 "皇家"猎兵营

第 5 步兵团（"巴伐利亚国王"）

第 39 步兵团（"多姆·米格尔"）

1 个炮兵连

第 9 军直属骑兵部队

　　1 个来自第 11 轻骑兵团的中队

第 9 军直属炮兵部队

　　3 个炮兵连

后备步兵师 师长为鲁普雷希特·冯·维尔特索洛格少将

参谋长 冯·弗朗茨中校

本科旅（旅长为本科少将）

第 37 野战猎兵营

第 17 步兵团（"霍亨洛厄"）

第 12 边境步兵团

1 个炮兵连

魏玛旅（旅长为陆军上校魏玛亲王）

第 36 野战猎兵营

第 36 步兵团（"德根费尔德"）

来自第 7 和第 76 步兵团的 4 个步兵营

1 个炮兵连

集团军直属骑兵部队（司令为普尔茨上校）

布尧诺维奇骑兵旅（旅长为布尧诺维奇上校）

第 3、第 11 轻骑兵团，以及第 12 枪骑兵团

普尔茨骑兵旅（旅长为普尔茨上校）

第 1、第 13 轻骑兵团，以及第 13 枪骑兵团

　　后备骑兵部队

16 个骑兵中队以及 1 个炮兵连